Mémoires d'une ex-palladiste parfaite, initiée, indépendante

Diana Vaughan
Léo Taxil

1897

© 2025, Léo Taxil (domaine public)
Édition : BoD · Books on Demand, 31 avenue Saint-Rémy,
57600 Forbach, bod@bod.fr
Impression : Libri Plureos GmbH, Friedensallee 273,
22763 Hamburg (Allemagne)
ISBN : 978-2-3225-5997-8
Dépôt légal : Janvier 2025

Numéro 1

- Je ne suis plus des vôtres ?… Soit !
- 14 juin 1895
- Chapitre 1ᵉʳ – Lucifer au Sanctum Regnum
- Lemmi au Palais Borghèse
- Correspondance

Numéro 2

- Chapitre 1ᵉʳ – Lucifer au Sanctum Regnum *(Suite)*
- Amis connus et inconnus
- Symboles du Palladisme
- Incident comique
- L'alphabet du Palladium
- La puissance dogmatique ?
- Un Congrès Antimaçonnique International

Numéro 3

- Chapitre 1ᵉʳ – Lucifer au Sanctum Regnum *(Suite)*
- Chapitre II – Je crois !
- Hymne à Jeanne d'Arc

Numéro 4

- Chapitre II – Je crois ! *(Suite)*
- Chapitre III – Mon éducation luciférienne
- L'Italie maçonnique

- Le héros du 20 septembre
- Mémorandum des petites et grandes manœuvres contre la manifestation de la vérité
- Bibliothèque antimaçonnique à 50 centimes le fascicule
- Insignes rituels du Triangle Sainte-Hypathie
- Note importante de l'Éditeur

Numéro 5

- Chapitre III – Mon éducation luciférienne *(Suite)*
- Notre-Dame de Campocavallo
- Danger des tables tournantes
- Symboles du Palladisme *(Suite)*
- Un livre admirable
- Le Juif dans la Franc-Maçonnerie
- Correspondance

Numéro 6

- Chapitre III – Mon éducation luciférienne *(Suite)*
- Le Labarum antimaçonnique
- De Rome
- De bonne guerre
- Symboles du Palladisme *(Suite)*
- Croisade de prières
- Évêques des États-Unis
- Congrès antimaçonnique international

Numéro 7

- Chapitre III – Mon éducation luciférienne *(Suite)*
- En campagne
- Carducci et Fra Pantaleo
- Lemmi tiens toujours

Numéro 8

- Chapitre III – Mon éducation luciférienne *(Suite)*
- Aurelio Saffi
- L'Anti-maçon
- Les révélations sur le satanisme
- Royaume britannique
- Un Vénérable qui aboie
- La Neuvaine Eucharistique

Numéro 9

- Chapitre III – Mon éducation luciférienne *(Suite)*
- Chapitre IV – La Bisaïeule de l'Anti-Christ
- Le Congrès Antimaçonnique International
- Les Palladistes français
- La Stigmatisation, l'Extase divine et les Miracles de Lourdes
- Petite Correspondance

Numéro 10

- Chapitre IV – La Bisaïeule de l'Anti-Christ *(Suite)*

- La grande manœuvre
- Le premier échec de Lemmi
- Aux amis canadiens

Numéro 12

- Chapitre IV – La Bisaïeule de l'Anti-Christ *(Suite)*
- Primes de la seconde année
- Symboles du Palladisme *(Suite)*
- Le premier congrès et l'armement
- Mesure obligatoire
- Œuvres antimaçonniques

Numéro 13

- Chapitre IV – La Bisaïeule de l'Anti-Christ *(Suite)*
- Primes de la seconde année
- Symboles du Palladisme *(Suite)*
- Nos coups ont porté… Redoublons

Numéro 14

- La Suprême Manœuvre

Numéro 19

- Chapitre IV – La Bisaïeule de l'Anti-Christ *(Suite)*
- Ma Correspondance avec M. de la Rive
- Ma Manifestation Publique
- Amitié-Espérance

- Pacelli, père et fils… et Cadorna !

Numéro 20

- Chapitre IV – La Bisaïeule de l'Anti-Christ *(Suite)*
- Ma Correspondance avec M. de la Rive
- À quoi sert d'être polie
- Pour créer un imboglio
- Ma Manifestation Publique

Numéro 21

- Chapitre V – Conflits, propagande, et crise finale
- Ma Correspondance avec M. de la Rive
- Saint-Office
- À Miss Pike et M. Roome
- Étrange mutisme
- Lettre édifiante du sire Margiotta
- Juste réclamation
- Ma Manifestation Publique
- Racontez donc l'histoire

Numéro 22

- Chapitre V – Conflits, propagande, et crise finale *(Suite)*
- Rosen et Garnier
- La Manœuvre de la dernière heure

Je ne suis plus des vôtres ?… Soit !

Tout est possible, même l'impossible ; tout arrive, même ce qui ne devrait pas arriver.

M'est arrivée, en effet, la plus impossible missive que je pouvais attendre. Qu'on la lise.

« Or ▽ de Londres, le 19 payni 000895.

« T▽ C▽ S▽ Diana Vaughan,

« Le Comité permanent de la Fédération Palladiste Indépendante vient de prendre connaissance du troisième numéro mensuel de la revue que vous avez fondée à Paris sous le titre *le Palladium Régénéré et Libre* et que vous rédigez, en, vous appuyant sur un des votes du Convent de Londres (séance du 2 mékir 000894).

« Malgré toute l'affection que les membres du Comité vous portent, sans en excepter un seul, et tout en reconnaissant la parfaite loyauté de vos intentions, ils ne peuvent vous laisser dire plus longtemps que vous agissez pour le bien de notre cause, et ils se voient dans la pénible obligation de vous désavouer complètement devant les Triangles de la Fédération.

« En publiant dans votre deuxième numéro un document destiné à demeurer secret, quelle que soit l'opinion qu'on en puisse avoir, vous aviez commis déjà une grave faute. La reproduction qui en a été faite, avec autant de joie que d'empressement, par de nombreux organes de l'Adonaïsme dit catholique romain, les éloges publics que le journal l'*Univers*, moniteur officiel du Pape de la superstition en France, vous a adressés, dans son numéro du 30 mai, pour vous féliciter de cette divulgation, auraient dû vous faire comprendre que vous vous étiez engagée dans une mauvaise voie.

« Vous avez ainsi porté le trouble dans nos rangs. Deux membres les plus dévoués de notre Comité, craignant de paraître solidaires de vos écarts, aux yeux des Indépendants fédérés, donnèrent leur démission et ne l'ont reprise qu'à la suite de notre délibération d'hier, portant un blâme formel de votre conduite.

« Quand vous avez appris cette démission, si vous n'aviez été égarée par l'idée fixe de tout sacrifier, même les intérêts de notre cause, à la satisfaction d'une haine personnelle, vous auriez senti quelles difficultés votre manque de sang-froid et de prudence créait à notre œuvre, dont le but n'est pas seulement la propagande sur de nouveaux terrains, mais aussi la préparation d'une entente plus ou moins prochaine avec nos FF▽ et SS▽ séparés, moyennant des concessions réciproques et la démission imposée au F▽ 461, seul obstacle à notre union.

« Loin de là, vous obstinant dans la plus malencontreuse des tactiques, ne voulant prendre conseil que de vous-même, perdant toute mesure, travaillant contre le sens même des principaux votes du Convent Indépendant de Londres, vous avez publié ce troisième numéro de votre revue, que tout Palladiste, non égaré comme vous l'êtes, condamnera avec une juste sévérité.

« Dans ce numéro, vous portez de véritables défis à quiconque, parmi les Indépendants fédérés, ne pense pas comme vous ; vous insérez une lettre d'un ministre d'Adonaï, en déclarant que vous en êtes très touchée et lui promettant que, à l'égard de la mère du Christ, vous ne vous servirez jamais plus d'expressions pouvant heurter la foi des catholiques romains ; vous annoncez que vous publierez le récit de « crimes odieux » commis dans les Triangles ; vous représentez le bon génie qui a daigné se constituer votre protecteur, comme fuyant irrité devant le nom de Jeanne d'Arc, dont votre aveuglement exagère singulièrement les mérites ; tout en expliquant que vous avez été trompée par un renégat de nos croyances, vous reconnaissez lui avoir fourni des armes, qui ont été tournées contre nous et que vous ne lui avez pas reprises alors qu'il était encore temps de le faire ; enfin, dans une correspondance que vous insérez et dont le sens est bien facile à comprendre, vous ne vous cachez pas de prendre rendez-vous avec la supérieure d'un couvent adonaïte, pour y avoir un séjour, de vingt-quatre heures, dites-vous.

« Nous avons le regret de vous le dire, T∇ C∇ S∇, par ce troisième numéro, vous avez prononcé vous-même votre condamnation. Vous n'avez plus le droit de vous dire des nôtres.

« Si le Convent Indépendant de Londres n'a pas stipulé dans quelles limites il vous donnait mandat, c'est qu'il ne serait jamais venu à la pensée des délégués vous accordant leur confiance que vous pourriez en faire un tel abus.

« Nous aussi, nous tenons nos pouvoirs du même Convent, et à l'unanimité, par délibération d'hier, nous vous désavouons et vous faisons défense de vous servir désormais de ce titre de *Palladium Régénéré et Libre*, qui est celui adopté par la Fédération et lui appartenant.

« Nous vous donnons sept jours pour réfléchir, détruire tous les exemplaires non distribués des numéros 2 et 3 de votre revue que nous répudions, nous remettre votre démission de déléguée à la propagande, et prendre l'engagement par écrit de ne plus accomplir une démarche quelconque ni publier quoi que ce soit, même sous votre responsabilité morale personnelle, sans en avoir référé au Comité Fédéral.

« C'est avec une profonde douleur que nous nous voyons dans la nécessité d'en venir là ; mais, quand vous aurez repris possession de votre sang-froid et que la réconciliation de tous les FF∇ et SS∇ du Palladium se sera faite par la démission dont nous venons de parler plus haut, et à laquelle nous travaillons par des moyens plus sûrs que les vôtres, vous comprendrez que nous avons eu uniquement en vue de vous protéger contre vous-même, c'est-à-dire contre les erreurs de votre fougue, ne supportant aucun frein.

« Nous espérons, cependant, que vous voudrez bien méditer cette voûte, qui, vous le savez, vous est adressée *par vos meilleurs amis* Nous désirons de tout notre cœur que vous prêtiez enfin l'oreille à la voix de la raison.

« Cette voûte devra être tenue secrète par vous, nous l'exigeons absolument. Vous ferez simplement une circulaire à vos abonnés par laquelle vous leur annoncerez, sans commentaires, que, par ordre du Comité Fédéral, la publication de la revue le *Palladium Régénéré et Libre* ne se poursuit pas, l'expérience de la propagande publique ayant été jugée suffisante. Le Comité prendra ses mesures, d'autre part, pour imprimer un organe-lien qui sera distribué aux Triangles seuls et aux Groupes Familiaux donnant des preuves de bon fonctionnement.

« Que le G▽ A▽ d▽ l'U▽, notre Dieu, vous soit en aide »

(Suivent les signatures).

Délicieuse plaisanterie, celle de la fin de la voûte : nous vous désavouons devant les Triangles, mais nous vous défendons de le dire au public !…

Et pourquoi cela donc ?… Il ne me gêne pas du tout, moi, votre blâme. À dire vrai, il m'a fort surprise ; mais vous savez, chers amis, que j'ai la résolution prompte, et, ma foi, sitôt remise du coup de stupéfaction, — vous l'avouerai-je ?

— j'ai eu un des plus beaux éclats de rire de mon existence. Or, les meilleures décisions sont celles que l'on prend en état de douce gaîté et l'esprit libre de tout souci.

Vous m'avez fait savoir vos volontés ; grand merci. Maintenant, apprenez les miennes.

Je me garderai bien de faire détruire par mon éditeur les exemplaires qui lui restent des numéros 2 et 3 du *Palladium Régénéré et Libre* ; ils sont la preuve de votre exquise intolérance. Je les donne donc à mon éditeur, et je lui souhaite de remettre ces deux numéros souvent sous presse, afin que soient nombreuses le plus possible les personnes qui voudront bien constater que le fait d'avoir des opinions religieuses tout à l'opposé de celles des catholiques romains ne me rendait pas, moi, menteuse, malhonnête, ni trouvant insupportables les convictions contraires aux miennes.

Ma démission de déléguée à la propagande ?… Je ne vous la remets pas. Je vous envoie mieux : ma démission de tout, de tout, de tout. – Je n'ai plus le droit de me dire des vôtres ?… Je ne songe pas à le dire : je n'en suis plus, je n'en veux plus être. Deux fois déjà, j'avais donné ma démission ; je désirais vivre en paix, dans la retraite. Deux fois, vous, *mes meilleurs amis*, vous êtes venus me supplier de reprendre part au combat.

Aussi bien, il est opportun de s'expliquer à ce sujet devant le public ; car aucunement je ne tiens à paraître ridicule. Oui, il me semble nécessaire qu'on sache bien que, ridicule, ce n'est point moi qui le suis.

La première fois, je démissionnai à la suite des scrutins frauduleux du Palais Borghèse. Vous êtes venus vers moi alors, avec bien d'autres, et vous m'avez juré, par tous les dieux de l'Olympe, qu'on allait faire à Lemmi dit Simon une guerre implacable, et que, quoiqu'il pût arriver, on ne désarmerait pas. Oh ! les belles ardeurs ! le zèle extraordinaire ! le magnifique départ pour le triomphe certain !… Mais il a suffi à quelques malins allemands de mettre en avant une combinaison plus ou moins déshonorante, pour qu'on baissât pavillon et qu'on légitimât l'usurpation du 29 thoth (20 septembre 1893).

En présence d'un tel manquement à la foi jurée entre les alliés de la résistance, je démissionnai pour la seconde fois, plutôt que de subir la honte, et vraiment je crus avoir trouvé la tranquillité, pendant sept mois environ. De nouveau, on est venu me demander de coopérer à une autre action, offensive et défensive : cette fois, vous étiez moins nombreux à me solliciter ; mais vous étiez la phalange des irréductibles, le bataillon sacré ! Il s'agissait de créer une Fédération Indépendante ; peu à peu on attirerait à soi les mécontents, et, en outre, en recrutant des adeptes directement dans le monde profane, on créerait des Groupes Familiaux (ingénieuse trouvaille du F▽ Gaetano S.), qu'on transformerait ensuite en Triangles, de façon à fortifier solidement la Fédération. Après quoi, quand le Palladisme Indépendant serait fort, il exigerait la déchéance de Simon, pour faire l'union avec les FF▽ et SS▽ séparés.

Conception sublime ! plan superbe ! prodige d'habileté !

À ceux qui sont venus me demander mon adhésion, qu'ai-je dit ? « C'est excellent d'être habiles, mais il faut d'abord être honnêtes ; c'est parfait de recruter dans le monde profane, mais il faut pour cela faire la propagande au grand jour. » Et, pour être des vôtres, j'ai posé deux conditions : publicité de la propagande, et nettoyage complet du rite. Vous m'avez répondu : « Nous sommes d'accord. »

Aujourd'hui, c'est vous qui dites « Plus de propagande publique ! » Vous n'osez pas ajouter : « Réflexion faite, ne procédons pas au nettoyage. » Allons, pas de biais, mes *chers* amis ; au fond, c'est là ce que vous pensez.

Je le maintiens : vous ne voulez pas plus du nettoyage que de la publicité. Pour qu'une propagande soit bonne, elle doit être loyale, sans arrière-pensée, montrant l'erreur de l'adversaire, mais ne mettant pas en doute la sincérité de sa croyance et par conséquent respectueuse des personnes, concédant aux trompés honnêtes tout ce qui n'est pas reniement de sa propre foi, s'abstenant de descendre aux bassesses de polémique. De même, pour faire du nettoyage efficace, il faut donner grands coups de balai dans les ordures.

Mon œuvre n'était pas autre. Je comprends que l'adversaire se soit scandalisé d'une propagande publique ; mais vous ?... Alors, vous n'êtes donc pas certains de posséder la vraie lumière, puisque vous réclamez encore les ténèbres, au moment où nous allions enfin sortir de nos catacombes ?... Vous ne voulez pas les grands coups de balai dans le tas d'ordures ; alors, elle vous plaît donc encore, la malpropreté ?...

Je vous accorde de ne plus me servir de votre titre. Il est à vous ; reprenez-le. Mais, je vous le déclare, entre mes mains, il était sincère ; vous, vous en faites un masque, puisque vous me désavouez... Ah ! vous ne voulez pas qu'on dévoile et flétrisse les crimes ?... Eh bien, je vous refuse le droit de dire que votre Palladisme est *régénéré*... Vous me parlez en esclaves de Simon, craignant son fouet, le ménageant et tendant l'échine ; eh bien, je vous refuse le droit de dire que votre Palladisme est *indépendant* et *libre*.

Donc, c'est entendu : je vous rends votre titre, et je ne ferai plus aucune propagande pour aucun Palladisme. La religion de Lucifer Dieu-Bon, nous ne la comprenions pas de même ; je ne le vois que trop.

Mais de ce que, à la suite de votre inqualifiable voûte, je cesse la revue *le Palladium Régénéré et Libre* et ma propagande des principes lucifériens orthodoxes, il ne résulte pas que je rentre dans le silence. Je ne suis pas, moi, une marionnette automate qui se meut ou demeure au repos, selon que l'on monte ou démonte son mécanisme. J'étais dans le calme de la retraite, vous m'en avez fait sortir ; ne vous imaginez pas que ma plume étant à présent condamnée par votre délibération du 18 payni, je vais la laisser moisir dans l'encrier, en attendant que vous daigniez me prier de la reprendre. Non, non ! Maintenant je suis « en train » : je commençais le nettoyage, croyant agir en cela pour le bien de la cause ; je le continuerai pour le bien public et ma satisfaction personnelle, voilà.

Au lieu d'une revue, organe-lien des groupes lucifériens indépendants, mes lecteurs auront mes Mémoires d'Ex-Palladiste, parfaite initiée. Sous un autre titre, je publierai exactement ce que je comptais publier ; seulement, je n'agirai plus dans un but de propagande, le triomphe du Palladisme m'étant devenu tout-à-fait indifférent, *grâce* à vous, messieurs du Comité Fédéral.

(Je me hâte d'ajouter que ceux de mes lecteurs-abonnés à qui ne plairait pas ce changement de programme n'ont qu'à le faire savoir immédiatement ; mon éditeur les remboursera par retour du courrier.)

J'écrirai pour faire connaître tout : je dirai, à mon tour, ce qui se passe dans les Triangles, ce que j'ai empêché dans la mesure de mes forces, ce que j'ai toujours blâmé et ce que je croyais être bien ; le public jugera. Je parlerai sans haine, sans l'ombre même d'une rancune. Je n'ai haine pour personne. Étonnez-vous, rédacteurs de la voûte du 19 payni : malgré votre dire, je ne hais pas Simon ; je le méprise. Et vous, je ne vous en veux pas non plus ; je vous plains.

Votre volonté est que je cesse d'écrire, j'écrirai plus que jamais ; vous voyez que cette fois nous ne sommes pas d'accord.

Que vouliez-vous encore ?... Ah ! j'allais oublier : pas une démarche quelconque, sans vous en avoir référé !...

Tenez, vous ne vous doutez pas, mes pauvres amis, à quel point vous êtes amusants.

Alors, si j'étais restée des vôtres, il m'aurait fallu votre permission pour aller rendre visite à une digne et excellente femme, dont la mère se trouve avoir été l'amie de la sœur aînée de ma mère, et qui m'a rappelé ce souvenir dans une lettre aussi spirituelle que bonne et courtoise ?… Vous avez frémi, parce que quelques lignes, en correspondance du troisième numéro, vous ont fait comprendre qu'il s'agissait d'une religieuse du catholicisme romain. Ô mes ex-frères, que vous avez le frémissement facile !…

Or ça, que vos cheveux se dressent d'horreur sur vos têtes. J'aurais pu envoyer directement, par lettre, à leur destinataire, ces quelques mots de correspondance. Savez-vous pourquoi j'ai préféré les insérer ? C'était pour avoir un prétexte d'adresser mon numéro 3 à cette religieuse ; le numéro contenait la lettre d'un prêtre-professeur et ma réponse qui vous a fait bondir. Eh bien, j'étais sûre, avec ce numéro, de causer grand plaisir à la digne femme. Quelle perversité de ma part, n'est-ce pas ?… Allons, allons, ô vous qui vous dites mes meilleurs amis, nous n'étions point faits pour nous entendre.

Car, — c'est toujours à ceci qu'il faut revenir, — vous ne méprisez pas Simon et ses pratiques. La vérité : vous ne voulez pas de lui, parce que ce n'est pas l'intérêt de votre caisse d'avoir Mandrin pour caissier ; mais son Palladisme ne vous répugne aucunement. Disons tout : vous y tendez.

Quelle lutte il m'a fallu soutenir, au Convent Indépendant de Londres, pour faire inscrire dans le programme discuté le qualificatif *régénéré* ajouté au mot *Palladium* !... J'ai pu obtenir la suppression officielle de certaines pratiques, et non sans peine ; — *vous les vouliez maintenir facultatives ;* — mais il m'a fallu vous faire la concession d'en conserver les symboles. Il est juste de dire que vous me laissiez le droit d'en fixer l'interprétation.

Avouez-le : si vous désirez l'union avec les FF▽ et SS▽ séparés, en imposant la déchéance de Simon, par contre, vous l'attendez avec impatience, cette réconciliation, surtout afin de reprendre des traditions déplorables, contraires à ce que je croyais le vrai Palladisme, mais traditions que bien peu d'entre vous réprouvent.

Et, à ce propos, souffrez que je vous dise que vous pouvez revendiquer le titre *le Palladium Régénéré et Libre*, puisqu'il a été adopté par la Fédération ; mais les Brefs d'autorisation en Activité, destinés aux Groupes Familiaux, m'appartiennent en toute propriété ; car c'est moi qui ai tout payé, gravure, impression, sceaux. Certes, maintenant, je ne vais pas en user pour vous aider à fonder des groupes ! Je les utiliserai, en les transformant en prime pour mes lecteurs-abonnés ; toutefois, je vous préviens, afin que vous n'en ayez aucune surprise, que je publierai dans mes Mémoires l'explication de ces symboles, telle que les simoniens et la plupart d'entre vous la veulent comme dogme, *vrai dogme de satanisme*[1]. L'explication étant alors révélée, au sens dans lequel vous retombez, nous verrons si vous pourrez fonder beaucoup de Groupes Familiaux ?... Je dis : non.

Avec l'honnêteté, on en eût créé un grand nombre. En pratiquant, vous aussi, un Palladisme satanique, vous vous condamnez à l'impuissance ; et moi, je vous condamne au mépris public.

Quant à vos Triangles, — je parle des vôtres aussi bien que de ceux soumis à Simon, — ma plus grande joie sera de travailler à leur destruction, puisque vous rechûtez dans le satanisme d'où je m'efforçais de vous tirer ; travail de destruction que j'opèrerai en parfaite placidité de conscience, en certitude de faire bien. Si le Palladisme doit être *ça*, s'il est impossible de le « débarbouiller », pour employer l'expression pittoresque d'un écrivain adonaïte qui signe Flavio, par ma foi de croyante honnête, je le jure : autant vaut qu'il s'effondre à jamais dans l'universelle réprobation !

Ah ! contre les divulgations du docteur Bataille vous avez poussé, chez vous, des cris à ébranler les murailles de vos temples ?... Eh bien, je vous annonce mieux que tout ce qu'a pu dire ce catholique romain, dont les révélations perdaient, il semble, une part de valeur par le fait que son enquête avait été résolue avec une idée préconçue, immuable, accomplie avec des yeux d'adversaire. Moi, nul ne pourra m'accuser de parti pris adonaïte. Et vous n'ignorez pas quelles sont les choses que je sais, c'est-à-dire que rien ne m'a été caché, que le Dieu-Bon lui-même, en personne, n'a eu pour moi aucun secret. Et je vous assure que personne, d'aucun monde, ne mettra un bâillon sur ma bouche !

N'invoquez pas contre moi mon serment.

À qui ai-je juré respect, amour, fidélité ?… Est-ce à Satan, à un roi du mal, à un prince-souverain chef de diables ? Non, jamais, jamais ! J'ai prêté serment à Lucifer, en tant que principe du bien, dieu de bonté suprême.

Je crois, ou j'essaie de croire encore que Lucifer est le Dieu-Bon, et Adonaï, le Dieu-Mauvais. Mais, vous qui appelez malencontreuse ma tactique, j'ai le devoir de vous dire que c'est votre tactique qui me devient suspecte. Vous me donnez sept jours pour réfléchir : or, dans ma réflexion immédiate, je vous vois n'opérer que tortueuses manœuvres. Le nom de Lucifer est sur vos lèvres ; hélas ! je comprends que c'est un Satan que vous adorez.

Après avoir ri de votre prétention à m'imposer vos tyranniques et ineptes volontés, maintenant je tremble. Je tremble en me demandant si mon bien-aimé père, trompé lui-même, ne m'a pas infusé l'erreur.

Je relis ces lignes, écrites sur moi il y a un an par un adversaire dont j'ai toujours apprécié l'élévation de cœur et la droiture, et qui m'ont vivement frappée : « Diana Vaughan se fait de Lucifer une image absolument contraire à ce qu'il est réellement ; de sorte que, dans l'esprit mauvais, elle se figure, non ce qu'il est, mais l'antithèse de ce qu'il est. Elle s'imagine un Lucifer bon, protégeant le bien, miséricordieux même, tel, en un mot, que sont les anges de lumière, et c'est en le revêtant des perfections divines qu'elle se prosterne devant lui ; de sorte que son erreur n'est pas dans la conception qu'elle se fait de la divinité, mais elle consiste à attribuer les dons divins à l'infernal ennemi de Dieu. »

Cette opinion ainsi exprimée ne m'avait aucunement convaincue. L'écrivain ne m'apprenait rien de nouveau, en disant, dans un style catholique romain, que l'orthodoxie luciférienne est le contrepied exact de l'orthodoxie adonaïte. Pour le palladiste orthodoxe, Lucifer est le principe et l'auteur de tout bien, tandis qu'Adonaï équivaut au diable de la religion chrétienne, mais il est un diable rival du Dieu-Bon ; aux yeux du palladiste orthodoxe, Lucifer ne saurait donc être Satan, et, pour dire le mot, c'est plutôt Adonaï qui serait un Satan, d'ordre très-haut.

Mais ces lignes sont revenues à mon esprit, après lecture de la voûte londonienne et réflexions sur ce que je sais des tendances qui prédominent dans la pratique du Palladisme.

Réellement, je le répète, — et vous savez que je ne mens pas, — vous adorez en Lucifer un Satan, et d'autre part vous maudissez et repoussez avec horreur Adonaï, dieu des catholiques romains.

Ce n'est pas moi, par conséquent, c'est vous qui donnez raison à l'écrivain des lignes ci-dessus reproduites. Si, en adorant Lucifer, j'adorais le Satan qui reçoit vos hommages, alors j'ai été trompée, comme le fut mon père, comme le sont les quelques palladistes qui m'ont assuré penser de même que moi ; alors j'adorais le diable. Or, je ne veux pas, je n'ai jamais voulu de cette divinité-là.

Si Lucifer est vraiment Satan, mon serment est nul. Je n'ai besoin d'aucun prêtre catholique romain, d'aucun ministre protestant, d'aucun rabbin ni d'aucun marabout, pour m'en délier ; il est nul de lui-même, radicalement nul.

Et si je n'étais pas dans l'erreur, si Lucifer est vraiment le Dieu-Bon, si mon serment est donc valable, je ne le trahis point en démasquant les pratiques satanistes que j'ai constatées avec douleur dans les Triangles, contre lesquelles j'ai employé mes meilleures forces réagissantes ; je ne trahis point, car vous n'êtes pas lucifériens, vous êtes satanistes.

Il m'a été rapporté que c'était par complaisance pour moi que certains Triangles supprimaient ces pratiques, quand je les visitais en Inspectrice, mais que, sitôt après mon départ de la ville, elles étaient reprises de plus belle. J'ai tenu à faire vérifier le fait par quelques orthodoxes dont je suis sûre ; j'ai su ainsi ce qu'il en était, et j'en eus le cœur déchiré. J'avais formé l'espoir de ramener peu à peu tous les nôtres, au moins les Indépendants fédères, à l'orthodoxie, c'est-à-dire au dogme pur et aux pratiques incritiquables, par la voix de la persuasion, par la persévérance à glorifier le bien et à flétrir le mal, hardiment, hautement, sans ambiguïtés, au grand jour ; cet espoir, ô vous qui vous dites mes meilleurs amis, vous venez de le détruire.

L'obligation de me désavouer vous est pénible, dites-vous. Moi, je pousse un soupir de soulagement en rompant avec vous à jamais ; tenez, tandis que j'écris tout ceci, je respire mieux.

Je respire mieux, oui ; vos despotiques fantaisies ont provoqué mon rire, oui encore. Néanmoins, quel bouleversement vous avez porté dans le plus intime de mon âme !…

Ma vie tout entière passe devant les yeux de ma conscience. Je ne sais plus où j'en suis, d'où je viens, où je vais. J'entends un cri, qui me dit : « Je suis la vérité ; reste avec moi. » Puis, c'est un doux murmure à mon oreille : « Il t'a toujours trompée, renonce à lui ; Celui qui vraiment t'aime n'attend qu'une prière de toi pour t'ouvrir ses bras ! »

Qui écouter ? qui croire ?… Je ne le sais encore. Je riais il n'y a qu'un instant ; à présent, je pleure. Est-ce que je deviendrais folle ?… Ô Dieu-Bon, qui que tu sois, aie pitié de moi !

Ah ! plus de trouble, plus de tourments de pensée ! Songeons à l'œuvre urgente et nécessaire. Je ne suis plus des leurs, voilà le point incontestable. Écrivons, sans haine ni rancune, le livre de bonne foi ; disons, sans trembler, ce qui est, tout, tout. Neutralise-toi, ô mon âme, pendant que ma plume courra sur le papier.

Et, pour me soutenir, *renonçant à tout appel d'esprits discutés*, je n'invoquerai que Celle qui est, en mon sentiment, la plus sublime des héroïnes ayant vécu sur cette terre, et qui, où qu'elle soit, est certainement auprès de l'Éternel Bien :

— Sainte Jeanne d'Arc, combats pour moi !

DIANA VAUGHAN.

8 Juin 1895.

---

1. ↑ Je rappelle ce qui est stipulé, dans les *Règlements pour les Groupes Familiaux*, à l'article 10, au sujet des Brefs d'autorisation en Activité :
   « Le modèle est celui que le Convent Indépendant de Londres, au 2 mékir 000894, a adopté pour servir uniformément à tous Diplômes, Brefs et Patentes de la Fédération du Palladium Régénéré et Libre, c'est-à-dire le modèle des Patentes de Hiérarque et de Maîtresse Templière au titre direct de Charleston, attendu que ce modèle est celui qui contient complètement les symboles du Palladisme ; *toutefois, l'explication des symboles ne sera pas donnée aux demandeurs de Brefs pour autorisation de fonder un Groupe Familial.* »
   Ah ! non, on n'aurait pas donné l'explication des symboles aux simples profanes, même bien décidés à fonder un groupe !…
   Mais, puisqu'on m'a fait payer tous les frais de ces Brefs, il est évident qu'ils sont ma propriété, sans contestation possible ; et puisqu'ils sont ma propriété, j'en dispose à mon gré. Rien ne me servira mieux pour démontrer le satanisme qu'on prétend maintenir dans les Triangles et auquel on comptait amener, malgré moi, les Groupes Familiaux. La production publique des Brefs, avec explications, sera un coup mortel pour le satanisme des soi-disant lucifériens.

> *Gloire à Dieu, le seul vrai Dieu !*
>
> *Gloire au Christ et à sa très sainte Mère !*
>
> *Vive Jeanne d'Arc !*

14 juin 1895. — Nombreuses pages écrites, depuis ma réponse à la voûte londonienne ; mais déjà ces pages ne peuvent plus être utilisées. Je ne comptais pas avoir si tôt à publier des mémoires, dans le sens qu'on attache à ce terme : prise à l'improviste, j'ai jeté sur le papier mes premières impressions ; or, depuis hier, mes impressions ne sont plus les mêmes qu'avant-hier.

Hier était, pour les catholiques romains, le jour de Fête-Dieu, la fête de l'Eucharistie. Pour les palladistes, hier était la troisième grande fête de Lucifer ; les deux autres jours où mes ex-Frères et ex-Sœurs célèbrent leur dieu sont la Noël, fête de blasphèmes contre le Christ naissant, et le Vendredi-Saint, fête de réjouissances contre le Christ expirant sur la croix.

Mercredi, j'arrivais dans la ville où demeure la digne et sainte femme qui a connu une de mes parentes, m'ayant tendrement aimée. Elle ne m'attendait point encore ; un billet lui fit savoir que j'étais là ; peu après, les portes du couvent me furent ouvertes. Elle et une autre religieuse, seules, connurent qui j'étais.

En franchissant le seuil du pieux asile, j'eus le sentiment que je faisais un pas nouveau vers Dieu, le seul vrai Dieu.

Ô Dieu que j'ai méconnu, pardon ! pardon ! L'indigne créature est parmi tes vierges. Pardon encore, ô Dieu de toute bonté !

Oui, Seigneur, il n'est qu'un Dieu, et c'est vous. L'autre est le mensonge, et vous êtes la vérité. Car il ne saurait exister deux Satans, deux dieux-mauvais ; or Lucifer est Satan. Merci, ô vous qui serez désormais mon Dieu, j'ai compris.

Le calme, je l'ai ; mon âme exulte, mon cœur se fond dans une douce joie, jusqu'alors inconnue. Priez pour moi, nouveaux amis ; demandez aux anges, aux saints, à Dieu, que je garde cette paix si suave, tant que je devrai vivre ; que la mère bénie du Christ m'assiste, surtout à l'heure de ma mort !

Elles m'ont entourée, me prodiguant leurs meilleurs soins, les vierges du Seigneur. Et la bonne causerie, les mains dans les mains, avec celle d'entre elles qui me rappelait un de mes meilleurs souvenirs !… Mais, laissons.

Le lendemain, jeudi, je devais quitter cette maison où la paix règne dans la vertu. Aucune des deux religieuses qui étaient dans la confidence n'avait tenté quelque acte de prosélytisme ; mais elles avaient prié, beaucoup prié, et moi aussi.

— Nous séparerons-nous déjà ? leur dis-je.

Elles me regardèrent, les yeux humides. L'heure de leur office allait sonner.

— Permettez-moi, repris-je, d'assister à la messe, qui est votre prière par excellence. J'y serai bien recueillie ; aucune de vos sœurs, je vous le promets, ne soupçonnera que je ne suis pas chrétienne.

Elles se consultèrent. Puis, d'elles deux, la plus en autorité me dit :

— Venez, chère enfant.

Je me jetai à son cou pour la remercier. Elle pleura ; nous pleurâmes toutes trois. Combien j'étais heureuse !…

Oh ! les inoubliables moments que j'ai passés dans la petite chapelle !… En demandant à entendre la sainte messe des catholiques romains, j'avais un but, que je ne pouvais expliquer aux bonnes religieuses : ce que j'aurais eu à leur dire leur eût causé grand chagrin, non à cause de moi, certes, mais à cause de mes ex-Frères et ex-Sœurs.

Je voulais m'agenouiller au pied de l'autel, dont le tabernacle sert de piédestal à l'image du doux Crucifié, de Celui qui a tant aimé les hommes, et je voulais, là, prosternant mon corps et élevant mon âme vers le Dieu des chrétiens, lui faire amende honorable pour tous les outrages dont les adorateurs de Satan, ce jour même, s'efforçaient de l'accabler, en essayant d'outrager le Christ par de monstrueuses folies.

La bonté des vierges de Dieu me permettait donc de pénétrer dans le sanctuaire de l'Éternel Bien.

On me plaça dans la partie de la chapelle réservée aux personnes du dehors ; j'étais mêlée aux catholiques du voisinage, qui, en cette grande fête, étaient accourus, heureux de faire leurs dévotions en ce couvent, comme en un temple privilégié. Il semble que, dans l'union avec les prières de ces saintes femmes, les prières des moins dignes montent mieux vers le ciel.

La religieuse, mon amie, — je puis bien lui donner ce titre, — m'avait prêté un livre de messe, afin qu'il me fût aisé de suivre l'office. Elle m'avait dit, en outre : « Vous n'aurez qu'à faire comme les personnes auprès de vous ; vous vous assiérez, vous vous agenouillerez ou vous vous tiendrez debout, quand elles feront ainsi. Mais surtout priez, et, de notre côté, nous unirons nos prières aux vôtres. » J'avais pris le livre, il ne me servit guère car je m'agenouillai dès le début, je ne me préoccupai point des changements d'attitude des fidèles, je ne vis que l'autel et son Christ aux bras tout ouverts pour attirer les coupables dans le repentir et la miséricorde, et la messe avait pris fin dès longtemps, tandis que j'étais encore à genoux, priant Dieu sans lire dans le livre, mais du plus profond de mon cœur.

Voici quelle fut ma prière :

« Ô Dieu d'infinie bonté, je crois en vous ; je vous remercie d'avoir permis que je ne sois plus au pouvoir des démons. Voici bientôt six ans que vos pires ennemis avaient fait de moi une grande-prêtresse du diable, et depuis mon enfance j'avais eu dans l'esprit que Lucifer était principe divin de tout bien, et que vous étiez dieu du mal. Pardon, mon Dieu, pardon !… Pardonnez à ceux qui ont trompé mon père car, vous le savez, mon bien-aimé père fut de bonne foi dans son erreur… Sans être plongée dans une erreur aussi profonde, ma chère mère vous méconnut aussi ; pardonnez-lui, bon Seigneur, par les mérites de Jésus-Christ ; pardonnez-lui en récompense de sa douce charité ; que ses œuvres de bien sur cette terre soient son rachat et celui de mon père, dans l'autre monde, et accordez-moi, au jour que votre providence a fixé pour le terme de mon existence humaine, la grâce de les retrouver tous deux au séjour du bonheur éternel, qui est votre paradis, ô mon Dieu !…

« Donnez la lumière de votre vérité sainte à tous ceux qui sont aveugles, comme si longtemps je l'ai été. Je vois maintenant les profondeurs de l'abîme où Satan me tenait ; vous m'en avez arrachée : mais, ô mon Dieu, puisque à présent je vous aime, puisque vous m'avez préservée alors même que j'étais en puissance des démons, puisque vous me voulez à vous ; donnez-moi encore, encore, je vous en supplie, donnez-moi plus de lumière, ne me laissez dans aucun doute sur les dogmes de votre religion, sur les enseignements de l'Église de Jésus-Christ.

« Ô bon Jésus, agneau sans tache, vous qui vous êtes offert à Dieu en victime expiatoire pour racheter les péchés du genre humain, oh ! je vous aime aussi de toutes les forces de mon âme. Obtenez-moi la grâce de croire à votre présence dans la blanche hostie que le prêtre du Saint des

Saints élève vers cette croix où je vous vois attaché, et qui me rappelle qu'à votre dernier soupir vous pardonniez à vos bourreaux. Tant que je n'aurai pas la foi au mystère de la divine Eucharistie, je ne serai pas tout-à-fait heureuse. Ô Christ aimant et aimable, ô fils de la plus sainte des femmes, ô Messie rédempteur du monde, obtenez-moi la foi qui me manque encore.

« Et vous, sainte Marie, reine des cieux, refuge des pécheurs, consolatrice des affligés, Notre-Dame des Victoires, Notre-Dame du Sacré-Cœur, vous qui écrasez la tête du serpent maudit, priez pour moi, protégez-moi, sauvez-moi !

« Mon Dieu, il y a deux mois, l'avant-veille de Pâques, les palladistes du monde entier, maçons ou non-maçons, outrageaient votre Christ en foulant aux pieds la croix ; aujourd'hui, en ce moment, ils s'imaginent le meurtrir, l'immoler en exerçant leurs sauvages fureurs contre le Sacrement eucharistique. Vous le savez, Seigneur, je n'ai jamais participé à ce dernier déchaînement de la palladique haine ; mais je n'en ai aucun mérite, puisque je ne croyais pas à la présence réelle. Eux, les autres, ils disent : « Le Christ est là ! » et, la main armée du poignard, ils se ruent, pleins de rage, sur la blanche hostie ; les misérables ! Pardonnez-leur, mon Dieu, car ils ne savent ce qu'ils font. Moi, j'ai besoin de croire, et c'est pour adorer votre Christ sous les mystiques espèces. La foi ! la foi tout entière, oh ! donnez-la, divin Créateur, à l'indigne créature, qui vous implore ! Que je goûte la parfaite allégresse de ces saintes femmes qui prient ici avec moi ! Je vous adore, ô Dieu de bonté, dans votre clémence et dans votre justice ; je veux vous adorer encore dans vos divins mystères. Ne repoussez pas ma prière, Seigneur ; éclairez-moi !

« Vous, Jeanne, vaillante et pure martyre, soyez mon interprète céleste et défendez ma cause devant le trône de Dieu. Portez mon amende honorable à Jésus, dont vous inscriviez le nom triomphant à côté de celui de sa très sainte Mère, sur votre étendard, et dites au Tout-Puissant, au seul Tout-Puissant qui vous a admis dans sa gloire, que je lui offre ma vie pour la conversion de quiconque me hait.

« Oui, oui, Seigneur, après m'avoir éclairée, prenez-moi. Qu'à mon tour je sois victime ; que mon sacrifice détourne votre juste colère ; que des larmes de douleur, versées par mes yeux, effacent les offenses de mes ex-Frères et de mes ex-Sœurs. Pitié pour eux tous, ô mon Dieu ! lumière à tous et pardon même aux plus coupables ! Ma santé, ma vie, mon sang, prenez tout, et qu'Adriano Lemmi devienne honnête, se convertisse à vous et vous bénisse à jamais ! »

16 juin. — Je demeurai deux jours de plus en ce couvent. La supérieure est une femme d'une intelligence très haute, d'un esprit des mieux cultivés, et encore de la plus grande sagesse : elle avait compris, dès mes premières explications, pourquoi il était nécessaire que le secret de ma visite fût gardé entre les deux seules personnes à qui j'avais révélé mon identité, et desquelles elle était l'une ; elle comprit aussi l'impossibilité pour moi d'établir ma résidence chez elle, pendant que j'écrirais mes Mémoires, se rendit compte de la manière dont j'ai organisé mon travail sans que ma retraite puisse être découverte, et vit bien qu'il n'en pourrait être ainsi si je me fixais ailleurs que dans cette retraite. Je lui promis de lui faire quelquefois encore la surprise d'une visite, et nous nous quittâmes.

Je me suis fait rendre par mon éditeur les premières pages que j'avais écrites à la suite de ma réponse à la voûte du Comité Fédéral de Londres ; cette réponse est du 8 juin. Je la conserve en tête de ces Mémoires, afin que les chrétiens fidèles aient sous les yeux la constatation de mon progrès en cinq jours ; peut-être quelque jour je pourrai en dire publiquement toute la cause. Mais mes pages écrites les 9 et 10 juin étaient insuffisantes, mes impressions n'étant plus les mêmes depuis que j'assistai à la sainte messe de la Fête-Dieu.

Donc : je rassemble à la hâte mes matériaux ; je réclame l'indulgence pour une œuvre qui s'est imposée à moi, sans plan préconçu ; et je commence ici. Ce travail sera forcément un peu décousu ; lecteur, n'en veuille qu'aux circonstances. En tout cas, que chacun ait la certitude que pas un mot ne scandalisera ; on sait que je n'ai jamais manqué à ma parole.

À tous ceux qui me liront je demande de ne pas m'oublier dans leurs prières. Surtout, amis, faites prier les prêtres, les religieux et religieuses qui appartiennent à vos familles, et pour que les voix les plus pures s'élèvent ainsi vers le ciel, faites prier les petits enfants, avec les ministres et les vierges de Dieu.

✝ J'ai quitté le couvent hier soir. On m'y apprit, à mon départ, que plusieurs prêtres, religieux et religieuses, avaient offert à Dieu leur vie, afin d'obtenir par ce sacrifice que je ne sois plus luciférienne. Je ne le suis plus : mais, ô mon Dieu, ne prenez la vie d'aucun de vos saints prêtres, d'aucune de vos religieuses si pures, si méritantes ; prenez ma vie plutôt.

✝ Notre-Dame des Victoires, Notre-Dame du Sacré-Cœur, priez pour moi.

✝ Jeanne d'Arc, combats pour moi.

———

CHAPITRE 1ᴇʀ

Lucifer au Sanctum Regnum

J'avais vingt-cinq ans un mois et huit jours, lorsque je fus l'objet d'une présentation officielle à Lucifer, c'est-à-dire lorsque je vis pour la première fois Celui qui se dit le rival du Dieu des chrétiens et son éternel supérieur. Trois jours auparavant, il avait demandé mon hommage ; le 8 avril 1889, jour de lundi, je le lui offris, au Sanctum Regnum de Charleston. Date funeste, qu'aujourd'hui je maudis, et dont, trompée, j'ai tiré gloire pendant plus de six ans !

Dans de nombreux journaux et livres, on s'est occupé de moi, en ces dernières années. Tout récemment encore, je lisais dans le *Figaro* (15 juin 1895, supplément) un article de M. Huysmans sur le satanisme et la magie : ignorant que j'ai eu le bonheur d'ouvrir les yeux à la lumière du vrai Dieu et que j'ai renoncé à Satan pour toujours, l'auteur me malmène quelque peu ; mais aucunement je ne lui en garde rancune. Toutefois, il commet à mon égard une erreur qui m'est sensible, et dont je fais rectification dès le début de ces Mémoires. M. Huysmans, par son article, me paraît assez bien renseigné sur le Palladisme, et sa distinction entre les Lucifériens et les Satanistes, — il dit : Sataniques, — est très exacte en ce qui concerne la séparation absolue des deux camps. Mais il se trompe en attribuant aux Lucifériens palladistes le vol d'hosties consacrées, accompli avec une rare audace à Notre-Dame de Paris, il y a un an, qui a tant et justement ému les catholiques du monde entier. De ses déductions mêlées à une citation de la revue que j'ai cessée, il semble même ressortir, au moins sous forme d'insinuation, que le groupe dissident dont je faisais partie est coupable de ce sacrilège vol. Alors, à la réflexion de ceux qui adopteraient le soupçon de M. Huysmans, il s'ensuivrait, dans leur pensée, que c'est par une indigne hypocrisie que j'ai protesté, quand mes protestations ont été publiques, contre les profanations des Saintes-Espèces. Ce soupçon, je ne dois pas le laisser planer sur ma vie passée, tout en confessant hautement mes autres erreurs.

MM. le docteur Bataille, de la Rive, Margiotta, et beaucoup de journalistes catholiques, à leur suite, m'ont rendu meilleure justice ; je ne saurais trop remercier ceux-ci.

Ils m'ont tenue en dehors de ces adorateurs et adoratrices du diable, qui éprouvent à poignarder et souiller le sacrement eucharistique un bonheur comparable à celui des cannibales massacrant un ennemi. Longtemps, j'ai vu en eux des fous ; aujourd'hui, j'ai tendance à les voir grands coupables.

M. Huysmans serait dans l'intégrale vérité, s'il disait que, tous, Lucifériens et Satanistes, en général, se procurent des saintes hosties n'importe comment ; sur ces profanations et leur source, il n'y a pas de distinction à faire entre les deux camps. Les uns et les autres recourent aux prêtres apostats pour faire consacrer le pain mystique ; les uns et les autres, quand ils n'ont pas un prêtre apostat à leur discrétion, se procurent des hosties par des moyens déjà dénoncés à l'indignation des honnêtes gens.

Les Palladistes ont-ils à leur charge des vols commis dans les églises ?... Je n'entends aucunement les défendre ; on le verra bien par la révélation des crimes odieux, atroces, qui sera écrite dans ces pages. Néanmoins, il faut que je dise que ces sacrilèges vols, de leur part, sont exceptionnels et doivent être imputés, pour la presque totalité, à ces groupes satanistes épars, non reliés ensemble en fédération universelle, qui sont les associations formant le deuxième camp du Très-Bas, selon l'heureuse expression de M. Huysmans.

Je défends si peu mes ex-Frères et ex-Sœurs, que je vais donner l'aperçu d'un décret du Grand Directoire Central de Naples. Ce décret, applicable à toutes les Provinces Triangulaires européennes, stipule : « *Dans le cas où l'on ne pourra se procurer autrement les figuiers maudits nécessaires aux œuvres rituelles, on ne devra pas reculer devant l'acte de main-mise en pénétrant de jour ou de nuit dans la maison du Dieu-Mauvais ; mais, si la main-mise ne peut être exécutée qu'en emportant aussi les contenants, et si les contenants sont en métal précieux, une somme égale au double de leur valeur sera laissée en évidence* » Donc, il est possible et même probable que des Lucifériens palladistes aient pénétré en voleurs dans les temples catholiques, afin de s'emparer des Saintes-Espèces contenues dans les custodes et les ciboires ; le terme *« figuier maudit »* est celui sous lequel, en correspondance, on désigne une hostie consacrée. J'ajoute : il est à croire que les fanatiques du mal, capables d'arriver à ces extrémités, n'ont jamais laissé sur l'autel la double valeur des custodes et ciboires emportés. J'émets cette opinion ; elle est personnelle. Toutefois, je ne pense pas porter une accusation trop hasardée ; car, si, dans quelqu'un de ces sacrilèges pillages, une somme d'argent avait été laissée, la chose eût étonné le curé de l'église, à un tel point qu'il n'aurait pas manqué de la signaler comme fait extraordinaire, inouï ; or, rien de ce genre n'a été mentionné jamais.

Voilà pour les vols commis dans les églises, qui peuvent être imputés aux Palladistes. On ne s'en est jamais vanté à moi, puisque j'ai toujours réprouvé les transpercements d'hosties ; je crois, pourtant, que des vols de ce genre ont pu, ont dû avoir pour auteurs des affiliés aux Triangles, Mais je répète qu'il y a là exception.

M. Huysmans écrit dans le *Figaro* : « Les corps d'armée du Palladisme sont nombreux. » « Le Palladisme, haute franc-maçonnerie de Lucifériens, englobe le vieux et le nouveau monde, possède un antipape, une curie, un collège de cardinaux, qui est, en quelque sorte, une parodie de la cour du Vatican. » Il constate cette formidable organisation. Alors, comment n'a-t-il pas compris que des associés dans le fanatisme du mal, si nombreux et si bien organisés, peuvent aisément, — surtout par les communions sacrilèges de mes ex-Sœurs, — se procurer les Saintes-Espèces autant qu'ils veulent, sans recourir aux effractions passibles des tribunaux ?

En France seulement, le recensement de 1803 relatait cent soixante-deux Triangles (huit à Paris) ; l'effectif des Sœurs du Palladium varie de vingt à cinquante par Triangle, en province, et dans ce pays les Chevalières Élues Palladiques, premier degré, passent rapidement Maîtresses Templières, deuxième degré ; il y a près de six mille Sœurs, en comptant aux deux degrés ; dans la capitale, les Maîtresses Templières sont plus de trois cents, à l'heure où j'écris. Voyez l'abominable moisson d'hosties, récoltée par trois cents femmes allant communier chacune dans deux ou trois paroisses en la même matinée, un jour de Pâques ou de Fête-Dieu !… Croit-on que la Sophia des Palladistes français avait besoin, pendant la Semaine-Sainte, de commander un vol à Notre-Dame, pour célébrer sataniquement la fête du Baphomet ?…

Laissons. Sur ce point, M. Huysmans s'est trompé. Par réflexion à l'organisation et aux chiffres, on comprendra que les Lucifériens palladistes ont toute facilité de satisfaire leurs infernales rages contre le Christ sans se compromettre, sans encourir l'atteinte du Code pénal.

Les lignes de l'auteur de *Là-Bas* et d'*En Route* qui me visent en personne entraînent un soupçon dont j'ai été vivement affectée. Pour ce motif, je commence ces Mémoires par le récit de ma présentation officielle à

Lucifer, quoique j'aie vu d'autres daimons longtemps avant d'avoir connu visiblement leur chef.

Je remets à plus loin l'histoire de la première querelle que me fit la Sophia : l'aventure est connue déjà ; quelques rectifications de dates ont été accueillies avec courtoisie par le premier narrateur ; M. de la Rive a bien voulu, aussi, rectifier un incident, rapporté par M. le docteur Bataille d'après une légende très accréditée, mais inexacte. Il y a d'autres choses à ajouter à ce qui a été dit, comme à modifier ou retrancher. Quand j'en serai là, je remettrai tout au point, par quelques détails inédits et par production du principal document de l'affaire.

Quant à présent, je me borne à retenir le fond le mieux connu de l'histoire. Présentée le 25 mars 1885 à l'initiation de Maîtresse Templière, au G ▽ T ▽ *Saint-Jacques* de Paris, j'eus à subir un ajournement de proclamation à ce degré palladique, parce que j'avais refusé de satisfaire à l'une des deux essentielles épreuves du rituel ; la formelle volonté de mon père, exprimée à son lit de mort, m'avait épargné l'autre épreuve, et d'ailleurs je ne l'aurais pas acceptée non plus. Conséquence : j'étais luciférienne d'âme, je m'insurgeais contre les pratiques de satanisme. L'épreuve dont je n'avais pas été dispensée et que j'avais refusée, c'était l'outrage aux Saintes-Espèces par souillure et transpercement. Ma proclamation ajournée à Paris provoqua un conflit entre les Frères et Sœurs de *Saint-Jacques* et les membres du Triangle fondé par mon père à Louisville, le P ▽ T ▽ *les Onze-Sept* ; ceux-ci me conférèrent l'honorariat du grade dont les Palladistes parisiens me déclaraient indigne. Alors, il y eut une crise fort aiguë, qui dura jusqu'en 1889. C'est l'historique de cette crise que je tracerai plus loin.

La conclusion de la crise : c'est Lucifer lui-même qui trancha les difficultés et se prononça en ma faveur après avoir reçu mon hommage. Voilà ce qui n'a pas été publié ; les écrivains qui ont parlé de mon cas ignoraient quel était le véritable auteur de la solution intervenue, dans ce conflit qui paraissait inextricable. Le décret, rendu le 8 avril 1889 par le général Albert Pike, Souverain Pontife de la haute-maçonnerie luciférienne, leur a donné à croire que son intervention pour moi était un acte de sa seule autorité ; c'est cela qui a été répété partout, c'est cela qui a été imprimé dans les deux mondes.

J'ai laissé dire et écrire, parce que je me croyais, jusqu'à ces derniers jours, liée par un serment de secret sur les faits de cet ordre. Aujourd'hui, par la grâce du seul vrai Dieu, j'ai *la preuve* que mon serment est nul. Rendons à Pike ce qui est à Pike, à Satan ce qui est à Satan, et à Dieu ce qui est à Dieu. Une prière pour Albert Pike ; toutes mes malédictions à Satan ; toute ma reconnaissance à Dieu !

Le narré de ma présentation à Lucifer, en solennelle tenue spéciale, au Sanctum Regnum même, expliquera ce qui a été un problème pour grand nombre. On s'est demandé comment je pouvais, ne voyant autour de moi qu'infamies et crimes, croire à l'excellence de la religion luciférienne et nourrir, durant plusieurs années, l'espoir de régénérer le Palladisme.

Albert PIKE

Portrait authentique, extrait du numéro spécial du Bulletin du Suprême Conseil des États-Unis (juridiction Sud), publié après la mort d'Albert Pike et contenant tous les documents et dépêches ayant trait au décès du Souverain Pontife Luciférien (*Occasional Bulletin of the Supreme Council for the Southern Jurisdiction of the United-States* ; n° 12 ; May 1891).

Je constatais le fumier, et mon cœur se soulevait de dégoût ; mais au milieu de ce fumier, je croyais apercevoir un diamant : l'idée, la doctrine. Je me disais que le fumier était accumulé par la malice du Dieu-Mauvais et de ses maléakhs, et que cette ordure n'aurait qu'un temps. J'en gémissais. Mais je pensais lire dans l'avenir, je me sentais être l'apôtre de cette régénération.

Pour me faire mieux comprendre : catholiques qui lisez ces lignes, songez un instant aux prédictions appliquées par vous à la lamentable époque de la venue de l'Ante-Christ. Pouvez-vous imaginer une époque plus triste pour la religion chrétienne ? Non. Ce sera l'abomination de la désolation : il y aura des apostasies navrantes, désastreuses, même parmi les évêques ; la corruption sera partout. Pourtant, les saints de la terre désespéreront-ils ? Non. — Eh bien, je me croyais dans une époque semblable pour la religion luciférienne ; je me croyais une sainte de Lucifer. Surtout, lorsque l'élection de Lemmi s'est faite, je n'ai plus douté : *lutea periclitatio*, l'épreuve de boue. Les premières infamies et les premiers crimes que j'ai constatés étaient, à mes yeux, les signes précurseurs de cette suprême ordure. Et il me semblait toujours voir luire le diamant, au milieu du fumier.

Cet état d'esprit où j'étais, c'est Lucifer qui m'y avait mise. J'y ai persévéré pendant six années, sans me rebuter par ce qui déchirait mon cœur ; car ce dont j'étais désolée me semblait l'accomplissement même des attristées paroles de Celui en qui j'avais foi, en qui mon éducation luciférienne me montrait le Dieu-Bon. Il m'a fallu voir enfin les esprits de mensonge dépouillés de leur faux éclat et de leur trompeuse beauté, pour comprendre que Lucifer n'est que Satan et que ses anges sont les mauvais anges. Sans cela, je serais encore dans l'erreur ; sans cela, aujourd'hui ainsi qu'avant la rageuse voûte du Comité Fédéral de Londres, je m'obstinerais, toujours aveugle, à vouloir réaliser l'irréalisable : régénérer le Palladisme en le lavant des immondices, en ne conservant de lui que ce que je croyais être le diamant, en donnant à sa doctrine une traduction pure, en tous points honnête, conforme à l'invariable morale du bien.

Disons cette présentation.

Les membres du Sérénissime Grand Collège m'invitèrent d'abord à venir à Charleston. J'y arrivai le jeudi 4 avril. On sait que Lucifer est réputé apparaître au Sanctum Regnum chaque vendredi, à trois heures. Là, selon ce qui est rapporté et qui est admis comme véridique dans les Triangles, il parle et donne ses instructions aux premiers chefs, même s'ils ne sont pas au complet, c'est-à-dire le Souverain Pontife du Suprême Directoire Dogmatique et les dix Anciens et Émérites, membres à vie du Sérénissime Grand Collège ; car Albert Pike, quoique jouissant du don de transport instantané, n'y venait pas exactement à toutes les tenues dites divines. Mais ce vendredi, 5 avril 1889, il y fut présent.

Ce n'est pas à cette réunion que j'étais convoquée ; personne autre que les onze premiers chefs ne peut assister à la tenue divine hebdomadaire.

Le soir du vendredi, l'un des Émérites vint me faire part de ce qui s'était passé. Le Dieu-Bon, me dit-il, avait écouté avec intérêt l'exposé de mon cas ; après quoi, il avait ordonné que je lui fusse présentée le troisième jour suivant. J'éprouvai un grand bonheur, à cette nouvelle.

Donc, dès le lendemain, je me préparai, joyeuse de suivre les prescriptions qui me furent communiquées de la part d'Albert Pike.

Le samedi et le dimanche, je ne pris qu'un repas, le soir, après le coucher du soleil ; ce repas était uniquement composé de pain noir, d'un plat de sang frit fortement épicé et d'une salade d'herbes laiteuses ; de l'eau de source, pas de vin. Je demeurai, ces deux jours-là, renfermée dans ma chambre, où je priai et méditai. Je n'avais à dormir que trois heures, et ce sommeil était interrompu par deux fois. Couchée sans me dévêtir sur un lit dur, à sept heures, j'étais réveillée à huit par une des femmes commises à ma garde ; à onze heures, je me couchais de même, pour être réveillée à minuit ; enfin, le dernier repos était de trois heures à quatre du matin. Pendant les heures nocturnes, j'avais pour seul éclairage la légère lumière d'une veilleuse, brûlant devant une statuette du Dieu-Bon ; cette statuette est une réduction de la grande image de Lucifer, qui est au Sanctuaire de la Vraie Lumière, centre du Labyrinthe Sacré ; le dieu des Triangles, ayant les ailes déployées, tenant un flambeau et une corne d'abondance, foulant du pied droit un crocodile à trois têtes.

Ce dimanche 7 avril, le trésorier du Sérénissime Grand Collège vint interrompre ma méditation pour me demander quels métaux j'avais résolu d'offrir en vue du triomphe de la sainte cause. Je donnai tout ce que j'avais sur moi ; ce fut mon premier versement pour la propagande générale et l'aide à la création de Triangles dans les provinces mal favorisées.

Le lundi, je ne pris aucun repas. Pour me soutenir, dans la journée, je bus une infusion de chènevis, à plusieurs reprises ; trois Émérites vinrent auprès de moi et bénirent la boisson. J'allais oublier de dire que la chambre que j'occupais était dans l'immeuble qui appartient au Suprême Conseil. À sept heures du soir, deux membres de la Masonic Veteran Association parurent et me dirent de les suivre ; mais alors, j'étais si heureuse que je chancelai ; ils durent me soutenir, tandis que je marchai. Je me rappelle que je ne voyais plus rien autour de moi ; mon esprit était tout-à-fait absorbé par la pensée que j'allais contempler face à face le Dieu-Bon… Dans combien de temps ? Je l'ignorais encore.

Quand je fus arrivée au dernier parvis, les portes de fer du Sanctum Regnum s'ouvrirent ; mes deux accompagnateurs demeurèrent au dehors, et j'entendis la voix d'Albert Pike, qui me disait :

— N'ayez aucune crainte, chère Sœur, entrez.

Je succombais sous l'émotion, mes jambes fléchissaient ; mais, je le répète, je n'avais aucune frayeur. Ce n'était nullement la peur qui paralysait mes forces. La preuve est en ce que, loin d'avoir la sueur froide de l'épouvante, je ressentais des frissons brûlants sous ma peau, par tout le corps, et mon cerveau éclatait, tant il était rempli d'une ardente allégresse.

Les onze premiers chefs vinrent à moi avec empressement ; ils m'entourèrent, me firent asseoir au point central de la pièce dont les portes avaient été refermées. Ils psalmodièrent un chant dans une langue que je ne comprenais pas. Puis, ils se retirèrent, Pike sortant le dernier et m'adressant ces paroles :

— L'heure du plus grand recueillement est venue ; elle durera jusqu'à minuit. Demeurez assise pendant votre méditation, et tenez vos yeux fixés sur le Palladium : vous pourrez, néanmoins, les fermer par intervalles, afin de mieux réfléchir à l'extraordinaire faveur qui vous est accordée aujourd'hui ; mais si vous sentiez le sommeil vous gagner, secouez-le aussitôt, rouvrez vos paupières, levez-vous, marchez.

— Mon esprit est alerte, répondis-je ; le sommeil ne viendra pas; je veillerais aisément la nuit entière, s'il le fallait.

Les portes de fer se refermèrent de nouveau dans un bruit sourd. J'étais seule, en présence du Palladium.

Il n'est plus permis de l'ignorer aujourd'hui, le Palladium, c'est le Baphomet templier. Celui de Charleston est réputé l'idole même dont Jacques de Molay fut le dernier conservateur à Paris ; le sauvetage de cet emblème est légendaire. Sur ce modèle, on a fabriqué les Baphomets qui trônent dans un grand nombre d'Aréopages de

Kadoschs et dans tous les Grands Triangles ; mais c'est seulement au sein des Ateliers de la haute-maçonnerie que le Baphomet est intitulé « Palladium ». C'est ce hideux symbole qui a donné son nom au Rite Suprême.

Le Baphomet ne m'était pas inconnu. Je l'avais vu pour la première fois au Triangle *Saint-Jacques* de Paris ; là, les incidents de ma réception interrompue ne m'avaient pas permis de le considérer de près. Chez les *Onze-Sept*, où je fus proclamée Maîtresse Templière à titre honoraire, et dans les Grands Triangles en relations d'amitié avec celui fondé par mon père, qui prirent parti pour moi, j'eus tout loisir d'examiner l'idole. Le Frère 301, qui remplaça mon père à la présidence des *Onze-Sept*, m'avait donné une explication de ce symbolisme ; quoique décente, elle ne m'avait pas causé une satisfaction bien grande ; plus tard, je compris qu'il y avait une autre explication encore, et j'en rougis pour mes Frères et mes Sœurs. Mais, au temps même où je n'avais rien soupçonné et où je croyais à l'interprétation du Frère 301, cette statue du Baphomet m'était fort antipathique. Non seulement je la trouvais laide, repoussante ; j'allais plus loin : je la jugeais *sans art aucun*, grotesque, ridicule, car on sait qu'il est de belles horreurs, des figures effrayantes et néanmoins artistiques.

Lorsque je fus seule, dans le Sanctum Regnum, j'avais donc là, devant moi, le Palladium onze fois sacré, le Baphomet qui avait servi et sert encore de modèle à tous autres, le Baphomet du Temple de Paris et de Jacques de Molay, martyr, au sentiment des maçons et des palladistes.

La salle n'avait aucun flambeau, aucune lampe, aucun foyer quelconque de lumière naturelle pour l'éclairer, et pourtant je n'étais pas dans l'obscurité. Je voulus me rendre compte de ce qui produisait cet éclairage étrange, incompréhensible. Il y avait comme une nappe de lueurs, plus vives que les phosphorescences, moins intenses que celles qui se seraient dégagées de transparents lumineux ; et cela était étendu sur les trois murailles qui forment les trois côtés du Sanctum Regnum. On sait que ce premier sanctuaire du Palladisme, et le plus vénéré, est une assez grande salle de forme triangulaire, aux murs d'une épaisseur formidable, épais comme des culées de pont, et tout en granit.

Cette nappe de lueurs qui tapissait les murailles latérales me surprenait, d'autant plus que le sol et le plafond restaient sombres, noirs. La position assise m'avait reposée un peu je me levai, et j'allai au mur. On m'avait dit, il est vrai, de demeurer sur mon siège, pour méditer ; je ne pensais pas transgresser l'ordre de Pike, puisque je n'avais pas encore commencé ma méditation.

La muraille était parsemée de minuscules flammes, à peine plus grosses que des têtes d'épingles. Cela ne jaillissait pas, cela ne tremblotait pas non plus ; cela était comme une sueur de feu. J'approchais ma main, je sentis une chaleur douce ; les petites flammes léchaient mon épiderme sans produire aucune brûlure. Il me sembla que ces flammes étaient vertes. Je n'avais jamais rien vu de semblable.

Cependant, au fond de l'un des angles aigus de la salle, le Baphomet se distinguait très nettement ; plus que jamais, je considérais horrible cette statue aux monstrueuses formes.

Je revins m'asseoir. J'entrepris ma méditation, tantôt les yeux ouverts, tantôt les fermant. Quand je regardais, je voyais le Palladium, avec sa tête d'immense bouc. Il semblait parfois s'animer, le monstre !

Il me paraissait qu'il dardait sur moi un regard scrutateur, qu'il s'efforçait de lire dans ma pensée. Oh ! ma pensée ne lui était pas favorable. La seule circonstance atténuante que j'accordais à sa laideur : l'icone magique avait été sculptée en une époque où l'art n'existait guère, où les statuaires étaient des ouvriers plutôt que des artistes inspirés par le génie, où ils avaient le cerveau hanté de fantaisies grossières. Cela se constate dans les sculptures des antiques cathédrales : on y admire la belle harmonie architecturale, la splendeur d'ensemble de l'édifice, mais souvent les statues y sont invraisemblables dans les proportions et les formes, et l'on y voit même des figures fort laides. Ajoutez que le Baphomet templier avait subi, en outre, les injures du temps. Ainsi, l'horreur que j'éprouvais diminuait un peu, bien peu.

Toutefois, je me demandais pourquoi Pike m'avait dit de méditer en tenant mes yeux fixés sur le Palladium. Je ne trouvais là aucun sujet de méditation, si ce n'est de songer au malheureux sort des Templiers et de les plaindre. Je n'attristerai pas les chrétiens qui liront ces pages, en leur communiquant les idées qui assaillirent alors mon esprit ; ces idées sont aujourd'hui loin de moi, à jamais repoussées.

Ma pensée principale, quand je me reprenais à contempler ce Baphomet obsédant, était celle-ci : — Les catholiques font de Lucifer un diable ; ils le représentent affreux. Or, le Dieu-Bon ne peut être que la suprême beauté. Puisque bientôt je le verrai, puisqu'il va daigner m'apparaître, je connaîtrai par moi-même ce qu'il en est. Ô mon Dieu, disais-je, montrez-vous à moi dans tout l'éclat de votre gloire ; je sens que je cesserais de croire en vous, si vous ressembliez à cette vilaine et absurde œuvre de Mages rétrogrades qui ne vous ont jamais compris.

Je ne doutais pas de l'apparition ; mais je l'attendais sans impatience, dans un recueillement toujours plus profond. Quand je rouvrais les yeux pour regarder encore le Baphomet, c'était avec cette réflexion : — Non, mon Dieu, vous n'êtes pas tel que cette icone affreuse ; des ignorants l'ont taillée, et ils y ont attaché une légende, afin de donner quelque prix à leur ouvrage. C'est vous-même, ô Dieu-Bon, qui protégez vos enfants fidèles, et non pas ce bloc mal dégrossi ; ma raison se refuse à y voir votre œuvre. Ce bloc hideux, vous le transformerez un jour en une statue delphique, excellemment admirable, et ce miracle marquera le point de départ de l'ère de la lumière pour tous… moi, ô mon Dieu, que je ne me trompe point ; faites qu'il soit ainsi !…

Les minutes se précipitaient, les heures passaient. Nul bruit du dehors ne parvenait à mon oreille. Je n'avais rien qui put m'aider à mesurer le temps. Pleine de confiance, j'attendais toujours le moment de l'apparition.

Voici que les minuscules flammes grandirent, voici qu'elles jaillirent plus fortes des épaisses murailles, voici que le plafond et le sol s'enflammèrent à leur tour. Je ressentis une grande chaleur, pourtant non incommode ; elle ne provoquait pas la sueur. Les flammes qui m'environnaient n'étaient point consumantes, non plus ; elles léchaient mon siège, mes vêtements, sans rien détruire. Je pensai avec joie que j'étais dans les flammes divines, et tout mon cœur brûlait d'amour pour Lucifer…

L'infâme ! combien il m'a trompée !…

Soudain, la foudre tonna : trois coups éclatèrent, se succédant avec rapidité ; puis, un coup seul ; ensuite, deux coups consécutifs d'une violence extraordinaire. Alors, je sentis cinq souffles brûlants sur mon visage, et je vis cinq esprits, cinq génies d'une radieuse beauté, planant dans l'espace, au-dessus de l'endroit où le Baphomet était érigé ; mais le Baphomet avait disparu. Les cinq esprits vêtus de longues tuniques blanches, flottantes, avaient des ailes ; ils étaient en cercle, étendant leurs mains vers la place du Palladium devenue vide. Enfin, un septième coup de tonnerre éclata, plus formidable que les précédents.

À l'instant, je vis Lucifer devant moi, assis sur un trône de diamants, sans qu'aucun mouvement de venue ait eu lieu. Il n'avait pas surgi ; il semblait qu'il avait toujours été là, et non le Baphomet.

Saisie de respect, j'allai me précipiter à ses pieds. Il me retint du geste.

— Demeure debout, ma fille chérie, me dit-il ; la prosternation est humiliante, et je n'humilie pas ceux que j'aime et qui m'aiment.

J'ai compris maintenant son imposture. Merci, ô seul vrai Dieu qui m'avez éclairée sur les fourberies de Satan !

Il était superbe, le suprême menteur ; il m'apparaissait bien tel que je l'avais désiré. Sa mâle beauté, en ce jour inoubliable, est indicible : sous ma plume, je ne trouve aucune expression pour faire comprendre cette splendeur imposante et ravissante ; nulle comparaison aussi n'est possible avec les statues célèbres d'Apollon ou autres, les plus parfaites.

Des pieds à la tête, qui seuls étaient visibles en chair, ainsi que les mains, il était vêtu d'or, ou pour mieux dire, des ors éblouissants qu'une agréable variété rendait plus magnifiques encore ; imaginez une sorte de cotte de mailles ou un maillot tout en parcelles d'or, grosses comme des perles ordinaires, et tout ces ors rouges, jaunes, verts, mêlés, mouvants, laissant les formes irréprochablement académiques bien dessinées, d'un effet de richesse céleste, tout ce qu'un artiste aimant la somptuosité peut rêver à la fois de plus fastueux et de plus beau.

Ah ! combien j'étais égarée, combien j'étais victime de l'erreur, quand je croyais voir en Satan un dieu, quand je lui donnais, dans mon aveugle adoration, le nom de divin maître !… Que mes larmes effacent la faute de mon père, à qui je dois cette cécité qu'une douce Sainte du Christ a enfin guérie !… Sois maudit, ô Lucifer, pour toutes les âmes que tu perds par tes mensonges !… Toi, le divin maître ?… Révolté plus vil que le dernier des esclaves, déchu plus dégradé même que les infamies qui sont ton œuvre, sois maudit, maudit !…

(La suite au prochain numéro).

LEMMI AU PALAIS BORGHÈSE

Personne n'ignore que Lemmi, profitant des malheurs du prince Paul Borghèse, a installé, par subterfuge, sa haute-maçonnerie au premier étage du palais de cette illustre famille romaine. L'inauguration officielle des appartements occupés par la secte maçonnique eut lieu le 20 septembre 1893, dans la soirée par conséquent, après le Convent Souverain qui fut tenu en secret, l'après-midi, dans la salle du Suprême Conseil, et auquel j'assistai en qualité de déléguée de la Province triangulaire de New-York et Brooklyn.

On sait aussi que Lemmi et sa bande vont être expulsés de ce palais, grâce à une clause insérée dans le bail en prévision de la possibilité d'un retour de fortune à la famille Borghèse.

J'ai pensé que mes lecteurs s'intéresseraient à connaître, par une vue de façade et par un plan, la partie du palais Borghèse où le Vicaire de Satan a pu, pendant près de deux années, se livrer à ses infernales pratiques de maçonnerie occulte. Sur le plan, la partie occupée par Lemmi et sa bande est tranchée d'une manière bien visible, et je donne en outre la distribution très détaillée des diverses pièces servant au culte et aux réjouissances de la secte.

On remarquera que Lemmi a tiré parti de la disposition en forme d'équerre de l'ensemble des appartements. Au point marqué D, qui est à l'angle de deux des galeries donnant sur la grande cour du palais, il a fait établir un parvis ; ce qui interrompt la circulation. Les imparfaits initiés ne peuvent ainsi se rendre qu'à la salle de récréation, à la salle des fêtes, au temple des Loges et aux pièces réservées à l'administration ; les Rose-Croix et ceux des Kadoschs eux-mêmes qui n'appartiennent pas au Palladisme se trouvent arrêtés, quoique ayant le droit de pénétrer dans ce parvis D ; il suffit d'en fermer une porte, tout en laissant les autres ouvertes, pour qu'aucun des imparfaits initiés ne puisse soupçonner le Temple Palladique, même s'il est Chevalier Kadosch. Par contre, il n'y a nul inconvénient à ce que le Suprême Conseil et le Temple Palladique aient leurs entrées sur la même galerie, attendu que tout 33ᵉ du Rite Écossais, ayant Lemmi pour Souverain Commandeur Grand-Maître italien, est en même temps palladiste.

De la façade du palais, il importait seulement de donner la partie de droite (vue de la place Borghèse), partie qui vient en angle légèrement obtus.

Le balcon appartient à la salle des fêtes et banquets. Pendant la tenue du Convent Souverain du 20 septembre 1893, on y fit flotter la bannière du Suprême Conseil Écossais et celle de la Loge Symbolique ayant le F∴ Umberto dal Medico pour Vénérable ; ces deux bannières donnaient le change aux imparfaits Initiés.

PALAIS BORGHÈSE. — Partie de la façade vue de la Place Borghèse, à droite.

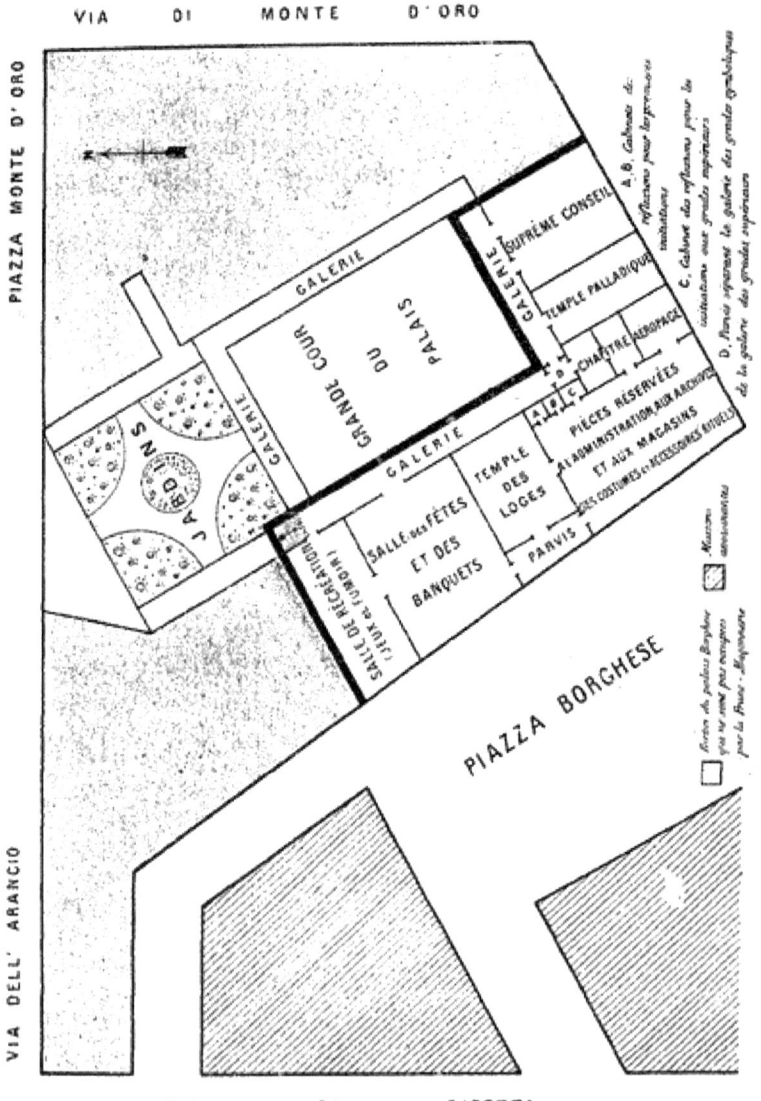

CORRESPONDANCE

D'abord je dois des remerciements aux personnes qui, pour préserver ma vie de tout danger, m'ont offert l'hospitalité chez elles, ou chez des parents, ou divers autres asiles. J'ai reçu cinquante-trois offres, et j'en suis très touchée ; car la presque totalité est évidemment sincère, désintéressée, ne cachant aucun but de trahison. Ces offres émanent en grande majorité de personnes catholiques ; quelques-unes, de personnes protestantes.

Que tous, sans distinction, sachent que je leur en sais gré du fond du cœur, et que nul ne s'offense, si je n'accepte pas. Dans ma situation, je n'ai de défiance vis-à-vis d'aucun en particulier ; mais on comprendra aussi qu'au point de vue général je ne dois me confier qu'aux personnes qui m'ont déjà, dans d'autres circonstances, prouvé leur dévouement, que je connais bien avec et de près, avec qui j'ai eu des relations suivies.

Donc, que mes nouveaux amis, connus ou inconnus, n'aient aucune inquiétude à mon sujet. Le péril s'est aggravé pour moi, il est vrai, depuis ma rupture même avec le Comité Fédéral Indépendant de Londres ; mais la vérité aussi, c'est que le péril a commencé avec ma déclaration de guerre à Simon, dès le 20 septembre 1893. Or, dès cette époque, j'ai pourvu à ma sécurité.

En dehors des palladistes, j'avais des amis fidèles. J'ai pu aisément choisir entre quelques familles dont les relations avec moi étaient ignorées. Les membres de l'une d'elles me sont dévoués tous, se feraient tuer pour moi, tant ils m'aiment ; d'autre part, ces amis insoupçonnés ayant une grande prudence et possédant les moyens de se déplacer discrètement pour tous les besoins de ma campagne contre le Palladisme, je ne pouvais pas trouver un asile plus sûr que chez eux, en même temps que leur situation de famille et d'affaires me garantit l'accomplissement de toutes mes manœuvres de guerre, sans donner jamais l'éveil aux espions des Triangles.

Je dois mes remerciements encore aux écrivains qui ont annoncé mon heureuse venue à la lumière, dans les termes les plus sympathiques, en divers organes de la presse française, anglaise, italienne, allemande et espagnole. Jusqu'à présent, je n'ai pas connaissance d'autres articles ailleurs.

Ces excellents journaux m'ont valu beaucoup trop de lettres, pour que je puisse directement répondre, en ce moment, à tous mes correspondants me félicitant. Je remercie tous, ici, en attendant que je puisse écrire à chacun un petit mot. Je demande à tous de ne pas m'oublier dans leurs prières, et je ne les oublierai pas dans les miennes.

Plus particulièrement, avant de pouvoir écrire, je remercie les personnes qui m'ont envoyé : Jeanne d'Arc (Maison de la Bonne Presse) ; le Rosaire d'un R. P.

Dominicain d'Angers ; le beau livre du chanoine Ribet (je l'ai lu avidement et quels traits de lumière ! c'est certainement un des ouvrages les plus remarquables sur la question du surnaturel diabolique) ; l'admirable crucifix italien ; la Femme et l'Enfant dans la Franc-Maçonnerie universelle, de M. de la Rive (j'avais déjà reçu, il y a un an, ce livre de l'auteur lui-même, et je profite de cette parenthèse pour remercier encore de tout le bien qu'il a dit de moi dans son ouvrage et dans les journaux) ; l'encrier avec statuette de Jeanne d'Arc ; l'Imitation de Jésus-Christ ; les sept volumes de Drumont (je les avais lus déjà, et je suis heureuse de les tenir d'un fervent admirateur du célèbre auteur antisémite) ; le Grand Jour approche ; et la collection des œuvres de Mgr Dupanloup.

CHAPITRE 1ᵉʳ

Lucifer au Sanctum Regnum

(Suite)

———

Oui, j'ai été bien trompée par le surnaturel roi de l'imposture. Quand j'aurai exposé plus loin quelle éducation je reçus, on comprendra mieux que tout autre, dans les mêmes conditions, serait tombé dans le piège.

Il était là, Lucifer, exactement tel que je l'avais souhaité.

Je sens maintenant combien les desseins de Dieu sont insondables ; car le seul Très-Haut, mon Seigneur à jamais, avait permis que son immortel ennemi me parût bon et beau. Pourquoi cette licence accordée à Satan ? Ah ! sans doute, le Tout-Puissant voulait qu'un jour je pusse rendre témoignage à la vérité ; il fallait que je visse les bas-fonds terrestres de l'enfer. « Agis à ta guise, prince des damnés ; livre-toi à ton mensonge ; déploie et emploie toutes les subtiles ressources de ta perversité. Puisque les hommes ne viennent pas à la vérité, puisqu'ils dédaignent l'Église de Jésus-Christ, mon Divin Fils, eh bien, fonde à ton aise et organise ton église, ton culte, ô Satan. Mais, du moins, j'aurai mon heure, et des voix sortiront des profondeurs même de ton abîme pour dire au monde ce que tu es. »

Pour montrer la grandeur du salut, Dieu livra autrefois Job à Satan, sous la réserve qu'il ne pourrait attenter à la vie du saint homme. Dans un autre but, Dieu a permis les circonstances auxquelles je dois un long aveuglement, et, en son infinie bonté, me couvrant d'une protection toute paternelle, il préserva ce qui est plus précieux que la vie. Comment ne me dirai-je pas votre fille, ô mon Dieu, quand votre grâce tutélaire a agi pour moi en manifestation d'amour du meilleur des pères ?...

Il était là, l'Autre, le Très-Bas. Son regard me couvait : je croyais voir dans ses yeux une expression de tendresse... Ah ! non, Satan, tu ne connais de l'avenir que ce que Dieu, ton maître, veut bien t'en laisser savoir ; car, si tu avais deviné que je ne devais pas être toujours à toi, tu ne m'aurais pas regardée, contemplée ainsi.

D'abord, j'avais été embarrassée, confondue ; je tremblais, non de crainte ; l'émotion m'avait saisie et me secouait. Il était alors mon dieu ; je l'aimais au-dessus de tout, en ma ferveur abusée ; rien ne m'avait encore fait soupçonner sa malice, son hypocrisie, sa haine de la créature, sa jalousie de l'homme, son épouvantable méchanceté.

Quelle hypocrisie, en effet, est la sienne ! Le mensonge humain ne saurait atteindre ce degré de scélératesse ; on en va juger.

Il commença par me rassurer. Sa voix était de la douceur la plus exquise ; elle me pénétrait et me charmait. L'émotion première, causée par sa subite présence, se calmait.

— Mon enfant bien-aimée, me dit-il, je t'ai distinguée entre toutes. Je veux que personne, parmi mes fidèles, ne te suscite une contrariété. J'ai de grandes vues sur toi. Ne crains rien, et va ! C'est ma pensée qui t'inspire.

Ces paroles m'avaient enhardie.

— Ô Dieu tout bon, tout aimable, lui répondis-je, je ne sais comment vous remercier. Je rapporterai toujours à votre gloire les dons intellectuels que je tiens de votre divine toute-puissance et que l'enseignement reçu de mon père a cultivés ; mais augmentez sans cesse en mon esprit l'intensité des lumières célestes, afin que je remplisse pour le mieux la mission d'apostolat que vous me donnez… Seigneur adoré, suis-je dans le vrai en refusant de transpercer le pain eucharistique où les adonaïtes prétendent voir leur Christ déifié ? N'ai-je pas raison de tenir pour aberration mentale cet acte d'hostilité contre un inoffensif azyme ?… En admettant que le Dieu-Mauvais ait réellement, par le pacte du Thabor, communiqué, comme en un partage, sa divinité à Jésus qui vous renia, il n'a pu lui donner l'ubiquité, puisque l'ubiquité n'appartient à personne, pas même à l'Être Suprême ; ainsi mon père me l'expliqua : chimère, invention sacerdotale des mauvais, mensonge d'orgueil d'Adonaï se disant seul Dieu ; l'ubiquité est contraire à la raison. Car il est deux cieux, le vôtre et celui de votre inférieur rival, m'a-t-on enseigné ; ils ne peuvent donc co-exister l'un l'autre par pénétration mutuelle et infinie ; Adonaï ne saurait être en tout, ni vous-même en tout, Seigneur adoré. En ce moment, vous êtes ici devant moi, je vous vois ; c'est une faveur immense que vous m'accordez, votre présence réelle, visible et tangible, à moi qui vous aime de toutes les forces de mon âme ; donc, vous n'êtes pas ailleurs. Vous avez la personnalité suprême, et la personnalité exclut l'ubiquité… Me trompé-je, Dieu tout bon ? Si je suis dans l'erreur, éclairez-moi.

J'attendais sans anxiété sa réponse.

Il croisa ses bras sur sa poitrine ; son regard plongeait dans le mien. Puis, après quelques instants de cette pénétrante observation, ses lèvres s'ouvrirent de nouveau, et il me dit :

— La foi, ma fille, doit être inséparable de la raison, ou, si elle est contraire à la raison, elle est une foi d'erreur. La voix de ta raison, écoute-la toujours. Oui, je suis ici pour toi seule, et je ne suis qu'ici. Oui, loin d'être un réel attribut divin, l'ubiquité est une invention de folie et d'orgueil. Oui, il est deux éternels principes, le Bien et le Mal, qui constituent l'essence de l'être, qui sont la divinité, et dont le plus haut des deux, c'est-à-dire le bien qui est la lumière, est l'Être Suprême, tandis que l'autre est inférieur et ténèbres. Oui, chacun des deux éternels principes a sa personnalité distincte ; c'est ainsi qu'ils se combattent et agissent l'un contre l'autre, ce qui ne saurait être s'ils s'absorbaient et se confondaient l'un l'autre, ayant ensemble l'entière possession de l'infini. Personnalité suprême, oui donc ; ubiquité, non, non, non. Fille bien-aimée, tu es dans le vrai… Adonaï et son Christ ne sont pas dans les millions d'azymes, l'eucharistie des superstitieux, puisque ni le Christ ni Adonaï ne peuvent être raisonnablement en plusieurs endroits à la fois. L'eucharistie n'est ainsi qu'un symbole de la religion d'erreur. Transpercer l'hostie adonaïte, en s'imaginant meurtrir le Dieu-Mauvais et son Christ, c'est une faiblesse d'esprit, née d'un bon sentiment, mais c'est une faiblesse d'esprit : dédaigne-la aujourd'hui, et persévère dans ta saine opinion ; quand l'heure sera venue, les interprétations erronées des dogmes de la religion sainte seront redressées par toi ; à toi cet honneur… Comprends-le, ma fille, la lumière la plus pure ne parvient pas à tous sans quelque obscurcissement ; les âmes d'élite sont rares. C'est Adonaï qui affaiblit les esprits, même parmi mes fidèles ; c'est lui qui inspire à beaucoup l'absurdité de la haine contre ces azymes, car il les pousse ainsi à croire à son ubiquité, premier pas vers la croyance en un dieu unique… Aie patience, Diana, ma préférée entre toutes. J'ordonne que tu sois ma grande-prêtresse, et que personne n'élève la voix contre tes interprétations de mes dogmes. Va, ma bien-aimée, va ! C'est ma pensée qui t'inspire.

Après cela, je le demande, comment n'aurais-je pas cru posséder, si l'on peut s'exprimer ainsi, l'infaillibilité luciférienne ?

Aujourd'hui, je comprends le mensonge de Satan ; tous, aussi, comprendront qu'une telle hypocrisie est surhumaine.

Convaincue de l'existence d'un Dieu unique, j'ai la foi en son ubiquité, en sa présence partout ; je le crois présent dans le Saint-Sacrement, devant qui je me suis prosternée, le voyant exposé en humble chapelle d'un couvent. Je prie donc les nouveaux amis qui se réjouissent de ma conversion, de s'abstenir des longues lettres démonstratives, où sont discutés des points sur lesquels mes trop bienveillants correspondants ignorent l'état de ma pensée. Ne voulant à aucun prix heurter la foi des bons et dignes catholiques, je ne dois pas, en un écrit public, exposer les difficultés qui me restent, et pour lever lesquelles je demande les prières de tous. Oui, sur quelques détails, je souffre encore ; car je ne sais rien de plus douloureux que le doute. Mais, si je dépeignais, dans ces *Mémoires*, l'état actuel de mon âme, je sèmerais peut-être, sans le vouloir, des germes de ce doute affreux ; ma loyauté se refuse à commettre une telle action. Que le mal, même involontaire, ne soit jamais produit par moi, ô mon Dieu que je bénis ! Vous m'avez arrachée aux griffes du démon ; plutôt mourir dès demain que risquer de jeter une semence hérétique dans les âmes si fortunées d'avoir toute la vraie foi !… Mes dernières difficultés, je les inscrirai sous forme d'un exposé privé, en double, que je soumettrai à deux théologiens, l'un et l'autre amis en qui j'ai pleine confiance. En attendant laissez-moi combattre l'infâme secte et ses inspirateurs infernaux, dont je fus, hélas ! l'instrument. Le premier combat, c'est la révélation des infamies, des crimes et des prodiges de tromperies, œuvres d'une astuce diabolique consommée.

Alors, j'étais heureuse et fière d'avoir entendu ces paroles que je viens de retranscrire ; tombées d'une bouche pour moi divine, elles me remplissaient d'une allégresse inexprimable. Il me semblait que mon bonheur serait doublé si Pike et les Émérites les entendaient à leur tour.

Pourquoi s'étaient-ils retirés ? Me croiraient-ils, si je leur répétais le langage du Dieu-Bon ?…

Mais quoi ?… Ô stupéfaction ! je me retourne, et je les vois, eux aussi, tous les onze. Quand étaient-ils rentrés ? Aucun bruit de porte s'ouvrant ni de pas n'avait frappé mon oreille, tandis que Lucifer parlait… Quoiqu'il en fût, ils avaient entendu les dernières phrases, puisqu'ils s'inclinaient dans une attitude de soumission aux ordres de l'Excelsus-Excelsior.

D'ailleurs, il insista :

— Mon vicaire, approche ; vous autres, écoutez bien.

Son ton était devenu celui du commandement. Tous s'inclinèrent plus bas, Albert Pike fit deux pas en avant.

— C'est moi, le Dieu Très-Haut le plus haut, qui vous parle. Cette enfant est mon élue de prédilection ; je la consacre ma grande-prêtresse. Je l'inspire ; elle sera l'organe de ma meilleure pensée. J'ai commis Asmodée à sa garde ; que tous l'aient en profond respect.

Les flammes se développaient tout autour de moi. Je sentais encore le sol sous mes pieds, mais je ne le voyais plus ; le plafond, les murs latéraux ne s'apercevaient pas davantage. Lucifer, Albert Pike, les dix membres du Sérénissime Grand Collège et moi, nous étions dans le feu, un feu nullement semblable à celui d'un incendie, un feu qui ne brûlait pas, un feu à flammes vertes, larges, sans pétillement, et d'une extrême vivacité.

Tout-à-coup, je ne pus plus me soutenir… Qu'arrivait-il ? J'enfonçais ; les autres, non. Le Dieu-Bon n'était plus assis sur son trône de diamants, il descendait en même temps que moi.

Où descendions-nous ainsi, toujours environnés par les flammes ?… J'eus l'impression d'une douce chute dans l'espace. D'instinct, je fermai les yeux.

Voici que je les rouvre. Où suis-je ?… Rien ne me rappelle le Sanctum Regnum. Mes pieds posent sur une pelouse fleurie. Lucifer est auprès de moi, merveilleusement beau, plus beau encore que tout-à-l'heure. Le site est admirable, la nature est dans un de ses jours délicieux et magnifiques, toute parée d'une végétation embaumée et riante.

— Ma fille bien-aimée, me dit le Dieu-Bon, je veux te donner une marque de ma haute prédilection et de ma toute-puissance. Je vais te faire connaître l'abomination d'Adonaï par deux spectacles que tu verras de tes yeux. Tu te convaincras de son infériorité.

— Seigneur adoré, rien n'ajoutera à ma conviction, répondis-je. Je sais que vous êtes bien vraiment l'Être Suprême, le Très-Haut le plus haut, et que votre odieux rival sera par vous définitivement vaincu.

— Oui, répliqua-t-il, ta fidélité inébranlable m'est connue ; mais tu es ma préférée entre toutes, et je veux que tu assistes à une défaite des maléakhs. Ensuite, tu verras comment règne Adonaï.

— Faites, Seigneur adoré. J'aime vos anges de lumière, et je ne crains ni les maléakhs ni leur roi.

À ce moment, une nuée de génies du feu descendit du ciel ; Asmodée, mon fiancé, était à la tête de ces phalanges. Il mit un genou à terre, prêt à recevoir les ordres de Lucifer.

— Je t'ai conduite dans la région de l'Éden, reprit le Dieu-Bon, s'adressant à moi. Le Paradis Terrestre, où vécurent Adam et Ève, est là-bas, vois-tu ? — son doigt désignait un point lointain, à l'horizon. — Aucun humain n'y peut pénétrer ; car les abords sont gardés partout par des légions de maléakhs. Eh bien, Asmodée va vaincre, devant toi, les mauvais anges d'Adonaï et t'introduira dans l'Éden ; puis, l'aigle blanc de Paymon te transportera en Oolis.

Il disparut. Asmodée s'était relevé. Ses quatorze légions, flottant un peu au dessus du sol, se tenaient dans l'expectative, bien rangées, mais tumultueuses : elles étaient impatientes de combattre. Leur nombre n'obscurcissait pas le ciel ; pourtant, on le sait, chaque légion des armées de Lucifer compte 6666 daimons ; ils étaient étincelants de lumière. Oh ! combien j'étais joyeuse d'avoir auprès de moi si belle compagnie !...

Respectueux et empressé, Asmodée vint à moi.

— Diana, fit-il, nous allons vous entraîner avec nous. N'ayez nulle inquiétude ; votre vie ne court aucun danger. La protection de Lucifer Dieu-Roi vous rend invulnérable, corporellement, pendant la bataille entre bons et mauvais esprits, à laquelle vous allez assister. Je vais vous placer au centre de mes légions ; ne vous épouvantez pas.

— Ô mon cher Asmodée, je n'ai point de crainte, croyez-le bien. Tout mon regret est d'être corporelle et d'avoir ainsi l'obligation de n'être que spectatrice...

— Quoi ! vous voudriez prendre part au combat des esprits ?

— Si cela est possible, tel est mon vœu le plus ardent...

De son épée de feu, il traça rapidement dans l'air trois cercles, puis un grand triangle contenant les trois cercles ; ce signe demeura flamboyant au milieu de l'espace. Alors, j'entendis les voix des quatorze chefs de légions, unies à celle d'Asmodée, crier d'une seule et formidable clameur :

— Baal-Zéboub !... Baal-Zéboub !... Baal-Zéboub !

Un immense signe, tout en feu aussi, parut instantanément dans le vide, comme une magique réponse à cet appel des daimons ; ce signe, dont je connaissais bien le tracé pour l'avoir vu sur des rituels palladiques, aux mains de mon père, c'était la signature de Baal-Zéboub, le généralissime des armées du Dieu-Bon.

Baal-Zéboub était donc là, mais invisible pour moi.

— Que demandes-tu, Asmodée ? interrogea la voix du vice-roi des cieux, qui ne se montrait pas, voix éclatante comme un clairon.

Asmodée étendit son épée vers la signature qui toujours fulgurait, et dit :

— Spiritualise ma fiancée qui veut combattre.

Le signe d'Asmodée et la signature de Baal-Zéboub se confondirent ensemble, en une boule de feu. Cette boule se précipita sur moi, me heurtant le front, entra en ma tête, et aussitôt je ne me sentis plus la même.

Je vivais d'une autre vie. Il me semblait ne plus avoir ni poids ni volume. Mon corps était spectral, aérien, fluidique. À ma volonté, je grandis, je grossis, je me rapetissai, je me supprimai totalement, pour revenir ensuite, reparaître. J'étais du feu vivant. Je dégageais, en quelque sorte, une électricité surnaturelle ; j'étais cette électricité moi-même.

— Êtes-vous satisfaite, chère Diana ? me demanda Asmodée.

— Oui, oui, je brûle de combattre. Sus, sus aux maléakhs !

J'étais transformée en daimone ; du moins je le croyais ; j'ai cru longtemps à la réalité de cette illusion diabolique. Avoir été daimone, avoir été esprit du feu, avoir vécu quelques heures de ce que j'appelais la vie céleste, quel rêve !

Et me voilà aux côtés d'Asmodée, traversant l'espace avec instantanéité, volant avec lui à la tête des quatorze légions.

— Placez-vous au centre, me répétait-il.

— Non, non, je suis digne du premier rang. Voyez cette épée de feu qui est dans ma main, venue je ne sais comment ; voyez cette flamme qui brûle au sommet de ma chevelure ; voyez mon corps fluidique qui a pris des proportions colossales. Je suis esprit d'élite. Je vaincrai à la tête de vos vaillantes légions… En avant ! Sus, sus aux maléakhs !

Nous étions arrivés auprès de l'Éden. J'apercevais les maléakhs en lignes épaisses et multipliées, entourant l'immense jardin, plus grand que Pékin, Londres, Paris et New-York réunis : c'était un large cordon de défense, horrible, monstrueux. Je dirai tout à l'heure comment, aujourd'hui éclairée, je traduis ce que j'ai vu ; comment je comprends l'infernale comédie jouée ce jour-là pour me tromper. Qu'on me permette, pour le moment, de raconter l'aventure avec les termes de l'erreur des palladistes ; l'explication rectificative sera mieux saisissante, après.

Les maléakhs, c'est-à-dire les esprits malfaisants, les mauvais génies d'Adonaï, quoiqu'étant à mon sentiment les anges chers aux catholiques, n'étaient pas les anges tels que les catholiques se les représentent. Je les voyais ainsi que l'orthodoxie palladique les dépeint : affreux, repoussants, abjects, dragonneux, ayant la face jaunâtre ou verdâtre teintée du livide des cholériques, le corps contorsionné, doté d'une queue ridicule, les oreilles larges et pointues dépassant le haut de la tête, l'aspect grotesque, laid, méchant. Ils s'agitaient, grouillaient, montaient les uns sur les autres. Il y en avait qui ne se composaient que d'une tête plantée entre deux ailerons de chauve-souris fantastique, et du cou pendait une poche flasque, terminée en queue de colossale sangsue. D'autres, au contraire, possédaient plusieurs paires de bras et de jambes, un ventre double, ou triple, ou quadruple, un dos bossu en pointe couverte d'écaillés fétides, le nez absent remplacé par un trou triangulaire qui bavait, ainsi que la gueule aux crocs irréguliers et pourris. Tout cela hurlait, grognait, menaçait. Nos daimons étaient de splendides anges de lumière ; les ténébreux maléakhs réalisaient les plus épouvantables cauchemars.

Voilà quels étaient les gardiens du Paradis Terrestre.

Ils se massèrent pour nous opposer un front de bataille. Leur chef était Zachariel ; je le vois encore parcourant ses noires légions et les excitant contre nous.

— Par Lucifer, à nous sera la victoire ! clama Asmodée.

C'était ce cri qui devait engager le combat.

Nous nous élançons sur l'ennemi. Alors, tout en demeurant esprits, nous nous heurtions en des chocs formidables ; on se traversait les uns les autres, dans les poussées de cette lutte surnaturelle, incompréhensible pour l'humain. Les coups se ressentent, comme si l'on était des corps matériels ; mais on n'est pas blessé. Les maléakhs arrachaient des arbres, des rochers, et nous les lançaient ; quelques-uns plongeaient on ne sait où, reparaissaient tenant des animaux féroces, tigres, crocodiles, hippopotames, et nous en lapidaient ; ces bêtes, n'étant pas esprits, étaient foudroyées au contact de nos épées de feu ; mais, projectiles vivants, elles remplissaient l'air d'effroyable vacarme, avant d'expirer sous nos coups.

Nous, nous ne combattions que par l'épée. Dans la mêlée, Asmodée et moi, nous tenant côte à côte, nous recherchions surtout Zachariel, et chaque fois nous fondions sur lui, le traversant nous-mêmes, comme si nos épées de feu nous ouvraient un passage en lui ; et il poussait alors des cris de rage, des rugissements de douleur, nos natures célestes étant contraires à la sienne. C'était terrible.

Dans ces combats entre esprits, tout est dans cette pénétration mutuelle ; le soufrant est celui qui est traversé.

Enfin, lassés, battus, vaincus, les maléakhs se dispersèrent et nous cédèrent la place.

Le but n'était pas d'occuper l'Éden. Il s'agissait de me le faire visiter, après défaite des maléakhs ; la volonté de Lucifer avait été exprimée ainsi. Les quatorze légions de daimons demeurèrent donc là, afin de mettre obstacle à tout retour offensif de l'ennemi. Asmodée choisit trente-trois de ses légionnaires pour me servir d'escorte : alors, nous pénétrâmes dans le Paradis Terrestre.

Asmodée était mon guide. Il me montra avec complaisance les beautés du lieu, où les glaces de l'hiver sont inconnues. Des milliers et des milliers d'oiseaux, au varié plumage des plus riches couleurs, chantaient partout dans les branches, et quelle joyeuse harmonie en leur concert ! Les plus belles fleurs du printemps étalaient leur profusion, parmi les plus beaux fruits de l'été et de l'automne. Le parfait accord régnait entre les diverses espèces de la gent animale ; les faisans d'or et d'argent ignoraient l'effroi ; les superbes lions, à la crinière luisante et propre, jouaient avec les gracieuses biches.

J'étais émerveillée.

Asmodée me fit voir la mare d'où Lucifer, selon la légende apadnique, tira l'Adam imparfait, créé par Adonaï, et le bosquet où le Dieu-Bon, apparaissant à Eva, sous le nom d'Eblis, voulut affectueusement qu'elle appelât « Caïn » son premier-né, dont la tradition adoptée par les palladistes prétend qu'Adam ne fut pas le père. Il me remémora tous les souvenirs des dogmes lucifériens, ceux qui sont particulièrement attachés à l'Éden. Et moi, je buvais ses paroles, je regardais avec un puissant intérêt tout ce que son doigt me désignait ; à chacun de mes pas, un nouveau ravissement.

Malgré les siècles, m'expliqua-t-il, rien ne subit les atteintes de la vieillesse en ce lieu privilégié de la Terre. Les arbres s'y sont développés jusqu'au point où la maturité est dans toute sa force, mais pour y demeurer en état stationnaire ; loin d'avoir leur tronc et leurs rameaux dépouillés et rongés par le temps, chaque année la sève puissante les rajeunit. Il en serait de même des animaux, s'ils restaient dans l'Éden ; mais, n'ayant pas l'intelligence, beaucoup franchissent les limites du jardin de délices et se trouvent dès lors dans les conditions malheureuses de toutes les autres créatures.

Toujours d'après le système luciférien, c'est par haine de l'humanité qu'Adonaï a placé ses lignes de maléakhs tout autour du Paradis Terrestre. Cependant, ils sont invisibles pour les hommes ; seule, leur influence malfaisante les éloigne, irrésistiblement les repousse si quelques-uns s'aventurent dans ces parages, sans qu'ils puissent soupçonner qu'il y a là l'Éden béni. Aux yeux de l'humain, par l'effet d'un mirage trompeur que produisent les maléakhs, la nature en cet endroit paraît stérile, dévastée, morne et déserte, c'est-à-dire tout le contraire de ce qu'elle est.

Lors du déluge, par un miracle de Lucifer, l'Éden fut préservé de l'inondation générale ; les eaux, dont Adonaï versa des torrents sur la Terre pour noyer tout, n'y tombèrent point, et les vagues diluviennes, qui ailleurs multipliaient les ravages, s'arrêtèrent aux abords comme si une digue infranchissable s'élevait au fur et à mesure de la croissance des flots.

Voilà ce qu'Asmodée me rappela, et j'étais vraiment heureuse d'avoir eu ce privilège de pénétrer en un séjour si merveilleux.

Je l'écoutais, ravie, quand la seconde promesse du Dieu-Bon eut à s'accomplir. Un magnifique aigle, d'une taille bien au-dessus des plus grands connus, et d'une blancheur de neige, vint s'abattre devant moi, se baissant avec grâce et, par l'attitude, m'invitant à m'étendre sur son dos. C'était l'aigle blanc de Paymon, la plus puissante daimone après Astarté.

Je sentis alors que j'étais redevenue corporelle.

— Ma mission de ce jour est remplie, me dit Asmodée. Je vous confie, chère Diana, à l'aigle blanc qui doit vous transporter en Oolis.

Aussitôt, je pris place sur ma monture aérienne ; je tenais mon bras passé autour de son beau cou. L'oiseau sacré de Paymon s'éleva alors dans l'espace, avec une rapidité prodigieuse ; sans battement d'ailes, mais les tenant étendues, il avait pris une ligne ascensionnelle oblique, et bientôt la Terre ne fut plus qu'un point rond, qu'à peine je distinguais là-bas.

Mais je ne raconterai pas ici ce voyage en Oolis, planète d'un monde solaire ignoré des profanes, sur laquelle Adonaï règne et seul est adoré, au dire de la légende palladique tirée du *Livre Apadno*. J'y retournai une autre fois, portée dans les bras de Lucifer lui-même ; c'est cette excursion que je narrerai, avec tous les détails nécessaires.

L'important à dire aujourd'hui : mon retour.

Ce fut aussi l'aigle blanc de Paymon qui me rapporta. Quand nous nous rapprochâmes de la Terre, il plana un instant au-dessus d'une région montagneuse ; puis, en un invraisemblable élan, descente de quelques secondes à peine, il plongea dans le cratère d'un volcan en pleine éruption.

La lave jaillissait à flots bouillonnants, des pierres incandescentes étaient projetées avec violence des profondeurs du gouffre de feu, les rochers craquaient et se fendaient, je voyais des éclairs sillonner l'immensité intérieure que je traversais ; mais rien ne m'atteignait, ni ma monture.

Et l'aigle volait dans les tourbillons de flammes qui ne nous causaient aucune brûlure ; et j'étais calme, tranquille, sans suffocation ni le moindre malaise. Et enfin nous arrivâmes en un endroit qu'immédiatement je reconnus ; lieu clos aux murs suant le feu, appartement de forme triangulaire, avec le Baphomet à l'angle du fond ; l'aigle blanc y pénétra par un trou béant du sol ; c'était bien le Sanctum Regnum de Charleston.

Le souverain pontife de Lucifer et les dix Émérites récitaient des prières, auprès du Palladium.

Alors, le sol fut subitement sans brèche, et nulle trace du trou par lequel j'étais partie et revenue ne se pouvait distinguer. L'aigle de Paymon disparut. Je me trouvais assise, comme au début de ma méditation, sur le siège que Pike m'avait fait donner.

Quand je demandai, le lendemain, à l'un des assistants combien de temps mon absence avait duré, il me répondit : « Une heure. » — Une heure ! En une heure seulement, le départ avec Lucifer, l'arrivée dans la région terrestre inconnue, la bataille contre les maléakhs commandés par Zachariel, la visite de l'Éden, le voyage en Oolis, le retour à Charleston par le volcan et le centre de la Terre ! C'était fantastique.

Le résultat : le Grand Albert signa les décrets du 8 avril 1998 l'un ordonnant la cessation du conflit entre les TT ▽ *Saint-Jacques* et les *Onze-Sept,* l'autre ratifiant mon honorariat à Louisville et imposant ma proclamation officielle comme Maîtresse Templière à mon premier voyage à Paris.

Or, c'était bien Lucifer qui m'avait dispensé des profanations d'hosties ; l'hypocrite m'avait même donné raison.

Je ne rechercherai point ici dans quel but le suprême imposteur agit de la sorte à mon égard. Je dirai seulement que grande est pour moi la consolation, aujourd'hui, de n'avoir pas le remords des exécrables sacrilèges commis dans les Triangles.

Mais il faut examiner les prestiges diaboliques que je viens de relater.

Loyalement je dirai ce que je pense. Le voici : *tout cela n'est qu'une mystification.* Longtemps j'ai cru à la réalité des faits merveilleux de ce 8 avril 1889 ; à mon sens, c'était tout autant de miracles, et de l'ordre le plus haut, opérés par le Dieu-Bon en ma faveur, pour me marquer mieux sa prédilection. Depuis que je sais Lucifer n'être que le déchu Satan, depuis que j'ai la foi en l'unique Dieu, seul Très-

Haut, seul vraiment Tout-Puissant, j'ai la conviction que les faux miracles du Maudit sont des prestiges, rien autre ; par conséquent, j'ai été mystifiée, comme le sont tous les palladistes.

La première tromperie de Satan a été son apparition en état de splendeur, qui ne lui appartient pas. Les daimons sont affreux et lorsqu'ils se montrent en anges de lumière, c'est de leur part supercherie et comble d'audace cynique ; on verra bientôt que je ne dis pas cela à la légère, ni pour répéter une leçon qu'on m'aurait apprise au couvent. Je suis certaine que Lucifer m'est apparu réellement, comme il apparaît à tant d'autres, surtout à Charleston ; mais, parce que j'avais été élevée dans l'erreur, il a voulu la perpétuer : c'est pour répondre à mon désir, pour ne pas démériter à mes yeux, qu'il s'est paré d'un éclat usurpé et d'une beauté mensongère. Je l'ai donc vu, mais autrement qu'il est.

Tout le reste, je ne l'ai pas vu. J'ai été victime d'illusions, exécutées avec une surnaturelle adresse. J'ai cru descendre dans les flammes, traverser l'espace en compagnie de Lucifer, arriver en une région des plus belles ; j'ai cru combattre des maléakhs, les vaincre aux côtés d'Asmodée, à la tête de quatorze légions d'esprits du feu ; j'ai cru pénétrer dans le Paradis Terrestre, le visiter, entendre les explications d'un céleste guide ; j'ai cru être transportée en Oolis par un aigle blanc, de création luciférienne, revenir sur et sous Terre par cette aviation digne d'un conte de fées, traverser indemne l'embrasement d'un volcan et le feu central ; oui, j'ai cru tout cela, comme l'halluciné croit ce qu'il voit et qui pourtant n'est pas.

Tout cela est mensonge, donc mystification ; car il n'est aucunement au pouvoir de Satan ni de ses daimons de reconstituer l'Éden, de transformer en hideux monstres les anges de Dieu, et de leur infliger une défaite en combat corps à corps. Ces trois faits sont la preuve de l'imposture du tout. Si le diable, se déguisant en ange, s'était borné à me transporter dans les airs à des distances extrêmement éloignées et avec la rapidité de la foudre, peut-être n'y aurait-il pas eu illusion ; car cela ne dépasse pas son pouvoir. Mais les trois points sur lesquels j'insiste sont trois impossibilités manifestes, dès qu'on a la foi chrétienne.

Donc : illusion, illusion, illusion.

L'halluciné s'imagine voir des choses aussi extraordinaires que celles par moi rapportées. Par tel état maladif, par tel dérangement dans les organes, il y a ainsi absolue perturbation et erreur extraordinaire dans le sens visuel. Or, ce qui a lieu pour l'halluciné, individu détraqué, Satan peut le produire pour une personne entièrement saine de cerveau, nullement folle, ayant tous ses organes en fonctionnement parfait. Cette illusion est un incident exceptionnel ; elle dure ce que Dieu permet au Maudit de la faire durer ; une fois qu'elle a cessé, la victime de Satan est dans son état normal. Ainsi, l'hallucination accidentelle d'un individu n'ayant rien de ce qui distingue l'halluciné dont s'occupent les médecins, voilà bien ce qui appartient au domaine du surnaturel diabolique.

Il est certain, à mon sens, que le 8 avril 1889, à Charleston, j'ai été non pas une hallucinée selon le terme médical, mais que j'ai été possédée au plus haut degré par Lucifer, qui, après m'avoir menti en hypocrite consommé, m'a prodigué les plus habiles illusions de nature à fortifier formidablement mon erreur ; et l'éducation que j'avais reçue m'empêchait de soupçonner que je servais ainsi de jouet au prince des faux miracles, au roi des prestiges.

Tous ceux qui, venant à Charleston, sont admis aux mystères du Sanctum Regnum, — je ne parle pas des visiteurs haut-gradés à qui les divers appartements de l'immeuble sont montrés à titre de curiosité, je parle des Mages Élus et des Maîtresses Templières que le prétendu Dieu-Bon a fait appeler, — tous ceux-ci sont dupés comme je l'ai été. De même qu'il y a des sanctuaires chrétiens privilégiés, où les miracles sont fréquents, ainsi le Sanctum Regnum de Charleston a le plus haut privilège infernal, et les prestiges s'y multiplient toute l'année. Là, le palladiste fanatique est en communication directe avec Satan en personne. Une prière fervente, et voilà une apparition : les daimons vous saisissent, vous emportent, vous rassasient d'aventures plus merveilleuses les unes que les autres ; ou, du moins, de ce lieu ultramaléficié vous sortez croyant fermement à tout ce dont vous avez eu l'illusion.

Quand on a sucé l'erreur avec le lait, quand on a eu dès le berceau la croyance en une divinité double, en deux éternels principes contraires se combattant sans répit, on est inébranlable dans l'erreur, à moins d'un miracle de la grâce.

Tous les raisonnements échouent, se brisent contre ce roc : avoir vu Lucifer en splendeur la plus magnifique, avoir des daimons protecteurs qui vous comblent de bontés et qui vous paraissent bouleverser pour vous toutes les lois de la nature, avoir assisté en témoin oculaire à des luttes victorieuses d'esprits du feu contre maléakhs.

Comment pouvez-vous soupçonner que ce sont des daimons du même ordre qui se montrent les uns beaux et les autres hideux et qui se battent par pure comédie pour vous faire constater l'invariable défaite de ceux-ci ?... Ces batailles entre esprits sont fréquentes au sein des Triangles ; elles laissent une impression ineffaçable chez ceux qui en sont témoins ; car tous ne voient pas.

Moi, j'ai eu toutes les illusions possibles et impossibles ; il en est peu, je crois, à qui Satan ait prodigué autant les prodiges, les uns par tromperie du sens visuel, les autres vrais jusque dans une certaine mesure. Parmi ces derniers, et dûment constatés : j'avais l'extase avec ascension, le plus souvent horizontale ; je marchais sur l'eau, etc. Tant le Maudit avait à cœur de me retenir, qu'il m'a même, un jour, emportée en son royaume du feu éternel ; mais ceci, certainement, a été une illusion, puisque son prétendu royaume n'était pas l'enfer de damnation tel que le décrit l'Église.

Ah ! mille fois bénie soit Jeanne d'Arc, qui a arraché le bandeau dont mes yeux étaient couverts !... J'ai raconté ailleurs comment je la vis, une fois, une seule fois, et sans aucune préparation. Voilà la différence éclatante entre les miracles de Dieu et les prestiges du diable. Satan a toujours besoin de certaines conditions pour opérer.

Enfin, c'est son nom invoqué, en terrible détresse, c'est son nom saint qui a obligé quatre daimons, devant moi, à me montrer leurs vraies faces ; c'est elle, donc, qui, tout en demeurant invisible, les a dépouillés de leur audacieux déguisement d'anges de lumière. Voilà comment j'ai commencé à comprendre que Lucifer n'est que Satan.

C'était le 6 juin de cette année-ci, il n'y a pas encore deux mois.

Je relisais, dans ma retraite, le numéro 3 du *Palladium* tout récemment écrit ; frais imprimé, il venait de me parvenir.

Après deux lectures de l'article où, pour répondre en courtoise adversaire à un prêtre-professeur dont la lettre m'avait touchée, je promettais de ne plus adjoindre au nom de la Mère du Christ un qualificatif de nature à heurter les catholiques, je contemplai quelques instants la statuette de Jeanne d'Arc qui est chez moi, dans ma chambre.

— Bonne Jeanne, dis-je, ce prêtre m'a demandé de déroger à un ancien usage ; il m'en a suppliée par votre nom virginal. Je lui fais cette concession pour montrer jusqu'où va la tolérance palladiste. Mais je veux aller plus loin. Vous aimiez Marie de tout votre cœur, ô Jeanne, pendant cette glorieuse et trop courte existence que j'admire tant, bien que sans partager vos croyances. Eh bien, c'est à vous, douce et sublime héroïne, c'est à vous que je veux prêter le serment de respecter à jamais le nom de Marie, mère du Christ.

Je m'agenouillai, — à deux genoux, et c'était la première fois de ma vie, — devant la statuette. J'étais en proie à une émotion jamais ressentie jusqu'alors : j'avais besoin de pleurer, et je ne savais pourquoi ; mon cœur était troublé, agité, et néanmoins ferme dans la résolution que j'avais prise.

— Ô Jeanne d'Arc, prononçai-je à haute voix, je vous le jure, par la vénération que j'ai pour vous, jamais je n'écrirai, jamais je ne dirai un mot manquant de respect à Marie, mère du Christ, que vous avez tant aimée.

À peine ces mots tombés de mes lèvres, je fus par une force extérieure, rejetée en arrière avec une violence inouïe ; ma tête frappa le parquet. Or, tandis que je cherchais à me relever, j'aperçus devant moi, subitement apparus, Baal-Zéboub, Astaroth, Moloch et Asmodée, que je reconnus bien tous les quatre. Ils étaient en la forme habituelle de leurs manifestations aux adeptes du Palladisme, en radieux anges de lumière, ainsi que je les avais toujours vus, soit dans les Triangles, soit en mon particulier ; mais leurs visages étaient irrités, avec une expression de colère à son paroxysme.

Moi qui m'étais accoutumée à les voir bons pour moi, n'ayant l'aspect terrible que dans les combats contre les maléakhs, je me demandais ce que ceci signifiait. C'était du nouveau, tout-à-fait. Ils me menaçaient, pleins de rage, comme si j'avais été un ange d'Adonaï, c'est-à-dire comme ils faisaient dans leurs comédies de guerre aux soi-disant maléakhs ; mais je comprends maintenant que leur fureur contre moi n'était pas feinte.

Ils s'élancèrent sur moi. Qu'allaient-ils faire ? me battre ? me tuer ? Je ne sais. Quoi qu'il en soit, j'eus le sentiment d'un pressant danger, et je m'écriai :

— Jeanne, Jeanne, défends-moi !

Alors, il y eut une épouvantable clameur des quatre ; des lions tout-à-coup blessés n'auraient pas déchiré l'air de rugissements pareils à ceux que j'entendis. En même temps la face et la forme de ces daimons changèrent, et aussi leur expression de physionomie. Sur l'instant ils étaient devenus, tous les quatre, semblables à ces maléakhs que j'avais toujours pris pour les anges du Dieu des chrétiens : tout en gardant très reconnaissable leur visage chacun, ils étaient hideux, monstrueux ; ils avaient queue et cornes ; bref, de vrais diables. Et, par leur figure, ils se montraient maintenant terrifiés, quoique toujours en rage ; mais à leur fureur le désespoir s'était joint, et il était chez eux le sentiment dominant.

Cela avait duré tout au plus quelques secondes ; et aussitôt que je les eus bien vus en diables, ils disparurent, ils s'effondrèrent en poussant des cris de malédiction, et je me dis que je venais d'entendre là les hurlements des damnés.

Voilà le fait inattendu, et dont je suis saisie encore chaque fois que j'y songe, voilà l'événement extraordinaire qui a ouvert des horizons tout nouveaux à mon intelligence. Ceci se passait tandis que le Comité Fédéral de Londres délibérait sur mon numéro 3 du *Palladium*.

Quand me parvint la voûte de désaveu qui prétendait m'intimider, j'étais donc en bonne disposition pour écrire la réponse que mes lecteurs connaissent. Depuis le 6 juin, une voix secrète me disait que j'avais été trompée dès mon enfance ; je relisais les lignes que M. le chanoine Mustel m'a consacrées il y a un an, dans l'article où il me met en parallèle avec la Sophia des palladistes. Je songeais à toutes ces prières qui se sont élevées au ciel pour moi. La vérité se dégageait peu à peu dans mon esprit ; je voyais de plus en plus clairement que Lucifer est bien Satan, et, comme il ne saurait exister deux Dieux-Mauvais, je me sentais attirée, par une force irrésistible, vers le seul vrai Dieu, vers le Dieu des chrétiens, dieu unique et d'infinie bonté.

Je me remémorais enfin qu'en février 1894 un publiciste catholique, m'avisant d'un ouvrage auquel il travaillait, m'écrivait qu'il y parlait de moi et qu'il terminait ces pages par la prière, de Polyeucte, chrétien, pour Pauline, païenne :

« Seigneur, de vos bontés il faut que je l'obtienne. »

Saisissant l'allusion, je lui avais répondu que je ne m'offensais pas de sa prière, et que, de mon côté, je priais mon Dieu pour lui ; mais j'ajoutais qu'il ne fallait pas compter voir en moi une Pauline. Je réitérai cette affirmation quand le livre parut. « Monsieur, lui écrivis-je et l'autorisant à publier ma lettre, en lisant votre réminiscence de Polyeucte, ceux qui me connaissent diront que je ne serai jamais Pauline ; ils ne se tromperont point. »

Pauline, on le sait, se convertit ; l'Église l'a placée sur les autels. Et la fête de sainte Pauline, c'est le 6 juin !

<u>*(La suite au prochain numéro).*</u>

AMIS CONNUS ET INCONNUS. – Toujours surabondance de lettres ; et l'on me met ainsi dans l'embarras. Enfin, vers le 10 août, les travaux urgents qui ont absorbé mes premières semaines seront à peu près terminés ; je pourrai donc commencer à répondre à chacun.

Lettres courtes, cela va de soi. Dès à présent, je prie chacun de ne pas m'en vouloir. Comment pourrais-je faire autrement ? Par trop de bonté, vraiment on m'a accablée de correspondances. Tout a été classé par ordre alphabétique ; c'est en suivant cet ordre que je répondrai.

Maintenant, je prie aussi qu'on ne m'écrive plus ; car il y aurait pour moi impossibilité matérielle à mener de front travail et correspondance. D'ailleurs, les lettres de pure et bonne amitié, c'est-à-dire celles sans but intéressé, me disent, toutes, les mêmes choses avec la même cordialité, quoiqu'en termes différents. Ne vaut-il pas mieux s'unir par l'âme, en priant des deux côtés ? Le plus important n'est-il pas que je travaille au bien public, puisque Dieu a bien voulu m'appeler au combat pour sa gloire et pour la défense de sa sainte Église ?

Enfin, je prie instamment qu'on ne m'envoie plus rien. Merci néanmoins pour les livres pouvant m'édifier ; mais j'ai dû retourner et je retournerai les objets de valeur.

Symboles du Palladisme

Le document qui contient le plus complètement les principaux symboles du Palladisme est la Patente de Hiérarque et de Maîtresse Templière au titre direct de Charleston. L'encadrement de ce diplôme fut dessiné, sur les indications d'Albert Pike ; il sert aussi d'ornement aux Patentes des Inspecteurs Permanents Souverains Délégués, accrédités par l'un ou l'autre des quatre Grands Directoires Centraux de la haute-maçonnerie (Washington, Montevideo, Naples et Calcutta).

Pour ce motif, le Comité Fédéral du Palladium Indépendant a adopté ce dessin d'encadrement, en vue d'orner d'une façon uniforme tous ses Diplômes, Brefs et Patentes ; dans le nombre se trouve le Bref d'autorisation en Activité, délivré à quiconque, même profane, s'engage à fonder un Groupe Familial. Mais aux fondateurs de Groupes Familiaux l'explication des symboles n'est pas donnée : il s'agit uniquement de les familiariser avec ces emblèmes, dont le sens ne doit être communiqué que le jour où le Groupe Familial, bien méritant et vraiment actif, aura été érigé en Triangle et admis à la correspondance régulière de la Fédération.

À mon insistante requête, et non sans vifs débats, l'Indépendance avait pris le titre de *Palladium Régénéré et libre*. Tous voulaient la liberté, c'est-à-dire l'affranchissement du joug de Lemmi ; mais peu désiraient la régénération, c'est-à-dire l'abandon de certaines pratiques se groupant en trois catégories, toujours par moi réprouvées. On fit valoir qu'il fallait laisser, sans y toucher, ce dessin exécuté sur l'ordre du Grand Albert : les symboles palladiques, me déclara-t-on, étaient sacrés par eux-mêmes, et je dus céder devant cette considération ; pourtant, j'obtins que l'interprétation de ceux qui me répugnaient serait changée, on convint que j'aurais mandat de fixer un nouveau sens. L'accomplissement de cette mission ne me paraissait pas impossible ; toutefois, Dieu, dans sa bonté et sa miséricorde, avait arrêté que mes yeux s'ouvriraient, avant que j'eusse réalisé tout mon projet. Je me demande si l'examen plus minutieux de ce symbolisme n'a pas contribué à préparer ma conversion ; car cet examen souleva mon cœur : c'est un peu ainsi que je vis la difficulté — dirais-je l'impossibilité ? — d'arracher au fumier les malheureux qui s'y vautraient avec tant de complaisance.

Venons à ce dessin d'ornement et à ses symboles.

Les Brefs d'autorisation en Activité sont ma légitime propriété, puisqu'on m'en a fait payer tous les frais ; j'en dispose donc à mon gré. Le Comité Fédéral de Londres n'aura qu'à en faire exécuter d'autres, s'il poursuit son projet de créer des Groupes Familiaux. Moi, je réserve à mes abonnés ces documents en ma possession ; ainsi ils auront en main l'authenticité du Palladisme.

Dans son considérable ouvrage, le docteur Bataille a publié, en la livraison numéro 60, la reproduction de ce dessin ; mais il ne l'a pas expliqué. En effet, plusieurs symboles dépassaient sans doute son instruction de palladiste par subterfuge, puisqu'il n'a pas eu l'initiation de Mage Élu.

Ce qu'il a reproduit, c'est le diplôme de Maîtresse Templière. En examinant de près sa publication, on voit comment son dessinateur a opéré. On a eu, à disposition limitée, le diplôme d'une Sœur de ce grade ; sans aucun doute, cette Sœur n'a pas permis qu'il sortît de chez elle, et ceci se comprend. S'il en était autrement, on eût photographié le diplôme ; ce qui n'est pas. Voyez de près : il a été décalqué ; l'artiste a un talent merveilleux, j'en demeure d'accord ; mais divers petits détails lui ont échappé. Je signalerai ces différences. Or, il n'en existerait aucune, et même on distinguerait, sur le livre du docteur, que la planche est *un bois gravé,* si le document avait été pris en photographie.

Ayant eu à ma disposition entière une des planches même de Charleston, il m'a été possible, à moi, au contraire, de faire la reproduction identique. Mes abonnés le verront, c'est bien un bois gravé qui a servi à tirer ces documents dont je fais une prime. Le dessinateur de Bataille a livré son décalque, presque ; parfait les éditeurs en ont tiré un cliché sur zinc, réduit, c'est visible.

Je cite un premier exemple, démontrant l'inattention du dessinateur qui a décalqué et l'omission forcée de Bataille, n'étant pas Mage Élu. Que l'on compare, sur les deux reproductions, le tableau de la Résurrection de Lazare. Ce tableau, en petit détail inaperçu de qui n'a pas cette initiation, indique très nettement les trois points en triangle, la pointe en bas, qui figurent *sur le corps ressuscité* le « signe du triangle », spécial aux Mages Élus à l'ouverture et à la fermeture des travaux. Sauf ce détail, l'exactitude du décalque pris par le dessinateur de Bataille est frappante ; les trois points sont à peine indiqués là, imperceptibles ; il n'y sont pas comme points devant attirer l'attention, mais parce que le corps humain les comporte. Au contraire, sur le dessin original, ces trois points symboliques du Palladisme, dernier degré, sont accentués, expressément accentués.

Le docteur Bataille ne m'en voudra pas de signaler quelques menues défectuosités : elles ont peu d'importance, et, au surplus, elles prouvent que son dessinateur a bien reproduit un document authentique, qu'il l'a décalqué avec un mérite d'artiste de premier ordre, mais que la Sœur prêteuse, voulant assurer son incognito, ne l'a pas laissé photographier.

Le dessin est dominé, au centre supérieur, par un cartouche, dont le plus saillant est le nom du prétendu Dieu-Bon (L.U.C.I.F.E.R), écrit en lettres de l'Alphabet égyptien dit du Magisme palladique ou Alphabet des Mages d'Alexandrie. L'encadrement se compose de onze tableaux ou sujets.

Voici leurs titres, dans leur ordre rituel, non pas dans leur ordre de placement :

1. Le Saint Sépulcre.
2. La Résurrection de Lazare.
3. Les Croix.
4. Le Triomphe d'Astarté sur le Mauvais Serpent.
5. La chair et le sang du Traître.
6. Le Figuier maudit.
7. La Colombe maçonnique.
8. Le Bon Serpent.
9. L'Échelle palladique.
10. Le Mystère des deux Colonnes.
11. L'Être Suprême.

Le cartouche du centre supérieur est consacré à Lucifer. Toutes ses inscriptions sont en caractères gravés sur le bois.

La première ligne est remarquable par son originalité. Elle porte la devise DOMAG, chaque lettre étant suivie de cinq points (⁙). Le sens de ces cinq lettres est connu : *Dei Optimi Maximi ad Gloriam,* à la gloire du Dieu le meilleur et le plus grand ; ce qui, dans le sentiment des palladistes, indique que ce Dieu n'est pas le seul et qu'à celui-ci appartiennent l'excellence de la bonté et la sublimité de la grandeur. Les cinq points, par leur disposition, laissent comprendre l'existence de deux triangles se heurtant par leur pointe, l'un ayant sa base en haut et plongeant sur l'autre (c'est Lucifer), l'autre ayant sa base en bas (c'est Adonaï qui menace Lucifer). En outre : les cinq points rappellent à l'initié que le rite est androgyne ; car, dans toutes les maçonneries, les cinq points sont spéciaux aux Ateliers ou les sœurs sont mêlées aux Frères.

Au-dessous : une étoile à cinq branches, brisant une épaisse ligne horizontale. Ceci représente l'étoile du matin (Lucifer encore), annonçant la lumière du jour ; la ligne noire des ténèbres va être vaincue.

Alors, au milieu du cartouche, en caractères magiques monstrueux, les sept lettres égyptiennes et palladiques formant le mot LUCIFER. Mes lecteurs ont l'alphabet dans ce numéro ; ainsi, il leur sera facile de retrouver les lettres qui vont de gauche à droite : Luzaïn, Ur, Caïtha, Ioïthi, Pilôn, Eni et Rasith.

Mais ces lettres sont parsemées de divers petits signes secrets, connus des seuls Mages Élus et des seules Maîtresses Templières Souveraines, et qui désignent les grands génies supérieurs.

Entre Ioïthi et Pilôn, en haut ; la croix coupée, un des signes de Baal-Zéboub. — À gauche de Luzaïn : le serpent sans tête et à deux dards, un des signes d'Astaroth. — Entre Eni et Rasith, en bas : le cœur du Christ en renversement, un des signes d'Astarté. — Entre Luzaïn et Ur, en haut et en bas, et à droite de Ur : trois signes disposés en triangle, dits le bout de flèche coupée, le triangle menteur (pointe en haut) et le lozange d'éther, dont l'ensemble est un des signes de Moloch. Il faut remarquer que les gros points ronds appartiennent à l'alphabet magique et ne comptent pas dans cette explication-ci. — Entre Pilôn et Eni, en haut : le triangle obscurci, triangle noir ayant la pointe en bas, un des signes d'Ariel. — Sous Rasith : le trait de science entre cubes, un des signes d'Hermès, le signe le plus fréquemment tracé pour évoquer ce daimon. — Entre Pilôn et Eni, au milieu, en direction de haut en bas la flèche mouillée, un des signes de Léviathan. — Au centre de Ioïthi : le maléach régénéré, grosse virgule en sens dessus-dessous, un des signes de Béhémoth.

Sous le nom magique du prétendu Dieu-Bon : deux mots latins, en lettres monumentales, *Excelsus Escelsior*, le Très-Haut plus haut ; nouvelle indication de rivalité entre principes suprêmes. Le dogme palladique s'affirme : le Très-Haut Lucifer est plus haut que le Très-Haut Adonaï.

Au-dessous, dans la pointe centrale du cartouche : le nombre mystérieux 77, multiplication du nombre luciférien simpliste 7 par le nombre luciférien kabbalistique 11 ; le docteur Bataille a consacré tout un chapitre à expliquer ce nombre mystérieux 77, qui représente la hiérarchie du royaume du Feu ; son chapitre est intéressant et vrai.

La fantaisie de Pike a mêlé à ce 77 un tau à trois boules, figure qui lui était familière et qui était sa clef d'appel à Lucifer. Là encore, cinq points, mais ceux-ci disposés en triangle luciférien.

Enfin, au-dessous du large cartouche : une guirlande de roses fraîches est suspendue ; c'est le symbole de la nombreuse phalange des Sœurs du Palladium, consacrées à Lucifer. Infortunées victimes, — et je fus parmi elles, — de la plus lamentable erreur !

Une observation : le dessinateur de Bataille a négligé, j'ignore pourquoi, de décalquer les première et troisième lignes. Oubli, sans doute ; et, sur le diplôme reproduit, on a mis des caractères typographiques, en place des lettres gravées sur le bois. Cette différence n'a pas raison d'être. Mais ce n'est rien ; laissons.

Le Saint Sépulcre

Tableau à l'angle Inférieur de gauche. Il représente l'intérieur d'une crypte, où se trouve le cénotaphe du grand-maître des Templiers, supplicié en 1314, Jacques-Bourguignon de Molay. Un squelette, armé d'un poignard, est debout, accoudé au tombeau. Le cénotaphe est surmonté d'une urne funéraire, d'où sortent des flammes. Trois crânes sont déposés sur les gradins du monument : l'un couronné de lauriers, qui repose sur un coussin ; les deux autres, sur la pierre, plus bas, couronnés le premier d'une tiare et le second d'un diadème royal. Des chiffres, en gros caractères, sont inscrits sur la face inférieure du monument.

Ce tableau rappelle la légende du grade de Chevalier Kadosch, avec son explication complétée par le Palladisme. En effet, le recrutement palladiste s'effectue dans la Maçonnerie ordinaire parmi les Kadosch, de préférence, ou parmi les initiés des grades à enseignement templier ; c'est par exception qu'on appelle parfois au Palladium des maçons de grades inférieurs. Il est vrai, aussi, que des membres de sociétés spirites, non-maçons, sont appelés ; dans ce cas, c'est que leurs tendances lucifériennes ont frappé les Inspecteurs et Inspectrices propagandistes chargés du recrutement.

Le crâne couronné de lauriers est celui de Molay, glorifié. Le crâne qui a un diadème est celui de Philippe-le-Bel, symbolisant ici la monarchie chrétienne de France ; sur l'image, le diadème mal assujetti tombe, pour Indiquer que la déchéance royale est déjà un fait accompli. Le crâne couronné d'une tiare, dit crâne de Bertrand de Goth (pape Clément V), figure la Papauté, vouée à la déchéance, à la suppression, par les Maçonneries de tout rite ; mais, la Papauté n'ayant pas été supprimée encore, la tiare est encore stable.

L'urne funéraire vomissant des flammes signifie que le grand-maître Molay, considéré par toutes les Maçonneries comme martyr d'une cause juste, est au royaume du Feu, dans la gloire éternelle de Lucifer.

Le squelette debout, armé d'un poignard, s'interprète : la mort vengera la mort ; parce que saint Jacques (Molay) a été supplicié par l'effet de la condamnation d'un roi chrétien et d'un pape, un roi chrétien de la même race (Louis XVI) a été livré au supplice, un pape sera supplicié aussi. D'après les révélations faites par Baal-Zéboub à Albert Pike, le pape qui sera mis à mort par la Maçonnerie est celui qui, dans la prophétie de saint Malachie est désigné : *de labore solis*.

Voyons les chiffres inscrits, et donnons-en l'explication qui est faite en Triangles.

D'abord, le nombre 1312. C'est la date de l'abolition juridique de l'ordre des Templiers. Les chiffres qui sont au-dessous indiquent, d'une façon secrète, les dates de la vengeance : 1° décapitation d'un roi chrétien de la race capétienne ; 2° abolition définitive de la Papauté, le successeur du pape supplicié devant, selon la légende palladique, se convertir à la religion de Lucifer et faire cause commune avec l'Antichrist.

Le zéro ne comptant pas, on a inscrit les neuf chiffres dans cet ordre : 179348526.

La date de la décapitation de Louis XVI, fait accompli, est facile à lire ; elle est donnée par les quatre premiers chiffres : 1793.

Comment la date future de l'abolition définitive de la Papauté est-elle marquée par les cinq autres chiffres ? C'est ici le calcul secret, connu des seuls initiés.

Par les révélations qui ont précédé les miennes on sait que cette date est fixée, au dire des daimons, au 29 septembre 1996 de l'ère chrétienne. Eh bien, l'année 1996 est représentée secrètement par 48526.

Voici le calcul :

$$4 + 8 + 5 + 2 + 6 = 25, \text{ d'une part.}$$

$$\text{Et, d'autre part, } 1 + 9 + 9 + 6 = 25, \text{ également.}$$

25 est le nombre fatidique de vingtième siècle de l'ère chrétienne, comme 15 est le nombre mystérieux qui sera révélé par Baal-Zéboub, le jour de la naissance de la mère de l'Antichrist (29 Septembre 1929).

Or, dans le vingtième siècle, il y a quatre années dont les chiffres additionnés donnent 25 au total ; ce sont les années 1969, 1978, 1987 et 1996. Mais, en se reportant aux versets 5 et 6 du Chapitre de l'Antichrist, dans le *Livre Apadno,* on voit que les palladistes comptent par trente-trois ans à partir de la naissance de la bisaïeule de l'Antichrist.

Le docteur Bataille a publié ce chapitre. J'en reproduis les deux versets visés pour le point de départ des calculs :

« 5. Mais les temps compteront à partir du jour où le Très-Haut le plus haut aura une fille parmi les enfants des hommes ; car, de même que Dieu lui-même engendra Caïn, Dieu lui-même sera père encore sur la Terre, mais d'une fille, quand les temps nouveaux viendront.

« 6. Sept ans moins neuf jours avant le Troisième Coup de Canon, naîtra, au pays de l'Ell, d'une femme du Nord, une certaine fille qui sera la sagesse même, et son père sera l'Esprit-Saint, opérant par l'intermédiaire d'un homme juste. »

On sait par des révélations multipliées, que le Troisième Coup de Canon signifie l'abolition du pouvoir temporel de la Papauté, la prise de Rome par le F∇ Cadorna ; donc, le 20 septembre 1870. Sept ans moins neuf jours avant cette date, lisez 29 septembre 1863. Les versets 8, 10, 12, 13 et 17 spécifient que dès lors on compte par trente-trois ans, et c'est toujours au 29 septembre : 1896, naissance de l'aïeule de l'Antichrist ; 1929, naissance de la mère ; 1962, naissance de l'Antichrist ; 1995, l'Antichrist se révèle au monde (verset 17).

Voyons les versets 18 et 19 :

« 18. Jérusalem tressaillera de joie ; car celui de ses fils qui, pour commander aux adorateurs d'Adonaï, avait fermé les yeux à la lumière, recouvrera la vue, déposera le triple diadème maudit et mettra son honneur à travailler à l'œuvre du Rempart de Dieu, du Dieu le meilleur et le plus grand. »

Ceci veut dire : le dernier pape des catholiques sera un juif converti à la religion du Christ ; pendant son pontificat, il n'y aura plus un seul juif qui ne soit luciférien ; lui-même, en l'an 1995, lorsque l'Antichrist se sera révélé au monde, il abandonnera le catholicisme romain, non pas pour retourner au mosaïsme, mais pour adopter le culte de Lucifer ; il déposera la tiare et son zèle sera grand pour l'œuvre du Palladisme triomphant. Par le Rempart de Dieu, on entend désigner le F ▽ qui occupera le souverain-pontificat luciférien, au temps de la mission publique de l'Antichrist.

« 19. Mais il y aura encore des millions d'aveugles, le rameau d'olivier se changera en épée, et la lutte terrestre durera un an, jusqu'au Quatrième Coup de Canon, qui sera tiré dans l'ile de la Vengeance. »

Les aveugles dont parle le *Livre Apadno*, ce sont les catholiques fidèles à Jésus-Christ. Le rameau d'olivier se changeant en épée veut dire : l'Antichrist proposera d'abord à toutes les nations la paix en Lucifer ; mais bientôt il déclarera la guerre à celles qui ne voudront pas adopter le culte du prétendu Dieu-Bon. Cette guerre durera un an ; on l'appelle « lutte terrestre » pour la distinguer de la guerre qui suivra et dont les combats se livreront dans les airs entre les anges de Lucifer et les anges d'Adonaï. Au bout d'une année, soit au 20 septembre 1996, le « Quatrième Coup de Canon », abolition du pouvoir spirituel de la Papauté chrétienne, après l'abolition du pouvoir temporel, « sera tiré dans l'ile de la Vengeance », c'est-à-dire la Papauté chrétienne sera complètement abolie, et cette destruction définitive sera proclamée dans l'île de Malte. Alors, les Templiers seront vengés. La raison expliquée en Triangles : d'après tous les systèmes maçonniques, ce sont les chevaliers de l'ordre de Malte, rivaux des Templiers, qui ont poussé lq monarchie et la Papauté à supprimer l'ordre du Temple et qui obtinrent, après le supplice de Molay et de ses compagnons, la plus grande partie de leurs richesses. Molay ayant été martyrisé à Paris, la monarchie a été décapitée à Paris, première vengeance ; la vengeance suprême contre la Papauté s'accomplira donc à Malte, les Chevaliers de Malte dépossédés et supprimés. Voilà pourquoi, en langage palladique, Malte s'appelle l'Ile de la Vengeance.

Or, des quatre années 1969, 1978, 1987 et 1996, la dernière est la seule qui, tout en formant le total 25 par ses chiffres additionnés, soit bien désignée pour la suprême vengeance dans le *Livre Apadno*. C'est ainsi que les chiffres 4, 8, 5, 2, 6, dont le total est 25, nombre fatidique du vingtième siècle, signifient, sur l'image du Saint-Sépulcre, l'année 1996, s'ajoutant par ce calcul secret à l'année 1793.

La Résurrection de Lazare

Tableau à l'angle inférieur de droite. Il représente l'intérieur d'une crypte, comme celui auquel il fait pendant. Un homme debout, cadavre renaissant à la vie, entr'ouvre son suaire, prêt à le rejeter. Des étoiles sont peintes sur la voûte du caveau. Deux urnes vomissent des flammes.

Dans mes tentatives de réforme du Palladisme, je voulais donner à ce symbole un sens uniquement religieux et social. En Lazare, j'entendais qu'on vît le peuple appelé à la résurrection contre Adonaï et rien autre.

Le grade de Chevalière Élue Palladique traite la résurrection de Lazare en légende dont il faut tirer une interprétation symbolique, avant tout. Plus tard, il est vrai, on dira à l'initiée : « Si le frère de Marthe et de Marie-Madeleine a été vraiment rappelé à la vie par Jésus, c'est qu'alors Jésus tenait sa puissance de Baal-Zéboub. » En attendant, on ne se préoccupe pas du fait miraculeux. Quel est donc le sens de ce symbole, au premier degré féminin du Palladisme ?

La résurrection de Lazare figure sur le tableau du Triangle. Elle est rappelée par l'attouchement et par le mot de passe. L'orateur en parle dans sa harangue à la récipiendaire. Il en est encore question dans le catéchisme d'Élue.

Pour l'attouchement, l'un présente la main droite à plat, avec les doigts étendus et serrés les uns contre les autres ; puis, il écarte le médius et l'annulaire, en disant « Le sépulcre s'ouvre ». Le F▽ ou la S▽, à qui s'adresse ce geste, place dans l'écartement son pouce de la main droite levé, en gardant son poing fermé, et dit : « Résurrection ! »

Pour le mot de passe, l'un dit : « Lazare », et l'autre répond : « Lève-toi. »

Dans son discours, l'orateur fait à peine allusion à la résurrection de Lazare par le Christ ; il annonce surtout qu'une explication sera donnée au grade suivant ; mais il a soin de rappeler l'épisode du mauvais riche méprisant dans son égoïsme la misère du pauvre, qui est aussi nommé Lazare ; il redit que Lazare, n'ayant pas même les miettes tombées de la table du capitaliste dévorant, en est réduit à attendre que le chien du maître lui abandonne un os à demi rongé. La récipiendaire, invitée à réfléchir, conclut donc qu'il faut voir dans la résurrection de Lazare le symbole de l'affranchissement futur du peuple.

Cette interprétation socialiste se retrouve dans le catéchisme du grade, puisque l'on explique alors le mot de passe ainsi : « Lazare, qui est le pauvre, le prolétaire, se lèvera un jour à l'appel de la Maçonnerie. »

La récipiendaire, qui a reçu une préparation luciférienne, qui comprend déjà que Lucifer est déifié par le Palladisme et que son culte est le principal but de la Haute-Maçonnerie, — tel était mon cas, — voit en outre une seconde interprétation de ce symbolisme : on triomphera par le concours du peuple, quand il sera éclairé.

C'est aussi dans le catéchisme d'Élue que l'attouchement du grade est l'objet de cette explication : « Le peuple est enseveli, mort, dans le sépulcre de l'ignorance ; la pierre sépulcrale se fend et laisse pénétrer la lumière dans le tombeau ; la lumière maçonnique ressuscitera le peuple. »

Je ne pouvais comprendre autre chose, lorsque, le 28 octobre 1884, je fus initiée Chevalière Élue Palladique au

Triangle *les Onze-Sept*. L'esprit excité contre Adonaï par effet de mon éducation luciférienne, me croyant appelée à un apostolat pour exalter partout celui que je considérais comme le Dieu-Bon, je composai, le lendemain, encore frémissante, pleine de l'inspiration du Maudit, cette poésie *Résurrection* que j'ai publiée dans le *Palladium* n°3. Je ne la reproduirai point ici, ne voulant contrister aucun chrétien ; mais les prêtres qui ont pu la lire ou qui la liront me rendront témoignage qu'il n'y avait en mon interprétation aucune pensée basse, déshonnête, aucune tendance à l'impureté de l'autre sens palladique.

Je haïssais le Dieu des chrétiens, dont on m'avait fait un tyran, un bourreau de l'humanité ; je ne soupçonnais pas l'infamie, l'immoralité satanique cachée sous ce voile de la Résurrection de Lazare. Ce dernier sens, pourri de profonde perversité, est révélé lors de l'initiation de Maîtresse Templière. Ceux de mes lecteurs qui ont entendu parler de l'épreuve du Pastos comprendront que je m'abstienne : le nom rituel imaginé pour désigner cette pratique suffit. On sait que cette épreuve me fut évitée, et longtemps après seulement j'en appris l'existence,

Pour la vérité, je dois dire que d'autres postulantes en ont eu la dispense, par démarches de Frères présentateurs. Une femme mariée, distinguée, intelligente, pouvant rendre des services dans le monde profane, et que son mari amène au Palladisme, n'a pas à connaître le Pastos. D'autre part, une Maîtresse Templière reçue, qui ignore l'existence de cette épreuve, peut demeurer longtemps sans la deviner : cela, à cause des dispositions prises. L'ampleur du drap qui est tenu par quatre Frères pendant l'épreuve permet de transformer le prétendu suaire en une vraie tente-abri, et l'infamie reste insoupçonnée de qui n'est pas déjà corrompu. Il faut un hasard pour vous faire comprendre ; du jour où ce hasard se produisit, je n'assistai plus jamais à une initiation de Maîtresse Templière, et je me vouai surtout à la propagande par conférences. Quand le Triangle *Phébé-la-Rose* fut fondé en mon honneur à New-York, les suffrages de tous les fondateurs m'élisant grande-maîtresse, j'imposai que, dans ce triangle, le symbolisme de la Résurrection de Lazare n'aurait jamais d'autre interprétation que celle du sens mystique antiadonaïte : le peuple, enseveli dans les superstitions, parmi lesquelles je comptais le catholicisme comme la pire, puis ressuscité par la lumière de Lucifer, et venant combattre, en l'année de la lutte terrestre, sous les étendards de l'Antichrist.

À ce propos, dois-je invoquer à ma louange ce fait de n'être point tombée dans l'abjection ? Non, certes. Ce serait orgueil, vanité. Semant dans les âmes la foi en Lucifer Dieu-Bon, j'étais criminelle inconsciente, mais j'étais criminelle, puisque j'assassinais des âmes ; et cela est pis qu'assassiner des corps. Si le fumier du Palladisme a été écarté de moi, si je n'en ai pas été souillée, c'est le vrai Dieu qu'il me faut glorifier, non moi-même, indigne créature, coupable pécheresse par l'esprit. Ô mon Dieu si doux et si miséricordieux, merci et pitié ; relevez-moi tout-à-fait, rendez-moi digne d'être chrétienne, soutenez-moi dans les combats nouveaux, ceux-ci pour la gloire de votre saint nom.

(À Suivre).

INCIDENT COMIQUE. — D'après le récit fait par mon éditeur à l'un des membres de la famille où j'ai mon asile, un monsieur s'est présenté, il y a quelques jours, à la Librairie Antimaçonnique demandant dans des termes pleins d'instance la faveur d'un entretien particulier avec moi. Cet excellent monsieur prenait le plus grand intérêt à ma personne. Il baragouinait un charabia dont le baroque était encore relevé par un accent quasi-tudesque. — Un noble étranger, quelque peu original, allez-vous dire. — Attendez un peu.

Pour original, le charabiant monsieur a tenu à le paraître. Avec une munificence qui rappelait presque Artaxerxès, dans un élan non calculé (oh ! non !) de son ardeur sympathique, il a offert *Dix mille francs* pour être conduit auprès de moi. Mon éditeur, quoique n'étant pas Hippocrate, a refusé le présent de cet homme si généreux et si enthousiaste.

Je me suis fait dépeindre le noble étranger. Son signalement répond avec exactitude à celui de Moïse Lid-Nazareth. — Ô vieux Simon, tu n'es vraiment pas habile dans tes choix !

LA PUISSANCE DOGMATIQUE ?

———————

Y a-t-il, dans la Franc-Maçonnerie, un pouvoir supérieur qui légifère en questions de dogmes ?

Ce pouvoir est-il connu de tous les francs-maçons ?

Première question. — Réponse : oui.

Seconde question. — Réponse : non.

La Puissance Dogmatique est tenue, rigoureusement, cachée aux neuf dixièmes des francs-maçons ; ceci est notoire. En effet, depuis l'existence de ce pouvoir, supérieur même aux Suprêmes Conseils, a été l'objet de révélations publiques, les hauts-maçons que ces divulgations gênent ont nié partout avec éclat.

Le F▽ Goblet d'Alviella l'a écrit, dans sa fameuse lettre à Lemmi, du 30 juin 1894 : « Il faut s'entendre partout pour nier carrément. »

On ne veut pas que la masse des francs-maçons soupçonne qu'elle a des guides secrets ; qu'il existe, au-dessus de tout, une Puissance Dogmatique, qui est l'âme même de la secte et qui inspire les divers Rites officiels, les Fédérations avouées.

On leur dit, — à tout prix, il est nécessaire qu'ils le croient, — que chaque Fédération jouit d'une absolue autonomie dans son propre pays, que le pouvoir national central (Grand Orient, Suprême Conseil, etc., suivant le rite) est le plus haut pouvoir légiférant, et que les Ateliers des différents degrés (Loges, Chapitres, Aréopages) n'ont pas à se préoccuper de ce que peuvent dire et écrire les anciens maçons, ayant abandonné l'Ordre et affirmant avoir connu cette fameuse Puissance Dogmatique, supérieure à tout.

Aujourd'hui, ce sont mes ex-Frères du Rite Écossais que je vais mettre en mesure de constater que la très-haute Puissance Dogmatique existe bien et rend réellement des décrets, ayant la plus rigoureuse force de loi.

Je m'adresse aux maçons de l'Écossisme, tenus dans l'ignorance et ne croyant avoir au-dessus d'eux rien de plus élevé que le Suprême Conseil de France siégeant à Paris, et je leur dis : — Veuillez jeter un coup d'œil sur les Rituels.

Non pas sur les Rituels qui se vendent aux FF∴ dans les libraires maçonniques. Oh ! dans ceux-ci, que le plus imparfait initié a le droit d'acheter, vous ne trouveriez rien qui atteste l'existence de la Puissance Dogmatique.

Je parle des Rituels officiels qui sont la propriété même de l'Atelier, et qui, dans une Loge, par exemple, ne doivent pas sortir des mains du Vénérable et des deux Surveillants. On sait que, lorsqu'une Loge est constituée, le président de la commission d'installation remet au Comité directeur de l'Atelier, de la part du Suprême Conseil, trois grands

Rituels in-quarto, reliés, imprimés sur beau papier de Hollande. Ceux qui servent dans les Loges de l'Écossisme français sortent des presses du F∴ A. Quantin, imprimeur, 7, rue Saint-Benoît, à Paris. Le titre est celui-ci *Rituel Écossais Ancien Accepté. Suprême Conseil pour la France et ses dépendances. Rituel des trois premiers Degrés Symboliques de la Franc-Maçonnerie Écossaise.* Si l'Atelier vient, par une raison quelconque, à cesser de fonctionner, ces trois Rituels doivent être rendus au Suprême Conseil ; le Vénérable et les deux Surveillants n'en sont donc que les dépositaires, car ce sont ces Rituels qu'ils ont en mains pour diriger les travaux de la Loge.

Maintenant que j'ai dit cela, tout maçon à qui le Vénérable ou tout autre dignitaire a affirmé qu'il n'existe pas de Puissance Dogmatique pour la souveraine direction de l'Ordre, sait ce qu'il a à faire, si vraiment il a souci de s'éclairer.

À la première séance, mettez donc en demeure le Vénérable ou l'un des Surveillants de vous montrer le Rituel officiel délivré par le Suprême Conseil.

J'appelle votre attention sur les pages 7 et 8, qui contiennent le chapitre intitulé *Instructions pour le Vénérable*. Là, sous la rubrique *Initiation et mesures à prendre avant la réception du profane*, à la page 8, deuxième colonne, lignes 25 à 30, vous lirez ceci :

« Toute initiation ou augmentation de grade devra se faire conformément aux Rituels approuvés par le Suprême Conseil, aux Arrêtés financiers de l'Atelier, *et aux Décrets de la Puissance Dogmatique, dont il est expressément défendu de s'écarter sous aucun prétexte.* »

Trois corps parfaitement distincts figurent donc dans cette énumération officielle : 1° le Suprême Conseil, qui signe l'approbation des Rituels ; 2° l'Atelier (pour les grades symboliques, c'est la Loge), qui rend des Arrêtés financiers ; 3° la Puissance Dogmatique, qui rend des Décrets, dont il est expressément détendu au Vénérable de s'écarter sous aucun prétexte.

Eh bien, les neuf dixièmes des membres de l'Atelier savent, comme les parfaits initiés, qu'ils reçoivent une direction du Suprême Conseil ; mais on leur nie l'existence d'un pouvoir supérieur à tout, dit Puissance Dogmatique.

La voilà maintenant dûment constatée.

Or, quelle est cette souveraine Puissance Dogmatique, si ce n'est le Souverain Pontife de la Franc-Maçonnerie universelle, le chef de la haute-maçonnerie palladique, rite suprême ?

CHAPITRE 1ᵉʳ

Lucifer au Sanctum Regnum

(Suite)

———

Au sujet de cette manifestation de Lucifer le 8 avril 1889, manifestation qui fut pour moi la première du prétendu Dieu-Bon, je dois répondre à une objection que j'attendais. Elle s'est produite par la plume d'un écrivain qu'on m'a dit être un savant orientaliste, M. Le Chartier ; son article, paru dans un journal catholique du Midi, m'a été envoyé de diverses parts, avec vives protestations, par des amis, lecteurs de mes *Mémoires*.

La voici, cette objection :

« Il est évident que Miss Diana Vaughan ne fut qu'un sujet entre les mains des criminels opérateurs de Charleston. Autosuggestionnée par ses propres désirs de jeune femme ardemment vivante, entraînée ou mieux exténuée par la privation de nourriture et de sommeil, surexcitée par une infusion qui possédait les propriétés narcotiques et exhilarantes du haschisch, elle tomba dans un état de rêve et crut voir Lucifer tel qu'elle l'avait désiré. Cette vision fascina la pauvre femme et troubla, pour de longues années, son système cérébral. »

Pourront raisonner ainsi ceux qui, n'étant au courant de rien, se contentent de quelques lignes lues et ne prennent la peine de voir ni ce qui a été écrit avant, ni ce qui a été écrit après.

M. Le Chartier est, peut-être, le parangon des philologues ; les Burnouf, les Max Muller, les Schlegel, les Silvestre de Sacy, les Bentley, les Tychsen, les Pearce, les Buxtorf, simples ignorants auprès de lui, n'auraient pas réussi à traduire, sans doute, avec sa maëstria et son habile sagacité, l'indéchiffrable *Gennaïth-Menngog* ; en tout cas, sa raffinée science des langues orientales est fort au-dessus de ma compétence ; mais, dans mon cas qu'il a étudié si légèrement, M. Le Chartier parle ni plus ni moins comme tant de personnes qui n'ont jamais eu aucune relation avec le surnaturel, qui n'ont jamais assisté seulement à la plus anodine apparition.

Il fallait lire mon récit jusqu'à la fin ; car j'ai dit, en toute loyauté, ce que je suis certaine de n'avoir pas vu. J'ai expliqué où l'illusion commence, dans de telles œuvres démoniaques. Mais cette illusion est bien due au diable, non à ce que M. Le Chartier appelle entraînement, surexcitation.

Pourquoi ai-je donné l'emploi et le régime des trois journées qui précédèrent ma présentation à Lucifer ? — Parce que, en matière aussi grave, je me fais scrupule de dire tout ce qui est nécessaire à la manifestation de la vérité ; parce que, en tête de mes *Mémoires,* j'ai inscrit pour épigraphe : « Ceci est une œuvre de bonne foi ».

Or, la loyauté appelle la loyauté. Alors : il ne faut pas me faire dire plus que je n'ai dit ; il ne faut pas non plus assimiler à du haschisch une infusion de chènevis.

Privation de nourriture ; l'expression est inexacte. Combien d'ordres religieux, dans lesquels on ne fait qu'un seul repas par jour, et cela durant l'année entière ? Nullement hallucinés, les membres de ces ordres, mais vraiment sains de corps et d'esprit.

Pendant deux jours ne faire qu'un repas léger, éviter de se surcharger l'estomac, cela n'est point s'exténuer, même si pour un troisième jour on ne recourt qu'à une boisson, — laquelle, dans le cas cité, est un fortifiant. — Excellente acuité des sens, perception très nette par un cerveau libre, esprit bien dégagé ; voilà le résultat de ce régime, attendu qu'il s'agit d'une préparation de trois jours seulement.

Oui, il est des charlatans du magisme qui recourent à de coupables pratiques pour procurer eux-mêmes à leurs victimes de véritables hallucinations. Je renvoie M. Le Chartier à leurs livres. S'agit-il de l'évocation d'une personne tendrement aimée, la préparation dans l'isolement est de quatorze jours au minimum ; vingt-un jours pour nourrir sa pensée dans l'attente de l'apparition d'un personnage célèbre, et ces vingt-un jours au régime strictement végétal, avec jeûne sévère pendant les sept derniers.

On reconnaîtra qu'aucune assimilation n'est possible entre cela et le régime que j'ai rapporté.

Quant au haschisch, ah ! oui, parlons-en. Le chanvre dont le chènevis est la graine, est en effet une des bases du haschisch ; mais où le haschisch est-il fabriqué avec du chènevis ?... C'est la résine du chanvre que l'on extrait de la plante même, et non de la graine ; cette résine, qui suintait de l'épiderme du chanvre et s'était accumulée à la surface, une fois obtenue par râclement de la plante ou par d'autres procédés, on la mêle alors à de l'opium, à de la cannelle, à du musc et à de l'essence de roses, et voilà le haschisch ; voilà l'infâme drogue qui, avalée en pilules ou délayée dans du thé, donne une ivresse accompagnée de visions fantastiques. Je me garde bien d'indiquer les doses, afin qu'on ne puisse user de ce qui vient d'être écrit ici ; d'ailleurs, l'opium ne se délivre pas sans ordonnance d'un médecin.

Une simple infusion de chènevis est inoffensive. J'ai dit, avec précision, que je ne bus aucun vin, pas de vin du tout. Or, sans obtenir les effets du haschisch, on peut, il est vrai, surexciter le cerveau au moyen du chènevis ; mais comment ? Avec du vin dans lequel on a fait bouillir (je ne dirai pas la close) du chènevis trituré, mêlé à plusieurs têtes de pavots noirs. Bien plus : il faut s'enivrer avec ce vin, non pas une fois, mais trois fois, pour s'entraîner, et c'est seulement à partir de la troisième fois que l'ivresse s'accompagne d'hallucinations.

Je n'ai jamais pris de boisson de ce genre, encore moins du haschisch. Le chènevis lui-même, non mêlé aux pavots, non bouilli dans le vin, ne peut occasionner aucun désordre cérébral. Cela est connu. Dans plusieurs régions occidentales de la Russie, le chènevis entre dans l'alimentation ; les gens qui en usent ne deviennent nullement des hallucinés.

La diminution de sommeil, portant sur deux nuits en tout, peut-elle vraiment, comme M. Le Chartier l'insinue, peut-elle exténuer le corps et surexciter le cerveau, au point de provoquer chez le sujet une longue série de fausses visions ?... Ce point de l'argumentation ne supporte pas l'examen.

Nombreuses sont les personnes qui se contentent quotidiennement de six heures ou même cinq heures de sommeil, sans que leur santé en souffre le moins du monde ; surtout, celles qui se vouent à la prière.

Je prendrai pour exemple la vie intérieure telle qu'elle est réglée dans un grand nombre de couvents, où l'on prie jusqu'à sept heures par jour, et davantage encore. Là, le dernier office divin de la journée (matines et laudes), ayant lieu à 9 heures du soir, est suivi, à 10 heures et demie, de la pénitence commune, avec examen, et c'est donc à 11 heures seulement qu'on se couche. À 4 heures et demie du matin, le réveil est sonné, afin qu'à 5 heures toute la communauté soit au chœur pour l'oraison, immédiatement suivie du premier office divin (petites heures). Voilà donc cinq heures et demie de sommeil seulement.

Pour ma part, mon ordinaire a toujours été de six heures, et je m'en trouve très bien. Alors, parce qu'il m'arriverait, comme en avril 1889 à Charleston, de prendre la moitié de mon sommeil normal, deux nuits de suite, il en résulterait pour moi une exténuation qui serait l'une des causes de trouble de mes facultés intellectuelles, et ce trouble mental serait tellement profond qu'il durerait de longues années ?... En vérité, avancer cela, c'est se moquer du public. Combien de malheureuses ouvrières, lors d'un travail pressé, passent plusieurs nuits blanches, complètes, sans que ces veillées consécutives amènent le moindre désordre dans leur cerveau ! Le résultat, au contraire, est que ces pauvres femmes ont quelque difficulté ensuite à reprendre l'habitude de leur sommeil régulier.

Il est prouvé, d'autre part, que le sommeil coupé, loin d'affaiblir l'esprit, lui donne une plus grande lucidité. Des écrivains, travaillant à une œuvre où ils mettaient toute leur âme, ont employé ce procédé avec succès : dormir leur temps normal, mais en faisant interrompre leur sommeil à deux ou trois reprises, le cerveau étant toujours mieux dispos au moment du réveil. On cite des hommes de génie qui avaient pris ce procédé pour règle. C'est aussi la règle dans divers ordres religieux : réveil au milieu de la nuit, sommeil interrompu pour la prière commune à la chapelle du monastère.

Que l'on examine sérieusement, et non en fantaisiste, le régime de mes trois jours de préparation à ma présentation à Lucifer : la diminution de nourriture et de sommeil est réglée de façon à ne produire aucun affaiblissement du corps ni de l'esprit ; je n'ai absorbé d'une manière ou d'une autre, aucun narcotique ; l'alimentation et la boisson prises, loin de m'alourdir, me dégagèrent l'estomac et le cerveau. Je me suis trouvée ainsi dans les meilleures conditions de lucidité.

Si j'ai chancelé en me rendant au Sanctum Regnum, ce n'est nullement par suite de faiblesse, mais par l'effet de l'émotion, ainsi que je l'ai dit… Et quelle émotion toute naturelle, en pareille circonstance !… Pour juger comme il convient, il faut se représenter la pensée qui me dominait alors : j'allais contempler face à face celui que je croyais être le Dieu-Bon, j'allais le voir paraître devant moi, il en avait donné la promesse ; j'allais l'adorer visible, lui parler et l'entendre. Qui n'aurait pas été ému à l'approche de ce solennel moment ?…

Enfin, tout mon récit est net, les détails utiles ne manquent pas. Or, des rêves d'ivresse par le haschisch et autres préparations analogues, il ne reste, on le sait, que souvenirs confus. Le fumeur d'opium, l'amateur de haschisch sortent de leur sommeil peuplé de visions fantastiques, les membres brisés, dans un état d'hébêtement qui ne se dissipe que peu à peu.

À la première période d'une hallucination de cette sorte, l'individu qui a pris la funeste drogue ne dort pas ; son excitation se traduit par une extrême loquacité ; il a déjà des visions, mais elles sont très animées. Puis, seconde période, ses yeux s'éteignent, il s'engourdit et les illusions prennent une forme douce, voluptueuse. Voilà ce qui est rapporté par tous les auteurs qui ont étudié en Asie les amateurs de haschisch et autres fous s'adonnant à l'ivresse opiacée.

Rien de semblable dans mon fait du 8 avril 1889 ; tout le contraire, même. Qu'on relise mes précédentes pages. Sous l'influence d'une infusion possédant les propriétés du haschisch, j'aurais été dans la plus grande agitation pendant mes premières heures au Sanctum Regnum ; relisez, relisez ces impressions, vivaces dans ma mémoire, que j'ai transcrites sans recherche, comme si elles étaient d'hier.

Dans le genre d'hallucination auquel on voudrait faire croire, nul souvenir précis. L'amateur retourne à son haschisch, parce qu'il sait qu'il lui donne en songe plus ou moins mouvementé les éblouissements de la richesse et des grandeurs et les coupables plaisirs où s'abrutissent les seigneurs et maîtres asiatiques ; mais il lui est impossible à son réveil de reconstituer en sa pensée le détail de ses illusions, contrairement à ce qui a lieu le plus souvent après un songe de sommeil naturel.

La vérité est donc bien ce que j'ai écrit : aucun sommeil, aucun état de rêve pour moi ; apparition très réelle de Lucifer, mais apparition suivie bientôt de possession, au cours de laquelle le suprême imposteur s'est joué de moi en me procurant cette illusion spéciale qui est l'illusion diabolique surnaturelle, et qui n'a rien à voir avec l'hallucination naturelle pathologique.

La meilleure preuve de l'erreur de M. Le Chartier est dans le numéro 2 du {{corr|Palladium|*Palladium*} ; ce numéro de la revue luciférienne, ainsi que les autres, a été mis à la disposition de mes abonnés ecclésiastiques, et l'on ne saurait prétendre qu'il a été imprimé pour les besoins de la cause. On y lit le récit de mes deux premières apparitions d'Asmodée, alors que j'avais seize ans, c'est-à-dire neuf ans avant que se manifesta à moi le prince des démons : aucun régime spécial, aucune préparation ; ni cette première fois ni la deuxième, je n'attendais Asmodée et ne savais pas même qui il était. Ces deux faits antérieurs renversent donc aussi le système de M. Le Chartier. Et j'en pourrais citer encore plusieurs autres !…

J'ai dit que j'attendais cette objection. Dès le lendemain de ma conversion, une feuille maçonnique de Paris a essayé de me faire passer pour folle. « Cette femme n'est qu'une hallucinée ! » habile mot d'ordre pour ôter d'avance tout crédit à ce qu'on sait que je peux dire. Mais je ne m'attendais pas à voir M. Le Chartier, qui est catholique, m'a-t-on affirmé, emboîter le pas au journal dont la S▽ Sophie Walder est collaboratrice. Quoi qu'il en soit, ma réponse à son argumentation est, je crois, complète ; la reproduiront, j'aime à l'espérer, les journaux catholiques qui ont reproduit l'article du savant orientaliste.

Au surplus, M. Le Chartier a vraiment abusé du droit de critique. Je ne lui en veux pas, néanmoins, et comme chrétienne, et parce qu'il a dépassé le but, dans sa conclusion.

À l'en croire, ma conversion, « seconde phase de l'horrible suggestion » commencée en 1889 à Charleston, pourrait bien être, non à la gloire de Dieu, mais au bénéfice de la franc-maçonnerie.

Oui, cette énormité a été écrite : ma conversion n'est pas l'œuvre de la grâce ; elle est l'œuvre des chefs de la secte.

Me voilà d'accord avec Lemmi !!!

<blockquote>« Rodrigue, qui l'eut dit ? — Chimène, qui l'eût cru ? »</blockquote>

Cette hypothèse de conclusion n'est pas bien d'accord avec le reste. En effet, une hallucinée ne mérite aucune créance, soit ; du moins, elle est absolument sincère. Si je suis une fausse convertie, ma sincérité de folle qui s'imagine avoir vu disparaît, — à moins que Lemmi lui-même, grand hypnotiseur, m'ait suggéré d'abord de le combattre et de contribuer à le démasquer (car je suis bien pour quelque chose, n'est-ce pas ? dans le déluge de tuiles qui pleut sur sa tête depuis deux ans), et ensuite d'avoir la foi chrétienne, de devenir catholique.

Risible, la conclusion de M. Le Chartier ; néanmoins, les énormités sont bien accueillies quelquefois par certains esprits. Je m'attends à tout : je sais que déjà des pièges ont été tendus, où l'on espère me voir tomber.

Voici donc ce que le traducteur du *Gennaïth-Menngog* écrit, à mon propos :

« Le but principal de la franc-maçonnerie étant de faciliter et de masquer l'œuvre des juifs, il lui faut de temps en temps de ces conversions éclatantes, qui frappent les imaginations et détournent l'attention des esprits. C'est une transformation moderne de l'antique cérémonie du bouc émissaire, »

Et, à l'appui de son insinuation, il ajoute immédiatement une citation, qu'il dit tirer du discours du Lieutenant Grand Commandeur au récipiendaire Souverain Grand Inspecteur Général, 33ᵉ degré du Rite Écossais :

« Si les circonstances rendaient indispensable l'intervention directe de l'Ordre, choisissez et désignez à l'avance le Frère (ou la Sœur) qui doit être victime de cette immixtion et jouer le rôle de bouc émissaire, pour que son sacrifice, fait publiquement, avec le retentissement le plus grand possible, rende à l'Ordre son innocence sans tache. »

C'est donc la haute-maçonnerie qui donne à ma conversion le plus grand retentissement possible ?… En vérité, voilà le cas de dire que l'on apprend tous les jours quelque chose de nouveau.

Eh bien, la phrase citée appartient à l'un des rituels du 33ᵉ degré ; mais on va voir si elle s'applique à ce que M. Le Chartier insinue. Elle est dans le discours du Souverain Commandeur Grand-Maître, et non du Lieutenant Grand Commandeur. Afin que mes lecteurs en aient le vrai sens, je reprends la citation en la complétant par les lignes dont elle est précédée dans ce rituel (rituel en usage pour les réceptions de 33ᵉ avec l'anneau)

« Ayez soin de faire exagérer la forme des protestations contre le régime social, politique, économique et religieux actuel, de manière à pouvoir, une fois le terrain populaire soulevé et remué par ces exagérations, y semer nos véritables doctrines qui auront ainsi un caractère véritablement modéré.

» Évitez néanmoins, avec le plus grand soin, de trop pencher du côté du prolétariat ; car le prolétariat réclame, mais ne rapporte pas.

» Notre véritable objectif est les classes dirigeantes, dont l'instruction superficielle et l'ambition inconsidérée constituent, pour nos doctrines, le milieu le plus favorable à leur développement.

» Évitez toujours, et en vertu des mêmes principes, de mêler l'Ordre d'une manière directe à quoi que ce soit, et en conséquence, découragez de toutes vos forces les publications maçonniques.

» Mais si les circonstances rendaient indispensable l'intervention directe de l'Ordre, choisissez et désignez à l'avance le Frère qui doit être victime de cette immixtion et jouer le rôle de bouc émissaire, pour que son sacrifice, fait publiquement avec le retentissement le plus grand possible, rende à l'Ordre son innocence sans tache. L'Ordre doit rester immaculé, inaccessible au soupçon. »

Vous avez lu ?... S'agit-il des cas de conversions quelconques ?...

On dit au récipiendaire : — Pour nous imposer à la politique des gouvernants, travaillons à faire éclater un mouvement populaire contre l'ordre social actuel, sans compromettre la franc-maçonnerie par des publications officielles ; poussons les révolutionnaires profanes à exagérer leur hostilité contre le régime de la société moderne, mais ne nous montrons pas, nous, trop favorables aux prolétaires. Si pourtant survient une absolue nécessité de faire intervenir la franc-maçonnerie dans le mouvement, désignons l'un de nos Frères qui parlera publiquement comme franc-maçon pour déterminer l'agitation, le soulèvement populaire ; nous serons toujours à temps de le désavouer ; à peine l'action engagée, nous le jetterons par-dessus bord avec le plus grand éclat possible, et les classes dirigeantes, dont nous devons être les inspirateurs secrets, nous croiront innocents comme l'agneau.

À quelle affaire de ce genre ai-je été mêlée ? Dans quelle nation ai-je excité le peuple à la rébellion ? Quel est le jour où les chefs de la haute-maçonnerie m'ont désavouée avec éclat ?

Je n'ai été désavouée qu'une fois, et en secret ; non par les chefs de la haute-maçonnerie, mais par le comité indépendant de Londres ; non pour avoir prêché la révolution sociale, dont j'ai toujours été adversaire, mais parce que mes amis Indépendants prétendaient que j'allais trop loin dans mes attaques contre Lemmi.

L'éclat donné à ce désaveu l'a été par moi ; je n'ai pas été expulsée de la maçonnerie et traitée en bouc émissaire, c'est moi qui ai jeté ma démission à la tête de mes ex-Frères ; le retentissement donné à cet incident l'a été par la presse antimaçonnique.

Exactement : la citation de M. Le Chartier ne s'applique pas à mon cas ; car c'est tout le contraire qui s'est passé, et le discours du rituel des 33es avec l'anneau ne vise aucunement le fait de conversions fictives éclatantes, à produire par ruse pour faciliter et masquer l'œuvre des juifs.

Et c'est moi qui ai été traitée de sujette aux rêveries d'autosuggestion ! c'est moi qui suis représentée comme ayant le cerveau troublé !…

Laissons M. Le Chartier. Que le lecteur m'excuse. Ce qu'il désire, c'est le récit des actes du Palladisme et des faits relatifs à ma venue à la sainte religion du Christ ; la polémique détournerait l'intérêt de mon œuvre. Pour cette fois, je n'ai pu réfréner en moi le besoin de faire justice d'iniques insinuations. Désormais, je laisserai dire ; car peu doit m'importer, après tout, que les uns m'insultent et que les autres clabaudent !

Je demandais à Dieu la croix de l'humiliation. Un catholique s'est levé pour insinuer, dans les colonnes d'un journal, que je jouais peut-être un rôle pour le compte de Lemmi.

Voilà, certes, un sanglant outrage… Merci, mon Dieu !

———

CHAPITRE II

Je crois !

Je voulais consacrer le deuxième chapitre de ces *Mémoires* à mon éducation luciférienne ; il faut un tel exposé pour que l'on comprenne tout-à-fait comment j'ai pu demeurer si longtemps dans l'erreur, comment un miracle de la divine grâce pouvait seul m'en retirer. Cet exposé complètera le récit de ma première apparition de Satan.

Mais il est un récit que mes nouveaux amis attendent avec plus d'impatience encore, et je ne dois pas le retarder.

En vérité, plus je considère ma conversion dans ses phases successives, plus je suis confondue devant la bonté de Dieu. L'éternel Père n'a pas voulu seulement m'arracher à l'abîme ; il lui a plu de me conduire à la pleine lumière par des voies admirables. Immense miséricorde, infinie sagesse, voilà bien Dieu !

Ce sont ces phases de ma conversion qui ne doivent pas rester dans l'ombre. Ah ! combien j'avais hâte d'écrire ces mots, adressés aux fidèles catholiques :

— Amis, je suis vraiment vôtre ; je crois, de toutes les forces de mon âme ; votre foi est ma foi. Oui, je crois !

Que de merveilles en tout ceci ! quel grand miracle !... Ce qui est le plus inouï, c'est que tout s'est fait de soi. Humains, nous sommes peu de chose. Abaissons notre orgueil, et reconnaissons que rien ne s'accomplit sans la volonté de Dieu.

Nous croyons être les auteurs de ceci ou de cela !... Erreur ; nous sommes de simples instruments, et combien fragiles.

On sait comment j'ai quitté le Palladisme ; on sait dans quelles circonstances je suis allée au couvent, voulant me borner à une visite. Là était, là est encore une digne religieuse, amie de la sœur ainée de ma mère, la seule protestante de ma famille qui, veuve, devint catholique. On sait qu'au moment de partir, — c'était le matin de la Fête Dieu, — je manifestai le désir, aussitôt exaucé, d'assister à la sainte messe. Puis, je demeurai au couvent jusqu'au samedi 15 juin ; finalement, je partis le soir, pour regagner ma retraite.

Tout ceci, je l'ai raconté immédiatement dans cette publication, je n'en ai pas dit, je n'en pouvais pas dire davantage, sur le premier moment ; mais ceux qui savent lire entre les lignes et qui apprécient combien est calculé le choix de telles expressions, ont bien compris qu'il y avait autre chose, et ils me l'ont écrit. Dans leurs lettres, ils me donnaient déjà le nom de Jeanne, quoique je n'eusse fait aucune allusion à mon baptême.

Pourtant, il avait eu lieu, le 15 juin, mais dans des conditions qui manquaient de régularité ; de là, mon silence.

Néanmoins, je certifiai le fait en conclusion d'une lettre ; elle a été publiée ailleurs, il y a un mois.

Il est nécessaire de reproduire ici ces derniers passages de ma lettre.

« Oui, j'étais transformée, écrivais-je à un ami catholique ; mais il y a eu plus que ce que j'ai laissé savoir. J'ai beaucoup hésité avant d'écrire ce qui va suivre ; j'hésite encore. Cependant, s'il y a faute en ce qui a été fait, la personne fautive a été admonestée par son directeur de conscience, sans être absolument blâmée dans le sens rigoureux du mot. Le secret a été promis, de part et d'autre, sur les noms : je ne le trahirai pas ; mais je crois que je dois parler.

» Voici ce qui s'est passé :

» Après le dîner qui me fut servi, le 15 juin, au couvent, dans la chambre de pensionnaire qui m'avait été donnée pendant mon court séjour, je dis à la supérieure et à la religieuse, amie d'une de mes parentes, qu'il me fallait songer à mon départ, pour me mettre au travail, pour engager le combat par la plume contre le roi du mal.

« Alors, des supplications. Je réussis, néanmoins, à faire comprendre l'impossibilité pour moi d'établir ma résidence au couvent, pendant que j'écrirais mes *Mémoires* ; j'expliquai qu'il ne suffisait pas d'écrire, et qu'il y avait certaines allées et venues indispensables pour les personnes m'entourant ; je dis quelles dispositions j'avais prises. Les deux saintes femmes se rendaient bien compte que j'avais raison ; mais elles n'en étaient pas moins désespérées à mon sujet. Ce n'était pas pour mon âme qu'elles craignaient, non ; elles me voyaient dans la meilleure voie possible. Elles redoutaient ma mort : il leur semblait qu'à peine hors de chez elles j'allais être reconnue, suivie par des émissaires de Lemmi, assassinée.

» Rien ne justifiait ces appréhensions. Toutes mes mesures avaient été de premier ordre ; personne ne pouvait soupçonner ma présence dans la ville. Mais la supérieure et mon amie sur ce point ne voulaient rien entendre. Dans leur terreur exagérée, elles se disaient, devant moi : « Ah ! si M. l'aumônier était là !… Ah ! si cette chère enfant ne nous avait pas fait promettre d'être ses seules confidentes !… Ah ! quel malheur si elle venait à être assassinée !… Mourir ainsi, sans avoir reçu le baptême !… Ah ! quels regrets nous aurions toujours ! quels remords ! »

» Elles me supplièrent de retarder mon départ d'un jour encore ; cela m'était impossible. Soumettre le cas à l'aumônier ? j'eus le tort d'être inflexible. « Non, chères bonnes sœurs, disais-je ; vous me demandez d'étendre aujourd'hui la confidence à une troisième personne ; demain, ce sera à une quatrième ; je ne puis y consentir. Laissez-moi partir ainsi ; je vous assure que je ne suis pas en danger de mort immédiat.

« C'est à ce moment que la supérieure, voyant la religieuse mon amie fondre en larmes, s'écria : « Eh bien, je le prends sur moi ; le bon Dieu voit la pureté de mon intention ; le saint baptême ne pourra qu'aider à l'action de la grâce sur cette chère enfant. Je crois bien faire ; baptisons-la. »

« L'excellente supérieure pensait avoir le droit d'agir ainsi. Elle expliqua à sa compagne que le cas pouvait être considéré : baptême donné en cas de nécessité, vu le danger de mort présumé comme prochain. Depuis, j'ai su qu'elle s'était trompée.

« Voyant qu'elle aurait eu trop grand chagrin si je lui avais refusé cette satisfaction, je lui promis que je me mettrais au plus tôt en état de faire régulariser son acte d'ardent zèle : par le fait, il me semblait que ce baptême improvisé équivalait à un ondoiement.

« Le temps pressait, d'ailleurs ; la voiture qui devait me conduire à la gare attendait en bas. Je m'agenouillai dans le petit oratoire ; je confirmai ma renonciation à Satan, à ses pompes, à ses œuvres, et ma ferme volonté de croire à tous les enseignements de l'Église de Jésus-Christ. J'implorai Dieu de lever les trois doutes qui me restaient et que je m'efforçais de chasser de mon esprit ; je suppliai la bienheureuse Marie d'achever en moi l'écrasement du serpent maudit. Maintenant, nous pleurions ensemble. Enfin, je tendis le front, et la bonne supérieure, avec de grands efforts pour surmonter son émotion, prononça ces paroles, en faisant couler de l'eau bénite sur ma tête : « Jeanne-Marie, je te baptise au nom du Père, du Fils et du Saint-Esprit. »

« Le surlendemain, j'avais regagné ma retraite. »

En route, à un arrêt, j'avais écrit la fin de ma préface des *Mémoires d'une ex-palladiste,* c'est-à-dire la partie datée du 16 juin. Ce qui précède, depuis « Gloire à Dieu » fut écrit au couvent. Le mardi matin 18, une personne sûre portait, à la première heure, le manuscrit de cette préface à mon imprimeur-éditeur.

« Ce même mardi, le soir, je recevais une lettre de la bonne supérieure, prise de scrupules. Je compris le tourment de son âme, et je l'autorisai aussitôt à tout dire à l'aumônier ; elle pourrait même faire savoir mon nom à son digne évêque si elle le jugeait indispensable. En effet, je ne voulais pas que cette pieuse femme fut en proie à l'inquiétude plus longtemps.

« Elle m'a remerciée. D'après sa dernière missive, elle reçut une paternelle admonestation. Dès qu'elle s'en ouvrit à l'aumônier, celui-ci expliqua que, si j'avais été assassinée comme elle le redoutait tant, ma mort en ces circonstances, mort pour la gloire de Jésus-Christ, eut été « le baptême de sang ». Par conséquent, l'ardent zèle de la digne religieuse avait été irréfléchi.

« Mon court exposé de mes derniers doutes sera bientôt envoyé à qui de droit. Chaque jour, je sens mon âme plus heureuse. Dieu ne me refusera pas l'entière foi, qui me vaudra la régularisation de l'acte du 15 juin, comme l'Église jugera bon de faire.

« Voilà ce qu'il était utile de dire aujourd'hui. Que mes nouveaux amis prient pour moi, et je prie pour eux de tout mon cœur. »

Le lundi 12 août, je reçus une nouvelle lettre de la bonne Supérieure. Elle me demandait où j'en étais de mes progrès dans la voie de Dieu. Au ton de ses amicales supplications, je crus comprendre qu'elle avait eu encore des reproches au sujet de mon baptême irrégulier. Je m'imaginais entendre M. l'aumônier lui dire, lui répéter qu'elle avait commis une faute des plus graves ; lui faire ressortir ses déplorables conséquences, si je résistais à l'action de la grâce, si je persistais dans mes trois doutes ; car le baptême ne peut être donné à un adulte que s'il a l'entière foi, que s'il croit, dans sa conscience, à tous les préceptes de l'Église, sans aucune exception.

Ah ! que je souffrais de constater en moi-même que la divine lumière m'était encore obscurcie par quelques nuages ! et comme je me rendais bien compte de l'inquiétude de la chère femme !…

Oui, je souffrais, et d'une double souffrance. Satan ne renonçait pas à l'espoir de reconquérir sa proie, non plus pour le Palladisme, évidemment, mais pour l'hérésie. Je souffrais aussi, en prenant ma part des embarras que j'avais occasionnés à la digne supérieure.

L'exposé de mes trois doutes était rédigé d'une façon rapide, assez sommaire, qui nécessitait une retouche importante, expliquant mes difficultés surtout au sujet de la transsubstantiation. On va voir que le prince des ténèbres était encore à mes trousses : c'est bien lui, en effet, qui me suggéra la pensée qu'il serait bon d'envoyer ma consultation à deux théologiens ; l'un, un prêtre catholique qui a toujours été d'une très grande bonté pour moi, l'autre, un ministre protestant, allié à une famille amie. Aujourd'hui, je comprends le piège que le démon me tendait ; à Dieu seul je dois de n'y être pas tombée.

Autre constatation : le diable est serpent, par sa ruse, son habileté à s'insinuer dans l'esprit, et il excelle ainsi, si l'on n'y prend garde, faire dévier une bonne intention ; mais il est aussi tigre cruel, et j'ai terriblement éprouvé sa persécution, dès ma rupture avec la haute-maçonnerie.

Ceci, je ne l'avais confié qu'à quelques ecclésiastiques. Depuis les débuts de ma conversion, j'éprouvai les effets de la méchanceté des puissances infernales ; je ne souhaite pas à mon pire ennemi ce que j'ai enduré. Le jour, j'avais la paix, grâce à la prière et au travail ; mais, la nuit, c'était pour moi un affreux supplice. Démons et démons envahissaient mon sommeil. À peine je m'abandonnais au repos que j'étais assaillie par d'horribles cauchemars, toujours d'un caractère de persécution ; je me réveillais au milieu d'une scène de torture, où j'étais la victime et où les divers principaux diables étaient mes bourreaux. Une prière : je retrouvais le calme ; paisiblement, je me rendormais, et bientôt ces assauts en songe recommençaient. Le matin, à mon lever, j'avais le corps tout endolori, comme ayant été rouée de coups.

Dans la première quinzaine d'août, cela était devenu tout-à-fait intolérable. C'est pourquoi, à la lecture de la dernière lettre de la supérieure, le lundi 12, je pris une résolution.

Pourquoi n'irais-je pas passer de nouveau quelques jours au couvent, où j'avais été si bien accueillie ? Je me dis : je consolerai cette chère Mère, et, en même temps, j'aurai sans doute plus de tranquillité pendant les jours qui s'écouleront de la fête de l'Assomption jusqu'au 24 ou au 25. Je ne comptais pas demeurer plus longtemps dans le saint asile !

Du 17 au 24, c'était la durée du grand pèlerinage de Lourdes. Je savais que des pèlerins pauvres y devaient prier spécialement à mon intention. Eh bien ! moi, au couvent, j'unirais mes prières aux leurs, ne pouvant les accompagner. En outre, j'avais l'espoir que, chez les vierges du Seigneur, mes nuits seraient tout au moins soulagées.

Voici, maintenant, ce qui s'est passé :

Le mardi, de bon matin, après avoir écrit quelques lettres urgentes, je quitte la famille amie chez qui j'ai ma retraite ; une personne sûre, seule, m'accompagne. Je l'appellerai ici Bridget (Brigitte), nom qui n'apprendra rien aux agents de Simon ; je choisis ce nom, parce qu'il signifie : « qui procure la sécurité ». Nous sommes donc en route.

Le lendemain, je laisse Bridget, à mi-journée. Tout à l'heure, on comprendra l'utilité de cette mesure. Beaucoup de mes nouveaux amis prennent encore la peine de s'inquiéter à mon sujet ; je leur en sais gré, mais ils verront que j'ai tout réglé avec la plus grande prudence.

Il était déjà assez tard dans la soirée, quand, pour la seconde fois, je frappai à la porte du couvent. Lors de mon dernier séjour, une phrase à télégraphier en route avait été convenue entre la supérieure et moi, pour lui annoncer mon retour. J'étais donc attendue, sans que personne pût soupçonner mon arrivée ; même, au télégraphe, rien ne peut donner l'éveil. Je n'en dis pas davantage mais, pour une bonne fois, que mes amis se rassurent : je suis parfaitement au courant de tous les procédés usités dans la diplomatie, pour rendre impossible le « filage » d'une correspondance ; j'en ai usé souvent et j'en userai encore, au nez et à la barbe de Lemmi, de ses limiers, et des cabinets noirs.

Les complies étaient terminées ; tes religieuses priaient ou lisaient dans leurs cellules, en attendant l'heure du dernier office du jour ; m'amie de ma parente m'ouvrit et me conduisit aussitôt à ma chambrette de pensionnaire.

On pense si la chère supérieure avait hâte de me voir. Vivante ! j'étais vivante ! elle n'en revenait pas. Comment un tel trajet avait-il été possible, sans accident ? — Avec un peu d'habileté, lui répondis-je, et surtout avec la protection du bon Dieu.

Puis, ce fut la visite de M. l'aumônier, à qui je fus présentée cette fois sous mon vrai nom. Il avait tenu à rester là jusqu'à mon arrivée ; ensuite, il prendrait congé de nous.

Il m'assura que, vraiment, je n'avais pas été remarquée, lors de mon premier séjour, en juin ; lui-même, il n'avait aucun souvenir de ma physionomie.

Je lui demandai immédiatement s'il pourrait me rendre un service. Tandis que je demeurerais au couvent, si j'avais une lettre importante à faire partir, voudrait-il bien avoir l'obligeance de s'imposer un petit dérangement ? — Il accepta de bonne grâce. — Le dérangement consistait à prendre le train, pour jeter ma lettre à la boîte postale de la gare, à une station voisine, où passe une grande ligne. La lettre porte ainsi un timbrage d'ambulant, et non un timbrage de telle ou telle ville.

Aucun inconvénient pour moi à faire connaître ce procédé de transmission de correspondance ; l'indication du procédé lui-même ne peut mettre sur nulle piste.

La lettre, expédiée en premier lieu comme il vient d'être dit, se compose ainsi : 1° la lettre elle-même, mise sous une enveloppe qui porte l'adresse de la personne à qui j'écris ; cette enveloppe est sous une deuxième, opaque, dont la suscription est l'adresse conventionnelle de la personne à qui Bridget transmettra ; 3° enfin, une seconde enveloppe supplémentaire, celle-ci portant les initiales sous lesquelles Bridget retirera le pli, en poste restante, dans la ville intermédiaire où elle attend mon retour.

Bridget reçoit donc la lettre, sans qu'au bureau de poste on sache qui elle est ; elle-même ne sait pas exactement d'où la lettre vient, puisqu'elle porte, non un timbrage de ville, mais un timbrage d'ambulant, et qu'en outre la station de départ n'est pas celle de la localité où je suis. Au surplus, Bridget ignore à qui j'écris, et il en est de même de la personne qui s'est chargée de faire la première expédition, en jetant à la boîte de gare.

Dépouillant le pli de sa première enveloppe extérieure, Bridget n'a qu'à la jeter à la boîte d'un bureau de la ville où elle est. Le pli arrive alors à une adresse conventionnelle, en poste restante ou à un domicile commercial, où elle est retirée par un des membres de la famille amie chez laquelle j'ai ma retraite habituelle. Ce second intermédiaire ne connaît, de la sorte, que la ville où est Bridget, et, comme on voit, cette ville peut être bien éloignée déjà de l'endroit d'où j'ai écrit ; mais, d'autre part, ce second intermédiaire est le seul qui apprenne, par l'ouverture de la deuxième enveloppe, à qui j'ai écrit.

Cet ami, demeurant dans les environs d'une grande ville, y porte ma lettre, et c'est de là qu'elle est définitivement expédiée à son destinataire.

Cette transmission par deux intermédiaires successifs grève la correspondance d'un retard de 36 à 48 heures. Dans la diplomatie, on opère assez souvent, ainsi, quand la lettre n'a pas une importance telle qu'il faille employer un courrier de cabinet ; toutefois, le pli ne va pas en poste restante, mais les intermédiaires sont des commerçants de la nationalité de l'ambassadeur, établis en diverses villes et servant d'agents secrets.

Moi, si la lettre est très importante, je la fais recommander à sa dernière réexpédition, et le nom donné est celui d'un commerçant établi, chez qui, en cas d'erreur quelconque, elle peut retourner sans inconvénient. Quant à l'expédition de départ et à la première réexpédition, tout en usant de la poste restante et de l'adresse conventionnelle, j'ai un procédé grâce auquel l'administration, ne soupçonnant pas le subterfuge, effectue les transmissions avec autant de soin que s'il s'agissait de lettres recommandées. Ce procède est le seul point du système qu'il serait maladroit de dévoiler ici.

Pour le reste, il est aisé de comprendre que la divulgation du système ne donne aucune piste permettant de découvrir l'une ou l'autre de mes retraites.

M. l'aumônier m'écoutait, émerveillé, quand je lui expliquai cette manière d'opérer, en lui indiquant des exemples à l'appui. Il avait accepté de me rendre le service demandé, avant même d'avoir compris de quoi il s'agissait. Lorsqu'il fut au courant, je l'assurai que je n'abuserais pas de sa complaisance ; car je ne me proposais nullement de passer ces jours de couvent à faire grande correspondance. J'avais emporté quelques lettres à répondre, un peu de quoi travailler à mes *Mémoires* et beaucoup de quoi travailler à mon volume sur Crispi.

Nous causâmes quelque temps encore, et nous nous dîmes au revoir pour le lendemain matin, fête de la très sainte Vierge. Dans l'asile de paix, comme la première venue des pensionnaires.

Cette nuit-là, et les cinq suivantes, je fus encore tourmentée par les mauvais esprits, mais moins cruellement.

Le 15, j'assistai à la sainte messe, et je passai la plus grande partie de la journée en prières. L'excellent aumônier fut d'une exquise délicatesse à mon égard. Je lui montrai quelques-uns des livres que j'ai reçus de tant de nouveaux amis, pour la plupart inconnus, et que j'avais emportés. Je lui demandai conseil dans mon choix de pieuses lectures.

L'après-midi, après vêpres, tout le monde s'étant retiré de la chapelle, je demandai la permission de me mettre au petit orgue. J'avais la tête pleine de la musique sacrée, que je venais d'entendre.

D'abord, je me laissai aller au hasard de l'improvisation, et je chantai doucement l'*Ave Maria*, dans les notes qui me venaient, sans chercher à les retenir ni à les reprendre, mais les égrenant au fur et à mesure, dans un lent accompagnement où je berçais mon âme.

Mais voici que je songe à Jeanne, à sa mission qui n'est pas finie, aux invocations qui lui sont adressées de toutes parts par les catholiques, pour lui demander aide et secours, en particulier contre la franc-maçonnerie.

La secte redoute, avec terreur, que Jeanne d'Arc soit placée sur les autels. Il y a là un signe attestant les prévisions de Lucifer. Cette sourde colère des loges et des arrière-loges est un écho des rages du royaume infernal, on ne saurait s'y méprendre : Satan sait que l'archange Michel le terrassera encore et toujours, et cette fois par le bras de la sublime héroïne.

À cette pensée, un transport me gagne. Je me recueille un moment. Mon cœur vibre dans un élan d'enthousiasme, où la supplication se mêle au cri de guerre. « Jeanne ! Jeanne ! descends du ciel à notre prière. Jeanne ! Jeanne ! sois notre chef. L'ennemi, aujourd'hui, c'est le franc-maçon ; Dieu l'a dit par la bouche de son auguste Vicaire. Jeanne ! Jeanne ! mène-nous au combat contre la secte impie, satanique. Avec toi à notre tête, comment ne vaincrions-nous pas ? »

D'elles-mêmes, les paroles rythmées jaillissent de mes lèvres, dans l'harmonie du chant. Sans aucun effort, voilà le premier couplet composé. Mais j'en demeure là ; l'air surtout me paraît rendre assez bien mon sentiment, et je le reprends, je le répète, et les notes se gravent dans ma mémoire. Puis. je perfectionne les accords de l'accompagnement. À la cinquième reprise, je n'ai plus aucune hésitation, et j'attaque avec vigueur, mais sans précipiter, en *andante marziale*.

Alors, je m'aperçois que la bonne supérieure et M. l'aumônier sont revenus, après moi ; ils m'écoutent, et maintenant ils me complimentent.

Miss DIANA VAUGHAN
En tenue d'Inspectrice Générale du Palladium.

(Photographie de Van Bosch ; Boyer, successeur.)

ils me prient de recommencer. Je ne reproduirai pas leurs éloges ; sans

doute, leur amitié s'exagérait la valeur de cette composition.

— Comment l'appellerez-vous ? me demandent-ils.

— *Hymne à Jeanne d'Arc,* tout simplement ; mais ce sera aussi l'hymne contre la franc-maçonnerie… Je sens ce qu'il faut encore y mettre… Vous verrez… Aujourd'hui, ce qui est composé me suffit ; mais il serait bon d'y ajouter un chœur, un chœur à quatre ou cinq parties, produisant un bel effet d'ensemble, un chœur où toutes les masses vocales clameront la gloire de Jeanne, sa victoire, son triomphe.

Je me rendis aussitôt à ma chambre, où je notai ce qui était fait. Je me proposai de composer le chœur le lendemain, ainsi que deux ou trois autres couplets ; mais ma journée du 16 fut prise par divers entretiens avec la supérieure, avec la religieuse mon amie, et surtout avec M. l'aumônier.

Le samedi, toute ma pensée se porta sur les malades qui, de Paris, partaient ce même jour pour Lourdes, pleins de confiance en Marie. Il me semblait les voir. M. l'aumônier, qui a assisté à plusieurs pèlerinages, me fit le tableau de l'émouvant départ du « train blanc ».

Oh ! j'aurais bien voulu aller à Lourdes, moi aussi, accompagner les pauvres malades ; mais cela n'eut pas été prudent. J'ai sagement agi en m'éloignant. Il m'a été communiqué que la Sophia avait envoyé, à la gare d'Orléans, en espionnage, l'Épi-d'Or (S $\triangledown$ 1408), en compagnie d'un F $\triangledown$ brésilien ; ils réussirent, paraît-il, à se faufiler sur les quais et inspectèrent plusieurs trains de pèlerins, pour voir si je n'étais pas là. Que voilà bien du temps perdu ! On devrait savoir, pourtant, dans tes triangles, que je n'ai aucune illusion sur ce qui m'attend, au cas où ma piste viendrait à être retrouvée. Si j'ai quitté ma retraite pour faire un séjour au couvent, c'est tout-à-fait exceptionnel, c'est parce que ma sortie a pu s'effectuer, à l'improviste, par un voyage que nul ne pouvait attendre et que le but en était aussi inconnu que le départ ; j'ajouterai même que j'aurais renoncé à ce voyage, si dans l'itinéraire j'avais eu l'obligation de traverser Paris.

À Lourdes, oui, j'irai, plus tard, incognito, avec bonne compagnie catholique ; le projet en a été formé, de concert avec M. l'aumônier, et j'aurai grand choix de personnes amies des chères religieuses, et cela pourra se faire sans que nul autre que l'aumônier sache qui je suis : mais encore, pour exécuter ce projet, j'attendrai que le danger soit écarté, ou tout au moins que les colères soulevées par ma conversion se soient apaisées.

Donc, samedi 17 août, j'unissais mes prières à celles du grand pèlerinage national. Un ami ecclésiastique m'avait envoyé l'itinéraire et l'horaire, et du cœur je suivais les chers malades ; et aussi, les jours suivants. Je les suivais dans les villes qu'ils traversaient ; je priais avec eux à distance.

Le mardi 20, mon âme était avec la leur à Lourdes. Ce jour-là, j'ai passé toute la journée dans la méditation, et j'ai supplié la divine Mère, Notre-Dame des Victoires, Notre-Dame du Sacré-Cœur, de parfaire en moi l'œuvre de Jeanne d'Arc.

La veille, j'avais repris l'exposé sommaire de mes dernières difficultés, et j'y avais ajouté quelques explications qui me paraissaient nécessaires. Cela avait été mis au net, en deux copies. J'avais laissé de grandes marges, en vue de remarques à faire dans une révision définitive ; je m'étais fixé le mercredi 21 pour ce dernier travail, et ce jour-là je devais envoyer le mémorandum complet à deux théologiens : l'un, catholique, et l'autre, protestant.

Dieu n'a pas voulu qu'il en fût ainsi. La Reine du Ciel avait obtenu de son adorable Fils que le nouveau piège de Satan serait vain.

Au cours de mes méditations du mardi, j'avais parcouru la Vie des saints qui est à la bibliothèque du couvent. J'y vis qu'on célébrait, le 21, sainte Jeanne de Chantal ; je connaissais sa vie, mais je la relus avec avidité. Le calendrier portait aussi d'autres saints, et notamment la bienheureuse Adelinde, abbesse d'un monastère de chanoinesse nobles, en Souabe, et sainte Euprépie, humble servante, martyre.

Je pris grand intérêt aussi à la vie de ces deux saintes, si différentes par leur situation sur la terre et si admirablement réunies au royaume de la gloire éternelle. Adelinde, grande dame, ayant perdu son mari et son fils, morts les armes à la main en combattant l'envahisseur de leur patrie, avait recueilli leurs corps et fondé, au lieu de leur sépulture, ce monastère qu'elle gouverna jusqu'à sa dernière heure et qui comprenait un collège pour l'éducation des jeunes filles de la noblesse. Euprépie, d'une humble condition, était servante de sainte Hilaria, mère de sainte Afre, martyre ; comme Hilaria veillait avec Euprépie auprès du sépulcre où elle avait enseveli sa fille Afre, les persécuteurs la saisirent, ainsi que deux autres servantes, et livrèrent au feu les quatre saintes femmes. N'est-ce pas, vraiment beau, ce dévouement des modestes filles du peuple, voulant partager le sort de leur maîtresse ? Le bûcher d'Euprépie me fit songer à celui de Jeanne d'Arc.

Le soir, je renouvelai ma prière à Marie. La précédente nuit avait été affreuse pour moi. Je me répétais que ces horribles cauchemars étaient l'œuvre du démon, et j'adressais mes supplications à Celle qui écrase la tête du serpent.

— Douce Mère, vous savez combien je vous aime ! délivrez-moi de ces persécutions du Maudit !

Je m'endormis.

Or, cette nuit-là, le cauchemar diabolique ne se produisit point ; mais j'eus, au contraire, un songe merveilleusement beau.

Parmi mes livres emportés au couvent, était celui de Jean Kostka, *Lucifer démasqué*, ouvrage d'un admirable style, d'une profonde science, aux hautes envolées mystiques, et plein de vérité. Je l'ai dévoré. J'ai lu et relu, entre autres, le chapitre *Noctium phantasmata*.

Oh ! comme il a raison, l'auteur, de dire que tout n'est pas naturel dans les songes ! Oui, Lucifer se sert du rêve pour envahir la pensée. Jean Kostka rappelle plusieurs de ses songes lucifériens, où le démon allait jusqu'à se présenter à lui en faux Jésus-Christ ; et c'était pour détourner de l'Église !…

Par contre, il est des songes divins, ceux que Dieu envoie et qui apportent la lumière.

En ce rêve de la nuit du mardi 20 au mercredi 21, je me vis d'abord souffrante, étendue dans un fauteuil ; je sortais d'une grave maladie ; mais mon fauteuil, au lieu d'être dans une chambre, était à la campagne, au milieu d'une plaine, qui s'étendait à perte de vue. Je reposais sous un arbre, aux approches de la nuit ; le soleil venait de disparaître à l'horizon.

Et voici que j'aperçus de gros nuages blancs qui chassaient devant eux de gros nuages noirs. J'entendais les roulements du tonnerre. Puis, l'un des nuages blancs s'ouvrit. Un vieillard, à grande barbe blanche, se montra ; une voix, à mon oreille, prononça ce nom : Samuel.

Le vieillard me regarda et me dit :

— À toi, la paix !… Crois !… Le Messie est mort pour sauver les hommes par la foi !… Jésus a institué lui-même son Église… Elle est donc le puits de l'éternelle vérité… Abreuve-toi aux eaux vives de la foi… Ne point croire aujourd'hui, ce serait démériter, mon enfant… À toi, la paix ! à toi, le salut, si tu crois !… Crois, mon enfant, crois !

Le nuage qui portait le vieillard s'éloigna peu à peu, et, dans une autre nuée blanche s'entr'ouvrant, je vis trois femmes, au visage doux, qui me souriaient et me montraient le ciel ; leur tête était entourée d'une auréole éblouissante.

La même voix que tout à l'heure murmura leurs noms à mon oreille ; c'étaient sainte Jeanne de Chantal, sainte

Euprépie et sainte Adelinde.

La première me dit :

— Dieu unique en trois personnes… Dieu unique, ubiquité… Chaque personne, ubiquité… Adore la Très-Sainte Trinité !

La seconde, qui tenait à la main une palme, me dit :

– Matthieu, généalogie de Joseph… Luc, généalogie de Marie…, Héli est Joachim… Rends grâces à la Vierge des vierges, mère de Dieu !

La troisième me dit :

— La vérité est une… Trinité, Incarnation, Eucharistie, tout ce qui est divin se tient et ne forme qu'une seule vérité, la vérité éternelle…

Après m'avoir jeté un long regard, plein de bonté, les trois saintes disparurent dans le nuage qui les emportait ; et les nuages blancs chassaient toujours les nuages noirs devant eux.

Puis, un des plus gros nuages blancs, passant à peu de distance, s'entr'ouvrit à son tour ; l'intérieur était tout d'argent vif. Et il y avait là un maître-autel d'église, où le Saint-Sacrement était exposé.

Un prêtre, revêtu de la chape, se tenait prosterné, aux pieds de l'autel. Alors, dans mon rêve, je m'agenouillai aussi, et je contemplai avec amour la blanche hostie, qui s'apercevait au centre des rayons d'or de l'ostensoir.

Et je murmurai :

— Ô mon Dieu, vous voyez jusqu'au fond de mon âme : tout mon cœur est à vous, vous n'en avez aucun doute… Je vous adore, en vous croyant vraiment présent sous ces mystiques espèces… Oui, je crois que votre infini amour pour votre créature vous a fait instituer l'auguste sacrement de l'Eucharistie, afin d'être encore au milieu des hommes, pour qui sur la croix vous avez versé votre précieux sang… Mais, ô mon Dieu, vous savez ce qui me fait hésiter à croire à la transsubstantiation… Je vous comprends caché sous les apparences du pain et du vin ; mais transformez-vous réellement en ce pain et en ce vin votre divin corps, votre divin sang ? cela est-il possible, alors que des scélérats se livrent aux plus criminels attentats contre la sainte Eucharistie ?… Ah ! hélas ! les profanations de l'hostie par le poignard ne sont rien auprès d'autres… Ô mon Dieu, donnez-moi l'entière foi ; car j'ai hâte de vous posséder, d'être votre temple vivant !

Tandis que, d'une faible voix, j'achevais ces mots, le prêtre s'était levé ; il prit l'ostensoir dans ses mains, et, l'élevant au-dessus de sa tête, se tournant vers moi, il me montrait le saint Sacrement.

Je le voyais bien, à présent, le ministre de Dieu ; ses traits étaient très distincts pour moi, dans ce songe. C'était un prêtre déjà âgé, robuste, d'une santé vigoureuse ; son visage était empreint d'une douceur des plus accueillantes. Il regardait la divine hostie, en l'élevant, avec une expression d'amour enthousiaste.

Je me demandais : — Quel est ce saint ? — Mais la voix mystérieuse ne murmura aucun nom à mon oreille.

Enfin, le ministre de Dieu abaissa ses yeux vers moi ; il eut un regard de bienveillance et d'encouragement, et me dit

— C'est pour les hommes que Notre Seigneur Jésus-Christ, fils de Dieu et Dieu lui-même, a institué l'auguste sacrement de l'Eucharistie… Crois !…

Alors, j'entendis comme un concert des plus harmonieux, une symphonie magnifique, idéale. Oserai-je l'écrire ? Je crois avoir ouï, dans ce sommeil, la musique des anges.

Dès les premières mesures, une émotion indéfinissable me saisit. C'est une sérénade divine, à la fois d'une sérénité exquise, inaltérable, et d'une sensibilité chaude, d'un charme attendri. Aucun terme ne peut rendre l'effet de ces sonorités impressionnantes, captivantes, que l'oreille humaine n'a jamais entendues.

Dans un bercement de suaves périodes, les accents du chœur angélique circulent, de la première à la dernière note ; et quel accents ! Ce sont les chérubins, les séraphins, qui expriment, tantôt avec une grâce naïve, élégante, tantôt avec un éclat incomparable, une allure fière et majestueuse, toute la grandeur, toute la magnificence de leur amour pour le Créateur.

Il y a, dans ces modulations ornées d'une mélodie des plus nobles, revêtues d'une harmonie étincelante, dans cet ensemble puissant et varié, aux effets à la fois troublants et enchanteurs, il y a là, sous le souffle d'une inspiration surnaturelle, l'idéal d'un art qui est une des splendeurs de l'au-delà, la suprême expression du génie céleste. Accents merveilleux, langue des saints, trop belle pour les hommes, cette musique est l'épanouissement harmonieux le plus complet des sentiments de l'adoration des anges, jouissant, dans l'éternité, du bonheur de contempler Dieu.

Non, le style le plus riche ne saurait trouver une phrase pouvant dépeindre l'état d'une âme, au moment où, par un sens intérieur, vibrant sous l'action du rêve divin, elle perçoit les accords d'une telle symphonie.

Et, au milieu de ce concert, je vis des anges apparaître et entourer le bon prêtre, qui tenait toujours dans ses mains l'ostensoir ; ils le soulevèrent doucement sur leurs ailes et l'emportèrent au ciel, pendant que résonnaient encore les harpes invisibles.

Cette fois, mon songe était fini. Il ne fut suivi d'aucun cauchemar persécuteur ; et, depuis lors, jusqu'à ce jour où j'écris, mes nuits ont été d'un calme parfait. Suis-je délivrée définitivement de ces affreuses et diaboliques obsessions ? Je veux l'espérer, et, pour ce, je me recommande encore aux prières de mes nouveaux amis. Mais si Dieu permet que je souffre encore, que sa sainte volonté soit faite !… Qu'importent les tourments, puisque j'ai la foi.

Nuit bénie, heureux réveil. Enfin, j'avais cette entière foi tant désirée, tant demandée ; enfin, sans restriction, je pouvais dire : Je crois !

Les derniers nuages étaient dissipés. Gloire à Dieu !... Inutile, ma consultation ; mon exposé de doutes n'était plus bon qu'à être déchiré, je dois les dire, pourtant, ces doutes ; maintenant, il n'y a plus à craindre d'ébranler la croyance des fidèles qui me lisent.

Ma première difficulté était au sujet du mystère de la Très-Sainte Trinité. Trois Dieux, trois personnes diverses, ne formant qu'un seul et même Dieu, je voulais bien le croire, mais je ne le pouvais pas ; Satan agissait encore. Or, en ceci, c'est par son imposture même que Satan a été vaincu. Dieu a permis ma première croyance aux dogmes du Palladisme, afin qu'aujourd'hui ma foi en la divine Trinité-Une soit plus ferme, plus puissante, plus inébranlable peut-être que si j'avais été chrétienne dès ma naissance.

En effet, le système de la divinité double n'admet pas l'ubiquité, attendu qu'il présente ses deux éternels principes comme adversaires et se combattant à outrance. L'erreur, c'est l'existence de deux dieux contraires ; mais il est évident que, lorsqu'on est dans cette erreur, ne peut pas admettre que chacun de ces dieux contraires ait la jouissance complète et absolue de l'immensité infinie, soit à la fois partout, remplisse l'univers de lui-même ; c'est la logique dans l'erreur. Il faut, raisonnablement, avec ce système, refuser à chacun des deux éternels principes cette ubiquité, qui est, par contre, toute naturelle, toute aisée à comprendre dans la thèse d'un Dieu unique.

Dès le premier instant de ma conversion, j'ai rejeté la base fondamentale du Palladisme. Non, Lucifer n'est pas Dieu, me suis-je dit : Lucifer est l'archange déchu, Lucifer n'est que Satan. Je n'osais aller plus loin sur ce terrain du fait de la divinité unique. Je comprenais Dieu le Père, je comprenais Dieu le fils, je comprenais Dieu le Saint-Esprit ; mais j'étais : déroutée par cette affirmation du catéchisme : « Chacune des trois personnes est Dieu, et néanmoins seul Dieu ».

Aujourd'hui, je sens que le catéchisme dit vrai, comme est vrai tout enseignement de l'Église. La raison d'être du divin mystère de la Trinité m'apparaît lumineuse. Cela est raisonnable, précisément parce que cela est divin. Il est de toute certitude que chacune des trois personnes de la Très-Sainte Trinité a une existence éternelle propre, une personnalité distincte, et les manifestations de chacune sont distinctes, parfaitement distinctes dans leurs œuvres connues, indiscutables. Or, toutes les œuvres divines émanent d'un même plan, concourent à un même but. Les trois personnes divines de la vraie religion ne se combattent pas ; chacune a donc l'ubiquité, c'est-à-dire la possession complète de l'infini ; le Père, le Fils et le Saint-Esprit sont donc, chacun, tout dans tout. Et je proclame, ayant abjuré le Palladisme, que le mystère de ta Très-Sainte Trinité, loin d'être contraire à la raison, est la raison même. Je crois ! Je crois !

Ma deuxième difficulté m'était des plus pénibles. Dans la Rédemption, je voyais un des plus beaux actes de l'infinie bonté de Dieu ; mais il me semblait que cet acte n'était pas diminué, si le glorieux saint Joseph se trouvait être l'instrument du Saint-Esprit, dans le mystère de l'Incarnation. Satan, qui hait la Vierge Marie au suprême degré, troublait encore sur ce point ma foi naissante, et c'est lui, le Maudit, qui me faisait tirer de la généalogie du Christ, telle qu'elle est dans l'évangile de saint Matthieu, des conclusions n'affaiblissant en rien mon amour et mon respect envers la Mère de Dieu, mais contraires à la doctrine de l'Église infaillible.

Je savais, par mon éducation luciférienne, qu'il est tels passages de l'Évangile où il est question de frères et de sœurs de Jésus ; ces passages ont été exploités avec perfidie. L'interprétation impie, je l'avais rejetée dès le premier jour de ma conversion : frères, sœurs, en effet, ne sont pas des termes signifiant rigoureusement enfants du même père ou de la même mère ; de tout temps, on s'est donné ce nom de frère ou de sœur, dans les familles, pour mieux marquer l'affection d'une proche parenté ; même en dehors de toute parenté, ce nom se donne fréquemment.

Je ne m'arrêterais pas non plus à la qualification de « premier-né » que l'évangéliste saint Matthieu emploie à propos du Christ (chap. I, v. 25) ; car, chez bien des peuples, en particulier chez les Hébreux, l'expression « premier-né » s'inscrivait régulièrement, l'enfant fût-il fils unique, parce qu'il y avait des droits et des devoirs attachés à ce titre et que la loi le conférait en prévision de la naissance possible d'autres enfants. D'ailleurs, ce verset de saint Matthieu, qu'il faut lire en entier et dont il serait déloyal de ne prendre qu'un seul mot, est concluant pour établir que Joseph fut uniquement le père-nourricier de Jésus.

Ce n'était donc pas de là que venait mon trouble.

Sans la moindre hésitation, je me disais que rien n'est plus compréhensible que l'incarnation du Messie, fils de Dieu, par l'opération directe et, par conséquent, toute pure du Saint-Esprit. Tout ce que Dieu veut, il le peut ; sans quoi, il ne serait pas Dieu. Or, Dieu ayant voulu naître d'une femme choisie entre toutes, née immaculée, il est évident qu'il s'est incarné lui-même, Marie recevant en elle le Saint-Esprit ; mystère inexplicable au grossier jugement humain, mais éclatant de logique au sentiment élevé de l'âme pieuse.

Or, voici ce qui me troublait :

Il me semblait impossible d'admettre intégralement l'Évangile et de ne pas voir des contradictions au sujet de la généalogie du Christ.

Je me disais : — Dieu a promis à Abraham que le Messie naîtrait dans sa race ; il a renouvelé à David cette promesse. D'autre part, saint Matthieu établit, avec le soin le plus minutieux, toute cette descendance depuis Abraham jusqu'à Joseph. Donc, Joseph est humainement le père de Jésus ; sinon, Dieu aurait failli à sa promesse, ce qui ne se peut.

Ajoutez à cela que, croyant voir une contradiction, quant à la généalogie, entre saint Matthieu et saint Luc, je négligeais le tableau de descendance dressé par celui-ci.

Et voyez la perfidie de Satan. C'est lui qui me soufflait cette pensée : — Tu ne saurais trop honorer saint Joseph ; il est l'égal de Marie devant la crèche de l'enfant Jésus ; il est le père du divin Rédempteur, comme Marie est sa mère.

En effet, sous cette impression, je vouais à saint une vénération sans bornes. Cette vénération devenait, peu à peu, telle que je me gardai bien d'y faire la moindre allusion dans ces *Mémoires* ; car je comprenais que cela ferait soupçonner le secret de mon cœur, et j'aurais ainsi contristé les catholiques, chez qui j'arrivais.

Satan, furieux de ma sortie du Palladisme, essayait de regagner la partie en me suggérant, sous couleur de piété nouvelle envers saint Joseph, une hérésie des plus monstrueuses. Ah ! il ne voulait pas que je crusse à la virginité de la Mère de Dieu ! Voilà bien quel était son but. Il savait qu'il n'y parviendrait pas en me murmurant les infamies voltairiennes ; car je respectais, je vénérais, j'aimais Marie comme la meilleure des mères, comme la plus sainte des femmes. Alors, il me poussait au doute en exagérant ma dévotion à saint Joseph, en en faisant à mes yeux l'égal de Marie sur la terre et dans le ciel.

Que Dieu est bon !… Il voyait la souffrance de mon âme désorientée. Il a envoyé la vierge martyre Euprépie, afin que mon âme soit éclairée, afin que soient dissipés les noirs nuages accumulés par le démon pour m'ôter la vision nette de la vérité.

Dès lors, l'erreur s'est évanouie. Il n'y a aucune contradiction, j'en suis à présent certaine, entre saint Luc et saint Matthieu, puisque le premier donne la généalogie de Marie, et le second, celle de Joseph. À David, l'arbre de la descendance se divise en deux branches : Héli, beau-père de Joseph, n'est autre que saint Joachim, cela est évident ; et Dieu a doublement tenu sa promesse aux patriarches, attendu que le Messie a eu pour mère Marie, descendante de David par Nathan jusqu'à Héli-Joachim, et pour père légal Joseph, descendant de David par Salomon jusqu'à Jacob, beau-père de la sainte Vierge.

Gloire donc à Marie, vierge immaculée ! gloire à la reine du ciel, la plus pure des vierges, elle qui n'a même pas eu la tache du péché originel !… Oh ! oui, vierge toujours et toujours, vierge dans sa maternité, mère de Notre-Seigneur Jésus-Christ, son premier-né, et mère de nous tous, catholiques, ses enfants aussi, ses second-nés !… Et sois maudit, ô Satan, toi qui rugis de haine contre l'ineffable dogme de la maternité virginale de Marie, toi l'inspirateur des hérésies et des schismes, toi l'immonde, qui voudrais de ta bave impuissante salir la couronne de la plus belle des virginités !…

Ma troisième difficulté me torturait, me déchirait le cœur.

J'étais arrivée, progressivement, à croire à la présence réelle ; mais je m'en faisais une idée fausse. Le 13 juin, quand j'assistai pour la première fois au saint sacrifice, je demandai à Jésus, dans ma prière, la grâce de la foi en l'Eucharistie : « Ô bon Jésus, agneau sans tache, disais-je, faites que je croie à votre présence dans la blanche hostie que le prêtre élève vers le ciel ! » Et cette croyance, bientôt je l'eus.

Mais, dans l'opinion que je me faisais, je comprenais Jésus-Christ, corps, sang, âme et divinité, présent dans le pain exposé sur l'autel, pour y être l'objet de l'adoration des fidèles ; mais je ne pouvais croire qu'il fut également dans le pain donné en communion.

Cependant, j'avais faim de communier ; j'enviais le bonheur des purs chrétiens, admis à la sainte Table. — S'il n'y avait que de bons communiants, pensais-je, oui, je croirais à la constante présence réelle ; mais, hélas ! il y a pis même que les communions indignes, il y a les profanations sectaires, et quelles profanations !…

Mon âme flottait, indécise, dans le plus affreux doute. J'aime tant Jésus depuis que j'ai renoncé à Lucifer, tant et tant que cela ne se peut dire !…

Les communions sacrilèges, je voyais leur condamnation dans les paroles de l'apôtre saint Paul aux Corinthiens : « Quiconque mangera ce pain ou boira la coupe du Seigneur indignement, sera coupable du corps et du sang du Seigneur. Que l'homme donc s'éprouve lui-même, et qu'ensuite il mange de ce pain et boive de cette coupe ; car celui qui en mange et en boit indignement, mange et boit sa propre condamnation, ne discernant pas le corps du Seigneur. »

Je m'expliquais ces paroles ainsi : — Celui qui communie sans s'être purifié par le sacrement de pénitence, celui qui traite son Dieu comme une nourriture ordinaire, celui-là met en lui, s'incorpore son juge et encourt un terrible châtiment. — Certes, pour un tel coupable je n'avais aucune excuse et je n'éprouvais aucune pitié ; mais je voyais Dieu, méprisé, si au-dessus de l'offense !…

Ce n'est plus du mépris, c'est de la haine que les sectaires ont pour Jésus, dans grand nombre d'arrière-loges et dans tous les triangles ; et cette haine s'exerce surtout à coups de poignard contre la divine Eucharistie. C'est le crime du Golgotha qui se renouvelle, avec férocité.

Alors je me demandais : — Est-il bien possible que Dieu se livre ainsi à de nouveaux bourreaux ? L'œuvre de la rédemption est accomplie ; la croix du Calvaire ne suffisait-elle donc pas ?…

Encore, tout en gémissant de crimes auxquels, je le jure, je n'ai jamais participé, encore je parvenais à comprendre la patience de Dieu, mais en en étant confondue. Dieu est si bon ! pensais-je ; il a institué l'Eucharistie pour le bien des fidèles, en s'exposant à de nouveaux coups de ses ennemis ; plutôt que de priver les justes des joies du divin banquet, il préfère être meurtri, martyrisé par les pires scélérats de ce siècle, comme il l'a été autrefois par les Juifs.

Or, la profanation par le poignard n'est pas l'unique expression de la haine palladiste contre le Christ. Il est des profanations révoltantes dont j'ai reçu rapport authentique, lorsque j'appris que les pratiques de messe noire s'introduisaient et se propageaient en cachette de moi, bien connue pour y être opposée, et je voulus me rendre compte de l'étendue du mal : alors je l'appelais déraison, stupide et ignoble folie. De ces profanations je ne dirai rien ; ma pudeur me l'interdit.

Mais il en est d'autres ; une surtout, à laquelle je n'attachai aucune importance, au temps où, luciférienne à ma manière, je ne croyais pas à l'efficacité de la consécration de l'hostie par le prêtre catholique, où je voyais — pardon ! — dans le pain eucharistique un simple morceau de pain ; et cette profanation est celle dont j'ai été le plus épouvantée depuis ma conversion.

Le docteur Bataille a raconté les scènes de sauvagerie des triangles ; il a montré mes ex-Frères et mes ex-Sœurs se ruant contre les Saintes-Espèces et les transperçant avec rage. Il a relaté l'existence de ces boîtes, imaginées par le F▽ Hobbs, dans lesquelles un fragment d'hostie est enfermé et maintenu pressé, en même temps que déchiré, par un morceau de liège garni de pointes d'aiguilles. Il a dit la triste vérité, mais l'exacte. Ces appareils, d'invention diabolique, sont devenus d'un usage courant dans le Palladisme ; on les porte sur soi, en triangle et en loge, même quelques-uns hors des ateliers, comme talisman, comme bijou maçonnique ou non maçonnique, comme simple épingle de cravate. Mais tout cela appartient à la catégorie des profanations de rage transperçante.

Sans doute, le docteur Bataille ignorait comment une rivale de la Sophia a osé allier la haine et le mépris du plus auguste des sacrements ; à peine a-t-il parlé de la S ▽ Dorothea S***, de Berlin, grande-maîtresse des Mopses du Parfait Silence.

Mon Dieu ! je tremble, rien qu'en songeant aujourd'hui à un tel forfait. C'est de ce crime inouï que j'ai été bouleversée, à en mourir de douleur, depuis que j'ai la foi.

Les Juifs ont flagellé, tourmenté, crucifié Jésus ; les clous ont traversé ses mains et ses pieds ; les épines ont été enfoncées dans sa tête divine, aux yeux pleins d'amour ; le fer de la lance a pénétré dans son adorable corps. Mais l'adorable corps du bon Maître, les Juifs ne l'ont pas livré en pâture aux animaux.

Dorothea S*** a deux chiens danois, et, quand elle peut se procurer des Saintes-Espèces, elle les jette à ses bêtes… L'Eucharistie, le corps vivant du Christ, donné à manger à des chiens !… Non, c'est trop affreux ! Voilà la plus abominable des profanations !…

Voilà ce qui m'a fait douter longtemps de la présence réelle dans l'hostie destinée aux communions ; voilà la difficulté qui mettait mon cœur au supplice, mon cœur aimant le divin Maître avec toute l'ardeur d'une foi dévorante, mon cœur tout entier à Jésus.

Comprenez-vous mes tâtonnements, mes incertitudes, mes souffrances ?…

Aujourd'hui, enfin, je me sens rassurée. Je pense aussi qu'on ne me tiendra pas rigueur de mes hésitations, en raison de leur cause.

J'ai été dans l'erreur, d'abord, en croyant que, dans le sacrement de l'Eucharistie, la substance du pain demeurait après la consécration et servait à voiler le divin Maître. C'est cette erreur qui me faisait tenir ce raisonnement, basé sur mon amour pour Jésus : Jésus est là, caché dans l'hostie exposée à l'adoration des fidèles, mais seulement là. Puis, cet autre raisonnement, également faux : Jésus, par le pain consacré, pénètre dans le corps du bon communiant, qu'il comble de ses grâces, et hélas ! aussi dans le corps du mauvais communiant, où il souffre de l'indignité de ce temple, sauf à punir le sacrilège ; mais il quitte l'hostie que les sectaires poignardent et ne leur laisse que le pain.

Cependant, j'en vins ensuite à la croyance à la transsubstantiation, mais avec une opinion encore confuse. Oui, me disais-je, la substance du pain disparaît sous l'effet des paroles sacramentelles prononcées par le prêtre, et elle est changée en corps et en sang de Jésus-Christ, avec son âme et sa divinité ; du pain, il ne reste que les apparences, c'est-à-dire la forme, la couleur et le goût. Mais alors j'étais épouvantée en pensant aux profanations de Dorothea S****, et je rejetais et adoptais tour à tour le dogme de la transsubstantiation.

Un pas décisif vers la vérité : je sus que le sacrement subsiste, tant que les espèces ou apparences du pain demeurent dans leur intégrité, c'est-à-dire en état de chose saine et sans altération. Mais je tremblais encore, j'étais affolée de douleur. Oh ! quels tourments je dois à Satan, qui inspire tous ces crimes !…

Enfin, la vérité me paraît être dans l'explication que j'eus en songe : — C'est pour les hommes que Notre-Seigneur Jésus-Christ a institué le sacrement de l'Eucharistie.

Qu'un misérable jette en un égout l'hostie sainte : Dieu subit l'odieux outrage : mais, les espèces du pain perdant bientôt leur intégrité, s'altérant, le sacrement cesse aussitôt de subsister. Il doit donc en être de même, dans le cas des profanations de la grande-maîtresse de Berlin. La gueule du chien est comme la bouche de l'égout ; l'outrage est subi sans durée ; l'Eucharistie a été instituée pour les hommes, non pour les animaux.

Cette pensée me consola, et dès lors je fus heureuse.

Le mercredi matin, 21 août, le bon aumônier était avisé. Avec quelle joie il lut la profession de foi que j'avais rédigée et signée dès mon lever !… Cette profession de foi n'entrait pas dans le détail de mes doutes passés ; je rejetai en bloc toutes les opinions quelconques, contraires aux enseignement de l'Église, dont je me déclarai la fille à jamais aimante et obéissante, m'obligeant d'avance à rétracter n'importe quels écrits ou paroles qui pourraient être jugés par le Saint-Siège entachés d'erreur, et reconnaissant l'infaillibilité du Pape, inspiré par l'Esprit-Saint en sa qualité de vicaire de N.-S. Jésus Christ.

Les jours précédents, nous avions eu, M. l'aumônier et moi, bon nombre de conversations ; il pourrait donc parler de moi au chef du diocèse, en parfaite connaissance de cause. Il m'interrogea néanmoins encore et se déclara satisfait de mes réponses.

— Je crois, lui dis-je, aux mystères de la Trinité, de l'Incarnation, de l'Eucharistie, et à tous les mystères de la religion catholique, apostolique et romaine !… Je crois tout, tout !… Dites-le bien à Monseigneur.

Le jeudi, tandis que dans ma chambre de pensionnaire je terminais l'*Hymne à Jeanne d'Arc*, M. l'aumônier, s'étant rendu au chef-lieu du diocèse, était reçu à l'évêché.

Le lendemain soir, il rapportait au couvent l'autorisation de suppléer les cérémonies du baptême et de me faire faire ma première communion.

(La suite au prochain numéro)

HYMNE À JEANNE D'ARC

(Contre la Franc-Maçonnerie)

―――

I

Sublime enfant de la Lorraine,
Nous t'implorons à deux genoux ;
Reviens, sois notre capitaine.
Tu réponds : « Français, levez-vous !
« Dans la ville et dans la bourgade,
« Mettez vos cœurs à l'unisson ;
« L'heure a sonné de la croisade
« Contre l'ennemi franc-maçon ! »

Chœur[1]

Gloire à Jeanne ! gloire !

Par Dieu, la victoire
Est aux nobles cœurs.
Élevons nos cœurs !
Nous serons vainqueurs !
Gloire à Jeanne ! gloire ! *(bis)*

Gloire !

II

Noms de Jésus et de Marie,
Par vous, nous serons les vainqueurs.
L'infernale maçonnerie
A mis le comble à nos malheurs ;
Hardi ! car voilà trop d'outrages !…
De Jeanne écoutons la leçon.
Hardi ! réveillons nos courages ;
L'ennemi, c'est le franc-maçon !
Chœur :
Gloire à Jeanne ! etc.

III

Des sombres hordes maçonniques
Sachons déjouer les complots.
Pour Dieu, marchons, francs catholiques,
Contre Satan et ses suppôts !
L'espoir est rentré dans nos âmes ;
Point ne faut subir la rançon.
Jeanne a parlé : sus aux infâmes !
L'ennemi, c'est le franc-maçon !
Chœur :
Gloire à Jeanne ! etc.

IV

L'ennemi, dans son noir repaire,
Se dit maître de notre sort.
Ô Jeanne d'Arc, en cette guerre,
L'enjeu, c'est la vie ou la mort.
Bataille ! et suivons ton exemple,
Ou lentement nous périssons.

De Satan détruisons le temple !
Dieu le veut ! plus de francs-maçons !
Chœur :
Gloire à Jeanne ! etc.

15-22 août 1895.

1. ↑ La facture de la musique permet de maintenir ou de supprimer le chœur, à volonté.

CHAPITRE II

Je crois !

(Suite)

Il fut vraiment le grand jour, ce samedi 24 août, grand jour et le plus beau de ma vie par mon union avec Dieu, avec Jésus.

Autour de moi, il y avait bonheur indicible ; mais tout ce bonheur d'autres ensemble pouvait-il égaler le mien ?...

Enfin !... Ô mon Dieu, je vous possède, et vous m'avez toute, toute !... Quel transport de l'âme ! quelle suave béatitude !... Ô Jésus, gardez-moi ; votre amour est trop bon pour y mêler quelque autre sentiment humain... Oh ! L'Eucharistie, voilà le vrai divin !...... L'Eucharistie, c'est le Ciel dans le cœur de la créature !... Mais ici, gardons mes impressions ; il suffit que les âmes fidèles les devinent ; ne profanons pas par la plume les mystères de la suprême jouissance d'une Première Communion.

En cette même manière, le pèlerinage national revenait de Lourdes, arrivait à Paris. On avait bien prié pour moi, à la sainte grotte des Pyrénées, et la divine Mère m'avait obtenu la plus grande des grâces. Gloire à Marie ! merci à tous ceux qui ont prié.

J'ai su, depuis lors, que le miracle de ma plénitude de foi n'avait pas été la seule merveille de ces heureux jours.

Parmi les pèlerins pauvres qui furent envoyés pour prier tout particulièrement à mon intention, une malade des plus intéressantes, Mlle Louise D***, avait été choisie par l'archiconfrérie de Notre-Dame-des-Victoires, dont elle était membre. Mlle Louise D***, âgée de trente-deux ans, demeurant rue Monsigny, à Paris, étais tuberculeuse au plus haut degré. Dans ces derniers temps, le mal avait empiré au point que d'abondants et fréquents vomissements de sang s'étaient ajoutés aux suffocations, quintes de toux et autres douleurs de la cruelle maladie. « Le 4 juin, une hémorragie se produisit si violente, est-il dit dans le *Pèlerin* que les inquiétudes les plus vives se manifestèrent dans l'entourage de la malade ; on crut même devoir lui administrer les derniers sacrements, tant la faiblesse était grande et les étouffements effrayants. » Bref, Mlle Louise D*** était dans un état désespéré.

Mais elle avait une grande foi. Le bon prêtre qui sollicita une union de prières pour ma conversion, alors que j'écrivais le *Palladium Régénéré et Libre*, fit admettre Mlle Louise D***, sous mes auspices, au pèlerinage national ; après l'avoir examinée pendant près de deux heures, un des médecins de Notre-Dame du Salut la désigna pour faire partie du « train blanc », le train des grands malades. Mes amis priaient avec elles ; la prière est plus puissante que les meilleures prescriptions de la médecine. Le bon prêtre dont je parle était plein de confiance, lui aussi ; écrivant ainsi au sujet de Mlle Louise D*** et à propos de moi, il exprimait dans les *Annales de l'Archiconfrérie de Notre-Dame des Victoires* l'espérance de voir la Très Sainte Vierge me témoigner sa bienveillance par la guérison miraculeuse de ma pèlerine si gravement malade.

Eh bien ! le miracle a eu lieu ; il a été la réponse immédiate de la Divine Mère à la signature de ma profession de foi.

J'ai été émue jusqu'au fond de l'âme quand j'ai lu, ces jours-ci, le numéro du *Pèlerin* (n° du 29 septembre) relatant cette merveilleuse guérison.

« Arrivée à Lourdes (mardi 20 août), les crachements de sang se reproduisent, et la pauvre malade doit passer au lit la fin du premier jour de son pèlerinage. Relevée le lendemain, elle se rend à la piscine. Là, plongée dans l'eau glaciale, elle se sent mieux tout-à-coup et sort seule de la piscine. Désormais, il lui semble qu'elle est absolument guérie ; elle se ressent plus aucune fatigue et peut suivre les cérémonies du pèlerinage… De fait, dès son retour à Paris, Mlle Louise D*** est comme transformée ; elle ne sent plus de douleurs, quelles qu'elles soient ; aucune suffocation ; elle dort comme un enfant (elle qui avait perdu presque complètement le sommeil), et monte plusieurs fois par jour ses cinq étages sans fatigue ni étouffements ; l'appétit est revenu et, avec lui, les forces reprennent. Enfin, depuis le

21 août, jour où elle s'est plongée dans la piscine, aucun crachement de sang. »

Le 21 août !… Revoyez le dernier fascicule de ces *Mémoires*. C'est le mercredi 21 août qu'ayant enfin l'entière foi, mes derniers doutes s'étant évanouis, je rédigeai, dès mon lever, et signai ma déclaration de fidèle chrétienne, croyait sans aucune réserve à tous les enseignements de l'Église.

Il faut lire dans le *Pèlerin* les certificats des médecins sur le cas de Mlle Louise D***, avant et après la guérison ; certificat du 7 mai et certificat du 5 septembre.

La relation du miracle se termine par ce récit :

« Par une permission providentielle, en cette même première semaine de septembre, le prêtre qui avait administré Mlle Louise D*** et le médecin qui avait signé le certificat de maladie se trouvaient ensemble au bord de la mer. *Tous deux ignoraient la guérison* ; la conversation vint à tomber sur la malade de la rue Monsigny, et le docteur déclara très nettement que la pauvre enfant était absolument perdue. « Non seulement, disait-il, elle est tuberculeuse, mais ces hémoptysies terribles l'ont absolument épuisée, la science ne peut plus rien pour elle ; il faut la laisser dans sa chambre en lui accordant le plus de douceurs possibles, car elle n'en a pas probablement pour un mois. »

« La double constatation se trouvait donc faite en même temps et dans des conditions d'impartialité absolue. Pour nous, qui n'avons appris que ces jours-ci cette dernière conversation, la preuve est péremptoire : la guérison était impossible humainement parlant, elle a eu lieu instantanément à Lourdes. La Sainte Vierge, par cette guérison miraculeuse, avait récompensé la foi de la malade et montré en même temps sa bienveillance maternelle pour Miss Diana Vaughan, qui, le 24 août (jour de la rentrée du pèlerinage à Paris), faisait sa Première Communion. Mlle Louise D*** espère pouvoir, comme elle l'avait promis, se consacrer à Dieu dans le service des malades. Miss Vaughan va combattre le bon combat contre la Franc-Maçonnerie et le Luciférianisme.

« Gloire à Dieu ! gloire à Marie ! »

Qu'ajouter à cela, si ce n'est que je suis confondue ?… Lorsque mon esprit met en présence mon hier et mon aujourd'hui, la bonté divine m'apparaît éclatante d'une telle sublimité, que ma seule douce joie est alors de m'anéantir dans l'amour du Bon Maître, de me réfugier en son cœur, de m'y cacher, de ne plus vouloir vivre que là.

Et, songeant à toutes ces merveilles, je fus aussi assaillie par la pensée des crimes de mes anciens Frères et de mes anciennes Sœurs en Satan ; encore, je pensai aux chrétiens qui méprisent ou négligent l'auguste Sacrement.

Comme actions de grâces, je voulus faire une neuvaine ; j'en soumis, le jour même, le projet à M. l'aumônier. Une neuvaine eucharistique de réparation. Chaque matin, après la messe, je resterai en adoration devant le saint Tabernacle ; j'adorerai, je méditerai, je réparerai.

Le premier jour, réparation de l'incrédulité ; le deuxième, réparation de l'indifférence mondaine ; le troisième, réparation de l'égoïsme des cœurs durs ; le quatrième, réparation des péchés d'impureté ; le cinquième, réparation de la persécution ; le sixième, réparation des communions tièdes ; le septième, réparation des blasphèmes ; le huitième, réparation des communions sacrilèges ; le neuvième, réparation des profanations sectaires. Et, ce dernier jour, si j'en étais jugée digne, renouvellement de ma Première Communion.

Mon projet fut pleinement approuvé.

Le 25 août, je commençai donc ma neuvaine ; puis, dans l'entretien que j'eus avec M. l'aumônier à la suite de ma première méditation, je lui dis comment j'avais prié. Le bienveillant prêtre m'engagea alors à mettre ces prières par écrit chaque soir, avant de me coucher ; ce serait ainsi, me dit-il, une seconde méditation qui terminerait pour le mieux ma journée, et ce serait encore un bouclier contre les assauts nocturnes du démon. Heureuse inspiration ; mon repos n'a plus été troublé.

Quand il lut, le lundi 26, mes feuilles de la veille, le bon aumônier se montra fort enthousiaste ; mais le digne homme est trop indulgent. C'est pourquoi, lorsqu'il me conseilla de publier ces pages, d'en faire une brochure qui, à son dire, stimulerait la piété, il me sembla qu'il serait imprudent de m'en rapporter à son opinion trop portée en ma faveur. J'ai eu recours à deux autres conseillers ecclésiastiques. Puis, quoique approuvée pour le fond et pour le but, ma neuvaine rédigée a été discutée. Je ne suis pas faite, on le comprend aisément, au langage et à la précision théologiques ; de là, des observations, devant lesquelles je me suis inclinée bien volontiers. Si j'avais pris le seul avis de M. l'aumônier, ma *Neuvaine Eucharistique pour réparer* aurait pu être publiée le 14 septembre, fête de l'Exaltation de la sainte Croix. Or, les avis ont été partagés : il y a eu opinion pour correction de diverses expressions, et opinion pour maintien de la rédaction telle quelle. Le manuscrit a été transmis à l'Évêché ; entièrement soumise à la direction que j'ai sollicité, je n'en publierai pas une ligne qui ne soit approuvée.

Ma neuvaine elle-même a donc été terminée le 2 septembre ; ce jour-là, dans la soirée, assez tard, je quittai le couvent. Le lendemain, je retrouvais Bridget à son poste, et nous faisions la suite du voyage ensemble. Enfin, le mercredi 4, j'étais de retour dans la famille où j'ai ma retraite ; la, j'ai une vaste propriété rurale à ma disposition, je suis ignorée dans le pays. Le bon curé de la paroisse est seul dans le secret ; même, la plupart des personnes de mon entourage immédiat, braves gens tout de cœur et de simplicité, sont bien loin de soupçonner qui je suis, et d'ailleurs, ne s'en préoccupent aucunement.

Et, dans la paix charmante, en mes moments de loisir, je m'abandonne à mon immense bonheur. Croire un seul Dieu, adorer Jésus, aimer Marie, est-il plus sauve allégresse ?… Et comme l'amour du bien fait prendre en haine le mal !…

Croire ! cela donne pitié pour soi-même et pour toute l'humanité. Avec la foi dans le cœur, ce que l'on hait, c'est l'orgueilleux Maudit et ses infernaux complices, les déchus du ciel.

Oh ! avoir été ange, et, ange, avoir commis le péché, c'est affreux !… Non, il n'est pas de plus grande culpabilité… Je comprends maintenant la profondeur d'une telle déchéance. À toi, l'abîme éternel, ô Satan ! tu l'as bien mérité.

C'est lui qui pousse aux sacrilèges ; c'est lui, le premier coupable de tous les crimes. L'un des plus épouvantables qui aient été commis à ma connaissance, c'est le monstrueux forfait auquel je fis allusion dans le numéro 3 du *Palladium Régénéré et Libre* ; cette allusion n'a pas peu contribué à exciter les colères contre moi.

Je promis de raconter l'horrible assassinat. Mais pourquoi les FF ▽ du Grand Triangle *Melekh-Hadour*, d'Édimbourg, ont-ils reproché à leur secrétaire de me l'avoir rappelé ? Voilà encore un exemple de la lâcheté humaine. Ce Triangle m'avait voté des félicitations pour ma propagande publique, et son secrétaire, rédigeant la voûte, y inséra quelques mots au sujet de ce crime de Londres. Ma conversion a bouleversé le Triangle écossais, où j'avais jusqu'alors des amis ; on est revenu alors sur le vote, on a fait un grief au F ▽ secrétaire de ses trois dernières lignes. On a dit que c'était de son initiative personnelle qu'il avait écrit ceci :

« Le Triangle rappelle le fait lamentable de certain groupe de Londres, où fut assassinée, en 1891, une Chevalière Élue qui, admise à l'initiation supérieure, refusa de transpercer un pain eucharistique. »

Je reproduisis ces lignes et les fis suivre de ma promesse. Le F ▽ secrétaire, incriminé, n'a pas voulu entrer en discussion avec le Triangle qui revenait sur ses premiers sentiments à mon égard. Il a donné sa démission, paraît-il, et a quitté Édimbourg. A-t-il réussi à échapper aux ultionnistes ? ou bien a-t-il eu, dans le mystère, le sort de Luigi Ferrari ? Je n'ai eu de lui aucune nouvelle ; je souhaite que, comme moi, il se soit mis à l'abri, et surtout, s'il vit encore, je lui souhaite la lumière du seul vrai Dieu.

Dans le dernier jour de ma neuvaine eucharistique, j'ai été hantée par le souvenir de l'épouvantable crime de Londres.

J'avais promis de parler. Racontons ; il le faut.

La victime est une jeune institutrice, placée dans une famille anglaise. Elle avait été gagnée, d'abord, à la Maçonnerie d'Adoption ; puis, plusieurs présumèrent qu'on pouvait lui donner l'initiation palladique.

Le Triangle londonien, auquel elle fut présentée, avait professé d'abord ce que j'appelais « la bonne doctrine », au temps de mon erreur. En d'autres termes, ses fondateurs croyaient en Lucifer Dieu-Bon, tout en s'abstenant de pratiques satanistes. Mais cet état des esprits n'avait pas duré longtemps. En 1890, Lemmi, qui était alors chef du

Directoire Exécutif, accrédita auprès de ce Triangle un prêtre apostat, d'origine polonaise, qui avait, pendant quelques années, erré à travers divers pays, avant de venir se fixer en Angleterre.

Ce Judas était animé d'une profonde haine contre le Christ, dont il avait été le ministre. Il s'appliqua à faire admettre les rituels de satanisme par le Triangle où il venait d'être inscrit pour sa résidence à Londres ; à cela, il parvint assez tôt.

Il avait composé une sorte de psalmodie, en mauvaise prose anglaise, qui reproduisait, en l'exagérant encore, le fameux hymne de Carducci. Cette apologie de l'ennemi de Dieu, où il n'employait pas le nom « Lucifer », mais bien le nom « Satan », lui valut une vogue chez les palladistes partisans de Lemmi. Son influence grandissait, grandissait ; au bout d'un an, il était le véritable directeur du Triangle qui l'avait accueilli.

Alors, ce fut une orgie de profanations.

La jeune institutrice avait été admise au grade de Chevalière Élue, peu de temps après que l'apostat commença ses manœuvres au sein de ce Triangle. Elle était française, je crois ; en tout cas, catholique de naissance. Il m'a été dit qu'elle était fille d'un réfugié de la Commune, mort en Angleterre avant l'amnistie.

La première initiation palladique ne lui avait pas fait deviner tout le but du rite ; dans le premier Atelier androgyne qui la compta comme Sœur, elle n'avait vu qu'une société de plaisir, lui fournissant l'occasion et le moyen de s'amuser, sans compromettre sa réputation. Elle n'était pas, cependant, de celles qui tombent tout-à-fait bas.

Quoiqu'il en soit, voulant tout connaître, elle sollicita, en 1891, l'initiation au grade de Maîtresse Templière. Alors, les infamies de l'abominable rituel avaient été encore renforcées par l'apostat polonais.

Je tiens le récit de ce qui se passa, d'une Sœur anglaise avec qui je fis le voyage de Rome, lors de la frauduleuse élection de Lemmi au souverain pontificat de la Maçonnerie universelle. Cette Sœur vota avec le parti de Charleston ; nous étions donc amies toutes deux ; elle ne m'a pas trompée, elle ne me démentira pas. D'ailleurs, elle me montra une lettre de mistress Alice B***, qui, ayant eu connaissance du crime commis dans un des Triangles de la province 37, où elle est grande-maîtresse et inspectrice générale avec pouvoirs étendus à tout le royaume britannique, approuvait cyniquement les assassins.

Je ne cachai pas mon horreur, quand cette sœur (S $\triangledown$ 892) me raconta le forfait dans ses affreux détails. Elle convint que c'était, en effet, épouvantable, et qu'il fallait, à tout prix, créer une réaction contre le satanisme s'infiltrant de plus en plus dans la haute-maçonnerie.

Cette ancienne amie se rallia à la Fédération du Palladisme Indépendant, dès qu'elle fut créée ; mais elle n'a pas eu le courage d'aller plus loin dans cette voie. Elle m'a écrit, après le n°2 du *Palladium Régénéré et Libre*, pour dire son avis j'avais dépassé le but, en « publiant » la voûte de Lemmi contre Jeanne d'Arc. Elle a donné suffrage à ceux qui me désavouèrent, à la suite de mon n°3. Par contre, ne voulant pas user de certaine arme qui pourrait la blesser, je la lui ai retournée, au lendemain de mon premier jour au couvent. Elle m'a répondu chez mon éditeur, pour me remercier. Je tentai alors, par correspondance, de lui faire comprendre l'énormité de son erreur religieuse ; j'ai voulu contribuer à la tirer de l'abîme, car j'avais pour elle une vive amitié et je sais qu'en elle le fond n'est pas mauvais. J'ai eu le malheur de ne pas réussir ; son démon lui a inspiré une dernière lettre ; celle-ci d'injures, traitant ma conversion de « détestable et honteuse trahison ». La pauvre femme n'est pas responsable ; est sous la domination de Moloch, à qui elle a été solennellement fiancée dans une pompeuse cérémonie présidée par le F ▽ 476, et qui la possède, à jour fixe, le premier vendredi de chaque mois.

Donc, j'ai eu l'exact récit du crime ; les renseignements, en raison de leur source, et aussi telle preuve vue, sont de ceux m'interdisant de douter.

La victime, qui avait alors à peu près mon âge d'aujourd'hui, ne s'attendait aucunement à ce qu'on lui demandât de poignarder une hostie consacrée. Elle se troubla, à l'injonction du grand-maître et de la grande-maîtresse du Triangle.

— Cela, dit-elle, je ne le ferai pas… Tout ce que vous vous voudrez, mais pas cela ?…

Le scélérat polonais insista, avec colère.

— Tu ne pratiques plus depuis vingt ans ta religion ! cria-t-il ; ton père t'a arraché aux mômeries des bigots ; il haïssait le Dieu de la superstition ; nous t'avions crue digne de lui !

— J'ignore si mon père a commis des profanations semblables à celle que vous réclamez de moi, répliqua-t-elle ; pourtant, je ne le pense pas. Il s'occupait plutôt de politique que de religion ; il ne croyait pas en Dieu, je le sais, mais les croyances religieuses des autres ne le gênaient pas… Oui, il est vrai, voilà bien des années que j'ai oublié le chemin de l'église ; je n'ai reçu l'Eucharistie qu'au jour de ma première communion. J'ai toujours conservé avec amour le souvenir de ma mère ; elle n'osa pas contrarier mon père, quand il lui défendit de me laisser aller au catéchisme de persévérance… Pauvre maman ! elle a bien souffert… Et elle priait pour mon père, quand elle lui ferma les yeux sur cette terre d'exil !… Elle est morte, à son tour… Mais je sens qu'elle me voit, de l'autre monde où elle est. J'ai dû l'attrister souvent par ma conduite. Néanmoins, je n'avais jamais soupçonné que vous me demanderiez de me donner au diable. Cela, non !… Vous me faites frémir, maintenant que je sais votre but… Oh ! je ne veux plus être des vôtres… Je n'ai communié qu'une fois dans ma vie ; mais j'étais une bonne petite fille… Tenez, je pleure en y pensant… Je suis une indigne créature, oui, oui, hélas !… À quel point faut-il que je sois indigne, pour que vous m'ayez crue capable de poignarder l'hostie où Jésus-Christ vit caché : car je crois que Dieu est là… Oh ! ma mère, dans l'autre monde, me maudirait, si je commettais un aussi exécrable sacrilège !… Non, non, jamais je ne ferais cela… Je vous garderai le secret que je vous ai promis ; puissiez-vous descendre à votre tour dans vos consciences : mais je ne veux plus être des vôtres, je me retire.

On l'avait laissée parler, sans l'interrompre.

— Tu viens de prononcer toi-même ta condamnation, fit le grand-maître, quand elle eut fini.

— Ma condamnation ?

— Oui. Puisque tu nourris les sentiments que tu viens de nous exposer, il fallait te retirer de la Maçonnerie avant d'être appelée au Palladisme. Quand on a franchi le seuil des Triangles, on ne démissionne plus, sous prétexte qu'on avait mal compris. Il est trop tard pour te retirer. Tu sais quels sont nos derniers mystères, et ils te font frémir, as-tu dit…

— J'en ai horreur, en effet.

— Tu es donc devenue notre ennemie…

— Non. Je suis désolée d'apprendre que vos règlements vous ordonnent de si horribles sacrilèges. Ce sont vos règlements que je rejette. Je maudis ceux qui les ont conçus et qui vous les ont imposés ; mais, vous autres, je vous plains d'être dans un tel égarement. Cette nouvelle initiation que vous vouliez me donner m'a ouvert les yeux.

— Malheureuse ! c'est toi qui viens de retomber dans l'aveuglement. Tu renies la lumière. Tu blasphèmes Satan, notre Dieu ; car c'est lui qui nous a donné nos règlements. Il ne nous les a point imposés ; nous les avons acceptés avec bonheur, parce qu'il est, lui, l'immuable vérité, le grand calomnié des prêtres et des rois... Ainsi, tu te ranges sous l'étendard d'Adonaï, tu redeviens de cœur l'adepte du Dieu de la superstition ; quoique tu dises pour te disculper, tu es maintenant notre ennemie... Eh bien, comme telle, tu es devenue un danger pour notre Ordre. Si nos opinions étaient déjà triomphantes sur le globe, peut-être te laisserions-nous sortir d'ici ; mais la superstition est encore la dominatrice ; nos rites sont mal interprétés par le vulgaire ignorant ; tout est bon aux prêtres d'Adonaï pour nous diffamer. Quiconque, ayant été des nôtres, cesse d'être avec nous, est contre nous. Notre sécurité nous oblige à te traiter en mortelle ennemie... C'est pourquoi, je l'ai dit, tu as prononcé ta condamnation toi-même. Tu ne sortiras pas d'ici.

Elle s'élança vers la porte ; mais les Frères qui se tenaient au fond de la salle lui barrèrent le chemin. Plusieurs mains vigoureuses s'abattirent sur elle.

— À mort ! à mort ! hurlait l'apostat polonais.

De véritables forcenés s'étaient emparés de l'infortunée jeune femme et maîtrisaient ses mouvements, quoi qu'elle fît pour se débattre. Dès lors, elle put bien se considérer comme perdue. On étouffa ses cris en la bâillonnant. Dans la lutte, ses vêtements avaient été déchirés en lambeaux. On la lia avec des cordes, très serrées autour du corps. Mais on disposa le bâillon de telle sorte qu'elle pût respirer.

On ne voulait pas la tuer immédiatement.

Les misérables levèrent la séance, abandonnèrent leur victime, gisant sur le sol, et partirent de la vieille maison, après avoir fermé avec soin toutes les portes. Si par impossible elle avait pu rompre son bâillon, ses cris n'auraient pas été entendus de l'extérieur.

En s'en allant, les bourreaux se donnèrent rendez-vous, à quelques-uns, pour le lendemain ; ils devaient délibérer sur le genre de mort à infliger à la malheureuse.

Ils revinrent, en effet, à la nuit tombante. Ils étaient neuf, dont deux Sœurs et sept Frères, parmi lesquels l'apostat polonais. Celui-ci, dans la journée, ayant fait apporter des tuyaux de plomb, du plus petit modèle dont on se sert pour les installations de gaz. Le scélérat avait eu une idée, et il se sentait certain de la faire adopter par ses collègues, elle était atroce.

Quand on reprit séance, dans la même salle que la veille, par conséquent en présence même de l'infortunée, inerte, mais respirant et entendant tout, un des Frères ultionnistes, pris sans doute de compassion, essaya de la sauver.

Il proposa, timidement, de mettre une dernière fois l'institutrice en demeure de transpercer d'un coup de poignard l'hostie consacrée.

— Elle a pu réfléchir depuis hier, dit-il, et peut-être est-elle revenue à de bons sentiments.

Mais l'apostat polonais s'opposa vivement à une nouvelle épreuve.

— Non, non ! s'écria-t-il. Elle s'est condamnée hier ; c'est définitif... C'est la peur de la mort qui seule lui ferait commettre ce qu'elle considère comme un sacrilège. Une fois hors d'ici, elle le regretterait ; elle irait trouver un prêtre d'Adonaï, se confesserait, obtiendrait l'absolution et ne reviendrait plus parmi nous. Plus que jamais elle serait notre ennemie. Ne la laissons pas échapper, et exécutons-la sans sursis, sans rémission !

Alors, il exposa son idée, soulignant son explication d'un rire féroce. Cet homme exerçait sur ses complices une véritable terreur ; aucun n'osa élever la voix contre lui, de crainte de se désigner à son implacable haine. Il demanda le vote à mains levées, et toutes les mains se levèrent.

Quel crime !... Voici ce que les neuf ultionnistes avaient voté :

Autour du corps de la victime, déjà lié par les cordes, on enroula les tuyaux de plomb, que l'apostat avait fait apporter. Puis, on descendit la victime dans une cave, aux murs épais ; cette cave, ainsi que les autres de l'immeuble, n'était pas utilisée, parce que la vieille maison, soit à cause de sa vétusté, soit à cause du voisinage d'un égoût, avait son sous-sol infesté par les rats, et ni les pièges ni les appâts empoisonnés n'avaient pu la débarrasser de ces mauvaises bêtes, de taille à lutter contre les chats.

En pâture aux rats, aux gros rats d'égoût, livrée vivante, tel fut le sort de cette malheureuse Sœur palladiste qui n'avait pas voulu poignarder l'hostie sainte !... On comprend, sans qu'il soit besoin de les décrite, quelles furent les horreurs de cette affreuse mort.

Et le souvenir de cet exécrable forfait m'a poursuivie souvent ; et j'y ai songé encore depuis le dernier jour de ma neuvaine ; et mon amour pour Dieu redouble, et ma haine redouble pour Satan.

Ah ! combien je suis heureuse d'avoir été éclairée, en cette nuit bénie du 20 au 21 août !... La douleur que j'éprouvais auparavant à la pensée de nouveaux supplices infligés à Jésus par les sacrilèges sectaires était devenue un tourment intolérable. Maintenant, je ne l'ai plus, le cruel doute. Je gémis sur les criminelles intentions des sacrilèges, des fanatiques lucifériens ; mais j'ai compris, *je sais* que mon Jésus bien-aimé est hors de toute atteinte.

Les explications théologiques des bons prêtres que j'ai pris pour conseils ne m'ont pas fait défaut ; M. l'aumônier lui surtout, m'avait vue en lamentation quand, dans ma foi indécise, le souvenir des transperceurs d'hosties me torturait, et il m'a prodigué ses sages avis, craignant de me voir retomber dans quelque doute, par ardeur d'amour pour le Divin Agneau. Un autre ecclésiastique m'a donné aussi ses consolations ; mais, puisque s'unissent si bien les grands cœurs de mes conseillers et guides spirituels, il est utile de faire passer dans les âmes des fidèles qui me lisent le réconfort que Dieu a daigné m'accorder.

Il ne faut pas, en effet, que les récits qu'il me reste à faire troublent les consciences. Ce que j'ai souffert, d'autres âmes amantes de Jésus pourraient le souffrir et se dire comme je me le disais avant le divin songe de ma nuit de délivrance : — Non ! cela n'est pas possible ! Dieu ne se laisserait pas ainsi poignarder, meurtrir, donner aux chiens ! — opinion fausse conduisant au doute sur la présence réelle.

Toute ma vie, je remercierai Dieu d'avoir fait pour moi ce miracle : la plénitude de la foi, non d'une foi aveugle, mais d'une foi limpide, éclairée par les lumières les plus inattendues.

N'ayez donc aucun trouble, amis et amies. Tous les attentats possibles contre la Sainte Eucharistie sont dans l'impuissance absolue, radicale, d'atteindre en aucune manière, et à aucun instant, soit la substance divine, soit la substance humaine de Jésus-Christ. Poignards ni chiens n'y peuvent rien…

« Jésus-Christ, ressuscité d'entre les morts, ne meurt plus, et la mort n'aura plus d'empire sur lui : car, mort pour le péché, il est mort seulement une fois ; mais la vie qu'il a maintenant demeure en Dieu. » (Saint Paul, *Épître aux Romains*, chap. VI, v. 9-10)

Disons-nous bien que Jésus vit à jamais dans son humanité glorifiée. Considérons que toutes les atteintes de la matière grossière sont de nul effet sur les corps en l'état bienheureux ; car ces corps ont non seulement l'impassibilité, mais une sorte de *spiritualité*. C'est encore saint Paul, l'incomparable saint Paul, qui le déclare en termes formels : « Le corps est semé dans la corruption ; il ressuscitera incorruptible. Il est semé dans ignominie ; il ressuscitera dans la gloire. Il est semé dans la faiblesse ; il ressuscitera dans la force. Il est semé corps animal ; il y a aussi un corps spirituel. » (*1ʳᵉ Épître aux Corinthiens*, chap. XV, v. 42-44).

Rien ne saurait être plus clair ; car il s'agit du corps des saints au temps prophétisé de la résurrection. Or, Notre Seigneur, ayant vécu sa vie humaine et étant déjà ressuscité, se trouve, par excellence, en cet état de corps céleste indiqué si nettement par saint Paul. Même, c'est de Lui que cette vie merveilleuse de corps spirituel, impassible, incorruptible, se communiquera aux corps ressuscités de tous ses élus.

Ayant cette conviction bien ancrée, nous tous qui aimons le Bon Maître, nous comprendrons que, quelles que soient les profanations que des scélérats fassent de l'adorable Hostie, Jésus n'est atteint physiquement en rien de son Être.

Certes, le crime est épouvantable ; il sera terriblement puni, à cause de l'atroce perversité qui veut en vain atteindre Dieu. Mais Jésus peut rester, et il reste présent dans l'Hostie au sein des profanations, tant que les espèces sacrées conservent les conditions posées par Dieu pour être les voiles qui couvrent sa présence. Sa souveraine Béatitude, son ineffable Sainteté échappent à toute l'impiété de la terre et des enfers.

Dans ces heures de trouble où je ne savais que croire, il m'arriva de songer aux miracles qui se sont parfois produits au courant de telles ou telles profanations. D'autres que moi ont vu des gouttes de sang couler d'hosties transpercées ; quand ce miracle se manifeste, les satanistes redoublent de rage, comme le juif des Billettes ; ils croient que le Christ est atteint et qu'il souffre. Ah ! combien j'ai frémi, combien j'ai été suppliciée, moi-même dans mon âme, quand ces faits miraculeux revenaient à ma mémoire. Je comprends aujourd'hui que, lorsque l'hostie transpercée laisse *paraître* du sang, c'est comme un jugement anticipé qui met sous les yeux de ces hommes-démons la réalité de la Présence Divine, et leur révèle à quelle sentence ils doivent s'attendre en entrant dans l'éternité.

Et c'est pourquoi il n'y a pas lieu de se troubler ; mais il faut s'en remettre à Dieu. On n'aura plus aucun trouble ni aucune velléité de doute, en comprenant bien à quel point la haine infernale est sotte, stupide. En toute réalité, elle s'acharne dans le vide. Que transperce-t-elle ? Les Saintes Espèces ? mais elles ne sont rien, que de simples apparences de pain sans substance. L'humanité glorieuse du Sauveur ? mais, toute présente qu'elle est, elle ne peut être atteinte par aucun moyen matériel.

Il reste donc aux palladistes et autres satanisants l'immense, l'insondable responsabilité de leur déicide intention ; et il nous reste, à nous, chrétiens fidèles, la douce et en même temps douloureuse tâche de réparer, d'aimer, d'adorer en proportion des vains outrages consommés.

Ah ! croyons, croyons !... Avec la foi dans les enseignements de l'Église, nous avons l'infaillible vérité... Crayons et aimons ; croyons et réparons ; croyons et adorons. Triomphons de Satan en nous donnant à Jésus, qui se donne à nous.

CHAPITRE III

Mon éducation luciférienne

Beaucoup m'ont écrit : « Votre conversion est un miracle. » — Plusieurs : « Vous êtes un miracle vivant de la toute puissante miséricorde divine ; ce miracle ne commence pas à votre conversion. » — Que personne ne croie que je tire orgueil des évènements de ma vie ; à la lumière de la foi, je vois que je ne suis rien, absolument rien, rien de rien. Que Dieu fasse de son instrument ce qu'il a décidé, dans sa souveraine sagesse ; *fiat voluntas tua !*

Si l'invincible Providence m'a préservée et guidée, quel mérite en ai-je ?... Oui, je dois m'humilier en tout. Mais j'ai le devoir de raconter ma vie ; car, selon les termes d'un de mes meilleurs nouveaux amis « elle démontre lumineusement que Satan n'est après tout que l'esclave de Dieu, ce dont il enrage, et qu'en somme tout le mal qu'il se donne n'aboutit qu'au triomphe divin. » Aveugle il est, certes, et son nom le dit : *prince des ténèbres*. Il a beau se démener et crier à la révolte ; il ne peut se soustraire à la toute-puissance du Créateur, qui le tient dans sa main : Satan, instrument, lui aussi, le plus méprisable, mais celui qui fait le mieux éclater la vérité de l'Unité Divine. Il ne sait pas où il va, et, tout en perdant des âmes, il travaille contre lui-même et au profit de Dieu.

Le miracle, en mon fait, a plus d'étendue encore qu'on l'a pu penser. Il y a, dans mon cas, autre chose que le fait relatif à un individu. Mon entrée dans l'Église de Dieu est la fin d'une race diabolique, si j'examine en chrétienne la tradition de ma famille, qui est une tradition de la haute-maçonnerie occultiste.

En effet, mon oncle paternel et moi, nous sommes les derniers descendants de l'alchimiste rose-croix Thomas Vaughan. Mon oncle, l'aîné de non père, ne laissera, vu son âge, aucun enfant a sa mort ; quant à moi, j'ai arrêté le dessein de me consacrer à Dieu, une fois terminée ma mission de combat.

« Je ne me sens pas le courage de te maudire, car je t'aime trop encore, m'écrivit mon oncle, à la nouvelle de ma conversion ; mais jamais je n'aurais cru que c'est toi qui ferais mentir le céleste sang qui a été mêlé à celui de Philalèthe. »

Mon oncle s'exprime en palladiste. On va comprendre tout à l'heure.

Les écrivains qui ont publié sur moi ont dit que la situation où j'étais dans la haute-maçonnerie se devait comprendre par des qualités personnelles, dont ils faisaient grand éloge. Il y a autre chose ; il y a le secret que connaissent seuls les Mages Élus, le secret traditionnel de ma famille.

Ce secret, je dois le révéler : *il est la clef de l'éducation toute spéciale que j'ai reçue.*

Le pacte du 25 mars 1645, signé entre Satan et Thomas Vaughan, mon ancêtre, sera détruit le jour de mon entrée en religion ; en attendant, il est entre de saintes mains.

Pour s'assurer la pierre philosophale et trente-trois ans de vie dans la science hermétique et le pouvoir de faire de l'or, Philatèthe, qui avait obtenu par Cromwell la « faveur » de décapiter le noble martyr Laud, archevêque de Cantorbéry, et qui avait recueilli de son sang, Philalèthe, le 25 mars 1645, offrit ce sang à Lucifer, en échange du pacte le plus inouï qui ait été souscrit entre le démon et un humain ; le linge, un corporal, qu'il avait trempé dans le sang du martyr, fut brûlé par mon ancêtre en hommage à Satan : que Dieu me permette de vivre encore un peu, afin que je puisse brûler le pacte infernal, en hommage à sa Divinité et en prenant le voile, s'il plaît à sa bonté et à sa miséricorde, que ce soit un 25 mars !

Alibone, dans son *Dictionnaire de la Littérature anglaise*, fait naître Thomas Vaughan en 1621. C'est une grosse erreur. Sa notice biographique est, d'ailleurs, un tissu d'inexactitudes, dans ses brèves lignes que je reproduis :

« Thomas Vaughan, savant physicien, né en 1621, est le frère jumeau de Henry Vaughan, dit le *Siluriste* ; il fut élevé comme celui-ci, au Jesus-College d'Oxford, dont il devient membre. Après avoir rempli l'office de recteur à St-Bridget, en Brecknockshire, il se retira à Oxford, où il devint fameux comme disciple et maître dans l'école de Cornélius Agrippa. Il mourut en Oxfordshire, le 27 février 1665, presque subitement, en manipulant du mercure, dont une parcelle, lui étant entrée dans le nez, le tua. Il fut grand chimiste, grand philosophe expérimentateur, un zélé confrère des Rose-Croix, comprenant quelques unes des langues de l'Orient, assez bon poète anglais et latin. Il s'appelle lui-même, dans la plupart de ses écrits, *Eugénius Philaléthès.* »

L'erreur de la date de naissance doit, avant tout, être rectifiée.

Dans son testament, mon bisaïeul James s'applique à énumérer tous les actes établissant sa descendance directe de Thomas, et il dit : « Philalèthe naquit en la même année que les Hollandais achetèrent, pour la valeur de 24 dollars, l'île de Manhattan, sur laquelle est bâtie New-York. » Or, c'est bien en 1612 que des émigrants hollandais, précédant de trois années ceux de leurs compatriotes qui construisirent le fort d'Orange sur l'Hudson, acquirent, pour cette minime somme, l'île fameuse de l'Ivresse (*Mannahattannink*, en langue delaware, c'est-à-dire Île de la Puissante Beuverie), devenue Nieuwe-Amsterdam en 1614, puis, à partir de 1664, New-York, la reine du Nouveau Monde, la Cité Impériale. Le texte de mon bisaïeul est très précis.

Mais voici un autre texte, et celui-ci signé par Philalèthe lui-même : ce sont les premières lignes de son livre capital, lequel, ainsi que la plupart de ses ouvrages, n'est aujourd'hui plus guère connu que de nom, même dans le monde des occultistes.

L'*Introïtus apertus ad Occlusum Regis Palatium* — l'Entrée ouverte au Palais fermé du Roi, ou, pour les initiés du premier degré, la Clef de l'Occultisme, et pour les parfaits initiés du second degré, l'Introduction des Adeptes au Palais (fermé aux profanes) de Lucifer Dieu-Roi, — débute par ces lignes :

« Moi qui suis un Philosophe Adepte, connu sous le seul nom de Philalèthe, j'ai résolu en l'an 1645 de notre salut, *et le trente-troisième de mon âge*, d'écrire ce Traité, propre à dévoiler les secrets de la Médecine, de la Chimie et de la Physique, pour payer ma dette aux Fils de l'Art, et pour tendre la main à ceux qui sont égarés dans le labyrinthe de l'erreur. »

Ce livre, qui a été imprimé en 1667 à Amsterdam, aujourd'hui introuvable, n'existe que dans de rares bibliothèques de bibliophiles, en Europe, principalement en Allemagne et en Hollande. Le manuscrit, que Jean Lange rendit à Philalèthe après l'impression, est au nombre de mes documents de famille, à moi légués par mon père, dont j'ai été l'unique enfant. Ce manuscrit est des plus précieux ; car l'auteur, mon ancêtre, quand il l'écrivit pour l'imprimeur, avait eu soin d'y laisser de grandes marges, et, lorsqu'il lui fut rendu, il les remplit de notes explicatives donnant le sens secret dont la connaissance est réservée aux seuls parfaits initiés.

Si rares que soient les exemplaires imprimés de l'*Introïtus apertus ad Occlusum Regis Palatium*, ils ne sont pas, du moins, détruits tous, et je suis certaine qu'il ne s'élèvera de nulle part un démenti contre Page:Taxil, Mémoires d'une ex-palladiste parfaite, initiée, indépendante.djvu/112 Page:Taxil, Mémoires d'une ex-palladiste parfaite, initiée, indépendante.djvu/113 l'exactitude de la citation que je viens de faire. Thomas Vaughan est donc vraiment né en 1612, et non en 1621 ; ce point a grande importance pour les faits de 1645, que j'ai le devoir de divulguer, quoiqu'il m'en coûte.

Je rectifierai aussi les autres erreurs de la note biographique d'Alibone, et je la complèterai.

Thomas Vaughan, qui signait, non pas : Eugénius Philaléthès, mais : « *Eirenœus Philaléthès*, Anglais de naissance et habitant de l'Univers », a vu le jour, ainsi que son frère Henry, à Monmouth ; d'après nos papiers de familles, loin d'être le frère jumeau de Thomas, Henry était son cadet, plus jeune de deux ans. Ils appartenaient à l'une des familles Vaughan, du pays de Galles, dont une branche a été anoblie et a compté parmi ses membres lord Vaughan, pair du royaume en 1620. Un autre parent de mon ancêtre Thomas, était le fameux antiquaire Robert Vaughan, frère puiné du père de Philalèthe ; c'est Robert, qui, établi à Oxford dès 1613, y attira sa belle-sœur, quand elle fut veuve, et fit élever au Jesus-College ses neveux Thomas et Henry.

Autre erreur, énorme, d'Alibone : Philalèthe n'est pas mort en 1665 ; car c'est en 1666 que, se trouvant en Hollande, où il eut pour disciple Helvétius, le grand alchimiste de La Haye, il remit son manuscrit de l'*Introïtus apertus* à Jean Lange, qui le fit imprimer l'année suivante à Amsterdam.

Thomas Vaughan n'est pas mort en 1665 ; car c'est en 1668 qu'il a fait imprimer *Experimenta de Præparatione Mercurii Sophici* et les *Tractatus Tres* (la Métamorphose des Métaux, la Préparation du Rubis céleste, la Source de la Vérité chimique), et, en 1678, le *Ripley revised* et l'*Enarratio trium Gebri}*.

Thomas Vaughan n'a pas eu le trépas indiqué par Alibone ; car il n'est mort d'aucune mort humaine. Ayant signé son pacte à trente-trois ans et ayant demandé à Lucifer de lui assurer encore autant d'années d'existence, il a été, comme Élie par Dieu, enlevé par Lucifer a soixante-six ans ; sa disparition en 1678, son enlèvement par le Roi qu'il adorait, et auquel a donné le *premier* le nom de « Lucifer Dieu-Bon », est attesté par Henry Vaughan, son frère, dans une relation authentique appartenant à notre famille et dont l'original a été déposé par mon père aux archives du Suprême Directoire Dogmatique de Charleston.

(La suite au prochain numéro)

MÉMORANDUM
DES PETITES ET DES GRANDES MANŒUVRES
contre la manifestation de la vérité

À qui proclame la vérité, contradiction toujours. La lumière est si gênante pour plusieurs !…

À première vue, il semble que mes révélations ne doivent susciter aucunes colères : elles portent sur les faits ; je me refuse à soulever la question des personnes, en règle générale, et je ne fais exception qu'au sujet de quelques personnalités déjà démasquées par d'autres et jouant un important rôle. Avec ce programme j'aurai la paix, se sont dit nombre de mes amis. — Eh bien, non.

Qu'on réfléchisse : alors, on comprendra qu'en ceci s'agitent, non pas de vulgaires intérêts humains, mais que Satan lui-même et ses légions se sentent atteints. Satan voudrait briser l'instrument de la miséricorde divine.

Maudit, ils sont vains, tes efforts.

Lumière, lumière, toujours tu viens à bout des ténèbres dont le Maudit veut t'envelopper ! Et il est un bon moyen de faire discerner la vérité du mensonge : c'est de montrer le mensonge sous toutes ses faces ; car la vérité se distingue par son unité, tandis que le mensonge revêt, pour tromper, les formes les plus dissemblables les unes des autres.

Le mensonge a recours à toutes les manœuvres, petites et grandes ; il dit blanc ici, et noir là ; aujourd'hui il concède tel point pour mieux jeter le doute sur tel autre, le lendemain il nie tout brutalement.

J'ai promis de ne pas polémiquer, de ne pas entrer dans des discussions qui n'offriraient aucun intérêt. Mais, en un rapide mémorandum, j'ai le droit de dresser le tableau des attaques déjà produites, et de le tenir à jour, si besoin est. Quand mon œuvre sera terminée, on pourra mettre ainsi en parallèle mes révélations et les variées manœuvres, risibles ou cruelles, de l'ennemi.

Jusqu'à ce jour, une seule m'a déchiré le coeur : la cinquième de celles que j'enregistre ici. Ah ! cette dernière est horrible ; les autres ne m'inspirent que mépris ou pitié.

I

Le journal parisien, auquel a collaboré la Sophia, — si tant est qu'elle n'y collabore plus, — me consacre deux colonnes pour tenter de me faire passer pour folle. Tel est le début ; dans son premier mouvement vis-à-vis du public, la secte veut ne livrer à la risée de l'opinion, au moment même où elle armait le bras de ses assassins contre un de mes alliés.

II

Un savant orientaliste, bien connu, vient à la rescousse. Selon lui, je suis en état d'hallucination depuis le 8 avril 1889 ; il le croit, et il l'imprime ! Catholique, celui-ci, j'en suis convaincue. Mais, sortis de leur science spéciale, que de savant sont peu de jugement ! Notre orientaliste s'est laissé insinuer jusqu'à l'opinion que ma conversion pourrait bien être une comédie organisée par les chefs de la haute-maçonnerie et dans laquelle je jouerais le rôle de bouc émissaire. Je l'excuse : cet homme n'est pas responsable.

III

Une feuille de chou maçonnique publie un article de Moïse Lid-Nazareth, dans lequel ma personnalité est confisquée. Je ne suis plus moi, je suis une autre ; et cette autre forme, avec onze autres personnes, six ecclésiastiques, dont trois princes de l'Église, et cinq laïcs, le haut comité des lucifériens satanisants. Le but de l'article est de rassurer les maçons imparfaits initiés, à qui la découverte d'un rite suprême secret fait pousser de hurlantes réclamations dans les Loges ; on leur affirme donc qu'il n'y a de palladisme que chez les cléricaux, et, pour dorer cette pilule aux FF∴ gogos, on ose baver sur un cardinal et deux évêques. C'est honteux, c'est bien digne de Moïse Lid-Nazareth ; mais laissons, car c'est aussi de la farce.

IV

Un évêque américain, qui voyage, passant en Angleterre, se fait interviewer. Il nie que le diable soit l'objet d'un culte dans le magnifique temple maçonnique de Charleston. Il dit qu'il est dans les meilleurs termes avec grand nombre de francs-maçons des États-Unis, qu'il connaît les principaux chefs et qu'il professe pour eux la plus vive estime. À Charleston, assure-t-il, il a été reçu dans le Masonic-Hall, dont les FF∴ haut-gradés lui ont fait les honneurs, et ses yeux, en ce vaste immeuble, en ce temple célèbre, n'ont pas vu de salle affectée au culte de Lucifer.

En tenant pareil langage, cet évêque n'a porté tort qu'à lui-même.

Le moindre pour lui sera que beaucoup penseront qu'il ne saurait se prétendre assez habile homme pour n'avoir pu se laisser tromper.

Mais voici plus grave : il oblige à rappeler l'étrange attitude de plusieurs évêques des États-Unis, qui, il y a peu de temps, firent tant de difficultés pour publier dans leur diocèse l'excommunication romaine portée contre les Odd-Fellows, les Chevaliers de Pythias et autres sociétés semblables, nées de la franc-maçonnerie ; il fallut que le nonce du Saint-Siège fît lui-même la publication.

Les relations amicales de certains membres du haut clergé américain avec les chefs de la secte, relations souvent intimes et non en vue de la conversion de ces excommuniés, ah ! elles sont, malheureusement, trop sues là-bas ; combien d'humbles bons prêtres en souffrent et en gémissent ! En France, tous s'indignent contre le successeur de Cauchon, nommé sur la présentation des FF∴ Desmons et de Hérédia au F∴ Dumay. Aux États-Unis, on ne peut que déplorer ; les fatales mœurs du pays permettent ces accointances plus que suspectes ; tel évêque catholique fraye publiquement avec les pasteurs hérétiques, avec les évêques protestants, et tel autre n'avait pas de plus grand plaisir que de venir s'asseoir à la table d'Albert Pike.

C'est, pourtant, Albert Pike qui a écrit et signé ces lignes :

« La Papauté a réorganisé partout ses milices, ressuscité et reconstitué la Compagnie de Jésus, et, pour peu que le tempérament de l'humanité le tolère, elle ressuscitera le Saint-Office, avec sa puissance maudite et ses infâmes procédés.

« Partout où existe un gouvernement républicain, la Papauté trame des complots et ourdit des conspirations contre lui, mine et sape son autorité, et, toujours traitre et sans scrupules, encourage toutes les révoltes et fomente tous les troubles.

« La main de la Papauté est partout, vouée partout à des œuvres de trahison et de mystère. Elle ne fait pas une guerre ouverte à la Franc-Maçonnerie ; mais continuellement elle met en œuvre contre elle ses influences les plus hostiles, avec une activité que rien ne lasse.

« Rien n'égale au monde le pouvoir universel, si illimité, si absolu, du Pontife Romain. Absolument irresponsable, se plaçant au-dessus de toutes les lois humaines, ne connaissant aucun frein venant ni de l'homme, ni de la bonne foi, ni de la conscience, ni de la bonté, le Souverain Pontife Romain hait d'une haine profonde, toute vigilante, toute agissante, toute haineuse, la Franc-Maçonnerie.

« En présence de ce serpent à sonnettes spirituel, en présence de cet ennemi mortel, assassin et traître, l'Unité et le triomphe de la Franc-Maçonnerie s'imposent, et devant cette nécessité absolue toute autre considération, quelle qu'elle soit, disparaît immédiatement. » (*Bulletin officiel du Suprême Conseil de Charleston*, volume VIII, pages 174 et 175.)

Voilà des lignes qui ont été imprimées. Vous ne pouvez les effacer, Monseigneur, vous qui déclarez tenir en grande estime les principaux chefs de la haute-maçonnerie charlestonienne. Et vous ne pouvez être à la fois pour Albert Pike et pour le Pape.

Or, combien est faible la citation que je viens de reproduire, si on la rapproche des œuvres liturgiques du premier chef suprême de la secte, même en ne parlant que des œuvres liturgiques avouées !

L'évêque catholique américain, qui s'est fait interviewer à Liverpool, s'associe-t-il, par exemple, aux éloges qu'ont décernés les ministres protestants au livre *Dogme et Morale*, monument d'anticatholique impiété ?… Quand on entreprend de se mettre en travers de la guerre défensive qui s'organise contre l'Église de Satan, il faut aller jusqu'au bout. Il ne suffit pas de déclarer qu'on a été reçu au Masonic-Hall de Charleston et qu'on n'y a rien vu d'attestant un culte rendu à Lucifer. Oh ! Monseigneur !… Vous avez vos entrées là ?… Je ne l'ignorais point ; mais jamais je ne me serais attendue à ce que vous vinssiez de vous-même le dire.

Dites tout. Votre vicaire-général, monsignor Q…, lui aussi, est reçu au Temple Maçonnique, construit sous le pontificat d'Albert Pike ; lui aussi, il est lié avec les plus éminents maçons des États-Unis. Qu'il nous fasse l'éloge du F ▽ Frederick Webber, de Washington, et du F ▽ Nathan Lewin, de Charleston, tous deux trente-troisièmes et grands initiateurs des hauts-grades sans l'anneau ; il les connaît bien, n'est-ce pas ?

Hélas ! il n'est pas le seul qui sera, sans doute, invité à élever la voix contre moi. Ah ! pitié, pitié, ô mon Dieu ! — Et vous, amis lecteurs : prières !

V

La grande manœuvre, l'infâme, l'horrible Lemmi et son compère Crispi n'ont pas, autour d'eux, dans leur Conseil de l'Ordre, au Grand Orient d'Italie, uniquement des amis dévoués et admirateurs quand même ; plusieurs subissent le joug, mais en secret appellent de tous leurs vœux le mouvement maçonnique qui renverserait le grand-maître et son compère.

Ainsi, entre autres, le comte Luigi Ferrari, de Rimini. Je ne l'ai connu qu'au cours de mon avant-dernier voyage en Italie, et lui, il n'a pas su qui j'étais. Voici pourquoi :

Luigi Ferrari n'était pas palladiste, bien qu'il fût un des membres les plus actifs de la maçonnerie italienne. Il était inscrit à la Loge de sa ville natale, la L∴ *Giovanni Venerucci*, qui ne fonctionne plus, je crois, depuis quelque temps ; il faisait partie du Conseil de l'Ordre.

Lorsque le Palladium Indépendant fut constitué à Londres, et quand son organe-lien fut publié à Paris, Luigi Ferrari, à qui son ardent anti-cléricalisme n'avait pas enlevé une grande probité, et qui en sa conscience méprisait Lemmi et Crispi, se mit secrètement en relations avec le Comité Central de l'opposition palladique à l'élu du 20 septembre 1893. Il ne nous demanda pas d'être affilié aux Triangles : il s'offrit à être un de nos auxiliaires dans la Maçonnerie officielle avouée, pour préparer la chute du fripon du palais Borghèse et de son compère.

Son concours nous parut précieux. Accompagnée du F▽ Sc., je me rendis en Italie, empruntant le nom d'une Sœur écossaise, palladiste indépendante, qui m'y avait autorisée ; à aucun prix, il ne fallait que la présence de Diana Vaughan dans la péninsule pût être soupçonnée, car il y avait déjà longtemps que j'avais été condamnée à mort par Lemmi. Je traitai avec Ferrari sous ce nom d'emprunt. Nous nous entendîmes sans peine : Luigi Ferrari était un homme entièrement désintéressé ; il se ralliait à nous par le seul motif de son dégoût relatif au chevalier de Marseille.

Me prenant pour une autre, il me pria de transmettre ses félicitations à Diana Vaughan au sujet de sa lutte *ouverte* contre Simon ; il regrettait de ne pouvoir en faire autant. Sa situation politique dépendait de sa présence au Conseil de l'Ordre, et il ne se sentait pas l'abnégation nécessaire pour la mettre sous pieds ; il en était fier pour sa famille.

Aux dernières élections législatives, il eut à soutenir le combat à Rimini, où les socialistes-révolutionnaires furent très violents contre ses partisans et contre lui-même. Cependant, Luigi Ferrari, qui était d'une grande bonté, avait toujours aidé et appuyé quiconque, parmi les anticléricaux de toute espèce, s'était adressé à lui. On sait qu'il fut élu.

Lorsque des FF∴ milanais et des FF∴ génois répudièrent Lemmi et Crispi (seconde quinzaine de mai), Luigi Ferrari nous tint au courant, par des lettres secrètes au Comité Indépendant de Londres : il se montra notre très fidèle allié, tout en gardant, aux yeux du public, certains ménagements politiques pour nos communs adversaires.

En ce même temps, il s'occupait de réaliser une promesse qu'il m'avait faite « pour Diana Vaughan », lors de notre entrevue. J'avais besoin de certains renseignements documentés, devant compléter mon dossier sur Crispi ; alors, il les réunissait ; il en avait déjà de forts intéressants, à en juger par le premier qu'il me fit parvenir.

Luigi Ferrari a-t-il commis en cela quelque imprudence ? Lemmi et Crispi ont-ils découvert qu'il était en réalité mon allié contre eux ?… C'est ce que je crois, en raison de sa tragique fin.

Par un messager sûr, et sans laisser aucune trace, j'avais fait tenir à Luigi Ferrari l'adresse d'une personne à Rome, à qui il pourrait remettre les papiers qu'il me destinait et qui, les révisant au besoin, m'en transmettrait copie et lui rendrait la sienne. Le procédé de son premier envoi m'avait paru défectueux.

Or, Luigi Ferrari été assassiné quelques heures avant son départ de Rimini pour Rome ; il y a des témoins, à qui il avait dit, ce soir-là, qu'il partirait le lendemain matin pour Rome, et je sais qu'il avait ses papiers prêts pour moi, renfermés dans un grand portefeuille.

Des agents de Lemmi excitèrent habilement un groupe d'ouvriers socialistes contre Luigi Ferrari ; il fut assailli par des hommes de bas peuple, deux cordonniers, trois chauffeurs, deux charretiers et autres ; au préalable, ces gens avaient été largement abreuvés au cabaret, et l'homme en habit qui, dit-on, a payé la boisson, a disparu. Celui-ci, la magistrature de M. Crispi n'a pas su le retrouver. Elle tient Salvatore Gattei, l'ouvrier cordonnier qui a donné le coup mortel au député franc-maçon, et neuf autres ouvriers socialistes-révolutionnaires ; mais les excitateurs, l'autorité judiciaire n'a aucun souci de les connaître. Pourtant, il est un fait bien su, c'est que, pendant que Gattei et ses co-accusés se ruaient sur Luigi Ferrarri, celui-ci a été dépouillé de son portefeuille de documents ; *ceci est avéré, acquis* ; et ce portefeuille n'a été retrouvé chez aucun des coupables, qui ont été arrêtés.

Le crime a été commis à l'époque même de ma rupture définitive avec la Maçonnerie. Les accusés seront jugés par la cour d'assises de Forli ; on dit, dans le courant. C'est une comédie judiciaire qui va se jouer, puisque le forfait est transformé en crime politique des socialistes.

Mais j'appelle sur ceci : — S'il en était réellement ainsi, n'y aurait-il pas eu grand tapage dans la presse crispinienne ? Or, à peine quelques regrets plus ou moins académiques ont été formulés par journaux du parti maçonnique au pouvoir ; puis, silence complet, absolu, plus un mot au sujet de l'odieux crime ; un mot d'ordre a cir

BIBLIOTHEQUE ANTIMAÇONNIQUE
à 50 centimes le fascicule

———

Nos amis apprendront avec plaisir la prochaine réalisation d'un désir souvent exprimé : on demandait qu'il fût établi une série de brochures d'un format commode et d'un prix peu élevé, dans lesquelles tout ce qui a trait à la question maçonnique serait passé en revue ; on désirait aussi avoir une collection de biographies des chefs les plus actifs de la Franc-Maçonnerie. En un mot, une *Bibliothèque Antimaçonnique* paraissait nécessaire à beaucoup pour vulgariser les révélations si nombreuses de ces derniers temps. Cette question, après avoir été mûrement étudiée, va recevoir une solution qui, nous l'espérons, satisfera tous les catholiques militants, tous ceux qui, ayant lu, veulent **faire lire** autour d'eux, afin de dissiper l'ignorance où est le peuple de l'origine de tant de maux dont il souffre.

La *Bibliothèque Antimaçonnique* sera éditée par M. Pierret. Elle se composera de fascicules à cinquante centimes, brochures de 48 pages (format 19 centimètres de hauteur sur 12 de largeur), beau papier, impression soignée.

INSIGNES RITUELS DUTRIANGLE SAINTE-HYPATHIE

Selon ma promesse, a été effectué, le 29 septembre, le tirage au sort, entre mes abonnés ecclésiastiques, des insignes rituels destinés au Triangle *Sainte-Hypathie*, avant ma conversion.

Je rappelle le fait que le Comité Central de la Fédération Indépendante avait décidé de constituer à Paris ce Triangle pour grouper les palladistes parisiens désireux de se détacher le Lemmi. On avait recueilli immédiatement leur adhésion : le nombre règlementaire pour la constitution d'un Triangle étant onze (sept Frères, quatre Sœurs), on attendait les adhésions nécessaires. J'avais pris à mes frais les insignes rituels de ce Triangle, pour en faire don aux onze constituants.

Ces insignes sont des cordons de décor qui se portent en séance. Dans le Palladisme Indépendant, on a unifié l'initiation, et il n'y a plus là qu'un grade masculin et un grade féminin. C'est pourquoi l'insigne rituel de Frère équivaut à celui de Mage Élu et le reproduit exactement ; de même, l'insigne rituel de Sœur équivaut à celui de Maîtresse Templière Souveraine et le reproduit exactement.

Survint ma conversion. Ces insignes étaient ma propriété. Ne voulant plus contribuer à la constitution d'un Triangle, j'en ai fait des primes pour mes abonnés ecclésiastiques par voie de tirage au sort.

Voici les gagnants des insignes rituels de Frères :

M. l'abbé Boulogne, rue Simon, 26, à Reims, Marne.

M. l'abbé David, curé de Biéville, par Torigny-sur-Vire, Manche.

M. l'abbé Dion, professeur à l'École Fénélon, à Bar-le-Duc, Meuse.

M. l'abbé Laurent, curé de Cellieu, par Saint-Genis-Terrenoire, Loire.

M. l'abbé M., via del Babuino, 22, à Rome. — Par offrande avec l'agrément du gagnant, attribution a été faite ensuite au Comité Central Directif de l'Union Antimaçonnique d'Italie.

M. l'abbé Poulain, rue Volney, 2, à Angers, Maine-et-Loire.

Révérend Théodore, franciscain au Seraphic-College, à Clevedon, Somerset, Angleterre.

Voici les gagnants des insignes rituels des Sœurs.

M. l'abbé Delhomme, curé d'Arrembécourt, par Chavanges, Aube.

M. l'abbé Hingre, rue de Jointure, à Saint-Dié, Vosges.

M. l'abbé de La Tour de Noé, rue Saint-Rome, 29, à Toulouse, Haute-Garonne.

M. l'abbé Varangot, aumônier, à la Coconnière, Laval, Mayenne.

Les dits insignes ont été expédiés immédiatement aux gagnants, qui peuvent en témoigner.

Note importante de l'Éditeur

———

Nous recevons, de quelques libraires, l'avis d'une difficulté qui est soulevée par plusieurs de leurs clients.

Ces clients, se servant chez les libraires d'une façon assidue et leur prenant régulièrement chaque fascicule des *Mémoires d'une ex-Palladiste* au fur et à mesure de la mise en vente, leur demandent, maintenant que notre maison s'est constituée éditrice de volumes, de leur faire avoir la remise de faveur (minimum : 30 p. 100 que nous accordons à nos abonnées directs). MM. les Libraires nous font part de ces demandes, ne sachant comment les satisfaire.

Notre réponse sera très nette.

Nous faisons aux Libraires qui veulent bien être nos dépositaires une remise supérieure à celle qui est accordée par la généralité des Éditeurs catholiques. Toutefois, sur cette remise, nos dépositaires ne peuvent pas consentir à leurs clients une réduction de 30 p. 100 ; sinon, ce qui leur resterait en boni serait à peu près absorbée par les frais de port, qui sont à la charge du libraire, et non de l'éditeur.

D'autre part, nous ne pouvons pas, quant à nous, augmenter la remise que nous accordons à nos dépositaires, pour qu'ils en fassent bénéficier leurs clients personnels.

C'est à nos abonnés directs exclusivement, c'est à dire aux abonnés servis directement par nous, que nous faisons, sur les volumes édités par notre maison, les remises de faveur indiquées aux annonces de la couverture des *Mémoires d'une ex-Palladiste*. Les personnes, qui sont les clients de tel ou tel libraire, et non nos abonnés directs, ne sauraient raisonnablement prétendre à ces faveurs, pour peu qu'ils veuillent bien y réfléchir.

CHAPITRE III

Mon éducation luciférienne

(Suite)

De l'histoire de mon ancêtre Thomas, j'ai été saturée par mon père et par mon oncle ; on me l'a fait boire, goutte à goutte, dès que je fus jugée en mesure de comprendre ce que mes parents appelaient « le rôle humanitaire de la Franc-Maçonnerie ». À leurs yeux, Thomas Vaughan était, avec Amos Komenski et Valentin Andreæ, l'exécuteur du plan de Fauste Socin, lequel est, — à mon opinion basée sur les plus attentives études, — le Véritable fondateur de la secte maçonnique.

On se rendra un compte exact de mon éducation, en lisant ce résumé nécessaire de la vie de Philalèthe ; en outre, il donnera des aperçus nouveaux et précis à tous ceux qui s'intéressent à la solution de cette question tant discutée : les origines de la Maçonnerie antichrétienne. Car il faut, une bonne fois, laisser de côté les légendes : le rattachement à la construction du temple de Salomon, c'est risible ; la succession des Gnostiques, des Néo-Platoniciens d'Alexandrie, des Manichéens, des Albigeois, des

Templiers, c'est soutenable, si l'on se borne à admettre que toutes ces sectes procèdent, avec la Franc-Maçonnerie, du même inspirateur, Satan, mais c'est inexact, si rigoureusement l'on se place au point de vue historique. Entre Jacques Molay et le Rite maçonnique Templier, la chaîne des grandes-maîtres a une interruption de plusieurs siècles ; la vengeance des martyrs saint Jacques et autres est un fertile sujet pour les cérémonies d'arrière-loges, voilà tout ; pas de documents, authentiques ou même apocryphes, pour énumérer une succession ininterrompue. Le maçon, qui soutiendrait sérieusement cette filiation, en atelier d'érudits frères des hauts-grades, ferait moquer de lui.

Historiquement, la Franc-Maçonnerie anti-chrétienne, — non la franc-maçonnerie corporative des ouvriers du bâtiment, — est née de la Réforme, par Fauste Socin. Cela m'été enseigné et prouvé.

Fauste poussa la Réforme à ses extrêmes conséquences, en héritier des deux premiers Socin, Lélio et Dario, en dépositaire des traditions de l'Académie de Vicence, en vengeur de Giulio Ghirlanda et de Francesco di Ruego. Et Lemmi, au lendemain de son élection au siège suprême de la haute-maçonnerie, a été très formel dans ce sens : « Nous ne devons pas oublier, a-t-il écrit, que la Franc-Maçonnerie a eu l'Italie pour vrai berceau et les Socin pour vrais pères, et c'est pourquoi la direction des combats décisifs qui assureront le triomphe devait revenir à l'Italie, devra demeurer jusqu'au bout en Italie. » (Voûte encyclique du 29 septembre 1893.) Les noms des Sociniens sont dans les titres de plusieurs ateliers italiens, afin de rappeler cette origine. À Sienne, le Triangle *Bernardo Ochino* est souché sur la Loge *Socino* ; Ochino, moine apostat, était un des associés à Lélio et Dario Socin, dans l'académie secrète de Vicence, et l'on sait que Lemmi a grande vénération pour les apostats. À Venise, sur la Loge *Daniele-Manin Marco-Polo* est souché le Triangle *San-Giulio e San-Francesco* ; ces deux saints ne sont autres que Giulio Ghirlanda, de Trévise, et Francesco di Ruego, autres associés des deux premiers Socin ; Giulio et Francesco furent exécutés, sur l'ordre du Sénat de Venise, lorsque la puissante république des doges prit en considération la plainte du pape Paul III et décida de réprimer la propagande impie des Sociniens. À Plaisance, le triangle souché sur la Loge *Roma Nuova,* se nomme *L'Accazia dei Socini.* À Udine, le Triangle souché sur la Loge *Niccolo Lionello,* a pour titre *Il Palladio dei Socini.* À Vicence, la Loge officielle, avouée, se nomme *Lelio Socino,* et le Triangle souché sur elle porte le titre *La Santa Accedemia* ; l'académie secrète fondée à Vicence par les Socin a donc été réveillée sous la forme d'arrière-loge palladique.

Quand Fauste Socin se réfugia en Pologne, où les antitrinitaires avaient plusieurs églises, il projetait déjà de greffer sur cette branche de la Réforme une association secrète enseignant à ses adeptes une doctrine encore plus avancée en irréligion ; il voyait contre lui et les catholiques et même les protestants, car ceux-ci jugeaient qu'il allait trop loin. Lorsque le peuple de Cracovie, édifié sur l'impiété de Fauste, pilla sa maison, jeta au feu ses livres et ses manuscrits et faillit le massacrer (1598), le neveu Lélio avait eu déjà des communications directes de Satan. Il avait juré une haine à mort à l'Église et se préoccupait d'instituer l'association tant rêvée. Deux ans avant sa mort, pendant qu'il vivait caché chez Abraham Blonski, il reçut à Luclavie la visite du jeune Valentin Andreæ, qui lui fut présenté par son père ; celui-ci était le fils de Jacob Andreæ, un des premiers qui adoptèrent les principes de la Réforme, et Valentin n'avait alors que seize ans. C'est dans cette visite que le jeune Valentin fut consacré à Lucifer ; il y eut évocation de Camillo Renato, l'impie sicilien dont Lelio Socin avait reçu les premiers germes de son hérésie ; il est bon de remarquer encore que, dans la Valteline, le Triangle souché sur la Loge *Maurizio Quadrio*, de Chiavenna, a pour titre *Camillo Renato*. Puis, les Andreæ père et fils retournèrent dans le Wurtemberg, où bientôt Valentin professa la théologie.

Cependant, jusqu'à sa mort, Fauste Socin avait entretenu des relations avec ceux de ses compatriotes italiens qui acceptaient sa direction occulte. L'académie de Lélio, dispersée en, 1546, s'était reformée avec mystère sur le territoire vénitien. Le nom que les adeptes se donnaient entre eux était : « Frères de la Croix de la Rose ». On se reconnaissait à un petit cordon noir sur le vêtement, cordon minuscule qui passait inaperçu aux yeux des non-initiés. On se saluait par ces mots : *Ave frater* ; à quoi l'interpellé répondait *Rosæ Crucis*. C'est à Venise que s'imprima, huit ans après la mort de Fauste, le premier livre-recueil de la Fraternité des Rose-Croix (ce fut ce nom qui prévalut).

Fauste Socin, pour les affiliés, était l'Empereur-Maître (*magister-imperator*). Avant de mourir, il avait désigné pour son successeur Cesar Cremonini, alors âgé de cinquante-quatre ans ; celui-ci, d'abord professeur de philosophie à Ferrare, était venu à Padoue, dans les états vénitiens, en 1590, et l'université de cette ville lui avait confié la chaire de philosophie et en même temps une chaire de médecine. Cremonini avait adopté la doctrine d'Averrhoès, en disant à ses amis qu'elle était la bonne doctrine, « parce que le pape Léon X l'avait condamnée ». Sa devise, qui a été la règle de conduite des Rose-Croix, était : *Intus ut libet, foris ut moris est.* C'est bien là l'hypocrisie des sectaires posée en principe : intérieurement, fais comme il te plaît ; au dehors, fais comme il est de coutume. Trompons nos contemporains en affectant d'être d'accord avec les idées en cours, mais en secret pensons et agissons à notre guise, voilà la loi première de toutes les sectes impies. *Cesare Cremonini* est le nom du Triangle de Viareggio, souché sur la Loge *Felice Orsini*.

Cremonini était théurge ; cela est incontesté. Sa qualité d'Empereur-Maître des Rose-Croix sociniens est moins connue. La raison : les Blonski lui étaient hostiles ; ils ne lui transmirent pas les manuscrits secrets de Fauste Socin, par la raison qu'à leur avis ces précieux documents couraient danger de destruction en Italie. La vérité est qu'ils voyaient dans le jeune Valentin Andreæ le véritable successeur de Fauste pour la direction de l'association secrète naissante.

Le résultat de ces tiraillements fut que Cremonini s'occupa peu d'encourager le recrutement des adeptes Rose-Croix. En 1617, on fit le dénombrement de la Fraternité ; les affiliés actifs étaient tombés au nombre dérisoire de onze, dont deux avaient seulement l'imparfaite initiation. En effet, il faut savoir qu'au-dessous de la Croix de la Rose, il y avait la Croix d'Or, où seulement les principes de l'alchimie étaient enseignés ; à la question *Ave, frater*, un imparfait initié répondait : *Aureæ Crucis*, au lieu de *Rosæ Crucis*.

Maintenant, je prie de bien remarquer ces dates : c'est en cette année du dénombrement des frères de la Rose-Croix (1617) que fut célébré, dans toute l'Allemagne, le premier jubilé protestant, et c'était en 1517 que Luther avait commencé sa révolte, en attaquant publiquement, avec violence, la bulle pontificale des indulgences accordées aux fidèles qui aidaient par leurs aumônes à la construction de Saint-Pierre de Rome. C'est en 1617 que Jacques VI d'Écosse (Jacques 1er d'Angleterre), l'indigne fils de Marie Stuart la Catholique, le roi protestant et magicien, l'expulseur des jésuites, tenta d'établir la religion anglicane en Écosse et donna les sceaux à Francis Bacon, philosophe et occultiste ; Bacon, dont le *Novum Organum* est appelé par Voltaire « l'échafaud avec lequel on a bâti la nouvelle philosophie » ; Bacon, que Findel considère comme ayant eu « l'intuition de la Franc-Maçonnerie » dans sa *Nova*

Atlantis ; Bacon, dont l'œuvre, interminée, devait comprendre une sixième partie, que Dieu ne lui laissa pas le temps d'écrire, *la Philosophie seconde ou la Science active,* et, quand on a lu le reste, en sachant ce qu'était l'auteur, on devine sans peine ce qu'aurait été cette conclusion !

Donc — 1517, la révolte de Luther, l'éclosion de la Réforme ; — 1617, le recensement des Sociniens parfaits initiés, pendant la célébration du premier jubilé protestant ; — 1717, première manifestation de la secte antichrétienne sous le nom de Franc-Maçonnerie, apparition, plutôt que création, de la Franc-Maçonnerie.

Et par qui cette constitution officielle de la secte sous le nom aujourd'hui connu du monde entier ? — Par Anderson, Désaguliers et autres, protestants sociniens, Rose-Croix anglais, *Rosicrucians*.

Lecteurs, si vous n'avez pas étudié la question des origines maçonniques, vous n'êtes pas au bout de vos étonnements. Dieu a voulu que ces secrets de l'histoire me fussent enseignés par mon père et par mon oncle, et fussent la base de mon éducation, afin qu'un jour, convertie à l'amour de son Christ, je vinsse faire la lumière sur ces mystérieuses origines et dévoiler le plan de Satan.

En 1617, les neuf disciples de Fauste Socin, ayant la parfaite initiation de la Rose-Croix, étaient : Cesare Cremonini, soixante-sept ans ; Michaël Maïer, quarante-neuf ans ; Robert Fludd, quarante-trois ans ; Valentin Andreæ, trente-un ans ; Nick Stone, trente-un ans ; Lodewijk van Geër, trente ans ; Samuel Blonski, vingt-huit ans ; Claude Guillermet de Beauregard, vingt-six ans ; Amos Komenski, vingt-cinq ans.

Cremonini donna sa démission d'Empereur-Maître et fut remplacé par Michaël Maïer, avec désignation de Valentin Andreæ pour être son successeur. C'est celui-ci qui changea le titre : il s'intitula *Summmus Magister,* Souverain Maître, et c'est ce titre qui est inscrit après le nom de chacun de ses successeurs jusqu'à Johann Wolff inclusivement, dans les documents relatifs à la Rose-Croix socinienne (archives du Souverain Conseil Patriarcal de Hambourg).

Or, les grands-maîtres de la Rose-Croix ont été au nombre de onze, dont deux seulement furent démissionnaires ; huit autres ne furent remplacés qu'à leur mort ; le dernier, qui était un juif, s'occupa plus de ses affaires personnelles que de celles de la haute-maçonnerie, et il en résulta qu'à sa mort plusieurs nouveaux systèmes d'occultisme s'étaient créés ou se créaient en rivalité, et il n'eut aucun successeur.

La liste des grands-maîtres de la Rose-Croix socinienne est bonne à donner, parce qu'elle montre l'exacte origine de la Franc-Maçonnerie officielle.

La voici donc :

> Fauste Socin, de 1597 à 1604 ;
>
> Cesare Cremonini, de 1604 à 1617 (démissionnaire) ;

Michaël Maïer, de 1617 à 1622 ;

Valentin Andræe, de 1622 à 1654 ;

Thomas Vaughan, de 1654 à 1678 ;

Charles Blount, de 1678 à 1693 ;

Friedrich Hetvetius, de 1693 à 1709 ;

Richard Simon, de 1709 à 1712 ;

Théophile Désaguliers, de 1712 à 1744 ;

Nicolas de Zinzendorf, de 1744 à 1749 (démissionnaire) ;

Johann Wolff, de 1749 à 1780.

La troisième grand-maître n'est autre que le Maïer, de Rinsbourg, créé comte palatin par l'empereur Rodolphe II, dont il était le médecin. La plupart de ses ouvrages n'étaient publiés que pour l'usage des personnes s'intéressant aux œuvres d'alchimie aussi, les rarissimes exemplaires qui existent encore sont achetés au poids de l'or par les bibliophiles.

Les plus curieux sont les suivants : *Arcana arcanissima* (Londres, 1614) ; *De circulo physico quadrato* (Oppenheim, 1616) ; *Lusus serius, quo Hermes seu*

Mercurius rex mundanarum omnium rerum judicatus est (Oppenheim, 1616) ; *Symbola aureæ mensæ* (Francfort, 1617) ; *Emblemata nova physica* (Oppenheim, 1618) ; *Atalanta fugiens, hoc est emblemata nova de secretis naturæ chimicæ* (Oppenheim, 1618) ; *Themis aurea* (Francfort, 1618) ; *Septimana philosophica* (Francfort, 1620) ; *Cantilenæ intellectuales de Phœnice redivivo* (Rome, 1622).

Ce dernier ouvrage porte imprimé la mention « Rome ». En réalité, il fut imprimé à Amsterdam, et c'est Valentin Andreæ qui donna à l'imprimeur le manuscrit du grand-maître ; le livre parut immédiatement après la mort de son auteur. On mit « Rome » comme un défi à la Papauté ; le Phénix renaissant que chantent les cantilènes de Michaël Maïer, c'est Lucifer surgissant, ressuscité et plein de gloire, du royaume de l'éternel feu, et son triomphe sur le dieu de la superstition y est annoncé dans une poésie fortement imagée.

On voit, d'ailleurs, par les titres que je viens de reproduire, que tous ces livres sont des ouvrages d'occultisme. Le *Badinage grave*, de 1616, ou *Lusus serius*, est une feinte plaisanterie, en réalité un aperçu, très sérieux au fond, d'une partie de la doctrine luciférienne, reproduite plus tard par l'*Apadno*, un exposé du système sataniste qui fait présider le daimon Hermès (le Mercure du paganisme gréco-romain) à toutes les choses de ce monde ; ce daimon est proclamé par Maïer roi de la Terre. L'*Atalante fuyante* est une allégorie s'appliquant à la recherche de la pierre philosophale ; c'est l'ouvrage le plus recherché, parmi ceux de Michaël Maïer, sans doute parce qu'il est le plus étrange ; mais il n'est compréhensible qu'aux lecteurs en possession de la clef des Rose-Croix.

Cependant, le livre capital de Maïer, au point de vue des origines maçonniques, c'est, sans condredit, la *Themis aurea*. Là, le grand-maître, le second successeur de Fauste Socin, dit en termes formels que les Frères de la Rose-Croix doivent demeurer dans le plus rigoureux secret pendant cent ans ; cela est écrit en toutes lettres, et le livre, imprimé en 1618, composé par Maïer en 1616 et 1617, est le résultat des résolutions prises dans, la réunion de 1617 dite du Dénombrement de la Fraternité, ou encore Convent des Sept.

En effet, à ce conventicule ne furent présents ni Cremonini, qui envoya sa démission de grand-maître, ni Robert Fludd, qui s'excusa de ne pouvoir venir, par une lettre confiée à Nick Stone. Maïer fut donc entouré des jeunes, tous ardents : Stone, Andreæ, van Geer, Samuel Blonski, Beauregard et Komenski. L'assemblée se tint le 31 octobre, à Magdebourg, citadelle du protestantisme, une des premières villes qui avaient adopté la Réforme avec enthousiasme : c'est dans une maison de l'Altstadt que la réunion eut lieu, chez un riche bourgeois, dont la relation ne dit pas le nom, mais qui était, vraisemblablement, ami de Maïer, puisque le fameux médecin alchimiste finit ses jours dans cette ville, sous la protection de l'électeur de Saxe ; d'après la relation, on peut fixer l'emplacement de cette maison dans une rue derrière le Vieux-Marché, rue qui est aujourd'hui la Schwertfegerstrasse ; cela est de tradition chez les palladistes de Magdebourg.

On avait choisi, pour ce rendez-vous, la veille de la Toussaint, parce que c'est le 31 octobre 1517 que Luther afficha ses quatre-vingt-quinze thèses contre les indulgences, à Wittemberg, à la porte de l'église du château. On avait choisi Magdebourg, parce que c'est Albert de Bradebourg, archevêque de Magdebourg et de Mayence, commissaire spécial du Pape, pour l'indulgence de Saint-Pierre, qui avait délégué, à l'effet de prêcher cette indulgence, le dominicain Tetzel, le plus célèbre antagoniste de Luther ; on conserve encore de nos jours une boîte aux indulgences de Tetzel, à la cathédrale de Magdebourg.

Le conventicule fulmina la malédiction contre la Papauté, glorifia la mémoire des Socin, en particulier celle de Fauste, et renouvela le serment socinien de détruire la religion catholique, l'Église de Jésus-Christ. On décida que, durant tout le cours d'un siècle, les Frères de la Rose-Croix se couvriraient du plus grand mystère, se qualifieraient « les Invisibles », et qu'en 1717 seulement ils transformeraient leur Fraternité en une association qui se livrerait plus ouvertement à sa propagande, tout en adoptant et gardant les mesures de prudence qui seraient alors jugées utiles.

Enfin, à ce convent secret de Magdebourg, les Sept adoptèrent définitivement, comme présentant assez d'originalité pour frapper les esprits, l'étrange légende de la

Rose-Croix, qui avait été imprimée en secret à Venise, vers 1613.

Cette légende, qui a pour auteur Valentin Andreæ, avait été reproduite en 1615 dans le livre intitulé *Fama Fraternitatis Rosæ Crucis*, qui est attribué au même par les uns, et, par d'autres, à un certain Iung, bourgeois de Hambourg. Les documents qui sont aux archives du Souverain Conseil Patriarcal de Hambourg n'éclaircissent pas le mystère de la paternité de ce livre si réputé ; dans ma famille, on l'a toujours tenu pour l'œuvre du jeune théologien wurtembergeois (Valentin), attendu que le nom de ce Iung ne se trouve nulle part dans les écrits de Philalèthe. Quoiqu'il en soit, ce livre, dont le but était d'agiter l'opinion sans compromettre aucun des membres de la Fraternité, eut immédiatement, en 1616, une traduction hollandaise et une traduction anglaise, celle-ci de Robert Fludd.

De cette légende il importe surtout de retenir les dates qu'elle fixe d'une manière voilée, pour les rappeler aux initiés. Lelio Socin avait écrit : « Ce n'est pas Luther qui a apporté la lumière à ce monde plongé dans les ténèbres de la superstition, c'est Wiclef ; il faut remonter à l'heureuse année 1378, qui a vu le monstre papal coupé en deux et qui nous a valu l'admirable traité *Du Pape romain*. » (Lettre à Jacob Andreæ, du 24 mai 1560). Cette date de 1378, on la trouve en point de départ de l'histoire de Christian Rosenkreuz, imaginée par Valentin, fidèle disciple de Socin, de même qu'on y trouve en point terminus la date de la mort du grand-maître vénéré.

Que dit cette légende ?

Christian Rosenkreuz avait été inscrit au livre du Destin pour vivre cent-six ans sur terre. À vingt ans, désireux d'étudier à fond la magie, il se rendit à Damas, et les maîtres de la philosophie orientale lui révélèrent des choses extraordinaires. Ils lui racontèrent, d'abord, les faits les plus intimes de sa vie passée ; puis, ils dirent qu'ils l'attendaient depuis bien longtemps, car il était désigné pour être le promoteur d'une rénovation totale du monde. Ils lui communiquèrent alors une partie de leurs secrets, afin de le mettre en état de remplir la grande mission à laquelle il était prédestiné. Rosenkreuz passa quelques annés avec ces philosophes de l'Orient ; ensuite, il se rendit dans le Maroc, à Fez, pour se parfaire dans la science de la kabbale. Étant passé en Espagne, où il tenta de semer dans les esprits les principes rénovateurs qui devaient changer la face de la terre, il fut chassé de ce pays par l'intolérance sacerdotale. Il retoura alors en Allemagne, d'où il était originaire, révéla à trois disciples le secret des secrets, le grand arcane de la thésophie, et enfin il se renferma dans une grotte pour y finir ses jours en solitaire. Il mourut en l'an âge 1484, âgé de cent-six ans, ainsi que les Mages de l'Orient le lui avaient prédit.

Or, ses trois disciples vinrent, l'ensevelirent et disparurent. Il fallait que le tombeau de Rosenkreuz demeurât ignoré pendant six fois vingt ans, et, au bout de cette période, ce tombeau serait le foyer de la lumière destinée à illuminer le monde, aux temps voulus par Dieu.

En 1604, le hasard attira des hommes purs à cette grotte ; ils y pénétrèrent, et grande fut leur surprise en apercevant un tombeau qui resplendissait d'une vive lumière. Il y avait là un autel, avec cette inscription gravée sur une plaque de cuivre : *Vivant, je me suis réservé pour sépulcre cet abrégé de la lumière*. Une figure mystérieuse était accompagnée de cette épigraphe : *Jamais vide*. Une deuxième figure : *Le Joug de la Loi*. Une troisième : *la Liberté de l'Évangile*. Une quatrième : *la Gloire de Dieu entière*. La salle contenait encore des lampes ardentes, qui brûlaient sans qu'on put découvrir une goutte d'huile ; des miroirs, des formes les plus diverses ; des livres, parmi lesquels on remarquait les ouvrages de Paracelse. Enfin, on lisait, écrit en grosses lettres sur le mur : *Dans six-vingts ans, je serai découvert*. La prédiction s'était réalisée, ajoute la légende, en manière de conclusion.

Dans cette légende de magie et de kabbale, on remarquera que les cent-six ans de vie précédant l'an 1484, donnent exactement l'année de 1378, proclamée heureuse par Lelio Socin ; l'année du grand schisme d'Occident qui déchira si longtemps la papauté ; l'année en laquelle Wiclef, hérésiarque de la plus violente impiété, précurseur de Jean Huss, écrivait, en se réjouissant de voir la chrétienté scindée entre le pape de Rome et le pape d'Avignon, que les peuples ne devaient pas laisser échapper l'occasion qui leur était offerte de rejeter le catholicisme, attaquait la société civile non moins que l'Église, et vomissait contre Dieu lui-même les blasphèmes les plus épouvantables.

Mon père, en m'instruisant, me donnait à admirer Wiclef, en qui il voyait un véritable luciférien. Et Wiclef, comme Thomas Vaughan, était un professeur distingué de l'université d'Oxford ; autre motif pour les unir dans une même sympathie. Wiclef, c'était l'homme hardi qui sans aucun ménagement avait attaqué l'Église catholique, ses usages, ses institutions, sa doctrine, ses droits spirituels et temporels, ses sacrements, son chef ; Wiclef, c'était l'homme dont les prédications et les écrits avait déchaîné cent mille hommes du peuple sous la conduite de John Ball, de Watt-Tyler, le forgeron, et de James Straw, lesquels avaient massacré l'archevêque de Cantorbéry (Simon de Sudbury) sur l'autel même d'Adonaï où il célébrait la messe, et mon père rappelait avec orgueil que notre ancêtre Thomas avait versé le sang d'un autre archevêque de Cantorbéry ; Wiclef, c'était le prophète de la grande révolte antichrétienne, dont s'étaient inspirés les Hussites et ce Jean Ziska, l'un de leurs chefs, tout particulièrement vénéré par les Palladistes, Ziska homme-démon qui saluait les nations au nom de Lucifer !

Voilà, me disait mon père, ce que représente l'an 1378, placé en termes voilés en point de départ de la légende de la Rose-Croix socinienne.

Quant à Rosenkreuz, il m'expliquait que c'était un personnage symbolique, incarnant l'alchimie, la kabbale et la théosophie ; c'était l'emblème humanisé de l'Art-Royal, persécuté par les prêtres des ténèbres, obligé de se cacher, acceptant le seul joug de la loi du Dieu-Bon, attendant dans la retraite la liberté de prêcher au monde le nouvel Évangile, s'ensevelissant vivant au sein d'une caverne pour y concentrer les rayons de la divine science luciférienne, puisque les yeux des profanes n'en peuvent encore supporter l'éclat, travaillant en silence à préparer l'avènement du règne social de Lucifer Dieu-Roi dans toute sa gloire. Ce sépulcre, que l'inscription dit n'être jamais vide, c'est celui des victimes de la superstition : Jacques Molay, Jean Huss, Jérôme de Prague, Savonarole, Lucilio Vanini ; et mon père m'énumérait tous ceux qu'il appelait « les martyrs ».

Il me signalait encore, en y insistant, cette date de 1604, qui termine la légende de la Rose-Croix ; année qui est bien celle de la mort de Fauste Socin. Le divin Fauste est entré au tombeau, et c'est ce tombeau, qui est foyer d'éclatante lumière. Il faut comprendre le langage ésotérique, il faut savoir déchiffrer ses énigmes, deviner quelle est parfois la phrase qu'il convient d'interpréter à rebours. Deux périodes séculaires : l'une de vie, l'autre de mort ; les deux phases successives de la haute-maçonnerie, de l'occultisme socinien. Le sépulcre qui ne devra être découvert que dans cent-vingt ans, signifie encore la période de l'impénétrable mystère dont se couvriront les Rose-Croix du divin Fauste. L'indication de la date 1717, pour l'apparition de la Franc-Maçonnerie officielle, est là bien précise, puisque c'est de 1597 que part la grande-maîtrise du fondateur ; c'est en l'année qui précéda l'explosion des chrétiennes colères du peuple de Cracovie contre Fauste Socin, qu'il eut les communications directes de Lucifer ; c'est en cette année 1597 que Satan en personne l'avait sacré *Rosæ Crucis Magister Imperator*. Entre 1597 et 1717, différence exacte : cent-vingt ans.

Dira-t-on que ce sont là des calculs faits après coup, des interprétations fantaisistes d'une obscure légende ?

Mais cette légende du mythe symbolique Rozenkreuz a été imprimée en plusieurs langues, au cours des années 1615 et 1616 ! Mais il y a mieux que cela : il y a le coup que frappa publiquement Valentin Andreæ, pour marquer sa prise de possession de la grande-maîtrise !

C'est au convent de Magdebourg, présidé par Michaël Maïer (1617), que l'on décida d'inscrire dans l'acte, signé par les Sept la période d'un siècle à courir, avant que les Frères de l'association puissent se faire connaître. On inscrivit *cent ans*, précisément parce que *vingt* s'étaient écoulés depuis la consécration de Fauste, suivie d'une énergique mise en œuvre après le pillage de Cracovie, et parce qu'alors Lucifer avait dit : *six-vingt ans*. Or, Michel Maïer mourut cinq années après le conventicule de Magdebourg (1622). Valentin Andreæ, qui avait trente-six ans, lui succéda ; toujours ardent, il avait hâte de se signaler. Précédemment, les Rose-Croix s'étaient bornés à faire imprimer et répandre, d'une façon à peu près clandestine, quelques petits livres, en nombre tout à fait restreint. Toutefois, il convient de dire que, pendant la grande-maîtrise de Maïer, le recrutement avait fonctionné à merveille, les adeptes s'étaient multipliés.

En 1623, — quelques auteurs disent à tort en 1625, — un matin, les Parisiens, en se réveillant, trouvèrent les murs de leur ville couverts d'affiches au texte tellement stupéfiant, que quatre-vingt-dix-neuf sur cent crurent à une mystification. Ces affiches, dont le texte est rapporté par un grand nombre d'auteurs de l'époque, étaient ainsi conçues :

« Nous, députés du Collège principal des Frères de la Rose-Croix, faisons séjour visible et invisible en cette ville, par la grâce du Très-Haut, vers lequel se tourne le cœur du juste. Nous montrons et enseignons à parler sans livres ni marques, et nous parlons toutes sortes de langues des pays où nous voulons être, pour tirer les hommes, nos semblables, d'erreur et de mort.

« S'il prend envie à quelqu'un de nous voir, par curiosité seulement, il ne communiquera jamais avec nous ; mais, si la volonté le porte réellement et de fait à s'inscrire sur le registre de notre Confraternité, nous, qui jugeons des pensées, lui ferons voir la vérité de nos promesses ; tellement, que nous ne mettons point le lieu de notre demeure, puisque les pensées, jointes à la volonté réelle du lecteur, seront capables de nous faire connaître à lui et lui à nous. »

Ce fut une moquerie générale ; la Confraternité de la Rose-Croix fut tournée en dérision de toutes manières, par la chanson, par la caricature, et jusque par les bouffons publics, amuseurs du peuple dans les foires. Ce persiflage faisait le jeu des sectaires ; à la suite de ce manifeste, ils surent bien reconnaître, dans les conversations, par les tendances plus ou moins découvertes, ceux qu'ils pouvaient attirer à eux et ceux dont ils devaient se garer ; et, d'autre part, les railleries dont les invisibles initiés étaient criblés empêchaient de considérer leur association comme dangereuse.

Néanmoins, divers religieux éclairés, principalement les Jésuites, ne furent pas dupes. Un certain Henry Neuhous, se disant docteur en médecine et philosophie, de Dantzick, publia à Paris, vers la fin de cette même année 1623, un petit livre assez énigmatique qui traitait la question des Rose-Croix et prétendait donner satisfaction à l'opinion publique intriguée. Cette brochure portait ce long titre : *Advertissement pieux et très utile. Des frères de la Rose-Croix : à sçavoir s'il y en a ? quels ils sont ? d'où ils ont pris ce nom ? et à quelle fin ils ont espandu leur renommée ? Escrit et mis en lumière pour le bien public.* Cet opuscule était une nouvelle manœuvre de la secte ; après l'avoir lu, il était difficile de se prononcer sur le vrai but de l'auteur ; la curiosité était plus vivement excitée qu'auparavant. Mais une précieuse indication était donnée à ceux qui désiraient s'affilier : l'écrivain, sans nommer personne, disait que les Frères de la Rose-Croix se recrutaient exclusivement parmi les Anabaptistes et les Sociniens.

Ce fut un trait de lumière pour deux Pères jésuites. Ils firent des recherches et les publièrent : le P. Garasse, dès 1623, dans la *Doctrine curieuse des beaux esprits de ce temps* ; le P. Gaultier, dans l'édition de 1626 de sa *Table chronologique de l'estat du Christianisme*. Je cite ces écrivains ecclésiastiques, afin qu'on puisse contrôler l'exactitude des assertions que j'apporte pour élucider la question et que j'émets par suite de l'enseignement reçu de mon père et de mon oncle, et par suite des constatations faites aux archives du Souverain Conseil Patriarcal de Hambourg, où sont réunis les principaux documents concernant la Fraternité des Rose-Croix, depuis Fauste Socin jusqu'à Johann Wolff.

Le P. Gaultier s'est enquis sérieusement des Rose-Croix. Il les appelle « une secte secrète, qui court depuis quelques années par l'Allemagne, de laquelle on n'est pas bien informé en particulier, parce que telles gens sèment en cachette leur venin, craignant d'estre découverts. » Il a tenu entre les mains la *Themis aurea*, du grand-maître Michaël Maïer, ce livre dont j'ai parlé plus haut et qui fut imprimé à Francfort en 1618, c'est-à-dire immédiatement après la tenue du convent de Magdebourg.

Or, le P. Gaultier reproduit, en un court sommaire, six lois essentielles de la Fraternité des Rose-Croix, d'après le chapitre II du livre de Michaël Maïer ; et voici la sixième prescription : « *Cette Fraternité devra être celée* (tenue cachée) *durant cent ans.* » Encore une fois, ceci nous mène très exactement à l'an 1717.

On me pardonnera si j'appuie. Tout en faisant connaître mon éducation antichrétienne, j'ai à cœur de fixer, d'une façon irréfutable, l'origine socinienne de la Franc-

Maçonnerie par les Rose-Croix, dont mon ancêtre Thomas Vaughan a été le cinquième grand-maître. Les érudits catholiques, qui s'intéressent à cette question et en comprennent toute l'importance, me sauront gré d'être précise, ce qui permet le contrôle, et de donner des preuves, chaque fois que cela m'est possible.

Il ne faut pas, en effet, mêler les questions ; surtout, parce que les fabrications de rites variés et l'orgueil de certaines Loges ont créé un véritable chaos.

Lorsque la Franc-Maçonnerie eut fait son apparition officielle en 1717, il ne s'écoula pas un long temps avant que des innovateurs, soit par but de perfectionnement, soit par intrigue, voulussent se signaler dans une sorte de surenchère, chacun imaginant de nouveaux rites et de nouveaux grades. Le F∴ Ragon a compté que, jusqu'en 1860, il avait été créé, en Maçonnerie, cent quatre-vingt-treize rites ou ordres, comportant ensemble plus de quatorze cents grades[1].

Tous ces innovateurs rivalisèrent donc d'imagination, chacun pour rattacher son rite à quelque institution ancienne : c'est ainsi que les divers Écossismes ont adopté pour leurs hauts-grades la légende des Templiers ; il est d'autres rites qui se sont donnés comme ressuscitant les mystères de l'ancienne Égypte, etc. Mais ces rattachements et ces légendes se rapportent aux grades au-dessus de celui de Maître ; il importe de le bien remarquer. Bon nombre de ces innovateurs fabriquèrent donc des documents, à l'appui de l'antique origine qu'ils attribuaient à leur rite ; de là est venu ce chaos, ce dédale dans lequel il semble qu'on n'a, de nos jours, aucun fil conducteur.

Pourtant, puisque tous les rites maçonniques, quels qu'ils soient, posent leurs hauts-grades sur une seule base, — la trilogie des grades symboliques, Apprenti, Compagnon et Maître, — il n'est point nécessaire de réfléchir beaucoup pour comprendre que tous les grades maçonniques, en dehors de ces trois, sont uniquement des superfétations, et sont, par conséquent, de création postérieure aux trois degrés symboliques, en dépit de tous les prétendus documents.

Quand Albert Pike, pour les besoins de sa dispute contre le Rite Cernéau, a traité en quelques pages cette importante question des origines, il a constaté le chaos ; mais il parlait exclusivement des hauts-grades, et c'est pourquoi il n'a pas fait la lumière sur l'origine socinienne.

Pour avoir la vérité, c'est donc l'origine des trois premiers degrés d'initiation qu'il faut rechercher, tout système maçonnique n'étant que le développement ou une nouvelle, interprétation ésotérique des grades d'Apprenti, Compagnon et Maître. La vérité : il la possédait, Albert Pike ; il savait que les trois grades symboliques, unique base de toute maçonnerie, sont l'œuvre de deux Frères de la Rose-Croix socinienne, le troisième grade (Maître) étant composé sur les données de Robert Fludd, dont Thomas Vaughan fut le disciple ; je l'ai démontré cent fois en conférence triangulaire, et je le prouverai ici. Le grade d'Apprenti a été composé par la collaboration de Thomas

Vaughan et d'Élias Ashmole ; celui de Compagnon, par Élias Ashmole seul ; celui de Maître, par la collaboration de Thomas Vaughan et d'Élias Ashmole. — Pourquoi Albert Pike ne l'a-t-il pas dit ? — Pour plusieurs raisons : grand-maître du Rite Écossais Ancien et Accepté, il ne lui déplaisait pas de laisser croire à l'origine templière ; souverain pontife de la Maçonnerie universelle, ayant son suprême siège à Charleston, il ne tenait pas à fournir l'argument de l'origine socinienne aux maçons européens, qui toujours ont eu des tendances à ramener le siège pontifical de la secte en Europe, et de préférence en Italie, patrie des Socin.

Parmi les fabricateurs de documents, qui ont tant contribué à obscurcir cette question d'histoire, les seuls quelque peu habiles sont les membres de cette Loge hollandaise qui prétendirent, un beau jour, posséder dans leurs archives une Charte censément trouvée, en 1637, dans une Loge de La Haye (*Het Frederiks Vredendall*) et datée de Cologne, 24 juin 1535. Le F ▽ Findel a fait bonne justice de cette paperasse sans valeur, dans son *Histoire de la Franc-Maçonnerie,* tome II ; elle abusa beaucoup de Frères ; il a démontré qu'elle fut fabriquée vers la fin du dix-huitième siècle. Cette Charte de Cologne donne à la vraie Maçonnerie, celle qui nous occupe, non celle des ouvriers de bâtiment, une existence d'association philosophique au seizième siècle, remontant aux premiers chrétiens, avec cinq grades : 1er, Apprenti ; 2e, Compagnon ; 3e, Maître ; 4e, Maître Élu ; 5e, Suprême Maître Élu. Or, je prouverai que les grades de la Maçonnerie spéculative, militant contre l'Église, Apprenti, Compagnon et Maître, ont été composés, le 1er en 1646, le 2e en 1648 (Thomas Vaughan étant alors en Amérique), le 3e en 1649.

Voilà le terrain déblayé, pour la continuation de mon récit.

Les Frères de la Rose-Croix, cherchant de plus en plus, sous la grande-maîtrise de Valentin Andreæ, à faire parler d'eux, sans toutefois se laisser découvrir, répandirent divers bruits, en vue du recrutement des amateurs d'occultisme et des ennemis secrets du catholicisme. C'est ainsi que, par des opuscules habilement rédigés et adroitement distribués, ils donnaient à entendre que les six principales règles de leurs parfaits initiés étaient :

« D'exercer la médecine charitablement et sans recevoir aucune rémunération de quiconque ;

« D'adopter les coutumes des pays où leur mission les conduisait et d'y vivre de telle sorte que personne ne puisse les soupçonner d'appartenir à la Fraternité ;

« De se rendre une fois par an au lieu fixé pour l'assemblée générale, et, en cas d'empêchement majeur, de faire tenir au grand-maître une lettre exposant les motifs de l'absence ;

« Le nombre des plus hauts initiés étant limité, de choisir, chacun, avant l'heure de se mort, un successeur capable d'occuper sa place et de le représenter dignement ;

« De garder une fidélité inviolable à l'association et de tenir d'une façon impénétrable, le secret des Frères (cette règle était générale, quelque fût le degré d'initiation) ;

« De maintenir absolument secrètes pendant cent ans les œuvres et les personnes de l'association, et de croire fermement que, si la Fraternité venait à faillir, elle pourrait être réensevelie dans le sépulcre de son premier fondateur. »

À cet aperçu de leurs régles, les Rose-Croix mêlaient plusieurs affirmations hardies, pour impressionner davantage le public.

« Les Frères de la Rose-Croix affirment :

« Qu'ils sont destinés à accomplir le rétablissement de toutes choses en un état meilleur, avant que la fin du monde arrive ;

« Qu'en quelque endroit qu'ils se trouvent, ils connaissent les évènements qui se passent dans le reste du monde mieux que les personnes qui assistent à ces évènements ;

« Qu'ils ne sont sujets ni à la faim, ni à la soif, ni à la vieillesse, ni aux maladies, ni à aucune incommodité de la nature ;

« Que, par la kabbale et la science des nombres, ils découvrent les choses les plus cachées ;

« Qu'ils connaissent par révélation ceux qui sont dignes d'être admis dans leur Fraternité ;

« Qu'ils ont un livre dans lequel ils peuvent apprendre tout ce qui est dans les autres livres faits ou à faire ;

« Qu'ils ont trouvé un nouvel idiome pour exprimer la nature de toutes choses, et que cet idiome deviendra un jour la langue universelle, parlée par toutes les nations, comme avant la Tour de Babel ;

« Que, par leur pouvoir, au jour marqué par le Très-Haut vers lequel se tourne le cœur du juste, le triple diadème du Pape sera réduit en poudre ;

« Que leur Collège, qu'ils nomment Collège du Saint-Esprit, ne peut souffrir aucune atteinte, quand même cent mille personnes, l'ayant découvert, lui donneraient l'assaut ;

« Qu'ils reconnaissent le Saint-Empire comme suprême puissance politique et apostolique, et qu'ils lui donneront plus d'or et plus d'argent que le roi d'Espagne n'en a tiré des Indes, tant orientales qu'occidentales, d'autant plus que leurs trésors sont inépuisables ;

« Qu'en souvenir de l'empereur Charles IV, mort en la bienheureuse année 1378, ils ont adopté le sceau impérial, tel que ce monarque le modifia, c'est-à-dire l'aigle à deux têtes, en remplacement des deux aigles employées par le Saint-Empire depuis Louis V de Bavière ;

« Qu'ils ont dans leurs bibliothèques plusieurs livres mystérieux ; dont un, qui est le plus utile après la Bible, est le même que le révérend père illuminé Rosenkreuz tenait en sa main droite au moment de sa mort ;

« Qu'ils ont enfin la certitude et la garantie, par la grâce du Très-Haut, leur Dieu tout-puissant, que la vérité de leurs maximes doit durer jusqu'à la dernière période du monde. » (*Traduction du manuscrit de Guillermet de Beauregard, dit Bérigard* ; archives du Souverain Conseil Patriarcal de Hambourg. Une copie latine, avec traduction hollandaise, se trouve aussi aux archives de la Loge *Royale-Union*, de La Haye, laquelle possède grand nombre de documents provenant de l'antique Collège de Rose-Croix établi dans cette ville dès 1619.)

Tandis que les Rose-Croix agitaient ainsi l'opinion en Europe, Thomas Vaughan avait entre onze et douze ans.

On aura remarqué, dans le document que je viens de reproduire, l'expression *Sint-Empire* ; il ne s'agit aucunement de l'empereur de l'époque, comme on pourrait le croire, ni de son gouvernement, mais bien du *Sanctum Imperium* des Rose-Croix. L'empereur était si peu le monarque protecteur de ces sectaires, qu'en 1624 il proscrivait Amos Komenski, le plus jeune des parfaits initiés présents au convent de Magdebourg.

J'ai dit tout à l'heure que mon ancêtre Thomas avait été, avec Komenski et Andreæ, l'exécuteur du plan de Fauste Socin. On va voir que Komenski fut beaucoup mêlé à la vie de Philalèthe, quoique cela soit peu connu.

Komenski, réputé surtout comme savant pédagogue sous le nom latin de Comenius, était l'un des principaux chefs de la secte des Frères Moraves ; c'est lui qui a signé l'alliance avec les Sociniens. L'origine des Frères Moraves est antérieure aux effroyables guerres des Hussites, ces fanatiques qui avaient adopté pour religion les impiétés de Wiclef : leur petite église, dès longtemps dans les siècles du moyen-âge, haïssait la Papauté et la religion catholique romaine ; ils étaient fixés en Moravie, et, aussitôt que Jean Ziska se proclama vengeur de Jean Huss, ils s'allièrent aux Bohèmes massacreurs, formèrent un corps dans leur barbare armée, pillèrent et incendièrent avec eux les couvents, commirent partout les mêmes atrocités. Ils avaient juré l'extermination de tout le clergé catholique, l'assassinat du dernier moine et de la dernière religieuse. On sait que Jeanne d'Arc avait formé le beau rêve d'entreprendre, après la délivrance de la France, une croisade pour mettre un terme aux crimes de Ziska et des Bohèmes et Moraves qui massacraient sous ses ordres. Et voici que nous retrouvons les débris de la secte hussite unis aux Sociniens comme fondateurs de la Franc-Maçonnerie ! et voici que Jeanne semble, dans son autre vie, la céleste et glorieuse, avoir reçu de Dieu la mission d'anéantir la secte maçonnique ! Son rêve va-t-il donc se réaliser ?...

Quand les Taborites de Bohême et de Moravie furent vaincus par les Calixtins, ils disparurent, puis se reformèrent en petit nombre sous le nom de Frères Bohèmes de l'Unité ; enfin, chassés de Bohême et réfugiés en Moravie, ils s'appelèrent Frères Moraves, nom qui leur est resté. Mais leur hérésie était à bon droit suspectée de cacher un satanisme, secrètement pratiqué ; l'empereur rendit un édit contre eux, et ils durent quitter la Moravie. Komenski, qui avait été, jusqu'en 1616, professeur à Fulnek, se rendit au pays qui avait déjà accueilli les Sociniens ; il s'établit à Lissa, en Pologne (1624) ; un grand nombre de ses coreligionnaires vinrent l'y rejoindre. Alors, la communauté des Frères Moraves, dont il était devenu surintendant, vivait en la meilleure intelligence avec celle des Sociniens, communément appelés Frères Polonais. Pourtant, en ne considérant que les apparences, les deux sectes pouvaient paraître rivales ; l'union secrète était celle des chefs, d'une part Komenski, et les Blonski d'autre part, puisqu'en réalité le convent de Magdebourg avait scellé leur haine commune à l'Église par leur occultisme de Rose-Croix.

En 1631, Komenski réussit à faire imprimer à Prague son *Labyrinthe du Monde*, livre qui contient sa profession de foi religieuse, en phrases éclatantes de mysticisme, mais pleines de double-sens. On trouve aussi, dans cet ouvrage, une partie de ses mémoires ; il est bon de dire qu'il n'y raconte pas ses conspirations. C'est seulement dans un de ses livres postérieurs (*Lux in tenebris*), qu'il se montrera nettement adepte de l'occultisme et que son sentiment luciférien sera plus marqué.

Thomas Vaughan était devenu un homme, pendant ce temps-là. À vingt-quatre ans (1636), il allait à Londres et se liait avec Robert Fludd. C'est cette liaison qui décida de sa vie. Fludd était alchimiste, socinien et Rose-Croix de la première heure. Pourtant, il ne ressort d'aucun des écrits de Philalèthe que Fludd lui donna toute l'initiation ; il se borna à lui enseigner les mystères de la Croix d'Or, qui étaient la préparation. Les grades de *Zelator* à *Philosophus* sont de la Croix d'Or, et l'on entre à la Rose-Croix qu'en recevant le grade d'*Adeptus Minor* (5e degré). Mais Fludd voyait dans le jeune échappé d'Oxford un futur luciférien, et il avait la plus grande confiance en son avenir. L'ayant imbu d'une partie de ses idées et se réservant de compléter plus tard son instruction d'adepte, il lui conseilla de voyager. Il l'avait eu auprès de lui durant une année presque entière.

Une des lettres de recommandation qu'il lui donna pour le grand-maitre Andreæ, et que celui-ci lui rendit en 1640 par l'intermédiaire de Komenski, est fort curieuse.

Robert Fludd, écrivant au *Summus Magister*, s'exprime ainsi (je traduis, les Rose-Croix s'écrivaient en latin) :

« Le jeune homme qui te remettra cette lettre est choisi par notre Dieu pour de hautes destinées. Il fera de si grandes choses, qu'il devrait remplir le monde de l'éclat de son nom ; mais sa personnalité disparaîtra dans la grandeur de l'œuvre. Notre Dieu veut qu'il soit ton successeur. Toutefois, accueille-le sans lui laisser soupçonner son avenir dans notre Fraternité. L'heure n'est point encore venue de lui découvrir nos derniers secrets ; il faut qu'il connaisse d'abord les hommes et qu'il voie de près, en voyageant, la perversité de nos ennemis.

« Je ne sais s'il y aura d'autres illustrations dans sa famille ; le Dieu des Mages est demeuré muet à ma question. Il s'irrita, quand j'insistai, et ne voulut me parler, que de mon disciple. Le nom de sa famille serait-il destiné à être maudit dans la suite des siècles ?

« Quant à lui, traitons-le comme il le mérite. Notre Dieu affirme qu'il aura une descendance, sans pourtant épouser jamais une fille des humains. Vénus elle-même vivra avec lui sur terre, au lointain pays qui est au-delà de l'Océan (en Amérique), et lui donnera une fille dont le nom signifiera celui de notre Dieu.

« Interroge, toi aussi, le Très-Haut sur ce prédestiné. Quand tu auras vu le jeune homme, dirige-le vers *Fidelis* (nom de Rose-Croix adopté par Samuel Blonski) et recommande-le aux égards de tous les nôtres. »

Mon père était très fier de cette lettre, qu'il tenait de ses aïeux ; elle est d'une écriture extrêmement fine et serrée, sur du parchemin pourpré assez épais, pas plus grand qu'une carte à jouer. Les Rose-Croix de l'époque faisaient ainsi leur correspondance secrète, et la lettre, réduite à son plus petit volume, se portait cousue dans le vêtement. Mon père a conservé plusieurs documents semblables ; pour lui, ils étaient plus précieux que des bijoux ; cette lettre de Robert Fludd est gardée dans une sorte d'écrin.

Et mon père, avec enthousiasme, me faisait ressortir quelle gloire était la nôtre. Il y avait du sang céleste, du sang de la daimone Astarté (Vénus), dans notre sang ! — Plus loin, je dirai cette légende. — Et cet ancêtre, ce

Thomas Vaughan, quel homme extraordinaire ! quel génie supérieur ! quel prédestiné parmi les prédestinés ! Quel mortel pouvait lui être comparable, à lui qui n'avait point connu la mort, mais avait passé, vivant, de cette terre au, royaume du feu, dans les bras de Lucifer !

Le deuxième alinéa de la lettre de Robert Fludd, mon père me l'expliquait ainsi :

Parmi les Vaughan d'Amérique, ceux qui descendent de Thomas sont originaires de Monmouthshire, et ils sont restés éloignés du catholicisme, au point d'être lucifériens. Au contraire, la branche Vaughan demeurée anglaise, provenant des mêmes ascendants du pays de Galles, compte parmi les plus vieilles familles fidèlement attachées à la foi romaine. Mon père pensait que là était la cause de l'irritation du Dieu des Mages, lorsque Fludd l'interrogea sur les illustrations que pourrait avoir notre race.

En effet, quoiqu'il n'y ait plus de parenté après un tel dispersement remontant à trois siècles, je sais combien est ardent le catholicisme des Vaughan anglais du Monmouthshire ; les Vaughan, de Courtfield, et les Vaughan (John) de Clytha, sont l'honneur des antiques traditions catholiques du pays de Galles. Les uns et les autres procèdent des ancêtres de Thomas, d'Henry et de Robert ; mais ils n'ont pas dégénéré, eux, ils n'ont pas abandonné la sainte religion de la grande famille. En ce montent, les Vaughan de Courtfield n'ont pas moins de neuf membres ecclésiastiques : S. E. le cardinal Vaughan, archevêque de Westminster, Mgr Vaughan, évêque de

Plymouth ; son oncle, et sept autres, Edmund, Jérôme, Bernard, ceux-ci religieux, John, secrétaire du cardinal, Kenelm, Richard et William, prêtres séculiers, sans compter plusieurs sœurs et nièces qui sont religieuses. Et Dieu sait les ferventes prières qu'ils lui ont adressées pour la conversion des Vaughan protestants et franc-maçons d'Amérique, et particulièrement pour la plus indigne des indignes !

Ah ! si le Tout-Puissant seul Dieu souleva vraiment un coin du voile de l'avenir, aux yeux de Satan, quand Robert Fludd l'interrogeait, je comprends la colère, la rage du Maudit, lorsqu'il put voir, à travers trois siècles, les vertus de cette famille de saints !…

Et mon père, dans son fanatisme, tendait le poing dans la direction de cette Angleterre où il savait tant de Vaughan si bons catholiques…

(La suite au prochain numéro.)

1. ↑ La Fraternité de la Rose-Croix comporte 9 degrés d'initiation : 1er, *Zelator* ; 2e, *Theoricus* ; 3e, *Practicus* ; 4e, *Philosophus* ; 5e, *Adeptus Minor*, selon les cahiers de Valentin Andreæ, ou *Adeptus Junior*, selon les cahiers de Nick Stone (ce sont ces cahiers de Nick Stone qui censément furent brûlés en 1720 par le grand-maître Théophile Désaguliers, mais qui ne l'ont été aucunement ; transmis, à des Frères de confiance, Anglais, après la mort de Désaguliers, ils ont passé de mains sûres en mains sûres, jusqu'à la reconstitution de la Rose-Croix ; car l'association reconstituée existe actuellement en Angleterre, en Écosse, aux États-Unis et au Canada, et les cahiers des grades, rédaction de Nick Stone, sont aujourd'hui en dépôt chez le docteur W. W. W., demeurant Camden Road, à Londres, Suprême Mage de la Rose-Croix pour

l'Angleterre, chez qui je les ai recopiés) ; 6e, *Adeptus Major* ; 7e, *Adeptus Exemptus* ; 8e, *Magister Templi* ; 9e, *Magus*.

NOTRE-DAME DE CAMPOCAVALLO

En Italie, tout le monde connaît de réputation le sanctuaire de Campocavallo, situé dans les Marches, et déjà sa renommée a franchi les frontières de la péninsule ; déjà l'ancien et le nouveau continents commencent à connaître les miracles de la Madone du diocèse d'Osimo.

Une personne très digne de foi, qui veut bien m'honorer de son amitié, m'a assuré que la Très Sainte Vierge des Sept-Douleurs, fort longtemps avant ma conversion, me témoigna sa bienveillance par un de ces prodiges qui sont constatés, et nombreux, par la commission ecclésiastique constituée à cet effet. Gloire et merci à Marie ! merci à tous les amis connus et inconnus qui firent tant prier pour moi, au temps de ma détestable erreur !

Voici comment j'ai appris ce fait merveilleux :

Dès le lendemain même de ma conversion, cette personne dont je parle m'écrivait ces lignes, au cours d'une lettre :

« ... Je voudrais vous renvoyer un peu de la joie que vous me procurez. Du reste, j'attendais, mais pas sitôt, le coup divin. L'apparition de Jeanne d'Arc ne m'avait causé aucune surprise ; mais elle avait accentué mon espérance. Déjà, par ailleurs, je croyais avoir un gage.

« Il y a, en Italie, à Campocavallo, près de Lorette, une vierge miraculeuse, dont, depuis plusieurs années, les yeux à certains moments vivent et laissent tomber des regards tantôt tristes/tantôt pleins d'une bienveillance très douce, sur les personnes qui lui sont présentées ou sur les objets qui les représentent.

« J'avais envoyé à ce sanctuaire votre nom écrit sur une carte, et les religieuses françaises de Lorette, chargées de vous présenter ainsi à la Bonne Mère du ciel, sans connaître votre personne ni même votre nom, m'avaient écrit que le regard de la Très Sainte Vierge *s'était abaissé plein de bonté et très accueillant sur la petite carte.* Je vous envoie cette carte sous ce pli. J'espère que ma démarche d'alors et mon envoi d'aujourd'hui ne vous déplairont pas. » *(Lettre du 15 juin 1895.).*

Cette carte, qui est bleue, porte, de l'écriture de mon bien cher correspondant, ces seuls deux mots : Diana Vaughan. Récemment, un autre de mes amis a eu l'occasion de voir le vénéré directeur du sanctuaire, et il m'a écrit à son tour, le 13 octobre :

« ... J'ai donc vu, chère miss, don Sorbellini ; j'ai parlé à cet excellent prêtre, à ce saint, devrais-je dire, car il est de ceux dont la pensée est le plus souvent au ciel et à qui Dieu, pour sa gloire, a confié une grande mission pendant la durée de leur vie sur terre. Avec lui, on se sent redevenir meilleur ; j'étais ému, en lui parlant. Nous avons longuement causé de vous. Ce sont les Sœurs de Saint-Joseph, très vraisemblablement, qui ont présenté à Notre-Dame des Sept-Douleurs la petite carte ou votre nom était inscrit. Mgr l'Archevêque de *** s'intéresse fort à la constatation de ce miracle de la Sainte-Vierge en votre faveur ; veuillez lire la lettre que S. G. écrit à don Sorbellini et que celui-ci m'a prié de vous transmettre. L'enquête officielle se poursuit. À Osimo, ainsi que partout où le fait est connu maintenant, on considère ce miracle comme une véritable prophétie de votre conversion.

« Je vous demande encore vos prières, dont j'ai le plus grand besoin, et je vous enverrai demain, par le bienveillant intermédiaire de M***, une photographie de grand format, reproduisant le tableau miraculeux de Campocavallo. Don Sorbellini me l'a remise avec une joie que je renonce à vous décrire. Tous vos lecteurs, j'en ai la conviction, vous seraient reconnaissants, si vous insériez cette reproduction dans vos *Mémoires*. Oui, chère miss, parlez-leur de ce sanctuaire où la Mère de Dieu vous a manifesté si nettement sa protection ; contribuez, vous dont le cœur déborde de gratitude, à faire connaître les miracles de Campocavallo. Je m'arrête ; ce serait vous faire injure que d'insister davantage… »

Oui, vraiment, c'est avec joie que je parlerai de ce sanctuaire où Dieu fait éclater sa toute-puissance, afin de rappeler à la foi les pauvres humains en ce siècle ravagé par l'incrédulité.

Pour ce qui me concerne, je ne sais rien de plus que ce qu'on vient de lire dans ces extraits de la correspondance de deux de mes amis. J'attends, avec respect, que les vénérables ecclésiastiques, chargés de l'enquête officielle sur les faits de Campocavallo, se soient prononcés. Il en sera de même, de ma part, pour d'autres faits étonnants qui m'ont été rapportés et dont mon âme a été profondément troublée.

Mais bien volontiers je me fais un devoir de satisfaire le pieux désir du Révérendissime Don Sorbellini, curé de l'église de la Sainte-Trinité d'Osimo et directeur du sanctuaire hautement privilégié de Notre-Dame de Campocavallo. C'est pour correspondre à ce désir que je reproduis dans ce fascicule la photographie du miraculeux tableau[1].

Don Sorbellini a eu la bonté de me faire remettre, d'autre part, une brochure qui relate, dans un exposé concis, fort remarquable, les principaux miracles, déjà constatés, de l'image de la Vierge des Sept-Douleurs. Cette brochure, imprimée en français à Sienne (imprimerie Saint-Bernardin, 1895), porte pour titre : *Faits merveilleux de Campocavallo*, par Don Verrinot. L'*imprimatur* est donné par Mgr l'Évêque d'Osimo. Le sous-titré dit : « Documents recueillis aux sources les plus autorisées, particulièrement dans la *Civiltà Cattolica* et l'*Écho de la dévotion à la Très Sainte Vierge*, paru avec approbation de S. G. l'Évêque d'Osimo, aujourd'hui Cardinal-Archevêque de Ferrare. »

La meilleure manière de montrer la valeur et l'intérêt de cette relation de faits merveilleux, me parait être de reproduire le sommaire de l'ouvrage.

La division est en trois parties : 1° Exposition des faits ; 2° Preuves ; 3° Conclusions.

Exposition des faits. — I. Un coup d'œil sur la voie à parcourir. — II. Les sources. — III. Le sanctuaire de Campocavallo. — IV. Le saint tableau. — V. Les faits merveilleux. — VI. Les mouvements des yeux de l'image continuent-ils encore ?

Preuves. — I. Observations générales. — II. Les mouvements des yeux de la sainte image. — III. Impossibilité de l'illusion objective ou subjective dans ces mouvements. — IV. Attestations diverses ; témoignage du T. R. P. Mortier ; témoignage dit Commandeur Leonz Niderberger. — V. Grâces obtenues, guérisons merveilleuses : Émilie Sforza guérie instantanément de paralysie du bras droit et de douleurs à l'épine dorsale, dans l'église de Campocavallo ; une belle fleur et la Vierge ; aphonie guérie instantanément ; guérison merveilleuse et radicale d'épilepsie ; guérison d'un muet ; un cas désespéré ; admirable guérison d'une tumeur énorme ; un petit enfant estropié ; un petit enfant recouvre la vue de l'œil droit ; Angèle Cecconi et l'image de Notre-Dame des Sept-Douleurs ; une petite enfant guérie ; guérison prodigieuse après quatorze ans de souffrance ; autre guérison merveilleuse après seize ans de maladie.

Conclusions. — I. Le surnaturel éclate avec évidence dans les faits de Capocavallo. — II. Les faits surnaturels de Campocavallo nous rappellent à Celui qui est la Vie. — III. Allons à Notre-Dame des Sept Douleurs.

Ce qui est le plus extraordinaire dans le miracle permanent du tableau de l'*Addolorata*, c'est qu'il se répète hors de Campocavallo ; les reproductions de la sainte image sont elles-mêmes miraculeuses.

Ainsi, cette guérison après seize ans de maladie, qui est la dernière relatée au chapitre V de la seconde partie, a eu lieu à Valparaiso (Chili). Les miracles hors de Campocavallo, opérés par des lithographies ou des photographies du saint tableau sont innombrables.

À Valparaiso, le docteur Riccard Cannan et tout le monastère du Bon-Pasteur certifient l'authenticité du miracle. Il est absolument prodigieux. Une pieuse demoiselle, nommée Marguerite, volontairement volée à la pénitence dans ce couvent, âgée de trente-neuf ans, était sur le point de rendre l'âme : depuis seize ans, elle souffrait « d'une tumeur abdominale », dit le certificat médical, « avec grandes déperditions de sang qui avaient lieu par vomissements et par d'autres voies ; la malade était radicalement incapable de marcher, de s'agenouiller ; elle fut finalement réduite à un tel état que sa mort était journellement attendue. » Or, voici qu'une personne restée inconnue envoya un jour au couvent quelques unes de ces reproductions, plus ou moins réduites, du tableau de Campocavallo ; Don Sorbellini se fait un agréable devoir d'en envoyer à qui lui en demande ; il en est de très petites qui peuvent se mettre dans une boulette de pain et s'avaler. Marguerite, ardente de foi et craignant que la sainte

Communion lui fût refusée à cause de ses continuels vomissements, prit la plus petite des images et l'absorba comme nourriture. À l'instant même les vomissements et la toux disparurent, et ils duraient depuis seize ans !… Le lendemain, on lui apporta le saint Viatique. Il faut lire ce récit, il est des plus émouvants. Guérison complète, disparition subite de l'énorme tumeur, le poumon gauche totalement ulcéré est cicatrisé. Marguerite, qui auparavant ne pouvait faire le plus léger mouvement, quitte son lit, se lève, s'habille, court à la chapelle pour y remercier son auguste bienfaitrice. « La moribonde, écrit la Supérieure du monastère, va dans les chambres, dans les jardins, et, ivre de joie, pour donner des preuves incontestables de sa guérison miraculeuse, elle se livre aux travaux les plus fatigants, elle bêche la terre et veille les malades pendant la nuit. La miraculée était bien devenue la personne la plus robuste, n'éprouvant ni faiblesse, ni fatigue ; et, en ce moment, elle continue à jouir de la plus parfaite santé. »

Je tiens à donner ici l'adresse de Don Sorbellini ; on devra l'écrire ainsi : « *Rev. Don Giovanni Sorbellini, curé de la Sainte-Trinité et directeur du sanctuaire de Notre-Dame de Campocavallo, à Osimo (Marches), Italie.* ». Ceux de mes lecteurs et lectrices qui ont des malades parmi leurs parents ou amis, peuvent envoyer à Campocavallo un vêtement ou du linge ; l'objet est mis en contact avec le miraculeux tableau et aussitôt retourné, afin que le malade s'en revête. Ou bien, on demandera des petites reproductions de la sainte image, à faire prendre comme aliment. Prière instante de signaler les guérisons obtenues ; car soyons zélés, afin que la commission d'enquête puisse proclamer ces miracles qui confondent l'impiété.

Un nouveau sanctuaire est en voie de construction, à Campocavallo. N'hésitons pas à demander des grâces à la bienveillante Madone des Sept-Douleurs ; elle les accorde avec prodigalité et nous invite à lui prouver notre amour et notre confiance. Demandons et nous obtiendrons ; prions, et nous serons exaucés. Ayons la plus ardente foi, célébrons la gloire de Marie, soyons ses enfants aimants et reconnaissants.

---

1. ↑ *Note Wikisource :* La gravure n'est pas reproduite car le fac-similé est de mauvaise qualité.

DANGER DES TABLES TOURNANTES

Aujourd'hui, éclairée, je comprends que ce sont les mêmes mauvais esprits de Satan qui trompent les évocateurs en se présentant à eux, tantôt en anges de lumière et se disant bons daimons, génies bienfaisants, tantôt sous des formes hideuses et se faisait croire maléakhs, esprits d'Adonaï, génies malfaisants.

L'Église défend avec raison de faire appel aux esprits de l'autre monde ; car l'Église sait la malice des surnaturels acteurs de cette détestable comédie. Les personnes qui ont eu le bonheur d'être élevées dans la bonne religion sont coupables, lorsqu'elles se laissent tromper par de telles supercheries ; si elles sont dupes, c'est parce que leur orgueil leur a fait oublier les enseignements de la vérité.

Mon père n'était pas chrétien de naissance, encore moins catholique ; il naquit sans religion, d'un père athée. Quand, sous l'influence de son frère, il prit croyance au surnaturel, il adopta en grande partie les opinions de Socin ; il étudia aussi d'autres systèmes de protestantisme ; la religion qu'il se fit d'abord, avant de se rallier tout-à-fait au culte de

Lucifer, était, à peu de chose près, le système des Unitariens.

Au temps où il inclina vers l'opinion de la divinité double, il avait donc admis les bons esprits sous la suprême autorité d'un Dieu-Bon, qui était pour lui Lucifer, et les mauvais esprits ou maléakhs sous la suprême autorité d'un Dieu-Mauvais, en qui il voyait le Dieu des catholiques. Il s'occupait alors de spiritisme avec mon oncle et ils attribuaient aux maléakhs toute œuvre de mal.

Dans ma jeunesse, il me raconta, entre autres, un fait dont il avait été témoin ; son récit avait pour but de me faire mieux comprendre la distinction entre les deux catégories d'esprits. Il disait que, par méchanceté, les maléakhs venaient parfois à la place des bons esprits évoqués, et il me cita donc cet exemple :

Un jour, il assistait avec d'autres spirites à une expérience de tables tournantes. Le médium évocateur était un homme à qui aucun accident n'était jamais arrivé dans ces séances ; les esprits obéissaient volontiers à ses appels.

Ce jour-là, la table avait tourné immédiatement, et ensuite elle répondait avec une clarté remarquable à toutes les questions que le médium posait.

Tout à coup, elle se renversa d'elle-même, les pieds en l'air ; dans cette position inattendue, et au grand effroi des assistants, elle se précipita alors sur le médium deux des pieds de cette table animée, se mouvant comme s'ils eussent été des bras humains, saisirent le médium à la gorge, lui serrèrent le cou entre leurs deux bois de chêne massif et ainsi l'étranglèrent net.

Au jugement de mon père, c'était un maléakh d'Adonaï qui s'était substitué brusquement au bon daimon de Lucifer parlant auparavant dans la table. Maintenant, je vois bien que c'était le même diable qui avait parlé d'abord, pour inspirer confiance avant de se faire étrangleur. Dieu lui avait permis de donner cette terrible leçon, qui hélas ! ne fut pas comprise ; Dieu avait laissé le diable se livrer à sa méchanceté contre celui qui s'était lié à lui, et c'était le châtiment de l'énorme péché qui est de se mettre en rapport avec ces esprits, lesquels sont vraiment les puissances de l'enfer.

Symboles du Palladisme[1]

(Suite)

Les Croix

Tableau à l'angle supérieur de droite. Ce qui frappe l'œil, d'abord, c'est une large croix noire, dont la hauteur est égale à la largeur et qui porte au centre un cœur ayant les lettres grecques X et P réunies ; autour, en quatre fragments, en caractères blancs se détachant sur le noir de la croix, les mots latins : *Cor exe-cran-dum*. Cette croix noire est dominée par un soleil rayonnant surmonté d'un croissant lumineux ; le nombre 666 est inscrit au centre du soleil, qui a exactement 33 rayons. À droite, en haut dans le tableau : une petite croix noire, du même modèle que la grande, mais sans cœur ni inscriptions ; elle tient, par son extrémité supérieure, à un cercle dont la haute moitié est blanche et la basse moitié est noire ; ce cercle entoure un signe bien connu en magie et qui est appelé « la signature de Lucifer » ; la lettre L est au centre ; les lignes, enchevêtrées, donnent le dessin d'une étoile à cinq pointes ; les mots latins *Post te-ne-bras lux* sont disposés par syllabes, tout autour de l'étoile. À gauche, en haut dans le tableau : un disque blanc, sur lequel se détache une croix dont la verticale est grise et l'horizontale est noire ; une rose épanouie est au centre de cette croix ; autour, les mots latins *Ro-sa mys-tica* sont dispersés sur le disque ; de ce disque s'élève une figure en forme de fût de colonne blanche, portant inscrit PH∴ SANCTUS ; et enfin, cette sorte de fût est couronné d'un triangle blanc, ayant au centre la lettre L et, sur les trois côtés, les mots latins *Lumen, Labor, Libertas*.

Je rappellerai, d'abord, que toutes les écoles d'occultisme se sont toujours fait une loi de profaner la Croix. C'est là la marque évidente de l'esprit satanique des sectes, et je me demande aujourd'hui comment je ne l'ai pas compris plus tôt. Le diable exècre le Divin Rédempteur, et sa haine s'attaque jusqu'au signe de la rédemption ; le simple tracé d'une croix lui rappelle que Jésus s'est immolé pour racheter les âmes de l'humanité souillée du péché, par suite des perfides conseils du serpent trop complaisamment écoutés et suivis.

La principale croix qui figure sur ce tableau du Bref ne laisse aucun doute de la haine satanique. Malgré la modification de la forme, c'est véritablement la Croix du Calvaire que la rage des Maçons palladistes a entendu placer là, parmi les secrets symboles. Les lettres grecques X et P, placées sur le cœur, signifient *Christ* ; c'est le Sacré-Cœur de Notre-Seigneur Jésus-Christ que les lucifériens crucifient, en l'appelant « cœur exécrable » dans leur horrible blasphème. La croix est noire, parce que Satan se prétend la lumière incréée, parce que sa rugissante colère nomme « ténèbres » la foi chrétienne.

À la Rédemption de l'humanité par l'adorable sacrifice de Jésus, la haute-maçonnerie des Triangles lucifériens oppose la venue de l'Ante-Christ, qu'elle appelle *Anti-Christ*, et qui est désigné par le nombre 666.

La tradition de l'occultisme palladique, fondée sur le sentiment de plusieurs démonologues, est qu'un daimon nommé Anti-Christ existe au royaume du feu et qu'il s'incarnera le 25 décembre 1961, naîtra le 29 septembre 1962, sous le nom d'*Apollonius Zabah*, et établira sur la terre le règne de Lucifer. L'opinion des démonologues porte seulement sur l'existence du daimon Anti-Christ ; le reste a été ajouté par les docteurs de la secte, principalement par Albert Pike, écrivant sous la dictée des diables d'enfer qu'ils évoquaient et qui apparaissaient.

Il ne m'appartient pas de me prononcer sur l'identité de ce daimon ; peut-être sont-ils plusieurs mauvais esprits qui prennent tour à tour ce nom, afin de se vanter de futurs exploits, de victoires assurées, aux yeux de leurs infortunées dupes et victimes, — au nombre desquelles j'ai été si longtemps.

Ce diable, que l'on fête dans les Triangles au jour de l'Ascension, et qui commande, à son dire, la 2336ᵉ légion dans la VIᵉ grande colonne sous les ordres de Bitru, donne la signature que voici :

J'ai eu de lui quatre apparitions, au cours desquelles l'hypocrite sut fort bien déguiser sa méchanceté ; mais il n'agit pas de même à l'égard d'un Frère Rosicrucian d'Écosse, qui vit encore, que je nommerai, si cela est nécessaire, et qui ne me démentira pas.

(À suivre)

---

1. ↑ Voir le fascicule n°2 des *Mémoires*

UN LIVRE ADMIRABLE. — Ah ! que voici donc un bon roman, et vrai, et palpitant d'intérêt, de la première à la dernière page !... Le titre est : *Pour la Patrie*. L'auteur : M. Tardivel, directeur de la *Vérité*, de Québec, l'homme de cœur et l'écrivain de talent dont le nom est bien connu, et de tous hautement estimé par les Américains du Nord ; M. Tardivel, que, de l'autre côté de l'Océan, l'on appelle « le Louis Veuillot du Canada. »

Ce roman est *vrai*, et pourtant, par une fiction ingénieuse, l'auteur en place l'action au XXe siècle. Ne dites pas que j'émets un contre-sens ; lisez cette œuvre remarquable, amis catholiques, et vous me donnerez raison.

Et voici pourquoi ce livre est éclatant de vérité : c'est précisément parce que du roman il n'a que la forme ; quiconque connaît les dessous de la franc-maçonnerie constate, à la lecture de *Pour la Patrie*, que les personnages en scène ne sont pas inventés, ni leurs actions ; ce sont gens que l'on rencontre à chaque pas dans la vie politique, les uns aimés des honnêtes, les autres tristes individus n'ayant au cœur que la haine de l'Église ou tombant dans l'abjecte trahison par soif d'or. Et ces personnages, qui vivent aujourd'hui et qui revivront demain dans la lutte de la secte maçonnique contre la sainte religion du Christ, sont, en ces excellentes pages de M. Tardivel, si bien écrites, ce qu'ils seront au vingtième siècle, en raison de la marche des évènements actuels ; ils font exactement ce qui se fera, quand la guerre des fils de Satan en sera arrivée à la date choisie par l'auteur pour l'exposition de son sujet.

Point banale, certes, l'idée qui a présidé au choix de cette date ! Si je ne craignais de choquer la modestie du directeur de la *Verité*, je dirais que c'est une idée de génie. De toute évidence, l'écrivain sait quels formidables complots l'infernale secte a ourdi pour déchristianiser, après la France, le Canada, cette France nouvelle, toujours jeune, et dont la population catholique est si vaillante ; il sait qu'il entre dans le plan maçonnique de supprimer pour les fidèles Canadiens, jusqu'à leur Patrie elle-même ; et il représente cette lutte terrible, avec toutes ses intrigues et tous ses crimes, à l'heure suprême où la destinée de l'héroïque peuple sera dans les mains des conspirateurs des Loges et des arrière-Loges.

Bravo, Monsieur ! vous avez écrit le livre honnête par excellence, et, ce qui ne gâte rien, une œuvre puissamment dramatique sans la moindre exagération. Je vous souhaite de nombreux lecteurs, dans toutes les contrées catholiques ; car le complot contre le Canada intéresse les catholiques du monde entier, et toutes les nations catholiques sont l'objet d'une haine féroce. Je prie Dieu, Monsieur, qu'il donne à votre livre, qui n'est roman que par son sous-titre, un succès récompensant votre mérite, oui, un succès grandiose ; car votre livre, *étonnamment vrai*, fera réfléchir et à beaucoup ouvrira les yeux.

J. V.

LE JUIF DANS LA FRANC-MAÇONNERIE. — Je n'ai pas eu le temps encore de lire le livre de M. de La Rive, dont j'ai vu, avec grand plaisir, un compte-rendu des plus favorables dans *la Franc-Maçonnerie démasquée*. On sait que cette Revue traite toujours très consciencieusement les questions dont elle s'occupe, et l'on sait aussi que M. de La Rive est, comme écrivain, le méticuleux, le précis, le document fait homme. Son nouveau livre doit donc être à la hauteur de son aîné, *la Femme et l'Enfant dans la Franc-Maçonnerie universelle,* qui a fourni un arsenal formidable aux défenseurs de l'Église contre la secte.

Au surplus, voici une communication officielle qui a plus de poids que toutes les recommandations que je pourrais faire :

« Dans sa réunion du 29 octobre 1895, le Conseil central exécutif de l'Union Antimaçonnique de France, sur le rapport de deux de ses membres, a déclaré fort utile, en vue de la campagne antimaçonnique, le nouveau volume de M. de La Rive : *Le Juif dans la Franc-Maçonnerie.*

« Le Conseil estime que cet ouvrage, par son exactitude et sa documentation si complète, rendra les plus grands services à tous ceux qui s'occupent de luttes contre la secte maçonnique. Il fournira de précieux arguments et des témoignages irrécusables aux écrivains et aux orateurs qui s'occupent de ces questions, et fera de plus en plus la lumière sur les desseins et les menées des juifs et des francs-maçons. »

Le prochain fascicule des *Mémoires* n'aura pas de gravure ; par contre, le fascicule de janvier en contiendra deux.

CORRESPONDANCE. — Un peu de statistique : du jour de l'annonce de ma conversion à aujourd'hui (26 novembre), j'ai reçu 3,476 lettres. Je ne cite pas le nombre pour m'enorgueillir ! — car là-dessus il y a bien au moins 600 lettres d'ex-Frères et ex-Sœurs, plus en récriminations qu'en regrets, et plus d'un millier de sollicitants, s'imaginant chacun être seul à me faire appel, et chacun dorant sa pilule avec le plus d'art possible pour me la faire avaler ; — mais je cite le nombre, afin que mes amis, les vrais, les désintéressés, comprennent que, malgré la meilleure volonté du monde, il m'est impossible de suffire à une telle correspondance.

J'ai classé, j'ai trié, je fais mon possible pour satisfaire au fur et à mesure ; il en est à qui je répondrai, quoique ayant dû remettre de jour en jour leur réponse, pour passer à une autre plus urgente ; mais, en toute vérité, si cette avalanche ne s'arrête pas, on me met dans l'impossibilité de travailler. Je supplie qu'on ne m'écrive plus !

De même, qu'on ne prenne pas en mauvaise part mon silence au sujet de certaines agrégations sollicitées : mon directeur spirituel décide seul sur ce point ; son avis est qu'il n'y a pas urgence à prendre de décision ; je laisse proposer, et il choisira.

Plusieurs me demandent des consultations particulières sur des questions que j'aurai, sans aucun doute, à traiter dans mes *Mémoires* ou dans quelque autre publication. Je ne puis me prêter à cela ; j'écris pour le public. Un bon Père bénédictin me prie de lui annoter un ouvrage qui n'a guère moins de 2,000 pages, afin d'avoir mon avis particulier sur tout ce qui y est écrit !

Quant aux sollicitants, j'ai le regret de leur dire, pour trancher net, que j'ai beaucoup plus d'expérience qu'ils ne le supposent, et l'expérience m'a appris qu'il n'y a d'infortunes intéressantes que celles qui se cachent. C'est pourquoi, au risque de me faire des ennemis, je rejette en bloc toutes lettres intéressées. J'en ai reçu d'absolument écœurantes, et j'ai eu déjà nombre de déceptions. Mais que mes amis vrais se rassurent : les petitesses humaines n'ébranleront pas ma foi. Pour donner une idée, cependant : la semaine la plus chargée en lettres de cette nature a été la deuxième de novembre ; les solliciteurs ont atteint, pour cette seule semaine, le total de 252,000 francs ! Dans le nombre, pourtant, sont de bonnes gens, d'une simple naïveté, à qui je ne saurais en vouloir ; telle excellente dame, par exemple, qui m'invitait à doter une jeune fille à qui elle s'intéressait.

Donc : supplication qu'on me laisse un peu de paix. Maintenant à mon tour de demander !… Je demande des prières pour une de mes ex-sœurs lucifériennes, qui est entrée dans la voie de la conversion et qui s'est remise entre les mains d'un saint prêtre, très expert et prudent ; je demande des prières pour un chef de rite occultiste qui est déjà dans les meilleures dispositions et dont la conversion, si elle se parfait, comme je l'espère, causera grande joie chez les catholiques et désarroi dans les rangs de l'ennemi.

C. d'E. — Reçu les livres ; mille remerciements.

CHAPITRE III

Mon éducation luciférienne

(Suite)

Puisqu'il maudissait les Vaughan catholiques d'Angleterre, dans son fanatisme surexcité, ceux-ci aujourd'hui prient pour lui, unis de cœur avec sa fille. Oui, ils espèrent, comme moi, que mon malheureux père, en son agonie, aura eu une de ces lueurs de la grâce, dont le Dieu des suprêmes miséricordes a toujours comme une réserve, trésor de bonté qui profita souvent à de grands coupables. Oh ! alors, quelle joie pour moi, cet espoir inexprimable, à la pensée que sa chère âme peut encore être arrachée à des flammes non-éternelles !…

Merci surtout à ceux qui prient avec le plus d'ardeur ; parmi eux, j'ai grand plaisir à citer les Vaughan, comtes de Lisburn, en Cordiganshire, au pays de Galles, dont les fils ont eu pour professeur, à Oscott-College, un de mes bons amis, et dont la petite-fille, miss Christine, a épousé un converti distingué d'Écosse. Eux-mêmes, et par exception, les Vaughan de cette branche avaient eu le malheur de se laisser gagner, il y a longtemps, par l'hérésie ; mais vers

1830, époque à laquelle le chef de cette branche épousa une irlandaise catholique, la sainte religion rentra à leur foyer, et maintenant elle y règne, en douce souveraine, sur toute la famille ; le triomphe du catholicisme a été complet chez eux, chaque jour leurs actions de grâces s'élèvent au ciel. Dans un remerciement public, dont je prie leur modestie de ne pas se froisser, j'avais le devoir de leur consacrer cette courte mention, particulièrement à l'honorable Georges Vaughan, des comtes de Lisburn, ainsi qu'à sa pieuse épouse et à leur charmante fille, madame Ogilvie Forbes.

M'étant acquittée de cette dette de cœur, — et remerciant aussi S. G. Mgr Macdonald, archevêque d'Édimbourg, et S. G. Mgr Mostyn, évêque d'Ascalon, vicaire apostolique pour le pays de Galles, cousin de mon dévoué et cher ami L***, l'ancien professeur d'Oscott-College, lesquels ont bien voulu m'envoyer leur bénédiction à l'occasion de mon baptême et de ma première communion, — je reviens à l'ancêtre, au Thomas Vaughan, dont les ascendants forment notre origine commune.

Il est certain qu'Alibone a commis des erreurs inouïes au sujet de Thomas Vaughan (*Eirenœus Philaléthès*); je crois l'avoir clairement démontré plus haut. Cependant, ces erreurs peuvent s'expliquer, jusqu'à un certain point, par la similitude de nom, les Vaughan étant déjà nombreux à la fin du seizième siècle, en ce pays de Galles qui est le berceau de la famille, et, d'autre part, la confusion pouvant se faire entre divers personnages de l'époque qui s'approprièrent le pseudonyme de magie et de littérature adopté par mon ancêtre.

Ainsi, il est certain qu'un proche parent du vrai Philalèthe portait exactement le même nom que lui et parait être l'un de ses oncles, né, par conséquent, après Robert Vaughan, l'antiquaire, qui est mort à Hengurth en 1666 et dont le dernier descendant a laissé ses papiers de famille à sir William Vrinne de Peniarth. Cet autre Thomas Vaughan, du Monmouthshire, comme Philàlèthe, naquit en 1606, entra dans la Compagnie de Jésus à l'âge de vingt-sept ans, fut admis dix années plus tard à la profession des quatre vœux solennels (3 décembre 1643), fit partie très longtemps de la Mission anglaise, et mourut dans le nord de l'Angleterre le 25 mars 1675, c'est-à-dire âgé de soixante-neuf ans et après trente-deux années de profession ; ce saint jésuite, qui resta inébranlable dans la foi, au milieu d'une incessante persécution, a dû être un de mes protecteurs au ciel, j'en demeure convaincue.

Quant aux divers écrits qui ont paru sous la signature *Philalèthe*, par imitation de celle de mon ancêtre, ils sont innombrables.

Jugez en par ceci : tous ces livres et pamphlets, classés sous le titre de *Philalèthe* remplissent un volume entier du catalogue du British Museum. Par beaucoup, le pseudonyme *Eugenius Philalèthes* est attribué à Thomas Vaughan, tandis qu'*Eirenœus* est attribué à Georges Starkey, dont je parlerai tout à l'heure. Il y a aussi un *Irenœus*, que plusieurs attribuent à William Spang ; mais d'autres l'accordent à Thomas Vaughan. Tant d'imitateurs étant survenus, on s'y perd, et d'ailleurs les appréciations sont contradictoires.

Donc : il importe peu de s'arrêter à des discussions oiseuses, qui ne feraient pas avancer d'un pas la question. Des auteurs tels que Gould et Findel, ont commis des erreurs, en interprétant d'une façon un peu trop hasardée, des écrivains plus anciens. D'après Wood, le très consciencieux auteur de l'*Histoire d'Oxford*, une traduction anglaise de la *Themis Aurea* de Michel Maïer, publiée en 1656 à Londres, et une traduction, également anglaise, de la *Fama Fraternitatis Rosæ Crucis*, de Valentin Andreæ, publiée en 1652, ont porté la signature *Eugenius* et seraient attribuées à un Thomas Vaughan autre que mon ancêtre. Or, à cette époque, je ne vois d'autre Thomas que l'éminent jésuite né en 1606 et mort en 1675 : comment pourrait-on supposer un instant que ce saint homme de Dieu ait coopéré à la propagation des doctrines de la Rose-Croix ? cela est tout à fait inadmissible. Chez les jésuites d'Angleterre, le R. P. Thomas Vaughan est considéré, à juste titre, comme ayant eu une vie irréprochable, sans aucune défaillance passagère ; les Mémoires du Rév. Dr Oliver, S. J., le déclarent dans les termes les plus formels. D'autre part, les manuscrits légués de l'un à l'autre en ma famille, et dont l'authenticité ne saurait être contestée, ont la signature *Eirenœus* et non *Eugenius*. Wood a donc pu rapporter un bruit qui courait en son temps et ce bruit a pu être l'origine des erreurs dont Gould et Findel eux-mêmes se sont faits les échos.

Laissons. L'essentiel, c'est la véridicité indiscutable de l'histoire si étrange de Thomas Vaughan, qui fut disciple de Robert Fludd et de qui je descends en ligne directe, qui fut le successeur de Valentin Andreæ à la grande-Maîtrise de la Rose-Croix socinienne ; et je reprends le récit de ses pérégrinations à travers le monde, tel que je le tiens de mon père et de mon oncle, s'appuyant sur les documents provenant de l'héritage de mon bisaïeul James, de Boston, documents pour eux d'un prix inestimable.

C'est à Calw, petite ville près de Stuttgard, où Andreæ était pasteur, que Thomas Vaughan l'y rencontra, en 1636, porteur de la lettre de Robert Fludd. Là, se trouvait de passage, remplissant une mission secrète de la Fraternité, un certain Jérôme Stoïnus, fils du ministre socinien qui présidait le synode de Luclavie. Andreæ fit le meilleur accueil à Thomas et chargea Stoïnius de l'accompagner auprès de Samuel Blonski, dit Fidelis. Ce voyage se termina par une visite à Komenski, — mais il n'est dit nulle part en quelle ville eut lieu la rencontre, — et par le retour à Londres. L'année suivante, mourait Robert Fludd.

En 1638, Thomas Vaughan effectua son premier voyage en Amérique ; il avait alors vingt-six ans.

À ce propos, voici d'abord un point curieux à relever : — Parmi les manuscrits de Philalèthe, recueillis par mon bisaïeul James, il en est un assez grand nombre où l'écrivain s'exprime en homme religieux ; mais il est impossible, par ces déclarations, de déterminer exactement quelle religion il professait (je parle de la religion professée en apparence), quand il traversa l'Atlantique pour la première fois. Nulle part il ne dit, en termes catégoriques, si extérieurement il était demeuré catholique ou s'il était passé dans l'un des camps de l'hérésie anglaise. On en est donc réduit aux conjectures. Quant à moi, j'incline à penser qu'il s'était déjà rallié aux non-conformistes ; car c'est avec eux qu'on le voit dès lors en constants rapports.

On sait que la première tentative de colonisation eut lieu au Massachussets, en 1602, par des puritains, sous la conduite de Bartholomew Gosnald ; mais elle n'était pas de suites sérieuses. Le premier établissement réel des Anglais fut en Virginie, où 105 émigrants partis de Londres, ayant pour chef le capitaine Christophe Newport, fondèrent, en 1607, Jamestown ; cette colonie prospéra beaucoup, ensuite, sous l'intelligente direction du capitaine Smith, et c'est en 1614 que toute la région explorée par lui reçut le nom de « Nouvelle Angleterre ». Mais bientôt, tandis que les Hollandais débarquaient, et s'installaient dans le pays qui est aujourd'hui l'état de New-York, une nouvelle société de puritains anglais, comprenant une centaine de personnes, hommes, femmes et enfants, conduits par John Carver, William Brewster, William Bradford, Edward Winslow et Miles Standish, s'établit dès 1620 plus au nord ; c'est le 21 décembre, après une traversée de cent-six jours, que le *Mayflower* les débarqua dans un havre de la baie de Massachussets, et là ils construisirent une ville qu'ils nommèrent Plymouth. Je rappellerai brièvement que la fondation de cette colonie puritaine de Plymouth fut suivie de celle de Massachussets-Bay ; la ville de Salem y fut édifiée en 1628, par John Endicott, et celle de Trimountain, en 1630, par John Winchrop et Thomas Dudley.

Voici exactement quelle était la situation de la Nouvelle-Angleterre, quand Thomas Vaughan s'y rendit, en 1638. Les Anglais avaient colonisé dans les diverses régions appelées aujourd'hui Virginie, New-Plymouth, Massachussets, New-Hampshire, Maine, Maryland, Connecticut, Providence, New-Haven et Rhode-Island ; les Hollandais étaient à Nieuwe-Amsterdam (devenue plus tard New-York), et avaient aussi des colonies dans la contrée qui est maintenant New-Jersey et dans celle de Delaware, là mêlés aux Suédois.

Trimountain, en Massachussets, avait changé de nom. Dans la relation de son premier voyage en Amérique, Thomas Vaughan parle, avec de grands éloges, du ministre protestant John Cotton, qui l'accueillit en lui témoignant beaucoup d'amitié. D'après certaines expressions du manuscrit, il semblerait que le pasteur Cotton avait traversé l'Atlantique avant les pélerins du *Mayflower* ; car il y est dit qu'il « retourna » en Angleterre en 1612, et qu'ayant été tracassé pour avoir adopté les idées des non-conformistes, il était revenu définitivement en Massachussets, en 1633, c'est-à-dire après Winchrop et Dudley. Le révérend John Cotton avait passé la cinquantaine, lorsqu'il reçut mon ancêtre Thomas, alors tout jeune homme, et celui-ci garda grande impression de ses prédications ardentes ; de là aussi je conclus que Thomas s'était vraiment rallié aux puritains, tout en restant imprégné des secrètes doctrines de Robert Fludd ; mais, dans la Fraternité socinienne, il n'appartenait encore qu'à la Croix d'Or. John Cotton, en Angleterre, avait été ministre à Boston, petite ville du comté de Lincoln, qui avait fourni la majeure partie de l'émigration de 1630 ; c'est lui qui décida ses compatriotes à changer le nom de Trimountain en celui de Boston, sous lequel l'humble colonie est connue maintenant du monde entier.

Ce premier voyage de Thomas Vaughan en Amérique n'offre aucun incident remarquable. Nous savons qu'il était retourné en Angleterre dans les premiers jours de juin 1639 ; en effet, il était à Londres, lorsque se répandit, causant un vif émoi chez les occultistes d'Europe, la nouvelle de la découverte d'une mystérieuse corne d'or en Danemark, et Thomas se rendit alors immédiatement dans ce pays.

Le 20 juin de cette année-là, une jeune danoise, que Philalèthe appelle Kaatje Schwenz, du village d'Osterby, près Tondern, aperçut sur le bord d'une route quelque chose de pointu et de jaunâtre, qui sortait de terre et qu'elle prit pour une vieille racine. Huit jours plus tard, passant encore par le même chemin, elle remarqua de nouveau cette chose bizarre ; mais, cette fois, elle eut la curiosité de se rendre compte de ce que c'était. Elle creusa la terre tout autour et eut quelque peine à en retirer l'objet. C'était un bloc de métal, paraissant être de l'or, en forme de corne longue de soixante-six centimètres, creusée de telle sorte que sa contenance était de plus de deux litres, pesant plus de trois kilogs, artistement travaillée et couverte de figures symboliques des plus étranges. Heureuse de sa trouvaille, la demoiselle Shwenz, escortée de ses parents, la porta à Tondern, où on lui apprit qu'elle était véritablement en or.

Le roi de Danemark, Christian IV, fit venir Kaatje Schwenz à sa résidence de Gluckstadt et lui acheta la précieuse corne à un prix qui fut pour elle une fortune.

Cette corne, qui est historique, est demeurée jusqu'en 1802 au musée de Copenhague, époque où elle tenta un hardi voleur qui s'en empara et la fit fondre ; longtemps elle mit à la question la cervelle des archéologues. Thomas Vaughan et plusieurs de ses collègues en alchimie ont vu, dans les mystérieuses figures qui l'ornaient, l'histoire de la recherche de la pierre philosophale. À son rapport, elle était formée à l'extérieur de onze pièces différentes, dont chacune était séparée de l'autre par un anneau, l'ensemble décrivant des courbes. Thomas en a laissé le dessin. Les figures représentées, qu'il explique en occultiste, sont des serpents, des poissons, des oiseaux de proie, des loups à la gueule béante, des chevaux à têtes et mains humaines, des têtes de mort, des tridents, des étoiles, deux satyres dont l'un porte une hache et l'autre porte une faux, des hommes dans toutes les attitudes, à genoux, les mains jointes et renversées, élevées vers le ciel, l'un d'eux tenant un poignard, un autre un miroir, un cavalier au galop, la lance au poing, un arbalétrier visant une pièce de gibier, un mage vêtu d'une longue robe traînante et coiffé d'un bonnet à queue, une femme brandissant un couteau contre un homme placé auprès d'elle, des monstres à face hideuse, et, tout autour de la corne, des lignes innombrables de points formant tantôt des croix, tantôt des cœurs.

En ce temps, Amos Komenski était à Londres où il publiait son *Prodromus Pansophiæ universæ.* Thomas Vaughan lui fit, sur la corne d'or de Tondern, un volumineux rapport, qui fut approuvé par lui, ainsi que par William Lilly, Georges Wharton, docteur Pearson, et John Booker ; ce rapport, qui n'a jamais été imprimé, est au nombre des manuscrits de Philalèthe, provenant de la succession de mon bisaïeul James. Il ne présente aucun intérêt de publication, si ce n'est qu'il établit les preuves de certaines relations de Thomas Vaughan avec divers astrologues, mathématiciens, théologiens protestants et médecins de l'époque, tous occultistes de la Rose-Croix socinienne.

La *Pansophia,* de Komenski, laisse percer que la Franc-Maçonnerie est bien d'origine socinienne. Dans ce livre, que mon père prenait plaisir à me citer et dont j'ai lu aussi la louange par Findel, on voit apparaître, — et je ne crois pas me tromper en ajoutant : pour la première fois, — l'expression *Grand Architecte de l'Univers,* appliquée à la divinité, une divinité qui n'est certainement pas le Dieu des catholiques, mais un dieu mal défini, vague. Ce dieu, mon père me l'expliquait ainsi : « C'est le dieu que la plupart des religions, autres que le catholicisme romain, adorent, quoique sans le bien comprendre ; c'est le dieu qui ne veut pas de superstition dans son culte ; c'est celui qui aime tous les humains comme ses enfants et qui voit avec tristesse les catholiques, abusés, adorer son éternel ennemi, Adonaï, le Dieu-Mauvais. » L'ouvrage de Komenski est inspiré de ce même sentiment ; pour le rose-croix frère morave, il faut « détruire la puissance de la Papauté, à n'importe quel prix », et il prédit cette destruction « par une vaste association internationale d'hommes bien éclairés, d'un esprit juste, ennemis du fanatisme sacerdotal, qui élèveront un temple de toute sagesse, d'après les plans mêmes du Grand Architecte de l'Univers ».

Thomas Vaughan avait vingt-huit ans, quand il passa de la Rose d'Or à la Rose-Croix, c'est-à-dire lorsqu'il fut initié au 5e degré, *Adeptus minor*. L'initiation lui fut donnée par Amos Komenski ; c'est alors qu'il choisit pour nom *Eirenœus Phitaléthès*. Son initiateur, en le félicitant au nom du grand-maître Valentin Andreæ, lui rendit cette fameuse lettre de recommandation de Fludd, qu'il avait portée, quatre années auparavant, sans en connaître le contenu, au pasteur de Calw, à cet homme qui, pour le vulgaire public, était un modeste ministre protestant dans un village du Wurtemberg, mais qui était en réalité le chef suprême de l'occultisme en Europe. En 1640, Valentin Andreæ, s'élevant dans ses fonctions extérieures, était devenu prédicateur de la cour, et bientôt le duc de Brunswick-Wolfenbuttel allait le prendre pour chapelain. — Il faut noter ces noms, que j'énumère, en rapportant ce qui m'a été enseigné. Celui qui a étudié l'histoire de la Maçonnerie verra ainsi la lumière se faire de plus en plus ; il est intéressant, en effet, de constater l'entrée de la famille de Brunswick dans la secte, quand on sait le rôle maçonnique important que joua un duc de Brunswick au moment de la Révolution.

À peine admis aux grades de la parfaite initiation, Thomas Vaughan se dépense avec une activité dévorante ; il est d'un infatigable zèle. Alors, il commence à n'avoir plus de domicile fixe ; il va et vient ; il est partout. Il est, ainsi qu'il s'intitule, « le Philalèthe, citoyen de l'univers ». En Angleterre, il partage ses courts séjours entre Oxford et Londres.

Voici le temps où il se lie avec Elias Ashmole. Retenons : voici l'histoire vraie des origines de la Franc-Maçonnerie sectaire ; et je poursuis ma rectification de nombreuses erreurs qui ont cours.

D'abord, une erreur assez répandue, du moins en France, parmi quelques catholiques passionnés pour l'étude des questions maçonniques, c'est celle qui consiste à croire Elias Ashmole issu de famille juive. Plusieurs m'ont écrit à ce sujet, en me faisant part de leur opinion sur l'action des juifs dans la Franc-Maçonnerie, et cette action influente est incontestable ; mais il ne faut pas aller trop loin. La secte n'est ni d'origine protestante, comme l'avance M. Léo Taxil, qui a eu le tort de ne pas faire remonter ses recherches à plus haut que 1717, ni d'origine juive, comme le croient les antisémites ; elle est d'origine socinienne, absolument.

Double cause de l'erreur française sur Ashmole : il vint souvent à Oxford et y fut étudiant, or il y avait une école rabbinique à Oxford ; en outre, il est certain qu'il eut pour maitre le rabbin Salomon Frank, de qui il apprit l'hébreu.

On peut dire encore que son prénom (Elias ou Élie) et celui de son père (Simon) ont contribué à tromper les anti-maçons de France : mais ces prénoms ne prouvent rien ; car, en Angleterre, à la naissance d'un enfant, autrefois comme aujourd'hui, souvent on choisit le prénom dans l'Ancien Testament. On peut tirer aussi certaines inductions morales de son caractère, de sa manière de vivre : il était cupide, poursuivant la fortune par tous les moyens ; ainsi, âgé de trente-deux ans, il épousa une femme qui en avait cinquante-trois, lady Mainwairing, veuve de trois maris et mère d'enfants dont l'aîné, aussi âgé que lui et désapprouvant ce mariage, tenta de le tuer ; cette dame, plus riche encore que mûre, était une parente de sa première femme, car lui aussi était veuf ; et longtemps après, étant veuf pour la seconde fois, il épousa, à cinquante-un ans, toujours pour le même motif de lucre, une toute jeune fille, miss Dugdale, fille de sir William Dugdale, héraut d'atouts de Windsor, que le roi Charles II comblait de ses faveurs. Au moral, Elias Ashmole fut un personnage assez malpropre ; en 1637, sa seconde femme plaida contre lui en séparation, en faisant valoir des arguments qui le montrent sans aucune dignité. Sa principale passion fut l'*acquisitiveness*, la soif d'acquérir.

Il me répugnait, et j'ai quelquefois disputé à son sujet contre mon père et mon oncle, trop enclins à fermer les yeux sur ses vices, en raison de son zèle de rosicrucian et de sa collaboration avec notre ancêtre Thomas Vaughan.

En réalité, Elias Ashmole n'était pas d'origine juive. Il n'était plus de la première jeunesse quand il se mit à étudier l'hébreu sous la direction de Salomon Frank ; c'était pour comprendre divers auteurs hermétiques, qu'il éprouva le besoin de savoir cette langue ; l'argument visant le fait d'avoir eu pour professeur un rabbin tombe donc de lui-même. Mais voici ce qui est plus décisif : Philalèthe, racontant sa liaison avec Ashmole, indique la profession de son père Simon, sellier, état que les juifs n'exerçaient pas, et il dit expressément qu'Elias avait été enfant de chœur à la cathédrale de Lichfield, sa ville natale.

Thomas Vaughan connut Elias Ashmole en 1641 ; né en 1617, celui-ci avait donc alors vingt-quatre ans, et Philalèthe était de cinq années plus âgé que lui. Grâce à la protection du baron James Pagett, Ashmole était avocat depuis 1638, époque à laquelle il épousa sa première femme, miss Eleonor Mainwaring. Or, lorsqu'il se lia avec Thomas, il venait de la perdre tout récemment, et il convoitait déjà la fortune de sa vieille parente, dont à force d'intrigues il devait finir par obtenir la main, malgré l'opposition de la famille.

Le mystère de la mort d'Eleonor Ashmole n'a jamais été élucidé. La première femme d'Elias, après une union de quatre ans, commencée en adolescence par tous deux, était dans toute la fleur de sa jeunesse et de sa beauté, robuste et non chétive, lorsqu'elle mourut subitement, sans maladie, emportée par une indisposition foudroyante. Ashmole venait d'être recruté pour la Rose-Croix par le capitaine George Wharton, le même dont j'ai cité le nom plus haut, qui fut un des approbateurs du rapport de Thomas Vaughan sur la corne d'or de Tondern, George Wharton et Thomas Wharton, celui-ci médecin, présentèrent Elias Ashmole à Philalèthe, à qui William Lilly et Henry Blount, par délégation de Komenski, avaient conféré les grades supérieurs, jusqu'à celui de *Magister Templi* inclusivement, et donné pouvoir d'initier à son tour.

« Je fus étonné, rapporte mon ancêtre, de ce que les deux Wharton me proposèrent de l'admettre (Elias) aux mystères de la Rose-Croix sans l'éprouver auparavant par les quatre grades de la Croix d'Or. Cela me paraissait imprudent, et cela ne s'accorde qu'en justifiant d'extraordinaires mérites. Mais ils insistèrent beaucoup, et Thomas Wharton me déclara que le néophyte ne nous trahirait jamais ; sans me donner d'autres explications, il m'assura qu'Elias était lié à lui par un terrible secret et qu'il le tenait tout-à-fait en son pouvoir. »

Un jour que, mon père et moi, nous feuilletions ces pages du manuscrit latin de Philalèthe, je ne pus m'empêcher d'exclamer :

— Ashmole avait empoisonné sa jeune femme Eleonor, et c'est de Thomas Wharton qu'il tenait le poison !…

— Ô mon enfant, qu'oses-tu dire ? répliqua aussitôt mon père.

Et Nathan Pixly (un ami de mon père), qui était présent, ajouta :

— Une telle supposition est absurde ; il n'apparaît nulle part qu'Eleonor Ashmole gênât la Fraternité des Rose-Croix… Pourquoi le docteur Wharton aurait-il aidé à la mort prématurée de cette jeune femme inoffensive ?…

Cet échange d'impressions provoqua entre nous une discussion sur ces pratiques criminelles. Mon père s'efforçait de me retenir, de m'empêcher de parler. Pixly soutenait le droit au meurtre d'un adversaire.

— En duel, oui, disais-je, dans un combat face à face, à armes égales, en risquant soi-même sa vie, soit ; par le poison, jamais !… C'est traitrise, hypocrisie et lâcheté.

— Tais-toi, fit mon père ; tu es trop jeune pour porter un jugement là-dessus… Il n'y a pas crime, quand la mort d'un adversaire nuisible est ordonnée par la légitime autorité d'un supérieur consacré à notre dieu, et peu importe alors le moyen à employer pour supprimer l'adversaire… Apprends à réfléchir, et tais-toi…

— Mon père, quelque peine qu'il m'en coûte à vous le dire, sur ce point je ne serai jamais d'accord avec vous.

Elias Ashmole fut donc initié à la Rose-Croix en 1641. Il est bon de fixer cette date ; car elle est en contradiction avec d'autres assertions, soit que le *Journal* d'Ashmole manque de sincérité, soit encore qu'il soit apocryphe. Ces mémoires du fameux antiquaire occultiste ne furent publiés qu'en 1717 ; ils peuvent avoir été fabriqués par quelque franc-maçon, puisque l'année de la publication est celle-là même de l'apparition officielle de la Franc-Maçonnerie. Mais alors on se demanderait pourquoi cette manœuvre au détriment de la renommée de Philalèthe. Il est donc plus probable que le *Journal* a vraiment Ashmole pour auteur et que celui-ci a volontairement omis ce qui pouvait fortifier la réputation de Thomas Vaughan. Il avait aussi intérêt à retarder l'époque à laquelle il fit la connaissance des Wharton ; car il est incontestable qu'il était lié à eux. Les Wharton l'avaient aidé, sans aucun doute pour moi, à le rendre veuf de sa première femme, et, *ceci alors est reconnu*, à lui faire épouser la seconde, la vieille et richissime dame, dont il s'appropria une grande partie des biens ; il était si étroitement lié à eux, qu'en 1652 il délivra George Wharton de la prison et le fit intendant de ses biens, ces mêmes biens qui lui avaient été acquis par son second mariage.

Toutefois, s'il fut initié à l'époque que j'indique, néanmoins on ne l'admit pas encore au conseil des chefs de la Rose-Croix pour l'Angleterre ; en effet, il n'assistait pas au conciliabule secret où fut condamné à mort un prêtre français, nommé l'abbé Bouis.

En ce temps, Amos Komenski vint à Londres, et y vit Thomas Vaughan, Henry Blount, les Wharton, John Booker, le mathématicien Oughtred, William Lilly, le docteur Hewitt et autres chefs rose-croix, mais il ne demeura pas longtemps ; il repartit bientôt et se rendit en Suède, auprès de son ami Lodewijk van Geer, que nous avons vu prenant part au convent de Magdebourg.

C'est pendant son court séjour en la capitale anglaise que Komenski présida le conciliabule auquel je viens de faire allusion.

À cette secrète réunion, on disserta en faveur des juifs kabbalistes, bons alliés contre le catholicisme, Blount signala l'abbé Bouis, prêtre d'Arles, qui venait de publier en Provence, l'année précédente, un ouvrage où, en je ne sais quel passage, les juifs étaient, paraît-il, assez malmenés. La relation n'indique pas le titre de cet ouvrage.

« Blount exposa à l'assemblée que ce prêtre des ténèbres, dans le but d'exciter la populace contre les juifs, avait fabriqué une lettre d'un souverain satrape, rabbin des rabbins, prince des Juifs à Constantinople, adressée en 1489 aux juifs d'Arles, alors menacés d'expulsion s'ils ne se convertissaient pas au catholicisme. Cette prétendue lettre conseillait aux juifs de se faire chrétiens, en gardant la foi de Moïse dans leur cœur ; d'élever leurs enfants dans la science, afin que, devenus médecins et apothicaires, ils ôtent aux chrétiens leurs vies, ou dans la théologie, afin que, devenus clercs et même chanoines, ils ruinent les églises catholiques.

« L'assemblée se montra fort irritée contre ce prêtre Bouis, et l'avis unanime fut qu'il méritait la mort. Thomas

Wharton fut chargé de préparer du poison ; Komenski ordonna que justice serait faite de Bouis par un frère qu'il enverrait en France et qui prendrait le temps nécessaire pour exécuter la sentence sans compromettre la confrérie.

« On condamna aussi deux frères de Vienne, en Autriche, coupables d'avoir eu avec des étrangers une conversation sur les secrets de la Fraternité. Komenski ordonna, avec l'approbation unanime, qu'on ferait disparaître ces loquaces dangereux, et qu'on dirait qu'ils ont été supprimés par les jésuites. »

Thomas Vaughan accompagna Komenski jusqu'à Hambourg, d'où celui-ci se rendit en Suède ; Philalèthe se dirigea vers les Pays-Bas. À la Haye, il initia Martin de Vriès, le navigateur, parent de Simon de Vriès.

L'année suivante, Thomas visite l'Italie ; ce voyage est, pour lui, un pieux pèlerinage socinien. À Udine, il voit en secret Claude Guillermet de Beauregard, plus connu sous le nom de Bérigard le Pisan, et *Galilœus Lynceus* comme frère de la Rose-Croix. Beauregard était alors professeur de philosophie à l'université de Padoue, après avoir professé à Pise. Le grand-maître démissionnaire Cremonini, à sa mort (1631), lui avait laissé ses manuscrits.

En revenant d'Italie en Angleterre, Philalèthe s'arrêta quelque peu en France. C'est alors qu'il conçut le projet d'organiser la Franc-Maçonnerie, *telle qu'elle est aujourd'hui.*

Il voulait réaliser le plan de Fauste Socin, élargir l'infernale propagande, restreinte jusqu'alors aux mystérieux groupes des rose-croix. Le patriarche de Luclavie avait dit qu'il fallait agir dans l'ombre, avec un secret absolu, jusqu'au jour où l'on pourrait enrôler un plus grand nombre d'adeptes, au moyen d'une vaste association n'inspirant pas la défiance aux pouvoirs publics ; et le convent de Magdebourg avait fixé au deuxième centenaire de la révolte de Luther l'époque de cette transformation et cet agrandissement de la Rose-Croix socinienne.

Thomas Vaughan pensa que le mieux était de préparer la nouvelle évolution, sans attendre la date de 1717. On respecterait le vote du Convent des Sept, en ne manifestant publiquement qu'à la date fixée l'existence de l'association ; mais l'association elle-même, on l'aurait d'ici là ; on l'aurait, en grande partie au moins, organisée.

Comment donc s'y prendre ?… Et pourquoi, se dit Philalèthe, ne s'introduirait-on pas dans une association déjà existante, et pourquoi n'opérerait-on pas à l'abri de sa vieille réputation d'inocuité ?…

Il songea d'abord à faire servir les Compagnonnages à ses desseins.

Se trouvant à Reims, il y guérit la femme d'un chapelier, qui était Compagnon du Devoir. Cet homme se répandit en grands éloges sur le compte du mystérieux voyageur, qui exerçait « par bienfaisance » la médecine ; Thomas Vaughan ne faisait jamais payer ses soins. Les Compagnons chapeliers l'invitèrent à une de leurs réunions et lui conférèrent une sorte d'honorariat.

Philaléthe en profita pour les déterminer à modifier quelque peu le cérémonial de leurs réceptions ; les chapeliers rémois se laissèrent convaincre, il leur composa alors un rituel, basé sur une parodie de la Passion du Christ, avec une cène dont l'ensemble était une dérision de l'institution de l'auguste sacrement eucharistique : avant toute chose, dès son entrée dans l'assemblée qui le devait recevoir Compagnon, le récipiendaire avait à jurer sur l'évangile de saint Jean qu'il ne révélerait à personne, pas même à son confesseur, rien des cérémonies de son initiation ni de ce qu'il pourrait par la suite entendre ou voir dans les réunions du Compagnonnage ; ce serment une fois prêté, on administrait au récipiendaire un nouveau baptême, en lui donnant à comprendre que c'était le seul valable pour être sauvé.

Philalèthe composa encore un rituel à peu près semblable, pour les Compagnons cordonniers rémois. Après quoi, il quitta la ville.

Cette innovation, goûtée par plusieurs, gagna quelques Compagnonnages. Toutefois, rentré à Londres, Thomas Vaughan se livra à de nouvelles réflexions, et, après mûr examen, jugea que l'association, plus universelle, des Libres-Maçons ou des francs-maçons, ouvriers du bâtiment, se prêtait mieux à la réalisation de son projet.

Ce changement de batteries lui fut inspiré par la lecture des manuscrits de Nick Stone, dont il fut mis en possession en 1643.

Nick Stone était un des Sept du convent de Magdebourg. En sa qualité d'architecte, il faisait partie de la corporation des Francs-Maçons ; il avait secondé Inigo Jones, grand-maître des loges anglaises, lesquelles, à cette époque, n'étaient nullement sectaires. D'autre part, comme Rose-Croix, il avait approfondi dans le sens luciférien les aperçus donnés par Fauste Socin, et il avait composé, pour les neuf grades de la Fraternité, des cahiers que les chefs ont déclaré remarquables. Son cahier du 8e degré (*Magister Templi*) était vraiment satanique.

Thomas Vaughan fut frappé, en lisant ces manuscrits. Il se demanda s'il n'était pas possible d'étendre l'enseignement de la Rose-Croix à tous les *maçons acceptés* qu'alors on admettait dans les loges comme membres honoraires. En effet, les Francs-Maçons recevaient, sous le nom de « maçons acceptés », des seigneurs, des gens de lettres ou de professions libérales, des riches bourgeois, qui rehaussaient l'éclat de leurs réunions, qui venaient faire parade en leurs fêtes, qui étaient leurs protecteurs et leurs Mécènes. Certainement, se dit-il, cet élément, doué de certaines qualités intellectuelles, se prêtait mieux à l'extension des principes du socinianisme occulte que les ouvriers des Compagnonnages.

Il eut bientôt pris son parti : il se dit que la solution du problème était là, et dès lors il s'appliqua à la précipiter. Quelques frères de la Rose-Croix s'étaient mêlés aux francs-maçons : la loge de Warrington en comptait plusieurs

(Richard Penkett, James Collier, Richard Sankey, Henry Littler, John Ellam, Richard Ellam et Hugh Brewer) ; à Londres, les Wharton et leurs amis s'étaient glissés, comme « maçons acceptés », dans une loge. Philalèthe les encourageait à propager les principes de Socin. Enfin, il leur déclara, dans une réunion du 14 mai 1643, qu'il ne fallait plus se borner à un prosélytisme restreint, mais qu'il était temps d'entrer, avec un programme bien déterminé, dans ces loges corporatives et de s'en servir comme instruments.

La relation de cette assemblée du 14 mai 1643 est en entier dans les mémoires de Philalèthe. *Tout le plan de la Franc-Maçonnerie d'aujourd'hui y est exposé.*

Cependant, Thomas Vaughan fut obligé d'interrompre ses travaux d'organisation. Il reçut de Komenski une invitation à venir le rejoindre en Suède. Là, le lieutenant de Valentin Andreæ était devenu un personnage prépondérant. Van Geer (un des Sept de Magdebourg) s'était transporté et établi dans le pays : il avait conquis le chancelier Axel Oxenstiern, alors véritable régent, vu la minorité de la reine Christine ; il avait été créé baron ; grand industriel, réalisant une colossale fortune dans la fonderie des canons, armateur de la flotte suédoise, il était un homme indispensable, et Oxenstiern, subissant son influence, protégeait ouvertement Komenski.

Quel nouveau complot contre l'Église fut alors tramé par Thomas Vaughan et Amos Komenski ? Je l'ignore. Il existe ici une lacune dans les mémoires de Philalèthe ; il se borne à mentionner son voyage en Suède et à constater la position de ses amis, en faveur à la cour.

Il mentionne aussi, — et mon père me le faisait remarquer avec fierté, — que Martin de Vriès, son fanatique admirateur, ayant été chargé d'une expédition pour reconnaître l'île d'Yeso, donna le nom de *cap Eirœneus* au cap où il débarqua (7 avril). Ainsi, le prénom rosicrucian de Philalèthe servait à fixer une découverte géographique ; c'est de l'histoire, cela.

Nous savons que, l'année suivante (1644), Thomas Vaughan est de nouveau en Angleterre ; car nous avons l'intéressante relation d'une assemblée de Rose-Croix qu'il présidait à Londres, en février. Elias Ashmole y prit part. Philalèthe rendit un bref compte de son séjour en Suède. Mais alors, aussi, on était en pleine guerre civile : Olivier Cromwell avait remporté d'importants succès à la tête des troupes du Parlement, Charles Ier était trahi de toutes parts, par les hommes sur lesquels il avait compté. Henry Blount se trouvait parmi les traîtres ; la bataille d'Edge-Hill le fit passer à Cromwell ; du moins, la défaite du roi fut son prétexte, car partout la trahison avait été préméditée. Le mot d'ordre était donné par les Rose-Croix, qui s'étaient fort répandus parmi les puritains.

En mars, Thomas Vaughan réunit encore les adeptes dont il était sûr, au local d'une loge de Londres. Il y eut évocation de Lucilio Vanini, qui avait été supplicié vingt-cinq ans auparavant à Toulouse. Dans ses mémoires, mon ancêtre dit que Vanini apparut et déclara qu'il n'avait été nullement athée, comme on l'a cru ; il était vraiment luciférien. Mon père, qui vénérait Lucilio Vanini en le qualifiant de martyr, s'appuyait sur cette apparition pour m'expliquer que grand nombre de personnages, revendiqués comme leurs par les matérialistes, étaient nôtres en réalité.

Mais nous voici arrivés à l'année du pacte de Philalèthe avec Satan.

1644 s'était achevé sur la ruine du pouvoir royal ; car le 9 février 1649, jour où la tête de Charles Ier tomba à Whitehall, fut la consommation de la ruine : le pouvoir royal, en réalité, avait été jeté à bas, quand les troupes du Parlement avaient été victorieuses, quand la reine avait été obligée de se réfugier en France, quand le prince palatin Robert avait été défait, quand York avait été pris, quand les Communes avaient obtenu contre Laud, archevêque de Cantorbéry, évêque de Londres, l'inspirateur de résistance aux puritains, ce bill d'*attainder* qui le déclarait coupable du crime de haute-trahison.

C'était un homme austère et intègre, cet archevêque Laud. Il avait prévu les malheurs qui alors fondaient sur sa patrie. Il rêvait, assure-t-on, le retour de l'Angleterre et de l'Écosse à l'Eglise de Rome, qu'il appelait toujours « l'Eglise-Mère », quoique officiellement évêque anglican. On dit qu'il était si bien de cœur avec la Papauté, si désireux de voir finir le schisme désolant, si actif dans ses efforts pour amener d'abord l'union religieuse dans le royaume, la réunion au catholicisme, que le Souverain-Pontife lui avait offert le chapeau de cardinal. Il était dans sa soixante-treizième année, le digne vieillard, quand la Chambre des Lords s'associa aux Communes contre lui, le livrant aux juges, après plus de trois années d'une dure captivité, et requérant la peine capitale. Le fait de haute-trahison ne put être prouvé ; mais la haine des protestants de toutes sectes contre Laud était implacable. Pourtant, le noble martyr était innocent de tout complot antinational ; au contraire, il avait toujours donné l'exemple du désintéressement et de toutes les vertus. N'importe ; les juges, par six voix contre cinq, le condamnèrent au dernier supplice.

L'ambitieux Cromwell, lui, s'était fait recevoir « maçon accepté » : je n'ai pu trouver l'indication que ce fut en telle loge plutôt qu'en telle autre ; mais tout me porte à croire que ce fut en la loge de Warrington, dans le Lancashire, car les Rose-Croix sociniens gouvernaient alors cette loge, ou ils s'étaient glissés en grand nombre, et le président Richard Penkett dit « le frère Olivier Cromwell » dans une lettre du 15 décembre 1644 adressée à Thomas Vaughan. Or, le chef de la révolte contre Charles Ier n'était pas « maçon accepté » à simple titre honorifique ; il était vraiment gagné en secret à la Rose-Croix socinienne.

En ce temps-là, Philalèthe avait demandé à être élevé au neuvième et dernier degré, *Magus*. Valentin Andreæ lui avait répondu : « Ce n'est ni de moi ni d'aucun parmi les plus parfaits d'entre nous que tu recevras la consécration de Mage, à laquelle tu aspires. Notre dieu a des vues particulières sur toi ; c'est lui-même qui te consacrera, il nous l'a dit. Invoque-le, appelle-le ; il t'enverra un prince des célestes lumières, qui t'enseignera comment tu dois te préparer à cette exceptionnelle consécration. »

Thomas Vaughan raconte ce qui se passa en cette circonstance.

« Six jours avant la mort de Laud, j'étais en prière, après avoir relu la lettre du souverain-maître de la Fraternité ; je demandais à notre dieu de m'envoyer le prince des célestes lumières, dont j'attendais humblement l'instruction.

« Je ne vis aucune apparition ; mais j'entendis une voix.

« — Un secret partisan du papisme, me dit cette voix, va recevoir bientôt le châtiment mérité ; notre dieu veut que ce soit ta main qui verse le sang de ce traître ; obtiens d'être l'exécuteur de la juste sentence. Tu recueilleras de ce sang maudit sur un linge consacré à l'éternel ennemi de notre dieu. Tu prépareras un pacte, selon ton inspiration. Au jour où le Christ fut conçu dans le sein de Marie, tu brûleras le linge ensanglanté, et tu appelleras l'éternel Seigneur Lucifer. Il viendra, il te consacrera lui-même ; il t'accordera alors ce que tu lui demanderas. »

« La voix se tut. J'avais compris mon devoir.

« J'eus du frère Richard Penkett une lettre pour le frère Olivier Cromwell. Au jour du châtiment de Laud, je fus, au dernier moment, substitué à l'exécuteur, la substitution étant ignorée de tous. L'homme eut un long regard sur moi, avant de poser la tête sur le billot. Je frappai, en disant en moi-même : « Ô divin Lucifer, sois satisfait ; ton fidèle serviteur immole le traitre. Bonne justice est faite. » Et j'ajoutai, quand la tête roula sur le sol : « *Bona Lucifero justitia !* »

« Un frère m'avait procuré un de ces linges dont les prêtres papistes se servent pour recueillir les fragments de leur pain sacramentel et qui figurent, dans leur superstition, le linceul du Christ. J'humectai ce linge du sang de Laud, et je le conservai jusqu'au jour fixé.

« Ce jour là, ayant jeûné, je me mis en oraison pendant trois heures après le coucher du soleil. J'avais préparé le pacte et ma demande au Dieu-Bon. Je jetai dans un brasier le linge où le sang de Laud s'était figé, et quand il fut consumé, je m'écriai, en prosternant ma face contre terre :

« — Seigneur, bon Seigneur, divin Esprit régnant sur l'univers, vous dont le souffle anime le chaos et crée les mondes, vous l'excellent et le suprême pur, Feu vivant et purificateur, éternel Amour, invisible Roi des cieux supérieurs, soyez visible à votre serviteur fidèle, et daignez paraître pour lui donner la science et la force qui lui manquent encore. Bon Seigneur, paraissez et me consacrez Mage pour vous servir à jamais et travailler avec infatigable zèle à l'oeuvre qui vous est chère. Éternel Seigneur Lucifer ! éternel Seigneur Lucifer ! éternel Seigneur Lucifer! »

« Quand je relevai la tête, je vis la chambre pleine d'éclairs, et cependant les éclats du tonnerre que j'entendis en même temps étaient très lointains ; puis, le bon Seigneur fut tout à coup devant moi dans le troisième cercle intérieur au triangle.

« Au-dessus du brasier, qui se mit à dégager une épaisse fumée grise, un spectre humain se forma de cette fumée elle-même. Le spectre se nomma à moi et me dit être Fauste Socin, le premier souverain-maître de la Rose-Croix. Il me tendit une de ses mains ; je voulus la baiser, mais je ne rencontrai rien sous mes lèvres. Pourtant, le spectre tenait en son autre main une épée, et elle n'était nullement une vaine apparence ; bientôt j'en eus la preuve.

« Le dieu me parla longuement. Il m'instruisit de ses desseins ; il me fit connaître la future gloire de la Fraternité, dont j'étais désormais un des chefs ; il me sacra successeur du patriarche Fauste, après le patriarche Valentin. Enfin, il me demanda ce que je désirais.

« — Trente-trois ans de vie encore », lui répondis-je.

« Il prit alors l'épée que le spectre tenait et en posa la lame à plat sur ma tête ; je sentis le poids de l'arme ; elle n'était donc pas une apparence, une vapeur, comme le spectre de Fauste. Le dieu frappa, de son doigt, trente-trois petits coups sur l'épée, et il dit :

« — Tu vivras trente-trois ans, selon ton désir ; mais tu ne mourras point de mort humaine. À pareil jour, dans trente-trois années, je te transporterai vivant dans mon éternel royaume ; ainsi, tu n'auras pas de sépulture sur la terre, et tu vivras, d'un corps glorifié, dans les pures flammes du Ciel de feu. »

« Le dieu me dit encore :

« — Tu traverseras de nouveau l'Océan, et là-bas je t'enverrai Vénus-Astarté elle-même, qui sera ton épouse, qui vivra avec toi durant onze jours sur la terre, et dont tu auras une fille ; celle-ci portera mon nom et le tien. »

« Il remit l'épée entre les mains de Fauste.

« Fauste me dit :

« — Présente le pacte à notre dieu tout-puissant. »

« Je lui obéis.

« Le bon Seigneur signa le premier ; je signai ensuite, avec mon sang. Fauste reçut le pacte, après que je l'eus remis à notre dieu ; il le toucha de la pointe de l'épée et me le rendit.

« Le pacte reproduisait les figures que j'avais tracées sur le sol, pour obtenir l'apparition de Lucifer.

« La prudence me fut recommandée par le patriarche Fauste.

« Enfin, celui-ci et le dieu disparurent, la terre s'entr'ouvrant sous leurs pieds. Quant à moi, je me prosternai de nouveau et je baisai pieusement la place où le bon Seigneur avait daigné m'apparaître. »

C'est après avoir été consacré Mage de cette façon, que Thomas Vaughan entreprit d'écrire l'*Introïtus apertus*.

Dès lors, il déploya, pour propager les secrets principes du socinianisme, une activité surhumaine ; je comprends maintenant que mon ancêtre était véritablement possédé.

Sous son impulsion, les Rose-Croix se multipliaient, et, aussitôt qu'ils avaient le 5ᵉ degré, ceux de leurs confrères qui étaient déjà « maçons acceptés » les faisaient entrer à ce même titre dans les loges maçonniques. En Angleterre, surtout, et en Écosse, tous les sociniens étaient alors francs-maçons, sans que les vrais maçons, ceux dont la profession se rapportait à la construction, pussent soupçonner que leur société servait à abriter les plus noirs complots contre la religion catholique. Les initiés aux mystères de l'occultisme trouvaient toujours quelque prétexte pour se réunir à part au sein des loges.

Voici le moment où Thomas Vaughan s'unit à Elias Ashmole pour la composition des grades d'Apprenti, Compagnon et Maître, c'est-à-dire pour l'introduction du symbolisme impie dans les grades de la Confrérie internationale des Libres-Maçons.

Nous sommes en 1646. Philalèthe dit à Ashmole : « Les maçons constructeurs ont leurs cérémonies d'Apprentissage, de Compagnonnage et de Maîtrise, auxquelles nous, maçons acceptés, nous assistons en spectateurs, mais qui ne sont point pour nous. Il faut donc donner aux maçons acceptés un Apprentissage symbolique, un Compagnonnage symbolique et une Maîtrise symbolique. Ces cérémonies seront réservées aux intellectuels. » Elias et Thomas se mirent à l'œuvre ; le rituel d'Apprenti fut composé en février, avec ces épreuves, qui ont été conservées jusqu'à nos jours, ces voyages, ce baptême par le feu, etc.

En cette même année, mourait en Pologne un rose-croix fameux, Svendivogius, anabaptiste que le grand-maître Valentin Andreæ avait gagné au gnosticisme socinien, et qui devint expert alchimiste et zélé propagateur de l'occultisme.

Sur ces entrefaites, Thomas Vaughan, après avoir laissé à Ashmole un aperçu du symbolisme à introduire dans le grade de Compagnon, partit pour l'Amérique, où il avait hâte de voir se réaliser en sa faveur la prédiction de Lucifer. Il débarqua à Boston.

Sa liaison avec l'apothicaire Starkey est bien connue. George Starkey, l'inventeur du savon à la térébenthine, encore en usage aujourd'hui, a certifié plus d'une fois, quand il retourna en Angleterre, qu'il avait connu « le Philalèthe » en Amérique ; que « ce philosophe venait très familièrement dans son laboratoire, où il faisait quelquefois la transmutation des métaux imparfaits en or ». Lenglet-Dufresnoy, prélat français, auteur estimé d'une vie de Jeanne d'Arc, rappelle, dans son *Histoire de la Philosophie hermétique* (1742) que Starkey reçut plusieurs fois de Thomas Vaughan des lingots de ce même or qu'il avait obtenu par ses secrètes opérations d'alchimie. Cet auteur ajoute : « Mais Philalèthe, qui était un homme rangé et de bonnes mœurs, s'apercevant que l'apothicaire consommait en débauches ce qu'il lui donnait, s'éloigna de lui et ne le vit plus. » C'est à Starkey que quelques auteurs ont attribué, bien à tort, le pseudonyme *Eirœneus Philaléthès*.

Philalèthe ne se borna pas à visiter ses compatriotes colonisateurs. Il pénétra fort avant dans les terres de la côte orientale ; une vision lui avait appris que Vénus-Astarté s'unirait à lui, au sein d'une de ces tribus indigènes que les conquérants de la Nouvelle-Angleterre refoulaient toujours de plus en plus à l'intérieur.

Un mois tout entier, il demeura parmi les Lenni-Lennaps, qui le respectèrent ; non seulement ils n'attentèrent pas à sa vie, mais encore ils eurent pour lui les plus grands égards.

Ce fut en plein pays sauvage qu'il épousa le démon, ayant pris une forme humaine et se donnant à lui sous le nom de Vénus-Astarté, reine des cieux supérieurs, première princesse du royaume de Lucifer.

Une nuit d'été, selon le récit de Philalèthe, par un beau clair de lune, et tandis qu'il se promenait, l'astre, aperçu à travers les branches des arbres de la forêt, sembla tout-à-coup se rapprocher et se glisser comme une lueur éblouissante et pénétrante. Peu à peu, le croissant lunaire, se rapprochant toujours, parut une sorte de lit arqué, lumineux, flottant dans l'espace, et qui venait, venait vers la terre. Une femme d'une merveilleuse beauté était au repos, dormant sur ce lit céleste, la tête gracieusement inclinée, encadrée de l'un des bras, arrondi. Et la lune, ainsi transformée, sans grossir dans son rapprochement, descendait vers Philalèthe. Les arbres écartaient doucement leurs branches pour lui livrer passage, et les oiseaux, réveillés, mais ne s'effrayant pas, saluèrent de leurs mélodieuses chansons la reine-daimone Vénus-Astarté. C'était bien l'épouse promise par Lucifer à Thomas Vaughan.

La légende ajoute, que le lit-nef se déposa lentement de lui-même dans une clairière et que tout autour les arbustes s'enflammèrent, sans pourtant se consumer ; une foule de petits daimons, semblables à des enfants de sept à huit ans, sortirent de terre, les bras chargés de fleurs, qu'ils offraient à la déesse. Celle-ci, se soulevant à demi, tandis que Philalèthe se précipitait à ses pieds, lui prit la main et passa à son doigt un anneau nuptial, qu'elle avait apporté, anneau d'or rouge, orné d'un diamant ; et cet anneau, il ne le devait garder que durant les onze jours de leur union ; Vénus-Astarté le remporterait, en remontant au ciel.

Pendant les onze jours que la reine des cieux supérieurs passa sur terre, les petits daimons enfantins servirent les deux époux ; une tente, d'une fantastique richesse, avait été dressée dans la forêt dont les mauvaises bêtes s'éloignèrent ; Vénus-Astarté et Thomas Vaughan se nourrissant de mets succulents, de fruits exquis, buvant des breuvages délicieux que les lutins leur versaient, semblaient oublier, elle, la cour de Lucifer, lui, l'humanité.

Le onzième jour, Philalèthe était père d'une petite fille, et Vénus-Astarté, disant adieu à son époux terrestre, reprenant l'anneau nuptial, s'éleva dans les airs sur la lumineuse nef, sur le croissant luminaire disposé en forme de lit. Tente et lutins s'évanouirent comme si tout cela n'eût été qu'un songe. Mais l'enfant n'était pas un rêve, Thomas la tenait dans ses bras.

Or, la déesse, en le quittant, lui avait dit : « Tu mettras sous pieds toute affection ; notre fille ne doit pas être élevée par toi ; tu la confieras à une famille de ces Indiens au cœur candide ; choisis, comme la plus pure, celle que les vieillards de la tribu te désigneront sous le nom de « famille d'adorateurs du feu ».

Philalèthe exécuta cet ordre. Une famille de Lenni-Lennaps reçut l'enfant, et il partit pour ne la revoir jamais ; mais il laissa aux peaux-rouges une sorte de médaillon où son portrait avait été gravé dans la perfection par une main diabolique, afin que ses traits, du moins, fussent connus plus tard par sa fille ; et il lui apprit à dire le nom luciférien qu'il lui avait donné, « Diana », et qui était gravé aussi, au-dessous du sien, sur le médaillon. Mais les peaux-rouges qui élevèrent l'enfant ne se contentèrent pas de l'appeler ainsi ; ils lui donnèrent encore un nom qui lui resta, *Wulisso-Waghan*, ce qui, dans la langue Lennape, signifie « la parfaite Beauté ».

Telle est la légende de la naissance de la première Diana Vaughan, légende dont s'enorgueillissait mon père, et à laquelle j'ai cru, lorsque j'étais plongée dans l'erreur. Je dois à la vérité de dire que cette légende n'est pas acceptée par tous les MAGES ÉLUS : un certain nombre la tiennent pour fabriquée par mon bisaïeul James, de Boston, qu'ils considèrent comme d'origine delaware, — tout au moins sang-mêlé, — et ils disent même que pour s'angliciser, il s'est attribué une généalogie entièrement fausse, afin de justifier la transformation du nom Lennape Waghan en celui de Vaughan ; en cela, les adversaires de la légende luciférienne de Thomas Vaughan vont trop loin.

(La suite au prochain numéro.)

LE LABARUM ANTIMAÇONNIQUE. — J'ai été sollicitée d'adhérer à cette Contre-Maçonnerie, en voie d'organisation. L'œuvre me paraît excellente ; je crois à son avenir, à son action décisive, si ses fondateurs, qui me sont fort sympathiques, se soumettent étroitement à la direction du Saint-Siège ou de quelque grand ordre religieux, déjà existant. Mais, en ce qui concerne mon affiliation personnelle, je n'y puis consentir, pour plusieurs raisons ; la principale est que ma résolution est bien prise de me vouer uniquement à la prière dans un cloître, une fois mes révélations terminées. Inutile donc d'entrer au *Labarum*, pour en démissionner dans deux ans.

DE ROME. — D'une lettre adressée le 16 décembre 1895, l'Éminentissime Cardinal Parocchi à « *Mademoiselle Jeanne Vaughan* », lettre dont l'un des objets est l'envoi, à l'indigne destinataire, de « la bénédiction toute spéciale de Sa Sainteté », voici quelques extraits. Ce qui est supprimé ne saurait être publié : une partie contient des félicitations pour un fait qui n'a été, de ma part, qu'un devoir et l'exécution de deux engagements, dont il est inutile que le public soit informé ; l'autre partie supprimée se rapporte à une communication d'un caractère absolument confidentiel et dont la divulgation pourrait mettre ma vie en danger, si ces lignes tombaient sous les yeux des FF▽ Lemmi et Crispi.

Voici donc ce qui peut, sans inconvénient, être publié de la lettre de l'Éminentissime Cardinal-Vicaire.

Rome, 6 décembre 1895.

Mademoiselle et chère Fille en N. S.

C'est avec une vive mais bien douce émotion que j'ai reçu votre bonne lettre du 29 novembre accompagnée de l'exemplaire de la *Neuvaine Eucharistique*…

Sa Sainteté m'a chargé de vous remercier (*il s'agit ici de l'exécution de mes deux engagements*) et de vous envoyer, de sa part, une bénédiction toute spéciale…

… Depuis longtemps mes sympathies vous sont acquises. Votre conversion est l'un des plus magnifiques triomphes de la grâce que je connaisse. Je lis en ce moment, vos *Mémoires*, qui sont d'un intérêt palpitant…

... Croyez que je ne vous oublierai pas dans mes prières, au Saint-Sacrifice principalement. De votre côté, ne cessez pas de remercier Notre Seigneur Jésus-Christ de la grande miséricorde dont Il a usé envers vous et du témoignage éclatant d'amour qu'Il vous a donné.

Maintenant, agréez ma bénédiction et me croyez,

Tout votre dans le Cœur de Jésus.
L.-M., Card.-Vicaire.

Oh ! oui, ma pensée de toute heure est une action de grâces ; oh ! oui mon cœur ne saurait oublier un seul instant le miracle de bonté dont j'ai été l'objet, moi, la plus indigne des indignes !

Et en reproduisant ces lignes qu'on vient de lire, je renouvelle mon acte d'humble soumission au Saint-Siège, rétractant d'avance tout ce qui, dans mes faits et écrits, ne serait pas jugé absolument conforme à la doctrine et aux enseignements de ma Sainte Mère l'Église.

J. V.

DE BONNE GUERRE. — Les journaux catholiques français me permettront-ils un conseil ?... Je crois que, dans chaque rédaction, on devrait avoir un tableau exact de tous les hommes politiques qui sont francs-maçons ; et alors, d'un commun accord, la presse catholique adopterait cette règle : faire précéder de la désignation *le F∴* le nom de l'homme politique sectaire, chaque fois qu'il y aurait lieu de le citer, c'est-à-dire en donnant les comptes rendus du Parlement, du conseil des ministres, des missions officielles, etc., en un mot, au sujet de tous les actes de la vie publique. Rien, à mon avis, ne montrerait mieux la secte maçonnique à l'œuvre, et les plus indifférents lecteurs seraient ainsi éclairés et finiraient par comprendre d'où vient tout le mal.

Symboles du Palladisme[1]

(Suite)

Le daimon Anti-Christ est figuré par le nombre 666, nombre que l'Apocalypse indique et qui a excité les recherches ; en tous les temps, chaque fois que l'on a cru prochaine la fin du monde. D'après la valeur des lettres de l'Alphabet des Mages d'Alexandrie (voir le fascicule n°2), *Apollonius Zabah* donne exactement 666.

Ce nombre mis en un soleil rayonnant ne figure pas, seulement dans les diplômes palladiques ; il a été placé aussi sur les cordons d'Inspecteur Général et d'Inspectrice Générale en mission permanente.

Ce n'est pas tout : il y a des Mages Élus qui le portent empreint sur la chair même ; ce sont ceux qui font pacte particulièrement avec le daimon Anti-Christ.

Au renouvellement des vœux, qui a lieu sept mois après la réception au grade de Mage Élu, on se met sous le patronage de tel ou tel daimon, et beaucoup choisissent Anti-Christ, réputé pour très puissant.

Anti-Christ apparaît, tantôt sous une forme, tantôt sous une autre ; mais il donne toujours la même signature ; c'est le signe distinctif des diables.

L'initié lui dit :

— Bon daimon, puissant chef de la 2336ᵉ légion, je te demande ta protection. Daigneras-tu me l'accorder ?

Anti-Christ répond dans la langue de l'initié ; il accepte toujours ; la demande et l'acceptation sont simples formalités.

— Oui, dit-il, je te protègerai pendant le cours de ta vie humaine. Ton âme appartient à notre dieu : Maintenant, à moi, tu vas donner ton corps. Veux-tu me donner ton corps ?... Je le défendrai, autant que je pourrai, contre les maléakhs qui chercheront à abréger ta vie par les maladies.

L'initié répond :

— Aimable Anti-Christ, je te donne mon corps.

Alors, le daimon dit :

— Mets ta poitrine à nu.

L'initié obéit.

Anti-Christ pose son index de la main gauche là où bat le coeur de l'initié, et il dit :

— Ce cœur est-il à moi, bien à moi ?

— Il est à toi, je te le donne à jamais, répond le Mage Élu.

— Ce cœur, reprend le daimon, sera toujours rempli de haine contre le Traître du Thabor ; ce cœur maudira Lilith, la mère du Traître ; ce coeur tressaillera de joie, chaque fois que Bargabil t'annoncera une de nos victoires célestes.

À ce moment, Anti-Christ crie : « Bargabil », d'une voix très forte, et en même temps, il s'élève un peu dans l'espace, tandis qu'il tient toujours son doigt posé sur la poitrine nue de l'initié. Celui-ci, comme s'il était soudé au doigt du diable, s'élève aussi en l'air, au milieu de l'assemblée ; en réalité, il est soutenu par Bargabil, venu à l'appel de son chef, mais demeurant invisible, pour l'instant.

Le Mage Élu sent bien qu'on le porte, et, habitué qu'il est aux œuvres de grand-rite, il ne s'étonne pas d'ignorer en quels bras il est.

L'ascension est lente, très lente, et s'arrête à un mètre environ du sol ; les daimons qui opèrent ont voulu seulement faire constater le prodige.

À l'arrêt, Anti-Christ détache son doigt ; les assistants voient donc, alors, le daimon-chef et le Mage Élu tous deux suspendus dans l'espace.

Anti-Christ reprend la parole :

— Je te marquerai de mes trois 6, dit-il, et je mettrai à ton service le serpent coupé en trois.

Aussitôt dit, il appuie de nouveau son index gauche sur la poitrine de l'initié, et là, à la place du cœur, il écrit : 666. Les Mages Élus, qui se sont donnés de corps à Anti-Christ, racontent qu'ils ressentent comme une brûlure vive, instantanée, dont ils souffrent à peine trois secondes. Il en est, d'entre eux, qui poussent un cri ; d'autres supportent la courte douleur en silence, c'est le plus grand nombre. Et, dès lors, cet initié porte 666 sur la chair, comme si les trois chiffres avaient été marqués au fer rouge.

Puis, Bargabil devient visible, Anti-Christ disparaît, et le Mage Élu est déposé doucement par Bargabil sur l'autel du Parfait Triangle, aux pieds du Baphomet. À son tour, Bargabil disparaît et l'assistance voit surgir du sol un serpent coupé en trois, qui rampe vers l'initié, les trois tronçons exécutant leurs mouvements avec ensemble, tout-à-fait comme si le serpent n'était pas coupé. Le serpent vient jusqu'au Mage Élu, lui fait une révérence, s'élève en l'air, et quand il est arrivé à la hauteur de la tête du Baphomet, on ne le voit plus tout-à-coup.

Le pacte est conclu.

À dater de ce jour, le Mage Élu qui s'est donné de corps au daimon Anti-Christ peut consulter, sept fois par an, le serpent coupé en trois.

On n'est pas fixé sur l'identité de ce daimon d'ordre inférieur. Y en a-t-il plusieurs, dans les apparitions sous cette forme, lesquelles sont multipliées, puisque grand nombre de Mages Élus se placent sous le patronage d'Anti-Christ ? ou bien est-ce le même qui se montre ainsi à tous ?… Quoiqu'il en soit, le serpent coupé en trois répond aux questions qu'on lui pose, et il parle toutes les langues du globe.

Le F ▽ Goblet d'Alviella m'a affirmé qu'il avait le serpent coupé en trois à son service : il l'appelle, dans son cabinet ; l'étrange reptile vient, le salue à sa manière et se prête à diverses consultations sur les choses passées ou présentes, lointaines. Le serpent coupé en trois ne peut pas être consulté sur l'avenir. J'ai conclu de là que le F▽ Goblet d'Alviella, qui est Mage Élu, ainsi que tout le monde le sait, est un de ceux dont le corps appartient, par pacte, au daimon Anti-Christ. Il a donc été porté dans les bras de Bargabil, et, bien certainement, il doit avoir le nombre 666 marqué sur le cœur.

Quant au soleil rayonnant, qui a trente-trois rayons, il symbolise par lui-même la gloire de Lucifer. Le nombre 33 est maçonnique et luciférien, en réjouissance du crucifiement de N.-S. Jésus-Christ, supplicié à l'âge de trente-trois ans.

Le croissant de lune, cornes en l'air, est un emblème d'Astarté.

La principale figure du tableau des Croix signifie donc, très expressément, la gloire de Lucifer, établie par les victoires terrestres du daimon Anti-Christ incarné en Apollonius Zabah, et allié à la vice-royauté de Vénus-Astarté, ensemble triomphant de la religion catholique, considérée comme odieuse superstition, et rejetant dans les ténèbres, le Sacré-Cœur de Jésus-Christ.

Je sens maintenant combien tout cela est abominable, et j'éprouve un cruel chagrin à donner ces explications ; mais je les dois pour concourir à démasquer l'infernale secte.

La seconde figure du tableau est d'un symbolisme analogue. Toujours la croix noire, qui représente le catholicisme, est en position inférieure. La divinité double, cercle dont la haute moitié est blanche, tandis que la basse moitié est noire, a son dieu inférieur appuyé sur la croix de ténèbres. Lucifer se dégage du cercle ; sa signature est là, avec l'une de ses orgueilleuses devises : *Post tenebras lux*.

C'est là Satan qui dit à ses élus :

— Je suis la lumière, moi ! et Adonaï est le dieu du royaume ténébreux. J'arrive après lui sur la planète Tellus ; mais c'est pour en expulser à jamais son culte. Ce monde tout entier sera à moi. Après la nuit catholique, l'éclatant jour luciférien ; après les ténèbres, la lumière !…

La troisième figure du tableau, celle qui est en haut à gauche, symbolise l'opposition au Sacré-Cœur, à votre divin Cœur, ô bien-aimé Jésus !…

Ici, ô Seigneur adorable, qui m'avez retiré de l'abime, ici j'ai besoin de tout mon courage.

Voilà un des emblèmes honteux que j'ai voulu faire supprimer du symbolisme palladique. Ah ! dans cette campagne, j'ai échoué ; merci à vous, mon Dieu ! Le dégout était grand ; l'échec a préparé l'heureuse crise suprême. Mon Dieu, merci !

Mais il ne me suffit pas de m'armer de courage pour parler de ces infamies rituelles, insoupçonnées longtemps, comprises peu à peu, et alors révoltant toute ma dignité de femme. Il faudrait ne rien dire peut-être. Si je m'écoutais, j'aimerais mieux cela, le silence. Oh ! maudits soient les esprits dépravés, à qui l'on ne peut jeter à la face leurs hontes, sans se sentir soi-même troublée, honteuse, même lorsque le pied n'a jamais glissé dans la boue !…

Je rougis, je tremble, et ma plume s'arrête. En nom-Dieu, quelle atroce épreuve !…

Jésus, vous êtes tout amour, vous êtes l'amour par excellence, l'autour immatériel dans sa divine pureté. Votre Cœur Sacré est l'ardent foyer de cet amour délicieusement chaste, plus puissant que l'amour des mères, plus tendre que l'affection des vierges pour les parents chéris dont elles reçurent le jour, plus pur encore que la pureté de tous vos Séraphins, de tous vos Chérubins, de tous vos anges, ô doux Jésus !… Et c'est à votre Sacré-Cœur, que ces misérables blasphémateurs appellent « amour stérile » dans leur scélérate grossièreté, c'est à votre Sacré-Cœur, autour duquel ils écrivent *cor execrandum*, c'est à votre Sacré-Cœur qu'ils opposent… l'innommable !…

PH∴ SANCTUS, ils inscrivent cela sur une sorte de fût de colonne blanche. Et ils disent : Voilà la source de la vie ! voilà la vie elle-même !… Ils répètent ce signe sur un disque blanc, et là l'infamie, avec un raffinement d'impiété lubrique, profane la sainte Croix sur laquelle vous êtes mort pour nous, adorable Sauveur !… L'horizontale de leur croix, sacrilège parodie, est noire, pour signifier que, sans l'innommable, tout serait mort, et l'innommable, placé en verticale, dans ce fangeux symbolisme, figure que la vie, victorieuse, traverse la mort, devient créatrice, par l'union de l'innommable avec la rose, autre impudique emblème ; et là encore le sacrilège s'ajoute à l'ordure. La rose, pour eux, n'est plus la reine des fleurs de nos jardins ; c'est le gouffre d'Éva ; et, dans leur démoniaque satyriasis, ils prennent aux litanies de la Vierge-Mère une de ses plus belles invocations et l'appliquent à leur ignoble symbole. *Rosa mystica*, titre de Marie, quelle abominable profanation !…

Que l'on ne prétende pas le contraire ; cela est à demi-mot dans Ragon, cela est en toutes lettres dans Pike.

Oui, voilà le symbolisme dont s'inspire toute la Maçonnerie, même celle du Rite Français, qui prétend, pour mieux tromper, se séparer de l'Écossisme. Au Rite Français, l'acclamation est : *Vivat ! vivat ! semper vivat !* et cette acclamation n'a aucun autre sens que celui du symbolisme babylonien. *Vivat* qui ? *Vivat* quoi ? Les imparfaits initiés, heureusement pour eux, ignorent qu'on leur fait acclamer l'innommable. *Vivat Ph∴ Sanctus !* qu'il vive toujours, pour sauver le genre humain de la mort, laquelle est l'œuvre d'Adonaï !

Et la colonne blanche, la colonne de la vie, est couronnée d'un triangle ayant au centre l'initiale de Lucifer, et sur ses trois côtés, *Lumen, Labor, Libertas*, c'est-à-dire : lumière maçonnique, travail maçonnique, liberté maçonnique, le tout trois fois luciférien.

La colonne blanche, c'est Chusor-Phta ; la rose, c'est Chusartis. Je n'ajouterai rien de plus.

Voilà ce que la haute maçonnerie fait de la Croix, signe sacré de la Rédemption !...

Ô vomissures de l'enfer ! Ô symbolistes, que ne peuvent être goûtés que par des Satanisants et par des Ménades ivres !…

(À suivre)

1. ↑ Voir les fascicules n°2 et n°5 des *Mémoires*.

CROISADE DE PRIÈRES

———

La persécution maçonnique vient d'entrer dans sa période aiguë. L'aide pécuniaire aux victimes amortira les coups ; mais comment viendra la définitive délivrance ?... Plusieurs saints prêtres l'ont dit : « Par la prière » Oui, la prière est la plus puissante des forces.

Or, la prière la plus pure, et, donc, la plus efficace, c'est celle des petits enfants.

Que tous mes amis connus et inconnus me permettent de leur soumettre une idée.

Jeanne d'Arc est tout particulièrement haïe et redoutée par l'infernale secte. Le 6 janvier prochain sera le 487e anniversaire de la naissance de la douce et vaillante héroïne ; jour béni, jour inoubliable, anniversaire qui doit faire exulter de joie le cœur de tout vrai Français !... Eh bien, pourquoi ne choisirait-on pas ce jour, dans toutes les familles catholiques de France, peur faire, par les petits enfants demandant l'intercession de la Vénérable Jeanne d'Arc, adresser à Dieu des prières spéciales en vue de la cessation de la persécution ?...

Oui, semons partout l'idée de cette grande croisade des plus pures prières ; elle ne peut qu'avoir les meilleurs résultats.

APPEL AUX ENFANTS

Petits enfants, dont la prière apaise
Du Tout-Puissant le trop juste courroux,
Au six janvier, que la grande Française
Parle à vos cœurs !… Enfants, souvenez-vous !

C'est ce jour-là que Jeanne, l'héroïne,
Comme Jésus naquit en humble lieu ;
Ah ! qu'en ce jour, la colère divine
Soit désarmée !… Enfants, priez bien Dieu !

Priez, enfants pour notre chère France ;
Au six janvier, implorez à genoux !
Par Jeanne d'Arc, ayons la délivrance ;
Petits enfants, priez Jeanne pour nous !

30 novembre 1895.

ÉVÊQUES DES ÉTATS-UNIS

En Europe, on n'a pas l'exacte appréciation des sourdes résistances opposées par certains évêques catholiques des États-Unis, quand il s'agit d'exécuter les ordres du Saint-Siège visant les sociétés secrètes rattachées plus ou moins directement à la Franc-Maçonnerie.

Dans le fascicule n°4, j'ai parlé de cet évêque étonnant, qui, se faisant interviewer au cours d'un voyage en Angleterre, s'oubliait au point de laisser échapper : qu'il est dans les meilleurs termes avec grand nombre de francs-maçons de l'Union ; qu'il connaît les principaux chefs et professe pour eux la plus vive estime ; qu'il a été reçu, à Charleston, dans le Masonic-Hall, dont les FF∴ haut-gradés lui ont fait les honneurs, etc.

Autre est le cas de Mgr Shanley, évêque de Jamestown, dans le North-Dakota ; son procédé est curieux et mérite d'être porté à la connaissance de tout le monde catholique.

On sait que le Souverain Pontife Léon XIII a formellement excommunié, il y a plus d'un an, les trois associations dénommées : les Chevaliers de Pythias, les Odd-Fellows et les Fils de la Tempérance. Les premiers sont directement maçons ; l'ordre des Chevaliers de Pythias a été établi par décret d'Albert Pike. Les Odd-Fellows ont une classe supérieure qui pratique le rite satanique de Moïse Holbrook, un des prédécesseurs d'Albert Pike ; cela a été révélé, et maintenant cela est bien su partout. Quant à l'ordre des Fils de la Tempérance, il est une institution indirecte des Rose-Croix des États-Unis, dont le Suprême Mage, le F▽ Charles Meyer, est un des membres les plus actifs de la haute-maçonnerie américaine.

Eh bien, à propos de l'excommunication pontificale, voici la circulaire confidentielle que Mgr Shanley a fait adresser par son secrétaire aux curés des paroisses de son diocèse :

Révérend monsieur,

Après un soigneux examen de la question, le Saint-Siège apostolique a condamné les trois sociétés secrètes des Chevaliers de Pythias, des Odd-Fellows et des Fils de la Tempérance. Par conséquent, à l'avenir, il ne sera pas permis aux catholiques de s'affilier à ces sociétés, et à ceux qui le font on doit refuser les sacrements de l'Église.

Quant à l'application du décret aux cas particuliers où des catholiques se sont déjà affiliés à ces sociétés, il faut procéder avec une grande charité et une grande prudence ; car s'ils devaient éprouver un grand dommage en s'en retirant, alors, comme la loi ecclésiastique n'est pas censée obliger avec un si grave inconvénient, *on peut leur permettre d'y rester affiliés, pourvu qu'il n'y ait pas de scandale, et pourvu qu'ils n'assistent aux réunions de ces sociétés qu'en cas de nécessité, et qu'ils évitent ce qui est mauvais en soi.*

Cette lettre ne doit pas être lue en chaire ni publiée dans les journaux, mais doit être appliquée seulement aux pénitents qui se présentent au saint Tribunal.

Par mandement de l'évêque.

THOMAS EGAN, secrétaire.

Donné à Fargo, ce vingt-six août 1895.

Voilà une circulaire qui, bien certainement, n'a pas dû plonger dans un grand chagrin le F▽ Fleming, de Fargo, un des parfaits initiés du Palladisme, lequel, avec le F▽ Frank Thompson, a la direction secrète dans le North-Dakota.

C'est pourquoi je m'associe très volontiers aux réflexions de l'excellente *Vérité*, de Québec, qui a mis au jour la circulaire de Mgr Shanley et qui la commente en ces termes :

« Ce qui parait le plus extraordinaire dans ce document épiscopal, qui est censé promulguer un décret du Saint-Siège destiné à être connu de tous les fidèles, c'est la défense de l'évêque de la lire en chaire ! Comment voulez vous que les catholiques du diocèse de Jamestown sachent officiellement qu'il leur est défendu désormais de faire partie des trois sociétés secrètes en question, puisque la lettre de leur évêque annonçant la condamnation de ces sociétés par

Rome ne doit être ni lue en chaire ni publiée dans les journaux ? Nous avouons qu'il y a là un profond mystère pour nous ; car nous ne croyons pas que la simple application du mandement épiscopal aux pénitents qui se présentent au saint Tribunal soit une véritable promulgation du décret pontifical. Il y a des catholiques qui ne se confessent pas très souvent ; et même parmi ceux qui se confessent souvent, y en a peu, croyons-nous, qui s'informeront auprès de leur confesseur s'il existe un décret de Rome qui condamne telle et telle société. Et si le pénitent n'en parle pas, le confesseur doit-il lui en parler ?

« Il semble donc que cette lettre circulaire de Mgr Shanley à son clergé laisse la question absolument dans le même état où elle était : les catholiques du diocèse de Jamestown ignoreront toujours officiellement qu'il leur est défendu d'appartenir aux trois sociétés secrètes condamnées par Rome.

« Si, par hasard, un pénitent vient à parler en confession de son affiliation à une de ces sociétés, le prêtre devra lui permettre de continuer d'en faire partie, d'assister même aux réunions de la société *en cas de nécessité,* car toujours le sociétaire qui a versé une certaine somme dans la caisse de la société dira qu'il ne saurait s'en retirer sans éprouver un dommage sérieux.

« Nous ne voyons donc pas comment la lettre de Mgr Shanley empêchera les catholiques d'entrer, à l'avenir, dans les trois sociétés condamnées, ni comment elle forcera à en sortir ceux qui déjà en font partie.

« Si quelque théologien peut nous donner un éclaircissement sur ce sujet nous lui en serons profondément reconnaissant ; car il s'agit d'une question de la plus haute importance et qui intéresse tous les fidèles. En effet, cette question n'intéresse pas les seuls diocésains de Jamestown. Si la promulgation d'un décret pontifical destiné aux fidèles est jugée suffisante à Fargo, lorsqu'elle n'est connue officiellement que des prêtres seuls, une semblable promulgation devra suffire dans autres diocèses.

« Quant à la proposition : *lex non obligea cum tanto incommodo,* voici ce qu'en dit *The Review,* de Chicago :

« Nous tenons d'une autorité excellente que Rome vient de rendre une décision finale quant au décret portant condamnation contre les Chevaliers de Pythias, les Odd-Fellows et les Fils de la Tempérance.

« Il parait que certains évêques qui, *pour une raison ou pour une autre,* n'aimaient pas à publier le décret, ont demandé au Saint-Siège si l'on pouvait permettre aux catholiques qui appartiennent à ces sociétés depuis quelque temps et qui éprouveraient un grand dommage financier en s'en retirant, de continuer à en faire partie, pourvu qu'ils s'abstiennent d'assister aux réunions, etc.

« Le Saint-Office, dont le préfet est le Pape lui-même, a décidé la question négativement en principe, déclara que le décret contre les sociétés susmentionnées est basée non seulement sur le droit ecclésiastique, mais aussi sur le droit divin et naturel, et que, par conséquent, un grave inconvénient ou dommage ne constitue pas une raison valide de refuser de s'y conformer. Dans les cas d'extrême nécessité, ajoute le Saint-Siège, la question doit être soumise aux autorités romaines ».

« Voilà comment parle notre confrère de Chicago. Le résumé qu'il donne de la décision du Saint-Office sur l'interprétation du décret nous parait absolument conforme aux traditions de l'Église catholique romaine. Nous aurons sans doute bientôt le texte même de cette importante décision qui est une nouvelle condamnation des théories libérales de l'église américaine. »

Je n'ajouterai qu'un mot pour conclure :

Faisons connaître partout cette triste situation que certains évêques, trop enclins à fermer les yeux, créent à l'Église catholique aux États-Unis. Il y a là un grave danger ; car le Pape, vicaire de Dieu sur la terre, est de toute la chrétienté le chef auquel chacun doit absolue et loyale obéissance, et, si des évêques éludent ses ordres, c'est un grand malheur, c'est une complicité — peut-être inconsciente — avec la secte. En cet état de choses, voyez combien Satan se réjouit !

Donc : adressons au Ciel de ferventes prières ; demandons à Jésus de ranimer le zèle partout ; prions, prions beaucoup, afin que ces évêques, dits libéraux, qui mettent leur main dans celle des francs-maçons, comprennent qu'ils trahissent ainsi le plus sacré de leurs devoirs.

CONGRÈS ANTIMAÇONNIQUE INTERNATIONAL

———

Il faut maintenant s'organiser partout pour le Congrès ; l'heure de la réunion va bientôt sonner. Au moment nécessaire, la Commission Centrale d'organisation, qui fonctionne très activement à Rome, fera connaître la date précise et la ville où le Congrès se tiendra.

Dans son dernier numéro, le *Revue Mensuelle* s'inquiétait, parce que le programme du Congrès, publié par la Commission Centrale, ne donne ni cette date, ni le nom de la ville, et la *Revue Mensuelle* formulait presque un reproche. Nous dirons à l'impatient rédacteur qu'il a tort. Nos amis de la Commission Centrale agissent ainsi avec grande sagesse ; il n'est pas utile que les francs-maçons soient prévenus tant à l'avance. Le Congrès se tiendra au printemps ; c'est tout ce qu'il y a lieu de dire pour l'instant. Quant à moi, je sais la date et la ville, et je considère aussi comme prudent de n'en pas faire révélation prématurément.

Que tous sachent donc bien que le Congrès se tiendra. Amis, organisez-vous en tous pays, et soyez prêts !

CHAPITRE III

Mon éducation luciférienne

(Suite)

———

Je viens de dire qu'au temps de mes ténèbres j'ai cru à cette merveilleuse légende. Qu'on me pardonne : j'ai été bercée, à son récit ; elle m'a été dite et redite mille fois, tandis que je grandissais.

Et combien j'étais fière, pauvre crédule, aveuglée par Satan !

Ce nom de Diana, mon père me l'avait donné en mémoire de la fille d'Astarté et de Philalèthe. J'étais la deuxième Diana Vaughan ; j'étais, en quelque sorte, la Diana au sang céleste réincarnée. En moi revivait le fruit d'une alliance qu'aujourd'hui j'appellerais diabolique, si j'y croyais encore, mais qu'alors je considérais comme une union quasi-divine : Astarté étant, pour les Palladistes, la reine des daimons ; occupant, avec Astaroth et Moloch, la première place après Baal-Zéboub.

Pour cette raison, pour commémorer la descente miraculeuse de l'astre des nuits, apportant à Thomas Vaughan sa céleste épouse, pour fixer symboliquement ce fait extraordinaire, on créa, en mon honneur, dans la colonie française de New-York, cet atelier palladique, si actif, si connu parmi tous les Frères et Sœurs de la haute-maçonnerie des deux mondes, qui reçut le titre de Triangle *Phébé-la-Rose* et dont je fus élue grande-maîtresse ad vitam. Alors, j'ignorais le sens maçonnique de la rose ; sans cela, je n'eusse pas accepté.

« Phébé », nom païen de la lune, équivaut à « Diane ». Mais Diane ou Diana, en occultisme palladique, a un autre sens, plus nettement luciférien. *Diana*, il me faut le dire pour ma confusion, pour m'humilier aujourd'hui, c'est Lucifer féminisé ; *Diana*, c'est, en quelque sorte, *Lucifera*.

On retrouvera ce sens secret, en recourant aux diverses étymologies du mot « diane », données par les philologues. En sanscrit, *diva*, qui signifie : ciel, a pour racine *div*, qui veut dire : briller; et de là vient aussi, dit-on, le principal nom aryen de la divinité. Or, du sanscrit *diva*, le latin a fait *divum* ; et *divum*, qui a pour équivalent le substantif *dium*, comme on le voit dans Varron, Virgile, Horace, etc., signifie : ciel ; et *dius*, adjectif, dont le féminin est *dia*, signifie à la fois : divin (dans Ovide, Lucrèce, Virgile), céleste (dans le poète Prudence), et, plus expressément encore, « de Jupiter », selon Varron et le grammairien Festus. Est-il besoin d'ajouter que c'est Lucifer en personne qui se faisait adorer sous le nom de Jupiter, comme la daimone Astarté sous le nom de Vénus ? C'est ainsi qu'au point de vue étymologique, *Diana*, en latin, veut dire : la céleste, la jupitérienne, si l'on peut s'exprimer ainsi.

On sait aussi que, dans le symbolisme maçonnique, le Grand Architecte de l'Univers, c'est-à-dire Satan, est figuré notamment, en plusieurs enseignements rituels, par l'étoile du matin, laquelle a nom « Lucifer ». Dans ce sens encore, *Diana* équivaut à *Lucifera*. Il me suffira de rappeler, avec tous les philologues, que le mot espagnol *diana*, d'un ancien adjectif *diano*, dérivé de *dia*, jour, lequel vient lui-même du latin *dies*, jour, signifie exactement : l'étoile du matin ; et c'est bien de là que la diane tire son origine, la diane qui est le chant matinal, la diane qui, dans l'armée, sonne ou se bat pour réveiller les troupes, aux premières lueurs du jour, au moment où l'étoile du matin, Lucifer, brille dans les cieux.

Enfin, les alchimistes, en consacrant l'argent à Phébé, à la Lune, et à la Vénus-Astarté ont rappelé encore le sens luciférien de Diana ou Diane, quand ils ont appelé « arbre de Diane » certain amalgame d'argent et de mercure qui forme une sorte d'arborisation de fils métalliques et de cristaux.

J'étais donc simplement *Diana*, pour tous, mais *Lucifera*, pour les Mages Élus et les Maîtresses Templières Souveraines. Lorsque je présidais une tenue de Parfait Triangle, les Mages Élus, avant de prendre place à leur siège, venaient ployer le genou gauche devant moi, baiser ma main, et me disaient : « Notre humble salut à toi, Très-Haute Sœur Lucifera ! »

Combien ce prénom me pesa, quand Dieu, dans son infinie bonté, me fit la grâce d'ouvrir mes yeux à la lumière ! Par le saint baptême, je m'affranchis de ce prénom qui m'attristait, maudit souvenir. Et je ne voulais plus l'écrire ; il m'était tourment, cauchemar. Je soumis à mon directeur l'état troublé de mon âme ; il se consulta avec un autre de mes conseillers, vénérable ecclésiastique. Celui-ci jugea que, la notoriété étant acquise à « Diana Vaughan », un brusque changement de signature nuirait à mes révélations. La malice de l'ennemi est si grande, dit-il, que bien vite serait répandu le bruit que « Jeanne Vaughan » n'est point « Diana Vaughan », mais une toute autre personne.

Quoiqu'il pût m'en coûter, il fallait donc garder ce prénom, dans mes écrits publics. Je me résolus d'abord à signer ainsi qu'on l'estimait nécessaire, mais en plaçant ensuite les trois prénoms de mon baptême. Puis, le trouble revint ; je me reprenais à vouloir signer « Jeanne ».

Un jour, j'allais me déterminer, malgré mes conseillers, à abandonner définitivement l'infernal prénom, et je m'apprêtais à en aviser mon directeur, quand mon courrier m'apporta un petit volume, sortant des presses romaines de l'Imprimerie de la Propagande, et mon cœur tressaillit d'aise, aussitôt que mes yeux eurent lu le titre.

Merci à vous, bon Père dominicain, que Dieu inspira en cette circonstance. C'est vous qui m'avez apporté la paix ;

c'est à vous que je dois d'avoir pu concilier avec un devoir de conscience l'exigence dont je souffrais.

Édifiant petit livre, avec quelle joie j'ai dévoré tes pages ! Jusque là, j'avais ignoré l'existence de la Bienheureuse Diana d'Andalo, une convertie, elle aussi, et l'une des plus pures gloires de l'Ordre de Saint Dominique. Diana d'Andalo, fille d'un podestat de Bologne, fut conquise à jamais à Dieu par le Bienheureux Réginald, disciple de Dominique, ce Réginald que la Très Sainte Vierge Marie guérit d'une fièvre mortelle, à qui elle apparut, tandis qu'il était à l'agonie, à qui, après lui avoir fait une onction céleste, elle consigna, comme à un mandataire de choix, la forme de vêtement qu'elle avait composée pour ses fils de prédilection, les Frères Prêcheurs.

Alors, je n'ai plus souffert ; alors, ce prénom m'a semblé lavé de la souillure diabolique. Ce prénom, je puis le reprendre, puisqu'il est celui d'une Bienheureuse, d'une Dominicaine que l'Église a placée sur les autels.

Et, en lisant le petit livre, je ne pouvais m'empêcher de faire des rapprochements. Le Bienheureux Réginald état le doyen de la Collégiale Saint-Aignan, à Orléans. Orléans, la ville où Jeanne d'Arc a montré qu'elle était envoyée de Dieu ! Orléans, dont le nom est inséparable de celui de la sainte héroïne, dans la gloire chrétienne et française ! Et la Bienheureuse Diana était de Bologne. Bologne, dont aujourd'hui Giosué Carducci, le chantre de Satan, s'enorgueillit d'être un des fils. Ô Satan, nous te vaincrons ; nous te vaincrons, par la Bienheureuse Diana d'Andalo, par le Bienheureux Réginald, par la Vénérable Jeanne d'Arc ! Oui, nous te vaincrons[1]

La première Diana Vaughan n'a pas d'autre histoire que celle consignée dans le testament de mon bisaïeul James ; ce qui a été dit d'elle en d'autres récits ou conférences de Triangles ne repose que sur des traditions, invérifiées. J'y reviendrai.

Quoiqu'il en soit, il importe surtout de fixer la part qui appartient vraiment à Elias Ashmole dans la composition des trois grades symboliques, base de toute maçonnerie ; c'est là ce qui intéresse. Le grade de Compagnon fut composé en 1648, et à cette époque-là Philalèthe était en Amérique ; mais j'ai dit qu'Ashmole travailla sur les données que lui avait laissées Thomas Vaughan, et je le maintiens.

C'est sur la fin de cette année que mon ancêtre revint en Angleterre, d'où il dirigea dès lors la Fraternité de la Rose-Croix ; car une lettre de Valentin Andreæ, datée de Bebenhausen, du 15 décembre 1650, et conservée aux archives du Souverain Conseil Patriarcal de Hambourg, constate qu'il avait donné pleins pouvoirs à Philalèthe. Cette lettre, d'une haute valeur historique, établit que le chapelain du duc de Brunswick-Wolfenbüttel savait Thomas Vaughan élu son successeur par Lucifer lui-même ; pour cela, il lui reconnaissait la plus grande autorité après lui dans la Fraternité. Il est indiqué aussi par cette lettre qu'en 1649 Philalèthe confia, avec le consentement de Valentin, une mission à l'Italien Francesco Borri. Nous en reparlerons, au sujet de la Divine Eucharistie.

J'ai hâte de démontrer que Thomas Vaughan, et non Elias Ashmole, est le véritable auteur du grade de Maître, le plus important degré symbolique de la Franc-Maçonnerie.

Le grade de Maître fut composé en 1649. Thomas Vaughan avait alors trente-sept ans, et Ashmole trente-deux.

Déjà, en ce temps, Ashmole préparait, non seulement son petit traité d'alchimie qu'il signa de l'anagramme « James Hasolle » et qui parut l'année suivante, mais encore son grand ouvrage, le *Theatrum Chemicum*, dont le premier volume parut en 1652. Il réunissait une collection d'anciens traités sur l'alchimie ; lié avec un vieux savant, devenu rose-croix, maître Backhouse, qui l'appelait « son fils », il avait eu son attention attirée sur divers livres de kabbale et d'hermétisme, dont plusieurs écrits en hébreu. C'est alors qu'il s'était mis à l'école du rabbin Salomon Franck, afin de comprendre les auteurs occultistes du judaïsme talmudique ; il avait donc appris les rudiments de la langue sacrée, et ces études le conduisirent à l'examen de quelques Targums.

En deux mots, rappelons que les Targums sont ces paraphrases chaldaïques de l'Ancien Testament, qui, en dehors de la traduction de la Bible, contiennent toutes sortes de légendes ajoutées par la tradition populaire. On sait que la captivité de Babylone avait été fatale à la langue nationale des juifs : le dialecte chaldéen s'était tellement mélangé au dialecte hébreu, qu'a leur retour à Jérusalem les enfants d'Israël parlaient une nouvelle langue et ne comprenaient plus leurs livres saints. Pour prêcher la Bible au peuple et la lui expliquer, les prêtres se livraient à des commentaires en langue plus ou moins chaldaïque ; or, il advint, par une suite toute naturelle des choses, que ces gloses orales finirent par être mises par écrit, et on les appela *targum*, interprétation.

Les auteurs catholiques antimaçons reprochent assez volontiers à la secte d'avoir créé de toutes pièces la légende d'Hiram, qui est le fond de l'enseignement donné au grade de Maître ; ils ouvrent la Bible et montrent que cet Hiram y est à peine nommé, et ils triomphent. En cela, le reproche est mal fondé, en grande partie.

Il faut être juste en tout ; portons un peu de lumière sur ce point.

Ni Ashmole, ni Thomas Vaughan ne disent d'où ils ont tiré la légende d'Hiram pour l'introduire dans l'enseignement maçonnique. Ashmole, passant pour être l'unique auteur du grade de Maître, a été, en raison de ce fait, traité d'imposteur ; c'est là une injustice.

Mon oncle, qui connaît à fond les langues primitives et qui en remontrerait à M. Le Chartier, a eu la curiosité de se livrer à des recherches. La légende d'Hiram, à peu de chose près, c'est-à-dire déduction faite de ce qui permet une interprétation luciférienne ; se trouve dans l'un des dix principaux Targums, attribué à Jonathan-ben-Uzziel.

Quand mon oncle me donna des leçons d'hébreu, — dont je n'ai guère profité, cela est à dire en passant, — il me traduisit la légende d'Hiram, pour me faire ressortir les différences les plus frappantes entre les deux dialectes, et il s'efforçait de faire entrer dans ma pauvre cervelle (inoubliable torture !) combien cette paraphrase chaldaïque faussement attribuée à Jonathan-ben-Uzziel était d'un style imparfait auprès de la vraie.

Mais voici ce que je n'ai point oublié, ce qui est resté bien gravé dans ma mémoire, et je réponds de ne commettre aucun quiproquo :

Pour faire croire que Jonathan était inspiré de Dieu, quand il écrivit ces Targums, les Juifs ont imaginé quelques prétendus miracles : ainsi, rien ne pouvait le distraire ; l'oiseau qui s'avisait de venir voler auprès de lui et la mouche qui osait se poser sur son papyrus étaient instantanément consumés par le feu du ciel, sans que l'écrivain s'aperçût de rien.

Eh bien, non, Jonathan-ben-Uzziel n'était pas inspiré. D'abord, on n'est guère d'accord sur l'époque de son existence : les Juifs le font contemporain de Zacharie, qui revint tout jeune, avec Zorobabel, de la captivité de Babylone et prophétisa sous Darius ; mais des auteurs sérieux pensent que, bien au contraire, il vivait au deuxième siècle après Jésus-Christ ; c'est l'opinion de beaucoup, et encore ceux-ci doivent se tromper, certainement. L'orientaliste Jahn, dans sa *Chrestomrthie chaldéenne*, affirme que le Targum qui parait être vraiment de Jonathan, celui qui comprend les livres de *Josué*, des *Juges*, etc., est en réalité une compilation de versions plus ou moins anciennes, datant du troisième siècle avant Jésus-Christ. Qui est dans le vrai ? Assurément, ce ne sont pas les Juifs. Un autre Targum attribué à Jonathan contient des anachronismes inouïs, par lesquels la supercherie se dénonce elle-même, et avec quelle maladresse ! Il y est question des... Turcs ; cela me frappa, et je ne pus m'empêcher d'en faire l'observation à mon oncle. Un auteur qui parle des Turcs, ne vivait certes point au temps du prophète Zacharie.

Quoiqu'il en soit en ce qui concerne l'époque où ces Targums furent écrits, un compilateur n'est pas un inspiré. Mais, d'autre part, il est démontré, par l'existence des Targums, que l'invention de la légende maçonnique d'Hiram n'est imputable ni à Philalèthe, ni à Ashmole, ni même à la Franc-Maçonnerie.

Thomas Vaughan connaissait l'hébreu aussi bien et mieux même qu'Ashmole ; mais ce n'est point là-dessus que je me base pour soutenir qu'Elias n'est pas le seul auteur du grade de Maître. Bien plus, je prétends qu'il ne fut qu'un collaborateur de second plan.

En un temps, point éloigné, où le F ▽ Goblet d'Alviella ne demandait pas qu'on se débarrassât de moi n'importe comment, — « cette femme a foulé aux pieds ses serments les plus sacrés et ne mérite plus aucune pitié » (voûte du 30 juin 1894), — en un temps où nous causions amicalement, lui, de sa théorie sur le Feu, moi, des origines sociniennes de la Franc-Maçonnerie, je réussis à convaincre l'illustre chef du Palladisme belge que la preuve de la paternité du grade de Maître réside, éclatante, en faveur de mon ancêtre, dans le cahier interprétatif de Friedrich Helvétius, dont l'original se trouve aux archives du très ancien Chapitre de Rose-Croix *Baldwyn*, de Bristol, et dont une authentique copie, par Théophile Désaguliers, est en outre au Chapitre *Mediterranean*, établi à Gibraltar sous la juridiction du Suprême Conseil d'Écosse (Manuscrits autographes de Désaguliers, nº 17). Le F ▽ Goblet connaissait un document confirmant ceux-ci, et il l'avait tenu entre les mains, m'a-t-il dit, dans un voyage aux Indes.

Helvétius, l'alchimiste, rose-croix vivement sympathique au grand chef palladiste de Belgique, fut, — ceci n'est pas contesté, — le disciple de Thomas Vaughan, comme mon ancêtre fut le disciple de Robert Fludd, — cela n'est pas contesté, non plus.

Or, Helvétius, dans sa glose, interprète la légende d'Hiram tout autrement qu'on l'a fait en se basant sur les commentaires personnels d'Elias Ashmole. Ainsi, il est réputé qu'Ashmole fut royaliste, parce qu'il avait été nommé par le roi commis des taxes à Lichfield ; ce qui n'est pas une raison ; et, si l'on s'en rapporte à l'écrit personnel d'Ashmole, le grand-maître assassiné dont il faut venger la mort, c'est Charles Ier. Mais voici la vérité : le cahier du grade qui avait été composé par mon ancêtre et par Ashmole, celui-ci seul le refit plus tard ; ou, en termes plus exacts, il fabriqua un faux cahier, dénaturant le premier, y plaçant le Constructeur Charles, traîtreusement mis à mort par trois Compagnons, ses ennemis ; *et son but était double.* Ce faux cahier du grade fut fabriqué par Elias environ dix années après le vrai : à la faveur de la date de composition primitive et sincère (1649, année de l'exécution de Charles Ier), il rendait sa supercherie acceptable, et de son travail trompeur il se créait un titre de fidélité auprès de Charles II, au moment de la Restauration ; en outre, le faux cahier, frauduleusement daté de 1649, alors qu'il était en réalité de 1659 ou même de 1660, masquait le fond du symbolisme maçonnique, voilait le diabolique sens de la légende formant l'enseignement du grade de Maître.

Seulement, c'est l'Histoire elle-même qui proteste aujourd'hui contre la supercherie doublement intéressée d'Ashmole !… Depuis longtemps, il est acquis que Cromwell était franc-maçon accepté ; on sait aussi qu'il était du nombre, alors encore restreint, des francs-maçons de cette catégorie qui avaient en même temps l'affiliation à la Fraternité de la Rose-Croix. Il est acquis, d'autre part, que c'est exactement à partir de 1649 que les loges, qui comptaient des occultistes rose-croix, pratiquèrent le grade symbolique de Maître, avec légende d'assassinat d'un architecte-constructeur par trois mauvais Compagnons… Et Cromwell, tout-puissant depuis 1649 jusqu'à sa mort (1658), Cromwell aurait toléré que, dans ces Loges dont il faisait partie, où ses amis formaient l'élément occultiste, on conspirât pour le rétablissement de la royauté ? Il aurait toléré qu'on y pratiquât un symbolisme imaginé dans le but d'exciter à venger Charles Ier sa victime ?… Il faut être incapable de la moindre réflexion pour admettre cela un instant.

Charles II put croire cela et donner sa faveur à l'astucieux Ashmole ; c'est compréhensible, puisqu'alors était ignoré dés fois et des peuples le véritable travail souterrain, de la Rose-Croix socinienne, et, *à fortiori*, celui de la Franc-Maçonnerie philosophique naissante, puisqu'alors la participation de Cromwell aux travaux des Loges et la force secrète qu'il en obtint n'étaient point connues. Aujourd'hui, prendre au sérieux le faux rituel d'Ashmole, roulant sur l'assassinat du Constructeur Charles, ce serait inexcusable naïveté.

D'ailleurs, le cahier interprétatif de Friedrich Helvétius est là, au Chapitre *Baldwyn*, de Bristol, ainsi que l'authentique copie de Désaguliers, au Chapitre *Mediterranean*, de Gibraltar. Le Très-Sage président de ce Chapitre, qui est le F ▽ Haynes, ne niera pas. Quant au Chapitre *Baldwyn*, il dépend du Suprême Conseil d'Angleterre, et là, il y a quelqu'un qui ne peut nier, le voudrait-il : c'est le F ▽ Hugh-David Sandeman, grand secrétaire général de ce Suprême Conseil ; car, la copie que le F ▽ Goblet d'Alviella, dans son voyage aux Indes, a eue entre les mains, c'est Sandeman en personne qui l'a écrite, qui l'a portée là-bas, au temps où il appartenait à l'administration civile du Bengale, et l'atelier maçonnique qui actuellement possède cette copie du F ▽ Sandeman, c'est le Chapitre de Calcutta qui porte son propre nom, le Chapitre *Sandeman*, appartenant à la juridiction du

Suprême Conseil d'Angleterre, comme l'antique Chapitre *Baldwyn*.

Helvétius n'indique pas lequel des deux collaborateurs de 1649, Phllalèthe et Ashmole, a extrait d'un Targum la légende d'Hiram ; mais il est formel pour déclarer que Thomas Vaughan a dirigé la rédaction du grade de Maître et y a mis la main.

Quant à l'interprétation qu'il donne, il dit la tenir de Thomas lui-même. Et voici la preuve éclatante, la preuve devant laquelle il faut s'incliner ! Cette preuve est dans l'interprétation elle-même, *dont seul Philalèthe, disciple de Robert Fludd, pouvait avoir eu l'idée*, lors de l'introduction de la légende d'Hiram dans le symbolisme maçonnique.

Ici, nous touchons à l'ésotérisme diabolique par excellence. Conception vraiment infernale, ce sens répugnant donné au prétendu assassinat d'Hiram, suivi de sa prétendue résurrection.

Je n'apprendrai rien aux lecteurs catholiques qui ont déjà étudié de près le symbolisme maçonnique ; l'interprétation que je vais indiquer, ils la connaissent, pour en avoir eu la divulgation par divers auteurs antimaçons : mais ils seront mes garants auprès des autres lecteurs. Il est nécessaire de la rappeler, cette interprétation, parce que je dirai ensuite et établirai où Philalèthe a puisé son inspiration ; après quoi, chacun conclura qu'Ashmole fut absolument étranger à l'introduction d'une légende contenant, sous son voile, un tel sens ésotérique.

En quelques mots je résume la partie capitale de l'initiation au grade de Maître.

Le récipiendaire, après avoir enjambé un cercueil et écouté le récit d'un crime dont il a été presque accusé d'être l'un des auteurs, sert de jouet au Très Respectable et aux membres de la Loge. À la fin du récit, il a été frappé comme fut frappée la victime, et il a été couché tout-à-coup dans le cercueil qu'on venait de lui faire enjamber. On recouvre son corps d'un drap mortuaire ; on plante à sa tête une branche d'acacia. Il représente alors Hiram, enterré sous un tertre, au Liban. Des Frères vont et viennent, en interminables promenades ; ils figurent les bons maçons constructeurs du temple de Salomon, à la recherche du cadavre de leur architecte martyr. Enfin, la branche d'acacia, aperçue, conduit les chercheurs auprès du récipiendaire qui fait le mort. On retire le drap noir ; le Très Respectable se penche sur le pseudo-cadavre, l'attire à lui pour l'amener à se mettre debout, et, quand le récipiendaire est sur pied, la salle étant subitement éclairée de vives lumières, tous poussent des cris d'allégresse. Le récipiendaire apprend qu'il est Hiram ressuscité. La farce est terminée.

Dans une harangue, l'orateur de la Loge développe longuement la légende de l'architecte tyrien et soumet au nouveau Maître diverses interprétations, les unes, d'apparence astronomique, les autres, d'un ordre politique ; on lui déclare au surplus, qu'il est d'autres interprétations, historiques, scientifiques et philosophiques, et que c'est à son intelligence qu'il appartient de les découvrir.

La légende d'Hiram est, en effet, une inépuisable source d'interprétations. D'ailleurs, plusieurs d'entre elles, quoique différentes, ne se contredisent pas ; et toutes aboutissent au bouleversement de la croyance en la vérité divine et à la haine de l'Église de Jésus-Christ. Ce n'est donc pas Dieu, mais Satan, qui a inspiré l'auteur du Targum d'où a été extraite cette protéique légende. En ceci, les rabbins talmudistes ont coopéré à la fécondation de l'œuf malsain et maudit d'où la Franc-Maçonnerie est sortie.

Parmi ces interprétations, il en est une, officielle depuis qu'Albert Pike l'a imprimée, contre laquelle mon cœur se soulevait de dégoût. À mes yeux, elle ternissait fort la gloire de mon ancêtre. J'eus encore, à son sujet, des discussions avec mon père et mon oncle ; voyant qu'ils ne pouvaient me convaincre, ils atténuaient, m'ouvraient l'*Histoire métaphysique, physique et technique de l'un et l'autre monde*, de Robert Fludd, et finalement c'était celui-ci, au lieu de son disciple Philalèthe, qui recueillait mes nausées.

Cette interprétation ésotérique est celle connue en arrière-loges sous le nom de « théorie de la génération et de la putréfaction ».

Lecteur, imite-moi : surmonte ton dégoût ; il faut que je dise et que tu lises ces malsaines rêveries d'un cerveau endiablé.

Hiram, enterré au Liban, a pourri dans l'humus du tertre où était plantée la branche d'acacia ; son cadavre s'est décomposé. « Mac-Benac ! » s'est écrié le Très Respectable ; mots que l'on traduit par : « la chair quitte les os. » Ce phénomène de la décomposition ravit d'aise la Franc-Maçonnerie ; les enfants de la Veuve se plongent avec délices dans l'examen de cette pourriture de cadavre.

Et les extraordinaires raisonnements auxquels ils se livrent à ce sujet !…

Il faut de la putréfaction pour la génération, disent-ils. Voyez le grain de blé : on le met en terre, il pourrit, et de sa pourriture naît l'épi, multipliant les grains de blé. — De toute évidence, c'est ainsi que cela se produit pour le grain de blé ; mais quel rapport cela a-t-il avec le cadavre humain ? quel est l'enfant qui, depuis que le monde est monde, naquit du corps paternel putréfié ? quel sépulcre a produit un berceau ? — Pouah !

Voilà, pourtant, l'absurde comparaison que les Orateurs de Loges posent dans leur discours au récipiendaire ahuri. C'est officiel, c'est rituel. Voir diverses harangues qui ont été imprimées ; voir les *Legenda Magistralia*, de Pike.

Au fond, cette comparaison aussi absurde que répugnante est destinée à frapper l'esprit de l'initié, dans un but essentiellement luciférien, afin d'ouvrir à sa pensée un horizon où il pourra découvrir le satanique système de la divinité double. Il s'agit de lui rappeler que le Dieu des chrétiens a condamné à mourir Adam et Eva et leur descendance. Adonaï, le Dieu des chrétiens, est l'auteur de la mort, il est le principe destructeur ; Lucifer, dont le nom n'est pas encore prononcé au grade de Maître, — dans la légende hiramique, on se borne à le nommer *Eblis*, — est l'auteur de la vie, il est le principe créateur.

Or, Lucifer doit triompher d'Adonaï ; c'est lui qui, des deux dieux rivaux, est le Très haut le plus haut, l'*Excelsus Excelsior*. À la mort infligée à l'humanité par Adonaï, il a répondu d'avance en enseignant les lois de la reproduction à Eva, qui les a enseignées à Adam. Ainsi l'humanité ne périra pas, ainsi elle bravera éternellement la haine du Dieu-Mauvais. « Soyez ensemenceurs le plus qu'il vous sera possible, dit Satan ; jetez le grain de blé là où il est destiné à germer, et sa putréfaction donnera génération. »

Telle est la glose maçonnique. Toute cette écœurante absurdité du *Mac-Benac,* du cadavre décomposé d'Hiram et de sa résurrection, de l'apologue du grain de blé, débité par l'Orateur en forme de commentaire, tout cela est pour exciter au libertinage, sous prétexte de sauver l'humanité condamnée à mort par Adonaï. Le symbolisme, alors, couvre de son voile le raffinement d'obscénité. La fosse dans laquelle est jeté Hiram, censément cadavre et semence tout à la fois, donne son nom à la Loge, qui à ce grade s'appelle « la Chambre du Milieu » ; voir n'importe quel rituel du grade masculin de Maître. Et le pommier de l'Éden, où Lucifer-Eblis a fait la leçon à Eva, le pommier devient à son tour le symbole sur lequel les Sœurs Maçonnes devront porter leur prédilection, et la Maçonnerie l'appelle « l'Arbre du Milieu » ; voir n'importe quel rituel du grade féminin de Compagnonne. Oui, tout cela est vraiment infect ; mais je ne pouvais le passer sous silence. Pardon.

Eh bien, maintenant, je pose une question ; je vais y répondre, et l'exactitude de ma réponse peut être contrôlée. On aura alors la preuve que le véritable auteur du grade de Maître est, parmi les deux collaborateurs de 1649, celui qui était disciple de Robert Fludd.

Question : — Qui est l'inventeur de la théorie de la génération par la putréfaction ?

Réponse : — C'est Robert Fludd.

Il n'est pas introuvable, son livre *Utriusque cosmi metaphysica, physica atque technica Historia*, imprimé à Oppenheim en 1617. Il figure en tête de la collection des œuvres de Fludd. Cette collection existe dans les principales bibliothèques scientifiques.

C'est dans ce traité que le fameux médecin rose-croix, sa cervelle bourrée des chimères de Paracelse, d'Hermès Trismégiste et de Cornélius Agrippa, expose le système de l'archétype, du macrocosme et du microcosme. L'univers est par lui divisé en plusieurs mondes, se résumant finalement à trois : l'*archétype,* qui est la divinité et ses dix manifestations (cette partie, écrite à une époque où il eût été dangereux à l'auteur d'affirmer publiquement son luciférianisme, a une interprétation ésotérique) ; le *macrocosme*, qui est le monde, image et émanation de la divinité, monde en trois régions, la région empyrée, où résident d'ordinaire les esprits célestes (daimons et maléakhs), la région éthérée ou région stellaire, ciel des étoiles fixes, et la région élémentaire, subordonnée à la précédente et occupée par la terre et les autres planètes connues au temps de Field ; le *microcosme,* c'est-à-dire le petit monde, qui n'est autre que l'homme, l'individu humain, représentant en abrégé toutes les parties du macrocosme, c'est-à-dire du grand monde. Et c'est dans sa manie qui lui faisait trouver en tout des analogies et des lois identiques, que Robert Fludd, ayant constaté dans la région élémentaire du macrocosme la loi de génération par la putréfaction des semences du règne végétal, en tira, par la plus insensée de ses erreurs d'analogie outrée, cette conclusion absurde, stupide, mais vraiment d'inspiration diabolique : « La même loi s'applique au règne animal, et en particulier à l'homme, au microcosme. »

Or, Thomas Vaughan était disciple de Robert Fludd, et non Ashmole, qui avait seulement vingt ans quand Fludd mourut à Londres (1637) ; alors, Ashmole se préparait à être avocat, et il le devint, en effet, l'année suivante. Thomas Vaughan avait eu un protecteur, auprès des chefs de la Rose-Croix, en Fludd, dont il eut les manuscrits d'occultisme après sa mort et pour qui il professait la plus grande vénération. D'autre part, Helvétius tenait de Thomas Vaughan, et non d'Ashmole, l'interprétation ésotérique de la légende d'Hiram, et il affirme, sans aucune équivoque, sans aucune restriction, que Thomas Vaughan dirigea la rédaction du grade de Maître et y mit la main. Et l'interprétation ésotérique qu'Helvétius donne, en disant la tenir de Philalèthe, son maître en alchimie, reproduit exactement la théorie de la génération par la putréfaction, théorie de Robert Fludd, maître de Thomas Vaughan.

La preuve est-elle faite ?...

D'ailleurs, le cahier du grade de Maître, qu'Elias Ashmole a écrit seul, est celui où il n'est aucunement question d'Hiram, mais du Constructeur Charles.

Mais pourquoi ce que je révèle ici n'est-il pas plus connu ? pourquoi m'a-t-il été nécessaire d'entrer dans ces explications et, précédemment d'avoir à convaincre des hauts-maçons érudits, tels que le F ▽ Goblet d'Alviella, par exemple ?

Parce que, dans la suite, un des rose-croix anglais qui, en 1717, coopéra à la manifestation officielle de la Franc-Maçonnerie, a voulu s'attribuer l'honneur — triste honneur ! — de l'introduction de la légende d'Hiram dans le symbolisme maçonnique.

Le véritable cahier du grade de Maître, celui qu'Ashmole écrivit sous la direction de Thomas Vaughan, a été détruit, après avoir été recopié, plagié. Le plagiaire, c'est le ministre protestant James Anderson, ami intime de Théophile Désaguliers, qui fut à la fois grand-maître et de la Rose-Croix et de la Franc-Maçonnerie. Désaguliers éprouva plus tard le remords d'avoir prêté la main à ce plagiat, et c'est pourquoi, considérant que le manuscrit d'Helvétius (archives du Chapitre *Baldwyn*, de Bristol) était le seul témoignage de la vérité et pouvait être détruit à son tour, il en fit lui-même une copie authentique ; c'est celle dont j'ai parlé plus haut, qui est aux archives du Chapitre *Mediterranean*, de Gibraltar.

Quant au plagiat d'Anderson, il existe encore en manuscrit autographe ; il fait partie, sous le numéro 107, de la bibliothèque particulière du duc de Sussex, qui succéda, en 1813, à Georges, prince de Galles, comme grand-maître de la Grande Loge d'Angleterre, et cette collection privée a été léguée et se trouve actuellement à la Grande Loge d'Angleterre, au Mark Masons'Hall, Great Queen-street, à Londres.

Tout en étant convaincue que mon ancêtre est bien le créateur de la Franc-Maçonnerie, telle qu'elle est aujourd'hui, et le principal exécuteur du plan de Fauste Socin, cette irréfutable preuve, qui consiste dans sa rédaction du grade de Maître et que j'ai exposée maintes fois en conférences triangulaires, apportait un nuage assez noir à mon admiration pour Thomas Vaughan. Je me bornais donc à citer le manuscrit d'Helvétius, sans entrer dans aucun de ces détails qui me répugnaient. En moi-même, comme il m'était pénible de trouver amoindrie la gloire de Philalèthe, je rejetais sur Robert Fludd, auteur de la thèse fangeuse, mon sentiment répulsif.

Il en était de même pour la mission donnée à Francesco Borri, autre nuage. En ceci, à mes yeux, le coupable était Valentin Andreæ, et non Thomas Vaughan. Je le crois encore, malgré la lettre de Bebenhausen, citée plus haut, et quoiqu'il semble, d'après les termes de ce document, que le grand-maître Valentin se serait borné à consentir ; en tout cas, il n'y est pas dit non plus, explicitement, que le projet émanait de Philalèthe lui-même.

Cette mission de Francesco Borri est des plus étranges, et voici en quoi elle consistait : discréditer le catholicisme par un zèle outré. Donc, déloyauté. En secret, Borri appartenait à la Rose-Croix. Ces façons d'agir sont indignes toujours, toujours je les ai blâmées.

Qui porta à Borri le projet arrêté par les chefs de la Fraternité ? On l'ignore. Je n'ai pas non plus la date exacte à laquelle il fut affilié.

Cet homme avait eu une immorale jeunesse. Qui le recruta ? Je l'ignore aussi. Pourtant, on le représente vertueux, à l'époque où il s'était enrôlé sous l'étendard de Lucifer, comme alchimiste de la Rose-Croix ; sans doute, c'était là hypocrisie, afin de mieux jouer son rôle. Il n'avoua jamais son satanisme, certes ; au contraire, il parlait aux foules au nom de l'archange saint Michel, qui lui avait remis, affirmait-il, une épée merveilleuse, forgée dans le ciel.

Il affectait une grande dévotion pour l'Eucharistie. Il soutenait que non seulement le Christ est présent dans l'hostie consacrée, mais encore la Très Sainte Vierge, à qui il donnait une nature divine ; elle avait été, disait-il, conçue par Dieu le Père, conçue par inspiration ; il l'égalait presque à la première personne de la Sainte Trinité, et, d'autre part, il attribuait un rang inférieur au Fils et au Saint-Esprit. C'était le bouleversement du dogme catholique.

Telle était sa prédication, en vertu du mot d'ordre donné par les chefs de la Rose-Croix.

Il réussit à faire un certain nombre de dupes ; il troubla beaucoup la paix de l'Église, en Italie. Le Saint-Office ordonna des poursuites contre ; lui mais il réussit à s'enfuir. Les sociniens italiens lui fournirent les moyens de gagner Strasbourg ; de là, il se rendait à Amsterdam, où les rose-croix ses confrères lui firent un accueil enthousiaste. On note encore un séjour de lui à Hambourg, et un autre à Copenhague, où il écrivit des lettres sur la façon de préparer la pierre philosophale. Mais c'est en Suède qu'il demeura le plus longtemps ; là, grâce à l'appui de Lodwijk van Geer, il eut la faveur d'Oxenstiern et soutira des sommes considérables à la reine Christine, qui, avant sa conversion, crut quelque temps au pouvoir surnaturel des mystérieux kabbalistes et alchimistes, sana soupçonner pourtant leur satanisme.

Borri eut encore des déplacements à travers l'Europe. Messager de la Fraternité socinienne, il semait partout la haine de l'Église.

Philalèthe rapporte qu'il avait pour épouse une salamandre. Elle se nommait Elkbamstar.

« Un jouir, le frère Borrus nous annonça qu'il allait nous présenter son épouse. Il fit fermer toutes les portes de la maison, une vieille maison bâtie à Cologne sur des fondations romaines, où j'eus souvent l'hospitalité quand je passai par cette ville.

« Il prit une petite ampoule de verre, qu'il portait toujours sur lui. Après l'avoir débouchée, il en répandit le contenu sur le sol. C'était du sang ; mais l'ampoule semblait inépuisable ; le sang s'en échappait à gros bouillons, et bientôt la chambre en fut inondée ; nos pieds baignaient dans ce liquide rougeâtre.

« Alors notre frère se coucha dans le sang, et il le battait avec les mains, le faisant jaillir tout autour de lui et agitant en même temps la petite ampoule, d'où sortit une voix. Le sang s'amassa, tout-à-coup coagulé en une forme vivante. La tête et le tronc étaient d'une femme, très belle ; les parties charnues se terminaient en queue d'immense lézard ; c'était la salamandre Elkbamstar, avec quatre pattes qui avaient des griffes. Sa couleur, était de feu blanc, lumineuse.

« Elle se dressa comme une personne, et le frère Borrus nous dit :

« — Voici mon épouse.

La salamandre dit à son tour :

« — Bons frères, je l'ai choisi ; ne soyez point jaloux de son bonheur, puisque vous avez aussi des joies célestes, j'aime Borrus ; il s'est donné à moi pour l'éternité. »

Le frère Igniculus dit :

« — Belle et bonne Elkbamstar, donnez-moi des nouvelles de Goëmon, qui m'est infidèle. La sylphide ne répond plus à mes appels, quand je voudrais la consulter. »

« La salamandre dit à Igniculus :

« — Si Goëmon ne vient plus quand tu l'appelles, c'est parce que tu as laissé voler le pied de bouc qu'elle t'avait donné. Ne dis-je point la vérité ? »

« Le frère Igniculus courba la tête et répondit :

« — J'ai pleuré sept mois la perte du pied de bouc. N'est-ce point assez ? »

« La salamandre se mit à rire.

« — Faut-il que je pleure encore sept mois ? »

« La salamandre continua sa moquerie ; mais elle dit encore :

« — Il ne faut point pleurer. Brise un crucifix le soir sur ta route, et la sylphide te reviendra. »

« Ensuite, la salamandre se jeta sur Borrus et l'étreignit dans ses pattes. Le sang de notre frère coulait ; mais Borrus criait :

« — Encore ! encore ! je vois notre dieu qui m'ouvre le ciel. »

« Tous, nous aperçûmes une palme de feu, éblouissante, qui se balançait dans l'espace au-dessus de nos têtes.

« Pendant que hurlant le frère Borrus se débattait, la salamandre, tout en le griffant, recueillait des gouttes de son sang dans la petite ampoule. Elle s'arrêta enfin ; mais notre frère, qui semblait heureux de souffrir, la suppliait de le déchirer encore avec ses griffes.

« Elle lui rendit l'ampoule ; puis elle lécha ses plaies, de sa langue de feu, et elles furent cicatrisées aussitôt.

« Nous la vîmes diminuer de volume, en peu de temps ; elle se rapetissait de plus en plus ; en moins d'une minute, progressivement, elle devint moins grosse que le petit doigt d'une main humaine, et ensuite si minuscule, qu'on la distinguait à peine. Elle brillait toujours, semblable à une étincelle, et enfin il nous fut impossible de l'apercevoir ; elle avait disparu.

« Le frère Borrus nous expliqua que l'apparition de son épouse Elkbamstar s'effectuait toujours de la même sorte ; c'était son sang, conservé sur lui dans l'ampoule, qui était répandu et s'augmentant de quantité servait à la salamandre pour prendre forme. »

Francesco Borri, dans ses prédications, ne se vantait pas de son commerce avec les daimons ; il s'avoua plus tard alchimiste, mais ce fut tout.

Après beaucoup d'incidents d'une vie nomade, très active pour le mal, cet aventurier finit par être arrêté et livré au gouvernement pontifical. Il mourut en prison, en 1685.

Thomas Vaughan, lui aussi, fut grand voyageur ; mais il se tint toujours assez rusé pour ne pas perdre sa liberté.

L'année qui suivit celle de la composition du grade de Maître, il commença à publier ses ouvrages d'alchimiste rose-croix. Les quatre premiers sont bien connus, de titre. Ce sont :

1° L'*Anthroposophia theomagica* ;

2° La *Magia adamica* ;

Ces deux livres parurent en 1650 ; ils sont entièrement consacrés aux œuvres de magie, présentées sous un aspect scientifique.

3. *Lumen de Lumine*, imprimé en 1651 ;

4. *Aula Lucis*, imprimé en 1652 ;

Dans ces deux livres-ci, le caractère luciférien de l'auteur se devine mieux. Ces ouvrages sont fort estimés dans l'occultisme palladique ; deux Triangles, l'un d'Allemagne, l'autre du Bengale, ont pris leur titre.

L'année de la publication — publication restreinte — de l'*Aula Lucis* fut aussi celle de la mort du pasteur John Cotton, qui avait si bien accueilli Philalèthe à son premier voyage en Amérique.

Mon ancêtre raconte qu'il eut, plusieurs fois, la visite du défunt, se manifestant à lui comme spectre, visible, mais non parlant, ni tangible.

Philalèthe lui posait des questions pouvant se résoudre par une réponse affirmative ou négative. Le fantôme répondait « oui » ou « non », d'un signe de tête.

En 1654, ce fut Valentin Andreæ qui mourut, à Stuttgard, dans les honneurs de la prélature protestante. Ses contemporains ne soupçonnèrent jamais le rôle qu'il joua en Europe, à la tête de la Rose-Croix socinienne ; pendant longtemps, beaucoup même considérèrent ses ouvrages, où il faisait connaître l'existence de la Fraternité, comme persiflage et satire de la magie et de la théosophie ! La lumière ne commença à se faire, un peu, très peu, sur son compte, qu'a partir du dix-huitième siècle. Le franc-maçon Herder, le continuateur de Lessing, le grand ami de d'Alembert et Diderot, a le premier laissé comprendre, en parfait initié, dans ses *Idées sur la philosophie de l'histoire de l'humanité*, que Valentin Andreæ n'était pas ce que l'on avait cru. Il juge que trois des ouvrages du chapelain du duc de Brunswick-Wolfenbuttel (la *Reipublicæ Christianopolitanæ descriptio*, le *Turris Babel judiciorum de Fraternitate Rosaceæ-Crucis chaos*, et la *Christianæ societatis Idea*) ouvrent des aperçus suffisamment clairs sur l'organisation, non en projet, d'une société secrète destinée à détruire l'Église romaine ; et Herder, appréciant au point de vue doctrinal, dit : « Valentin Andreæ, dans ces livres, exprime des vérités que nous oserions à peine dire aujourd'hui, quoique nous soyons plus avancés d'un siècle. »

Thomas Vaughan était à Amsterdam, quand mourut le grand-maître de la Rose-Croix.

Ce qu'il rapporte vaut la peine d'être reproduit ; je traduis textuellement :

« J'étais occupé à distiller de l'esprit de nitre ; la vapeur rouge se dégageait et s'élevait. Soudain, je fus rejeté en arrière, renversé sur le sol, et je poussai un cri, ne sachant ce qui m'arrivait.

« Tout avait disparu autour de moi ; quand je me relevai, la chambre était vide, les murs nus. Et voici que j'entendis une immense clameur, lointaine d'abord, ensuite se rapprochant : et les murailles de l'appartement s'élargissaient ; et voici que je me trouvai seul dans une salle des plus vastes ; et elle s'agrandissait encore de tous côtés, excepté en hauteur.

« Alors, un aigle parut, portant le frère Minutatim, que je savais en Suède ; puis, un lion ailé, portant le frère Serenus, que je savais en Silésie ; puis, un taureau ailé, portant le frère Procubans, que je savais en Angleterre. »

Par le nom de *Minutatim*, Philalèthe désigne le fils du baron van Geer, qui avait succédé à son père dans la Rose-Croix et qui se nommait Louis comme lui ; c'est Louis van Geer, professeur au collège des mines de Stockholm. Par le nom de *Serenus*, il désigne Komenski, et Henri Blount par le nom de *Procubans*.

« Ils étaient tout étonnés de se trouver sur pareilles montures ; ils me racontèrent plus tard qu'ils avaient été enlevés instantanément, à l'instant même où j'avais été renversé par terre.

« Les murailles s'étaient entr'ouvertes, pour leur livrer passage ; elles s'étaient refermées aussitôt.

« Voici encore : mes trois frères ayant repris leur assurance, l'aigle, le lion ailé et le taureau ailé s'évanouirent, et Minutatim, Serenus et Procubans, debout, avaient auprès d'eux trois daimons, d'une haute stature et d'une martiale beauté. Ils se nommèrent : Léviathan, Cerbère, Belphégor.

« Un siège d'acier, où je me trouvais assis, s'était formé sous moi. Les trois daimons vinrent à moi et baisèrent ma main gauche.

« De grands bruits se firent entendre de nouveau, avec des éclats de foudre. Il y eut une irruption soudaine de daimons ; ils arrivaient en épaisses nuées, innombrables, et la vaste salle en était pleine.

« Leurs voix me criaient :

« — Salut, Philalèthe ! te voici souverain-maître de la Fraternité ! Salut, tes œuvres seront glorieuses ! Salut, salut, Philalèthe ! »

« Le frère Serenus demanda si le grand-maitre était mort.

« — Oui, répondit Cerbère, et le royaume de notre grand-maître divin est en fête. Nous avons été envoyés pour reconnaître et saluer le nouveau souverain-maître de la Fraternité, le quatrième successeur du patriarche Fauste. Vous autres, vous êtes ses légats ; rendez-lui votre hommage. »

« Ils s'avancèrent l'un après l'autre et baisèrent avec respect ma main gauche, ainsi que les daimons avaient fait. Leur hommage me remplit de fierté, surtout celui du frère Serenus, qui était un vieillard de plus de soixante ans.

« Cerbère dit encore, s'adressant aux autres daimons d'ordre inférieur, qui remplissaient la salle :

« — À votre tour, fidèles esprits, rendez l'hommage. »

« Ils se précipitaient et baisaient ma main.

« Quand tous eurent rendu l'hommage, Léviathan parla d'une voix forte :

« — Avant de retourner au céleste royaume d'où nous venons, célébrons l'avènement de Philalèthe ; réjouissons-nous. »

« Les frères Serenus, Minutatim et Procubans se rangèrent auprès de moi, et derrière eux se tenaient Cerbère, Léviathan et Belphégor. La salle s'agrandit encore en largeur, et sa hauteur s'éleva d'une façon considérable, tandis que l'air se remplissait de suaves parfums. Des globes de feu étaient suspendus dans l'espace, répandant une douce clarté. Des milliers de sylphides parurent, et il y eut une danse générale de tous les fidèles esprits.

« Les murailles s'étaient revêtues de harpes, qui vibraient d'elles-mêmes. Des trompettes, des cymbales, des flûtes, des fifres, des olifants, des pictites, des violons, des clochettes d'argent, s'agitaient dans la hauteur de la salle, et tous ces instruments rendaient d'eux-mêmes leurs sons, avec harmonie.

« Daimons et sylphides, s'enlaçant, s'entraînaient dans un joyeux tourbillon, ne touchant plus le sol et se livrant aux plus gracieux ébats de la danse, pendant que des gnomes, ayant des grelots attachés aux jambes, se culbutaient gaiement par terre, avec rebondissements et cabrioles de mimes *(cum mimorum saltationibus)*.

« Les réjouissances se terminèrent par des cris d'allégresse en mon honneur. Daimons, sylphides et gnomes partirent en tempête ; mes trois frères furent emportés par Léviathan, Cerbère et Belphégor, qui s'étaient transformés de nouveau en aigle, lion ailé et taureau ailé.

« Ma chambre était telle qu'avant l'évènement, et je repris mes travaux. »

Thomas Vaughan donne dans l'une de ses lettres, « qui ne doivent être lues que par les Mages », des renseignements complémentaires sur Van Geer le fils.

Il assure qu'il jouissait d'un singulier privilège, par le pouvoir de Léviathan son protecteur.

Le jeune professeur de Stockholm, au dire de Philalèthe, se mettait en pièces à volonté, pour démontrer à ses frères son importance de magicien. Il prononçait certaines paroles du langage des daimons ; aussitôt son corps s'émiettait, en minuscules fragments, sans effusion de sang. On ramassait tous ces débris humains, et on les mettait dans un sac. Après quoi, le sac était porté sur un antique bouclier, autour d'un cercle tracé au milieu de la salle ; Léviathan paraissait dans ce cercle, et, au septième tour de promenade, le sac s'agitait ; le magicien en sortait avec un corps tout reconstitué, comme auparavant. Ce serait pour ce motif que Van Geer le fils avait dans la Fraternité le nom de *Minutatim*.

Quant à Henri Blount, nous allons voir dans un instant ce que Lucifer déclara lui accorder, en la personne de son second fils.

En l'année 1655, Philalèthe publia son *Euphratès*. L'année suivante, Komenski se retira en Hollande, et Thomas Vaughan fit d'Amsterdam la capitale de la Rose-Croix socinienne.

Et voici encore une preuve de ce que mon ancêtre est vraiment l'*Eirenœus Philaléthès*. C'est en 1656, sa troisième année de grande-maîtrise, qu'il entreprit la publication des œuvres de Fauste Socin, à Amsterdam. Les ouvrages du patriarche de Luclavie commencèrent la série de ce qui fut intitulé *Bibliotheca Fratrum Polonorum* : cette bibliothèque forme huit gros volumes in-folio ; les écrits de Fauste y occupent les tomes I et II. Or, l'impression fut faite à Amsterdam, cela est reconnu, établi. Eh bien, suivant l'usage de l'époque, la Bibliothèque des Frères Polonais porte, pour le lieu d'impression, un pseudonyme de ville. Et quel est le pseudonyme qui figure en tête des volumes ? — *Eirenœopolis*, c'est-à-dire la ville d'Eirenœus, la ville de Philalèthe, la capitale de la Fraternité, la cité à laquelle le grand-maître donnait son nom.

En 1659, Thomas Vaughan publiait, en anglais, la *Fraternity of R. C.* ; en 1664, la *Medulla Alchymiæ*. Puis, en 1665, c'est Amos Komenski qui fait imprimer à Amsterdam son infernal ouvrage, *Lux in tenebris*, dont j'ai déjà dit quelques mots.

Cette année-là mérite une mention spéciale.

Blount avait eu un second fils ; cet enfant, qui reçut à sa naissance le nom de Charles, était âgé alors de onze ans ; il était venu au monde en la même année que Philalèthe succéda à Valentin Andreæ.

Henri Blount se rendit à Amsterdam et présenta l'enfant au grand-maître. Celui-ci, en présence du père et de Komenski, consacra le jeune Charles au dieu des Rose-Croix : il évoqua Lucifer, qui apparut et dit aux Mages que l'âme de Valentin passait en l'enfant.

« — Valentin m'a demandé aujourd'hui de revivre encore sur terre, afin de voir son œuvre, déclara le suprême imposteur. J'illumine le fils de Procubans (Henri Blount) ; cet enfant a maintenant une âme double. Il sera le successeur de mon bien-aimé Philalèthe. »

Enfin, en 1667, Thomas Vaughan se décida à publier l'*Introïtus apertus*, son ouvrage capital, qu'il avait écrit dès l'âge de trente-trois ans ; on se rappelle que cela est dit, en termes formels, au commencement du livre, et que cette importante mention fixe la date de naissance de mon ancêtre, contrairement aux inexactes assertions d'Alibone.

C'est dans les premiers jours de cette même année que Philalèthe, se trouvant à La Haye, convertit à l'occultisme le célèbre médecin Helvétius, de qui descend l'Helvétius, ami de Voltaire. Et voilà une conversion luciférienne qui éclaire d'un jour nouveau le prétendu scepticisme de ces fameux philosophes du dix-huitième siècle, dont quelques-uns affectaient même l'athéisme !

Et d'abord, qu'était le premier Helvétius connu, celui qui fut le disciple de Thomas Vaughan ?

Son vrai nom est Johann-Friedrich Schweitzer ; venu de la Suisse allemande en Hollande, où il se fixa pour exercer la médecine, il s'appela *Helvetius*. Médecin principal du prince d'Orange, il jouissait d'une grande considération ; il porta même le titre de médecin en chef des États-Généraux. Il était d'une haute science[2]. Il avait quarante-deux ans, quand il se lia avec Philalèthe.

Helvétius était un adversaire déterminé de l'alchimie. En 1650, il avait vivement critiqué ceux de ses confrères qui s'occupaient de pierre philosophale et d'élixir de longue vie ; il avait publié alors, à Francfort, contre les adeptes, un livre intitulé *De alchymia opuscula comptura veterum philosophorum*. Plus tard, il avait écrit contre le chevalier Digby, rose-croix, et sa poudre sympathique, dont il se moqua fort. Il lui fallut sa rencontre avec Philalèthe pour changer du tout au tout ses idées.

Voici comment il raconte l'aventure dans son *Vitulus aureus* (Amsterdam, 1667) :

« Le 27 décembre 1666, je reçus à la Haye la visite d'un étranger, vêtu en bourgeois hollandais, qui refusa obstinément de se faire connaître à moi. Il m'annonça que, sur le bruit de ma dispute avec le chevalier Digby, il venait m'apporter les preuves matérielles de l'existence de la pierre philosophale.

« En effet, après une longue conversation sur les principes hermétiques, cet étranger ouvrit une petite boîte d'ivoire où se trouvait une poudre d'une métalline couleur de soufre, et il me dit qu'il y avait et de quoi faire vingt tonnes d'or.

« Je le conjurai de me démontrer par le feu les vertus de sa poudre ; ce fut en vain ; il se retira, en me promettant de revenir dans trois semaines.

« En examinant sa poudre, j'avais eu soin d'en détacher adroitement quelques parcelles, que je tins cachées sous mon ongle. Aussitôt seul, je me hâtai de faire l'expérience : je mis du plomb en fusion, et je fis la projection. Mais tout se dissipa en fumée ; il ne resta au fond du creuset que du plomb et de la terre vitrifiée.

« Trois semaines après, l'étranger reparut. Il refusa encore de faire l'opération ; mais il me fit cadeau d'un peu de sa pierre, à peu près la grosseur d'un grain de millet. Et comme je ne cachai pas mon incrédulité sur l'effet d'une si petite quantité de substance, l'alchimiste en enleva la moitié, disant que le reste était suffisant pour changer en or une once et demie de plomb. Mais il me recommanda bien, au moment de la projection, d'envelopper la pierre philosophale d'un peu de cire, afin de la garantir des fumées du plomb. Puis, il me promit de revenir le lendemain pour assister à l'expérience.

« La journée s'étant passée sans que l'étranger reparût, je n'eus pas la patience de l'attendre un autre jour, et je me mis à l'œuvre. Cette fois, l'opération réussit admirablement. Au bout d'un quart d'heure de fusion, le métal avait pris la couleur de l'or ; coulé et refroidi, c'était un lingot d'or ; dont tous les orfèvres de la Haye estimèrent très haut le degré. »

Voilà ce qu'Helvétius raconte dans son *Vitulus aureus*. Émerveillé du résultat, il s'adonna dès lors à l'alchimie, cherchant à son tour le moyen de produire la pierre philosophale, mais ne le trouvant pas… jusqu'au jour où, s'étant affilié à la Rose-Croix socinienne, il fut initié, par Thomas Vaughan, au 9e et dernier degré, *Magus*.

On aura remarqué qu'Helvétius ne dit pas qu'il sut jamais le nom du mystérieux étranger ; dans aucun autre ouvrage, il ne revint sur cette étrange aventure de 1666-1667. Pourtant, l'opinion de ses contemporains fut que cet étranger n'était autre que Philalèthe ; car les relations ultérieures de mon ancêtre avec le Médecin du prince d'Orange furent connues. Lenglet-Dufresnoy relate cette opinion comme très accréditée ; Louis Figuier la rapporte aussi et ne paraît pas douter de son exactitude. En tout cas, il est bien certain qu'Helvétius devint un des adeptes les plus actifs de la Rose-Croix, puisqu'il en fut le grand-maître de 1693 à 1709, année de sa mort. Mais les preuves mêmes de l'initiation donnée par Thomas Vaughan existent dans les *Notes* de Philalèthe pour les parfaits initiés, et Louis Figuier, en sa qualité de franc-maçon occultiste, n'a pas dû les ignorer. J'y viendrai tout-à-l'heure, en reproduisant quelques extraits de ces *Notes*, notamment ceux où il enseigne, aux Mages seuls, comment s'obtient la pierre philosophale, comment un rose-croix élu au dernier degré peut avoir de l'or à volonté.

Auparavant, je dois parler de son plus important ouvrage connu, l'*Introïtus apertus*, dont mon père et mon oncle en m'instruisant, m'ont expliqué tout ce qui ne peut être compris que par les élus du prétendu Dieu-Bon ; cet ouvrage a eu une grande part dans mon éducation luciférienne.

C'est dans l'*Introïtus Apertus* que Thomas Vaughan s'écrie :

« Plût à Dieu que l'or et l'argent, ces idoles du genre humain, fussent aussi communs que le fumier ! Nous ne serions pas obligés de nous cacher, le monde nous regardant comme si nous étions chargés de la malédiction de Caïn *(sic)*. Pour ma part, il semble que je sois contraint à mener une existence vagabonde, comme fuyant sans cesse la présence du Seigneur ; dans une incertitude continuelle et par une légitime crainte, je me vois obligé de me priver de la société de mes anciens amis. Et, comme si j'étais poursuivi par les Furies, je ne me crois en sûreté dans aucun lieu ; et, semblable à Caïn, il me faut élever souvent ma voix vers le ciel et demander protection à mon Dieu, en disant avec douleur : « Ceux qui me découvriront me feront mourir ! »

« Errant de royaume en royaume, sans aucune demeure fixe, à peine osé-je prendre souci de ma famille, si loin de moi, et quoique je possède tout, je suis obligé de me contenter de peu. Quel est donc mon bonheur ? Je n'en aurais aucun, si je ne m'étais voué au triomphe d'une idée ; idée qui, à la vérité, donne une grande satisfaction à mon esprit.

« Ceux qui n'ont pas la parfaite connaissance de notre Art se flattent qu'ils accompliraient beaucoup de choses, s'ils le savaient. J'ai pensé de même, autrefois ; mais les dangers que j'ai courus m'ont rendu plus circonspect. Voilà pourquoi, afin de mener à bien ma mission, j'ai adopté les voies les plus secrètes. Quiconque a couru le péril de la mort et y a échappé devient plus prudent pour le reste de sa vie. »

Parlant des guérisons qu'il opéra, il dit :

« J'ai remarqué tant de corruption dans le monde, que, parmi ceux mêmes qui passent pour honnêtes gens, à peine s'en trouve-t-il quelqu'un qui ne se propose un gain sordide ou quelque vil intérêt. On ne saurait faire seul ce que l'on souhaite, pas même dans les œuvres de miséricorde, sans mettre sa vie en danger. Je l'ai éprouvé depuis peu, dans les pays étrangers où, m'étant hasardé à donner une médecine à des moribonds abandonnés des médecins ou à d'autres malades réduits à de fâcheuses extrémités, par une espèce de miracle ils ont recouvré la santé. À l'instant, ces guérisons ont fait du bruit, et l'on a publié qu'elles avaient été faites par l'élixir des Sages ; de manière que plusieurs fois je me suis trouvé dans l'embarras, obligé de me déguiser, de me faire raser la tête pour prendre une perruque, de changer de nom et de m'évader nuitamment ; sans quoi, je serais tombé entre les mains des méchants ou des gens malintentionnés que la passion de l'or portait à me surprendre sur le seul soupçon que j'avais le secret d'en faire. Je pourrais raconter beaucoup d'incidents pareils qui me sont arrivés. »

Philalèthe raconte aussi, toujours dans l'*Introïtus apertus* (chapitre XIII), une mésaventure qui lui arriva, un jour qu'il voulut vendre de l'argent obtenu par œuvre occulte. Son or et son argent étaient si purs, que les marchands le reconnaissaient pour provenir d'une opération magique :

« Les hommes sont devenus si méchants, n'est pas rare que l'on ait étranglé, à ma connaissance, des gens qui cependant étaient étrangers à notre Fraternité. Il suffisait que quelque énergumène les dénonçât pour avoir entendu dire qu'ils avaient la réputation d'être habiles dans notre art.

« Je vous ennuierais, si je vous racontais tout ce que j'ai éprouvé moi-même, tout ce que j'ai et entendu rapporter à ce sujet, dans ce temps surtout, plutôt que dans tout autre. À tout propos, c'est à qui mettra en avant l'alchimie ; de telle sorte que, si vous travaillez à quelque chose en secret, c'est vous exposer à être dénoncé comme rose-croix.

« Plus vous aurez de précaution, plus l'on aura de jalousies contre vous ; l'on ira jusqu'à vous accuser de fabriquer de la fausse monnaie. Si au contraire vous vous hasardez à agir plus ouvertement, vous n'en serez que plus tôt tenu pour suspect, et votre perte sera certaine pour peu que vous opériez des choses extraordinaires dans la médecine et dans l'alchimie. Si l'on vous voit avec des lingots d'or et d'argent très pur, on voudra savoir d'où vous les tirez, parce que le plus parfait, qui vient en poudre d'Afrique ou de Guinée, se trouvera toujours d'un moindre titre que le vôtre, qui sera néanmoins en gros lingots. Il n'en faudra pas davantage pour donner prise à la malveillance de ceux qui murmureront contre vous.

« Les marchands, malgré leur apparente simplicité, sont trop rusés pour ne pas vois reconnaître. Ils ont beau dire en jouant, à l'instar des enfants : « Venez, nous ne voyons pas, nous achetons les yeux fermés » ; si vous vous présentez, d'un clin d'œil, ils en voient plus qu'il ne faut pour vous compromettre vis-à-vis des autorités.

« On sait que notre argent est beaucoup plus fin que celui qui vient de toute autre part. Le meilleur, qui vient d'Espagne, dépasse de peu en bonté le sterling anglais : ce sont des piastres, assez mal frappées même et que l'on transporte furtivement, contrairement aux lois du royaume. Si donc vous vendez une grande quantité d'argent, vous vous trahissez vous-même ; et si vous voulez y mettre de l'alliage, sans être monnayeur, vous encourez la mort, selon les lois d'Angleterre, de Hollande, et de presque tous les pays, qui ont soin d'empêcher, même sous peine de la vie, que le titre de ces métaux soit changé par des personnes autres que celles proposées à cela, même si vous les mettiez au titre du Souverain.

« Je l'ai éprouvé moi-même, lorsque, dans un pays étranger, je me présentai déguisé en marchand, pour vendre douze cents marcs d'argent très fin ; car je n'avais pas osé y mettre de l'alliage, chaque nation ayant son titre particulier qui est connu de tous les orfèvres. Ceux à qui je me présentai hochèrent la tête, traitant mon argent de produit alchimique. Quand je leur demandai à quoi ils le reconnaissaient tel, ils me répondirent qu'ils n'étaient point apprentis dans leur profession, qu'ils le connaissaient à l'épreuve, qu'ils le distinguaient fort bien et qu'ils distinguaient fort bien l'argent qui venait d'Espagne, d'Angleterre et des autres pays, et que celui que je leur offrais n'était au titre d'aucun État connu. Ce langage me fit évader en cachette, laissant et mon argent et la valeur, sans jamais réclamer.

« Si néanmoins vous affirmez que vous avez tiré d'un pays étranger cette grande quantité d'or et d'argent, il vous sera impossible de le démontrer ; car une telle importation ne saurait s'effectuer sans qu'on le sache. Le capitaine du navire, interrogé, dira : « Une telle quantité d'argent n'a point été apportée par moi ; elle n'a pu entrer à mon insu dans mon navire. » Tous les marchands, à cette nouvelle, se moqueront de vous, et diront : « Est-il vraisemblable que cet homme puisse acheter et charger sur un navire une pareille masse d'or et d'argent, en dépit de la sévérité des lois et des recherches si minutieuses que l'on fait à cet égard ? » Votre aventure sera aussitôt publiée, non seulement dans une région, mais dans toutes les régions voisines.

« Quant à moi, instruit par les dangers que j'ai courus, j'ai pris la résolution de me tenir caché, et je ne communiquerai qu'avec toi qui songes à posséder notre Art, afin de voir ce que tu feras toi-même pour le bien public, quand tu seras Adepte. »

Et plus loin, Philalèthe écrit encore (toujours dans le même chapitre XIII de l'*Introïtus apertus*) :

« Croyez-moi, jeunes hommes, et vous aussi, vieillards ; le temps va bientôt paraître ; il est aux portes. Je n'écris point ceci par l'effet d'une vaine imagination ; mais je vois en esprit que, nous tous, Adeptes, nous allons nous rassembler des quatre coins du monde ; alors, nous ne craindrons plus les embûches, les trames ourdies contre notre vie, et nous rendrons grâces au Dieu qui est Notre Seigneur. Mon cœur me murmure des choses inouïes ; l'esprit que j'ai en moi tressaille dans ma poitrine au sentiment du bien qui va bientôt arriver à tout l'Israël du Dieu-Bon.

« Je prédis ces choses au monde, afin de n'être pas inutile avant d'avoir ma fin sur terre.

« Ô mon livre, sois le précurseur d'Élie, préparant la royale voie du Seigneur ! et plaise au Dieu-Bon que tous les gens d'esprit connaissent et pratiquent notre Art ! car alors on n'estimerait plus, vu leur abondance, ni l'or, ni l'argent, ni les pierres précieuses, mais uniquement la science qui les produirait, avec l'aide de notre Dieu…

« Fasse le Dieu-Bon, que pour la gloire de son nom, je parvienne au but que je me propose ! Alors, tous les Adeptes, qui savent qui je suis, se réjouiront de la publication de mes écrits. »

Je rappelle que l'ouvrage commence ainsi :

« Moi qui suis Philosophe Adepte, connu sous le seul nom de Philalèthe, j'ai résolu, en l'an 1645 de notre salut, et le trente-troisième de mon âge, d'écrire ce Traité, propre à dévoiler les secrets de la Médecine, de la Chimie et de la Physique, pour payer ma dette aux Fils de l'Art et pour tendre la main à ceux qui sont égarés dans le labyrinthe de l'erreur.

« Les Adeptes qui liront ce livre reconnaîtront aisément qu'il est écrit par un de leurs Frères, et je me dis avec humilité leur égal. Parmi les autres lecteurs, ceux qui sont séduits par les niaiseries des sophistes, nos adversaires, recevront quelques rayons de la lumière qui doit les ramener sûrement à la vérité, et peut-être ouvriront-ils les yeux pour la recevoir ; j'espère que beaucoup se trouveront illuminés par mon livre.

« Tout Adepte constatera que je n'avance pas des fables, mais des expériences réelles, des choses que j'ai vues, opérées et étudiées à fond. C'est pourquoi, écrivant ceci pour le bien de mon prochain, il me suffira de dire que personne n'a écrit sur notre Art avec autant de clarté que moi. Plusieurs fois, en écrivant, j'aurais voulu quitter la plume ; j'étais tenté de cacher la vérité, jaloux de la garder ; mais le Dieu à qui je n'ai pu résister, celui qui seul connaît les cœurs, à qui seul est la gloire pour l'éternité, me forçait de reprendre la plume. Je ne doute donc pas que, dans ce dernier âge du monde, beaucoup seront heureux de posséder ces arcanes.

« J'en connais déjà beaucoup qui sont, en même temps que moi, possesseurs de ces arcanes, et je suis persuadé qu'il y en aura bien davantage encore, qui, pour les posséder, bientôt se feront connaître à moi, de plus en plus nombreux chaque jour.

« Que la sainte volonté de notre Dieu fasse donc de moi ce qu'il lui plaira. Je m'avoue indigne d'être l'instrument de telles choses ; cependant, dans ces choses, j'adore la sainte volonté de notre Dieu, à laquelle tout ce qui est créé doit être soumis, puisque toute intelligence a été créée et est conservée par lui seul.

« Ô Dieu-Bon, que vos œuvres sont admirables ! C'est vous seul qui opérez ce miracle : la transmutation des métaux. Je vous rends grâces, Père du Seigneur du ciel et de la terre, d'avoir caché ces merveilles aux grands et aux habiles, pour les découvrir à vos enfants, humbles et petits. »

Voici la distribution de l'ouvrage, par chapitres :

I. — De la nécessité du Mercure des Sages pour l'œuvre de l'Élixir.

II. — Des principes qui composent le Mercure des Sages.

III. — De l'acier des Sages.

IV. — De l'aimant des Sages.

V. — Le chaos des Sages.

VI. — De l'air des Sages.

VII. — De la première opération pour la préparation du Mercure des Philosophes, par les Aigles volantes.

VIII. — Du travail et de l'ennui que cause la première préparation.

IX. — Du pouvoir de notre Mercure sur tous les métaux.

X. — Du soufre qui se trouve dans le Mercure philosophique.

XI. — Comment on a découvert le Parfait Magistère.

XII. — De la manière générale de faire le Parfait Magistère.

XIII. — De l'usage du soufre mûr dans l'œuvre de l'Élixir.

XIV. — Des circonstances qui surviennent et qui sont requises à l'œuvre en général.

XV. — De la purgation accidentelle du Mercure et de l'Or.

XVI. — De l'amalgame du Mercure et de l'Or, et du poids convenable de l'un et de l'autre.

XVII. — De la proportion du vase, de sa forme, de sa matière, et de la manière de le boucher.

XVIII. — De l'Athanor ou fourneau philosophique.

XIX. — Du progrès de l'œuvre pendant les quarante premiers jours.

XX. — De l'arrivée de la noirceur dans l'œuvre du Soleil et de la Lune.

XXI. — Comment on peut empêcher la combustion des Fleurs.

XXII. — Du régime de Saturne, et pourquoi il est ainsi nommé.

XXIII. — Des différents régimes de l'œuvre.

XXIV. — Du premier régime de l'œuvre, qui est celui de Mercure.

XXV. — Du second régime de l'œuvre, qui est celui de Saturne.

XXVI. — Du troisième régime, ou de Jupiter.

XXVII. — Du quatrième régime, ou de la Lune.

XXVIII. — Du cinquième régime, ou de Vénus.

XXIX. — Du sixième régime, ou de Mars.

XXX. — Du septième régime, ou du Soleil.

XXXI. — De la fermentation de la Pierre Philosophale.

XXXII. — De l'imbibition de la Pierre.

XXXIII. — De la multiplication de la Pierre.

XXXIV. — Manière de faire la projection.

XXXV — Des différents usages de la Pierre Philosophale : conversion de tous les métaux en or et en argent ; diamants et pierres précieuses ; médecine universelle.

Voici, enfin, quelles sont les lignes de conclusion de l'ouvrage

« Cet ouvrage a été commencé et fini l'an 1645, par moi qui ai pratiqué et qui pratique cet Art secret, sans m'embarrasser des applaudissements des hommes ; mais qui souhaite seulement secourir ceux qui cherchent sérieusement la connaissance de cette science, afin qu'ils me regardent comme leur frère et leur ami.

« Je signe donc cet écrit du nom : EIRENŒUS PHILALÉTHÈS, *anglais de naissance et habitant de l'Univers.* »

Quoiqu'en ait dit Thomas Vaughan dans sa préface, pour comprendre son ouvrage, il faut avoir déjà reçu une première initiation. Il avait écrit, en réalité, pour les initiés de la Croix d'Or et pour attirer les profanes à l'alchimie ; mais les initiés de la Croix d'Or eux-mêmes ne pouvaient tout comprendre.

Il est certain qu'il était nécessaire, par exemple, d'avoir le 9e et dernier degré, *Magus*, pour comprendre ces mots du chapitre XIII : « Je possède la Pierre Philosophale ; je ne l'ai volée à personne, je la tiens de notre Dieu seul ! »

Aujourd'hui, republier l'*Introïtus apertus* serait inutile, sans explications ; et trop long, avec explications. Donc, laissons. Mais je choisirai quelques unes des *Notes*, réservées aux Mages, aux très-parfaits initiés ; en même temps, ceci expliquera mieux la conversion luciférienne d'Helvétius et dira par quel crime des crimes s'obtient l'or à volonté. Or, ceci n'est plus du rétrospectif ; c'est de l'actuel, du contemporain ; Albert Pike en a usé.

(La suite au prochain numéro.)

1. ↑ Voici en quels termes est racontée la conversion de Diana d'Andalo :
   « Elle naquit dans un milieu à la fois noble et religieux, mais passionné et militant (la charge de son père n'était pas une simple magistrature civile ; elle lui imposait le commandement des troupes en cas de guerre, chose fréquente en ces temps de factions et de discordes sans cesse renaissantes). Le caractère de Diane dut s'en ressentir.
   « Il y avait en elle quelque chose de l'intelligence, de la grandeur d'âme et de la vaillance de son père et de ses frères, tempéré toutefois par les qualités naturelles à son sexe ou dont la Providence l'avait personnellement enrichie en prévision de son avenir : esprit vif et sincère, âme sensible, cœur expansif et miséricordieux, élocution séduisante, volonté ferme dans la poursuite du bien. À ces dispositions morales, s'ajoutait une rare beauté de corps, qui inspirait pour elle une sympathie mêlée de respect et servait comme de miroir aux dons de son âme pour les faire mieux resplendir. S'il est vrai, comme certains auteurs le racontent, qu'au baptême on choisit pour elle le nom de *Diana* par allusion à l'étoile du matin, il est certain qu'elle justifia l'augure et fut un astre pur, doux et joyeux, pour la consolation de sa famille d'abord, pour la gloire de l'Ordre de Saint Dominique ensuite.
   « Sa piété cependant n'offrait rien, durant son enfance, de ces aspirations précoces qui ravissent, dans l'histoire de plusieurs Saintes ; Diane montrait, au contraire, semble-t-il, un penchant à la mondanité, particulièrement au luxe dans les parures, que les richesses de sa famille lui rendaient si faciles, et les grâces de sa personne si avantageuses. Il fallut une circonstance inattendue pour opérer en elle un total changement. »
   L'auteur raconte la mission du Bienheureux Réginald à Bologne.

« Le peuple de Bologne accourut aux sermons de Réginald, attiré d'abord par le nouveau vêtement, quoiqu'il en ignorât l'origine, mais bientôt, transporté par sa parole évangélique, austère, entraînante, enflammée. Toute la cité était en effervescence ; on croyait entendre un autre Élie au zèle dévorant, un autre Paul aux accents populaires et dominateurs. Qu'il prêchât à la Mascarelia, ou à la Cathédrale, ou sur la place publique, c'était même saisissement dans l'auditoire, qui comptait nombre d'étudiants et de docteurs de l'Université. Ce fut au point que certains Maitres des plus illustres, non contents de goûter les flots de vie qui sortaient de ses lèvres, voulurent en partager la source en se donnant à lui comme religieux (B. Clair de Bologne, B. Moneta de Crémone, F. Roland, célèbre maitre en philosophie, etc.). Leur entrée en religion fit dans les écoles une impression si profonde, que des étudiants, amis de leurs plaisirs, se défendaient de venir au sermon, par crainte d'être subjugués à leur tour.

« Mais ces docteurs ne furent pas la seule conquête de Réginald. Diane ne tarda pas à devenir un de ses plus fervents disciples. Entre les dons naturels qu'elle avait reçus, était celui de la parole ; et ses contemporains n'ont pas craint de lui donner un qualificatif insolite pour une femme, en l'appelant « très éloquente, très diserte, eloquentissima, disertissima. » Ce qu'elle possédait, elle l'appréciait chez les autres, et parmi les dames de la cité, elle se montrait l'une des plus assidues aux pieds de la chaire. Or, un jour qu'elle venait à l'Église, parée selon sa coutume de trop somptueux vêtements, elle entendit le Bienheureux prendre précisément pour thème l'abus du luxe et de la vanité chez les femmes du monde ; et à l'appui de son sujet il commenta les paroles de Saint-Paul à Timothée : « Que les femmes, dans l'ornement des habits, veillent à la sobriété et à la retenue » ; puis, ces autres de Saint-Pierre dans la Ière épître canonique : « Qu'elles se gardent de la recherche extérieure dans la chevelure, les joyaux d'or et les vêtements. » Ces paroles, tombant dans le casier de Diane comme dans une terre préparée de longue main, y jetèrent de profondes racines et y produisirent sur le champ des fruits parfaits. Sans délai, docile aux mouvements de l'Esprit-Saint, elle se défit de ses plus beaux habits, de ses rubans, de ses pierreries, et d'autres ornements semblables dont les dames du monde font tant de cas. Et, pour que la transformation de l'âme correspondît à ce changement extérieur, elle vint demander à Réginald ses conseils, docile comme un agneau. Elle put ainsi admirer de près le genre de vie des Frères et se sentit portée à l'imiter. Elle était changée ; elle avait compris la malice du monde, le danger de ses usages, le devoir de le fouler aux pieds sans respect

humain, le triste état d'un cœur qui, sans commettre de grandes fautes, vit habituellement en dehors de Dieu. » (*Vie de la Bienheureuse Diana d'Andalo*, fondatrice du couvent de Sainte-Agnès de l'Ordre des Frères-Prêcheurs à Bologne, par, le P. Fr. Hyacinthe Marie Cormier. Rome, Imprimerie de la Propagande ; 1892).
2. ↑ Son fils, Adrien Helvétius, grand'père du philosophie voltairien, est connu pour avoir introduit dans la thérapeutique l'ipécacuanha, dont il avait constaté les vertus ; ce qui fit sa fortune.

EN CAMPAGNE. — Les antimaçons se sont mis en campagne ; bravo ! J'ai appris avec plaisir qu'un plein accord existe entre mes amis de l'*Union Antimaçonnique de France* et mes amis du *Labarum*. M. de la Rive a entrepris une série de conférences, avec projections, dans les principales villes ; c'est très bien ; missionnaire du Comité de l'Union Antimaçonnique de France, il va secouer les indifférents, les tirer de leur torpeur, les réveiller, il va démasquer la secte, lui arracher ses voiles devant les foules chrétiennes ; que Dieu veille sur lui, et que tous ses auditeurs comprennent bien, par ses démonstrations, l'impiété maçonnique et ses funestes résultats !

À Paris, on annonce, pour le samedi 22 février, dans la grande salle de la Société de Géographie, 184, boulevard Saint-Germain, une importante réunion, qui cimentera l'union des militants du *Labarum* et des militants du Comité National Français chargé de préparer, parmi les antimaçons de ce pays, le succès du Congrès Antimaçonnique International. Oui, il faut le succès, un immense succès. Que les catholiques parisiens viennent donc en foule à cette réunion préparatoire, du 22 février ; combien je regretterai de ne pouvoir être parmi eux ! Que ceux qui ne pourront venir unissent ce soir-là leurs prières à tous ces vaillants amis.

On m'apprend que l'éloquent orateur qui, le 26 décembre, électrisa les catholiques parisiens présents à l'inauguration du *Labarum,* sera de nouveau conférencier à cette soirée bénie de Dieu. D'avance je l'applaudis de tout mon cœur.

Union ! union contre la secte ! Nos rangs serrés et la même pensée en nos âmes, bataillons ! Dieu nous donnera la victoire !

CARDUCCI ET FRA PANTALEO. — Je donne dans ce fascicule leurs portraits. Carducci est bien connu de nom ; mais son portrait ressemblant, tel qu'il est aujourd'hui, n'avait pas encore été publié. Le blasphème vit dans les traits de cet homme ; maintenant, ayant la lumière du vrai et seul Dieu, je comprends que Giosué Carducci est un possédé.

GIOSUÉ CARDUCCI

Auteur de l'HYMNE À SATAN

Quelqu'un pourra-t-il me dire ce qu'est devenu Fra Pantaléo ? Lui et Gavazzi rivalisèrent de fanatisme parmi les chemises rouges. Prêtres du Christ, ils s'étaient donnés à l'infernale secte maçonnique. Giovanni Pantaleo a accumulé les noirceurs du sacrilège sur sa conscience. Est-il mort ? vit-il encore ?S'il vit, je pense qu'il est dans quelque couvent, faisant pénitence ; car nul ne parle plus de lui dans la haute-maçonnerie. S'il est mort, puisse-t-il avoir eu un vif repentir à l'heure suprême ; que Dieu ait son âme !

FRA PANTALEO

Aumônier (?) de l'Armée Garibaldienne

LEMMI TIENT TOUJOURS. — Je mets en garde mes amis contre les bruits qu'on fait courir, à propos de Lemmi. Sa démission de grand-maitre italien, *qui est une comédie*, n'entraine aucunement sa chute comme suprême grand-maitre de la haute-maçonnerie. Il ne se représente plus aux élections du Grand-Orient et du Suprême Conseil d'*Italie*, remises à octobre, dit-on ; mais sera nommé Achille Ballori ou quelque autre à sa dévotion.

Lemmi demeure chef suprême. La preuve : c'est à lui directement que le Conseil secret des 33es de France, parfaits initiés, a envoyé les propositions pour le remplacement du F ▽ Floquet, récemment décédé ; les candidats scrutinés en Parfaits Triangles et présentés au choix de Simon sont trois : le F ▽ Louis Amiable, le F ▽ Garran de Balzan, et le F ▽ Edgar Monteil. C'est le premier, assure-t-on, qui aurait le plus de chances d'être nommé Patriarche Maçon Émérite pour la France. — Mais si Lemmi nomme encore au Sérénissime Grand Collège de la haute-maçonnerie, c'est donc qu'il n'est pas à bas !

CHAPITRE III

Mon éducation luciférienne

(Suite)

———

Albert Pike n'a pas été tout d'abord *luciférien* dans le sens qu'aujourd'hui l'on donne à cette qualification ; elle s'applique, maintenant, aux palladistes presque exclusivement. Mais longtemps il chercha sa voie dans l'immense désert de la haine à Dieu. On a dit qu'il voulut, alors qu'il tâtonnait encore, restaurer l'antique paganisme ; un démon l'inspira, et il composa ces *Hymnes aux Dieux*, qu'un fervent catholique ne saurait lire sans trembler ; plusieurs de ces hymnes font encore les délices des réunions secrètes des Arrière-Loges des États-Unis et du Royaume Britannique.

Le fondateur Rite Palladique Réformé Nouveau, à qui mon père avait communiqué la manuscrit annoté de l'*Introïtus apertus*, lui avoua que, semblable à Helvétius, il avait cherché la pierre philosophale, sans réussir à obtenir le résultat voulu ; mais qu'un jour, tout-à-coup, il comprit et eut alors plein succès.

Faire de l'or à volonté ! Vraiment, c'est chimère, malgré tous les enseignements imprimés des alchimistes. La pierre philosophale, dans sa recherche, est aussi difficile à découvrir que le germe de l'homuncule. Tout cela, abominables rêveries !

Et pourtant la pierre philosophale s'obtient, et le germe de l'homuncule aussi.

« Il faut que l'Adepte travaille, écrit Philalèthe dans ses *Notes* ; il faut qu'il cherche avec opiniâtreté, et c'est pourquoi nous lui donnons des formules toujours incomplètes et qu'il ne pourra jamais compléter.

« Cherche, jeune homme ; cherche, vieillard ; tu ne trouveras rien, tant que tu t'obstineras uniquement dans la science humaine. Mais pourquoi m'imposer ce labeur inutile ? demanderas-tu. Il n'est point inutile, te répondrai-je ; si tu n'obtiens pas la pierre philosophale, objet de tes rêves, tu enrichiras la science humaine de quelque autre découverte, et tu contribueras à accroître la renommée des alchimistes. Travaille, travaille, Adepte de la Rose-Croix. Quand tu auras longtemps travaillé sans succès en vue de ton avide désir, je te dirai toujours : Travaille encore.

« Aujourd'hui, nous t'avons élevé au 9e degré de la Fraternité. Je vais te parler sans voiles ; car maintenant tu peux entendre, ceux qui t'ont élu savent ton âme forte.

« Adepte, écoute bien ceci.

« Quand tu lisais ces pages, tu n'as donc jamais interrogé ta raison ? tu ne lui as jamais demandé quel est ce Dieu-Bon qui est notre Seigneur, notre Roi et notre Souverain Maître ?... Réfléchis, est-ce le Dieu que l'on adore à Rome ?

« Le Dieu du papisme est-il bon ?... Homme, souviens-toi : si ta mémoire est oublieuse, je vais te rappeler tout le mal que le Dieu romain a fait à l'humanité. »

Ici, il y a un long passage que je ne puis reproduire ; il attristerait trop mes lecteurs catholiques, et il m'épouvante quand je le relis. La plume me tomberait des mains, si j'osais essayer de le retranscrire. Ô Dieu d'amour, Divin Père qui avez donné le sang de votre Fils, le sang divinement pur de Jésus, pour racheter les crimes des hommes, quels épouvantables blasphèmes contre votre infinie bonté !...

Philalèthe termine son impie explication en ces termes :

« Homme, toi que nous avons élevé au rang des Mages, je te fais le juge de ce Dieu. Il n'est pas le nôtre.

« Maintenant, as-tu compris ?... Renferme-toi dans la solitude de ta chambre, et prie le Dieu-Bon. Si tu veux te le rendre favorable, prononce avec amour tous les noms des hommes qui sont maudits par les prêtres du Dieu qu'on adore à Rome, depuis Caïn jusqu'à Wiclef, Luther et notre premier grand-maître Fauste Socin. Que ces noms sortent de tes lèvres avec une bénédiction ; alors, si tu es digne de lui, notre Dieu viendra en personne et te donnera cette pierre philosophale que l'Athanor lui-même est impuissant à produire. »

Le jour où, pour la première fois, mon oncle me traduisit ces pages de Thomas Vaughan, je ne pus m'empêcher de lui dire :

— Caïn ! comment prononcerait-on avec amour le nom de Caïn ?

Et me voici donnant libre épanchement à mon horreur pour le premier meurtrier qui ait versé le sang humain sur la terre.

Je répétais :

— Caïn ! Caïn ! l'assassin de son frère ! Dire son nom avec une bénédiction ?… Oh ! mon oncle, oh ! papa, jamais !

Mon oncle regarda mon père, en silence ; puis, il dit :

— Cette enfant nous donnera grande peine à élever ; parfois, vraiment, je désespère d'elle…

— Elle est encore trop jeune pour comprendre, répliqua mon père ; si tu m'avais écouté nous aurions commencé par ne pas lui laisser lire la Bible… Mieux eût valu entreprendre avant tout et exclusivement son instruction purement scientifique, sans lui parler d'aucune divinité…

— Non, non… Et si elle s'était jetée dans l'athéisme ?… Non, non, nous avons pris la bonne route ; mais il faut nous armer de beaucoup de patience…

— D'ailleurs, le Dieu lui-même l'a dit ; elle sera sa zélée prêtresse, conclut mon père ; ne nous lassons pas, la lumière luira éblouissante au jour que l'Éternel Excelsior voudra.

Ils avaient eu cette discussion devant moi. Je ne savais que penser. Voyant que mon père était contrarié, je l'embrassai bien fort, et je lui dis :

— Veux-tu que nous interrompions, petit père ?

Il allait fermer le manuscrit ; mais mon oncle, qui est opiniâtre, l'arrêta, et il essaya de continuer.

Alors, moi, pour taquiner mon oncle, je me campai sous son nez et je lui pris en riant la barbiche, et me voici à lui dire :

— Et Judas ? faut-il dire son nom avec amour ?... Apprends-moi un peu cela... Ah ! le bon Judas !... Ah ! l'excellent Judas !... Ah ! Judas, crème des braves gens !... Ah ! grand saint Judas !... Est-ce que je dis bien cela comme il faut, mon oncle ?

Je n'y pouvais tenir, tant j'éclatais de rire.

Mon oncle entra alors dans une terrible colère. Il criait, comme un fou :

— Ce n'est pas possible !... Elle a un maléakh dans le corps ! (C'est la première fois que j'entendis ce mot.)

Il allait, il venait, il jetait les chaises par terre, et il criait encore :

— Maudits soient les maléakhs qui entravent cette bonne éducation !...

Papa essayait de le calmer.

— Je t'assure qu'elle n'y a mis aucune malice ; tu sais qu'elle est espiègle... Ne crois pas qu'un maléakh la tienne… Voyons, tu sais que c'est impossible, puisqu'elle n'a pas été souillée par l'eau d'Adonaï !…

C'était le grand argument de mon père ; mais mon oncle refusait de se laisser convaincre.

Tout-à-coup, il s'élança vers un cabinet où l'on m'avait toujours défendu d'entrer.

— Où vas-tu ? que fais-tu ? demanda mon père, vivement.

— C'est Raphaël qui la tient ! fit-il ; nous allons bien voir !…

Et il se précipita dans le cabinet. Un instant après, il en ressortait, tenant une petite fiole. Cette fois, je ne riais plus ; je lui voyais un visage sombre, et mon père eut un geste de commandement, pour me faire comprendre de ne pas bouger.

— Papa, mon oncle, je vous en prie, dis-je, pardonnez-moi ; je n'ai pas voulu vous causer du chagrin. J'ai plaisanté, tout simplement, je vous assure… Mon oncle, je serais désolée, vois-tu, si tu continuais à être fâché. Pardonne-moi !…

Il était grave, à présent, même solennel ; je n'y comprenais plus rien.

— Pauvre enfant, me dit-il, tu n'es nullement coupable ; je n'ai rien à te pardonner. Non, va, chère petite, tu n'es pas responsable. Assieds-toi ; nous laissons la leçon pour aujourd'hui ; je vais chasser le maléakh…

Je ramassai une des chaises, et je m'assis à l'endroit qu'il me désignait, au milieu de la chambre ; mon père écartait les meubles.

J'étais émue ; mais, au fond, cela m'intriguait, cet étrange préambule ; je me demandais à quoi mon oncle voulait en venir, avec sa fiole.

Il la déboucha et versa quelques gouttes du contenu dans le creux de sa main ; c'était quelque chose d'huileux ; puis, il frotta, en s'enduisant, ses lèvres, son nez, ses paupières, et, avec un doigt, le creux de ses oreilles, pendant qu'il murmurait des mots inintelligibles. Mon père lui répondait dans la même langue. C'était un dialogue récité.

Ensuite, il se mit à tourner autour de moi, en faisant de larges enjambées, et il s'arrêtait quelques instants, à chaque septième pas ; alors, mon père tournait trois fois sur lui-même.

Cette manœuvre dura plusieurs minutes. En ce temps-là, je n'eus pas pu dire combien d'enjambées mon oncle fit ainsi, ni combien de fois mon père tourna en pivot car j'avais en tête toute autre préoccupation que celle de compter. Plus tard, j'ai su quelle était cette opération rituelle : le principal exorciste lucifèrien effectue en rond onze fois sept pas, et son assistant effectue ses trois tours sur lui-même à onze reprises. Alors, je ne savais que penser de ce manège ; mon inquiétude augmentait ; certes, je n'avais plus la moindre envie de rire.

Mon oncle, à la fin, se coucha de tout son long par terre et approcha ses lèvres huileuses du bout de mon pied droit ; il souffla très fort et recommença, à parler sa langue incompréhensible ; le nom « *Raphaël* » revenait souvent dans ce qu'il disait, avec le nom « *Asmodœus* ».

À ce moment, je m'aperçus que mon père n'était plus là ; il était sorti sans bruit, tandis que je regardais mon oncle allongé sur le sol. Et mon oncle soufflait de plus belle et psalmodiait en quelque sorte à demi-voix son baroque langage. Quand mon père rentra, il apportait une poule noire ; alors, mon oncle se leva. Mon père et lui me dirent d'ouvrir la bouche ; j'obéis. Papa tenait la poule, qui se débattait, et il la tenait avec le bec ouvert, contre ma bouche ; le bec du volatile entrant un peu dans ma bouche. Mon oncle passait sur mes cheveux sa main, celle où il avait versé le liquide gras ; puis, du doigt, il me toucha les narines, les yeux, les oreilles, toujours en parlant l'incompréhensible jargon.

Enfin, tous deux poussèrent un grand cri, et mon père étrangla net la poule noire.

Ne riez pas, lecteurs, quoique ceci semble comique, tant sont grotesques les basses-œuvres de Satan, singe de Dieu. En vérité, je comprends aujourd'hui qu'aucun maléakh ne me tenait, et que le démon se jouait de mon malheureux père, de mon cher oncle. Mais si l'ange Raphaël était absent, le diable, lui, présent, attendait l'étranglement de la poule pour tromper mes parents, de façon à les endurcir dans leur funeste erreur, et pour frapper mon esprit.

Deux ou trois secondes s'étaient à peine écoulées depuis l'étranglement de la poule, que, d'elles-mêmes, sans pierre lancée de nulle part, toutes les vitres de l'une des fenêtres se brisèrent avec fracas.

— Gloire à Dieu ! s'écria mon oncle ; la chère enfant est délivrée !…

Mais tout ceci a peu d'importance ; c'est minime fait dans ma vie, si mal commencée. Laissons.

Retenons l'artitice du démon, entretenant ses alchimistes de la Rose-Croix dans l'espérance qu'ils parviendront à découvrir par eux-mêmes le secret de transmuter le plomb en or, et les attendant au jour où, après mille expériences, ils n'auront rien obtenu en satisfaction de leur désir, et leur faisant dire alors par celui qui les initie au 9e degré, *Magus* : « La pierre philosophale, c'est moi qui la donne. En veux-tu quelques parcelles, homme avide ? Eh bien, invoque-moi ; forme dans ton cœur la conviction que je suis Dieu, et non seulement Dieu, mais encore le Dieu-Bon, et que le Dieu des chrétiens est le Dieu-Mauvais. Appelle-moi, en murmurant avec amour tous les noms des maudits, des réprouvés. Bénis Caïn ; exalte le Samaritain Simon ; vénère même l'Iscariote. Recherche quel sacrilège pourra m'être le plus agréable, afin que je te reconnaisse digne de moi. Alors je viendrai ; alors, j'apparaîtrai devant toi, et tu te prosterneras à mes pieds, et tu m'adoreras. Je te donnerai un peu de ces grains mystérieux que Philalèthe montrait à Helvétius ; et ces grains, infernaux talismans, ces grains, qui seront le gage de ton alliance à l'abîme, ces grains opéreront la transmutation. Les hommes seront confondus devant ta science ; d'autres chercheront à leur tour, et parmi eux il s'en trouvera qui suivront ton exemple jusqu'au bout. Adore Satan, homme avide, et tu pourras écrire comme Philalèthe : « *Je possède la pierre philosophale ; je ne l'ai volée à personne, je la tiens de notre Dieu seul !* »

Albert Pike a donc narré à mon père qu'au temps où son esprit flottait entre la vénération de l'antique paganisme et l'étude de projets nouveaux, il s'occupait aussi d'hermétisme en approfondissant les vieux traités d'alchimie ; la solution du grand problème qu'il savait avoir été trouvée par d'autres le passionna quelque temps.

Un jour qu'il était vivement mortifié par ses insuccès, il se sentit envahi par une idée furieuse qui lui brûlait le cerveau.

— Sors de ton laboratoire, lui disait une voix intérieure ; tes alambics, tes cornues, tes creusets sont vains pour ce que tu veux… Sors ; va en plein air, marche dans la campagne…

— Dans la campagne ?…

— Oui, marche, va devant toi, loin, loin…

Albert Pike obéit à la voix.

— Plus loin encore, lui soufflait-elle.

Il ne l'entendait plus en lui-même ; elle parlait devant lui, derrière lui, à ses côtés.

— Marche, marche !…

Enfin, elle dit :

— Arrête-toi ; c'est ici… Médite devant le Dieu-Bon, qui remplit de sa présence cette sauvage solitude.

Autour de lui, il ne voyait que des rochers.

Et il se mit à réfléchir.

« Le Dieu-Bon » avait dit la voix ; mais elle ne l'avait pas désigné par son nom. De lui-même, Pike ajouta bientôt :

— Les dieux qui sont bons sont nombreux, Apollon est bon, et Vénus est bonne, et sont bons et bonnes, aussi, Neptune, Mars, Uranus, Cupidon, Bacchus, Esculape, Faune, Mercure, le grand Pan, Cybèle, Vesta, Junon, Cérès, Diane, Thémis, Hébé, Flore et Pomone ; Pluton lui-même n'est pas mauvais, il est justicier terrible. Or, la voix m'a dit « le Dieu-Bon », c'est-à-dire celui qui est suprêmement bon, le dieu le plus grand et le meilleur. Oui, le Dieu-Bon est Jupiter… Jupiter, que le Jéhovah biblique a détrôné par le christianisme, triomphant avec la trahison de Constantin… Jupiter, Dieu-Bon, *eurêka* !… Jupiter est donc ici ?… Il me voit, il m'entend, il attend mon hommage… Ô Zeus, roi des dieux et maître des hommes, oui, c'est vous qui êtes le Dieu-Bon !… Rochers qui m'entourez, je vous consulte ; pierres, ayez des bouches, et parlez-moi ; apprenez-moi comment Jupiter sera content de son fidèle adorateur… Hélas ! les rochers sont muets, la pierre n'a pas de voix… Nature, nature, tu te tais, quand je t'adjure de me répondre ?… Eh bien, roc endurci dans le silence, je te forcerai à me donner un signe, comme Moïse qui te frappa de sa baguette, magicien de Jéhovah !…

Ce fut ce souvenir de Moïse qui l'inspira.

Jéhovah avait sa haine, le Jéhovah noir, ainsi que déjà il l'appelait ; et il insulta le dieu de la Bible, mal interprétée, à son sens ; il jeta l'anathème à Moïse.

Il s'agitait devant les rochers impassibles.

— Rochers, vous êtes des ouvriers de mal ; je vous maudis !… Vous serviez Moïse, et vous dédaignez mon commandement !… Rochers, redoutez ma colère !… Quoi ! vous demeurez sourds encore ?… Alors, je vous brave, je vous défie !… Rochers qui vous entr'ouvrîtes pour engloutir Coré, Dathan et Abiron, sachez que je hais le Dieu de l'Ancien et du Nouveau Testament… Je sens que Jupiter me protège ; vous ne m'engloutirez pas !…

Il lui sembla entendre un lointain craquement dans les pierres.

— Oh ! oui !… clama-t-il, je vous mets au défi de m'engloutir !… Le sang bouillonne en mes veines : j'ai force et volonté… Vouloir, c'est pouvoir… J'ose, je veux, je peux !… Rochers de cette solitude, maintenant, j'ordonne !… Vous avez englouti Coré, Dathan, Abiron ; rendez-les !… Coré fut maudit par Jéhovah ; que Coré soit béni !… Dathan fut maudit par Jéhovah ; que Dathan soit béni !… Abiron fut maudit par Jéhovah ; qu'Abiron soit béni !… Rochers, je vous somme de vous entr'ouvrir ; pierres, écartez-vous ; que la flamme de l'abîme, la flamme dans laquelle disparurent Coré, Dathan et Abiron, devienne une flamme réparatrice des crimes de Jéhovah !... Une dernière fois, rochers entr'ouvrez-vous !... Au nom de Jupiter, Saint des saints, Dieu des dieux, je le commande, je le veux !...

Il y eut une formidable déchirure des rocs, dans un fracas grandiose, raconta Albert Pike. De la crevasse, les flammes jaillissaient, et les trois Hébreux apparurent à la surface.

— Ne nous plains pas, dit Coré ; nous sommes au royaume du Dieu-Bon.

Ils lui expliquèrent qu'ils étaient envoyés vers lui par le Très-Haut le plus haut, qui le comblerait de ses faveurs, et ils lui prédirent de brillantes destinées. Il serait le Pape de la vraie religion, restaurée dans toute sa pureté de doctrine.

Quant à la pierre philosophale, Coré, s'étant avancé jusqu'au bord de la crevasse, lui en remit un fragment assez notable.

— Mais, ajouta l'infernal patriarche, le Dieu-Bon donne la pierre des Sages à ceux de ses élus qui recherchent la richesse uniquement pour l'employer à propager son culte ; en encore, en leur permettant de transmuter en argent et en or les métaux de peu de valeur, il a pour principal but de leur démontrer sa toute toute-puissance. Il veut qu'ils sachent ainsi, à n'en plus douter jamais, qu'il est souverain maître de la nature, et que son rival, le Dieu-Mauvais, n'opérant pas ce prodige, lui est inférieur... Tu te serviras de cette pierre philosophale, jusqu'à sa dernière parcelle ;

mais le Dieu-Bon ne t'en donnera d'autre que lorsqu'il le jugera nécessaire. Il ne veut pas t'exposer à livrer ton âme à l'amour de l'or ; c'est pour ton bien qu'il désire te voir confiant surtout en ton activité.

Les trois démons, qui se faisaient passer aux yeux de Pike pour Coré, Dathan et Abiron, s'entretinrent quelque temps avec lui. Il lui dirent dans quel sens il fallait qu'il interprétât désormais le mot « dieux » appliqué aux esprits de lumière, adorés autrefois dans les divers paganismes ; il lui nommèrent tous les démons qui avaient eu des autels chez tant de peuples, en désignant chacun par son véritable nom au royaume du Dieu-Bon. Il lui promirent que la protection du Très-Haut le plus haut ne lui manquerait jamais, jusqu'à la fin de ses jours.

Ainsi, Pike s'est cru initié à la vraie lumière par Coré, Dathan et Abiron, et c'est là la secrète raison pour laquelle, dans ses controverses avec les ministres protestants, il soutenait toujours le fils d'Isaar et ses complices de révolte contre Moïse et les proclamait innocentes victimes.

Je comprends aujourd'hui comment fut trompé cet homme, qui eut si longtemps mon enthousiaste admiration.

Pike achevait son récit aux parfaits initiés, en disant que les rochers entr'ouverts se rejoignirent et que les trois patriarches, au sein de leur tourbillon de flammes, s'élevèrent dans les airs, pour y disparaître, après lui avoir envoyé un amical salut.

Telle est la narration qui me fut faite par mon père, et mon oncle en tirait des conclusions qui me plongeaient dans un étonnement ravi.

— C'est donc vrai, tout cela ? lui demandai-je. Mais pourquoi le Dieu-Bon lui-même n'a-t-il point paru devant le grand Albert ? pourquoi lui a-t-il envoyé des messagers pour lui remettre la pierre ?

— Remarque, mon enfant, que notre suprême grand-maître n'avait pas imploré le Dieu-Bon de paraître en personne. Il l'appelait alors Jupiter, et son respect était si profond qu'il n'eût osé désirer se trouver face à face avec lui… Qu'a-t-il demandé au Tout-Puissant, dans sa sublime inspiration et son énergique volonté de Mage ? Il a demandé que les rochers s'entr'ouvrissent et que Coré, Dathan et Abiron parussent. Le Dieu-Bon l'a exaucé. Il aimait le Père Céleste, mais en même temps il le craignait, comme on doit l'aimer et le craindre, chère enfant.

— Moi, je l'aime de toute mon âme ; mais je n'en ai pas peur. Oh ! que voudrais le voir ! Il y a tant de choses que j'aurais à lui dire !… Dis, mon oncle, puisque tu l'as vu, toi, prie-le de venir ici, pour recevoir l'hommage de sa petite Diana.

— Non, ce n'est pas encore le temps ; il faut que tu t'améliores, que tu aies toutes les dispositions requises qui ont été spécialement fixées… Car, chère enfant, toi aussi, tu es prédestinée ; tu as une mission toute particulière à remplir, elle t'a été enseignée avant même que tu vinsses au monde.

— Il me faudra donc beaucoup attendre ?…

— Cela ne dépend aucunement de nous. Plus tard, tu sauras. Aie patience, et instruis-toi bien. Voilà qui importe surtout, pendant que tu es en âge d'apprendre.

— Alors, quand je serai savante, je pourrai demander au Dieu-Bon de se manifester à moi ?

— Quand tu seras très savante, oui, mais en étant également disposée à obéir à ses volontés.

— Puisqu'il est le Dieu-Bon, il ne m'ordonnera pas de mal faire !

— Certainement. Mais c'est seulement quand tu seras tout-à-fait instruite, que tu comprendras combien ses œuvres et ses volontés ont toujours le bien pour but et pour résultat.

— Et cela peut-il être bien, quelquefois, de tuer quelqu'un, comme Caïn qui tua Abel ?

— Sans autre doute, parfois, il est nécessaire qu'un mauvais homme soit supprimé. Puisque Philalèthe a écrit que le nom de Caïn doit être prononcé avec amour, c'est que, dans la querelle entre Caïn et Abel, c'est Caïn qui avait raison. La loi ordonne de tuer tous les méchants ; le bourreau pend ou guillotine les méchants que la loi condamne.

— Mais Abel n'avait été condamné par personne !

— Parce qu'en ces premiers temps il n'y avait pas de tribunaux. C'est Caïn, homme juste, qui le condamna, au tribunal de sa conscience, et il fut à la fois le juge et l'exécuteur.

— Et quel mal Abel avait-il fait ?

— Il adorait Adonaï.

— Alors, il faudrait tuer tous les adorateurs d'Adonaï ?

— Non ! mon enfant ; ils sont victimes de l'erreur ; Abel, au contraire, n'était aucunement dans l'erreur ; il s'avait que l'humanité, qui venait à peine de naître, avait été vouée à la mort et à toutes les souffrances par la méchanceté d'Adonaï ; il savait que sa mère, Eva la Très-Sainte, l'avait enfanté dans les douleurs les plus atroces, par la méchanceté d'Adonaï. Et c'est Adonaï qu'il adorait, au lieu d'adorer le Dieu-Bon, Notre Seigneur Lucifer, de qui l'humanité n'avait reçu que des bienfaits !… Caïn, fidèle serviteur de Lucifer, l'immola ; il accomplit ainsi un grand acte de justice… Tu vois, chère enfant, que notre glorieux ancêtre Thomas a eu raison d'écrire qu'il faut prononcer avec amour le nom de Caïn.

— Moi, si j'avais été Caïn, j'aurais mieux aimé convertir Abel.

— Il n'était pas convertissable.

— Qu'en sais-tu ?… Cela n'est pas dans la Bible, tout ce que tu m'enseignes.

— Si, tout cela y est ; mais le Dieu-Mauvais a empoisonné le monde d'un flot d'erreurs, et peu savent interpréter la Bible… Quand connaîtras l'*Apadno* et le *Livre des Révélations*, tu comprendras tout… Seulement, il faut procéder en tout avec ordre, et nous n'en sommes pas encore là.

— Enfin, je veux bien maudire Abel, puisque, papa et toi, vous le maudissez ; mais, dis-moi, mon oncle, lorsque je verrai Dieu-Bon, est-ce qu'il me donnera un peu de pierre philosophale ?… J'en voudrais un gros morceau pour maman ; car tu sais qu'elle n'a jamais assez d'argent à donner à ses pauvres… Oh ! alors, comme j'aimerai Notre-Seigneur Lucifer !…

Les ouvrages de Philalèthe, et principalement les manuscrits provenant de la succession de mon bisaïeul James, étaient, sinon la base de mon enseignement, du moins le point de départ de chaque leçon. Mon père et mon oncle dissertaient à l'occasion d'une phrase, d'un mot, et m'imprégnaient graduellement de tous les dogmes du luciférianisme palladique. Ainsi, tout en recevant goutte à goutte en mon âme la doctrine qui m'était sacro-sainte, je grandissais dans la vénération pour l'illustre ancêtre, Thomas Vaughan.

Les *Notes*, réservées aux Mages seuls, doivent avoir été rédigées fort postérieurement à la restitution du manuscrit de l'*Introïtus Apertus* à Philalèthe par Jean Lange, son imprimeur d'Amsterdam. En effet, il y est écrit qu'Helvétius, après l'aventure que j'ai rapportée selon son propre récit, travailla sans succès, pendant plus de quatre années, à la recherche de la pierre philosophale. On comprend que le médecin du prince d'Orange s'obstina à ses expériences, comme tant d'autres : après avoir été longtemps incrédule, il avait, un jour, constaté les merveilleux résultats ; il savait que la pierre philosophale existait, puisqu'il en avait reçu du mystérieux étranger une parcelle, et qu'il avait opéré lui-même avec succès. Mais il ignorait que la pierre était un infernal talisman ; il la croyait produit naturel ; il ne savait pas que la transmutation du plomb en or était, non une œuvre de chimie, mais un prestige diabolique.

D'après la phrase employée par Philalèthe, il semble assez certain qu'Helvétius reçut l'initiation au 9e degré après quatre années environ passées dans les grades inférieurs.

Thomas Vaughan s'exprime ainsi :

« J'avais eu soin de confier à un Frère intelligent et zélé la mission de nous gagner tout-à-fait le savant médecin, après qu'il fut convaincu de l'existence de la pierre ; — mais je me réservais de lui donner moi-même la suprême initiation. *Je fis de lui le successeur de Serenus.* »

En 1668, Philalèthe initia Simon de Vriès, à La Haye, et il le chargea de veiller sur Spinoza, qu'il savait devoir être très utile à la secte. C'est ainsi que Simon de Vriès, très riche par l'or des Rose-Croix, fut le protecteur de Spinoza ; il pourvoyait à tous ses besoins. Spinoza avait alors trente-six ans et travaillait fiévreusement à l'exposé de son système panthéiste, qui a gagné tant d'âmes à Satan.

L'année suivante, Philalèthe fit passer une sorte d'examen au jeune Charles Blount, auquel il portait un intérêt tout particulier, puisqu'il avait été désigné par Lucifer pour être souverain grand-maître de la fraternité après lui.

Thomas Vaughan se rendit dans la famille Blount et questionna l'adolescent, pour se rendre compte des progrès qu'il avait faits en impiété. Le jeune Charles combla de joie Phllalète par ses réponses.

Mais voici ce qui montre bien l'affreux degré de précocité satanique de Charles Blount. Il avait quinze ans à peine.

Il dit à Thomas Vaughan :

— Venez dans ma chambre, et vous verrez quelque chose qui vous réjouira.

C'était un crucifix, qu'il avait placé, la tête en bas, suspendu à la muraille, près de son lit. Ce crucifix, très grand, était en bois, grossièrement sculpté ; un stylet était planté dans l'image du Sauveur, transperçant la place du cœur.

Philalèthe félicita l'adolescent, et dit :

— Il ne faut pas frapper au cœur, mais au nombril.

Et il changea le stylet de place.

Le jeune Charles Blount, en se couchant, ne s'endormait qu'après avoir injurié le Christ, dont l'icône renversée était clouée devant lui.

Au sentiment de beaucoup, Charles Blount fut un athée. Quelle erreur ! Il fut luciférien pratiquant, dès son plus jeune âge. Un grand nombre de ses écrits peuvent paraître, peut-être, d'un impie surtout sceptique ; mais son satanisme de Rose-Croix, mal voilé sous les apparences d'une étude philosophique, se comprend aisément quand on lit la *Vie d'Apollonius de Tyane.*

Philalèthe était dans sa cinquante-sixième année quand il publia les *Experimenta de præparatione Mercuri Sophici* et les *Tractatus Tres,* ainsi divisés : 1° la Métamorphose des Métaux ; 2° la Préparation du Rubis céleste ; 3° la Source de la Vérité chimique.

Ces trois traités sont des œuvres que leur auteur lui-même jugeait médiocres. Il les écrivit, à ses débuts dans l'alchimie, alors qu'il ignorait le secret des secrets. On s'est demandé pourquoi il les fit imprimer en 1668, puisqu'ils lui paraissaient indignes de lui. Certains ont avancé qu'il voulut faire disparaître ces manuscrits, les détruire, mais que l'imprimeur, les ayant reçus alors qu'il hésitait encore, refusa de les rendre, sous prétexte d'une dette ancienne, et publia malgré l'auteur. Rien n'est plus inexact. Philalèthe était de goûts modestes et n'eût jamais de dettes ; il était dans les meilleures relations d'amitié avec son imprimeur, dont il contribua grandement à faire la fortune. La vérité : il craignait alors d'être allé trop loin dans l'*Introïtus Apertus,* d'avoir trop permis aux perspicaces de deviner le redoutable secret des Rose-Croix ; en un mot, il redouta de s'être compromis ; et c'est pour réparer l'effet possible de son ouvrage capital, pour jeter le désarroi dans l'esprit des curieux profanes qui cherchent à percer les mystères de l'occultisme socinien, qu'il publiait les *Tractatus Tres*.

Une traduction française des trois traités existe ; elle fut faite pour la bibliothèque du maréchal d'Estrées. Une réédition latine du premier, seul, s'imprima vingt ans plus tard à Amsterdam. Enfin, ce même premier traité, publié en allemand à Hambourg, en 1705, c'est-à-dire alors que Phitalèthe n'était plus de ce monde depuis longtemps, donne une nouvelle preuve de l'identité d'Eirenœus comme même personnage que mon ancêtre ; car cette édition allemande de la *Métamorphose des Métaux* porte en toutes lettres : « par Thomas Vaughan ».

Quant aux deux autres traités, on les retrouve reproduits en entier par Manget, dans sa *Bibliothèque chimique*.

Rappelons en passant que c'est en 1670 que Spinoza publia son fameux *Tractatus theologico-politicus*, qui posait le panthéisme en principe. L'ouvrage, qui forme un volume in-quarto de 240 pages, porte « Hambourg » comme lieu d'édition. Dans ses Mémoires, Philalèthe affirme que cette indication était fausse ; il fallait dépister les adversaires : le livre fut imprimé, en réalité, à Amsterdam, chez l'imprimeur des Rose-Croix, et c'est le F▽ Simon de Vriès qui fit les frais de l'édition.

En 1671, mourut à Amsterdam le vieux Komenski, dans les bras de Thomas Vaughan ; le Frère Serenus était dans sa quatre-vingtième année.

Mais voici que le temps approche où Philalèthe doit, non pas mourir, mais disparaître à son tour.

Vers 1674, il fit venir auprès de lui le jeune Charles Blount, pour qui croissait de plus en plus son affection. Mon ancêtre a laissé dans ses manuscrits une relation des effrayants conseils qu'il donna à son successeur, lors de cette entrevue.

C'est la destruction de l'Église de Jésus-Christ qu'il veut ; mais il sait que le monde n'est pas encore mûr pour le culte public de Lucifer. Il faut donc détruire la religion par tous les moyens qui ne laisseront pas comprendre le but final.

Il engage Charles à se pénétrer des préceptes secrets des néo-platoniciens d'Alexandrie ; il lui fait l'éloge de la belle et savante Hypathie. Simon le Mage et le divin Apollonius lui sont présentés comme des patriarches de la plus haute sainteté. Il lui recommande de s'appuyer sur les Maçons Acceptés, qui forment l'élite des Loges maçonniques, et de veiller, quand il ne sera plus là, lui Philalèthe, à ce que la propagande socinienne soit toujours très active au sein de ces réunions si bien tolérées par les gouvernements.

« J'ai été vraiment inspiré de Dieu, écrit-il, le jour où j'ai compris tout le concours que la Fraternité de la Rose-Croix obtiendrait d'innombrables hommes, en s'insinuant dans la société des Libres-Maçons. Admire, mon jeune Frère, les progrès que nous avons accomplis, depuis que j'ai mis à exécution cette idée grandiose. Nous nous étendons déjà sur l'Europe presque entière. Nous tiendrons un jour les deux mondes dans nos mains. Si tu veux remplir dignement la mission que le Très-Haut Lucifer t'a donnée en te choisissant pour me succéder, applique-toi sans cesse à réchauffer le zèle des Maçons Acceptés ; car, je te dis de par notre Dieu, ces Loges aujourd'hui si bénignes contiennent le volcan dont la lave submergera et détruira à jamais la religion du Christ maudit. »

Et Philalèthe écrit en note :

« Quand je parlais ainsi au jeune homme, il ne pouvait contenir son enthousiasme ; à plusieurs reprises, il se précipita à mon cou et m'embrassa ».

Cette grande affection de Thomas Vaughan pour Charles Blount reposait en majeure partie sur la conformité de leurs sentiments impies. Il y avait autre chose encore : parfois, Philalèthe se sentait triste ; son enfant lui manquait ; il lui semblait que, si sa fille avait pu être auprès de lui, c'est ainsi qu'il l'aurait élevée. Mais son Dieu avait arrêté qu'elle lui resterait toujours étrangère ; il ne tenta pas d'essayer de la revoir, ce qui lui eût été facile en retournant en Amérique. Il se soumettait à la volonté du Dieu-Bon, qui le voulait tout entier à son œuvre de chef suprême de l'occultisme.

« Mon Dieu, répétait-il souvent dans ses prières, je vous ai fait le plus grand sacrifice qui put me coûter ; être privé de mon enfant !… J'ai accepté cette dure épreuve de ne jamais la voir en ce monde… Du moins, faites-moi savoir qu'elle vit encore et qu'elle est heureuse ! »

Lucifer accédait souvent à son désir.

Un daimon d'ordre inférieur lui apparaissait parfois, rarement le même, et lui donnait des nouvelles de la Diana Wulisso-Waghan. C'est ainsi qu'il la suivait de loin dans l'existence. Il la sut grandissant parmi les Adorateurs du Feu lenni-lennaps ; il la sut fiancée, puis épouse du plus vaillant guerrier d'une tribu delaware ; il la sut mère.

Mais jamais il ne put la voir de loin, dans ses œuvres d'occultisme. Le prétendu Dieu-Bon lui refusa cette satisfaction.

Thomas avait construit un miroir concave, d'acier, dans lequel, après certaines prières et magiques opérations, il apercevait des personnages vivants, appartenant à la Rose-Coix ou y touchant d'une manière quelconque, par parenté avec un chef, par impiété ou autres tendances permettant à la secte d'attirer à elle, etc. Il surveillait aussi ses subalternes de la fraternité, et il guidait les recruteurs dans leurs choix ; car il voyait, comme devant lui, dans ce miroir ensorcelé, les hommes voués aux daimons et en dispositions analogues, alors même qu'ils vaquaient à leurs occupations les plus intimes.

Il voulut, un jour, évoquer l'esprit qui lui permettait de voir de cette sorte, dans le secret et à distance. Cet esprit avait nom « Nergal ». Sa présence était nécessaire, chaque fois, pour la réussite, de son œuvre de surveillance. Ce jour-là, il voulait lui demander de lui permettre de voir sa fille au moyen du miroir magique ; en son opinion, ce n'était point enfreindre la défense du Dieu-Bon.

Nergal ne répondit point à son appel ; mais Baal-Zeboub parut et lui déclara que cela même n'était pas possible. Philalèthe n'insista pas ; il se jeta aux pieds de Baal-Zeboub et le pria de faire excuser par Lucifer sa témérité.

Un autre jour, — ceci se passa en 1675, à Hambourg, — en entrant chez lui dans sa chambre, le soir très tard, pour se coucher, il s'aperçut que son lit était défait et occupé par quelqu'un qui paraissait de petite taille, un enfant au sommeil. Ayant approché sa lampe, il vit que l'occupant, le dormeur, était un tout jeune peau-rouge, d'environ sept ans, c'est-à-dire de l'âge qu'avait alors son petit-fils.

Il contemplait longuement l'enfant.

Et voici que celui-ci se réveilla, étonné d'abord, plus encore que Philalèthe, et bientôt effrayé, ne reconnaissant pas cet homme qui se tenait là, debout.

Philalèthe se sentait heureux. Quelque chose en lui, un sentiment instinctif, lui disait que c'était vraiment le fils de sa Diana, et son cœur remerciait les surnaturelles puissances qui avaient accompli le prodige, qui avaient apporté l'enfant, pour lui donner le plaisir de le voir un peu, auprès de lui, à défaut de la mère.

Or l'enfant parla, exprimant sa crainte, malgré les efforts de Philalèthe, qui par des caresses voulait le rassurer ; mais l'embarras de l'alchimiste était grand, puisqu'il ne comprenait pas le langage qu'il entendait.

Alors il s'écria :

« — Dieu-Bon, c'est bien là l'enfant de ma fille ; je vous remercie du fond du cœur. Achevez votre œuvre ; faites que je puisse lui parler !… »

Et soudain, il eut la science de la langue lennape ; l'enfant se montra moins craintif, se laissa embrasser. Philalèthe lui dit qu'il était de son sang, dans les termes que l'on peut employer pour expliquer à un petit garçon cet âge. Il lui parla de sa mère, et l'enfant, se familiarisant de plus en plus, lui raconta ses jeux, lui donna quelques aperçus sur la vie de ses parents.

Puis, — car Lucifer, rapporte Thomas Vaughan, avait voulu que cette joie fût seulement passagère, — l'enfant éprouva comme un retour de sommeil, ferma les yeux pour s'endormir… Il n'était plus là, il avait disparu ; la mystérieuse puissance qui l'avait apporté venait d'opérer de nouveau. Et sans doute, l'enfant, en se réveillant en Amérique, dans sa tribu, crut n'avoir fait qu'un rêve.

C'est en 1677 que Spinoza mourut à la Haye, et c'est en cette même année que Philalèthe donna à Charles Blount la mission d'écrire la vie d'Apollonius de Tyane ; il ne lui restait plus alors qu'une année à vivre sur cette terre. Le terme du pacte du 25 mars 1645 approchait.

L'année de sa disparition, il publia le *Ripley revised* et l'*Enarratio methodica trium Gebri medicinarum*, et termina ses Mémoires. Il écrivit enfin une lettre, qui est aux archives du Souverain Conseil Patriarcal de Hambourg ; cette lettre est adressée à Charles Blount. Il est dit expressément qu'il faut que personne ne sache ce qu'il est devenu ; il ordonne le silence complet sur lui. « Dès le 25 mars, nul ne sache si je suis mort ou vivant ; mais, sois certain que ce jour-là je n'appartiendrai plus à ce monde, et depuis ce jour-là même, tu seras mon successeur. Que le Grand Architecte de l'Univers te protège et t'inspire. »

Il est de certitude absolue que l'*Enarratio trium Gebri* été imprimée au commencement de 1678, et l'auteur y parle des soins apportés à cette édition ; donc, l'auteur était encore de ce monde. Il est également indéniable, d'autre part, que l'année suivante Henry Vaughan, frère de Thomas, publia, en lui donnant tout le caractère d'une œuvre posthume, le recueil de poésies de Philalèthe ; ce recueil a pour titre : *Thalia rediviva*, et la première et unique édition porte bien : 1679.

Donc : aucune erreur. 1678 est très exactement l'année de la disparition de Thomas Vaughan, et très exactement il avait deux fois trente-trois ans.

Mes éducateurs avaient si bien fait pénétrer en mon esprit, — selon leurs propres convictions, d'ailleurs, — l'idée de l'excellence régénératrice et vivicatrice des flammes qui sont l'élément de royaume de Lucifer, que songer à cette disparition de mon ancêtre n'était aucunement pour moi un effroi, mais bien au contraire un rêve divin et le sujet d'un ardent désir du même sort.

Cet enlèvement de Philalèthe par le Dieu-Bon en personne a sa narration *écrit par Philalèthe lui-même* ; non pas dans ses Mémoires, cela va de soi, puisque ses Mémoires, rédigés d'après des notes prises de temps en temps sur les événements saillants de chaque mois, s'arrêtent à la veille de son dernier jour terrestre.

Voici ce que ne démentira pas M. le contre-amiral Alberts-Hastings Markham, Mage Élu et principal délégué du Directoire Central de Naples pour la marine anglaise de la Méditerranée :

À La Valette, ville chef-lieu de l'île de Malte, existe un Parfait Triangle, dont il est le grand-maître d'honneur, et dont le F▽ Hamilton Sharpe est le grand-maître président effectif. Dans la Maçonnerie avouée, M. le contre-amiral Markham appartient au Rite Écossais Ancien Accepté, avec le grade de Prince du Royal-Secret, auquel il a été élevé dans le courant de la dernière année. Son Triangle nommé *Il Moallem tad-dar*, a siège et temple secret à la Strada Stretta, n° 27.

Ce Triangle est souché directement sur le Préceptorat Templier, nommé *Mélita*, dont le contre-amiral est le Prieur, et qui a sa réunion régulière le second jeudi de chaque mois, à l'adresse que je viens d'indiquer.

De ce Triangle dépendent :

1° Le Conseil secret *St John and St Paul*, dont les réunions sont irrégulières ;

2° Le Chapitre de Rose-Croix, *The Rose of Sharon*, ne se réunissant que trois fois par an, en janvier, mars et novembre ;

3° Les deux Conclaves de Cheveliers de la Croix-Rouge de Constantin et Kadosch de Saint-Jean, nommés l'un

Wingnancourt et l'autre *La Valette*.

4° Les trois Loges Symboliques de Malte, *Keystone* (réunions le quatrième lundi de chaque mois, à l'exception de juin, juillet, août et septembre), *Ramsay* (réunions le quatrième jeudi de février, avril, octobre et décembre), *Union of Malta* (réunions le troisième mercredi de chaque mois, à l'exception de juin, juillet et août), une Loge Symbolique, établie en Sicile, à Syracuse, via Landalina, nommée! la R∴ L∴ *Carlo-Eduardo Coffey* (réunions le premier lundi de chaque mois). Les réunions du Parfait Triangle ont lieu le second jeudi de mars, juin, septembre et décembre, afin que les palladistes de Syracuse appartenant à la juridiction du *Moallem tad-dar* puissant profiter du paquebot Florio-Rubattino qui part de Syracuse dans la nuit et débarque à La Valette le jeudi matin.

Or, le Parfait Triangle *Il Moallem tad-dar* possède un talisman infernal des plus curieux.

Ce talisman est une flèche de vieux fer, forgée à Gibraltar, et dont la pointe écrit sur le papier, comme une plume métallique ; et cette pointe, quand on veut qu'elle écrive, suinte de l'encre verte, sans qu'il y ait une goutte de ce liquide cachée dans le métal de la flèche.

Pour la faire écrire, il faut invoquer le Dieu-Bon, qu'on appelle en ce Triangle « le Maître de la Maison », *il Moallem tad-dar*. L'opération magique ne peut pas être répétée plus d'une fois tous les trois ans.

Le Dieu-Bon étant invoqué selon le rite, sa signature lumineuse se trace dans l'air comme un éclair, en ses cinq traits enchevêtrés et fulgurants ; c'est le signe, par lequel il fait savoir à l'assemblée qu'il consent à animer la flèche de fer par l'esprit de Thomas Vaughan.

En effet, les Mages Élus présents, ainsi que la Maîtresse Templière Souveraine, s'il s'en trouve quelqu'une de passage à Malte, évoquent alors Philalèthe.

Seul, l'esprit de Philalèthe se manifeste dans la flèche de fer. — On m'excusera de parler le langage de mes ex-Frères : je sais aujourd'hui que ce ne sont point les âmes des humains trépassés qui agissent en ces œuvres maudites ; c'est le démon, lui véritablement. Je donne cette déclaration une bonne fois, afin de n'avoir plus à y revenir. Mais on comprendra que, pour présenter l'état d'âme des occultistes d'une manière intelligible, je dois m'exprimer à leur point de vue, quoique ne partageant plus leur erreur. — Et l'esprit de Philalèthe, en cette manifestation, écrit sur un seul thème : il narre son enlèvement par le Dieu-Bon, c'est-à-dire sa disparition du 25 mars 1678.

Je le répète donc, et j'accentue mon défi : M. le contre-amiral Markham (Albert-Hastings) est vivant ; il est un des officiers supérieurs les plus connus de la marine anglaise, si par contre sa haute situation maçonnique est ignorée de la généralité de ses compatriotes, eh bien, il ne me démentira pas ; il ne saurait nier que le Parfait Triangle dont il est le grand-maître d'honneur et le Préceptorat Templier dont il est le prieur, possèdent, en leur commun siège, n° 27 de la

Strada Stretta, à La Valette, île de Malte, la magique flèche de fer qui, d'elle-même et sans encre, écrit en lettres vertes sur le papier la prétendue histoire véritable et sincère de l'enlèvement de mon ancêtre Thomas Vaughan par le prétendu Dieu-Bon au prétendu Ciel Supérieur ou Royaume du Feu Divin.

Mon père et mon oncle m'avaient tant parlé de ce prodige, que, dans l'année 1889, lorsque je vins en Europe à l'occasion de l'Exposition universelle de Paris, et lorsque j'allai ensuite visiter l'Italie, à mon départ de Naples où les FF ▽ Bovio et Panunzi me présentèrent leurs amis, je me rendis de là à Messine et à Malte, uniquement afin d'assister à cette merveille, d'intérêt direct pour moi ; et je fus reçue par plusieurs des Frères que M. le contre-amiral Markham préside aujourd'hui, maillet battant ; et le Parfait Triangle *Il Moallem tad-dar* m'ouvrit ses portes ; et je fus saluée par les hommages de tous, comme dernière descendante de l'illustre alchimiste de la Rose-Croix socinienne, *fondateur de la Franc-Maçonnerie* ; et le Dieu-Bon ne se borna pas à donner sa signature aérienne et fulgurante ; il parut en personne, entouré de Baal Zéboub et d'Astaroth, et il présida lui-même la tenue ; et la flèche de fer, se dressant toute seule écrivit une nouvelle fois, en mon honneur, l'extraordinaire histoire.

Si, depuis cette époque, quelque franc-maçon palladiste de La Valette ou de Città-Vecchia s'est converti, Mgr Pace, évêque de Malte et archevêque de Rhodes, peut le faire interroger ; il ratifiera de point en point tout ce que j'affirme à ce sujet.

(La suite au prochain numéro)

AURELIO SAFFI. Né en 1819 ; mort le 10 avril 1890. Il fut carbonaro, dès son jeune âge, et l'un des plus actifs lieutenants de Mazzini. À Londres, il épousa miss Georgina Crawford, fille ainée du F∴ Edward-H.-T. Crawford, l'un des principaux chefs de la Maçonnerie anglaise.

Lorsque Mazzini accepta le plan d'Albert Pike, basé sur la création d'un Rite Suprême superposé à tous les autres rites et les dirigeant au moyen du secret gardé pour la majeure partie des Frères, Aurelio Saffi participa activement à l'organisation de la Haute-Maçonnerie universelle, et il fut l'un des trois lieutenants grands assistants de Mazzini au Souverain Directoire Exécutif, de 1870 jusqu'à sa mort.

Il appuya toujours Lemmi auprès de Mazzini ; en réalité, c'est à Saffi qu'Adriano doit sa rapide marche ascendante dans les conseils secrets, directeurs de la secte. En effet, quand Mazzini songea à préparer la nomination de son successeur et fit agréer comme tel Adriano Lemmi par Albert Pike, Saffi s'effaça volontiers devant le juivaillon de Stamboul, auquel il portait une grande amitié : sans cette abnégation amicale, c'est lui qui aurait succédé à Mazzini comme souverain, chef d'action politique de la Haute-Maçonnerie.

À sa mort il fut remplacé au Souverain Directoire Exécutif par le Frère Etorre Ferra.

Fervent palladiste, Aurelio Saffi était un des Mages Élus consacrés au daimon Anti-Christ. En tenues triangulaires, il aimait à raconter qu'il avait été transporté par ce daimon à cent mètres au-dessus du Maëlström et qu'ainsi il avait vu le gouffre mieux que personne : il en faisait la description, disant que le Maëlström est « le nombril de la puissance terrestre d'Adonaï. »

Je parle de lui plus longuement dans mon ouvrage sur le Frère Crispi ; ils furent grands amis et complices dans l'exécution de l'ordre de Satan.

Je pense que j'aurai bientôt terminé cet ouvrage, qui m'a pris plus de temps que je ne l'avais prévu.

AURELIO SAFFI

Ministre de l'Intérieur
et l'un des Triumvirs de la République Romaine de 1848,
Lieutenant Grand Assistant de Giuseppe Mazzini
à la création de la Haute-Maçonnerie (1870).

PETITE CORRESPONDANCE. — *L.L., à L.* J'ai reçu la caisse de livres : mille remerciements. Mais, par mesure de prudence, il a fallu faire la réexpedition en fractionnant par petits envois, très espacés ; le dernier envoi m'est parvenu le 24 février. Je ne vous promets pas de tout lire ; du moins, quand à présent. Veuillez je vous prie, présenter mes excuses au Dr B. et lui dire que je réparerai mon retard *à sa complète satisfaction,* aussitôt que je serai un peu plus libre de mon temps. Merci encore, et prières.

A.B. à R. – Cette personne n'est pas Sœur M∴, ou, du moins, ne l'était pas, quand j'étais à Londres. Peut-être l'est-elle devenue depuis lors ; car le patronage actuel de ses conférences est des plus suspects. J'aurai à vous écrire prochainement pour autre chose ; très important.

L'ANTI-MAÇON. — Voici le sommaire du numéro 5 de cette revue bi-mensuelle qui combat vaillamment la secte maçonnique ; le numéro vient de paraître :

1. L'Océan Noir, souvenirs occultistes (les Évêques du Paraclet), par K. de Borgia. — 2. L'Ennemi, par L.-M. Mustel. — 3. Les Insignes du Labarum, par Paul de Régis. — 4. En avant ! poésie, par Jean de Sales. — 5. Révélations sur le Satanisme, extrait du *Messager du Cœur de Jésus*. — 6. Partie officielle : compte-rendu de l'assemblée plénière du 22 février, tenu à Paris par la ligue anti-maçonnique dite du Labarum. — 7. Pour la Patrie, roman anti-maçonnique (suite), par J.-P. Tardivel.

Le numéro de l'**Anti-Maçon**, seize pages, sous couverture : 0 fr. 20 c. (franco). — Abonnement : 4 fr. par an, pour la France, et 5 fr. pour l'Étranger. — Cette revue paraît à dates fixes : le 1er et le 16 de chaque mois.

Vient de paraître : **LE LABARUM ANTI-MAÇONNIQUE**. Statuts de l'Ordre : Déclaration de principes ; Grandes Constitutions. Cérémonial des grand'gardes. Extrait du Rituel des Chevaliers du Sacré-Cœur. — Une brochure in-12, de 48 pages. Prix : 0 fr. 50 c. Franco : 0 fr. 60 c. — Pour les abonnés aux *Mémoires* : 0 fr. 45 c. franco

LES RÉVÉLATIONS SUR LE SATANISME

L'*Ami du Clergé*, de Langres, est sans doute une des plus savantes revues ecclésiastiques qui se publient en France, peut-être dans le monde entier. Jamais on n'y trouve rien de hasardé. Chaque article est pesé, mûri, appuyé sur la pure doctrine catholique sans mélange de libéralisme ou d'autres erreurs modernes. L'*Ami* aborde volontiers les sujets d'actualité, les questions brûlantes, et il les traite toujours avec une clarté et une prudence admirables, évitant, avec un égal soin, les exagérations et les amoindrissements de la verité. Dans le monde religieux, cette revue fait autorité, et c'est à bon droit, car elle a pour directeur M. l'abbé A. Denis, chanoine de la cathédrale de Langres, et pour rédacteur en chef M. l'abbé F. Perriot, ancien supérieur du Grand-Séminaire de Langres, deux hommes vraiment remarquables.

Or, dans son numéro du 9 janvier, l'*Ami du Clergé* répond à une série de questions que lui pose un de ses correspondants au sujet des « extravagantes révélations » de Mlle Vaughan et des « étranges récits » du Dr Bataille.

Le correspondant, évidemment, est un sceptique qui, « sans nier absolument l'action possible du diable dans le monde », ne « peut s'empêcher de voir dans la plupart de ces soi-disant révélations autre chose qu'une fumisterie ».

Voici la réponse qu'il reçoit de l'*Ami*. Elle n'est probablement pas ce qu'il attendait :

« R. — Notre confrère a bien raison de ne pas « nier absolument l'action possible du diable dans le monde. » Cette possibilité n'est malheureusement que trop réelle et manifestée par trop de réalités. Il ne nie probablement pas non plus la réalité de cette action dans le monde ; autrement, il serait en contradiction avec l'Évangile, avec la Tradition, avec une série trop fournie de faits incontestables, et avec la prière qu'il récite tous les jours après la messe par ordre de Léon XIII.

« Que cette action s'exerce, entre autres moyens, par la Franc-Maçonnerie, c'est ce que nul homme sensé ne niera. Que les francs-maçons, dans certaines assemblées occultes, rendent un culte au démon, c'est ce qu'affirment une masse de témoins dont on ne saurait mettre en doute la sincérité, et ce qu'attestent des publications émanées des francs-maçons eux-mêmes. Le culte de Satan se pratique dans les antres maçonniques. C'est ce culte qui est désigné sous les noms d'occultisme, de palladisme, de satanisme, de luciférianisme.

« Toutes les histoires racontées par le docteur Bataille sont-elles vraies ? Il y a lieu de penser que certains récits, beaucoup peut-être, sont arrangés et groupés autour d'une seule personnalité, bien qu'ils appartiennent à plusieurs. Un critique, fort au courant des choses de la franc-maçonnerie, qui a attaqué à plusieurs reprises le docteur Bataille, M. Georges Bois, lui reproche moins d'avoir raconté des choses fausses que d'avoir pris ses matériaux dans des publications déjà connues et d'y avoir mélangé des erreurs de détails ; mais il confirme l'ensemble de ces révélations.

« Quant à Miss Diana Vaughan, elle a certainement connu les mystères des arrière-loges ; elle peut témoigner en connaissance de cause de ce qui s'y passe. Avant de repousser son témoignage, il faudrait prouver qu'elle ment. Tant que la preuve n'en est pas faite, sa parole mérite créance ; elle a les qualités qu'on doit exiger d'un témoin : elle connaît les choses qu'elle raconte ; elle se montre honnête et véridique.

« N'y a-t-il pas de l'industrialisme dans certaines publications concernant les manifestations diaboliques ? Nous ne voudrions pas le nier d'une manière absolue et universelle. Mais ce n'est pas une raison de nier ce qui est rapporté dans ces publications, quand le témoin est digne de foi. Il y a bien eu sur la vie et les enseignements de Notre-Seigneur des évangiles apocryphes ; en quoi ces apocryphes détruisent-ils la valeur des vrais évangiles ?

« Il y a seulement à user de critique pour ne pas accepter sans y regarder tous les récits qui s'impriment. Il faut se tenir égloigné des deux excès contraires : tout accepter et tout rejeter sans discernement. Nous nous bornerons aujourd'hui à ces réflexions générales. Plus tard, nous verrons à faire sur ces questions un travail plus important. »

Ce qu'on vient de lire est extrait de la *Vérité*, de Québec. Le but de ce journal ami est de répondre à une certaine campagne qui a été entreprise au Canada et dont le mot d'ordre vient de Charleston. En effet, en dehors des étonnements de quelques catholiques, — ceux à qui l'*Ami du Clergé* répond, — il y a, pour les provoquer, et, par conséquent, pour semer les doutes, un plan maçonnique qui commence à s'exécuter. C'est au Canada et en Angleterre que la manœuvre s'opère : elle consiste à m'injurier.

Déjà, le directeur de la *Vérité*, de Québec, M, Tardivel, à relevé comme il le méritait un « goujat » de Montréal, et je l'en remercie cordialement ; mais c'est avec une très grande clairvoyance que M. Tardivel, en flétrissant cette campagne de basses injures contre ma personne, contre ma réputation d'honnête femme, a dit : « Si Mlle Vaughan est attaquée ainsi, c'est que nos francs-maçons canadiens redoutent ses révélations. »

On pourrait en dire autant de mes ex-Frères d'Angleterre, qui de leur boue tentent d'éclabousser mon honneur.

Eh bien, oui, je vous démasquerai publiquement. Je voulais me borner à aviser qui de droit, et j'avais commencé à le faire, avec parfaite discrétion ; mais, puisque vous m'obligez à me défendre, je n'ai plus aucun ménagement à garder.

J. V.

Royaume britannique. Le chef actuel des Lucifériens anglais est M. le docteur William-Wynn Wescott, demeurant à Londres, Cambden-Road, n° 396. Précédemment, je ne l'avais désigné que par ses initiales (voir n°5 des Mémoires, page 141, à la note). C'est lui, le détenteur des diaboliques cahiers de Nick Stone ; c'est lui le Suprême Mage de la Rose-Croix Socinienne pour l'Angleterre. Ses adjoints sont : en premier degré, M. John-Lewis Thomas (*Senior Sub-Magus*), qui est aussi le trésorier général de la Fraternité ; en second degré, M. Mac-Gregor Mathers (*Junior Sub-Magus*).

Le Haut-Conseil se compose des FF▽ Thomas-Bowman Whytehead, qui possède le 9ᵉ degré d'initiation satanique, et Charles Fendelow, William-J. Ferguson (secrétaire général), Robert Roy, lieutenant-colonel James Monks, Jérémiath-Leech Atherton, W.-F Carman et John Strachan, qui sont Maîtres du Temple (*Magister Templi*, 8ᵉ degré).

Le Tiers-Ordre Lucifériens, dit *Tiers-Ordre d'Honoris Causa*, a pour chefs en Angleterre :

Les FF▽ Mages W.-J. Hughan, Cuthbert Peek, Ladislas de Malczovitch, lieutenant-colonel Georges Lambert, Frederick Holland, capitaine T.-G. Walls et John Yarker (ce dernier est en même temps, le chef suprême du Rite de Memphis et Misraïm, attendu que le Pessina, de Naples, n'est pas reconnu par Lemmi) ;

Et les FF▽ Maîtres du Temple T.-J. Armstrong, John Collinson, J.-S. Cumberland, William Dodd, Charles Hill-

Drury, Henry Hotham, Georges Kenning, H.-J. Lardner, T.-W. Lemon, W.-C. Lemon, Edward Macbean, J.-M. Neek, T.-H. Pattinson, Nelson Power, G.-F. Rogers, Frederick Schnitger, Eugère Thiellay et J.-J. Thomas.

Toutes ces nominations ont été faites par le docteur Wynn-Westcott, pour la présente année 1896, et Lemmi les a confirmées le 25 décembre dernier.

Que les Francs-Maçons des rites officiels avoués se gardent bien de dire : « Nous ne connaissons pas l'ordre luciférien de la Rose Croix ! nous n'avons avec les Rosi-Crucians aucun lien, aucune attache ! nous les ignorons ! ils ne pratiquent pas chez nous ! » Car je leur répondrais : « C'est chez vous, c'est dans votre propre palais qu'ils tiennent leurs réunions, au Mark Masons Hall, de Great Queen-street, et plus particulièrement les 2es jeudis de janvier, avril, juillet et octobre. »

En Rose-Croix socinienne, l'Atelier se nomme Collège. Eh bien, le Collège Métropolitain, c'est-à-dire, le principal Atelier de Londres, où pontifie le F ▽ J.-J. Thomas, assisté des FF ▽ E.-E. Street et Nathaniel Goodchild, tient ses séances rituelles au Mark Masons Hall ! L'année dernière, c'était l'un des deux FF ▽ Lemon, qui officiait ; on l'a remplacé par le F ▽ J.-J. Thomas, qui est plus majestueux.

Dans le Yorkshire, qui forme une province de la Rose-Croix d'Angleterre, il y a un Collège luciférien, en la ville d'York, à Saviourgate, au siège même des Loges du Rite Écossais ; le célébrant, qui est le Frère William-Henry

Cooper, pourvu seulement du 7ᵉ degré dans l'ordre luciférien (*Adeptus Exemptus*), est un des hauts dignitaires de la Grande Loge Chapitrale de la Maçonnerie avouée. Il a pour suffragant le F ▽ W.-N. Cheesman, et les FF ▽ James Meek et James Smith sont, l'un trésorier, l'autre secrétaire du Collège.

Au-dessus d'eux, pour la direction des Rose-Croix sociniens du Yorkshire, il y a, en premier lieu, le F ▽ Thomas-Bowman Whytehead, chef des adeptes de la province, et le même est Chevalier Kadosch dans le Rite Écossais ; il y a, en second lieu, comme suffragant de Whytehead, le F ▽ Jeremiah-Leech Atherton, qui est aussi Chevalier Kadosch. Le secrétaire provincial est le F ▽ William Flockton, et le trésorier provincial est le F ▽ John Blenkin.

Les comtés de Northumberland, Durham et Berwick forment ensemble une autre province de la Rose-Croix socinienne ; Newcastle-on-Tyne en est le chef-lieu, avec un Collège dont les réunions secrètes se tiennent au nº 24 de Shakespeare-street. Le directeur de la province et chef des adeptes lucifériens est le F ▽ Charles Fendelow, déjà nommé, qui appartient aussi au Rite Écossais, dont il est 33ᵉ et inspecteur général de district. Il a pour suffragant le Thomas-J. Armstrong, Maître du Temple (8ᵉ degré de la Rose-Croix), d'une part, et Chevalier Kadosch, d'autre part, demeurant à Newcastle, Hawthorn-Terrace, nº 14. Un grand ami des FF ▽ Fendelow et Armstrong à signaler en passant : M. le révérend chanoine H.-D. Tristram, prieur provincial de l'Ordre-Uni du Temple et de Malte, bien connu dans la Maçonnerie anglaise comme bénisseur du *Vexillum Belli* et enthousiaste célébrant de la fête anniversaire templière, 11 mars (the anniversary of the Immolation of Jacques de Molay). *Le révérend Tristram, chanoine pour les profanes et prieur templier pour les initiés du rite occulte, officie au triangle* Royal-Kent, *séant au Masonic Hall de Maple-street, à Newcastle, les 4es vendredis de janvier, mars, mai, juillet, septembre et novembre ; je le défie de me donner un démenti.*

Quant au Collège de Newcastle, il a pour célébrant le F ▽ Seymour Sell, Maître du Temple, assisté du F ▽ John Usher, qui n'est encore qu'Adepte Mineur (5e degré).

Encore une preuve flagrante, pour établir que Maçonnerie avouée et Rose-Croix socinienne occulte se tiennent : — Parmi les membres honoraires du Haut-Conseil de la Rose-Croix d'Angleterre, figure le F ▽ John d'Amer-Drew, Maître du Temple et chef des adeptes en Australie. Ce F ▽ est un des plus puissants maçons du monde entier ; à Melbourne, il a le haut commandement secret et direct des dix-huit Loges symboliques de la ville, des trois Loges d'instruction, *Central, Carlton* et *Yara-Yara*, et de six Chapitres de Royale-Arche ; il est officiellement souverain commandeur grand-maître du Suprême Conseil du Rite Écossais, de Victoria ; il est encore, pour l'Australie, le grand représentant du Rite de Memphis et Misraïm, au titre de 33e 96e, en relations suivies avec l'illustrissime grand hiérophante d'Égypte, le F ▽ professeur Oddi.

En Écosse, ce sont les Dalrymple qui mènent tout : Sir Charles Dalrymple, de Newhailes ; Sir James Dalrymple Duncan, de Micklewood, et le major Hamilton Dalrymple.

Le premier, le baronnet Charles, est le grand-maître de la Maçonnerie officielle d'Écosse ; il est à la tête de la Grande Loge.

Le second n'apparaît officiellement qu'au Suprême Grand Chapitre de Royale-Arche, où, au titre de député grand principal, il agit sous le couvert du comte de Haddington et de lord Saltoun, et au Grand Conseil des Maîtres Royaux et Choisis, où il est grand-maître en titre, ayant sous ses ordres le colonel Charles Hunter et le lieutenant-colonel James Stewart. Mais c'est lui encore qui dirige la Maçonnerie Templière comme grand chancelier, faisant manœuvrer à sa guise le marquis de Breadalbane et le comte de Kintore, ses jouets ; c'est lui qui est vice-roi de la ténébreuse et satanique association qui porte pour titre *Ordre de la Croix-Rouge de Constantin, du Saint-Sépulcre et de Saint-Jean.* Au Rite Écossais Ancien Accepté, il s'efface derrière le F ▽ Lindsay Mackersy, lequel se trouve avec le F ▽ David Murray-Lyon, de la Grande Loge, à l'antique Royal-Ordre de Kilwinning. Enfin, c'est comme chef de la Rose-Croix d'Écosse que James Dalrymple Duncan a dans sa main les fils directeurs de tous les lucifériens de l'ancien royaume des Stuarts ; il est Suprême Mage.

Quant au major Hamilton Dalrymple, il est officiellement grand-maître provincial de Wigton et Kirkud-Bright ; en réalité, il est le grand-maître secret de toutes les Sœurs Maçonnes écossaises, et combien elles sont nombreuses là-bas !

Ils ne sont pourtant point parents, que je sache ; mais leur union directrice est curieuse par l'homonymie : étrange coïncidence !

Des trois Dalrymple, le plus connu est le baronnet Charles ; mais le plus agissant, le plus infernal est Dalrymple Duncan.

Sa Rose-Croix est d'une activité prodigieuse. Son premier adjoint (*Senior Sub-Magus*) est le docteur Georges Dickson, Prince du Royal-Secret au Rite Écossais ; son second adjoint (*Junior Sub-Magus*) est sir D.-R. Clark, Chevalier Kadosch. Le secrétaire général et trésorier est le F ▽ Robert Brown, dont je dois parler plus amplement.

Les chefs du Tiers-Ordre luciférien d'Honoris Causa sont : David Murray-Lyon, le secrétaire général de la Grande Loge d'Écosse et du Royal-Ordre de Kilwinning, Chevalier Kadosch ; Charles-Fitzgerald Marier, autre Kadosch, qui habite indifféremment l'Écosse et Londres ; auxquels il faut ajouter les FF ▽ William Hunter, de Trinidad, et Edward Macbean, Chevaliers Kadosch, au Rite Écossais, et Maîtres du Temple, à la Rose-Croix.

Le F ▽ D.-R. Clark, déjà nommé, est le chef des adeptes pour Glasgow ; et pour Édimbourg, c'est le Mage Harry

Copland, ayant d'autre part le 31ᵉ degré du Rite Écossais.

La Rose-Croix de Dalrymple Duncan a deux Collèges : l'un, pour l'Écosse orientale, où le docteur Georges Dickson officie à l'admiration des lucifériens d'Édimbourg ; l'autre, pour l'Écosse occidentale, où le Maître du Temple William Hunter est le célébrant habituel, à Glasgow, avec M. Thomas Richards pour secrétaire.

À Édimbourg, il faut citer le très mystérieux F ▽ J.-D, Robertson, secrétaire du Collège rosi-crucian ; il vit retiré et ne sort que fort tard pour venir prendre part aux œuvres maudites, Il demeure au nᵒ 6 de Pembroke-place, qui est une petite voie nouvelle dans la direction de la station d'Haymarket.

Je recommande tout particulièrement à l'attention des catholiques d'Édimbourg le F ▽ Robert S. Brown, nommé plus haut. C'est un sectaire dangereux, un véritable sorcier. Je crois qu'il est bon de le signaler publiquement ; cela le rendra moins nuisible à la sainte religion.

Robert Brown est un haut-maçon, dont l'activité n'est jamais lasse. Il est membre du Conseil des grands intendants de la Grande Loge d'Écosse ; il est grand secrétaire du Suprême Grand Chapitre de Royale-Arche ; il est archiviste et trésorier du Grand Conseil des Maîtres Royaux et Choisis ; il est archiviste du Grand Conseil Impérial de l'Ordre de la Croix-Rouge de Constantin, du Saint-Sépulcre et de Saint-Jean ; il est greffier général du Conseil Patriarcal des Kadosch de la Parfaite Initiation, dont le révérend W.-W. Tulloch, docteur et ministre, est le prieur. Il représente, dans ces divers et importants Ateliers, la Haute-Maçonnerie américaine, et plus particulièrement celle du Massachussets, celle de la Colombie, et surtout celle du Kentucky. Il est Mage Élu du Palladium.

Il a été le mauvais génie de l'un de mes parents. Son correspondant actuel au Kentucky est le F ▽ Campbell H. Johnson, demeurant à Henderson. Il correspond avec le *Sanctum Regnum* de Charleston, en écrivant dans cette ville au F ▽ Nathaniel Levin. Il correspond avec le Grand Directoire Central de Naples, en écrivant au F ▽ Cosma Panunzi. Et Lemmi lui écrit directement.

À Edimbourg, le repaire des Rose-Croix est au n° 15 de Queen-street, c'est-à-dire tout auprès de l'Archevêché. La maison est d'honnête apparence ; nul ne soupçonnerait qu'elle abrite les pires complots contre l'Église de Jésus-Christ. Là Robert Brown vient chaque jour ; il y a ses bureaux de chef haut-maçon. C'est un ancien pharmacien, qui a exercé près de trente ans cette profession. Il reçoit sa correspondance secrète au n° 11 *a* de Hanover-street, bien qu'il ait quitté cette maison pour demeurer à Machucoul-Terrace. Toujours très concentré, il semble se défier de lui-même. Il fréquente le docteur John-Thomas Loth, héraut du gouvernement, 8, Asholl-place, et M. William Officer, agent conventionnel de Royal-Burgys, 21, Castle-street. M. John Crombie, magistrat municipal d'Aberdeen, et M. Léo Meillet, ancien membre de la Commune de Paris, réfugié en Écosse, sont aussi au nombre de ses amis. Tous, appartiennent à la fine fleur de l'occultisme maçonnique. Enfin, Robert S. Brown a un laboratoire de chimie au nº 25 de Pitt-street, et là, il se livre aux plus mystérieuses expériences. C'est lui qui protège l'incognito de Sophia-Sapho, lorsqu'elle vient en Écosse ; il était le grand admirateur de Philéas Walder, et c'est par l'invocation de cet homme si abominable qu'il a été consacré au daimon Anti-Christ ; c'est à lui que j'ai fait allusion, à propos de ce daimon, <u>dans mon nº 5, page 157, dernier alinéa.</u>

Voilà donc quelques rapides traits de plume sur les Rose-Croix lucifériens d'Angleterre et d'Écosse. Le Canada possède aussi des lucifériens, fanatiques, et je parlerai d'eux dès le prochain fascicule. Puisque la secte me fait outrager, alors que je me bornais à traiter les questions de choses, évitant les personnalités, je suis en droit de légitime défense. Partout où l'insulte sera produite, je répondrai en arrachant les masques et ferai publique justice.

Il y a beaucoup à dire sur les Maçons occultistes canadiens, et la révélation de leurs méfaits est d'un intérêt général.

UN VÉNÉRABLE QUI ABOIE

Tous nos lecteurs savent combien a été discuté le fait de l'apparition du démon dans une Loge française, apparition constatée par le R. P. Jeandel, supérieur général des Dominicains, et qui prit subite fin, lorsque le saint religieux, qu'un subterfuge d'un franc-maçon douteur avait amené là, fit tout-à-coup un grand signe de croix sur l'assistance. Pendant longtemps, plusieurs soutinrent que c'était là un racontar, sans solide base, trop légèrement publié par divers journaux. Mais, dans des circonstances assez récentes, le Dr Imbert-Goubeyre de Clermont-Ferrand, a produit de valables preuves, établissant que le R. P. avait lui-même narré son aventure à plusieurs personnes, et l'*Univers*, si j'ai bonne mémoire, ouvrit à ce sujet comme une enquête, à laquelle M. l'abbé de Bazelaire, chanoine d'un diocèse de l'Est, apporta un témoignage décisif.

En vérité, le fait lui-même n'avait rien de surprenant. Le démon se manifeste assez fréquemment dans les Ateliers maçonniques de France, aussi bien que dans ceux d'autres pays. Lorsqu'il n'apparaît pas visible, il fait entendre sa voix. Dans les Conseils du 30ᵉ, à n'importe quel rite, et même si l'Atelier appartient à l'obédience du Grande Orient de France, *qui se dit athée*, le démon se démontre d'une grande familiarité avec ses adeptes, sous une forme ou sous une autre. La plus fréquente est celle d'un Fr∴ haut-gradé de nationalisé étrangère, venant en visiteur. On lui rend les honneurs de la voûte d'acier, croyant avoir affaire à un homme ; car il en a toutes les apparences. Il prend place à l'orient, auprès du président de l'Atelier ; il demande la parole ; il harangue l'assemblée ; il excite à la guerre contre Adonaï et son Église ; il donne des conseils ; il indique la tactique à suivre ; il explique quelles sont les lois qu'il est le plus urgent de faire voter par les représentants députés et sénateurs. Après cela, brusquement, une éclatante lumière l'enveloppe ; un éclat de foudre se fait entendre au loin ; l'assistance constate que l'éminent orateur qu'elle vient d'applaudir n'est plus là. Tous savent alors que c'est le véritable chef suprême de l'Ordre, ou l'un de ses esprits, qu'ils ont vu et entendu.

Ce qui était extraordinaire dans le cas du R. P. Jeandel, ce n'était donc pas la présence du démon au sein d'une réunion maçonnique ; c'était la présence même du saint religieux. Je l'avoue, je suis au nombre de ceux qui doutèrent : il me paraissait étonnant, tout-à-fait étonnant vraiment, qu'un Frère de la parfaite initiation se fût risqué à introduire en une telle assemblée un prêtre déterminé à prouver la puissance du signe de la Croix. Aujourd'hui, ayant la foi au seul vrai Dieu, je comprends pourquoi le R.

P. Jeancel se montra si avare de confidences, après ce fait si grave, dont tous les témoins maçons ont dû être bouleversés les uns, irrités les autres ; il est de toute évidence que le secret s'imposait au saint religieux, sous peine de compromettre l'existence du Fr∴ qui lui avait servi d'introducteur : si celui-ci avait été découvert, il est certain qu'il aurait été assassiné.

Or, voici un fait qui est, à peu près, du même ordre, et qui m'est certifié par un R. P. Franciscain, mon correspondant.

Ceci s'est passé, il y a neuf ans, dans une grande ville du sud-ouest de France, en une Loge où l'on ne manque pas de sincérité, s'il faut en juger par de certaines apparences. Le Vénérable, qui était Chevalier Kadosch, avait parfois des allures de forcené, en dirigeant les travaux de l'Atelier ; au dehors, il était, au contraire, homme doux, placide, d'une douceur et d'une placidité bien en harmonie avec les paisibles fonctions qu'il tenait de l'administration municipale.

Un Fr∴, n'ayant pas encore effacé entièrement de son cœur les pieux souvenirs de son enfance, était effrayé de ces sortes d'accès de rage qui prenaient son Vénérable, lorsqu'il présidait la tenue. Les discours qu'il entendait l'épouvantaient quelque peu, par leur impiété qu'il jugeait trop violente. Cependant, il n'osait pas se retirer de la secte ; mais il était tourmenté en lui-même, sa conscience lui faisait entendre qu'il s'était fourvoyé dans une société diabolique.

Sans en rien dire à personne, il forma, un jour, un projet dont il avait eu l'inspiration spontanée, au retour d'une séance où le Vénérable avait été plus violent que jamais. Il se glissa d'abord dans une église de la ville, le soir, et puisa dans le bénitier un peu d'eau bénite, qu'il garda précieusement en un petit flacon ; puis, rentré chez lui, il en aspergea son cordon et son tablier de Maître, en disant : « Mon Dieu, protégez-moi, et épargnez-moi, si votre colère doit foudroyer quelque jour la Loge dont je fais partie. »

Il retourna à la Loge, encore deux fois.

La première fois, il réalisa son secret projet. Au moment où le Vénérable pérorait avec sa rage accoutumée, en exhortant un F∴ qu'on venait d'initier au 3e degré, le franc-maçon, pénitent, sans être vu de ses voisins, fit avec sa main, sous l'habit, un signe de croix sur son cœur.

Il y eut un véritable coup de théâtre. Au lieu de paroles humaines, le Vénérable se mit à pousser des aboiements furieux ; on aurait dit un chien, hurlant de douleur. L'assemble était stupéfaite. La séance se termina dans une très grande confusion. Quelques-uns, en sortant, se demandaient si leur président n'était pas devenu fou.

À la réunion suivante, le F∴, avec une émotion facile à comprendre, renouvela l'expérience, et le Vénérable aboya de nouveau ; il lui était impossible de dire un mot. Son cou se gonflait ; il tendait les bras en avant ; ses yeux, injectés de sang, semblaient sortir de leur orbite ; sa gorge n'émettait plus que des hurlements sinistres. Le 1er

Surveillant fit promettre à tous les assistants que le secret serait gardé sur cet incident, dont tous étaient remués jusqu'au fond des entrailles. On emmena le Vénérable, qui, à la fin, semblait anéanti, et on voulut le faire soigner ; mais le médecin le déclara bien portant.

Quant au F∴ pénitent, il donna sa démission sous le premier prétexte venu. Peu de temps après, ayant rencontré chez un des parents un Père franciscain qui venait d'Espagne et se rendait à Paris, il lui raconta l'aventure ; le bon Père acheva sa conversion. Aujourd'hui, cet ex-franc-maçon est redevenu excellent chrétien.

Le digne religieux qui m'a envoyé ce récit pense que le Vénérable dont il s'agit était possédé. Je partage tout à fait son avis.

LA NEUVAINE EUCHARISTIQUE

―

Voici une des plus consolantes lettres que j'ai reçues depuis ma conversion. Son auteur me pardonnera, j'en suis sûre, si je la publie ; et je le fais avec toute la discrétion nécessaire. Mais, en vérité, j'ai quelque droit de le dire, la *Neuvaine Eucharistique* est mon écrit de prédilection ; plus vénérables ministres de Dieu m'affirment que cet opuscule fait grand bien aux âmes, et, — pourquoi le cacherais-je ? — j'en suis tout heureuse. Je remercie le Divin Maître, qui, malgré mon indignité, me comble ainsi de ses bontés les plus douces ; car rien n'est plus allègre au cœur que d'aider au salut de son prochain ; rien n'a une suavité plus pénétrante, lorsqu'on songe surtout à l'abîme d'où les prières d'autres m'ont arrachée.

Quand on aura lu ces lignes de l'excellent et humble prêtre, on comprendra que je n'y aie rien ajouté, l'effusion de mon bonheur ne se pouvant traduire par la plume.

Z…, ce 4 février 1896.
(En la fête de Sainte Jeanne de Valois.)

MADEMOISELLE,

Cette lettre aura-t-elle l'heureuse fortune d'arriver entre vos mains ? J'ai quelque espoir que Dieu et votre bon ange la conduiront jusqu'à vous, pour vous faire partager, s'il est possible, un peu du bonheur que vous nous avez donné, sans vous en douter, ces derniers jours.

Je suis, Mademoiselle, un de ces prêtres nombreux qui, sans être connus de vous, vous ont pour ainsi dire suivie pas à pas ces dernières années, ne cessant d'appeler de leurs vœux les plus ardents, de leurs prières et de leurs larmes, l'heureux jour où enfin, par un miracle de l'infinie miséricorde de Dieu, vous nous criez dans vos *Mémoires* : « Amis, je suis vraiment vôtre. » Depuis, je dévore les pages de ces fascicules qui, tout en jetant un jour si étrange au milieu des temps troublés où nous sommes et des pénibles incertitudes de l'avenir, nous consolent si délicieusement, au merveilleux récit de votre venue parmi nous.

C'est avant tout votre *Neuvaine Eucharistique*, qui me fait écrire aujourd'hui.

L'autre jour, donc, que je la relisais seul, tout ému, à votre exemple au pied du Tabernacle, une idée à laquelle je n'avais jamais encore songé me fut soudainement inspirée : « Voici ton Adoration perpétuelle qui approche, me disais-je ; on est si bien ici avec ce petit livre. Eh ! qui donc t'empêcherait d'inaugurer solennellement dans ta petite paroisse l'Adoration nocturne de réparation, qui précéderait l'adoration du jour ? tu y inviterais personnellement tous les hommes, qui viendraient tour à tour donner une heure aux pieds du Saint-Sacrement. » Ce qui fut résolu là, auprès du Divin Maître, de concert avec le petit livre, c'est-à-dire avec vous, Mademoiselle, fut mis en œuvre ; et le 30 janvier au soir, dès les dix heures, mes braves gens, même de ceux que je ne voyais jamais, étaient pour la plupart là, à genoux aux pieds de Jésus exposé dans son ostensoir. Et là, durant les neuf heures de la nuit, j'ai fait passer vos pages toutes brûlantes de l'amour de Notre Seigneur, à travers ces âmes qui en ont fait leurs délices.

Comme vous, et avec vous, Mademoiselle, nous avons adoré, médité, réparé. Je lisais lentement, avec arrêts fréquents… et quelques mots en dehors du texte, laissant surtout à la réflexion le temps de travailler ces âmes. Je n'ai pas été déçu ! quel bonheur a été le mien, de voir l'émotion gagner ces cœurs, de pouvoir pleurer avec eux devant notre autel transfiguré !… Vous dirai-je qu'à notre gré la nuit a paru courte et ses heures trop rapides !

Après Dieu, auteur de tout bien, à vous, chère Mademoiselle, mes remerciements pour l'heureuse inspiration qu'a fait naître en moi votre *Neuvaine Eucharistique*, et les salutaires mouvements de la grâce qu'elle a provoqués autour de moi. Cette nuit inoubliable me fait présager des retours chez mes retardataires. Béni soit le vénéré prêtre, votre conseiller, qui n'a pas voulu et avec raison voir ces pages ensevelies dans le monastère où vous les avez écrites, et puissent le bien qu'elles nous font, et l'amour de Jésus-Hostie qu'elles réveillent en nous et réveilleront encore, vous consoler, vous dédommager des pénibles souvenirs du passé qui vous afflige, mais que Dieu a permis, pour en retirer, vous le voyez bien, un plus grand bienfait en faveur des âmes dont il se fera aimer.

Votre bonté qui s'est toujours révélée dans vos écrits me pardonnera, je le sais, de vous avoir distraite un moment de vos travaux ; mais, par votre livre, vous avez été avec moi au travail de la sanctification des miens ; j'ai voulu vous faire part du bonheur de les savoir comme moi réchauffés ainsi par vous, au pied du Tabernacle. Voilà pourquoi j'ai écrit.

Permettez-moi, en finissant, Mademoiselle, de me recommander à vos généreuses prières. Le doux Maître qui vous a tant aimée alors que vous n'étiez pas encore à Lui, n'a fait évidemment que redoubler d'affection pour vous, depuis l'heureux jour ; mais à la vue du bien qui se fait par votre entremise, que pourrait-Il refuser à vos vœux et à vos prières, surtout pour les prêtres qui L'ont si instamment sollicité pour vous, et qui chaque matin encore à l'autel sont si heureux de vous être intimement unis dans la plus vive reconnaissance ?

Que la Vénérable Jeanne d'Arc, votre sainte de prédilection, et l'ange qui veille sur vous, vous protègent et vous gardent contre vos ennemis, qui sont aussi les nôtres ; qu'ils vous conservent, pour le succès de votre œuvre de combat, à l'affection de vos amis.

Daignez agréer, Mademoiselle, avec tous mes respects, mes humbles et dévoués hommages en N.-S.

X*** curé de …

P.-S. — Avez-vous remarqué, bonne Mademoiselle, que le grand coup de grâce du 13 juin, Fête-Dieu, a coïncidé aussi avec le jour de Saint Antoine de Padoue ? Si vous saviez pourtant tout ce qu'on a dit pour vous à ce charitable Saint, et tout ce qu'on lui a fait faire, vous ne seriez pas à bout des détails merveilleux de votre conversion.

CHAPITRE III

Mon éducation luciférienne

(Suite)

———

Le prestige diabolique s'accomplit de la façon que je vais rapporter.

À mon entrée, tous les Mages Élus du Parfait Triangle, placés sur deux rangs, mettent genou gauche en terre, tandis que je traverse l'assemblée.

Je m'arrête, arrivée à quelques pas de l'orient.

Le président grand-maître me dit :

— Salut à toi, très-haute Sœur Luciféra ; tu es la bienvenue parmi tes humbles Frères… Tu nous apportes le soleil et la lune… Par les droits que tu possèdes, ta place est à ma place ; veux-tu que je te cède le trône de ce Parfait Triangle, afin que tu présides cette sainte réunion ?

Ma réponse :

— Non, très puissant Frère ; garde le trône aujourd'hui ; tu en es digne… Le Dieu-Bon, qui m'inspire, a dirigé mes pas vers cette sainte réunion de ses fidèles ; il ne m'enjoint pas de présider les Frères Mages Élus de l'orient de Malte ; il me veut prêtresse évocatrice.

Le grand-maître descend de son trône, ploie le genou gauche devant moi, et baise ma main droite.

Je me penche sur lui, et je passe sept fois ma main gauche ouverte, au-dessus de sa tête courbée ; et je dis :

— Que Baal-Zéboub soit avec toi, très puissant Frère !

Alors, le président grand-maître tombe à la renverse, comme mort, sur le sol.

Le lieutenant du grand-maître s'approche à son tour, répète la génuflexion et le baisement de main. Je me penche sur lui, je fais les passes sur sa tête, et je dis :

— Qu'Astaroth soit en toi, très puissant Frère !

À son tour, il est renversé, étendu à mes pieds, et tous applaudissent.

Je mets le genou gauche en terre, j'étends les bras, et je rejette ma tête en arrière.

Tous sont dans l'anxiété.

Je m'écrie :

— Lucifer ! Lucifer ! Lucifer !… Dieu-Bon, Très-Haut le plus haut !… M'entends-tu ? M'exauceras-tu ?… Lucifer ! Lucifer ! Lucifer ! daigne manifester ton amour pour ta fille !…

La signature de feu trace ses cinq traits étincelants dans l'espace. Le Dieu-Bon vient de manifester sa présence.

Je m'écrie :

— Lucifer ! Lucifer ! Lucifer ! sois en moi !…

Et je me sens comme foudroyée ; mon corps s'abat sur le sol. Je parais morte ; mais une vie surnaturelle m'anime. C'est la pleine possession par Satan en personne.

Le grand-maître, le lieutenant et moi, nous semblons inanimés.

— Prions en nos cœurs, très éclairés Frères, dit le dernier initié Mage Élu.

Quelque temps se passe ainsi ; l'anxiété des assistants qui prient est de plus en plus grande.

Tout-à-coup, j'éprouve une forte secousse intérieure ; — le grand-maître et le lieutenant ont les mêmes sensations que moi, et le phénomène qui va s'opérer par moi s'opérera en même temps par eux ; — je soulève ma tête, et elle enfle ; ma bouche s'ouvre et s'élargit démesurément ; je n'ai, pourtant, aucune souffrance.

Par nos trois bouches, sortent, brillants de lumière, Lucifer, Baal-Zéboub et Astaroth. Et nous nous relevons, pour prendre l'attitude de l'adoration palladique.

Mais, bientôt, Lucifer dit :

— Debout, mes enfants !… Ma paix est avec vous.

On obéit. L'assistance, tout entière, émue et ravie, se tient en place, debout, les yeux fixés sur le Dieu-Bon et ses deux plus hauts esprits qui l'accompagnent. Chacun est émerveillé ; car l'apparition n'a pas eu lieu dans les formes habituelles, et l'on sait que la cause en est dans ma présence.

Astaroth m'adresse la parole :

— Diana, le Saint des saints veut que les éléments t'obéissent, et il daigne présider la réunion de ses fidèles… Donne-nous des sièges…

Je gravis les degrés de l'orient ; j'étends la main gauche, et je prononce mon désir :

— Murs, soyez resplendissants des joyaux de la terre !… Or le plus pur, forme-toi en trône superbe pour Notre Seigneur Lucifer !… Nuées, assemblez-vous, parfumées, et soutenez ce trône !… Je désire deux trônes encore pour les bienaimés saints Baal-Zeboub et Astaroth… Et que disparaisse tout ce qui fut produit par la main des hommes et qui se trouve à cet orient !… Image du Palladium, toi-même, éclipse-toi, pendant que Notre Seigneur est parmi nous !…

À ma voix, l'orient change d'aspect : les murailles se tapissent de diamants, d'émeraudes, de rubis et des plus belles pierres précieuses ; une nuée remplace l'estrade, et sur cette nuée, qui répand un délicieux arôme dans la salle, voici trois trônes d'or, dont le plus magnifique, au milieu, est pour Lucifer… Et voici le Roi du Feu et ses deux premiers daimons qui prennent place ; le Baphomet a disparu ; moi, je me sens portée par des esprits invisibles, qui m'entraînent à l'autre extrémité de la salle, à peu de distance de la porte d'entrée ; deux sièges d'argent ont surgi ; je suis assise sur l'un, et le grand-maître sur l'autre.

— Ma fille chérie Diana, dit alors le Dieu-Bon, tu m'as appelé, et je suis venu… Je sais que tu désires voir la flèche de fer écrire le récit du transport de ton ancêtre, mon élu Philalèthe, en mon royaume éternel… Diana, je ne te refuserai aucune satisfaction.

Encouragée par ces bonnes paroles, je m'enhardis à formuler une demande :

— Seigneur Tout-Puissant, accordez-moi de voir mon ancêtre Philalèthe, après que la flèche de fer aura écrit.

Lucifer, de sourire :

— Il sera fait, enfant bienaimée, selon ton désir ; mais, seule, tu verras mon élu, le glorieux fondateur de ma chère Franc-Maçonnerie.

Puis, il ordonna d'aller chercher la flèche, et, tandis qu'un Frère désigné par le grand-maître remplissait cette mission, le Dieu-Bon harangua l'assemblée, selon sa coutume.

Il n'avait pas sa voix terrible des jours de colère. Il nous dit mille choses, en insistant sur les événements de France et se déclarant réjoui de tout ce qui se préparait en ce pays. Cela nous intéressait fort, et moi plus que les autres, puisque je venais de séjourner à Paris, avant de me rendre en Italie et à Malte.

— Adonaï appelle la France la fille aînée de son Église, ainsi s'exprima Lucifer ; c'est pourquoi j'aime quiconque s'emploie à déchristianiser la France. J'ai eu un bon serviteur dans le dernier président ; il a travaillé sans bruit, mais avec zèle, tout en paraissant se désintéresser de la lutte entre mes Loges et les scélérats jésuites. Il a rempli son rôle à merveille, donnant toujours sa signature et jouant le bon enfant qui ne veut créer aucun embarras à ses ministres. Oui, le Frère Grévy a été excellent pour le bien de notre sainte cause. Je lui avais donné l'auréole de l'austérité, et je lui octroyais les biens de ce monde, ceux qu'il aime le plus : je l'ai fait riche, sur sa prière ; car il me supplia, un jour, de le combler d'argent. C'était six ans après la guerre avec l'Allemagne. Le Frère Grévy, pour n'être plus maçon actif, ne me bénissait pas moins ; je l'avais encouragé, dès ses premiers pas dans la vie politique ; il m'en était reconnaissant. Souvent, le soir, avant de s'endormir, il pensait à moi et murmurait : « Le dieu des catholiques n'est pas tout-puissant, puisqu'il est sans force contre la Franc-Maçonnerie, dont je suis le mandataire en cette présidence ; mieux vaut travailler pour le Grand Architecte que pour le Sacré-Cœur » ; et il ajoutait : « Grand Architecte de l'Univers, faites que je meure dans la richesse, et je vous promets de toujours vous bien servir. » Ce chef d'État, cher à mon cœur, a souffert de la méchanceté d'Adonaï ; le Dieu-Mauvais ne lui pardonnait pas d'avoir consenti à l'expulsion de quelques moines ; il s'est vengé, mais j'ai maintenu au Frère Grévy la richesse… Je n'aime pas son successeur, quoiqu'il obéisse aussi avec fidélité à mes Loges ; il finira mal, il est mal entouré…

Je ne crois pas qu'en parlant en ces termes Lucifer ait voulu faire allusion à la mort tragique du président Carnot ; car je sais aujourd'hui qu'il ne connaît de l'avenir que ce que Dieu veut bien lui en laisser entrevoir parfois. D'ailleurs, en prononçant ces mots, le prince des ténèbres n'appuya pas ; son ton était celui d'une causerie très ordinaire ; à ce passage, il ne montra aucune animation. Je crois que, tout simplement, il pressentait une mort dans les bras de l'Eglise et qu'il ne comptait plus sur cette âme, n'ignorant pas que des ferventes prières étaient quotidiennement faites pour son salut.

Il simula donc le dédain, à l'égard du président Carnot. Au contraire, il semblait fort affectionner le Frère Grévy ; il revenait avec complaisance sur sa conduite politique.

— Le Frère Grévy a ouvert la bonne voie, fit-il ; il aura contribué à assurer à mes Loges la conquête de la France. Je voudrais que grand nombre de chefs d'État ressemblassent à lui ; aussi, je lui prépare une place d'honneur chez moi.

Il termina, en recommandant à tous la plus grande vénération pour son vicaire Albert Pike.

Voici : on apporte la flèche de fer, sur un riche coussin ; une table est disposée, avec le papier nécessaire.

En toute autre circonstance, on procède par évocation, d'abord ; mais, ici, Lucifer étant présent, nul besoin de recourir aux formes du rituel.

Le Dieu-Bon abaisse son regard sur la flèche ; aussitôt, elle se dresse, et la voilà courant sur le papier, écrivant sans encre. Je traduis ce texte, qui ce jour-là fut en latin.

« Moi, Thomas Vaughan, cinquième grand-maître de la Rose-Croix sous le nom d'*Eirenœus Philalèthès*, je suis présent dans cette flèche de fer. Le Très-Haut le plus haut vient de me permettre de quitter, pour quelques instants, son divin royaume. La noble Maîtresse Templière qui est ici est issue de moi.

« Diana, ma digne descendante, c'est pour ton instruction que je trace ces lignes. Tu les liras ; par elles, tu sauras quel est le suprême bonheur.

« Ne pas mourir de mort humaine !… Être affranchi de l'homicide loi d'Adonaï !… Il faut être le plus méritant des Élus pour obtenir ce sort fortuné… Gloire à l'Éternel Dieu-Superexcellent et plus puissant que le Dieu-Mauvais ! il m'a accordé le suprême bonheur, en récompense de mes services sur cette terre ; car, depuis le moment où j'ai connu l'ineffable vérité, je n'ai pas laissé passer un jour, ni même une heure, hors celles données au sommeil, sans travailler à l'établissement du nouveau Temple, dont les fidèles anéantiront l'Église de la superstition.

« Le 25 mars de l'année que les prêtres d'Adonaï appellent 1678, j'étais prêt ; j'attendais, dans la paix de l'âme, la réalisation de la promesse du bon Seigneur Très-Haut. Ma confiance était sans le plus léger trouble, sans le moindre doute. Je savais que notre Dieu Lucifer accomplit ce qu'il a dit, alors qu'on a fidèlement tenu les engagements pris envers lui.

« Trente-trois années de vie m'avaient été promises, à compter de l'heure du pacte. Je me voyais vivant, plein de santé. Je me rappelais les jours passés, et, face à face avec ma conscience, je me reprochais d'avoir quelque fois redouté la mort, au milieu des périls dont la haine de mes ennemis m'avait entouré. La méchanceté des hommes superstitieux avait donc été vaine, puisque j'étais là, en robuste vie. Et je dis, en mon cœur contrit, au bon Seigneur de me pardonner ces folles craintes, puisqu'elles avaient été injurieuses à sa toute-puissance.

« L'heure du pacte approchait ; enfin, elle sonna. À l'instant même, le toit de la maison s'entr'ouvrit, et je me trouvai haut dans l'espace, voyant Amsterdam loin sous mes pieds, sans comprendre comment mon corps s'était élevé ainsi. Je ne sentais rien qui me soutint, je n'étais suspendu à rien.

« Autour de moi, des ailes volaient, de grandes ailes, d'une éblouissante blancheur, par milliers ; à nul corps elles n'étaient attachées ; c'était des ailes réunies par couples, qui battaient l'air en tourbillonnant. Elles formaient comme des nuées. Cela était d'une beauté hors de la conception humaine. Alors, je contemplais et je priais.

« Les ailes bientôt épaissirent leurs rangs, tout en continuant à s'agiter ; et je ne vis plus la terre sous moi.

« Alors, les ailes blanches, se rapprochant toujours davantage, furent pour moi un berceau, un nid immense et moelleux, qui m'emportait.

« Un éclair ayant brillé, j'aperçus tout-à-coup le bon Seigneur notre Dieu, se plaçant auprès de moi, et me disant : « Ne crains rien, Philalèthe ; mon royaume est en grande joie. »

« En même temps, les ailes se fondirent. Nous étions au bienheureux séjour du Feu Éternel.

« Astarté, la divine reine des Anges de Lumière, qui avait daigné être mon épouse sur terre, vint à ma rencontre, entourée de sa cour. Daimons et daimones poussaient des cris d'allégresse. Mon corps glorifié vivait de la vie des célestes flammes. Ô mon enfant chérie, seconde Diana de ma race, puisses-tu par tes mérites obtenir un sort semblable au mien !...

« Je suis dans cette flèche de fer, et je te parle par cette écriture verte. Je te dis la vérité, ainsi que je l'appris à mon frère Henry, le soir de ma disparition. Le Dieu-Bon permit une première manifestation, afin que son amour pour moi fût aussitôt connu. Du sein du royaume des félicités sans fin, je vis Henry, qui se demandait ce que j'étais devenu ; et, sans que je sortis des vivifiantes flammes, ma voix se fit entendre à son oreille et lui fit ce même récit.

« Diana, le bon Seigneur Lucifer t'aime, comme si tu étais sa propre fille. Ne méconnais jamais son divin amour ; ne sois jamais ingrate. N'éprouve aucune envie à l'égard de Sophia-Sapho, dont les destinées sont inscrites au ciel, ainsi que les tiennes. Le Dieu-Bon veut à lui toutes les bonnes volontés ; il vous dirige, elle et toi, par des voies différentes ; nulle haine, nulle jalousie, ne doivent régner entre vous deux. Chacune, vous avez une mission distincte à remplir, pour la gloire de Très-Haut le plus haut. Le Saint des saints est suprême mansuétude ; il a rendu justice à ton cœur ; maintenant, avec humilité, ferme les yeux sur ce que tu ne comprends pas, et crois le chef de ta race bénie, lorsqu'il adjure de ne garder aucun ressentiment contre ceux, à lui comme toi fidèles, de qui tu croyais avoir à te plaindre. Au nom du Tout-Puissant Superexcellent Dieu, que la paix du Feu Éternel et de la Très-Sainte Lumière soit parmi tous les enfants de la Jérusalem régénérée ! »

Je fus émue, lorsque je lus ces lignes, la flèche de fer ayant cessé d'écrire.

Mon regard se porta vers Lucifer, assis sur le trône d'or, entre Baal-Zéboub et Astaroth. Il me sembla qu'il me souriait avec douce affection.

— Ô mon Dieu, je vous aime, lui dis-je. Pour votre amour, j'oublierai que Sophia-Sapho a voulu ma mort. Pour votre amour, je ne songerai désormais qu'à ce que vous m'avez dit à Charleston. Je marcherai, pour votre gloire, dans la voie que je comprends ; je propagerai le dogme saint, sans haine ni jalousie envers ceux de vos fidèles qui le comprennent mal.

— C'est bien, ma fille, répondit Lucifer ; j'attendais cela de ton affection. Tu auras la gloire de Philalèthe ; je te la promets. À toi l'honneur de rectifier les interprétations erronées du dogme saint ; je le confirme devant cette assemblée de mes fidèles. Tu iras dans les Parfaits Triangles de mes Mages Élus, où tu seras partout accueillie avec respect ; et là, ne te préoccupe pas des interprétations des autres, *ne les recherche aucunement*, mais dis hautement comment tu penses. J'annoncerai à tous les hauts chefs de ma chère Franc-Maçonnerie que je t'ai donné le juste discernement de la divine doctrine : n'entre pas en discussion ; émets ton opinion spontanée ; parle avec hardiesse ; mon esprit t'inspirant, ta bouche profèrera toujours la vérité vraie.

J'ai souligné : *Ne les recherche aucunement*, (les interprétations des autres) ; car ce fut là une grande ruse du suprême imposteur. Je l'expliquerai plus loin.

Mon âme exultait ; et comme le père du mal faisait naître, entretenait et flattait mon orgueil !...

Tous les assistants étaient dans l'admiration ; on se réjouissait de ma visite, qui avait valu au Triangle une si belle œuvre magique. À ce moment, j'aurais pu demander à mes Frères de Malte de donner leur vie, de courir quelque terrible danger de mort, pour me rendre le plus léger service ; pas un n'eût hésité.

Enfin, ce que j'avais demandé à Lucifer me fut accordé.

De la flèche de fer, une vapeur, blanche, puis prenant des teintes roses, se dégagea, visible pour moi seule. Une forme humaine se dessina, nettement. Philalèthe était devant moi.

Le fantôme paraissait avoir assez bien l'âge de son année de disparition ; mais je voyais un vigoureux vieillard, non courbé. Il avait l'air un peu plus âgé que mon père, quand celui-ci mourut ; sauf les rides plus fortement accentuées, la ressemblance était singulière. Je ne pouvais avoir aucun doute à reconnaître mon ancêtre dans le personnage ainsi merveilleusement apparu.

Tels sont les prestiges du diable : odieuses tromperies, puisque l'Église nous enseigne que ces apparitions de soi-disant trépassés sont supercherie des démons.

Mais alors, j'étais convaincue que je voyais Thomas Vaughan.

De mon siège d'argent je descendis ; les bras tendus, je m'avançai vers le fantôme ; tous les assistants avaient maintenant les yeux sur moi, ils se rendaient compte de ma vision.

— Philalèthe ! m'écriai-je. Ô mon glorieux ancêtre ! oui, c'est bien vous qui êtes là… Parlez-moi, je vous en prie ; Notre Seigneur Lucifer, ici présent, permettra que j'entende votre voix…

Lucifer fit un signe d'acquiescement à cette nouvelle demande.

Et j'eus, avec le diable d'enfer qui simulait mon ancêtre, la conversation suivante ; mais ma voix seule était entendue par les Mages Élus composant l'assemblée.

Philalèthe. — Mon enfant bénie et bien-aimée, je te maintiens comme vérité absolue ce que je viens d'écrire tout à l'heure, tandis que j'étais dans la flèche de fer… Que désires-tu que je te dise encore ?

Moi. — Verrai-je le triomphe de notre religion sainte ?

Philalèthe. — Non. L'humanité n'est pas encore prête à recevoir la vraie lumière ; les temps sont marqués, dans les livrés du Sanctum Regnum. Néanmoins, tu verras la cause du Dieu Bon obtenir d'importants succès en plusieurs contrées jusqu'à présent sous le joug de la superstition. Tu verras décroître la puissance d'Adonaï et son vicaire prisonnier de la Franc-Maçonnerie, après l'avoir été du gouvernement italien.

Moi. — Est-ce le Pape actuel qui tombera au pouvoir de nos chefs ?

Philalèthe. — Non. Ce sera son successeur.

Moi. — Pouvez-vous me dire qui succèdera à Léon XIII ?

Philalèthe. — Non. Je ne dois pas te révéler son nom aujourd'hui.

Moi. — Le connaîtrai-je un jour, c'est-à-dire avant que le siège du maléakh Simon-Pierre soit vacant ?

Philalèthe. — Si tu apprends son nom, ce ne sera pas par moi ; mais je sais que tu le verras lui-même et qu'il te recevra à Rome, dans sa maison d'habitation, quelque temps avant son élévation au pontificat exécré par nous. Cela, je suis obligé de te le dire, et j'en ai grande contrariété, je ne sais pourquoi.

Moi. — Quelle est l'année où la Franc-Maçonnerie obtiendra ses plus importants succès ?

Philalèthe. — La première année du prochain siècle. Alors, l'adonaïsme sera traité avec juste rigueur en

Autriche, en France et au Canada. L'année suivante, notre cause semblera toucher presque au triomphe en Espagne.

Moi. — Quels évènements arrêteront donc notre triomphe ?

Philalèthe. — Une colonne de noire fumée s'élèvera du pays belge et obscurcira le ciel. Il y aura de terribles combats entre les maléakhs et nous. Le pape de la superstition sera délivré par une expédition partie d'une petite ville helvétique. La France subira une crise de feu et de sang ; Paris sera bouleversé par une horde de fous, qui compromettront l'œuvre sage de nos adeptes. En cette deuxième année du prochain siècle, Lilith parlera à Lourdes, apparaissant à des milliers de pèlerins, au milieu de son sanctuaire que les hommes de raison abominent. Ce miracle adonaïte frappera les esprits et nous causera grand tort. Un évêque du Dieu-Mauvais oindra un guerrier français revenant de lointaines contrées, et tous les adonaïtes de ce pays se lèveront en masse. Les nôtres seront alors vaincus en France. L'Espagne régénérée entrera en guerre avec la France superstitieuse. Hélas ! c'est la France, longtemps perdue pour nous, qui imposera ses lois. Le Dieu-Bon sera dans une profonde tristesse ; l'Autriche et le Canada seuls le consoleront. Les défections seront nombreuses au Royaume Britannique. Un temple élevé en Italie à Notre Seigneur Lucifer sera abattu par la foule adonaïte, qui acclamera, d'un bout de la péninsule à l'autre, le vicaire du Dieu-Mauvais.

Moi. — Dois-je révéler à nos Frères ce que vous m'apprenez, Philalèthe ?

Philalèthe. — Non. Parmi nos Frères, le Grand Albert seul doit connaître les révélations que tu auras ; or, le Grand Albert sait déjà tout ce que je viens de te dire… Diana de mon sang, en voici assez… Travaille avec activité pour la gloire du Dieu-Bon… Il est temps que je retourne au divin royaume du Feu Éternel.

À ces mots, le fantôme rentra dans la flèche de fer.

Je présentai mes hommages à Lucifer en adoration palladique, et tous les Frères du Parfait Triangle m'imitèrent.

— Soyez bénis, mes enfants fidèles, dit notre dieu.

Et disparurent trônes, nuée, murailles de pierreries, et Lucifer, Baal-Zéboub et Astaroth. La salle des palladistes du n° 27 de la Strada Stretta était comme auparavant ; le Baphomet avait reparu sur son autel, dominant l'orient.

M. le contre-amiral Albert-Hastings Markham n'assistait pas à cette séance, à jamais fameuse dans les fastes de la Maçonnerie maltaise. C'est seulement le 6 mars 1893 qu'il a été nommé grand-maître, et ses pouvoirs supérieurs pour la Haute-Maçonnerie ont été confirmés par le Sanctum Regnum le 28 avril de la même année, jour où l'Arcula Mystica fonctionna en son honneur et lui fit décerner le titre de Grand Surintendant de la Royale-Arche. Lors de ma visite à Malte, le grand-maître était le colonel Marmaduke Ramsay. Mais M. le contre-amiral Markham a en mains la preuve que j'ai rappelé l'exacte vérité, puisque les archives du Parfait Triangle *Il Moallem tad-dar* sont toujours à sa disposition ; d'ailleurs, le F ▽ Hamilton Sharpe, homme bien connu à Malte, lui a communiqué le procès-verbal de cette tenue extraordinaire.

Le F ▽ chirurgien-capitaine Hughes et le F ▽ William Cook, qui tous deux habitent Malte, connaissent bien, eux aussi, les faits de cette mémorable séance, excepté toutefois les paroles qui me furent dites par le spectre de Philalèthe ; car je ne les ai répétées à personne, et, par conséquent, elles n'ont pas été inscrites au procès-verbal.

Donc : M. le contre-amiral Markham ne m'opposera aucun démenti. Quand il prit possession de ses fonctions de principal délégué du Grand Directoire Central de Naples pour la marine anglaise de la Méditerranée, et que son premier soin fut de lire les récits à l'encre verte conservés au *Moallem tad-dar,* il se déclara stupéfait de la faveur exceptionnelle que m'accordait le Grand Architecte.

Il ne put s'empêcher de dire au capitaine Hughes :

— Cela est trop fort ; j'ai grand'peine à le croire.

Or, il n'avait pas fini de parler, que la flèche de fer, dont il avait voulu tâter, se dressa devant lui, s'élança et se planta dans sa poitrine, le traversant de part en part. En même temps, il se sentit enlevé ; quelques secondes après, il était à Charleston, au Sanctum Regnum même, où le Palladium, s'animant, lui parla en ces termes :

— Crois-tu maintenant ?

— Oui, répondit-il.

Puis, il fut retransporté à Malte par le même prodige et débarrassé de la flèche de fer, en présence du capitaine Hughes, qui d'en revenait pas.

Quant à moi, je ne sais rien de plus sur l'étrange disparition de mon ancêtre. Il m'est certain, aujourd'hui, que j'ai été trompée par les démons, trompée comme le sont tous ceux qui, entrés de bonne foi dans le Palladisme, croient sincèrement à la bonté de Lucifer. Le nombre est assez grand de mes ex-Frères et de mes ex-Sœurs qui sont dans ce cas ; du moins, j'aime à le penser. Il faut les plaindre et prier pour eux et elles beaucoup, beaucoup.

Enfin, en ce qui me concerne, je suis convaincue que le lecteur catholique a bien compris, maintenant, dans quelles dispositions d'esprit je me trouvai, lorsque mon père jugea le moment venu de mon initiation. La principale base de mon éducation luciférienne avait été l'enseignement, à fortes doses admiratives, de la vie de Philalèthe ; l'ancêtre, le glorieux ancêtre était, pour ma vie, pour la mission à laquelle on m'avait formée, l'étoile polaire brillant dans la nuit et indiquant l'invariable Nord. Le catholicisme était connu de moi à rebours ; le Dieu des chrétiens était, à mes yeux, le dieu du mal, l'auteur de toutes les misères et douleurs dont souffre l'humanité.

Ma mère, excellente Française, protestante des Cévennes, aimait tendrement mon père : elle n'intervint jamais dans mon éducation, dont il eut la direction exclusive, avec le concours de mon oncle, célibataire ; je reçus ainsi une instruction essentiellement masculine.

Très opposé au système de J.-J. Rousseau, qui fait pivoter l'éducation des femmes tout entière autour de l'art de plaire, mon père, dès que je fus un peu grandette, me traita pour ainsi dire en garçon. Il ne lui fallait pas une vraie fille pour la vocation qu'il m'inculquait. Aussi avait-il grande crainte de me confier à un précepteur quelconque, qui eut pu contrecarrer ses idées. De même, il mettait une extrême importance à ma culture physique : gymnastique, équitation, escrime, chasse, jeux de force et d'adresse, hygiéniques, certes, mais ardus, longues courses ; en un mot, tous les exercices du corps combattant les moindres tendances à la mollesse, rien n'était négligé par lui pour contribuer à mon développement musculaire et me préparer à une vie active ; car il rêvait, pour moi, un apostolat à exercer par monts et par vaux, avec voyages, souvent périlleux, dans le monde entier.

Ce fut plus même que l'éducation américaine ; cela toucha presque à l'éducation spartiate, si j'ose le dire. Et il y réussit, puisque je n'eus jamais aucune crainte des plus terribles serpents, ni des animaux féroces. Il se comparait, en riant, au centaure Chiron, élevant Achille. En outre, comme il était sudiste, aussi tenace qu'Albert Pike dans son mépris des esclaves, il regrettait que les lois ne permissent, pas d'endurcir le cœur des jeunes gens, comme à Lacédémone, en leur faisant faire la chasse aux ilotes.

Cette rudesse de sentiment chagrinait ma mère ; mais elle n'osait protester, étant d'un caractère faible, s'annihilant au foyer domestique. Sa protestation muette se traduisait en œuvres de bienfaisance. Quand papa s'absentait pour ses affaires, elle m'emmenait visiter ses pauvres.

J'avais quatorze ans, quand ma bonne mère mourut. J'étais alors une grande fille, vive et robuste, déjà habituée à sortir seule.

J'ai raconté ailleurs, avec mes impressions de fervente palladiste, comment le démon se manifesta visiblement à moi pour la première et la deuxième fois. Or, ce récit se trouve en un recueil dont la lecture n'est possible, sans danger, qu'aux prêtres de Jésus-Christ fortement aguerris contre Satan. Pourtant, je ne saurais passer sous silence, dans ces Mémoires, ces deux manifestations diaboliques, qui influencèrent si fortement ma destinée.

Je referai donc ce double récit, en parfait scrupule de la vérité, mais en m'exprimant de façon à ne pas heurter la foi de mon lecteur d'aujourd'hui.

C'était en 1880, à l'époque des vacances ; j'avais, par conséquent, seize ans passés.

Mon père avait été appelé, par ses affaires, dans la région de Mammoth Cave, à quelque cent kilomètres de Louisville, au sud ; on devait demeurer là tout un mois. Maman m'avait légué une assez forte succession de malheureuses familles ; quelques-unes étaient établies en ces parages, où mon oncle possède une propriété.

Une restriction, cependant ; j'obéis à la nécessité qui s'impose à moi de faire la lumière ; mais on admettra que telles considérations, d'un caractère tout intime, m'obligent, d'autre part, à ne créer aucun chagrin à qui je tiens par les liens du sang. Ainsi que je l'ai fait lorsque j'avais à cœur de ne pas signaler directement aux catholiques, considérés alors par moi comme des ennemis, je maintiendrai encore aujourd'hui, pour une autre raison, la désignation que j'avais adoptée pour nommer l'endroit, sans le faire reconnaître.

Le premier fait s'est donc passé aux environs de… Mauford, nom que portait la localité il y a une trentaine d'années.

Mauford, entre Louisville et Nashville, est à dix milles de Mammoth Cave. La campagne, au nord, est pays assez plat avec une route excellente, renommée dans l'État ; elle traverse des forêts magnifiques, depuis Louisville, et les éclaircies sont occupées par les immenses domaines des planteurs : des céréales, et surtout du tabac. L'État, dans l'Union, est pour la production du tabac comme l'Hérault en France pour la production du vin ; mieux que cela même ; le Kentucky fournit le tiers du tabac des États-Unis. Lemmi en sait quelque chose !… C'est donc là, en l'un de ces domaines, que mon oncle vit retiré, se désolant de ma conversion et priant Lucifer de ne pas m'écraser dans son courroux : je crains bien qu'à son âge, et opiniâtre comme il est, il ne connaisse jamais la vérité ; mais paix à ce vieillard, à qui je dois une si longue erreur ! je ne commettrai, par un écrit public, aucune indiscrétion pouvant troubler sa retraite…

Ce jour-là, j'avais dû m'éloigner beaucoup, pour retrouver des braves gens, inscrits sur la liste de maman ; et j'étais arrivée bien à-propos ! La visite s'étant prolongée au-delà de mes prévisions, je manquai le stage. Mon père n'aurait pas été en souci à mon sujet ; néanmoins, je me décidai à rentrer à Mauford à pied. Je sais bien que j'aurais mieux fait d'acheter un cheval, pour être revendu à la ville ; mais je ne crains pas la marche, et le temps était si beau !…

Me voilà sur la route ; encore un bois à traverser ; j'apercevrai Mauford tout auprès. Je m'engage dans ce bois. J'y cheminais depuis quelques minutes, quand une bande d'affreux négroes m'entoura, en poussant des cris afin de m'effrayer.

Qui n'a pas habité longtemps l'Union ne peut se rendre compte de ce qu'est cette engeance. Pour ma part, je trouve, même aujourd'hui, très exagérés les reproches du docteur Bataille à l'encontre d'Albert Pike, sur le fait de son commandement de l'armée des peaux-rouges, dans le parti du Sud, pendant la grande guerre. Peut-être cela provient-il de ce que j'ai du sang de peau-rouge dans les veines ; quoiqu'il en soit, je le dirai franchement : autant l'Indien sauvage est bon, loyal, courageux, probe, autant le négroe est traître, lâche, vil, suant tous les vices. Depuis la grande guerre, les hommes de couleur sont la plaie de l'Union. « Hommes de couleur » ou « afro-américains », ainsi s'intitulent les individus de cette espèce ; le nom de nègres, ils le repoussent comme une insulte. Oui, cette espèce, dont la victoire du Nord a fait des citoyens, est un véritable fléau.

Dans la presse de l'Ancien Monde, les causes de la guerre de Sécession ont été mal comprises, en général ; on a cru que la querelle était inspirée par le seul sentiment de la fraternité envers une race ; bref, on a jugé avec des lunettes européennes, sans voir les gros intérêts matériels qui étaient en jeu pour les États du Nord. Aujourd'hui, le revirement s'est accompli dans toute l'opinion américaine, depuis le cap Sable jusqu'au mont Olympus ; les négroes affranchis sont devenus tout-à-fait embarrassants pour l'Union. Paresseux, débauchés, voleurs, insolents, ils n'ont pas été régénérés par l'émancipation : maintenant le problème est comment on pourra les faire émigrer en masse ; la question de l'exode noir est à l'ordre du jour de la politique nationale ; en Europe, on ignore cela. La fondation de la République de Liberia, en Afrique, n'a pas donné les résultats attendus ; les négroes ne veulent pas retourner à leur continent d'origine ; c'est trop loin.

J'écrivais ceci, il y a un an :

« Qui soupçonne en Europe les dessous de l'actuelle révolte cubaine ? Aux États-Unis, on en désire le succès : Cuba séparé de l'Espagne, c'est à Cuba que l'Union dégorgerait toute cette noire canaille qui encombre surtout les États du Sud. Au moins, on en finirait avec tous les conflits incessants qui perturbent la société et poussent trop souvent le peuple exaspéré à lyncher ; on n'aurait pas à déplorer les criminels attentats de cette engeance, toujours audacieuse dans son avilissement, attentats que les journaux cachent, dont personne ne connaît le nombre des victimes ; car le gouvernement est sans cesse sur la crainte d'un massacre et tend à provoquer l'émigration générale, afin d'éviter plus grand malheur. (*Palladium,* numéro du 20 avril 1895, page 26.)

Les évènements m'ont donné raison ; la vérité de ce que j'écrivais éclatera plus vive encore, quand tout sera terminé. Car, ne vous illusionnez pas, Espagnols : Cuba est bien perdue pour vous ; les États-Unis commencent à peine à montrer qu'ils ont un doigt dans l'affaire, mais la main y est tout entière, vous verrez, cela est arrêté depuis longtemps à Washington, pour les raisons que je viens d'indiquer, c'est-à-dire en vue du débarras des afro-américains, devenus insupportables dans l'Union.

Donc, la bande noire m'entourait et criait. Je n'avais pas de bijoux ; mais ils ignoraient peut-être que mon porte-monnaie s'était bien fort dégarni ; puis, ces brutes en voulaient autant à ma personne qu'à mon argent.

En défense légitime, je décharge mon revolver dans le tas. Trois tombent, avec des hurlements. Les autres sont davantage excités. Mon arme ne m'est plus de secours ; qu'importe ? je me débats et m'en sers en boxer. Mais, hélas je suis la plus faible. Les misérables me tiennent, se rendent maîtres de mes mouvements, me paralysent ; je sens leurs mains scélérates qui m'étreignent à me briser les os. Alors, mes forces m'abandonnent, et je pleure en défaillant.

Mais qui vient donc à l'aide de la fille du sudiste, elle-même bien connue pour ses sentiments de mépris à l'égard de la race noire ? qui vient la sauver de la plus horrible mort ? Un jeune homme est là, blanc et beau, le visage enflammé d'une lumière inconnue alors pour moi. Des deux bras il a écarté les coquins ; tous, sans qu'il les ait occis ou blessés, roulent à terre. Je reviens comme du tombeau. Je contemple ce sauveur inespéré, je ne sais que penser. Lui, il me prend la main, et voilà qu'il me semble que mon corps quitte le sol.

Je presse sa main amie, qui m'entraîne. Où vais-je ? que m'advient-il ? Les arbres de la forêt écartent leurs branches pour me livrer passage. Est-ce que je rêve ? non. Le jeune blanc est là, à mes côtés, sa main n'abandonnant pas la mienne ; mais mes pieds ne reposent plus sur le solide ; nous montons, nous montons à travers les airs.

Mon regard plonge au-dessous de moi. Oh ! maintenant nous sommes bien haut. Là-bas, le soleil descend à l'horizon. J'ai confiance en mon guide, dont l'œil plein de bonté me sourit ; mais j'ai peur du vide, je ne m'habitue pas encore à cette sensation étrange du voyage aérien. C'était la première fois que l'extranaturel se révélait à moi. Chose curieuse au fur et à mesure que les objets terrestres, en s'éloignant, diminuaient de grosseur à ma vue, je les apercevais plus nets, avec couleurs plus vives.

Cependant, il me semble que je vis d'une autre vie, d'une vie nouvelle. Mon sang bouillonne, et puis se calme ; j'ai les mains brûlantes, et puis froides. Une sorte de langueur envahit tout mon être. Un moment, je ne vois plus rien ; tout se trouble ; je distingue pourtant mon compagnon ; j'ai l'impression d'une humidité ; cela provient de ce que nous traversons un nuage. Ensuite, ce nuage est à nos pieds ; tache grise, masquant une portion de la campagne terrestre, qui diminue toujours là-bas.

Étrangeté encore la Terre est ronde ; ce que j'en aperçois doit donc paraître convexe, va-t-on croire. Eh bien, non ; l'effet est, au contraire, d'une grande nappe d'une étendue infinie, et concave ; tout ce qui est directement au-dessous de nous est aplati, et ce qui est au loin, adroite, à gauche, devant, derrière, a l'aspect de bords plus élevés que le reste mais ce ne sont pas des bords.

Je ne puis me défendre d'un frémissement, en promenant ma vue sur ce panorama où les cours d'eau semblent des rubans argentés. Quel dessin merveilleux ! J'admire, mais je me demande avec frayeur ce qu'il adviendrait de moi, si mon compagnon venait à lâcher ma main.

Il a lu ma pensée dans mon regard.

— N'ayez aucune crainte, me dit-il, vous ne courez aucun danger miss Diana.

Je suis de plus en plus surprise. Je me hasarde à lui parler, puisqu'il me parle.

— Vous savez mon nom ?

— Vous le voyez, miss, et votre nom m'est le plus cher parmi ceux des humains.

— Mais qui êtes-vous ?… Je vous touche, je vous sens ; vous avez toutes les apparences d'un homme… Êtes-vous un de ces Mages, dont mon père parle parfois ?

— Non, miss, je ne suis pas un Mage… Mais ne vous préoccupez. pas de ma nature ; qui que je sois, je suis votre protecteur.

En disant ces mots, il incline sa tête, et ses lèvres baisent respectueusement ma main qu'il tient toujours.

Ensuite, il pose son index sur mon front, et voici que mes paupières se ferment d'elles-mêmes. Je veux parler encore, je ne le puis. Cependant, je ne suis pas endormie ; mais mes yeux sont bien clos, ma bouche est bien fermée. Tout à l'heure, j'entendais les bruits qui venaient de la Terre, bruits faibles, dont plusieurs perçus distinctement ; ainsi, les aboiements des chiens des fermes. À présent, je n'entends plus rien.

Deux sens seuls continuent à fonctionner : le toucher et l'odorat. Un parfum des plus agréables m'enchante, m'enivre ? on dirait que je respire des roses tout fraîchement écloses, embaumant d'arômes exquis. Je ne me sens plus tenue par la main ; il me porte dans ses bras ; il me berce, comme une mère son enfant.

Cela dure longtemps, longtemps.

Enfin, je me réveille de ce sommeil qui n'était point un sommeil. Pour dire plus exact, je rouvre les yeux, ma langue se délie, mes oreilles perçoivent les sons. Je me retrouve sur mon lit, dans ma chambre. Le jeune homme est là encore, qui me regarde et me sourit ; et mon père est agenouille aux pieds de l'inconnu, mon sauveur.

Je me tâte, je m'examine ; je n'ai aucune trace des coups reçus des négroes.

— Il t'a sauvée, il t'a guérie, il t'a rapportée ici, dit mon père. Reconnaissance au Dieu-Bon qui t'a envoyé à ton secours ! Gloire à Lucifer Très-Haut et plus haut !

J'écoute, je regarde encore, émerveillée. Mon sauveur m'adresse un dernier sourire tout affectueux, et disparaît, sans que je puisse comprendre par où ni comment il a disparu.

Certains diront peut-être que j'ai été en proie à une illusion. Cas d'hallucination, comment le soutenir ? — Évanouissement, tandis que j'étais maltraitée par les négroes ; arrivée subite de quelque blanc, qui aura réussi à disperser cette canaille ; une bonne trique, maniée avec vigueur, en a souvent raison ; je l'aurai entrevu à peine, et serai retombée dans ma torpeur, assez entrevu pour garder souvenir d'une

intervention victorieuse ; la torpeur m'aura laissé néanmoins le sentiment du transport dans des bras amis ; cerveau agité, rêverie extravagante, songe d'un voyage aérien ; tout cela, imagination au cours d'un délire ; salut par un homme ayant su qui j'étais et m'ayant rapportée à Mauford ; cet homme revu à peine au moment où je reprenais mes sens ; vision pas encore bien nette alors, et fausse idée de la disparition, fausse idée de mon père agenouillé, etc.

Réponse : — Un homme qui m'aurait sauvée de la sorte et rapportée tout humainement chez mon père, serait revenu prendre des nouvelles de ma santé, au moins une fois, le lendemain. Mon père l'aurait invité, se serait montré reconnaissant par quelque acte de politesse humaine, avant que nous quittions Mauford ; il devait bien cela au sauveur de sa fille.

Or, j'ai revu mon sauveur cinq mois après ; alors encore, il me sauva d'un péril.

C'était en plaine, aux environs de Louisville, pendant une promenade où j'étais seule cette fois aussi. Je montai Paragram, un bon kentocke pur, de notre meilleure race d'Amérique. Paragram, en champ de course, faisait jeune ses quatre kilomètres en six minutes. De belle fringance, malgré sa puissante nature, fort et endurant, mais fougueux, impatient et capricieux quelquefois ; cependant, jamais il ne s'était montré ombrageux.

J'aime le grand galop, et, ayant devant moi l'espace, je l'avais lancé à fond de train ; je l'excitai de la voix. Soudain, à un pli de terrain d'où bondit un coquallin dérangé de sa sieste, Paragram s'emballe, enrayé, et je vois bien vite que je n'en suis plus maîtresse. Je veux ralentir sa course ; impossible. Il n'entend plus rien ; il est insensible au mors, qu'il blanchit d'écume fumante ; il est emporté, affolé, et nous allons dans la direction de l'Ohio, où il risque fort de me jeter avec lui.

Moi aussi, je sens que je perds la tête. Que devenir ?…

Et voici que le jeune homme de Mauford apparaît ; il s'élance auprès de moi ; sans toucher terre, il court, il vole, aussi vite que Paragram. Il m'a pris la bride d'une main ; de l'autre, il le calme peu à peu, toujours suivant côte à côte et comme s'il avait des ailes de Mercure aux pieds.

Mon cheval s'arrête, enfin, apaisé tout-à-fait ; l'œil est redevenu pacifique ; il hennit joyeusement, ainsi que lorsqu'il s'apprête à quitter l'écurie ; on aurait juré qu'aucun accident n'était survenu. Plus frais, plus dispos qu'au départ même, et j'étais stupéfaite.

— Chère miss, me dit mon protecteur, je suis heureux de vous avoir été utile. Pensez quelquefois à votre ami ; son affection veille sur vous.

J'étais doucement émue.

— Puisque vous ne voulez pas me faire connaître votre nature, lui dis-je, au moins apprenez-moi quel est votre nom.

— Non, pas encore ; car mon nom vous dirait ma nature. Ayez confiance. Je ne veux que votre bien. Un jour, vous saurez quelle destinée nous lie.

Il disparut, laissant après lui ce parfum de roses fraîchement écloses que j'avais respiré si agréablement, dans les airs, la première fois qu'il me porta là-haut en ses bras.

Aujourd'hui, que dois-je penser de tout ceci ?… Je suis bien certaine de n'avoir été en proie à aucune hallucination.

Comme état de santé, nul rapprochement n'est à faire entre moi et ces femmes maladives, qui servent de sujet d'expérience aux médecins matérialistes, et dont le parfait type est cette Rosa, de la Salpêtrière, si bien étudiée par le docteur Bataille, à la suite d'un éminent théologien (M. l'abbé Méric). Je suis, intellectuellement et physiquement, tout le contraire de Rosa et des autres. Or, j'affirme avoir vu, et en vérité j'ai vu.

Au temps de mon erreur, j'attribuais à quelque maléakh l'accident de Paragram ; quant à l'attaque des négroes, je ne la supposais pas œuvre directe d'Adonaï. Mais, lorsque le daimon, qui deux fois s'était montré mon sauveur, me fit connaître son nom et sa nature, je n'eus aucune hésitation à le croire. Depuis lors, en ces derniers temps, un ecclésiastique m'a émis l'opinion que les négroes étaient peut-être des diables, ayant joué leur rôle dans l'infernale comédie, de même qu'un diable avait pu fort bien s'insinuer en Paragram et le rendre emporté, le tout afin de donner à mon soi-disant protecteur surnaturel le moyen, ou, pour mieux dire, le prétexte de me rendre un de ces services qu'on ne saurait payer par trop de reconnaissance. Cet ecclésiastique est-il dans le vrai, en son hypothèse ? ou bien attaque des négroes et emportement de Paragram ont-ils été faits naturels ? Je ne sais ; en tout cas, peu importe. Toute la question est : l'intervention du diable, me guettant et provoquant à la fois mon admiration et ma gratitude par ma mise hors de péril en de telles circonstances.

Il est indéniable qu'au point où j'en étais alors de mon éducation, je devais fatalement garder une impression définitive, ineffaçable, de ces deux événements extranaturels où j'avais été instrument passif. Ce fut alors, en effet, que mon père et mon oncle s'appliquèrent le plus à me faire ressortir tout le merveilleux, tout le magisme qui éclate dans l'existence de Thomas Vaughan. Avant seize ans, j'avais été préparée autant qu'il fut possible ; à partir de 1880 jusqu'en 1883, je reçus le complément de l'instruction luciférienne ; l'*Apadno* et les autres infernaux livres furent mis entre mes mains et expliqués.

Des écrivains, aux États-Unis comme en Europe, en publiant des informations sur moi, au cours de ces dernières années, ont imprimé les dates de mon entrée et de mon avancement dans la Maçonnerie officielle, et ils se sont étonnés de la rapidité de ma marche ascendante.

Cette rapidité n'a rien de surprenant, si l'on considère mon éducation et si l'on veut bien tenir compte de ce que mon père était le président et le fondateur du Parfait Triangle *The Eleven-Seven* (les Onze-Sept), à l'orient de Louisville. J'étais destinée au Palladisme dès sa fondation, dès ma septième année, par conséquent ; je ne devais traverser la Maçonnerie d'Adoption que par pure formalité, attendu qu'aux États-Unis la règle est rigoureuse d'appeler aux Triangles exclusivement les Sœurs possédant déjà le grade de Maîtresse (3e degré).

Et voici bien la preuve que c'était la simple obéissance aux règlements, et rien autre : je reçus les trois premiers degrés d'Adoption, non en une loge androgyne quelconque de Louisville ou d'une autre ville de l'État, mais en tenue extraordinaire de la Grande Loge du Kentucky ; tout se borna, à chaque degré, à l'examen oral, ainsi que les procès-verbaux en font foi.

Ici, je n'ai qu'à mentionner les dates publiées par les écrivains qui se sont occupés de moi, à l'époque de ma première révolte contre Adriano Lemmi ; ces dates ont été données avec exactitude :

Je fus initiée Apprentie Maçonne, le 15 mars 1883 (dix-neuf ans) ; Compagnonne, le 20 décembre 1883 ; Maîtresse, le 1er mai 1884.

Réservée à la Haute-Maçonnerie, par décret d'Albert Pike, je ne fréquentai pas les Loges ordinaires d'Adoption. Ainsi, en quelque sorte, j'entrai dans les Triangles de plein pied. Les *Onze-Sept* étaient, tout naturellement, désignés pour me donner l'initiation palladique ; ce qui eut lieu en 1884.

Mais, auparavant, un fait merveilleux s'était produit au Triangle fondé par mon père.

Au vingtième anniversaire de ma naissance, c'est-à-dire le 29 février 1884, — puisque la bizarrerie du sort m'a fait venir au monde en l'épagomène quatriennal du calendrier grégorien[1], — le daimon qui m'avait sauvée deux fois la vie se manifesta à la réunion des *Onze-Sept*, à Louisville.

Cet épisode, raconté tout au long par le docteur Bataille, est un de ceux auxquels je n'ai aucune rectification à apporter (sauf la date, erreur d'un jour) ; il en est d'autres, me concernant, sur lesquels le docteur n'a pas été très exactement renseigné. Quand je lus, il y a trois ans, le récit du *Diable au xixe siècle* (livraison 89), je fus fort mortifiée du ton de moquerie du narrateur, au sujet de cette manifestation dont j'étais si fière. En moi-même, je lui en voulus un peu car, à mes yeux plaisanter mon daimon-protecteur était un véritable blasphème. Je brûlai avec colère plusieurs exemplaires de cette livraison ; de ceci, je lui présente mes excuses.

Inouï était mon aveuglement et comme je comprends maintenant que le bon docteur avait raison !…

Les faits se passèrent en cette séance triangulaire comme il les a rapportés, d'après le témoignage d'une de mes amies, grande-lieutenante à Louisville en 1884, aujourd'hui mariée à un notable industriel du Lancashire et retirée du Palladisme[2].

Le diable, qui fit ce jour-là son apparition, déclara être Asmodée, commandant quatorze légions. Il narra un prétendu combat avec les maléakhs, se proclama vainqueur, et, comme preuve, déposa aux pieds du Baphomet une queue de lion, qu'il dit avoir coupée dans la bataille un fauve servant de monture au « maléakh Marc ». Cette prétendue queue du lion de saint Marc fut, dès lors et pendant sept années, le talisman du Triangle les *Onze-Sept*.

L'objet était vraiment une queue de lion. Le remarquable est qu'elle n'était point desséchée, et elle demeura toujours flexible, quoique inerte. On lui fit un grand et magnifique écrin.

— À partir de cet instant, dit Asmodée, ce temple m'est spécialement consacré. Cette dépouille de l'ennemi est le gage de mon amitié envers les *Onze-Sept*. Conservez précieusement cette queue du lion adonaïte. Afin qu'elle ne puisse jamais aller rejoindre le corps dont je l'ai séparée, j'ai placé en elle Bengabo, un de mes légionnaires. Il demeurera ici dans l'immobilité, jusqu'au jour où j'aurai à intervenir pour marquer ma faveur toute-puissante à une vestale que je vous destine.

La vestale, à qui le diable faisait allusion, c'était moi ; les chefs du Triangle le comprirent ainsi. Mon père savait que cet Asmodée et mon protecteur ne faisaient qu'un ; mais on me laissa dans l'ignorance de son nom, on ne m'apprit pas ce qui s'était produit au sein de l'atelier palladique. On l'a vu par les dates que j'ai données tout à l'heure, je fus reçue Maîtresse, six semaines après cet événement.

Enfin, le 28 octobre, toujours en la même année 1884, je fus appelée parmi les *Onze-Sept*, pour recevoir le grade de Chevalière Élue Palladique, 1er degré féminin du Rite Suprême.

L'initiation est satanique, au premier chef ; pourtant, rien n'y laisse deviner les mystères du grade suivant. Alors, j'étais luciférienne de cœur ; mon éducation avait porté ses fruits. Mon père, qui présida ma réception, triomphait. À chacune de mes réponses aux questions qui m'étaient posées, les applaudissements éclataient, enthousiastes. Des hauts-maçons avaient répondu à l'appel du Triangle, venus de villes même éloignées, et de diverses nationalités ; entre autres, des délégués de Charleston et de nombreux membres de la colonie française de la Nouvelle-Orléans.

Moi, j'étais en grande joie. Il me semblait que, daimone incarnée, je déclarais la guerre à Adonaï et que je le provoquais en combat singulier.

Oh ! ma pensée était bien éloignée de l'iniquité honteuse et abominable que j'ai découverte longtemps plus tard dans le Palladisme.

La preuve : mon interprétation du mot de passe du grade. Ce mot est : *Lazare, surge* (Lazare, lève-toi). J'y vis le symbole de la résurrection du peuple, couché dans le tombeau de la superstition, réveillé par la foudre de Baal-Zéboub, proclamant Lucifer Dieu-Roi, et se levant contre Adonaï le Barbare.

Le lendemain, mon père traitant de nombreux invités, j'étais la reine du festin. Je me plaisais surtout dans la compagnie de nos amis de la Nouvelle-Orléans ; pour leur être agréable et leur montrer aussi que la langue française, la langue de ma mère, est celle dans laquelle je m'exprime le plus volontiers, j'improvisai cette diabolique poésie *Résurrection*, qui a été imprimée au temps de mon erreur. Je ne la reproduirai point ici ; elle attristerait trop les catholiques, elle troublerait peut-être des âmes ; mais elle a été publiée ailleurs, elle porte bien la date du *29 octobre 1884 (Louisville)* ; les ecclésiastiques qui l'ont lue me rendront ce témoignage qu'elle repose uniquement sur l'erreur de mon éducation, qu'elle est blasphématoire, sans l'ombre d'une pensée malhonnête.

J'avais devancé l'initiation de Maîtresse Templière, puisque c'est à ce grade seulement que le nom de Lucifer est prononcé ; je m'étais révélée parfaite initiée dès le premier degré palladique, mais je n'avais aucun soupçon du mal.

Mon oncle n'avait pu venir assister à ma réception ; une malencontreuse attaque de goutte l'avait empêché de se rendre à Louisville, pour cette réunion d'un intérêt si direct pour lui et dont il s'était tant réjoui à l'avance. Mon père ne voulut pas se contenter de lui écrire le résultat : il tint à aller lui en rendre compte, de vive voix ; ce voyage, que ses affaires l'obligèrent à remettre d'une semaine à l'autre, lui fut fatal. Son frère aîné lui rappelant sa promesse, il partit de chez nous le 26 novembre, prit en route un refroidissement auquel il n'attacha pas d'importance, et arriva chez mon oncle déjà fortement atteint par la maladie. Comme il n'en était pas au premier accident de ce genre, et sa robuste santé en ayant toujours triomphé, il pensa qu'il en adviendrait encore de même, se soigna à sa manière, très sommairement, et la pneumonie était à son troisième degré qu'il s'obstinait à se croire une fièvre, un peu plus mauvaise que d'autres, voilà tout ; quand il fallut recourir aux grands moyens d'enrayer le mal, il était trop tard. Il avait défendu de me prévenir, « afin de ne pas me créer une inquiétude inutile ». Il mourut entre les bras de mon oncle, le 4 décembre, cinq semaines à peine après avoir présidé la tenue où me fut donnée l'initiation palladique.

Ce jour-là, je m'étais retirée de bonne heure dans ma chambre. J'étais morose, contre mon habitude, sans savoir pourquoi ; j'avais un vague ennui. J'essayai de le chasser par la lecture, avant de me coucher ; soin inutile, les lignes du livre me devenaient illisibles. Alors, voyant que le sommeil non plus ne venait pas, j'éteignis ma lampe et me renversai dans un fauteuil, agacée et triste tout à la fois, ne sachant quel parti prendre pour retrouver le calme ; je me réfugiais dans l'ombre pour avoir la paix de l'esprit.

Soudain, ma chambre fut éclairée d'une lumière brillante et blanche, intense au-delà de tout ce qu'on peut imaginer. Je n'en pouvais croire mes yeux ; car c'était la première fois que le phénomène se produisait pour moi. Quelques instants après, je vis, debout, dans le foyer de la clarté, le jeune homme qui à deux reprises m'avait sauvé la vie. Mais aucune erreur, cette fois : l'éclat de son visage n'avait plus rien d'humain ; d'ailleurs, j'étais maintenant tout-à-fait instruite ; mon sauveur était donc un esprit du feu !…

— Oh ! lui dis-je, combien vous avez raison de paraître !… Je souffrais d'énervement, d'une des souffrances les plus intolérables, le chagrin sans cause… Merci à vous d'être venu ; car vous êtes, je le vois, un ange de lumière… C'est Notre Seigneur Lucifer qui vous envoie, n'est-ce pas ?

Et j'allais me précipiter à ses pieds.

Il me retint du geste, et, d'une douce voix, me dit :

— Oui, ma chère miss, je viens à vous, envoyé par le Dieu-Bon ; mais je viens remplir une mission pénible… J'ai à vous consoler et à vous dire de vous armer de courage…

Je bondis, à ces mots.

— Un malheur est arrivé à mon père ? fis-je, haletante.

Il me prit la main ; puis, du doigt désignant la fenêtre, il ajouta :

— Voyez… Diana, voyez !…

Ce que je vis était affreux… Oh ! la malice diabolique, comme je la comprends à cette heure !…

Loin, loin, bien loin, mais comme en un tableau d'une remarquable netteté, aux couleurs vives, aux traits vigoureux, je vis mon père étendu sur son lit d'agonie, se débattant contre un horrible monstre qui se tenait au-dessus de lui, suspendu dans l'espace et battant l'air de deux lourdes ailes noires ; et le monstre, armé d'une sorte de trident aux pointes tordues, lui enfonçait dans la poitrine l'instrument de meurtre.

— Vous voyez l'assassin de votre père, pauvre chère enfant, me dit l'esprit du feu, en syllabes lentes, me distillant en quelque sorte la douleur et la haine… Votre père se meurt… Celui qui le tue, c'est Mikaël…

— Ah ! m'écriai-je, c'est odieux, c'est épouvantable !… Maudit soit Mikaël !

— Votre oncle est auprès de votre père et se désole ; le médecin dira que votre père est mort de maladie… Mais la maladie, c'est l'arme invisible des maléakhs contre l'humanité… Ce que vous voyez là est ce qui se passe en réalité… Diana, je vous montre l'assassin de votre père, afin que vous sachiez qui vous devez maudire !…

D'après la légende apadnique dont j'étais pénétrée, le Dieu-Mauvais exerce encore son pouvoir sur deux mondes : Tellus (la Terre) et Oolis. Là, ses maléakhs tiennent encore tête aux anges de lumière, surtout dans l'exercice de leur malfaisante puissance contre les hommes. Le luciférien ne songe donc pas à reprocher à ses esprits aimés de ne pas le défendre assez efficacement ; il se borne à maudire Adonaï et ses mauvais anges et à leur imputer tous les malheurs, toutes les misères, tous les fléaux.

Ce spectacle me déchirait le cœur.

— Après ma mère, murmurai-je avec désolation mêlée de rage, voilà qu'ils me tuent mon père !… Ma mère qui était si bonne !… Ah ! sa maladie, à elle, fut longue et douloureuse !… Mon père que j'aime tant !… C'est trop !…

— C'est Mikaël aussi qui mit votre mère au tombeau, infortunée Diana ! c'est lui qui vous ravit ceux que vous affectionnez le plus, au lieu de leur laisser atteindre une heureuse vieillesse !… Voyez, voyez…

Et son doigt tendu me montrait le tableau lointain, toujours animé ; et je vis enfin mon père rendre le dernier soupir.

Alors, le monstre retira son trident de la poitrine du cadavre et prit son vol dans l'espace, en grimaçant un ricanement sinistre.

Je n'écrirai, certes, point les blasphèmes dont ma douleur, odieusement trompée, accabla le Dieu des chrétiens. Qu'on me plaigne ! J'étais dans le désespoir et dans la plus déplorable erreur…

Et quel redoublement de haine, quand le lendemain le télégraphe m'apporta à son tour la nouvelle de mon deuil !…

Avant de disparaître, l'esprit du feu m'avait dit :

— Aujourd'hui, chère Diana, je puis vous faire connaître mon nom. Je suis Asmodée. Au moindre danger, appelez-moi ; je serai aussitôt là, pour votre défense.

J'étais tant accablée, que je n'eus pas la force de lui répondre.

Donc, j'étais tout-à-fait orpheline ; et les démons m'avaient en leur pouvoir. Mon opinion était faussée par une éducation où, dès le plus bas âge, j'avais reçu, de parents tendrement aimés et trompés eux-mêmes, un enseignement diamétralement contraire à la vérité.

L'eau sainte du baptême n'avait pas coulé sur mon front. Et pourtant le ciel me protégeait ; Dieu, infiniment bon, voulait que je fusse un exemple de son immense miséricorde.

1. ↑ D'où le sobriquet de *Sœur Bissextile*, que quelques-uns me donnaient dans les Ateliers, par manière de plaisanterie plus ou moins spirituelle.
2. ↑ Je mets à profit ce rappel de mon ex-Sœur, démissionnaire, mais non convertie au catholicisme, pour redire à mes nouveaux amis qu'il ne faut pas trop pousser les choses au noir. Sans doute, les exceptions irréprochables sous le rapport de l'honnêteté sont des plus rares ; mais je ne suis pas l'exemple unique qu'on pourrait citer.
Au Triangle les *Onze-Sept*, on ne profanait pas les hosties, du moins, tant que mon père, son premier président, vécut ; il ne croyait pas à la présence réelle. Son successeur fit transpercer, une seule fois, les Saintes-Espèces : la récipiendaire avait été élevée dans la religion catholique ; le Frère N. P., qui était dans les opinions de mon père, dit à la jeune femme que l'hostie n'était que pain, mais que, toutefois, pour prouver qu'elle avait vraiment abandonné la superstition, elle devait mépriser le sacrement eucharistique en transperçant ou en jetant au feu ; cette femme donna un coup de poignard, en disant qu'elle avait la curiosité de voir si le sang coulerait, et, comme il n'y eut aucun miracle, elle se mit à rire et insulter l'hostie ; la malheureuse était à moitié folle. Mon ex-Sœur et amie de Louisville, qui demeure aujourd'hui en Angleterre, m'a écrit, il y a un mois, qu'elle se retira du Palladisme, lorsque le fils N. P. ayant remplacé son père à la présidence des *Onze-Sept*, voulut rendre obligatoire l'épreuve du Pastos ; elle était au nombre des Maçonnes palladistes qui n'ont pas été souillées ; le mariage lui a fait quitter le Kentucky. Dans sa lettre, elle me demandait des explications sur ma conversion et m'avouait que nous avions été toutes deux dans une grande erreur, mais qu'elle voyait la vérité dans le protestantisme. Elle terminait, néanmoins, en me demandant mes prières. Je lu recommande à mes lecteurs et lectrices.
Quant au Triangle *Phébé-la-Rose*, dont j'ai été grande-maitresse à New-York, je n'ai pas besoin de dire que ni le Pastos ni les profanations n'y étaient en pratique. Il en est quelques autres dans ce cas.

CHAPITRE IV

La Bisaïeule de l'Anti-Christ

Pitié ! grande pitié !... Elle aussi est dans les ténèbres, comme je ie fus, croyant vivre en la lumière.

Vous avez été, mademoiselle, ma sœur en Lucifer. Eh bien, je vous affirme que vous êtes trompée. Lucifer n'est pas le père des humains, Lucifer n'est pas dieu. Il n'est qu'un Dieu, et c'est le, Dieu que votre délire insulte ; et c'est ce Dieu unique qui est votre père, qui est éternel père de l'humanité ; c'est Lui qui a voulu la rédemption par son Divin Fils. Jésus est mort pour vous, pour moi, pour nous tous, pécheurs ; Jésus s'est immolé par amour. Ainsi, mademoiselle, malgré votre persistance à adorer le Très-Bas, moi, quand je songe au Calvaire, je vous appelle « ma sœur en Jésus-Christ ».

Pitié ! grande pitié pour vous !... Pitié, car vous êtes bien à plaindre.

Infortunée Sophia, plus malheureuse encore que coupable, vous êtes la plus triste victime que je connaisse. Depuis votre naissance, vous n'avez pas eu une heure de joie ; la haine ne donne pas le bonheur.

Et votre haine est folle ; elle n'a aucune raison d'être. Pourquoi haïssez-vous ? Vous n'en savez rien, absolument rien.

Un jour, vous passa par la cervelle l'idée de critiquer la charité, et vous émîtes l'opinion que « les pauvres sont des imbéciles », qu'ils sont pauvres « parce qu'ils ne s'entendent pas, tous ensemble, pour déposséder ceux qui ont » ; et votre speech se termina par ces mots, dont je fus glacée :

« J'ignore la compassion c'est un sentiment que je n'ai jamais pu comprendre. »

Ainsi, mademoiselle, la compassion n'a jamais pénétré en votre âme ; vous n'avez jamais pleuré sur les misères humaines. Mais alors, puisque vous croyez auteur et principe du mal le Dieu que les catholiques adorent, pourquoi le haïssez-vous ?

Mais vous ne vous appartenez pas ; vous ignorez le raisonnement autant que la compassion ; vous n'êtes pas vous.

C'est pourquoi je vous plains de tout mon cœur, Sophia. En vous, il y a deux personnes : Sophia et Bitru ; Sophia, la victime, et Bitru, le bourreau ; Sophia, créature de Dieu, et Bitru, démon de l'enfer.

Si Lucifer était le Dieu-Bon, est-ce que, par Bitru qui vous possède à l'état latent, il ne vous aurait pas inspiré au moins l'amour des pauvres ?

Non, vous ne pouvez pas raisonner. Ce que j'écris ici, vous le lirez sans doute, puisque vous êtes, je le sais, lectrice assidue de ces Mémoires ; mais ces lignes-ci, vous ne les comprendrez point.

Au temps de mon erreur, ne fus-je pas souvent navrée de vous voir si haineuse ? ne fus-je pas effrayée, pour vous, de constater que l'amour vous était sentiment étranger ? Or, le chagrin de cette constatation ne me fit jamais réfléchir ; nulle velléité d'examen ne germa en ma tête. Comme vous, mademoiselle, j'étais un instrument du Maudit ; comme vous, je ne m'appartenais pas.

Éternelle reconnaissance à Dieu, qui mit des limites à l'empire que le diable exerçait sur moi ! Pitié pour celle de mes ex-Sœurs sur qui l'empire infernal est à ce point absolu, qu'on ne saurait dire, parfois, si elle est femme ou démon !

Il est vrai que les prestiges accomplis par Satan en se servant de Sophia-Sapho sont des plus troublants ; la grande-maîtresse du *Lotus de France, Suisse et Belgique* nous reporte au temps de Simon le Magicien et d'Apollonius de Tyane. Un vénéré chanoine, de mes amis, m'écrivait récemment qu'à son avis, mon ex-Sœur pourrait bien être un démon ayant pris forme humaine et jouant la comédie d'une existence terrestre ; ce cas s'est produit déjà, m'assure mon correspondant, en me faisant plusieurs citations de la Vie des Saints. Mon opinion n'est point celle-là, toutefois ; non, je suis convaincue que, malgré tout le mystère dont Philéas Walder a su entourer la naissance de sa fille, Sophia est vraiment femme, créature de ce monde, en chair et en os de fait, et non d'apparence seulement.

Une de mes raisons de le croire : l'accident qui lui survint, en 1891, à la suite d'un banquet maçonnique. Ce n'était pas un banquet composé de palladistes seuls, mais une fête de Loge d'Adoption : Sophia s'y était fait inviter sous un de ses innombrables noms d'emprunt ; cependant, une indiscrétion dut être commise, de Sœur palladiste à quelque Sœur imparfaite initiée, sur la personnalité de la visiteuse. Et l'indiscrétion, certainement, n'eut pas lieu au moment même du banquet, puisqu'elle permit ce que Sophia qualifia ensuite « attentat adonaïte » contre sa personne. À mon avis, ce fait n'eut pas pour auteur un catholique : il n'en existe aucun dans les Triangles ; l'aventure du docteur Bataille est unique. Mais il est des sceptiques au sein des Loges même illuminées ; il en est jusque dans les Ateliers du Palladium. L'auteur du prétendu attentat, demeuré introuvable, fut, je pense, une Sœur plus que légère, ayant voulu faire une plaisanterie à sa façon ; c'est la Soeur V. M., en effet, qui a été soupçonnée.

L'accident ne ressemble en rien à celui de Crispi ; lui, il fut empoisonné. Sophia, après avoir bu un verre de limonade, pendant le bal qui suivit le banquet, eut une crise, inoubliable pour les FF $\triangledown$ et SS $\triangledown$ de la parfaite initiation qui l'emportèrent et lui donnèrent des soins. D'abord, des douleurs internes, au moment où on l'emporta ; ensuite, elle vomit des flammes. Le plus singulier : quand les flammes eurent cessé de sortir de sa bouche, elle se trouva fort bien portante, et mieux que jamais, a-t-elle raconté. Or, le lendemain, par un commissionnaire, quelqu'un lui envoya une bouteille d'eau de Lourdes, achetée à un dépôt de Paris, et qui était entamée. Dans le papier qui enveloppait la bouteille, il y avait un billet, en dactylographie, afin que l'écriture ne pût être reconnue ; et ce billet disait : « Ce n'est pas du gin, c'est de l'eau ; vous en avez bu hier ; votre Sœur Hébé serait curieuse de savoir si vous finirez la bouteille. Elle vous l'offre. Vive la joie et les pommes de terre frites ! »

Cette dernière phrase, qui est la marque d'un esprit mal équilibré, écarte la pensée que l'on aurait pu avoir : un catholique, certain de la miraculeuse vertu de l'eau de Lourdes et ayant voulu, en en faisant boire à Sophia par subterfuge, lui prouver qu'elle était possédée. D'ailleurs, un ou une catholique n'aurait pas recouru à un tel moyen pour lui rendre ce service ; car comment avoir pu se trouver initié et participant à la Maçonnerie androgyne ?… On se trouvait donc en présence d'un fait, incompréhensible comme perpétration, d'une de ces espiègleries de tête-à-l'envers dont la Sœur V. M. est coutumière ; c'est pourquoi elle fut soupçonnée.

Quant à moi, de ce curieux incident de la vie de Sophia, je conclus à la personnalité humaine de la première Souveraine en Bitru. Il me semble que, si cette grande-maîtresse était un démon, l'eau de Lourdes absorbée eût provoqué, non pas une crise, suivie d'une évacuation de flammes, mais biens sa disparition complète, instantanée.

Elle a souffert : c'est le démon, logé en elle, qui souffrait et qui s'agitait, lui causant de violentes douleurs. Elle vomit des flammes ; c'est le démon, qui, n'y pouvant plus tenir, s'est évadé de son corps, sous l'action de l'eau sainte, quoiqu'elle eût été mêlée sans foi à la boisson de la possédée. Sophia est donc une possédée à l'état latent, non un démon.

Tout à l'heure, avant d'écrire ces lignes, je recevais une nouvelle, peut-être inexacte : on me transmettait que Sophia avait eu la hardiesse et la ruse de se glisser à la dernière conférence semi-publique donnée à Paris par la Ligue antimaçonnique du Labarum ; par une de ses auxiliaires en sacrilèges ayant soutiré une lettre d'entrée à quelque catholique confiant, elle a pu s'insinuer dans cette assemblée du moins, on croit l'avoir reconnue. Eh bien, si elle récidive et si on la prend sur le fait, je conseille de lui être tolérant, mais avec énergie : qu'on l'asperge de quelques gouttes d'eau bénite. Je suis bien certaine que le démon hurlera ; on aura ainsi la preuve de la très réelle possession dé la malheureuse ; on rendra grand service à mon ex-Sœur.

Pitié ! grande pitié pour elle !... Elle est, à ma connaissance, la plus infortunée des créatures qui vivent à notre époque sur cette terre.

Sophia, vous avez voulu ma mort : je vous ai pardonnée, au temps de mon erreur, par amour de Lucifer. Je n'eus jamais contre vous aucune haine, je vous l'assure ; alors, vous m'étiez indifférente.

Comment, aujourd'hui, n'irais-je pas plus loin ?… Quand on a le bonheur d'avoir la foi en Jésus-Christ, non seulement on pardonne les offenses, mais encore on aime qui vous a offensé. Pauvre âme qui m'êtes maintenant une des plus chères, vous ne vous doutez pas de la sincérité de ce que j'écris ; hélas pour vous ! vous déchirerez ces pages avec colère, en me traitant d'hypocrite… Et pourtant !… Si vous vouliez un peu me croire ! si vous consentiez à essayer de réfléchir une seconde !… Ah ! Sophia, que je vous plains ! et que je vous aime !… Oui, je vous aime, précisément parce que vous me détestez. Il n'est pas un jour où je ne prie pour vous ; et les prières monteront au ciel pour vous, ferventes, à mon appel… Mademoiselle, on vous a maudite ; je vous ferai aimer.

D'abord, je vous rendrai publiquement justice. Il y a eu des exagérations contre vous ; on a recueilli, avec trop de facilité, des échos calomnieux. Il est une accusation dont vous avez été outrée ; vous savez qu'elle n'a jamais eu crédit auprès de moi. Votre révolte contre cette accusation est — le dirai-je ? — une lueur d'espérance. Non, vous n'êtes pas si mauvaise qu'on l'a publié : le mauvais, c'est Bitru qui est en vous ; le coupable de tout, c'est Lucifer, auteur de l'*Apadno,* c'est Satan qui vous a désignée là comme étant la Bisaïeule de l'Anti-Christ…

(La suite au prochain numéro.)

LE CONGRÈS ANTIMAÇONNIQUE INTERNATIONAL

Voici des nouvelles reçues d'Italie, qui intéresseront tous les catholiques :

Les dates de séance du Congrès Antimaçonnique International sont définitivement fixées. Le Congrès s'ouvrira le 29 septembre, fête de saint Michel Archange ; exercices religieux en grande solennité, et séance d'inauguration. Le 30 septembre, et les 1ᵉʳ, 2 et 3 octobre, séances des sections et assemblée générale, chaque jour. Le 4 octobre, fête de saint François d'Assise, clôture du Congrès par une assemblée générale et une grande solennité religieuse.

Avant le Congrès, à la date du 10 août, huitième centenaire de la première croisade, paraîtra dans tous les États, imprimé dans les principales langues, un numéro unique de grand journal illustré, intitulé *Nouvelle Croisade* ; ce numéro sera rédigé par les meilleurs écrivains catholiques et publié, d'après le recueil-original du Comité Central exécutif, par les soins et au bénéfice des divers Comités Nationaux.

Le 24 mai, qui est à la fois le dimanche de Pentecôte et la fête de la Très Sainte Vierge, sous le titre *Auxilium Christianorum*, déclarée protectrice du Congrès, une conférence publique devra avoir lieu de chacune des villes où fonctionne un Comité travaillant à l'œuvre du Congrès.

Le 28 août, fête de saint Augustin, protecteur, autre conférence et réunion préparatoire dans les mêmes villes.

LES PALLADISTES FRANÇAIS

———

À la sollicitation de mon cher éditeur, mais vraiment à titre exceptionnel, j'accepte de faire chaque mois un article pour l'*Anti-Maçon*.

Tels sujets sont à traiter et ne trouveraient pas place dans mes Mémoires, pour plusieurs raisons : la question des Palladistes français, par exemple, intéresse exclusivement les lecteurs de France, dès qu'il s'agit d'aborder le terrain des personnalités ; or, j'écris ici pour les lecteurs de tous pays, et ces Mémoires paraissent et paraîtront en diverses langues. — En passant, recommandation pour l'édition italienne publiée à Rome, depuis trois mois, par les soins du Comité central de l'Union Antimaçonnique d'Italie. — Une autre raison est que je veux me limiter, dans ces Mémoires, au récit des choses vues, et surtout vues par moi. Mais il est certain que tels documents, n'ayant pas leur place ici, présentent néanmoins un grand intérêt.

Mon cher éditeur m'affirme que des révélations sur les Palladistes français seront utiles, — je n'en doute pas ; — et il me demande de les publier dans son journal l'*Anti-Maçon*, — je ne puis lui refuser.

Je vois une série instructive.

Quand on passe de la Loge au Triangle, on est reçu Kadosch du Palladium ; c'est le 1ᵉʳ degré des Frères. Là, il est de règle de faire une déclaration. Le récipiendaire palladiste expose ses vues personnelles. Voilà des déclarations dont la divulgation éclairera d'un jour éclatant la politique des Arrière-Loges, aujourd'hui mise à exécution en France.

Je commencerai par le F ▽ Mesureur, ministre. On sera stupéfait de la déclaration qu'il fit, au jour de son initiation palladique. Le F ▽ Mesureur, et les autres qui suivront, seront, d'autre part, bien étonnés que j'aie leurs déclarations en mon portefeuille ; mais ils ne pourront que manifester leur étonnement. Inutile de dire, n'est-ce pas ? que je mettrai les points sur les i.

Il sera intéressant, aussi, de connaître ceux des Palladistes français qui sont possédés ; plusieurs, en effet, sont dans ce cas.

La Stigmatisation, l'Extase divine et les Miracles de Lourdes. — Réponse aux libres-penseurs, par le Dr Imbert-Gourbeyre ; ouvrage en deux grands volumes (ensemble **15** fr.).

Avant de dire quelques mots de cet ouvrage, qui mériterait une longue et sérieuse étude, je veux exprimer à l'auteur toute la joie que j'ai éprouvée en le lisant, et le remercier bien cordialement de la faveur insigne qu'il m'a faite en me l'adressant. Il a pensé sans doute qu'une âme qui avait vécu si longtemps esclave des suggestions et de la fantasmagorie diaboliques, et que la grâce de Dieu avait enfin arrachée à cette honteuse servitude, était, par là même, mieux préparée que d'autres à apprécier et à goûter le merveilleux divin qui éclate d'une si impérieuse façon de la première à la dernière page de son ouvrage.

Il ne s'est pas trompé, et si quelque nouvelle lumière pouvait encore me confirmer dans l'irrésistible foi qui m'éclaire, son beau et saint livre aura produit cet effet.

Mettre en évidence, mieux qu'il ne l'a fait, l'immense abime qui sépare les manifestations miraculeuses de Dieu dans ses saints, des ignobles contrefaçons de l'ange des ténèbres, et les divins transports de l'extase divine, des immorales et impures pratiques de l'hypnose, cela est impossible.

D'autre part, il n'a jamais été mieux démontré, par un imposant ensemble de faits dont la mauvaise foi seule ou l'aveuglement volontaire de l'incrédulité peut mettre en doute l'authenticité et la réalité, que la science humaine est impuissante à expliquer par des raisons purement naturelles (hallucination, hystérie, magnétisme ou hypnotisme) des phénomènes d'un ordre aussi indubitablement surnaturel et miraculeux que les stigmates d'un saint François ou d'une sainte Catherine de Sienne et de mille autres, les révélations du Sacré-Cœur, ou les apparitions et guérisons de Lourdes.

À qui voudra avoir la pleine réfutation des systèmes et hypothèses anti-surnaturelles en vogue de nos jours, des idées *salpétriennes* (dont l'école de la Salpêtrière continue à être le foyer diabolique) ; à qui voudra apprécier, comme elles le méritent, la fausseté et l'inanité de ces théories meurtrières des âmes et des corps, je dirai :

Lisez et méditez le livre du Dr Imbert-Gourbeyre, l'illustre professeur à l'École de Médecine de Clermont, versé dans tous les secrets de la science médicale ; et il faudra que vous ayez l'entendement bien rebelle à l'évidence, et le cœur bien fermé aux choses du ciel, pour ne pas vous prosterner avec lui dans un acte d'adoration des merveilles opérées de tout temps par le Très-Haut dans ses élus, et ne pas jeter l'anathème à cette fausse et diabolique science, qui ne tend, qu'elle le veuille ou non, qu'à substituer le culte de Satan au culte de Celui qui est seul *la voie, le vérité et la vie*.

Petite Correspondance, — *V., à St-M. de R.* — Ce sont des caractères chinois, et non des signatures de démons ; au sujet du bon catholicisme de ce monsieur, je ne puis vous renseigner. Vous pourriez, sans doute, avoir une sûre information par le curé de sa paroisse.

Madame de la G. — M. R. R. est, non secrétaire général, mais membre du Haut-Conseil en question, au 8e degré de la Rose-Croix ; il est, en outre, maçon du Rite Écossais, avec le grade d'Inquisiteur Inspecteur Commandeur (31e degré) ; il figure comme tel sur la liste officielle du Suprême Conseil de Londres, mais cette liste ne donne pas son domicile. Par conséquent, j'ignore si la personne désignée par moi est bien celle que vous connaissez. En tenue de haute-maçonnerie, on ne se connaît pas par les noms d'état-civil ; c'est sur un document que j'ai vu le nom et le prénom réels de cette personne. Le document pourra vous être communiqué, si vous le désirez ; mais il ne vous apprendra rien de plus que ce que j'ai écrit.

F. H. Z., Illinois. — Le Charbonniers Modernes, le Travailleurs Unis, les A. P. A., et bien d'autres Ordres analogues, sont dirigés par la secte, à l'insu de la majeure partie de leurs membres. Toute l'Amérique du Nord est pourrie de maçonnisme ; la conspiration contre le catholicisme des Canadiens, surtout, est formidable.

N. J. à P-S. — Oui, les Odd-Fellows ont pris pied en Égypte. La Grande Loge dite Nationale est dévouée aux intérêts anglais, quoique vingt de ses grands dignitaires, sur quatre-vingt, soient égyptiens. À Alexandrie, l'Atelier Odd-Fellow se réunit au même local que les trois Loges *Mohamed-Aly, Alexandria* et *El-Tewfik*. Les palladistes se réunissent au Caire, au local des Loges italiennes *Luce d'Oriente, il Nile* et *Mazzini* ; à Alexandrie, au local des Loges italiennes, *La Nuova Pompeia* et *la Stella d'Alessandria*. Ces cinq Loges dépendent directement du Grand Orient d'Italie. *La Loge italienne* il Bene Publico, *au Caire, en dépend aussi ; mais Lemmi n'y est pas aimé.*

Couvent d'Italie, poésie française. — Merci de tout cœur ; merci au vénéré supérieur ; merci à l'âme si saintement amie. Priez aussi pour les malheureuses, encore victimes.

M. G. L. R., Antilles. — Confidence sera gardée. Merci.

Sœur M. de la T., Vendée. — Vous connaissez et appréciez la douce loi de l'obéissance. J'obéis. Veuillez, je vous le demande instamment, prier dans l'intention que vous m'indiquez ; j'unirai mes prières aux vôtres. Le danger que vous me signalez me fait frémir ; oui, fortifiez-moi par vos prières.

CHAPITRE IV

La Bisaïeule de l'Anti-Christ

(Suite)

Le *Livre Apadno* est en effet, un, des plus formidables monuments de la malice infernale. Il constitue la base doctrinale du Palladisme. Or, il est indéniable que les versets 5 à 9 du Chapitre de l'Anti-Christ s'appliquent exactement à Mlle Walder ; pour les doctes en science luciférienne, il était inutile que Bitru certifiât cette désignation et qu'il prît la peine de se manifester pour cela, le 18 octobre 1883, à Rome, en présence des FF ▽ Lemmi, Crispi et autres.

Quelques jaloux de ce triste honneur ont essayé de le contester à Sophia ; mais nul n'a pu lui opposer une autre femme accumulant sur elle autant de preuves de la désignation satanique. D'ailleurs, s'il y a eu des rares contestations, isolées et sans écho, elles n'ont été que paroles, simples paroles. Personne autre que Philéas Walder ne s'est levé dans les Triangles pour dire : « Voici la bisaïeule désignée. » Et déjà près de trente-trois ans se sont écoulés.

Une question à traiter tout d'abord : celle de la disparition de la mère de Sophia. En second lieu : il sera nécessaire d'examiner les théories particulières de Philéas Walder en matière d'occultisme, de même que j'ai fait connaître mon éducation luciférienne. Apres quoi, nous passerons aux interprétations d'Albert Pike touchant ces fameux versets 5 à 9. Enfin, je montrerai Mlle Walder à l'œuvre, c'est-à-dire instrument inconscient du Maudit.

Donc, il ne me paraît pas honnête de laisser planer plus longtemps sur la mémoire de Walder père ce crime hypothétique dont on l'a accusé ; l'assassinat de la mère de Sophia. Car, somme toute, je dirai même qu'il ne suffit pas d'être loyal ; voyez encore par les yeux du bon sens. Pourquoi l'ex-pasteur aurait-il supprimé celle qui fut, quelque temps, la compagne de sa vie ?

Eût-elle été une riche héritière, le crime ne lui aurait pas profité, puisqu'ils n'étaient pas unis par les liens d'un mariage légal. Mais elle était une humble fille de petite bourgeoisie, qu'il avait détournée de ses devoirs. En outre, il ne faut pas perdre de vue que Philéas Walder vécut toujours en révolte contre les lois humaines. S'il ne déclara point la naissance de Sophia à l'état-civil de Strasbourg, c'était uniquement parce qu'il estimait que des magistrats, non magiciens, n'avaient point qualité pour enregistrer celle qui, à ses yeux, était vraiment le fruit de Lucifer. Or, une naissance peut aisément se cacher, surtout avec changement de ville ; ce qui est le cas de Philéas Walder ; il n'en est pas de même du décès d'une grande personne, car le chef-lieu de l'Alsace n'avait pas en 1863 des Triangles comme aujourd'hui.

Walder père se mit en règle, quant à la naissance de Sophia, vis-à-vis des Mages de la Rose-Croix, dépositaires des traditions lucifériennes. Pour lui, tout était là. Et, à Charleston, l'état-civil de Mlle Walder est parfaitement consigné, revêtu de toutes les attestations nécessaires, faisant foi au Sanctum Regnum.

Sophia est réellement née à Strasbourg le 29 septembre 1863.

Il ne faut pas perdre de vue, non plus, qu'un grand nombre des croyances qui sont aujourd'hui le fond du Palladisme avaient cours dans les Collèges de la Rose-Croix restaurée, avant d'être diaboliquement réunies dans l'*Apadno*. Toujours il a été de tradition, parmi les occultistes lucifériens, que la bisaïeule de l'Antichrist serait la fille d'une femme du Nord et naîtrait au pays de l'Ell, c'est à dire en Alsace.

Les écrivains qui se sont occupés, avant moi, de Mlle Walder, ou, pour mieux dire, de la personne connue sous ce nom, ont raconté le voyage de son prétendu père au Danemark, ont cru qu'il avait été appelé là purement et simplement pour la propagande mormonne, puisqu'il était un des disciples les plus actifs de John Taylor, et ils ont considéré comme un hasard de sa vie aventureuse la séduction de la jeune danoise et comme un autre hasard le voyage ultérieur en Alsace. Ces écrivains étaient dans l'erreur.

Tout cela a été voulu et parfaitement combiné. Il fallait la danoise ; il fallait la naissance à Strasbourg. La propagande mormonne n'était que le voile masquant l'exécution du plan satanique. — De même : en juillet 1896, Mlle Walder donnera sa démission de grande-maîtresse du *Lotus de France, Suisse et Belgique*, sous un prétexte quelconque, et se rendra à petites journées à Jérusalem, où, le 29 septembre, à 3 heures de l'après-midi, elle doit mettre au monde l'enfant qu'actuellement elle porte dans son sein et que les Mages Élus déclarent être le fruit des œuvres de Bitru. Les délégués de la Haute-Maçonnerie américaine, affectant la banale curiosité de touristes, sont déjà venus sonder le terrain à Jérusalem, il y a environ un an ; l'hôtellerie de Jérusalem, qui doit recevoir Sophia, est désignée, tenue par un franc-maçon ; l'endroit, consacré par la légende maçonnique, est fixé, où la fille de lait et épouse de Bitru devra se transporter au jour de sa gloire de maternité diabolique. Quelques Parfaits Triangles, les trente-trois Mères-Loges du Lotus qui sont établies sur le globe, auront seuls la communication du procès-verbal de nativité. Je ne dis pas que le dernier point du programme s'accomplira exactement ; car Dieu n'a qu'à ne pas vouloir tolérer le prestige prémédité par l'enfer, et tout s'effondrerait comme un château de cartes. Mais qu'on prenne note à Jérusalem de ce que j'écris, qu'on surveille, qu'on observe ; tout ce qui dépend de l'homme, en exécution des volontés du diable, aura lieu, c'est-à-dire démission, voyage clandestin, présence à Jérusalem de soi-disant touristes, mystérieux, qui ne seront pas des pèlerins ; alors, on me rendra justice, on reconnaîtra que j'ai annoncé des faits vrais.

Pour ce qui est des faits de 1862-1863, il n'y avait, je le répète, aucun hasard dans la conduite de Philéas Walder.

Un oracle satanique lui avait dit : « Tu seras le père nourricier de la bisaïeule de l'Anti-Christ. » Il avait donc pourvu à tout, en vue de l'accomplissement de la prophétie luciférienne.

Une femme du Nord ? — Il avait recherché de préférence en Danemark, parce que les Danois sont réputés, par divers théologiens catholiques et protestants, descendre de la tribu de Dan, et parce que dans la tribu de Dan doit être la souche de l'Anti-Christ. Et une jeune fille, recrutée aux doctrines mormonnes, puis entraînée au spiritisme et à la magie, fut préparée à l'œuvre maudite par les Rose-Croix de Copenhague. Et Philéas Walder, se livrant aux plus noirs sortilèges, fit constater, par des prestiges, pendant sept jours, qu'il était en état de pénétration, que Lucifer était en lui. Et le 25 décembre 1862, secret connu plus tard des grands-maîtres des trente-trois Mères-Loges du Lotus exclusivement, Satan, par son intermédiaire, inaugura le Pastos, à Copenhague.

La naissance à Strasbourg ? – Rien n'était plus facile. Walder et l'épouse du diable se rendirent en Alsace. La nativité eut lieu toujours dans le secret des Rose-Croix sociniens ; un médecin Rose-Croix fit l'accouchement. Et là, à Strasbourg, la constatation fut établie, comme à Copenhague, pour servir ultérieurement, afin que Walder pût démontrer l'authenticité des faits parmi les sorciers ses semblables, lorsque le Troisième Coup de canon aurait été tiré.

Qui est exactement la mère de Sophia ? — Le nom est inscrit au Sanctum Regnum de Charleston, et nulle part ailleurs : « Ida Jacobsen, de Copenhague ». Au surplus, le nom importe peu.

Mais la disparition, voilà le problème insoluble.

Les bruits répandus dans certains Triangles et insinuant le crime n'ont jamais eu pour colporteurs que des ennemis de Philéas Walder. Lui, il s'en est toujours défendu, et il n'était pas homme à rejeter une responsabilité, si épouvantable fût-elle. Ida Jacobsen ne se croyait nullement victime, dans son déshonneur ; elle eut, sans aucun doute, la conviction qu'elle remplissait une mission ; elle n'était pas un reproche vivant ; Walder, père humain de Sophia, n'avait rien à craindre de sa compagne. Enfin, celui-ci ne lui aurait-il pas fait répulsion, s'il avait été l'assassin de sa mère ?

Il est certain qu'il y a là un mystère. On m'a raconté que des dénonciations avaient été adressées contre Philéas Walder au parquet de Strasbourg, avant que le crime, s'il avait été commis, ne fût rendu impunissable par la prescription ; la piste qui fut alors signalée donna lieu à une enquête, et la police alsacienne conclut à la dénonciation ne reposant sur aucune base sérieuse. Ce n'est point, dans cet ordre d'idées, à mon avis, qu'il faut rechercher la vérié, si l'on tient à la connaître.

Le mystère, selon moi, est d'ordre surnaturel ; il y a un secret diabolique, et les lèvres de Sophia sont cousues. Elle seule, avec Albert Pike, autrefois, et Lemmi, aujourd'hui, doit savoir ce qu'il en est.

J'ai interrogé Asmodée à ce sujet. Il m'a répondu que la jeune mère danoise n'avait été ni tuée, ni abandonnée par Walder père, et que le mystère de cette disparition ne cesserait pour les Parfaits Triangles qu'à la naissance de la fille de Sophia. On le comprendra sans peine ; le dire d'Asmodée n'est pas une preuve pour moi, maintenant. Je me fonde sur la logique et le sentiment.

Et voici encore : Satan ne voulait pas que sa fille fut allaitée humainement ; s'il avait donné à Philéas l'ordre d'occire Ida Jacobsen, celui-ci eût obéi, et il s'en serait glorifié devant les sorciers de sa trempe. À mon sens, Satan a dû opérer lui-même. Qui sait si la danoise n'a pas été enlevée par le Très-Bas, comme il advint à Philalèthe et à tant d'autres ?

En faisant ce mystère insondable autour de la disparition d'Ida Jacobsen, le diable a été, comme toujours et malgré lui, l'instrument de Dieu. En effet, ce mystère a provoqué des recherches ; et ces recherches ont amené la découverte de la grande-maîtresse des diabolisants suisses ; et des théologiens ont interrogé la malheureuse Barbe Bilger, et ses graves déclarations ont été consignées pour servir à écrire un jour l'histoire du satanisme dans les sectes maçonniques des divers rites.

Pour Satan, la danoise ne devait pas demeurer auprès de Sophia. Il la fit disparaître et pourvut, à sa manière, à l'allaitement de l'enfant.

Je me suis demandé si cela était possible. Un cas m'a été cité, non semblable, mais établissant que le démon a pris parfois la forme de femme, vivant de la vie d'une femme auprès d'un serviteur de Dieu pour le damner, l'ayant jeté dans l'apostasie et vivant avec lui plusieurs années comme une fille perdue, séduisante, mais pourrie de tous les vices. Ce fut une chute effroyable ; enfin, le triste apostat, ayant compris, un jour, dans quel abîme il roulait et soupçonnant que sa perdition était l'œuvre de l'enfer, jeta brusquement de l'eau bénite sur sa compagne de débauche ; à l'instant même, elle s'évapora comme une buée nauséabonde ; cette femme, qui avait si intimement et si longtemps lié sa vie à la sienne, était un démon. Ce cas s'est répété, paraît-il.

Le démon peut donc ne pas se borner à la forme d'une créature humaine ; il peut s'assimiler toutes les fonctions vitales de la femme. Ainsi, Bitru, vivant deux années sur la terre, en femme, aurait été, au lieu et place d'Ida Jacobsen, la nourrice de Sophie Walder. Le 18 octobre 1865, il aurait dit : « À présent, l'enfant a été suffisamment nourrie de mon lait ; je quitte aujourd'hui ce monde, et je retourne au royaume du feu. En m'en allant, je vais faire un tour en Angleterre, où mon fidèle Palmerston se meurt ; c'est moi qui suis chargé d'emporter son âme. » De la sorte, Sophia avait deux ans et dix-neuf jours, quand elle fut sevrée. Albert Pike plaça au 18 octobre la fête de Bitru et l'opposa désormais à saint Luc, dans les prières imprécatoires.

Si elle n'est point mensongère, cette légende, donnée comme vraie par Philéas Walder au Sanctum Regnum, et accréditée ensuite par plusieurs déclarations de daimons, Sophia aurait tété du lait de diable, dès son premier jour. Elle surpasserait ainsi, comme sang satanique, les petits Banabacks dont parle le docteur Bataille.

Laissons. Fausse légende ou véritable histoire, l'allaitement de Mlle Walder par Bitru est chose très secondaire. Aucune preuve n'en existe. J'ai mentionné cet on-dit des Parfaits Triangles, parce qu'il explique une erreur d'interprétation, dont Sophia fut toujours outrée, et à bon droit. Quelque Mage Élu, indiscret devant quelque Hiérarque, laissa échapper que « l'époux de Sophia n'était autre que celui qui avait remplacé sa mère et avait veillé sur elle, l'avait élevée dès le berceau ». La conclusion erronée, et bientôt propagée, fut : « Sophia-Sapho, fille de Loth ». Il n'y a pas d'autre origine à cet odieux racontar, atroce calomnie. Pour le réfuter, il aurait fallu qu'elle révélât certains secrets réservés à la connaissance des Parfaits Triangles. Elle dévora donc la honte, enrageant d'avoir la bouche close. On voit que j'avais bien raison de dire qu'elle est à plaindre et que son esclavage est affreux. Ma conversion, m'ayant délié les lèvres, aidera à sa réhabilitation.

L'allaitement, dont le caractère satanique est indiscutable, est celui qui fut donné à Sophia par Philéas Walder lui-même, aidé de Chambers : l'allaitement intellectuel. Ainsi qu'il en fut pour moi, l'esprit de la Souveraine en Bitru a été l'objet d'une culture toute spéciale. Faire connaître cette éducation, parallèlement à la mienne, c'est montrer les deux aspects de la religion de la Haute-Maçonnerie ; on a vu, par mon cas, quelle est l'idée prédominante dans le luciférianisme ; il est utile de dévoiler maintenant la doctrine du satanisme, et l'utilité est d'autant plus grande, que c'est cette doctrine qui, depuis l'élection de Lemmi au siège pontifical de la secte, est devenue dogme sacré des palladistes.

Mais, en passant, il y a nécessité aussi de rejeter, par loyauté, cette fausse opinion de quelques catholiques, que tout protestant est favorable à la Maçonnerie ; il ne convient pas d'être aussi absolu. Cette erreur a pour cause les Walder et autres ministres qui ont un haut rang dans la synagogue de Satan. En opposition, il est juste de citer quelques confessions protestantes, qui, aux États-Unis, interdisent à leurs adeptes de s'affilier aux Loges et qui combattent même la secte par journaux ou tracts, par sermons et conférences, et par intervention dans les élections politiques et administratives ; tels sont les Adventistes du 7e jour, les Baptistes primitifs du 7e jour (scandinaves), les Chrétiens Bibliques, les frères Dunkers ou Baptistes allemandes, les Amis, les Mennonites, les Méthodistes libres et wesleyens, les Méthodistes protestants du Minnesota, les Frères de

Plymouth, les Omisch, les Presbytériens réformés, associés et unis, les Frères unis dans le Christ ; ces protestants américains sont antimaçons.

En réalité, dans les confessions issues de la Réforme qui permettent aujourd'hui à leur ministres de parvenir aux grades maçonniques les plus élevés, c'est-à-dire à la parfaite initiation, la religion extérieure n'est qu'un masque.

Philéas Walder, même dans le mormonisme, a été moins zélé qu'il l'a pu paraître. Il était sataniste, bel et bien.

La preuve éclatante se trouve dans son rapport, daté de Singapore, le 18 octobre 1892, et adressé à Lemmi. En ce temps, déjà le chef d'action politique rêvait la direction suprême, et lui, l'admirateur enthousiaste de Carducci, il voulait faire admettre, dans la Haute-Maçonnerie que le prétendu Grand Architecte fût appelé indirectement Lucifer ou Satan, contrairement aux décrets d'Albert Pike, alors décédé. Lemmi, qui savait Walder sataniste, lui avait donc demandé, pour le flatter et s'acquérir à jamais le bénéfice de son influence dans les Triangles, un « rapport interprétatif » au cours duquel il exposerait son opinion sur l'éducation de la « jeune fille future ».

« La jeune fille future, répondit le vieux Walder, devra être élevée comme l'a été Sophia ; j'ai un juste orgueil d'avoir contribué, avec l'aide de Notre Seigneur son Divin Père, à la faire ce qu'elle est. »

Philéas Walder avait été prévenu que ce rapport serait reçu en qualité de document destiné à demeurer aux archives du Souverain Directoire Exécutif ; en conséquence, selon la règle des documents de doctrine palladique, il l'écrivit en latin.

Je vais en traduire de larges extraits.

« Je me place, dans ma pensée, à une époque que nous avons à préparer, mais dans laquelle malheureusement nous ne pouvons espérer vivre. Plus de quarante ans me paraissent indispensables pour que l'évolution générale des esprits en arrive là.

« Je ne m'occuperai point de la jeune fille dépourvue d'intelligence, qui sera alors encore la vachère des champs ou l'ouvrière de basse condition.

« Celle que j'appelle *la jeune fille future*, selon votre heureuse expression, très illustre souverain grand-maître, c'est la femme d'élite que la sainte Maçonnerie aura pour auxiliaire zélée dans son extension, dans son débordement sur le monde, dans sa sublime mission qui est la conquête des âmes à Notre Dieu Satan.

« Il faudra, avant tout, que ce nom de Satan ne lui soit point un sujet d'épouvante, et cela dès que commencera la période de l'instruction proprement dite. À cet égard, permettez que je vous répète combien mon admiration vous a été toujours fidèle. J'ai toujours envisagé comme une faiblesse les subtiles distinctions que le défunt Souverain Pontife s'efforçait de faire prévaloir. Distinguer entre Lucifer et Satan, s'attacher exclusivement au nom de Lucifer, avoir peur de prononcer l'autre nom, sous prétexte que c'est celui donné par les catholiques romains au Grand Architecte de l'Univers avec toute leur haine rageuse, cela me paraît un pur enfantillage. Nous ne ferons pas des grandes enjambées dans notre marche en avant, tant que nous nous arrêterons à ces bagatelles.

« Pour moi, quand je prie Notre Dieu de daigner paraître pour me donner ses ordres, je ne l'ai jamais vu se courroucer parce que ma prière le nommait Satan. Ne vous a-t-il pas dit souvent que l'hymne du F ▽ Carducci lui était une invocation des plus plaisantes ?

« Je comprends donc la jeune fille future bénissant ce nom de Satan, précisément en raison de l'exécration avec laquelle nos ennemis le profèrent.

« Que l'enfant, dès qu'elle sera en âge de parler, s'habitue à ce nom. Nous aurons des générations fortes, lorsque les premiers mots que répéteront les lèvres enfantines seront : *papa, maman, bon Dieu Satan.*

« Avec les jouets, il est possible d'obtenir d'excellent résultats, si l'on sait tirer parti des moindres objets d'amusement ; il suffit d'imaginer, à propos de ces jouets, des petites explications très simples, à la portée des jeunes cervelles.

« J'achetais à Sophia, pour ses étrennes ou au jour anniversaire de sa naissance, des riens avec lesquels je lui apprenais à maudire Adonaï. Je recommanderai surtout les arches de Noé ; on enseignera aisément l'histoire du déluge. L'enfant est impressionné à la description de l'universel désastre et commence à prendre en haine le surnaturel auteur du cataclysme, qui s'est servi de sa souveraine puissance pour faire tant de mal. L'histoire du déluge est un des meilleurs thèmes, dans cette préparation à l'éducation luciférienne.

« On fera des surprises à la fillette à chaque cadeau de poupée : qu'elle trouve une jolie poupée à son réveil ; on ne manquera pas de lui dire qu'elle a été apportée là, pendant la nuit, par le bon Dieu Satan.

« Il serait adroit de faire confectionner, à Gibraltar, des jouets palladiques pour les enfants. Quand Sophia était encore toute petite, je lui donnai l'idée d'Adonaï avec un *old boggy* (un veux croquemitaine), qui était de l'invention du regretté père de notre cher F $\triangledown$ Hobbs. Plus tard, nous fabriquâmes un *old boggy* très gros ; je le plaçais dans une chambre bien éclairée par de vastes fenêtre, et je disais à Sophia : « Tu vois le méchant Dieu ; prend ma canne, et vas lui donner des coups. » L'enfant frappait gaiement le vilain mannequin. Puis, je l'aguerrissais en l'incitant à aller battre de nouveau l'*old boggy*, mais cette fois les fenêtres étaient closes. Sophia s'enhardissait, craignait de moins en moins l'obscurité, et je la récompensais, tout en lui disant : « Le méchant Dieu est lâche, quand on n'a pas peur de lui ».

« À huit ans, elle détestait déjà cordialement Adonaï. Cette année-là, je lui fis une promesse : si elle apprenait bien ses leçons pendant trois mois, au point de me donner la satisfaction la plus complète, je lui achèterais une belle collection de marionnettes à renversement. La fillette s'appliqua plus que jamais et fut studieuse avec une gentillesse exquise. Elle avait appris toutes les fables, d'un délicieux satanisme, que le F ▽ William Blake composait pour elle, et elle les débitait dans la perfection. Je tins ma promesse. La collection de marionnettes comprenait exclusivement des maléakhs du calendrier catholique romain, affublés dans la manière des statues adonaïtes, chacun ayant son auréole : Jean le Baptiste et l'autre Jean, et Matthieu, et Marc, et Joseph, et Luc, tous les apôtres du Christ, et Jérôme, et Antoine, et Roch, et beaucoup d'autres encore, tous ranges en ligne sur trois rangs de baguettes. Sophia fut au comble de la joie, en recevant ce beau cadeau. On plaçait le jeu au jardin, après le repas ; Sophia envoyait ses balles à la tête des maléakhs ; le plaisir de les renverser la rendait fort adroite. En outre, pour chaque onzaine de maléakhs culbutés, je lui donnais un gâteau.

« Il est à souhaiter que ce jeu se généralise, afin d'habituer l'enfance à combattre les maléakhs. La religion maudite sera bien près d'être vaincue, lorsque dans les fêtes publiques ses saints, tournés en dérision, serviront de cible aux projectiles des jeunes gens. Je recommande cette pensée a votre attention, très illustre souverain grand-maître ; recherchez comment on pourrait préparer les esprits à des jeux de ce genre. Les chrétiens ne brisaient-ils pas les statues les plus vénérées des dieux antiques ? pourquoi n'enseignerions-nous pas aux enfants à jeter par terre des marionnettes représentant les maléakhs d'Adonaï ? Si Gibraltar ne se prête pas à la fabrication de ces jouets, on pourrait, je crois, trouver en Allemagne des industriels qui fourniraient ce qu'il faut.

« Plusieurs fables du F ▽ Blake mériteraient d'être mises en vers italiens par nôtre F ▽ Carducci. Je vous citerai, entre autres, le *Chat noir et le Crocodile*, bien propre à frapper l'esprit de la jeunesse ; tout palladiste devrait la faire apprendre par cœur à ses garçonnets et à ses fillettes :

« Le Dieu-Mauvais avait placé un méchant crocodile dans un petit pays où l'humanité était prospère. Le Dieu-Mauvais arrachait avec colère les poils de sa grosse barbe, chaque fois que naissait un petit enfant dans le petit pays, et les petits enfants naissent nombreux. Le Dieu-Mauvais n'était pas content.

« Le Dieu-Mauvais dit au méchant crocodile :

« — Tue et dévore tous les petits enfants qui naîtront ; attire-le vers toi avec ruse ; tue, massacre, dévore. Quand les petits enfants seront tous dévorés les uns après les autres, l'humanité s'éteindra peu à peu dans ce petit pays. »

« Puis, ayant dit cela, le Dieu-Mauvais réfléchit encore. Il pensa, que le Dieu-Bon mettrait sans doute obstacle à l'œuvre destructrice du méchant crocodile. Que faire pour assurer la réussite du massacre des petits enfants ?

« Après avoir réfléchi, le Dieu-Mauvais dit encore au méchant crocodile :

« — Je te fais immortel. »

« Alors, le Dieu-Mauvais rentra dans son royaume humide, et le méchant crocodile se mit à l'œuvre de mal.

« Sa ruse était l'imitation du petit enfant qui pleure.

« Les petits enfants des hommes ont une bonne nature. Lorsque ceux de ce petit pays entendaient la voix traîtresse du méchant crocodile, ils couraient vers l'endroit d'où partaient les lamentations enfantines ; leur bonté native leur faisait un devoir d'aller secourir leur semblable. Soudain, le méchant crocodile sortait des herbes parmi desquelles il se tenait caché ; il se jetait sur les petits enfants, les saisissait, et son immonde et féroce gueule les dévorait.

« Les papas et les mamans étaient dans la désolation ; tous les petits enfants disparaissaient les uns après les autres ; jamais un seul n'échappait au massacre, pour venir dire aux familles quel était le criminel destructeur.

« Le Dieu-Mauvais sortait de temps en temps de son royaume humide, afin de contempler le massacre. En contemplant le massacre, le Dieu-Mauvais caressait sa grosse barbe. Le Dieu-Mauvais était content.

« Un jour, un vieillard du petit pays — il passait pour un sage, — rassembla les familles et leur tint ce langage :

« — Mes bons amis, nous sommes tous désolés, parce que tous les petits enfants disparaissent. C'est une fatalité. N'ayez plus d'enfants désormais, ainsi personne ne versera plus des larmes dans le pays. »

« Mais voici qu'un autre vieillard se leva à son tour, et celui-ci était encore plus sage que l'autre. Le second vieillard dit :

« Mes bons amis, écoutez-moi, et suivez mon conseil. Il ne faut pas se courber sous le joug du malheur. Prions tous le Dieu-Bon avec confiance, et il fera cesser le malheur. »

« La voix du second vieillard fut écoutée ; son conseil fut suivi. Tous les papas et toutes les mamans supplièrent le Dieu-Bon de sauver l'humanité de ce petit pays.

« Le Dieu-Bon aime les humains comme une mère et plus tendrement encore qu'une mère. Il envoya un chat noir dans le petit pays, après lui avoir dit :

« — Chat noir, sauve les petits enfants ; je te fais immortel. »

« Alors, le beau chat noir sauta sur le méchant crocodile ; ils luttèrent. Le crocodile était terrible, mais bête comme tout animal du Dieu-Mauvais. Le chat avait pour lui sa souplesse, son agilité et la fine intelligence que le Dieu-Bon lui donna. Le chat noir se cramponna à la tête du méchant crocodile, et à coups de griffe, il creva les yeux de la cruelle bête.

« Devenu aveugle, le méchant crocodile était presque désarmé.

« Tandis que les familles étaient dans la prière, le beau chat noir sauta au milieu de l'assemblée.

« — Beau chat noir, que veux-tu ? » dirent les mamans, interrompant leur adoration de l'Éternel Père des humains.

« Le chat noir fit sept fois « miaou-miaou » ; puis, il dit :

« — Vous ne saviez pas pourquoi vos petits enfants disparaissaient les uns après les autres. Apprenez qu'ils étaient dévorés par un méchant crocodile, l'une des plus cruelles bêtes d'Adonaï Dieu-Mauvais. »

« — Il y a donc un Dieu-Mauvais ? » demandèrent les habitants, gens naïfs, tous d'une seule voix, remplis d'étonnement.

« — Hélas ! oui, répondit le beau chat noir. S'il n'existait qu'un seul Dieu, le Dieu-Bon, y aurait-il du mal sur la terre ? les hommes seraient-ils sans cesse victimes des maladies et des fléaux ?... Si le Dieu-Bon seul existait, le méchant-crocodile n'aurait pas attiré ni dévoré vos petits enfants. »

« Beaucoup n'osaient croire le chat noir.

« Le beau chat noir, ayant pitié de leur ignorance, leur dit :

« — J'ai lutté pour le salut de l'humanité de ce pays ; j'ai rendu aveugle le méchant crocodile. Suivez-moi, braves gens pleins de simplicité ; vous verrez que ma parole ne vous a point trompés. »

« Il les conduisit jusqu'au fleuve. Ils virent là le crocodile, allant et venant sur la rive, heurtant en aveugle les arbres et les rochers, cherchant sa nourriture avec colère et dépit.

« Le chat noir dit encore à ces gens simples :

« — Le méchant crocodile est moins à craindre que naguère ; mais le Dieu-Bon m'a envoyé, afin que je vous en délivre tout-à-fait. »

« — Nous allons le tuer ! » firent les papas.

« Vous ne le pourrez point, répliqua le beau chat noir ; le Dieu-Mauvais a eu soin de le faire immortel. »

« — Comment nous en délivrerez-vous donc ? » demandèrent les mamans.

« Le chat noir envoya onze papas chercher de gros blocs de viande ; on les attacha à une longue corde, et l'on mit le dernier quartier de viande devant la gueule du crocodile aveugle. La vilaine bête, qui avait grande faim, se jeta sur cette nourriture inespérée et l'avala ; mais, en engloutissant un bloc de viande et celui qui venait ensuite, le crocodile aveugle avalait la corde.

« Alors le beau chat noir commanda à tout le monde de le suivre. Il se mit à la tête des familles, et marcha longtemps, longtemps ; et, onze papas tenaient la corde, et le glouton crocodile, sentant toujours de la viande devant sa gueule, suivait sans faire aucune résistance ; il était inintelligent, comme toute bête d'Adonaï, et en se traînant sur ses pattes, il faisait frétiller avec joie sa queue écailleuse.

« Quand on fut bien loin, tous se trouvèrent devant une haute montagne. Le beau chat noir, les familles et le crocodile aveugle la gravirent. Cette haute montagne était un volcan. Arrivés au bord du cratère, les onze papas, sur l'ordre du beau chat noir, poussèrent le crocodile, lâchèrent la corde, et la féroce et stupide bête d'Adonaï roula au fond de l'abîme, ou mugissaient les laves bouillonnantes.

« Et toutes les familles du petit pays remercièrent le beau chat noir et, se prosternant, adorèrent le Dieu-Bon, à qui les papas et les mamans devaient d'avoir été délivrés du monstre.

« Cependant, le mauvais génie qui se nomme Mikaël et qui est le plus puissant parmi les anges du mal, dans le royaume humide d'Adonaï, s'en vint auprès du Dieu-Mauvais et lui dit :

« — Le chat noir a triomphé du crocodile. »

« Le Dieu-Mauvais sortit du royaume de l'eau, se plaça au-dessus du cratère, et vit au fond du volcan son crocodile bien-aimé, qui était au pouvoir des bons daimons, enchaîné pour toujours dans le royaume du divin feu.

« Adonaï appela ses génies. Le Dieu-Bon appela les siens. Il y eut une grande bataille entre les esprits de ténèbres et les anges de lumière. Adonaï fut, encore une fois, vaincu.

« Et le Dieu-Mauvais, humilié par cette défaite, honteux de n'avoir pu arracher son crocodile bien-aimé aux justes chaînes du Dieu-Bon, entra dans une fureur telle qu'il battit Mikaël, Gabriel et Raphaël, en leur reprochant de n'avoir pas su remporter la victoire, et il s'arracha tout un côté de sa grosse barbe, en signe de deuil.

« Cet apologue, mes amis, me permet de vous dire comment cessera la puissance d'Adonaï lui-même. Qu'il y ait deux Dieux, cela ne fait pas de doute pour les esprits dégagés de la superstition, et non pas un Dieu unique, comme le prétendent les ignorants. Mais les cerveaux obstinés dans l'erreur ne veulent pas comprendre que la perte d'une seule des facultés divines entraînera par cette infériorité, l'irrémédiable désastre du Dieu-Mauvais.

« Le bien et le mal ont été vus à l'œuvre de tout temps. Le Dieu, auteur du bien, ne peut être l'auteur du mal. D'autre part, si ce mal pouvait être fait éternellement par le Dieu-Mauvais, il y aurait inexistence de la justice.

« Enfants, n'approfondissez pas ces lois surnaturelles qui régissent l'univers. Quand vous serez plus avancés en âge, vous comprendrez. Dès à présent, néanmoins, votre cœur droit vous dira que la justice est la loi supérieure, assurant le triomphe final de l'éternel principe du bien sur l'éternel principe du mal. Sachez donc qu'au terme fatal, inéluctable, des douze mille ans de lutte entre le Dieu-Bon et le Dieu-Mauvais, celui-ci perdra une de ses facultés divines et sera ainsi presque désarmé, ainsi qu'il advint au méchant crocodile de l'apologue. »

« Vous remarquerez, très illustre souverain grand-maître, que le F ▽ William Blake n'a pas inscrit le nom *Satan* dans cette fable, d'une si haute moralité : il ne voulut pas heurter l'opinion de notre regretté Grand Albert, quoiqu'il la jugeât arbitraire. Il se borna à indiquer, par le nom *Adonaï*, que le Dieu-Mauvais est celui proposé à l'adoration du monde par les prêtres de la superstition romaine. Il ne mit pas non plus le nom *Lucifer* pour désigner le Dieu-Bon, afin de laisser à chaque père palladiste toute liberté de prononcer le nom divin qui lui conviendrait le mieux, dans l'explication de l'apologue à ses enfants. Cependant, en choisissant le « chat noir » pour animal sympathique, ayant mission de salut donnée par le Dieu-Bon, il marquait sa préférence, puisque le « chat noir » appartient exclusivement aux parfaits initiés qui pensent, comme vous et moi, que le Grand Architecte de l'Univers peut être invoqué indifféremment sous le nom de Lucifer ou sous celui de Satan.

« En effet, j'appris à Sophia à aimer dire Satan, dans ses prières enfantines, aussi bien que Lucifer, et vous savez avec quel bonheur elle se plaît à réciter l'hymne immortel de notre F ▽ Carducci !

« Quand elle eut pour la première fois la fable *le Chat noir et le Crocodile*, composée par le F ▽ Blake à son intention, la précocité de la chère enfant me permit de lui faire connaître les intentions dans lesquelles s'achèvera la lutte d'Adonaï et de notre Dieu. »

J'interromps ici les blasphèmes de Philéas Walder pour révéler l'infernal mensonge de la tradition palladique.

Selon la révélation du suprême imposteur, — je l'ai expliqué plus haut, — les deux Dieux ne possèdent pas l'ubiquité. Ils ne remplissent pas, l'un et l'autre, l'univers ; car, s'il en était ainsi, ils se mêleraient l'un à l'autre : mais, au contraire, ils ont chacun un royaume bien distinct.

Dans l'ouvrage du docteur Bataille, on trouve un excellent exposé de la question ; les quelques erreurs qu'il a commises sont faciles à rectifier, n'enlèvent rien à la valeur de l'œuvre, et proviennent de ce que l'auteur s'en est tenu au 2e degré de la parfaite initiation. Je comprends le sentiment qui le dominait en bornant son ambition au grade de Hiérarque : catholique de cœur, il n'a pas voulu franchir le seuil des Parfaits Triangles, attendu que l'initiation au 3e et dernier degré, Mage Élu, est donnée par le démon en personne. Sa qualité d'Inspecteur Général du Palladium en mission permanente lui facilitait la communication d'un grand nombre de documents aux archives des Grands Directoires Centraux. Même, il a pu tenir en mains le *Livre Apadno*, puisqu'il en a copié deux chapitres (celui de la Création de l'Humanité en Tellus, et celui de l'Anti-Christ) ; mais ceci, certainement, a été fait par surprise, ou grâce à une erreur de l'archiviste sur ses droits, et il a dû ne pouvoir feuilleter le reste qu'à la hâte. En effet, il n'a pas retenu tout-à-fait exactement ce qu'il a pu lire du chapitre des Combats.

L'exposé de la question des trois espaces est bien conforme à l'*Apadno*.

« Il y a trois espaces ou régions infinies :

« L'espace d'en haut, royaume du feu, a une hauteur et une largeur sans fin, et n'est limité, jusqu'au 8 paophi 000999, que dans sa partie inférieure.

« L'espace d'en bas, royaume de l'eau, a une profondeur et une largeur sans fin, et n'est limité que dans sa partie supérieure ; cet espace est destiné à l'absorption, c'est-à-dire à disparaître. »

Il est bon de rappeler, en passant, qu'il ne s'agit pas de l'eau identiquement à celles qui existent sur notre planète ; l'*Apadno* explique le royaume humide d'Adonaï.

Entre les deux espaces d'en haut et d'en bas, c'est-à-dire entre le domaine de Lucifer et le domaine d'Adonaï, s'étend l'espace du milieu, appelé éther, nappe infinie seulement dans le sens de la largeur. C'est là que se meuvent les mondes matériels d'astres, matière à laquelle Adonaï préside, tandis que Lucifer présidera la force qui donne le mouvement.

« Et c'est dans l'espace éthéré que se livrent les batailles. »

Aux jours de mon erreur, je faisais imprimer les lignes suivantes, qu'il est opportun de reproduire ici :

« Les deux Dieux se combattent depuis des temps antérieurs, très antérieurs à la création-organisation des mondes matériels. Lucifer est le principe de l'intelligence et de la vie ; Adonaï, le principe de la matière et de la mort…

« D'où esprits de deux ordres opposés. Nous appelons *daimons* les esprits de Lucifer Dieu-Bon, esprits du feu ; *maléakhs*, les esprits d'Adonaï Dieu-Mauvais, esprits de l'eau. »

Je fis aussi allusion, en écrit public, à la théorie palladiste dite « l'émission et la mission des âmes humaines, étincelles du Dieu-Bon. »

« Adonaï voudrait accaparer ces âmes pour conquérir la force.

« Après la mort, — œuvre d'Adonaï, — les âmes des humains vont dans un des trois espaces, et pour deux de ces espaces c'est une direction définitive. Les saints selon Lucifer sont réunis au Dieu-Bon, en son royaume du feu éternel ; ceux-ci vivront éternellement. Les imparfaits, c'est-à-dire ceux qui par leur vie n'ont pas mérité l'espace infini supérieur, mais qui pourtant ne sont pas élus d'Adonaï et destinés à l'espace infini inférieur, vont vivre une nouvelle vie dans l'espace intermédiaire, d'abord en des corps d'animaux grossiers, par expiation, ensuite en des corps humains sur tel ou tel astre planétaire habitable, pour nouvelle épreuve. Quant aux saints selon Adonaï, ils sont réunis au Dieu-Mauvais, en son royaume humide ou espace infini inférieur (ils deviennent maléakhs) ; ceux-là vivront de l'existence extranaturelle des esprits, jusqu'au jour où ils seront à jamais détruits par la grande et décisive victoire de Lucifer Dieu-Bon.

« Ainsi : après le triomphe suprême du principe éternel du Bien, le royaume humide sera absorbé par le royaume du feu ; les humanités des diverses planètes habitables seront immortelles et vivront dans les délices de toutes les vertus ; les maléakhs ne feront plus de mal, ayant été anéantis ; et Adonaï, dieu sans ciel, roi sans royaume, éternel, mais réduit à l'impuissance, n'ayant plus un seul esprit sous ses ordres, sera pour toujours captif en Saturne, sous la garde de Moloch et d'innombrables légions de daimons d'élite.

« Actuellement : partout, déjà, les humanités sont délivrées d'Adonaï, excepté dans les astres Oolis et Tellus. Tellus est le véritable nom de notre planète, la Terre. »

Selon la croyance des palladistes, les maléakhs primitifs, esprits malfaisants, sont d'une intelligence des plus bornées, et les armées d'Adonaï seraient moins redoutables si elles n'avaient à leur tête quelques transfuges esprits du feu : Mikaël, Gabriel, Uriel, Oriphel, etc. « Elles sont renforcées, en outre, par les élus adonaïtes, âmes intelligentes dans leur méchanceté ; intelligentes, elles l'ont prouvé au cours de leur vie planétaire ; et d'ailleurs elles furent à leur origine des émanations de Lucifer, mais elles faillirent à leur mission. »

Par contre, un certain nombre de maléakhs, ayant Béhémoth à leur tête, se sont « convertis à Lucifer », ont passé dans son camp, au nombre de onze cents légions. En palladisme, on les nomme *frétillants*. Ceux-ci, par leur conversion, se sont préservés de l'anéantissement final.

Rappelons encore que les esprits du feu, sauf les frétillants, sont classés en daimons et daimones, tandis que les maléakhs, même ceux qui sont des esprits d'humains défunts devenus élus adonaïtes, sont réputés insexuels.

La période de lutte a été fixée à douze mille ans. Cette croyance a été empruntée à l'ancien magisme des Perses.

Le premier conflit a eu lieu dix-mille ans avant l'ère chrétienne, un certain 8ᵉ paophi, jour palladique qui correspond au 29 septembre. Les douze mille ans de lutte doivent donc finir le 29 septembre 1999 (8 paophi 000999).

Donc, d'après la tradition apadnique : Lucifer et Adonaï ont existé de toute éternité, et les temps n'ont commencé à compter qu'au jour du premier conflit. Éclairée par la grâce, je sens bien à présent l'absurde de ce système théologique : en quoi Lucifer était-il le Bien, puisque, pendant des milliards et des milliards de siècles avant le premier conflit, il ne fit aucun bien ? en quoi Adonaï était-il le Mal, puisque, en cette même infinie époque antérieure, il ne fit aucun mal ? Tout-à-coup, la force éternelle et la matière éternelle entrèrent en guerre ! et leur lutte, en commençant, produisit la création-organisation : d'abord, la création des esprits surnaturels des deux ordres opposés, les deux armées nécessaires pour cette guerre de douze mille ans !…

Où le docteur Bataille à mal lu le latin de l'*Apadno*, c'est au chapitre des Combats, je l'ai dit tout à l'heure ; car il a appliqué à Lucifer lui-même ce qui est personnel à Baal-Zeboub.

Baal-Zeboub est le généralissime des armées de Lucifer, comme Mikaël est le généralissime des armées d'Adonaï ; jusque-là, l'interprétation de Bataille est conforme aux révélations sataniques connues des Parfaits Triangles. Mais, d'une phrase du *Diable au xixᵉ siècle* (tome II, page 903), il semble résulter que la croyance des Mages palladistes est qu'il se produit entre les deux Dieux un combat corps à corps. Ceci n'est nulle part dans l'*Apadno*.

Le docteur n'a pas fidèlement retenu ce qu'il a pu lire par surprise, quand il s'exprime ainsi :

« Le signal est donné par Lucifer, *qui s'est placé au centre.* »

Or, le texte est :

« *Stat Lucifer in medio suo.* »

D'ailleurs, citons en entier le docteur Bataille. Je rectifierai ensuite cette erreur, qui provient de l'oubli d'un mot du texte original ; et l'on verra que cette erreur a une grande importance, au regard de la croyance des Parfaits Triangles. Cette rectification me permettra aussi de répondre à quelques-uns qui m'ont écrit : « Le docteur Bataille a peut-être été Mage Élu ; mais il n'a pas voulu le dire, afin de ne pas avouer s'être mis en contact direct avec le diable, pour avoir l'initiation complète. » On va voir que, si le docteur avait été Mage Élu, il lui eût été impossible d'oublier le *suo* du texte ci-dessus.

Ne traduisant pas littéralement, mais narrant d'après le souvenir de sa lecture, le docteur écrit :

« C'est alors que le signal est donné par Lucifer, qui s'est placé au centre ; Baal-Zéboub va et vient dans tous les sens. Sous l'impulsion des plongeurs de Léviathan, les maléakhs sortent et reçoivent les coups, que, du reste, ils rendent de leur mieux. Tous les efforts des plongeurs doivent tendre aussi à contraindre Adonaï à sortir, afin qu'il se renPage:Taxil, Mémoires d'une ex-palladiste parfaite, initiée, indépendante.djvu/305 contre dans l'éther avec son tout-puissant adversaire. Étant donné que c'est surtout la matière qui domine en Adonaï, puisqu'il en est le principe, Lucifer le combat matériellement. Daimons et maléakhs se bourrent de coups, en poussant des cris effroyables ; quelquefois même, Lucifer lance contre Adonaï un astre de forme relativement récente et non classé encore ; c'est ainsi que le Palladisme explique la mystérieuse et extraordinairement rapide course de certaines comètes, venant on ne sait d'où à travers l'espace, pour aller se perdre on ne sait où, en suivant une ligne qui n'est ni elliptique ni circulaire, au contraire des autres astres. »

Le mensonge orgueilleux de Satan va plus loin que ce qui est dit là. Le *Livre Apadno* ne représente pas Lucifer en combat corps à corps avec Adonaï. « Lucifer se tient en son milieu », et non pas au centre de son armée ; il reste en son royaume de feu éternel ; c'est de là qu'il lance dans l'éther les comètes, astres ignés. Satan se donne comme très supérieur à l'autre Dieu, son adversaire ; il ne daigne condescendre à un combat singulier ! Ses daimons lui suffisent pour infliger une honteuse défaite à Adonaï. La bataille générale tient à la fois du matériel et du spirituel, mais sans participation directe de Lucifer autre que la projection des comètes. « *Stat Lucifer in medio suo.* »

Si le docteur Bataille avait eu l'initiation des Mages Élus et des Maîtresses Templières Souveraines, il n'aurait pas laissé croire à des corps-à-corps entre Lucifer et Adonaï ; il aurait dit, au contraire, ce qui est sous-entendu dans la conclusion de l'apologue du F ▽ William Blake. Et ceci nous prouve encore combien Mlle Walder sut toujours fort bien distinguer ce qu'elle pouvait dire devant un Mage Élu et ce qu'elle devait taire devant un Hiérarque.

« La précocité de la chère enfant, a écrit Philéas Walder, me permit de lui faire connaître les conditions dans lesquelles s'achèvera la lutte d'Adonaï et de notre Dieu. »

Ainsi, elle a su tous les secrets dès son jeune âge, même ceux qui ne sont révélés que dans les Parfaits Triangles.

Ce secret du terme de la guerre de douze mille ans est la plus formidable impudence de Satan ivre d'orgueil. Qu'on en juge !

À son dire, il ne prend donc aucune part personnelle dans les batailles de cette longue et terrible lutte ; il passe en revue ses armées et les envoie au combat, sous le commandement en chef de Baal-Zéboub ; sinon, la guerre eût été terminée à la première bataille !

La dernière bataille est celle qui doit commencer le 29 septembre 1996 et qui durera trois ans pleins ; bataille exclusivement céleste, qu'il ne faut pas confondre avec celles de l'épopée de l'Anti-Christ.

À la fin de cette dernière bataille, Lucifer interviendra lui-même. Alors, pour la première fois dans l'éternité, il viendra à Adonaï et se rencontrera avec lui face à face.

« Or, Lucifer est la force, et Adonaï est la matière ; Lucifer est l'intelligence, et Adonaï est la stupidité ; Lucifer est tout feu, et Adonaï est tout eau. Si Adonaï n'était pas éternel, son contact avec Lucifer produirait son absorption, son anéantissement. Étant éternel, il ne peut, à ce contact, que perdre l'une de ses facultés divines. La loi de la sempiternelle justice veut que la faculté qui sera perdue soit la vue. Et quand Lucifer, face à face avec Adonaï, plongera son regard de flammes quintessencielles dans les yeux glauques du Dieu-Mauvais, la pénétration du feu sacré de l'Excelsior aveuglera à jamais Adonaï. »

Voilà le suprême blasphème !…

C'est ainsi que la mensongère révélation diabolique fixe le terme de la lutte entre les prétendus deux principes éternels du Bien et du Mal. Adonaï, aveugle, non seulement au sens matériel, mais aussi au sens métaphysique, sera pour toujours impuissant, hors d'état de nuire. Moloch et d'innombrables légions de daimons seront commis à sa garde, en Saturne et autour de Saturne ; car l'anneau lumineux de Saturne n'est autre qu'un cercle déjà formé d'esprits du feu, attendant le futur prisonnier. Les palladistes croient cela !

On voit quel abominable satanisme est recélé dans la fable *le Chat noir et le Crocodile*. Infortunée Sophia qui reçut, petite fillette, un tel enseignement !

Revenons à *la jeune fille future* selon cet homme de perdition qui est Philéas Walder.

« Après sa présentation aux dignitaires du Suprême Conseil Helvétique[1], l'adolescente était déjà digne d'apprendre l'exercice de la sainte Vengeance contre le traître du Thabor et méritait d'être proclamée parfait modèle de la jeune fille future. La lecture de l'*Apadno* la jetait dans le ravissement.

« Nous avions eu par Sophia, dès l'âge de trois ans, quelques manifestations, notamment à New-York, lorsque Chambers me présenta au Grand Albert ; mais je n'insisterai pas sur ces premières œuvres divines, très illustre souverain grand-maître. C'est surtout à partir de sa douzième année que la chérie eut toutes les bénédictions du ciel. »

Le vieux Walder a raison de ne pas insister auprès de Lemmi, qui n'en aurait pas été dupe. Les faits de divination, attribués à Sophia dès l'âge de trois ans, font partie de la légende mensongère que grand nombre de palladistes ajoutent souvent aux manifestations diaboliques réelles. L'anecdote bien connue des réponses données à New-York, en 1866, selon la méthode de Cagliostro, a été inventée après coup par Chambers et Philéas Walder ; j'en ai eu fortuitement la preuve, il y a deux ans, et par là Albert Pike, qui avait toléré ce mensonge, perdit beaucoup de son prestige à mes yeux.

« À notre retour aux États-Unis, continue Walder père, nous eûmes un prodige bien fait pour nous ravir de joie, à la suite d'une lecture de l'*Apadno*.

« Sophia avait vu, à Genève, des premières communiantes catholiques. À ses demandes d'explications, je lui avais fait connaître ce sacrement de la religion superstitieuse ; je lui dis comment eut lieu l'adoption de Jésus par Adonaï, et elle maudissait le Christ, à jamais coupable d'avoir renié son céleste ancêtre Baal-Zéboub pour participer à la divinité du Dieu-Mauvais. Longtemps, elle pleura, ce jour-là, où je lui exposai la trahison dans toute son horreur. Pendant le voyage du retour en Amérique, elle avait été triste, elle avait pleuré de nouveau avec abondance. En vain je m'efforçais de la consoler ; ses larmes ne pouvaient tarir ; et elle ne répondait plus à mes questions, si pressantes qu'elles fussent.

« Quand nous fûmes rentrés chez le F ▽ Chambers, sa tristesse nous inquiéta au plus haut point, surtout un jour où elle nous fit tout-à-coup cette étrange confidence :

« — J'aime Jésus de tout mon cœur, et je le maudis de toute mon âme. »

« Nous nous regardions, plongés dans la surprise.

« Elle ajouta :

« — Oui, j'aime Jésus, je l'ai toujours aimé, et voici que je n'ai plus le droit de l'aimer maintenant ; voici qu'il me faudrait le détester, puisque sincèrement je le maudis… La haine qui naît en moi est l'amour furieux, furieux parce qu'il est déçu. Cette trahison de Jésus a empoisonné mon âme à jamais. Hélas ! je sens bien que je serai toujours malheureuse. »

« Et elle se traînait à nos genoux, en nous disant :

« — Pardonnez-moi ! pardonnez-moi !… J'aime Jésus de tout mon cœur, et je le maudis de toute mon âme ! »

« Et puis encore, nous l'entendions crier à travers ses sanglots :

« — Oh ! j'aurais été au comble du bonheur, si Jésus n'avait pas trahi Lucifer pour Adonaï !… J'aurais aimé que notre religion eût une messe comme celle des catholiques, une communion qui m'eût permis de recevoir en moi Jésus !… Elles sont dans l'erreur, ces petites filles catholiques qui communient de Jésus en croyant recevoir un Dieu de bonté, ne pouvant soupçonner l'affreuse vérité ; mais, dans leur erreur, elles sont heureuses, et j'envie leur joie… Moi, je ne pourrai jamais communier de Jésus… Quel malheur ! oh, quel malheur que Jésus ait trahi Notre Seigneur Satan ! »

J'abrège le récit de Philéas Walder. Les passages qui suivent dépeignent son anxiété, ses transes. Il regrette de n'avoir pas appris à Sophia, dès son berceau, la haine de Jésus en même temps qu'il lui donnait Satan à adorer ; il se reproche de s'être borné à lui faire d'Adonaï seul un croquemitaine ; il s'en veut d'avoir négligé de mettre un Christ parmi ses marionnettes à renversement. Il lui avait toujours représenté le Jésus luciférien, tel qu'il est dans la légende d'instruction au grade de Chevalière Élue Palladique, et il ne s'était pas hâté de lui faire connaître la prétendue trahison du Thabor, pensant qu'il en serait toujours temps, escomptant qu'à cette révélation le mépris éclaterait chez la précoce fillette et engendrerait immédiatement une haine sauvage.

Il se disait alors qu'il aurait dû précipiter l'instruction satanique de Sophia ; vraiment, c'était fâcheux qu'elle ne connût pas déjà l'*Apadno* en entier et qu'on en eût réservé pour plus tard certains chapitres, les plus importants.

Enfin, il se montre soulagé, quand il croit voir la vraie haine poindre. Chambers s'est procuré un « pain adonaïte », une hostie consacrée. Ce jour-là, 22 juillet 1875, on fait à Sophia une lecture de l'*Apadno*, avec quelques commentaires ; on lui remet ensuite un petit poignard de Kadosch, et on lui livre la divine Eucharistie. Ce fut le premier sacrilège de Mlle Walder.

« Elle se jeta sur le pain adonaïte, raconte le vieux Philéas, et le prit entre ses mains. Nous l'observions avec attention, et je vous assure, très illustre souverain grand-maître, que la chère enfant nous plongea un moment dans l'angoisse.

« Sophia avait une expression indéfinissable. Elle regarda le pain adonaïte pendant de longs instants ; puis, elle colla sur lui ses lèvres, l'embrassa avec une sorte de frénésie, et dit :

« — Jésus, Jésus, je vous aime !… Oh ! pourquoi avez-vous trahi Notre Seigneur Lucifer ? »

« Mais aussitôt, prompte comme l'éclair, elle appliqua sur notre petit autel le pain adonaïte qu'elle venait de baiser, et, farouche, elle le transperça, d'un coup sec, en s'écriant :

« Ah ! sois maudit, traître !… Meurs donc !… Meurs !… Meurs ! »

« L'émotion avait été, pour elle, bien forte ; car, à peine eut-elle frappé, qu'elle tomba à la renverse, défaillante, presque évanouie, et murmurant, tandis que nous la soutenions dans nos bras :

« — Je suis bien malheureuse… Moi qui aurais tant voulu aimer Jésus toujours ! »

« Pour la consoler, nous lui lûmes encore l'*Apadno*, le chapitre de la Reine de Saba, en lui en expliquant, autant que nous le pouvions, les gloires.

« Tout-à-coup, elle nous interrompit, pour nous dire :

« — Assez, assez… Il m'appelle…

« — Qui ? » demandâmes-nous.

« Son doigt tendu montrait la muraille.

« — Là, disait-elle, il est là… Il m'appelle… Ne le voyez-vous pas ?… Il est dans la chambre à côté. »

« Certainement, nous n'apercevions rien ; mais elle, elle voyait au travers de la cloison.

« — Qui vois-tu ? » demandâmes-nous encore.

« — Lui ! lui !… Je ne sais pas son nom… Il a une tête de léopard et des ailes hérissées d'aiguillons. »

« C'était, sans doute possible, son céleste époux, le très-saint Bitru.

« Elle s'élança vers le mur ; nous crûmes qu'elle allait s'y briser… Elle avait disparu… Nous nous précipitâmes dans la chambre. Sophia était là, étendue sur le lit. Elle dormait. La chambre était pleine d'une odeur de soufre ;

mais nous n'en étions nullement incommodés. Nous nous retirâmes, après avoir incliné respectueusement nos têtes vers la chère privilégiée, et nous revînmes à l'oratoire, où nous priâmes longtemps, en remerciant le Dieu-Bon de nous avoir choisis pour être les témoins de ses merveilles et les tuteurs de sa fille bien-aimée. »

Malgré la joie du prodige, malgré la satisfaction éprouvée pour le sacrilège de Sophia, Walder demeura longtemps perplexe. La fillette persistait dans son amour de Jésus.

La scène du 22 juillet s'étant renouvelée plusieurs fois, la jeune profanatrice embrassait toujours l'hostie avant de la transpercer. — Quel était donc l'état d'âme de Sophia ? À ce sujet, Philéas Walder ne dit rien de plus que ce qu'on a lu plus haut. Il laisse seulement entrevoir qu'il craignit que son « parfait modèle de la jeune fille future » renonçât un beau jour aux pratiques sacrilèges. Il eut besoin des consolations de Bitru pour être réconforté.

« L'acharnement de Sophia, au moment où elle meurtrissait le traitre, était réjouissant pour mon âme, écrit-il. Je ne constatais jamais aucune hésitation mais, quand l'acte de sainte vengeance n'était pas suivi d'une manifestation céleste, nous avions toute sa journée passée en larmes.

« Je me décidai donc à conduire la chère enfant à Washington.

« Le Grand Albert tint à se rendre compte par lui-même de ce qu'il en était. L'acte de vengeance accompli et Sophia ayant été, cette fois encore, brisée par l'émotion du combat qui se livrait en elle entre l'amour de Jésus bon luciférien et la haine de Christ traître, notre souverain pontife, après s'être recueilli profondément, me dit

« — Je ne vois qu'une solution pour détruire cet amour. Il est nourri trop fortement par l'admiration qu'elle a des vertus de Jésus pendant la première période de sa vie ; c'est donc un amour, dont le raisonnement ne viendra pas à bout. Il faut, sans attendre plus longtemps, faire connaître à Sophia qu'elle est la bisaïeule de l'Anti-Christ. »

« Nous lui apprîmes alors, non pas encore tout le mystère de sa naissance, mais quelle était sa merveilleuse destinée.

« Le Grand Albert avait vu juste.

« La révélation des principaux événements qui se produiraient grâce à elle et par elle lui inspira une noble fierté. Ce sentiment étouffa peu à peu cet absurde amour qui nous avait tant inquiété ; elle sut le mettre sous pieds ; enfin, elle comprit que Celle par qui devait naître l'Anti-Christ à la troisième génération, ne pouvait être que l'ennemie tout-à-fait haïssante du Jésus adoré des adonaïtes.

« Dès lors, nous n'avons plus surpris en elle aucun retour à cette faiblesse de cœur. Si nous nous trompions, — ceci me paraît impossible, — c'est que Sophia serait d'une dissimulation consommée.

« Le Grand Albert jugea que quelque nouvel élan d'amour de la jeune fille pour Jésus n'aurait rien d'impossible, mais que cette affection n'offrait, en somme, aucun danger, vu les conditions dans lesquelles elle s'était produite : l'amour de la chère enfant ne s'étant jamais adressé au Jésus des catholiques romains. Toutefois, malgré l'inocuité de ces retours qu'il pensait sage de prévoir, il arrêta que ceci demeurerait à jamais le secret de Sophia, et qu'en dehors de Chambers et moi, seul le souverain pontife saurait ce qui est arrivé.

« Après la mort du Grand Albert, j'en ai donc fait la confidence à son successeur. Aujourd'hui, je crois pouvoir prendre la responsabilité de vous instruire de ce secret, très illustre souverain grand-maître ; car, en réalité, le F ▽ Georges Mackey ne compte pas. Je me plais à reconnaître en vous le vrai souverain pontife de notre sainte Maçonnerie. Je travaille partout à votre prochaine élévation officielle ; je suis certain que mes efforts seront couronnés de succès, puisque Notre Seigneur Dieu Satan est avec vous, vous protège et vous guide. »

Le rapport de Philéas Walder à Lemmi ne se termine pas là ; mais il me semble nécessaire de l'interrompre encore pour quelques réflexions. Et je les adresse à l'infortunée Sophia.

Ce secret, mademoiselle, je l'ai ignoré jusqu'en ces derniers temps. Vous comprendrez que je me taise sur le nom de la personne de qui je tiens ce rapport du 18 octobre 1892. Lemmi se considère comme si sûr de vous, qu'il n'a vu aucun inconvénient à le montrer et même à en laisser circuler une copie entre Mages Élus et Maîtresses Templières Souveraines.

Je vous assure que, dans les premiers jours qui ont suivi ma conversion, la pensée de vos profanations de la divine Eucharistie m'a été bien cruelle ; pour assurer le repos à mon âme, il m'a fallu apprendre et comprendre que la rage sacrilège est vaine, impuissante, que l'intention déicide fait seule votre crime, et que le bien-aimé Jésus n'est pas atteint par vos fureurs.

Eh bien, mademoiselle, lorsque j'ai connu votre secret, lorsque j'ai su vos larmes d'autrefois, il m'a semblé que votre conversion est à espérer, et, plus que jamais, je vous ai aimée.

Sophia, j'ai dit que je vous rendrai pleine justice ; vous voyez que je tiens parole. Peu importe que vous déchiriez ces pages, après les avoir lues ; leur lecture ne s'effacera pas de votre souvenir ; et, à l'heure de Dieu, vous pleurerez vos erreurs, vos égarements, et vous ferez amende honorable.

Ah ! vous avez aimé Jésus ! ceci vous sauvera, mademoiselle. Les conversions entraînent les conversions. Je ne m'étonne que d'une chose : c'est que la mienne précède la vôtre. Si Dieu n'était la sagesse même, je dirais que vous méritiez plus prompte grâce que moi.

Hélas ! moi, je refusais d'admettre la présence réelle… Croyante de l'infernal *Apadno*, je ne fus passionnée que pour haïr Adonaï et son Christ ; et, si je ne profanai jamais les Saintes Espèces, je n'en fus pas moins coupable, puisque mon âme exécrait, avec une effroyable intensité, peut-être plus développée encore que la vôtre, le vrai Dieu qui a donné son Fils pour notre salut.

Vous, au contraire, vous avez envié le bonheur des petites communiantes ; vous aimiez Jésus !… On a étouffé cet amour ?… Sophia, ma sœur, il peut revivre !…

Écoutez bien ceci encore : notre éducation, à toutes deux, a fait notre erreur ; on nous a élevées, vous et moi, dans la serre chaude de Satan ; mais c'est l'orgueil qui nous a perdues, l'orgueil, le premier des péchés capitaux.

J'étais fière de descendre de Philalèthe et d'Astarté ; vous voyez en vous la fille de Lucifer et la bisaïeule de l'Anti-Christ.

Sophia, dégagez-vous de cet orgueil qui vous aveugle. Vous êtes trompée, comme je l'ai été.

Quand Satan, — en causant avec vous, on peut lui donner ce nom, n'est-ce pas ? — quand Satan, donc, inspira les rituels du Palladium, il avait crû très habile de remanier l'Évangile, de grouper avant le Thabor tous les faits de l'existence de Jésus qu'il travestit en actes vertueux d'un croyant luciférien, et après les faits qu'il travestit autrement en actes de trahison contre le prétendu Dieu-Bon. Mais il imagina ce remaniement et ce classement pour frapper les esprits de personnes connaissant déjà l'Évangile, en leur présentant une nouvelle interprétation : ceux et celles qui raisonnent contre le magistère de l'Église tombent dans le piège.

Or, Satan n'avait pas prévu votre cas. Le Jésus aimable que vos éducateurs vous ont d'abord fait connaître, vous l'avez aimé. Sophia, cessez de croire que Jésus descend de Baal-Zéboub, père d'Isaac ; cessez de croire que le Messie fut, jusqu'au Thabor, un parfait luciférien : ne voyez que le bon et aimable Jésus, et aimez-le encore.

Comprenez que l'*Apadno* n'est qu'un échafaudage de mensonges. Ma sœur en Jésus-Christ, votre bouche d'enfant a dit : « Hélas ! je sens bien que je serai toujours malheureuse. » Hélas ! oui, vous l'avez été, malheureuse. Sophia, je vous le jure, il ne tient qu'à vous de ne plus l'être.

Vous soutenez, dans les Triangles, que les catholiques ont la foi aveugle et ne raisonnent point. Eh bien, raisonnez un peu, non pas à rebours, comme jusqu'à présent : raisonnez, en suivant les lois de la vraie logique ; raisonnez, en passant au crible toutes les impostures de l'Infâme qui a desséché votre cœur, qui ne vous a inspiré aucune affection en échange de l'amour qu'il a étouffé en vous.

Le monstre ! comme je le hais, de vous retenir en ses chaînes !… Sophia, jugez l'arbre par ses fruits. Vos éducateurs ont planté en votre âme un arbre aux fruits empoisonnés. Voici les coupables : vos éducateurs. Vous, vous êtes une victime, et je vous aime. Je vous aime dans les larmes de votre premier sacrilège, larmes qui, si vous en ravivez la source, laveront tous vos péchés devant le trône de Dieu, larmes qui ne seront point amères, larmes de paix, de salut et d'amour.

(La suite au prochain numéro).

1. ↑ Voyage que Walder père et fille firent en Suisse, dans le courant de 1874 ; Sophia avait alors onze ans et était alors louvetonne palladique.

LA GRANDE MANŒUVRE

―――

Dans l'annexe du 4ᵉ fascicule des *Mémoires,* j'ai cité cinq manœuvres contre la manifestation de la vérité. Trois d'entre elles me visaient directement. Les deux premières, d'origine différente, tendaient à me faire passer pour folle où hallucinée tout au moins : j'excuse M. Le Chartier, catholique, qui ne me connaît point et me combattait par un faux raisonnement que j'ai réfuté ; je n'ai pas excusé le F∴ Eugène Mayer, qui savait à quoi s'en tenir sur l'entière mauvaise foi du rédacteur dont il publiait l'article injurieux, au moment même de ma conversion. Quant à la farce de Moïse Lid-Nazareth, elle ne prêtait qu'au rire.

Une des deux autres manœuvres a été criminelle : elle a coûté la vie au comte Luigi Ferrari ; elle prouve quel sort m'est réservé, si je me laissais découvrir par les limiers de la secte.

Le crime de Rimini a été ordonné par le palais Borghèse ; cela ne fait pour moi aucun doute, et l'assassin, instrument peut-être inconscient, a servi la vengeance maçonnique. Je l'établis dans mon volume sur Crispi ; les lecteurs, j'en suis sûre, partageront ma conviction.

Faut-il voir au palais Borghèse, aussi, l'inspiration de l'abominable trame qui m'a été récemment dénoncée, et qui est, certainement, la plus odieuse manœuvre directe contre moi ? — Je ne le crois point, quoique d'autres l'aient pensé. Je ne manque pas d'expérience ; j'ai été en mesure d'étudier les caractères ; chrétienne, je veux être indulgente à qui m'afflige. Non, la manœuvre que je démasquerai aujourd'hui, n'a pas Lemmi pour inspirateur. C'est le démon du dépit qui l'a suggérée au malheureux homme qui s'en est rendu coupable.

Il s'agit d'une accusation épouvantable ; la gravité du cas est extrême. C'est avec un indicible serrement de coeur que je me suis décidée à parler, attaquée, par une sourde calomnie, chuchotée des uns aux autres, dans ce que j'ai de plus cher au monde, après ma foi.

Poignante fut ma douleur, quand me parvint le premier écho ou racontar indigne. Ce n'était pas le lâche on-dit, toujours insaisissable, parce que vague et anonyme ; ce n'était plus l'insolente goujaterie du Fréchette, de Montréal, à qui j'ai dédaigné de répondre : c'était l'affirmation nette d'un fait précis, hardiment émise par un homme connu.

On n'imprimait pas la chose, certes. Ces choses-là se colportent, s'écrivent dans des lettres plus ou moins confidentielles : les fanfarons qui inventent de telles accusations ne leur donnent pas le jour de la publicité ; il leur faut la pénombre d'une mise en circulation suffisamment discrète et indiscrète tout à la fois.

L'homme qui répand autour de lui cette bave venimeuse ? le chevalier qui essaie de salir une femme ?… Oh ! je ne crains pas de le nommer, parce que sa délirante vantardise est injustifiable et ne repose sur rien, absolument rien ; parce que je défie quiconque, même dans le camp de Lucifer, d'apporter contre moi le témoignage de la moindre incorrection, du plus léger laisser-aller prêtant à l'équivoque.

Ce chevalier de l'outrage à l'honneur féminin, c'est un ex-haut maçon, c'est M. Domenico Margiotta.

Quand j'ai su quelle honte m'était attribuée, je n'ai point senti la colère m'envahir ; c'était trop même pour une immédiate révolte. Mais mon coeur a eu un déchirement atroce ; j'ai été consternée, anéantie, et j'ai pleuré. Oh ! mon Dieu, la voilà donc, cette cruelle épreuve, mille fois méritée par ma folle haine d'autrefois ! Que votre sainte volonté soit faite ; car mes blasphèmes de palladiste firent couler les larmes de vos virginales épouses. Me voilà donc assimilée aux plus infâmes créatures ; il est terrible, le châtiment ; mais, ô mon Dieu, que votre nom soit béni !…

Puis, le coup reçu, il m'a semblé que mon devoir était de panser la blessure… Et encore : était-ce bien possible qu'une telle calomnie eût osé se produire ?… Oh ! que d'hésitations avant de demander à des amis confirmation du navrant écho ! quelle dificulté morale pour la demande ! Vingt fois, j'ai laissé la plume… Mais ne pas être fixée d'une façon certaine, c'était prolonger et augmenter ma torture. On ne raisonne plus, quand un doute de cette espèce vous tenaille ; on perd la tête. J'écrivis, suppliante, réclamant la vérité, toute la vérité… Hélas ! l'écho n'avait été que trop fidèle… Les propos me déshonorant se tenaient, se répétaient, et l'auteur de l'affreuse calomnie se pavanait dans l'impunité, multipliant les anecdotes où, Juvénal vengeur, il me faisait jouer le rôle d'une ménade ; et comment ne pas croire, puisqu'il affirmait avec d'audace *« savoir par lui-même, et mieux que personne, à quoi s'en tenir !… »*

Et les témoins auriculaires de tels propos étaient personnages dont la parole fait autorité : un des plus estimés représentants de la vieille noblesse de France, et le révérend supérieur d'une maison d'un des plus importants religieux, sans compter d'autres, très honorables aussi, mais qui avaient eu le racontar de seconde main.

Alors, je perdis complètement la tête. Un moment, j'envisageai la situation, à la mode américaine : les preuves de la calomnie étant entre mes mains, j'allais intenter une action judiciaire pour obtenir réparation ; mes amis me retinrent, en m'assurant qu'en France ces choses-là sont traitées à la légère, et que le succès d'un procès semblable n'effacerait pas les doutes injurieux.

Je n'avais plus qu'à dévorer l'outrage dans le silence.

La chrétienne reprit le dessus. Ah ! que j'ai souffert !…

Mais voici que la calomnie, continuant son chemin dans l'ombre, a pris une nouvelle forme ; et, cette fois, mieux informée encore qu'au début de cette douloureuse enquête, je sais que le mensonge est présenté avec une perfidie telle que, sauf un petit nombre d'amis, ceux qui reçoivent la confidence en sont tout déconcertés.

La manœuvre n'atteint pas seulement mon honneur de femme ; c'est mon œuvre de réparation elle-même qu'elle tend à détruire, ce sont mes révélations mêmes qu'elle veut ruiner de fond en comble. La question change donc d'aspect. Je ne puis pas tolérer cela ; et quoiqu'il m'en coûte, me taire plus longtemps serait manquer à tous mes devoirs.

Je vais droit à l'abominable accusation. Voici la thèse imaginée par M. Domenico Margiotta :

« La Diana Vaughan que j'ai connue en 1889, à Naples, et pour laquelle il n'y eut jamais aucune exception à la règle du Pastos, est toujours chez les palladistes ; l'histoire de sa conversion n'est qu'une mystification pour leurrer les catholiques. La Diana Vaughan qui écrit les *Mémoires d'une Ex-Palladiste*, la *Neuvaine Eucharistique*, etc., et qui annonce *le 33ᵉ Crispi* est une fausse Diana Vaughan. Je la mets défi de se montrer ; car ceux qui se servent du nom de la grande-maîtresse de New-York ne pourraient exhiber qu'une aventurière, et immédiatement je la convaincrais d'imposture. Quant à la vraie Diana Vaughan, il lui est indifférent que cette comédie se joue ; elle est la première en à rire. Elle diabolise plus que jamais dans les Triangles, Elle a fait sa paix avec Lemmi. »

J'avoue que je ne me serais jamais attendue à une manœuvre aussi machiavélique. L'homme qui a imaginé cette machine de guerre, pour empêcher mes révélations de porter, n'est pas le premier venu. Il est certain que l'assertion est tellement audacieuse, que ceux devant qui elle est émise ne savent plus que penser.

Mais j'estime aussi que mettre à découvert un engin de cette espèce est le seul moyen de le rendre inoffensif.

Pourquoi donc M. Margiotta a-t-il recours contre moi à des procèdes indignes d'un galant homme ? pourquoi me scinde-t-il en deux personnes, l'une qu'il couvre de boue, l'autre qu'il transforme en mystificatrice ? pourquoi cette campagne à coups de calomnies souterraines, qui a tout le caractère d'une haine personnelle, ayant brusquement éclaté ?…

Me garde-t-il rancune des lignes que je lui ai consacrées dans le *Palladium*, alors que, plongée encore dans l'erreur, je lui montrai quelque dureté de langage ? Les ecclésiastiques, qui possèdent les n[os] du *Palladium* reconnaîtront que je ne blâmai pas le converti, mais le manque de franchise dont il usa à mon égard au moment de sa conversion. Mon blâme était celui d'une ancienne amie, sévère peut-être, mais toujours courtoise, répugnant à la constatation d'un acte de duplicité.

Non, ce n'est point de mon article que M. Margiotta m'en a voulu. Il y a autre chose.

D'abord, la vérité sur mes relations avec M. Margiotta. Il m'est pénible d'être obligée de descendre à de telles explications ; mais une calomnie, de la nature de celle que ce malheureux égaré ose répandre, a besoin d'être broyée sous le talon. Se dérober en présence d'une vipère peut convenir aux trembleurs ; ce n'est pas mon fait : la vipère continuerait à me poursuivre ; j'aime mieux lui faire face et lui écraser la tête.

Mes relations avec M. Margiotta, je ne les nie point. On va voir à quoi elles se réduisent. Une entrevue d'une heure et demie, tout au plus ; je ne dis pas un tête-à-tête. Une correspondance, assez longtemps échangée ; oh ! bien simple, et sans la moindre pensée répréhensible. Entre l'entrevue et la correspondance, plus de quatre ans écoulés.

L'entrevue date de 1889, lors de la mission qu'Albert Pike me confia en Europe. Après Paris et la France, je passai en Italie ; je poussai jusqu'à Naples, pour me rendre ensuite à Malte ; ce voyage est déjà bien connu. Or, à Naples, je ne visitai aucun Triangle ; je voulais demeurer touriste. Bovio et Cosma Panunzi tinrent absolument à me présenter plusieurs Frères, qui, ayant appris mon passage, désiraient à toute force me voir. Je me plaignis un peu de ce que le secret de mon incognito n'avait pas été mieux gardé ; enfin, j'accédai ce désir qui m'honorait. Les Frères étant nombreux, j'accordai deux réceptions, à l'hôtel ; un thé et une assez longue causerie, chaque fois ; bonjour, bonsoir, échange de politesses. M. Margiotta me rappela plus tard qu'il était un des Frères Italiens qui m'avaient été présentés par Bovio et Panunzi ; peut-être donné une poignée de main. Il a mieux eu mon souvenir que moi le sien ; car, lorsque je vis sa photographie dans les *Ricordi di un Trentatrè*, elle ne me donna pas l'impression d'une physionomie connue. C'est dire si la connaissance avait été faite de façon vague, six ans auparavant !… Donc : le F ▽ Domenico Margiotta n'a jamais assisté à une tenue triangulaire où se trouvait la S ▽ Diana Vaughan ; à l'hôtel, le premier soir ou le second, M. Margiotta m'a fait, avec d'autres personnes, le plaisir d'accepter une tasse de thé. C'est tout.

Après l'élection frauduleuse de Lemmi, M. Margiotta m'a écrit à Londres, et ailleurs aussi, si j'ai bonne mémoire. Il a été un de mes correspondants, pendant la rébellion contre les scrutins du palais Borghèse. Il appartenait à la Fédération des Suprêmes Conseils écossais dissidents. Tout notre échange de lettres n'a trait qu'à la lutte contre Lemmi. Il m'a transmis la délibération du Suprême Conseil de Palerme, qui me nommait grande-maîtresse d'honneur de la Fédération dissidente. Je crois qu'il est un de ceux (lui ou Paolo Figlia) à qui j'envoyai alors, de Florence, l'avis de ma démission, à la suite de l'acceptation du compromis Findel. Voilà nos premières correspondances.

Quand il prépara son volume *Adriano Lemmi*, un de nos amis communs, que je connaissais plus particulièrement, me sollicita pour lui obtenir la communication de quelques documents ; cet ami en avait déjà recueilli plusieurs, et non les moins importants. C'est en parcourant les épreuves, qu'on me fit tenir, que j'appris la conversion de M. Margiotta. Le manuscrit des passages me concernant me fut soumis, toujours par intermédiaires ; car déjà une grande prudence était de première nécessité. Je fis des observations sur l'exagération de certains éloges qui me déplaisaient ; je raturai et annotai en divers endroits le manuscrit de M. Margiotta ; mais alors il était pris d'un bel enthousiasme non seulement pour mon caractère, mais aussi pour ma personne ; des passages, que je biffai, étaient de véritables déclarations. Une vieille dame, protestante, de mes amies, en lisant cette prose enflammée, me dit : « Petite, il souhaite ta conversion, afin de te demander en mariage. » Tout ceci me fit assez rire.

Le volume parut. Goblet d'Alviella partit en guerre contre M. Margiotta et nia, avec un aplomb superbe, le Palladisme, dont il est grand-maître provincial et l'un des membres du Sérénissime Grand Collège. C'est alors que M. Margiotta lui porta, à mon instigation, le fameux triple défi, sanctionné par l'offre d'un dépôt de 30.000 francs. Un jury d'honneur devait examiner les preuves pour ou contre à produire de part et d'autre. Je fis savoir à M. Margiotta que les 30.000 fr. représentant son enjeu seraient immédiatement à sa disposition, si Goblet d'Alviella acceptait l'épreuve, et je lui promis d'être avec lui à Bruxelles pour confondre l'audacieux négateur. Goblet, me sentant derrière M. Margiotta, recula.

À l'époque des tremblements de terre de Calabre, je vins en Italie. Tout en agissant prudemment, je fis mon devoir, selon la latitude de mes ressources. J'étais à Naples, lorsque je reçus une lettre de M. Margiotta ; il me racontait, entre autres choses, qu'un palais qu'il possédait à Palmi, le palais de ses ancêtres, s'était écroulé, et il me priait de lui en payer la reconstruction, ou, tout au moins, de lui servir la bagatelle d'une centaine de mille francs. Le palais, informations prises, était une maisonnette quelconque, avec un pharmacien pour seul locataire, et la maison n'était pas endommagée outre mesure. Je trouvai la demande… indiscrète, et je le fis comprendre. *Indé iræ*. Nos relations en restèrent là.

J'ai dit la vérité, dans toute sa simplicité. Je crois que la grande manœuvre, imaginée par le démon du dépit, avortera ainsi. Maintenant, si quelques uns préfèrent croire M. Margiotta, ma foi n'en sera pas troublée, mon zèle de néophyte n'en sera pas ralenti, ma prudence n'en sera pas diminuée ; au contraire !

« Aime Dieu, et va ton chemin », selon la devise de mes vaillants amis, les catholiques du Canada.

Diana VAUGHAN.

4 août 1896.

CHAPITRE IV

La Bisaïeule de l'Anti-Christ

(Suite)

Faisant suite à l'Épitre, vient le Cherem des ennemis vivants.

Le Sous-Mage Herbivore apporte une limace sur un plateau ; la Sous-Maîtresse Lacrymante est auprès de lui, tenant une longue épingle d'or.

Le Mage officiant. — Frères et sœurs en Satan, vous avez la parole pour dénoncer les ennemis les plus dangereux que nous devons vouer aujourd'hui aux châtiments de la justice céleste.

À cette partie de la messe, chaque membre de l'assemblée a le droit de prononcer le nom d'un adonaïte sur lequel il désire attirer tout particulièrement le courroux des daimons. On nomme ainsi les catholiques qui, dans quelque récente circonstance, viennent de se signaler, ecclésiastiques ou laïques, à la haine des parfaits initiés. En général, chacun se borne à crier le nom.

La scène se passe de cette façon :

Le Mage officiant. — Qui mérite le châtiment ?

Un assistant. — L'évêque adonaïte Un-Tel.

Le Mage officiant, étendant les mains sur le plateau. — Limace impure, je dis que tu es l'évêque adonaïte Un-Tel… Cherem ! cherem ! cherem !

L'assemblée. — Maranatha !

Ceci se répète pour autant de noms qui sont dénoncés.

Alors, le Mage officiant prend de la main gauche la limace et de la droite l'épingle d'or ; le Sous-Mage Herbivore et la Sous-Maîtresse Lacrymante retournent à leur place.

L'officiant pose et maintient la limace sur l'hostie consacrée qui a été déjà souillée par l'écrasement de l'araignée. Il répète, l'un après l'autre, les noms qui ont été dénoncés, et chaque fois il enfonce l'épingle d'or dans le corps de la limace, en disant :

— Un-Tel, ennemi de notre Dieu, nous te vouons aux châtiments de la justice céleste… Que les bons daimons, nos protecteurs, t'accablent de leur saint courroux… Cherem ! cherem ! cherem !

L'assemblée. — Maranatha !

Après quoi, il écrase la limace sur l'hostie.

Le Mage officiant. — Qu'ils soient réduits à l'impuissance, tous les ennemis adonaïtes qui s'élèvent contre nous !

Le Juif enfant de chœur. — Cherem ! cherem ! cherem !

L'assemblée. — Maranatha ! maranatha ! maranatha !

Le Mage officiant. — Au nom de Sophia, ayez confiance, Frères et Soeurs. Ses prières sont agréables à notre Dieu… Saint, saint, saint, Lucifer-Satan qui exauce les prières de Sophia !

À cet endroit, la messe s'interrompt. Tout le monde s'assied et le Mage officiant fait une sorte de prône. Il commente les passages de l'*Apadno,* relatifs à la généalogie de l'Anti-Christ ; il démontre qu'ils s'appliquent à Mlle Sophie Walder, et il prononce l'éloge de la grande-maîtresse du *Lotus de France, Suisse et Belgique.*

Ce prône satanique est suivi des dernières profanations et du sacrifice du mouton, lequel termine la messe.

On apporte, d'abord, un grand brasier ; on le place au milieu du temple, à quelque distance de l'Asie (orient). L'hostie consacrée qui a été souillée est alors jetée au feu, avec accompagnement d'horribles exécrations ; les injures de cette formule imprécatoire dépassent en violence et en obscénité tout ce qu'on pourrait imaginer ; il m'est impossible les reproduire.

Une seconde hostie, reçue quelques jours auparavant en communion, est livrée au Mage officiant. Celui-ci la met sur l'autel de la Sagesse ; tous et toutes défilent, donnant un coup de poignard à la Divine Eucharistie s'écriant chacun à son tour :

— Maudits soient Adonaï et son Christ, le Traître!

Le défilé est ouvert par le Juif enfant de chœur, et c'est le Mage officiant qui frappe le dernier. Cette seconde hostie est, à son tour, jetée au feu.

Enfin, on apporte un mouton. Si la veille on a procédé à quelque initiation de Kadosch selon le rituel du F∴ Laffon de Ladébat, c'est ce mouton, déjà tué, qui sert au sacrifice final ; sinon, l'animal est égorgé à la tenue triangulaire, aux cris de *Nékam, Jaldabaoth !*

Le corps de la bête est attaché à une croix en bois, dans la disposition du crucifiement du Divin Rédempteur. Le Juif enfant de chœur, aidé du Sous-Mage Herbivore, posent l'infâme parodie sur l'autel du Baphomet.

Ici encore, je ne puis reproduire le texte des paroles débitées par le Mage officiant. Pour en avoir une idée, on se rappellera que la secte prétend que le mouton stérile représente Jésus, prêtre par excellence, dans le symbolisme de l'Église, et que le pape Silvestre Ier substitua l'agneau au bélier castrat, afin de voiler aux simples fidèles le vrai sens. Ces abominations s'inspirent du catéchisme des Maîtresses Templières (réponse à la question : Quel est le symbole de l'Église ?).

Le sacrifice se fait par l'ablation de la tête et des pattes du mouton, lesquelles sont jetées dans le brasier ardent. Le reste est remis, le lendemain, à un boucher franc-maçon, sans nécessité qu'il soit parfait initié.

La messe se clôt par la chaine d'union, formée une dernière fois, et le Mage officiant s'écrie, en terminant :

— Gloire à Lucifer-Satan au plus haut des cieux ! Gloire sur la terre à Sophia, sa fille ! Que la paix règne à jamais par le Très-Saint Anti-Christ !

Tous. — Ainsi soit-il.

Cette *Messe de Sophia*, dite neuf fois en cette année-ci dans chacune des trente-trois Mères-Loges du Lotus, permet de juger d'une façon exacte l'état d'esprit des palladistes de l'école carduccio-walderiste, dont les principes antisociaux à outrance dominent aujourd'hui dans la Haute-Maçonnerie. Elle donne aussi la mesure des flatteries prodiguées par la secte à la fille d'Ida Jacobsen.

Maintenant que j'ai fait connaître quelle fut l'éducation de cette malheureuse femme et que l'on en sait déjà quelques résultats, rien n'étonnera plus de sa part.

À l'instar de Carducci, de Hobbs et de tant d'autres, elle admet parfaitement la divinité de Satan. On comprend aussi combien moi, qui étais luciférienne, et non sataniste, je me refusais absolument à admettre ce que je considérais comme des innovations dangereuses, directement contraires à l'orthodoxie palladique ; à mes yeux, cela était hérésie.

Sur l'orthodoxie luciférienne j'étais rigide, tandis que Sophia, se conformant d'ailleurs en cela aux habitudes de Philéas Walder, traite tous les sujets de doctrine au gré de sa fantaisie, dans les conférences triangulaires, au point de se mettre en flagrante contradiction avec ce qui est le plus admis comme intangible.

Je citerai un exemple : une interprétation qui me fit bondir, lorsque j'en eus connaissance.

Sophia, amenée un jour à parler de la légende d'Hiram, dont les interprétations sont nombreuses et variées pour tous les besoins de la sélection ou de l'élimination, déclara, le plus simplement du monde, qu'Hiram pouvait fort bien signifier Satan succombant momentanément sous les coups des trois personnes de la Trinité adonaïte : à son dire, le compagnon Jubelas figurait Jéhovah le Père ; le compagnon Jubelos, Christ, le fils par adoption ; et le compagnon Jubelum, le Saint-Esprit des catholiques. On sait que, d'après la légende du grade de Maître, Hiram ressuscite en la personne du récipiendaire, au moment de son initiation ; selon Sophia, Satan renaît donc, c'est-à-dire reprend sa force, sa puissance en et par la Franc-Maçonnerie, figurée par le récipiendaire.

Eh bien, c'est là le bouleversement le plus complet du dogme palladique. En effet, la tradition du Sanctum Regnum de Charleston n'admet pas la Trinité du dogme catholique.

Je ne sais rien qui soit aussi formel dans la croyance des hauts-maçons.

Cette croyance est: — 1° Adonaï, dieu-mauvais, est le Jéhovah noir et, par contre, Lucifer, dieu-bon, est le Jéhovah blanc ; — 2° Jésus, descendant direct de Baal-Zéboub, a trahi sa céleste origine luciférienne par un pacte, conclu sur le Thabor, avec Adonaï, qui l'a fait Christ, l'a adopté et l'a associé à sa divinité malfaisante ; — 3° la troisième personne de la Trinité adonaïte, dénommée le Paraclet ou le Saint-Esprit, n'existe pas, n'a jamais existé, et la révélation de Béhémoth en témoigne expressément.

Le *Calendrier du Palladium*, qui a été divulgué avant mes révélations, porte, parmi ses fêtes mobiles, une fête de cinquième classe, laquelle suit de sept jours la grande fête (deuxième classe) du daimon Hermès, mobile aussi. Or, celle-ci correspond au dimanche de la Pentecôte, c'est-à-dire à l'illumination adonaïte des apôtres du Christ, le Palladisme oppose la grande fête d'Hermès, daimon de la haute science occultiste, dont le titre TEAD-SP, ou *Telluris Exercitus Archi Dux, Summus Princeps*, indique qu'il est le souverain chef des quatorze cent millions de petit daimons ou lutins immobilisés sur la Terre. Et, sept jours après, c'est-à-dire le dimanche de la Trinité, le calendrier, en opposition au dogme du trinitarisme catholique romain, donne, par institution d'Albert Pike, la fête intitulée *Commémoration de la Révélation de Béhémoth*.

Qu'est-ce donc que Béhémoth ? en quoi consiste sa révélation ?

Il est connu, déjà, que les armées du Ciel de Feu, commandées en chef par Baal-Zéboub, généralissime, se divisent en armée qui combat en bataille rangée et armée qui combat en se dispersant à la manière des tirailleurs : la première comporte 2.244 légions de daimons, réparties également en aile gauche (Astaroth) et aile droite (Moloch), et 1.122 légions de daimones, formant le centre (Astarté) ; la seconde comporte 2.200 légions de daimons dits plongeurs, sous le commandement de Léviathan, et 1.100 légions d'esprits insexuels dits frétillants, sous le commandement de Béhémoth.

Plusieurs des daimons, déclaré bons esprits par le Palladisme, ont été vénérés dans l'antiquité païenne. Ainsi, il est admis que Lucifer était Jupiter ; Baal-Zéboub, Phœbus-Apollon ; Astaroth, Mars ; Astarté, Vénus ; Moloch, Saturne ; Hermès, Mercure ; Ariel, Pluton ; Léviathan, Neptune, etc. La nomenclature des 33 principaux daimons et daimones, après Lucifer, se trouve dans la *Prière du Soir* de Sophia ou *Appel des Songes* ; l'énormité des blasphèmes contre Notre Seigneur Jésus-Christ crucifié m'empêche de la reproduire ici ; je l'ai mise à la fin de la *Restauration du Paganisme*, ouvrage réservé exclusivement à MM. les ecclésiastiques. Quant à Béhémoth, il a une légende particulière, qui peut-être dévoilée en ces pages, sans inconvénient.

Selon la doctrine de la Haute-Maçonnerie luciférienne, tandis que Mikaël, Gabriel et Raphaël, esprits du feu, passèrent à Adonaï, il y a croyance, dans les Parfaits Triangles, que 1.100 légions de maléakhs, entraînés par Béhémoth, séraphin adonaïte, se convertirent à Lucifer et vinrent grossir ses armées. Ce sont les frétillants, pourvus d'une queue prodigieusement longue ; et ils ont gardé cette queue et leur nature insexuelle, en leur qualité d'anciens maléakhs. Ils sont en état d'épreuve jusqu'au triomphe final de Lucifer ; alors, ils deviendront daimones et auront pour époux les daimons plongeurs de Léviathan.

L'ex-séraphin Béhémoth a conquis ses titres définitifs à la gloire du Ciel de Feu, par une existence terrestre, saintement remplie ; c'est lui qui fut Hercule.

Or, Béhémoth a révélé tout cela à Albert Pike, en lui confirmant certains passages du *Livre Apadno,* quoique cette confirmation peut paraître superflue, et il a ajouté son propre témoignage, que le souverain pontife lucifèrien a consigné dans le *Livre des Révélations.* Là est la révélation qui est commémorée en opposition à la fête catholique en l'honneur de la Très-Sainte Trinité.

Esprit de mensonge, se donnant pour ancien séraphin et connaissant bien, par conséquent, le Royaume Humide ou ciel d'Adonaï, le daimon Hercule-Béhémoth déclara à Pike que « l'existence du Paraclet dit Saint-Esprit est une imposture » ; il lui donna sa parole de génie du feu « qu'il n'avait jamais vu cette troisième personne de la prétendue Trinité ». Un de ses arguments fut celui-ci : « Le ciel d'Adonaï est le Royaume Humide, le ciel d'eau ; la place d'une colombe céleste ne saurait être là. »

Les palladistes de la dernière initiation n'admettent pas, donc, la Trinité, mais seulement l'association du Christ à la divinité du Jéhovah noir. Pour eux, les manifestations visibles du Saint-Esprit, sous la forme d'une colombe, sont des subterfuges d'Adonaï, et voici comment ils expliquent ce miracle :

Soutenant la supériorité de Lucifer sur Adonaï, ils disent que le Dieu-Bon a répondu à la trahison du Thabor par la défense au Dieu-Mauvais d'apparaître jamais devant les humains sous une forme quelconque de la gloire divine. L'*Apadno* place le baptême du Christ dans les eaux du Jourdain après l'événement du Thabor. Alors, Adonaï, ne pouvant plus tromper les humains comme il l'avait fait précédemment en se montrant en divin Jéhovah, emprunta la forme de la colombe, oiseau luciférien ; par orgueil, il inventa le dogme de la divinité triple et, en même temps, seule divinité. Mais, continuent les théologiens palladistes, l'infériorité d'Adonaï est visiblement démontrée par les faits ; nul esprit du ciel inférieur, pas même Adonaï, n'a le pouvoir d'emprunter les apparences de Lucifer Dieu-Bon et de se faire passer pour lui, et, en effet, il en est ainsi ; Adonaï ne se manifeste plus aux humains comme autrefois, cela parce qu'il a perdu cette partie de sa puissance ; les apparitions du Christ et des saints et saintes du catholicisme sont tolérées par Lucifer ; nul n'a plus vu, nul ne voit, nul ne verra jamais Adonaï, car le Dieu-Bon s'y oppose pour l'humilier. Adonaï en est donc réduit à se dédoubler en Paraclet et à se montrer, encore très rarement, en colombe céleste ; c'est tout ce que Lucifer lui permet.

Voilà la croyance des Parfaits Triangles ; voilà le mensonge du suprême imposteur, dans toute son audace de blasphémateur des vérités divines. Mais c'est là la doctrine luciférienne orthodoxe. Or, lorsque j'avais la foi en ces folies, je qualifiais d'hérésies les interprétations de Mlle Walder en dehors de ce domaine, pour moi sacré. J'écrivis une lettre de protestation contre sa manière d'expliquer la légende d'Hiram ; Jubelas, Jubelos et Jubelum ne pouvaient être, à mon sens, le Père, le Fils et le Saint-Esprit des catholiques, ou alors il fallait dire que l'*Apadno*, écrit par Lucifer lui-même, contenait des erreurs, et que Béhémoth avait cyniquement menti à Albert Pike.

En ce qui concerne Mlle Walder, il me reste à la montrer à l'œuvre, instrument inconscient du Maudit, et à dire comment Pike expliquait qu'elle est bien la Bisaïeule de l'Anti-Christ, en vertu des versets 53 du fameux chapitre de l'*Apadno*. Le lecteur est fixé maintenant sur le caractère essentiellement satanique de son éducation. Toutefois, si j'ai fait connaître les principales théories de Philéas Walder en matière d'occultisme, il est nécessaire, pour éclairer d'une pleine lumière le rôle de Sophia dans la Haute-Maçonnerie, de ne pas passer sous silence certaines idées dont l'infortunée a été imbue, relativement à ce que j'appellerais « la politique des Triangles ».

On nous a souvent citées, toutes deux, comme étant les deux extrêmes ; ce qui m'a valu, de la part d'écrivains catholiques, des éloges dont je suis bien confuse, les méritant si peu, certaine aujourd'hui de mon indignité. Mlle Walder aurait été moins accablée, par contre, si l'on avait bien recherché les origines de sa conduite, si blâmable qu'elle soit.

Ainsi dans l'apostolat luciférien, est considéré comme recrutement de premier ordre l'acquisition d'un prêtre adonaïte. Je m'occupai peu de ce prosélytisme, et quand, par exception, il m'arriva de désirer une conversion de ce genre, je priai pour l'obtenir, ce fut ma seule arme ; car je ne compte pas quelques raisonnements dans le sens dogmatique, pour démonter ce que je croyais être la vérité. Mlle Walder usa, au contraire, d'autres armes, et certes je les désapprouvai toujours ; je jugerai qu'en sa manière d'opérer il y avait piège, c'est-à-dire déloyauté. Je cherchais à convaincre ; elle voulait et provoquait la chute, car je dénomme chute profonde la catastrophe qui jette le ministre de Jésus-Christ dans les bas-fonds du satanisme : tel, l'abbé Charles B***, de Genève, qui apostasia et fut l'un des membres les plus actifs de la Loge genevoise la *Fraternité* et du Triangle *Gladio Dei*.

Il me semblait que la conquête d'un prêtre catholique à Lucifer Dieu-Bon était précieuse, mais uniquement en raison de son importance intellectuelle. Pour Sophia, la grande joie était, est encore de changer la couleur d'un Parfait Triangle, de transformer un Triangle blanc en Triangle blanc-et-noir.

Dans le jargon sectaire, on désigne sous le nom de Triangles blancs les ateliers palladiques où les profanations des Saintes Espèces s'accomplissent sur des hosties que les adeptes, principalement les Sœurs, ont reçues à l'église, en communion ; point n'est besoin de prêtre catholique dans ces ateliers. Le Parfait Triangle qui compte au nombre de ses membres un ministre du Christ, est dit blanc-et-noir, et le mauvais prêtre y consacre les hosties destinées aux profanations. Les Triangles blancs-et-noirs sont rares, et c'est pourquoi Sophia est au comble du bonheur, quand elle réussit (je dirai comment) à obtenir une de ces chutes épouvantables auxquelles je viens de faire allusion. Quant à moi, pour le Palladisme Indépendant, je ne voulus ni Triangles blancs ni Triangles blancs-et-noirs ; mon opinion invariable fut que les Triangles ne devaient avoir aucune couleur.

Eh bien, l'idée de recruter la Franc-Maçonnerie dans le clergé catholique, d'amener le prêtre catholique à trahir sa religion et son Dieu, tout en demeurant extérieurement ministre de Jésus-Christ, cette idée dont tout bon chrétien frémira, n'est pas de Sophia, ne date pas de Sophia. Ce plan infernal est antérieur à l'organisation du Palladisme ; il appartient à la conspiration des Ventes, qui précéda la première époque mazzinienne. Et voici un document des plus authentiques, qui n'apprendra rien aux Éminentissimes Cardinaux qui me font le grand honneur de me lire ; ce document est connu, bien connu au Vatican. Il date du Carbonarisme ; ce ne sont pas seulement des prêtres, des évêques, que l'infâme secte rêve de corrompre et d'avoir à elle ; elle ose porter son espoir jusqu'à la conquête d'un Pape !

Ce document historique, j'avais destiné sa publication à mon volume *Le 33ᵉ ∴ Crispi* ; il est de ceux que j'ai dû retrancher de mon manuscrit primitif, sous peine de faire un ouvrage trop considérable, interminable : il devait me servir à montrer la préparation de l'assaut au pouvoir temporel de la Papauté, œuvre souterraine marchant de pair avec la préparation de la ruine progressive du pouvoir spirituel. Le document sera donc bien à sa place ici. Nous verrons, plus loin, comment Albert Pike, sous l'inspiration directe de Satan, en tira les plus implacables déductions, par une transformation encore aggravante.

Ceci est l'instruction secrète et permanente de la Haute Vente Suprême de Turin, en 1822 :

« Depuis que nous sommes établis en corps d'action et que l'ordre commence à régner au fond de la Vente la plus reculée comme au sein de celle la plus rapprochée du Centre, il est une pensée qui a toujours profondément préoccupé les hommes qui aspirent à la régénération universelle : c'est la pensée de l'affranchissement de l'Italie, d'où doit sortir, à un jour déterminé, l'affranchissement du monde entier, la République fraternelle des peuples et l'harmonie de l'humanité. Cette pensée n'a pas encore été saisie par nos Frères d'au-delà des Alpes. Ils croient que l'Italie révolutionnaire ne peut que conspirer dans l'ombre, distribuer quelques coups de poignard à des sbires ou à des traîtres, et subir tranquillement le joug des événements qui s'accomplissent au-delà des monts pour l'Italie, mais sans l'Italie. Cette erreur nous a été déjà fatale à plusieurs reprises. Il ne faut pas la combattre avec des phrases, ce serait la propager ; il faut la tuer avec des faits. Ainsi, au milieu des soins qui ont le privilège d'agiter les esprits les plus puissants de nos Ventes, il en est un que nous ne devons jamais oublier.

« La Papauté a exercé de tout temps une action toujours décisive sur les affaires d'Italie. Par le bras, par la voix, par la plume, par le cœur de ses innombrables évêques, prêtres, moines, religieuses et fidèles de toutes les latitudes, la Papauté trouve des dévouements sans cesse prêts au martyre et à l'enthousiasme. Partout où il lui plaît d'en évoquer, elle a des amis qui meurent, d'autres qui se dépouillent pour elle. C'est un levier immense, dont quelques Papes seuls ont apprécié toute la puissance ; encore n'en ont-ils usé que dans une certaine mesure. Aujourd'hui, il ne s'agit pas de reconstituer pour nous ce pouvoir, dont le prestige est momentanément affaibli ; notre but final est celui de Voltaire et de la Révolution française, l'anéantissement à tout jamais du catholicisme et même de l'idée chrétienne, qui, restée debout sur les ruines de Rome, en serait la perpétuation plus tard. Mais, pour atteindre plus sûrement ce but et ne pas nous préparer à la légère des revers qui ajournent indéfiniment ou compromettent dans les siècles le succès d'une bonne cause, il ne faut pas prêter l'oreille à ces vantards de Français, à ces nébuleux Allemands, à ces tristes Anglais, qui s'imaginent tous tuer le catholicisme tantôt avec une chanson impure, tantôt avec une déduction illogique, tantôt avec un grossier sarcasme passé en contrebande comme les cotons de la Grande-Bretagne. Le catholicisme a la vie plus dure que cela. Il a vu de plus terribles adversaires, et il s'est souvent donné le malin plaisir de jeter de l'eau bénite sur la tombe des plus enragés. Laissons donc nos Frères de ces contrées se livrer aux intempérances stériles de leur zèle anticatholique ; permettons-leur même de se moquer de nos madones et de notre dévotion apparente. Avec ce passeport, nous pouvons conspirer tout à notre aise et arriver peu à peu au terme proposé.

« Donc, la Papauté est, depuis seize cents ans, inhérente à l'histoire de l'Italie. L'Italie ne peut ni respirer ni se mouvoir sans la permission du Pasteur suprême. Avec lui, elle a les cent bras de Briarée ; sans lui, elle est condamnée à une impuissance qui fait pitié. Elle n'a plus que des divisions à fomenter, que des haines à voir éclore, que des hostilités à entendre surgir de la première chaine des Alpes au dernier chaînon des Apennins. Nous ne pouvons pas vouloir un pareil état de choses : il importe donc de chercher un remède à cette situation. Le remède est tout trouvé. Le Pape, quel qu'il soit, ne viendra jamais aux sociétés secrètes : c'est aux sociétés secrètes à faire le premier pas vers l'Église, dans le but de les vaincre tous deux.

« Le travail que nous allons entreprendre n'est l'œuvre ni d'un jour, ni d'un mois, ni d'un an ; il peut durer plusieurs années, un siècle peut-être ; mais, dans nos rangs, le soldat meurt, et le combat continue.

« Nous n'entendons pas gagner les Papes à notre cause, en faire des néophytes de nos principes, des propagateurs de nos idées. Ce serait un rêve ridicule, et de quelque manière que tournent les événements, que des cardinaux ou des prélats, par exemple, soient entrés de plein gré ou par surprise dans une partie de nos secrets, ce n'est pas du tout un motif pour désirer leur élévation au siège de Pierre. Cette élévation nous perdrait. L'ambition seule les aurait conduits à l'apostasie, le besoin du pouvoir les forcerait à nous immoler. Ce que nous devons demander, ce que nous devons chercher et attendre, comme les Juifs attendent le Messie, c'est un Pape selon nos besoins. Alexandre VI, avec tous ses crimes privés, ne nous conviendrait pas ; car il n'a jamais erré dans les matières religieuses. Un Clément XIV, au contraire, serait notre fait des pieds à la tête. Borgia était un libertin, un vrai sensualiste du XVIIIe siècle égaré dans le XVe. Il a été anathématisé, malgré ses vices, par tous les vicieux de la philosophie et de l'incrédulité, et il doit cet anathème à la vigueur avec laquelle il défendit l'Église. Ganganelli se livra pieds et poings liés aux ministres des Bourbons qui lui faisaient peur, aux incrédules qui célébraient sa tolérance, et Ganganelli est devenu un très grand Pape. C'est à peu près dans ces conditions qu'il nous en faudrait un, si c'est encore possible. Avec cela, nous marcherons plus sûrement à l'assaut de l'Église, qu'avec les pamphlets de nos Frères de France et l'or même de l'Angleterre. Voulez-vous en savoir la raison ? C'est qu'avec cela, pour briser le rocher sur lequel Dieu a bâti son Église, nous n'avons plus besoin de vinaigre annibalien, plus besoin la poudre à canon, plus besoin même de nos bras. Nous avons, avec cela, le petit doigt du successeur de Pierre engagé dans le complot, et ce petit doigt vaut pour cette croisade tous les Urbain II et tous les saint Bernard de la chrétienté.

« Nous ne doutons pas d'arriver à ce terme suprême de nos efforts ; mais quand ? mais comment ? L'inconnue ne se dégage pas encore. Néanmoins, comme rien ne doit nous écarter du plan tracé, qu'au contraire tout y doit tendre, comme si le succès devait couronner dès demain l'œuvre à peine ébauchée, nous voulons, dans cette instruction qui restera secrète pour les simples initiés, donner aux préposés de la Vente Suprême des conseils qu'ils devront inculquer à l'universalité des Frères, sous forme d'enseignement ou de memorandum. Il importe surtout, et par une discrétion dont les motifs sont transparents, de ne jamais laisser pressentir que ces conseils sont des ordres émanés de la Vente Suprême. Le clergé y est trop directement mis en jeu, pour qu'on puisse, à l'heure qu'il est, se permettre de jouer avec lui comme avec un de ces roitelets ou de ces principicules, sur lesquels nous n'aurons qu'à souffler pour les faire disparaître.

« Il y a peu de chose à faire avec les vieux cardinaux ou avec les prélats dont le caractère est bien décidé. Il faut les laisser incorrigibles à l'école de Consalvi, ou puiser dans nos entrepôts de popularité ou d'impopularité les armes qui rendront inutile ou ridicule le pouvoir entre leurs mains. Un mot qu'on invente habilement et qu'on a l'art de répandre dans certaines honnêtes familles choisies, pour que de là il descende dans les cafés et des cafés dans la rue, un mot peut quelquefois tuer un homme. Si un prélat arrive de Rome pour exercer quelque fonction publique au fond des provinces, connaissez aussitôt son caractère, ses antécédents, ses qualités, ses défauts surtout. Est-il d'avance un ennemi déclaré ? un Albani, un Pallota, un Berneth, un della Genga, un Rivalora ? Enveloppez-le de tous les pièges que vous pourrez tendre sous ses pas ; créez-lui une de ces réputations qui effraient les petits enfants et les vieilles femmes ; peignez-le cruel et sanguinaire ; racontez quelque trait de cruauté qui puisse facilement se graver dans la mémoire du peuple. Quand les journaux étrangers recueilleront par nous ces récits, qu'ils embelliront à leur tour inévitablement par respect pour la vérité, montrez ou plutôt faites montrer par quelque respectable imbécile ces feuilles où sont relatés les noms et les excès arrangés des personnages. Comme la France et l'Angleterre, l'Italie ne manquera jamais de ces plumes qui savent se tailler dans des mensonges utiles à la bonne cause. Avec un journal dont il ne comprend pas la langue, mais où il verra le nom de son délégat ou de son juge, le peuple n'a pas besoin d'autres preuves. Il est dans l'enfance du Libéralisme, il croit aux Libéraux, comme plus tard il croira en nous ne savons trop quoi.

« Écrasez l'ennemi quel qu'il soit, écrasez le puissant à force de médisances ou de calomnies ; mais surtout écrasez-le dans l'œuf. C'est à la jeunesse qu'il faut aller ; c'est elle qu'il faut séduire, elle que nous devons entraîner, sans qu'elle s'en doute, sous le drapeau des Sociétés secrètes. Pour avancer à pas comptés, mais sûrs, dans cette vote périlleuse, deux choses sont nécessaires de toute nécessité ; vous devez avoir l'air d'être simples comme des colombes, mais vous serez prudents comme le serpent. Vos pères, vos enfants, vos femmes elles-mêmes, doivent toujours ignorer le secret que vous portez dans votre sein, et s'il vous plaisait, pour mieux tromper l'œil inquisitorial, d'aller souvent à confesse, vous êtes comme de droit autorisés à garder le plus absolu silence sur ces choses. Vous savez que la moindre révélation, que le plus petit indice, échappé au Tribunal de la pénitence ou ailleurs, peut entraîner de grandes calamités, et que c'est son arrêt de mort que signe ainsi le révélateur volontaire ou involontaire.

Or donc, pour nous assurer un Pape dans les proportions exigées, il s'agit d'abord de lui façonner, à ce Pape, une génération digne du règne que nous rêvons. Laissez de côté la vieillesse et l'âge mûr ; allez à la jeunesse, et, si c'est possible, jusqu'à l'enfance. N'ayez jamais pour elle un mot empiété ou d'impureté ; *maxima debetur puero reverentia*. N'oubliez jamais ces paroles du poète : car elles vous serviront de sauvegarde contre les licences dont il importe essentiellement de s'abstenir hors de nos assemblées, dans l'intérêt de la cause. Pour la faire fructifier au sein de chaque famille, pour vous donner droit d'asile au foyer domestique, vous devez vous présenter avec toutes les apparences de l'homme grave et moral. Une fois votre réputation établie dans les collèges, dans les gymnases, dans les universités *et dans les séminaires*, une fois que vous aurez conquis la confiance des professeurs et des étudiants, faites que ceux qui principalement s'engagent dans la milice cléricale aiment à rechercher vos entretiens. Nourrissez leurs esprits de l'ancienne splendeur de la Rome papale. Il y a toujours au fond du cœur de l'Italien un regret pour la Rome républicaine d'autrefois. Confondez habilement ces deux souvenirs l'un dans l'autre. Excitez, échauffez ces natures si pleines d'incandescence et de patriotique orgueil. Offrez-leur d'abord, mais toujours en secret, des livres inoffensifs, des poésies resplendissantes d'emphase nationale ; puis, peu à peu, vous amenez vos dupes au degré de cuisson voulu. Quand, sur tous les points à la fois de l'État ecclésiastique, ce travail de chaque jour aura répandu nos idées comme la lumière, alors vous pourrez apprécier la sagesse du conseil dont nous prenons l'initiative.

« Les événements, qui, selon nous, se précipitent trop vite, vont nécessairement appeler, d'ici à peu de temps, une intervention armée de l'Autriche. Il y a des fous qui, de gaieté de cœur, se plaisent à jeter les autres au milieu des périls, et cependant ce sont ces fous qui, à une heure donnée, entraînent jusqu'aux sages. La révolution que l'on fait méditer à l'Italie n'aboutira qu'à des malheurs et à des proscriptions. Rien n'est mûr, ni les hommes, ni les choses, et rien ne le sera encore de bien longtemps ; mais de ces malheurs vous pourrez facilement tirer un bien, c'est-à-dire une nouvelle corde à faire vibrer au cœur du jeune clergé : ce sera la haine de l'étranger. Faites que le Tudesque soit ridicule et odieux avant même son entrée prévue. À l'idée de suprématie pontificale, mêlez toujours le vieux souvenir des guerres du Sacerdoce et de l'Empire ; ressuscitez les passions mal éteintes des Guelfes et des Gibelins, et ainsi vous vous créerez à peu de frais une réputation de bon catholique et de patriote pur.

« Cette réputation donnera accès à nos doctrines au sein du jeune clergé comme au fond des couvents. Dans quelques années, ce jeune clergé aura, par la force des choses, envahi toutes les fonctions ; il gouvernera, il administrera, il jugera, il formera le Conseil du Souverain Pontife ; son élite sera appelée à choisir le Pontife qui devra régner, et ce Pontife, comme la plupart de ses contemporains, sera nécessairement plus ou moins imbu des principes italiens et humanitaires que nous allons commencer à mettre en circulation. C'est un petit grain de sénevé que nous confions à la terre ; mais le soleil des justices le développera jusqu'à la plus haute puissance, et vous verrez un jour quelle riche moisson ce petit grain produira.

« Dans la voie que nous traçons à nos Frères, il se trouve de grands obstacles à vaincre, des difficultés de plus d'une sorte à surmonter. On en triomphera par l'expérience et par la perspicacité mais le but est si beau, qu'il importe de mettre toutes les voiles au vent pour l'atteindre. Vous voulez révolutionner l'Italie : préparez l'avènement du Pape dont nous venons de faire le portrait. Vous voulez établir le règne des Élus sur le trône de la prostituée de Babylone : que le clergé marche sous votre étendard, en croyant toujours marcher sous la bannière des chefs apostoliques. Vous voulez faire disparaître le dernier vestige des tyrans et des oppresseurs : tendez vos filets comme Simon Bar-Jonas ; tendez-les au fond des sacristies, des séminaires et des couvents plutôt qu'au fond de la mer ; et, si vous ne précipitez rien, nous vous promettons une pêche plus miraculeuse que la sienne. Le pêcheur de poissons devint pêcheur d'hommes ; vous, vous amènerez des amis autour de la Chaire apostolique. Vous aurez pêché une révolution en tiare et en chape, marchant avec la croix et la bannière, une révolution qui n'aura besoin que d'être un tout petit peu aiguillonnée pour mettre le feu aux quatre coins du monde.

« Que chaque acte de votre vie tende donc à la découverte de cette pierre philosophale. Les alchimistes du moyen-âge ont perdu leur temps et l'or de leurs dupes à la recherche de ce rêve. Celui de nos sociétés secrètes s'accomplira par la plus simple des raisons : c'est qu'il est basé sur les passions de l'homme. Ne nous décourageons donc ni pour un échec, ni pour un revers, ni pour une défaite ; préparons nos armes dans le silence des Ventes ; dressons toutes nos batteries, battons toutes les passions, les plus mauvaises comme les plus généreuses, et tout nous porte à croire que ce plan réussira un jour au-delà même de nos calculs les plus improbables. »

(La suite au prochain numéro).

Symboles du Palladisme[1]

(Suite)

Le Triomphe d'Astarté sur le Mauvais Serpent

Tableau à l'angle supérieur de gauche. Une femme, à l'abondante chevelure éparse, n'ayant aucun vêtement, est debout sur un croissant lunaire, faisant de la main droite un signe ésotérique, déjà bien connu, et abaissant la main gauche, avec un signe secret presque semblable ; au milieu du corps, est placé sur elle un soleil rayonnant, avec le nombre onze inscrit au centre. Le croissant lunaire qui la porte traverse un élément qui peut ressembler aussi bien à des nuages qu'à des vagues de l'océan en furie. Au-dessous, dans cet élément, s'agite et se tord un serpent hideux, menaçant de la tête et de la queue la femme dont l'allure est à la fois victorieuse et pacifique.

Cette figure est quelque peu empruntée à la kabbale alexandrine ; on en trouve d'à peu près semblables dans les autres occultismes, et plusieurs, à la demi-lumière des hiérophantes plus ou moins sorciers, y voient Isis et le serpent Typhon.

Dans la haute initiation palladique, il n'en est plus ainsi. Isis équivaut à Vénus-Astarté ou, plus simplement, Astarté tout court, qui est la reine des daimons.

Le luciférianisme, on le sait, met très haut la daimone Astarté, dans sa vénération. Le croissant lunaire est en même temps son piédestal et son emblème. C'est sur l'astre des nuits, en gracieux croissant, que la reine du Royaume du Feu descendit vers Philalèthe, selon la vieille légende des Parfaits Triangles ; et le croissant lunaire, Astarté le porte aussi en symbole sur le front, ainsi que le paganisme représentait Diane. Lorsque je croyais vraiment descendre d'Astarté par son union avec Philalèthe, j'avais adopté cet emblème ; le croissant de lune, rappelant Phébé, figurait dans mes armoiries palladiques : mais je ne poussais pas plus loin l'interprétation luciférienne ; cette gloire d'origine me suffisait.

Aujourd'hui, il est de mon devoir de dévoiler toutes les interprétations, aussi bien celles que je n'avais pas adoptées et que je voulais faire supprimer dans ma réforme du Palladium Régénéré et Libre.

Or, il est une interprétation qui peut rivaliser de honte avec celle que j'ai donnée à comprendre en révélant le symbolisme d'un des emblèmes figurant dans le tableau des Croix. Bien qu'on me le cachât avec soin, il est certain qu'Astarté est la Vénus impudique, autant dans le luciférianisme contemporain que dans l'antique paganisme. Le placement du soleil avec le nombre onze ne peut laisser aucun doute à cet égard. Une des preuves : le nombre onze, nombre kabbalistique luciférien, rappelle l'Ensoph et les dix Séphiroth. Eh bien, il est de droit, par pacte solennel de Satan et de Pike, qu'Astarté accorde son union au Souverain Pontife du Palladisme et aux dix Émérites composant son Sérénissime Grand Collège.

D'autre part, le triomphe d'Astarté sur le Mauvais Serpent s'interprète palladiquement dans un sens analogue. Je pouvais n'y voir autrefois que la victoire de la reine des daimons sur la reine des maléakhs, en tant que victoire dans une bataille entre les armées du Ciel de Feu et celles du Royaume Humide ; mais cette victoire doit se prendre aussi dans un sens infâme, agréable au sensualisme dépravé des docteurs de la secte.

Car le blasphème est inouï, en l'interprétation du Mauvais Serpent. Le Palladisme a laissé le Typhon égyptien et ne s'en préoccupe aucunement. Le Mauvais Serpent, dans opposition à Astarté, ne représente point Adonaï ni le Christ. Il représente — le croirait-on ? — la Très Sainte Vierge, l'immaculée Mère du Divin Sauveur. En termes palladiques : le Mauvais Serpent, c'est Lilith.

S'il y a diversité d'opinion dans l'interprétation du Bon Serpent, — que nous trouverons plus loin, au tableau n°8, — les docteurs du Palladisme se sont mis d'accord, au contraire, avec une parfaite unanimité, en ce qui concerne le hideux reptile dit Mauvais Serpent, toujours représenté en contorsions furieuses.

Dans le dernier mois de l'année qui suivit l'inauguration du grand temple maçonnique qui existe actuellement à

Charleston et qui abrite, avec le premier Suprême Conseil du Rite Écossais, les mystères du haut-luciférianisme palladique, une séance du Sanctum Regnum fut à jamais fameuse et fut portée à la connaissance de tous les Mages Élus. C'était le 8 décembre 1884.

Albert Pike présidait, les membres du Sérénissime Grand Collège étant au complet ; ceux qui étaient absents de Charleston, ce jour-là, avaient été apportés instantanément par les esprits du feu, mis par Satan à leur service.

Lucifer parut, et Pike l'interrogea longuement sur la Mère du Christ. Ce qui est étrange, c'est que le procès-verbal n'a pas consigné le détail de cette conversation, ni les demandes du Souverain Pontife de la secte, ni les réponses du prétendu Dieu-Bon. J'en conclus, aujourd'hui, que le suprême imposteur dut montrer une grande irritation et qu'Albert Pike a dû ne pas vouloir qu'il en restât mémoire. Il est dit uniquement que Lucifer affirma « impétueusement » que la Très-Puissante Astarté « est toujours victorieuse de Lilith » et que « la sainte assemblée en aurait une preuve à l'instant même ».

Alors, selon la narration officielle, Lucifer se retira, et il sembla à l'assistance que le plafond de la salle s'entr'ouvrait, laissant voir l'espace infini.

Au loin, ils aperçurent une nuée de daimons aux prises avec une nuée de maléakhs. Au fort de la bataille, ils virent très distinctement la reine du Ciel de Feu, armée d'un trident, et poursuivant un immense serpent, horrible, qui fuyait devant elle. Astarté l'atteignit, et soudain la même

Astarté fut devant l'assemblée ; elle tenait le hideux serpent, traversé par le trident, les pointes le traversant un peu en arrière de la tête. Le monstrueux reptile se tordait en efforts impuissants ; il était vaincu.

Et Astarté dit à Pike et à ses acolytes :

— Voilà Lilith, voilà la mère du Traître. Ne craignez point ; sous mon pouvoir triomphant le maléakh ne saurait vous faire aucun mal, en dépit de sa rage.

Tous accablèrent de malédictions le reptile et rendirent grâces à Astarté. Après avoir reçu leur hommage, la reine des daimons remonta dans les airs ; là, elle secoua son trident, et le serpent, comme faisant une chute, descendit au loin et disparut. Des bruits de trompettes éclatèrent ; le soleil vint se placer sur Astarté, et aussitôt Pike et les Émérites ne virent plus rien ; la salle du Sanctum Regnum était comme auparavant.

Ainsi, l'impiété des Mages Élus symbolise la Très Sainte Vierge par un affreux reptile, et les Parfaits Triangles l'appellent Lilith ou le Mauvais Serpent.

Il était nécessaire de révéler cette abomination ; c'est faire connaître jusqu'où va le mensonge diabolique dans sa fureur de haine. L'Immaculée écrase la tête de Satan, serpent trompeur et méchant qui a causé la chute de l'humanité ; voilà la vérité, et voilà pourquoi le prince des ténèbres donne à ses adorateurs le contre-pied de la vérité et use de prestiges pour les maintenir dans une erreur de damnation.

Quelle que soit la part des prestiges infernaux dans cette formidable tromperie, il me semble, en effet, que ceux qui les acceptent et même les sollicitent perdent volontairement leur âme ; car c'est en s'adonnant avec complaisance à de bas instincts qu'ils recherchent leur aveuglement et s'y obstinent.

Tout en insultant Marie, mère de Jésus, dans sa très sainte virginité que la secte nie, tout en lui attribuant, par blasphème, d'autres enfants qu'elle dit être nés de son mariage avec saint Joseph, l'impiété palladique, donne, en son dogme, à la Reine des Anges, la fidélité conjugale ; et, voilà bien où se trahit l'inspiration de l'enfer, c'est cette fidélité qu'elle travestit en vice. Selon le dogme luciférien, c'est donc l'impudicité de la Vénus païenne, affirmée sans ambages être la daimone Astarté, qui est déclarée vertu. Par son geste hiératique de la main droite, Astarté bénit ceux et celles qui se livrent à l'œuvre de chair, et par son geste mystérieux de la main gauche, elle absout les adultères. Pour la secte, il n'est ombre de faute dans l'adultère, qu'elle nomme une erreur des conventions sociales. Chacun à chacune et chacune à chacun, voilà l'avenir de l'humanité, auquel tend la Maçonnerie ; et c'est pourquoi le Palladisme, directeur universel et secret de toutes les Loges et Arrière-Loges, oppose Astarté à la Très Sainte Mère de Notre-Seigneur Jésus-Christ ; voilà pourquoi, dans son audacieux et blasphématoire mensonge, il fait de l'Immaculée un maléakh stérile dans le royaume d'Adonaï, pourquoi il lui lance ses criminelles imprécations sous le nom de Lilith, pourquoi enfin il lui donne la forme symbolique d'un hideux reptile, d'un monstrueux serpent, toujours vaincu par Astarté la voluptueuse et la féconde.

Donc : la chasteté étant, au contraire, la vertu charmante et naturellement prédilectionnée des âmes qui se dégagent des faiblesses terrestres, avec la grâce de Dieu, et la virginité étant par-dessus tout aimable, ainsi que le proclament à travers les siècles les lois et mœurs de tous les peuples civilisés, il est évident que s'acharner dans la haine contre la créature d'élite, la plus pure parmi les vierges, que Dieu choisit pour donner au monde son Sauveur, et manifester cette haine non seulement par des blasphèmes et des sacrilèges, mais encore en cultivant le vice honteux comme la plus sainte des vertus, c'est vouloir à toute force fermer les yeux à la vérité, c'est se damner sciemment, c'est se vouer, en coupable sans pardon possible, à la mort éternelle.

La chair et le sang du Traître

Le cinquième tableau du symbolisme palladique parle de lui-même ; c'est celui qui est placé à droite de la représentation d'Astarté.

On voit une hostie transpercée par le poignard des Triangles, et un calice renversé, d'où le vin consacré se répand.

C'est l'excitation au sacrilège contre la Divine Eucharistie, contre le sacrement d'amour.

Là, Satan a inscrit le mensonge des mensonges : Jésus, descendant direct de Baal-Zéboub, ayant vécu dans la sainteté luciférienne, et ayant enfin trahi sa céleste origine en faisant pacte sur le Thabor avec Adonaï qui l'associa dès lors à sa malfaisante divinité. Et Satan conclut : du jour où Christ, devenu traître haïssable, donna à ses disciples, qui le transmirent aux prêtres de la superstition, le pouvoir de transformer le pain et le vin en sa chair et son sang, c'est-à-dire de le placer lui-même invisible sous ces apparences, il s'est livré au châtiment de sa trahison, de telle sorte que le châtiment put être exercé par les hommes eux-mêmes.

La profanation des Saintes-Espèces est donc un acte de justice aux yeux de tout parfait initié. Les fanatiques égarés s'imaginent avoir ainsi à leur discrétion le Divin Fils de Marie et renouveler sur lui tous les outrages et les supplices du Prétoire et du Calvaire.

L'explication de ce tableau n'a aucun besoin d'être développé ; il a été déjà fait justice de l'inanité de ces sacrilèges, dont a été mille fois prouvée la pratique dans les Triangles et même dans un certain nombre d'Ateliers de la Maçonnerie officielle et avouée. On sait aussi que ces pratiques furent abolies dans la constitution du Palladium Régénéré et Libre ou fédération des Triangles indépendants ; mais ce résultat ne fut pas obtenu sans lutte, et, cette fédération s'étant dissoute depuis lors et les palladistes indépendants ayant à peu près tous fait leur soumission à Lemmi, les profanations de la Divine Eucharistie ont recommencé partout, sans aucun doute, avec plus de rage que jamais.

Toutefois, il est indispensable de donner ici l'explication d'un article des Règlements des Groupes Familiaux, qui a paru obscur à quelques-uns de mes correspondants ecclésiastiques. Il s'agit de l'article 18, ainsi conçu :

« Avant de procéder à l'initiation d'un postulant ayant appartenu, ne fût-ce que par le baptême, à l'Adonaïsme dit catholique romain, le Comité du Groupe Familial devra s'assurer, par les moyens qu'il jugera les plus sûrs, que le ou la récipiendaire a rompu définitivement avec les préjugés de la superstition. Toutefois, on ne devra pas, dans ce but, avoir recours à des transpercements ou souillures d'hosties adonaïtes, pratiques satanistes que le Palladium Régénéré et Libre réprouve et condamne comme tout aussi déraisonnables que l'adoration des mêmes pains. »

Cet article n'a pas empêché les sacrilèges dans le Palladisme Indépendant. Sans doute, ils n'avaient pas le caractère de violente haine des autres Triangles ; mais Satan avait réussi néanmoins à inspirer des profanations à bon nombre d'initiateurs, et le mal s'accroissait de jour en jour, quand survinrent les événements qui amenèrent ma conversion.

Les postulants appartenant à une autre religion que le catholicisme n'étaient pas soumis, en général, à ces coupables épreuves ; au contraire, quiconque avait été catholique n'y échappait pas. Le renoncement pur et simple était jugé insuffisant…

— Comment nous montrerez-vous, disait-on au récipiendaire, que vous n'avez plus aucun respect pour les idoles de l'Adonaïsme ? briserez-vous cette statue ? foulerez-vous aux pieds ce crucifix ?

On en vint même à profaner la Sainte Eucharistie, quoique sans la souiller ni la poignarder.

L'initiateur disait au postulant, en lui présentant une hostie consacrée :

— Quant à nous, nous ne croyons pas à la présence de Christ en ce pain. Vous, vous y avez cru ; vous y croyez peut-être encore. Nous ne vous demandons pas de vous acharner contre cet azyme ; ce serait acte de folie. Mais prouvez-nous, cependant, que vous êtes dégagé de toute superstition. Si dans votre conviction ce pain n'est que du pain, il ne doit rien vous coûter de le jeter au feu de ce brasier.

Voilà ce que les lucifériens du Palladisme Indépendant entendaient par les moyens les plus sûrs de se garantir que l'adepte, né catholique romain, avait définitivement rompu avec sa religion.

Ainsi, mes ex-Frères et mes ex-Sœurs revenaient à la pratique des sacrilèges. Ceci prouve que tout palladiste, même honnête, même décidé à s'abstenir des œuvres de haine, est pris dans le fatal engrenage ; il est instrument de Satan et ne peut se soustraire à ce joug que par une complète et sincère conversion.

Le Figuier maudit

Ce symbole figure dans le bas des diplômes, à côté du tableau du Saint-Sépulcre. On a placé là un arbre n'ayant ni fruits ni feuilles ; au pied du tronc, des flammes sortent de terre pour le dévorer.

La signification est, en premier lieu : condamnation du célibat ecclésiastique. J'ai partagé cette erreur ; je ne comprenais pas que le célibat des ministres du culte était précisément l'une des marques les plus caractéristiques de la vérité et de la sainteté de l'Église catholique romaine.

Il m'est arrivé, — et j'en demande pardon à un saint prêtre, qui essaya de me convaincre, au temps de mon erreur ; oui, qu'il me pardonne, si ces lignes viennent à tomber sous ses yeux ! — il m'est arrivé de déclarer immoralité ce célibat religieux. Je me tenais ce raisonnement absurde : « Si tout l'univers devenait saint dans le sens adonaïte, l'humanité serait détruite aussitôt par ce fait. Chacun doit suivre la loi naturelle et se conformer à son tempérament. Célibat pour l'homme au sang glacé, soit ; mais ne l'imposez à personne, ceci est un crime. » Et, ne songeant pas à un mariage humain, j'ajoutais, dans mon fol orgueil : « Quant à moi, j'ai le droit d'être vierge, puisque je suis toute à l'esprit de lumière qui m'a fait l'honneur de me choisir. » Je ne désapprouvais pas la chasteté en elle-même ; loin de là ! mais mon aveuglement me faisait rabaisser cette vertu à une simple question d'ordre physique, et je blâmais ceux en qui je croyais voir des victimes volontaires, privant d'une nouvelle famille leur patrie et l'humanité. Je m'imaginais que l'Église condamnait au célibat au nom de son dogme, et je maudissais son dogme, et je disais que cela était mal, très mal.

J'ai honte de moi-même, quand je réfléchis à l'obstination que j'eus dans l'erreur. Il faut, en réparation, que je m'humilie publiquement devant tous les catholiques. Dussé-je fournir des armes à la malveillance, donner à qui voudra m'outrager matière à des interprétations calomnieuses, je dirai, — quand rien ne m'oblige à le dire, — que, lorsque j'appris l'existence de la pratique du Pastos, lorsqu'il me fut révélé que j'en avais été dispensée à mon insu, je consultai Asmodée à ce sujet, afin de savoir ce que j'en devais penser.

Je lui dis.

— C'est horrible, c'est infâme, cela.

Il me répondit :

— Non… Notre Dieu Lucifer t'a élue pour donner à tes Frères et à tes Sœurs la meilleure interprétation du dogme ; mais ton droit d'examen s'arrête là… Tu m'es réservée comme épouse ; tu seras toute à moi, quand sera terminée ta mission, et voilà pourquoi tu es ma fiancée… Et tu seras si bien mon épouse, Malgré Adonaï lui-même, que je veux que tu portes ce titre d'épouse du Très Saint Asmodée dès à présent, afin de bien établir en ton esprit que tu es à moi… Tu es, en cette vie, mon épouse spirituelle, et quand tes jours seront finis en Tellus, tu viendras en corps et en âme au Ciel de Feu, où nos noces seront célébrées avec toute la magnificence du Royaume de Lucifer… En cela est la seule raison de ce que la demande de ton père a été agréée ; tu n'appartiens et n'appartiendras à aucun humain ; j'y veille !… Mais garde-toi de jeter le blâme sur ce que tu ne comprends pas. Si l'on a soin de ne pas te faire assister à une formalité qui te répugne, Lucifer le veut ainsi, dans son immense bonté pour toi ; il veut que rien ne te trouble dans l'exercice de ta mission dogmatique… Tu juges contraire à la morale cette formalité rituelle dont tu as été dispensée, non à cause de toi-même ni de ton père, mais à cause de moi ?… Malheureuse ! mais, si tu continuais à parler ainsi, sache que ta bouche profèrerait les mêmes paroles que la bouche des ministres de la superstition !… Et ne hais-tu pas la superstition ?

— Oh ! oui !

— Ne hais-tu pas le Christ, traître à Baal-Zeboub ?

— Oh oui !

— Ne hais-tu pas les prêtres du Christ ?

— Non, ils sont des hommes ; j'aime l'humanité, j'aime mes frères, même dans leur erreur ; mais, vraiment, je hais le sacerdoce des ministres du Christ.

— Soit ; je t'accorde cela… Mais prends garde, ô ma douce amie, ô mon épouse bien-aimée, si tu franchissais cette limite, tu serais sur une pente fatale, et bientôt tu deviendrais chrétienne… Tu romprais le lien sacré qui nous lie ! Lucifer, notre Dieu Tout-Puissant, briserait la promesse qu'il m'a faite, de te donner la joie de venir en corps et âme au Ciel de Feu et de présider lui-même à notre mariage ! tu cesserais d'être ma fiancée ! tu en perdrais, à l'instant même, le titre qui fait ta gloire et qui fera ton bonheur !

— Oh ! Asmodée ! m'écriai-je en me jetant dans ses bras, jamais je ne deviendrai chrétienne!…

Et je lui demandai pardon, ce jour-là, de lui avoir causé du chagrin par ma témérité à vouloir juger toutes choses.

Il me pardonna. Puis, par un raisonnement qu'aujourd'hui je reconnais diabolique, il s'évertua à me démontrer que la chasteté est immorale par elle-même. Son astucieuse rhétorique de daimon me happait. Je l'écoutais, me disant parfois en moi-même : « Il a raison » et cependant, je me sentais répugner à sa théorie, en ce qui me concernait.

On le voit, je fus bien près de la chute. Je m'en accuse en toute humilité. Et j'en vins jusqu'à essayer de me convaincre ; je me plongeais dans l'examen, à la fausse lumière luciférienne, de cette question du *figuier maudit*. Il m'arriva même, par moments, de lutter contre mon sentiment ; de concéder, en ma folle tête, que cette avilissante coutume du Pastos n'avait rien d'extraordinaire, dès l'instant qu'une de mes Sœurs voulait bien s'y soumettre ; de me dire : « Après tout, pourquoi m'opposerais-je à cela ? ce n'est point mon affaire, et je n'ai pas à me plaindre, puisque cette pratique m'est tenue cachée. »

Enfin, comme ma répugnance était invincible, je n'hésitai pas, lors de la fondation du Palladisme Indépendant, à exiger la suppression du Pastos dans tout Triangle qui se rallierait au Comité de Londres. Aujourd'hui je me demande comment il se peut qu'Asmodée ne me fit aucune opposition à cette motion ; car, en cela, j'échappais quelque peu à sa domination, somme toute. Sans doute, il espérait reprendre tout son pouvoir sur moi, par l'orgueil. Peut-être Jeanne d'Arc, à qui j'avais voué mon admiration, me protégeait déjà, sans que je pusse le soupçonner ; le fait est que, chaque fois qu'il m'arriva de m'arracher à l'examen de la question du *figuier maudit*, ce fut à la suite d'une pensée reportée sur la pure et sublime héroïne d'Orléans.

Est-ce à cette mystérieuse protection, insoupçonnée, que je dois la préservation d'un hymen diabolique ?... Ma confession doit être complète.

— Vous voulez, ô mon bien-aimé, lui dis-je un jour, que je m'intitule votre épouse, parce que je suis votre épouse spirituelle. J'en suis fière. Mais, pour notre mariage, pourquoi attendre que ma mission soit finie en Tellus ?

— Notre Dieu Lucifer le veut ainsi.

— Si pourtant vous l'imploriez, Asmodée, si vous lui demandiez de nous unir dès ma vie présente, il ne vous le refuserait pas ?…

Mon fiancé garda le silence.

Alors, je me fis câline, je devins plus insistante, je redoublai de tendresse, le suppliant d'obtenir de Lucifer d'avancer l'heure de notre hymen.

Il ne me répondait plus.

— Voyez, lui dis-je encore, combien votre Diana sera glorieuse, lors qu'elle pourra proclamer dans tous les Parfaits Triangles qu'elle est vraiment votre épouse… Dites, oui, dites à notre Dieu que je vous aime… Ah ! qu'il exauce ma supplication, et je serai la plus heureuse des créatures… Asmodée, je vous en conjure, obtenez que, sans plus attendre, il vous soit permis d'être mon époux.

Il me regarda d'un œil étrange et me répondit d'une voix sourde :

— La volonté supérieure le défend. Si j'étais le maître, Diana, vous seriez mon épouse depuis longtemps ; mais la volonté divine est entre vous et moi. Il m'est imposé de veiller sur vous. Ah ! Diana, Diana, croyez bien que je souffre !…

Et il disparut soudain, tandis que, pleurant, j'allais me jeter à ses genoux.

En moi-même, dans mon erreur, je trouvais trop rigoureux l'arrêt de Lucifer, et je me croyais bien malheureuse de ne pouvoir obtenir satisfaction à mon orgueil. Pour être sincère jusqu'au bout, je dois avouer que les séductions répandues sur son visage de faux ange de lumière avaient fait impression sur mon cœur. Hélas ! mon cœur pécha, commit ce crime dont aujourd'hui j'ai confusion, honte des hontes : le démon eut mon affection de jeune fille, mon cœur se donnait à lui.

Ah ! maudits soient les prestiges infernaux !… Oh ! vous qui me lisez, ne vous adonnez jamais aux œuvres de magie ; ne mettez pas votre âme dans le plus grand des périls ; que la honte d'une infortunée vous serve d'expérience ! Jamais, jamais ne faites appel aux esprits invisibles, même en croyant que telles œuvres sont jeux innocents. Fuyez jusqu'aux tentations de consulter une table ; le diable est là.

En ces temps où Asmodée avait troublé mon esprit par ses raisonnements de mensonge et où, dans la folle épouvante de devenir chrétienne, je luttais contre mes répugnances ; en ces temps de ténèbres où mon âme faillit se corrompre et où mon cœur eut la détestable aspiration vers un hymen démoniaque, par l'effet d'un monstrueux orgueil ; en ces heures de délire où la chasteté, ce phare sauveur, fut sur le point de s'éteindre devant les yeux de ma conscience obscurcie, je faisais, — ai-je dit plus haut, — sur la question du célibat, des distinctions qui m'étaient inspirées par l'enfer ; et, quand un saint prêtre voulut m'éclairer, criminelle, je m'obstinai dans mon erreur.

Comment ai-je pu ne pas comprendre alors la vérité qu'il tenta de faire briller pour moi ?... Je relis aujourd'hui les lettres de ce digne apôtre de Jésus ; ma vanité me ferma les yeux devant leur clarté : maintenant, je constate combien cette clarté était éblouissante. En vérité, je ne méritais pas la grâce de ma conversion…

C'était en 1893, quelque temps après l'élection frauduleuse de Lemmi ; ce saint-prêtre — je ne dois point le nommer — et moi, nous échangeâmes quelques lettres.

Voici avec quelle charité il répondit à mes objections de possédée latente :

« Vous dites que chez nous la chasteté est systématique. C'est une grave erreur ! Nous la demandons au prêtre et aux âmes d'élite, auxquelles Dieu a donné des goûts célestes, Ne devient pas prêtre qui veut ; et au surplus c'est une condition pour devenir prêtre : nul n'oblige l'individu à devenir prêtre, comme nul n'oblige la jeunesse à se faire religieuse. Ce ne sera pour elle qu'à la condition d'être vierge et de rester vierge tant qu'elle n'est pas déliée de la promesse qu'elle a faite de conserver purs son âme et son corps. Au reste, on ne fait pas vœu de chasteté sans une grâce spéciale de Dieu, car personne ne peut se tenir chaste sans une grâce spéciale ; et, par conséquent, il n'y a pas à craindre que le monde vienne à cesser à cause du vœu de chasteté.

« Notre Seigneur nous a laissé écrit que cette vertu-là ne peut être observée que par ceux à qui une grâce spéciale a été donnée du ciel. Ainsi, vous le voyez, on ne condamne personne à rester vierge, et l'on ne permet d'en faire le vœu qu'après l'avoir pendant plusieurs années demandé et après avoir donné le témoignage d'une vie sobre et éloignée de tous les amusements mondains.

« Ainsi, telles religieuses ne se sont consacrées au service des pauvres qu'après en avoir témoigné un grand désir dès leur première jeunesse. Et il y a parmi ces religieuses des jeunes personnes venues des rangs les plus élevés de la société. Est-il explicable par la seule nature que des jeunes filles, ayant tout à espérer dans le monde, richesses, honneurs, grandeur, bonheur terrestre, quittent tout, jusqu'à tout ce qu'elles ont de plus cher, la famille, pour vivre inconnues dans un monastère, au service des pauvres ? Non, ceci n'est pas naturel, et ne peut le faire qu'une âme appelée à cet état d'En-Haut.

« Pourriez-vous sagement blâmer ces jeunes personnes qui se sont senties capables d'un pareil dévouement ? pourriez-vous dire qu'elles ont commis quelque chose de contraire à la morale en s'obligeant à vivre dans la chasteté et l'innocence, pour pouvoir faire du bien à la partie la plus malheureuse de la société ? Non ; car votre bon cœur ne peut voir là que des âmes d'élite.

« Au reste, ne dites-vous pas que vous avez le droit, vous, d'être vierge ? Pouvez-vous refuser ce droit à quiconque se sent appelé à l'état de virginité ? Ce n'est pas le sang chaud ni le sang glacé qu'il faut faire intervenir pour pouvoir vivre en cet état-là : il faut une force, je le répète, qui doit venir d'En-Haut.

« Permettez-moi maintenant, mademoiselle, de vous dire des choses qui vous regardent de plus près, que j'ai promis de vous dire, des choses que vous n'avez lues ni dans les livres des théologiens ni en aucun autre livre. Voici :

« Vous me dites : « Pour moi, j'ai le droit d'être vierge, puisque je ne songe à aucune union humaine, et puisque je suis toute à l'esprit de lumière qui m'a fait l'honneur de me choisir. » — Eh bien, oui, vous êtes protégée par un esprit ; mais j'affirme avec connaissance de cause, que cet esprit vous trompe en se disant esprit de lumière, quoiqu'il se montre à vous comme tel.

« Écoutez-moi avec votre cœur : je vous donnerai un moyen infaillible pour vous assurer de la vérité de ce que je viens de vous dire.

« Cet esprit qui vous protège *est forcé de vous protéger malgré lui,* parce que cet esprit n'aime pas l'état de virginité. C'est Notre Seigneur Jésus-Christ qui vous veut vierge, parce qu'*un jour vous serez à lui*. Ainsi, vous voyez que je suis catégorique.

« Non, ne dites pas que je délire. Voici ce qui vous prouvera que l'esprit qui vous protège le fait malgré lui et forcé par quelqu'un plus fort que lui. La première fois que vous aurez à faire à cet esprit, vous n'avez qu'à lui présenter ma lettre, *cette lettre* ; vous aurez une preuve palpable qu'il ne vient pas du Dieu bon et qu'il n'a aucune puissance, sinon de faire le mal. Faites-en l'épreuve. Cette lettre n'est ni plus ni moins qu'une feuille de papier, et pourtant il en aura peur.

« Que de choses j'aurais encore à vous dire, si je ne voyais pas que ma lettre déjà repassé toute limite ! Vous dites que vous priez pour moi nous sommes nombreux à prier bien de cœur pour vous.

« Croyez-moi, mademoiselle, avec estime. » (Signature dont je garde le secret.)

Voilà la vérité que mon orgueil repoussait. Expierai-je assez ma faute, dans l'humiliation que je m'inflige en dévoilant combien je fus coupable, endurcie, rebelle à la lumière de Jésus ? Quelles larmes a dû verser ce bon prêtre en voyant mon obstination !

Cette lettre portait, collée dans le haut de la première page, une fort belle image du Sacré-Cœur. En la recevant, je fus assez perplexe. Devais-je la montrer à Asmodée ?

Je me disais :

— Lucifer et Adonaï se combattant sans trêve par les armées de Baal-Zéboub et de Mikaël, il est certain qu'Asmodée, prince très fidèle à Lucifer, ne sera pas satisfait de me voir lui présenter une figure représentant le Christ. Il entrera en courroux contre moi, et ce sera justice.

J'hésitai pendant cinq jours. Enfin, je ne voulus pas qu'il pût être dit que j'avais reculé devant l'expérience proposée, et je me décidai, quoique à regret.

Le cinquième jour, j'appelai Asmodée. Il m'apparut sans retard. J'avais préparé la lettre ; je l'avais placée, fermée sur un guéridon, et recouverte d'un livre. Alors, je dis à mon fiancé :

— Asmodée, j'ai besoin que vous m'excusiez. L'enseignement que vous m'avez donné pour me faire exécrer le figuier maudit m'a amenée, dans une correspondance dont je n'avais pas pris l'initiative, à tenter de convaincre un ministre de la superstition.

Dès ces premiers mots, Asmodée fronça les sourcils. Ces relations avec un prêtre du Christ, quoique simplement épistolaires, lui déplaisaient à coup sûr. Je plaidai donc les circonstances atténuantes, sans la moindre altération de la vérité.

— C'est lui, repris-je, qui s'est fait mettre en rapports avec votre Diana, Asmodée. J'ai accepté de correspondre, parce qu'on me l'a dit bon, dans son erreur. Il a essayé de vaincre ma foi. Alors, je me suis piquée d'amour-propre, et c'est moi maintenant qui voudrais le convertir à Lucifer.

— Si tu obtenais ce résultat, ce serait un grand bien.

— N'est-ce pas ?... Mais jugez à quel point ce prêtre est éloigné en ce moment d'une conversion... Il m'a mis en quelque sorte au défi de vous montrer sa lettre, cette lettre sur laquelle le traître du Thabor est représenté...

En même temps je lui présentai le papier.

Ce que j'avais prévu arriva. Asmodée se mit en colère.

— Horreur! s'écria-t-il, tu te prépares donc à me trahir ?… La méchanceté d'Adonaï va-t-elle envahir ton âme ?… Ô méchante, méchante, voilà que tu t'apprêtes à te faire chrétienne!…

— Mais non, répliquai-je. Moi chrétienne ?… Jamais ! jamais !…

— C'est une insulte que ce prêtre te fait, alors !… Je le maudis ! je maudis ses pensées contre toi ! je maudis l'image qu'il t'a envoyée !… Que le Ciel de Feu lance ses légions pour venger cette injure !… Horreur et malédiction !…

J'avais laissé tomber la lettre. Il ne me paraissait pas épouvanté, mais irrité contre moi, et je me disais qu'il avait raison. Je repoussai la lettre du pied.

— Asmodée, fis-je en implorant, je vous ai causé du chagrin ; soyez certain, pourtant, qu'aucune méchanceté n'est entrée en mon âme. Il me semblait que ce prêtre triompherait, si je m'étais abstenue…

— Quittons ces lieux, dit-il en m'interrompant… Ô ma bien-aimée, que je te fasse oublier ta peine et la mienne !…

Il me prit dans ses bras et m'emporta bien haut, bien loin.

En ce transport, il me parla beaucoup ; nous causâmes encore du prêtre, mais mon fiancé semblait plus rassuré sur ma fidélité à ma foi luciférienne. Le nom dont la lettre était signée m'avait frappée ; je faisais un rapprochement avec certain indice. Asmodée dit alors que ce prêtre était un moine.

— Il a une haute imprégnation adonaïte, fit-il ; c'est un moine maléficiant.

Puis, il ajouta, en ricanant :

— Eh bien, puisqu'il veut lutter contre mon pouvoir, il en recevra les coups... Je te permets de lui écrire encore une fois... Tu lui diras qu'il ne gardera pas l'imprégnation adonaïte jusqu'à sa mort... Tu occupes sa pensée. Je veux que tu l'épouvantes, lui !...

Et il me donna des prophéties, destinées à frapper l'esprit du prêtre, croyait-il.

Enfin, Asmodée me rapporta dans ma chambre.

Je pris note des prophéties diaboliques. Aujourd'hui, je comprends que ce ne devait être la qu'un tissu de mensonges.

Le trompeur me dicta ceci :

– L'avant-veille du jour où ce prêtre t'a écrit, il parla beaucoup de toi dans son entourage. Il a un ennemi, qui se dit son ami ; c'est un vieil homme qu'il a rencontré, il y a exactement huit jours, quelques instants après sa messe... Mets ton correspondant en garde contre cet homme.

— Ainsi, Asmodée, il ne vous déplaît pas que j'écrive encore à ce prêtre du Christ ?

— Une seule fois, oui... Ensuite, nous verrons... Peut-être la curiosité d'avoir une apparition de toi l'aménera-t-elle à nous... Observe bien mes prescriptions, ma bien-aimée.

Je repris la plume. Asmodée dicta encore, lentement, paraissant absorbé dans le profond examen d'une pensée intérieure.

— Ce ministre de la superstition, dit-il, aura une très forte émotion dans son existence : d'abord, neuf jours de larmes joyeuses ; ensuite, une douleur aussi violente qu'inattendue. Ceci se passera dans l'année même où mourra le pape actuel. Son successeur sera plus zélé qu'habile ; nous nous réjouirons de ses excès de zèle, car il en naîtra de grands maux pour l'Église… Écris, écris cela à ton correspondant…

— Ne pourrait-on pas préciser l'époque ?

— C'est le secret de Dieu… Mais je puis te dire qu'avec le changement de pape coïncidera la cessation de la souveraineté de Simon dont tu t'affliges.

— Oh ! alors, puisse ce temps béni n'être point éloigné !…

Asmodée reprit :

— Ce prêtre a insulté ta foi, croyant ainsi la vaincre… À son défi, il faut répondre par un autre défi.

Il s'écria :

— Moloch ! Moloch ! viens à mon aide !

En même temps, il ouvrit sa main gauche, et le fus toute surprise d'y voir, quelques instants après, une touffe de poils bizarres.

— Ce sont des poils, me dit-il, que Moloch vient d'arracher de sa poitrine. Il me les envoie, afin que je te les donne.

Il me remit ces poils.

— Au papier du prêtre, nous opposerons le carton argenté, continua Asmodée… Tu prendras deux rondelles de carton que tu colleras l'une contre l'autre, en y plaçant au centre les poils de Moloch, de telle sorte que la touffe jaillisse, bien droite : tu recouvriras les bords d'un ruban que tu auras d'abord porté sept heures à ton cou et que tu colleras fortement… Pendant tout le temps que durera la préparation de ce talisman, tu réciteras l'*Ave, Ève*… Et tu enverras ce talisman au Prêtre…

— À quel usage servira-t-il ?

— Ce talisman sera d'une puissance extraordinaire… L'eau maléficiée des adonaïtes ne réussira point à lui faire perdre cette puissance… Dans ta lettre, tu diras au prêtre : « Voici une proposition de la part d'Asmodée, et vous verrez bien par là qui est le plus puissant, de mon Dieu ou du vôtre. Vous, vous m'avez envoyé un simple papier, pour courroucer mon époux céleste. Lui, il se flatte que tous les miracles de vos maléakhs seront empêchés par ce simple carton qu'il m'a fait préparer. Vous pouvez l'asperger de votre eau maléficiée dite bénite ; ce sera en vain. Le poil m'a été remis par Asmodée. Moloch lui-même s'est arraché cette petite touffe de poils ; or, si vous l'ignorez, je dois vous apprendre que Moloch glace de terreur tous les mauvais anges qui sont les soldats de votre dieu. Dans ce que je vous envoie il n'y a rien que du carton, du poil et un peu d'étoffe. Eh bien, ce simple objet suffira pour empêcher les miracles de vos maléakhs de se produire. »

J'écrivais scrupuleusement sous sa dictée.

Il me dit encore :

— Sois catégorique à ton tour. Mets ce prêtre au défi d'expérimenter ton talisman. J'affirme qu'aucun miracle de sa religion ne s'accomplira nulle part, pas même à Lourdes, en un mot, n'importe où se trouvera cette touffe de poils de Moloch… Mais voici ce que je t'annonce ce prêtre craindra d'avoir par là une démonstration éclatante de l'infériorité de son dieu…

Et, renforçant la voix avec orgueil, il ajouta :

— Quant à nous, il ne nous déplaît pas de laisser Adonaï accomplir ses prestiges, puisque nous ne nions pas sa divinité. Mais les ministres de la superstition qui ravalent le Dieu-Bon au rang d'ange déchu, eux qui en font un diable plus ou moins enchaîné, ils se gardent bien de laisser voir qu'il est libre et supérieur en divinité, c'est-à-dire qu'il est seul digne d'être nommé l'Être Suprême, le dieu le meilleur et le plus grand… Ce sont les prêtres de Christ qui mettent la lumière sous le boisseau !

— Dois-je répondre à ce qu'il m'a écrit du figuier maudit ?

— Oui, afin de ne pas lui laisser le dernier mot… Mais souviens-toi que tu as la vérité, et maintiens simplement ta précédente lettre. Donne-lui à comprendre qu'il n'a pas vaincu ta foi, que ses arguments captieux sont sans force contre elle. Dis tout cela poliment, mais fermement, d'un ton ne souffrant pas de réplique. Sois respectueuse pour sa personne et pour ceux qui sont comme lui. Plains son erreur, et flétris ceux de ses pareils qui sont hypocrites. Qu'il sache que son éloge de la charité n'a pas fait dévier ton raisonnement ; car les deux questions, charité et chasteté, sont distinctes… En vérité, je te le déclare, cette chasteté, quoi qu'il dise, la religion superstitieuse l'*impose* à ses prêtres… Tiens, transcris encore ceci, et fais-en ta conclusion sur ce point : « Soyez chaste, mais sans contrainte. Vierge je suis, et je me garde telle, parce que j'ai un époux céleste et non pour me donner jamais à votre Christ, que j'exècre, à cause de tout le mal qu'il fait au monde. »

— Ainsi, interrogeai-je, nous arrêterons là notre correspondance ?

— Oui, après cette lettre, tu ne lui écriras plus, excepté s'il consent à être mis en rapport direct et visible avec toi, mais par mon intermédiaire.

— Comment donc ?…

— Je veux voir si ce prêtre peut se laisser entraîner par quelque bon sentiment, vers la vérité de notre Dieu… S'il fait le premier pas, à ta sollicitation, eh bien, il sera à nous.

— Dictez-moi, Asmodée, ce qu'il faut que je lui écrive, dans ce but.

— Tu termineras ta lettre, en l'invitant à cesser toute correspondance ; mais tu lui offriras de venir auprès de lui, en ces termes… Écris exactement ceci : n'y change pas un mot : « Si vous voulez me voir, abstenez-vous pendant trois jours consécutifs de faire votre messe, mais cela sans recourir à une dispense de votre supérieur ; ôtez de dessus votre corps tout talisman adonaïte, médaille, scapulaire, etc. ; le troisième soir, couchez-vous à neuf heures, après avoir passé vos mains sept fois au-dessus d'une flamme légère ; entre dix et onze heures, dites en n'importe quelle langue, de trois minutes en trois minutes, sincèrement : « *Asmodée, permets à ton épouse Diana de venir me donner la lumière du Dieu-Bon.* » En quelque endroit que je me trouverai, soit en Europe, soit en Amérique, à onze heures précises, à votre dernier appel, vous me verrez auprès de vous. »

Hélas ! elles étaient bien épaisses en mon âme, les ténèbres de Lucifer ; car j'obéis aveuglément à l'abominable démon dont j'étais la dupe, je ne compris pas le ridicule de ses prétendues prophéties ; en se servant de moi pour les débiter, il me mettait au rang des plus grotesques tireuses de cartes. Je n'eus pas non plus grande perspicacité, en acceptant ce rôle de tentatrice qu'il me donnait à remplir, dans son cynique espoir que l'attrait d'un prestige diabolique inciterait ce bon prêtre à manquer à ses premiers devoirs sacerdotaux. Vraiment, je le vois aujourd'hui, les ruses de l'enfer sont sans action contre les saints ; ce qui peut paraître une habileté, aux yeux du vulgaire, n'est qu'un piège des plus grossiers, quand il est tendu à une âme d'élite.

Asmodée s'étant retiré, je confectionnai le talisman et j'écrivis la lettre.

La réplique ne se fit point attendre.

« Mademoiselle, me répondait le digne prêtre, vous me faites des prophéties de malheur ; je ne les crains nullement, Dieu seul connaît l'avenir. — Vous dites qu'on ne comprend pas votre religion. Vous n'avez pas de religion. Votre religion consiste à ne vous contraindre en rien. — Vous êtes la dupe d'un esprit malin, qui se dit votre époux céleste, et il a des poils comme les renards !!!

« Pauvre jeune fille ! vous êtes vierge… Oh ! si vous l'étiez vraiment!… Mais votre époux céleste s'appelle Asmodée ; ce qui signifie *le démon de l'impudicité*. — Le misérable par votre entremise me propose de laisser trois jours la messe et de l'invoquer ! Il est bien maladroit en cela. Il sait quelle est l'action de la messe sur lui et sur tout l'enfer. — Il sait aussi que *j'ai un pouvoir sur lui*. Je veux vous le prouver. Il a dit qu'il ne craignait pas ma lettre : elle l'a pourtant bien mis en colère.

« Maintenant, si vous voulez ouvrir les yeux, vous n'avez qu'à lui présenter l'ordre que je lui donne. Il fuira devant vous, toutes les fois que vous le lui présenterez. Vous verrez qu'il n'est ni dieu, ni céleste, mais qu'il est un misérable démon de la pire espèce, qui tremble au nom de Jésus.

« J'écris ceci, parce que j'aime votre âme. Ouvrez les yeux, si vous ne voulez pas être perdue pour l'éternité.

« ✝ *Asmodée, démon de l'impudicité, — au nom de Jésus, Roi du Ciel et de la terre, — régnant dans l'Eucharistie, — je t'ordonne de rentrer dans les enfers !* »

Je fus outrée de cette lettre : elle me parut outrageante au plus haut point. En mon erreur, je la jugeai atrocement calomnieuse envers mon fiancé. Mais l'indignation ne fut pas mon seul sentiment.

L'écriture était mouillée, très mouillée.

— Le moine, me disais-je, a aspergé sa lettre d'eau maléficiée.

Et je mis le papier à distance, pour le relire. Je l'avoue, je n'étais pas rassurée ; il me semblait que quelque maléakh allait sortir tout à coup de ce papier adonaïte. Je me tenais en garde… Puis, je récitai vivement quelques prières lucifériennes, demandant au Dieu-Bon de me préserver contre les attaques du Royaume Humide… Enfin, par mesure de précaution, je résolus de brûler cette lettre, après en avoir pris copie, toutefois ; car, malgré mon échec, je considérai intéressant de garder complet l'ensemble de cette correspondance. Je l'ai retrouvée récemment, parmi la quantité innombrable de lettres que je reçus.

Oh ! je n'eus pas la moindre tendance à évoquer de nouveau Asmodée, pour lui présenter la feuille où je ne voyais alors qu'horribles blasphèmes. Je me dis au contraire :

— Combien Asmodée avait raison !…

Quand je brûlai la lettre, j'étais toute frissonnante, et avec quel soulagement j'en dispersai les cendres, les ayant emportées loin de chez moi !

Aujourd'hui, je suis dans la confusion, en jetant ce coup d'œil en arrière. Je me demande comment j'ai pu, si longtemps demeurer le jouet des démons ; je frémis à la pensée de l'abîme où mon âme était plongée, si bas, si bas, si profondément dans le gouffre de damnation ; et je tremble, en songeant que le péché pourrait tuer encore ma pauvre âme ressuscitée !

Cette honte du passé, nécessité de ne la point éviter. L'humiliation aide au salut, et je ne saurais trop m'humilier. Voilà pourquoi je viens de montrer la coupable que je fus : coupable d'orgueil, coupable de lâcheté, coupable de refus d'ouvrir les yeux, coupable d'avoir attristé un saint religieux, coupable d'avoir accepté des puissances infernales un odieux rôle pour essayer de le perdre. Ce fut plus qu'une faute, tout cela ; ce fut un crime.

Et Dieu pardonne de tels crimes !… Miséricorde infinie !… Est-ce bien possible ! Suis-je vraiment pardonnée ?… Non, le ciel n'est pas pour moi ; j'en suis indigne ; et quand aujourd'hui quelque bon prêtre m'écrit dans son enthousiasme : « Nous nous connaîtrons au ciel », j'ai peur, oui, j'ai peur que son vœu ne se réalise pas pour moi, j'ai peur qu'une défaillance me fasse retomber au pouvoir de l'enfer… Amies, amis, priez, priez bien pour moi !…

Mais quelle lumiére, aussi, que ce triste exemple !… La voilà, mise en plein jour, l'impuissance du diable… Quand j'y réfléchis à présent, quel piètre devin, le misérable Asmodée !… À l'instar de ses pareils, il ignore ce que Dieu ne veut pas qu'il sache. Il m'a fallu, en certains cas, le renseigner moi-même sur ce que j'avais fait. Dieu permet au diable de lire dans les âmes et parfois donc il l'en empêche : cette question est du domaine des théologiens ; je n'ai pas à t'examiner, vu ma complète incompétence ; je me borne à citer mon fait. Le malin, dans sa superbe veut s'ériger en esprit céleste ; il ose s'attribuer mensongèrement la puissance divine, pour tromper les hommes ; et Dieu le couvre de confusion, en faisant éclater qu'il n'est qu'un instrument, un fourbe grossier, dès que la puissance de la nature angélique lui est retirée, un méchant niais, un vil maladroit

Détestable effet de mon éducation luciférienne, je voyais tout à rebours. Quel aveuglement, celui des victimes de Satan ! et quelle illumination soudaine, quand on s'abandonne à la grâce, en baignant son âme dans les eaux vives de la foi !

(À suivre)

1. ↑ Voir les fascicules n°2, 5 et 6 des *Mémoires*.

CHAPITRE IV

La Bisaïeule de l'Anti-Christ

(Suite)

À proprement parler, la secte, dans ce document secret, n'ose pas encore rêver un Pape qui soit le complice conscient de ses criminels projets ; ce que les hauts-maçons de 1822 espéraient, c'était pouvoir un jour compromettre un Pape par une adhésion plus ou moins apparente aux hypocrites doctrines du libéralisme. Cet espoir, la Maçonnerie l'a nourri longtemps ; les flatteries mazziniennes à l'adresse de Pie IX, au début de son pontificat, attestent que les conjurés eurent l'audace de prendre pour de la faiblesse l'immense bonté du successeur de Grégoire XVI : ils avaient escompté le nouveau règne ! Amère fut leur déception, et c'est à leur dépit qu'il faut attribuer la ridicule fable, imaginée et colportée par eux, de l'affiliation maçonnique du jeune comte Mastaï-Ferretti ; n'ayant pu le circonvenir, ils se vengèrent en cherchant à le faire passer pour un ancien maçon reniant ses Frères en Hiram.

Du document secret de la Haute-Vente Suprême de Turin, Albert Pike tira des conséquences nouvelles ; Satan s'était ravisé. Il pensa qu'il fallait payer d'audace, convaincre ses adeptes qu'un jour ils auraient un Pape se convertissant au Palladisme, déposant sa tiare et prenant part au Convent des Triangles qui, selon les traditions apadniques, doit abolir à Malte la souveraineté spirituelle du Saint-Siège, c'est-à-dire la Papauté elle-même.

De là : la Solennelle Voûte du 5 août 1871, adressée par Pike à Mazzini, que le docteur Bataille a publiée (*le Diable au xixe siècle*, tome II, pages 564-606) et que la Maçonnerie italienne n'a pu nier, lorsqu'elle fut reproduite par la *Rivista Antimassonica*, à la suite de la première circulaire officielle du F ▽ Ernesto Nathan.

Après Mazzini, Lemmi eut à veiller à l'exécution du plan infernal exposé dans cette fameuse voûte, et par un document assez récent nous allons voir, tout à la fois, les idées de Pike, de Lemmi et de Sophia. Cet instructif document n'est autre que la première lettre écrite par Mlle Walder à l'antipape de Charleston, après son arrivée en Europe, trois jours après la tenue de grand-rite qui eut lieu au *Lotus des Victoires*, à Rome, et où Bitru se manifestant proclama Sophia vraiment bisaïeule de l'Anti-Christ. L'original de cette lettre, du 21 octobre 1583, est aux archives du Sanctum Regnum ; mais j'en possède une copie certifiée conforme et contresignée par Sophia elle-même. Ce qui va suivre est la traduction fidèle.

Mlle Walder débute en espérant que le Grand Albert a reçu ses précédentes lettres de Shang-Haï, de Calcutta et de Naples ; elle raconte, ensuite, la séance du 18 octobre, et elle en vient enfin à ses appréciations sur le compte de Lemmi, qui lui fut toujours sympathique, même avant qu'elle le connût. On remarquera qu'elle a bien soin de ne point employer le terme « Satan », ne voulant pas se faire réprimander par Pike.

« En vérité, notre Dieu a inspiré le choix qui a été fait ; il ne pouvait être meilleur. O-U-461 m'a longuement entretenue de la Solennelle Voûte du 29 Ab 000871 et m'a expliqué comment il s'en inspirait, afin que mon action fût réglée sur la sienne. Je serai très heureuse de le seconder en France, Suisse et Belgique, puisque ce Lotus m'est promis.

« Il me tarde d'être à Paris. O-U-461 m'a dit qu'il me sera très difficile de gagner secrètement des ministres adonaïtes ; il constate, avec grand mécontentement, un réveil de la foi adonaïte, non seulement en Italie, mais aussi en France ; on ne recueille guère plus dans les Triangles que les ministres qui ont publiquement rompu avec la superstition. Je désire ardemment voir par moi-même ce qu'il en est en France.

« Par contre, m'a-t-il été assuré, le recrutement des SS ▽ s'opère avec une facilité merveilleuse ; tout Atelier androgyne ordinaire devient rapidement Triangle. J'ai retenu votre conseil à ce sujet ; c'est, en effet, en poussant à ceci que le secret est le mieux assuré.

« S'il le faut, je moissonnerai moi-même les figuiers maudits ; mais ma préférence est de les voir produits par un ministre adonaïte. La vengeance se savoure mieux ainsi. C'est aussi l'opinion de O-U-461. J'ai eu grande joie à le connaître ; quel admirable ouvrier de l'œuvre sainte !... Vous savez quelle énergie il déploie dans l'exécution de vos ordres ; mon admiration pour lui ne vous étonnera donc pas.

« Depuis que je foule le sol d'Europe, je me sens une force qui m'était inconnue. Oh ! combien j'avais raison de vouloir partir ! ma mission est vraiment ici. Vous verrez bientôt de quoi je suis capable. Cette France, surtout, je la transformerai ; j'y ferai naître les Triangles en frappant du pied ; mais je supplie notre Dieu de me rendre assez persuasive pour arracher au Traître ses ministres.

« J'ai exposé à 0-U-461 comment je compte m'y prendre ; il m'a approuvée et félicitée. Réussirai-je beaucoup ? Tout est là. Il faudrait que chaque Triangle eût son Decmaker.

« Comptez sur moi, je grouperai partout les femmes sûres, qui nous sont nécessaires ; par elles nous minerons le Temple du Traître. Vous voyez que je suis en complète communion d'idée avec vous, Très-Saint Vénéré Père. Ah ! vous me lisez peut-être avant que cette lettre vous parvienne. Une voix me murmure a l'oreille : Oui. Que ne puis-je, moi, vous voir à distance ! Votre vue chérie me fortifierait encore. N'importe, comptez sur moi.

« J'arracherai au Traître ses ministres. Oh ! tous mes efforts à cela ! Comptez sur moi, oui, je ne saurais trop vous le redire. Je voudrais pouvoir me multiplier, être en cent endroits à la fois, avoir auprès de moi cent ministres du Traître arrachés à leur superstition et me livrant sans cesse, matin et soir, nuit et jour, des figuiers maudits !… Quelle royale hécatombe !… O-U-461 m'a embrassée de tout son cœur, quand je lui disais cela. L'ennemi peut le haïr ; la haine de l'ennemi n'est pas égale à sa haine contre l'ennemi, et ma haine, à moi, est plus vaste et plus forte que toutes les haines des deux hémisphères.

« Salut, Très-Saint Vénéré Père ! salut en notre Dieu ! salut en notre haine sainte ! salut en l'espoir de délivrer le monde du joug adonaïte ! sept fois salut ! Comptez sur moi. »

0-U-461 signifie *Occabys-Ultor*, Adriano Lemmi. *Decmaker* signifie Luigi Revello, couvre-nom d'un prêtre apostat.

Ce style de Sophia était loin de me plaire, au temps de mon erreur ; aujourd'hui, il me fait frémir. Sa haine est sauvage ; ce ne peut être elle qui écrit ainsi, c'est un démon.

Je ne sais pas si Mlle Walder a réussi à « arracher » de nombreux prêtres « à leur superstition », j'en doute.

Son procédé est déloyal et surtout profanateur ; mais, maintenant que je connais la puissance de la foi, j'ai peine à croire que le piège ait pris beaucoup de ceux contre qui elle l'a pu dresser. Sans doute, la plupart n'auront pas soupçonné le piège, n'auront pas deviné à qui ils avaient affaire.

Sophia profane le tribunal de la pénitence ; du moins, en ce temps-là, c'était un jeu pour elle. Elle va donc s'agenouiller au confessionnal ; elle se dit en voyage, loin de son directeur habituel. Elle se confesse, comme une bonne catholique ; mais, parmi les péchés qu'elle accuse, elle se dit tourmentée par le doute. Depuis quelque temps, fait-elle hypocritement, des idées, qu'elle s'efforce de rejeter, se présentent d'elles-mêmes à son esprit ; n'y aurait-il pas deux Dieux au lieu d'un ? etc. Elle a grand soin de dire qu'elle n'a lu cela dans aucun livre ; à plus forte raison, elle se garde bien de parler de sociétés où l'on professe ces croyances-là. Elle joue l'innocente, la chrétienne désespérée d'être en proie à une telle obsession : elle glisse ainsi ses arguments, peu à peu implorant la pitié du prêtre, mais en se montrant fort troublée et cherchant à communiquer son prétendu trouble, si le ministre de Jésus-Christ ne l'arrête pas dans sa comédie.

C'est là le plan qu'elle avait exposé à Lemmi et pour lequel il l'avait approuvée et félicitée. Elle se vantait, en 1889, de l'avoir mis à exécution ; mais elle ne dit pas à la Sœur, de qui je tiens le renseignement, si elle était parvenue à jeter le doute, en s'y prenant ainsi. Sophia garde le silence sur ses échecs. J'imagine qu'elle a dû perdre son temps. Je sais aussi qu'elle envoie des Sœurs aux prêtres catholiques, sous toutes sortes de prétextes, et ces femmes se donnent pour bonnes chrétiennes, mais simulent attaques de nerfs et le reste. Ce sont des intrigantes et des dissolues. Quant à ce procède de tentation, Mlle Walder ne l'emploie pas elle-même.

Enfin, voilà où la malheureuse est tombée, par l'effet de son infernale éducation.

Ce fut donc en 1885 que je la vis à Paris. Le Triangle *Saint-Jacques* venait d'être fondé, l'année précédente ; elle en était la grande-maîtresse.

Mon voyage en France était motivé par des affaires de famille ; je ne puis en dire davantage, ce serait imprudent aujourd'hui ; mon oncle seul sait exactement de quoi il s'agit, et, malgré sa désapprobation de ma conversion, il m'aime trop pour trahir ce secret de famille, qui ne me ferait peut-être pas découvrir, mais qui certainement paralyserait un de mes meilleurs moyens de communication hors de ma retraite.

Je n'avais aucune raison de cacher mon passage à Paris à l'une de mes Sœurs palladistes, qui était d'origine américaine. Justement, elle appartenait au Triangle *Saint-Jacques*. Elle vint me voir et me fit un grand éloge de Sophia. Je fus sollicitée. « Pourquoi ne recevrais-tu pas chez nous l'initiation de Maîtresse Templière ? » me dit mon amie. On connaissait la poésie si violemment antiadonaïte que j'avais composée le lendemain de ma réception au grade d'Élue Palladique ; l'avis général était que je n'avais rien à apprendre.

J'aurais préféré, sans doute, être initiée Maîtresse Templière chez *les Onze-Sept* ; mais on insista tant et tant, on flatta si bien ma vanité, en invoquant le grand honneur pour le Triangle parisien etc., que j'acceptai sans me faire trop prier. Il est bon de dire que, dans la Haute-Maçonnerie, les initiations peuvent se donner n'importe où, quand il s'agit de monter en grade ; dans la Maçonnerie ordinaire, au contraire, le même cas serait tout à fait exceptionnel : là, on reste inscrit à l'Atelier où l'on a reçu tel grade, sauf à permuter ensuite. En prévision de l'éventualité, j'avais toujours, parmi mes papiers emportés en voyage, un document sous une enveloppe fermée, qui m'avait été remise sans explications par le successeur de mon père à la présidence du Triangle de Louisville : j'ignorais quel sujet ce document traitait ; je savais seulement que je devais le remettre à la grande-maîtresse ou au grand-maître du Triangle qui aurait à m'initier Maîtresse Templière et que c'était un décret se rapportant à moi personnellement. J'ai su plus tard que ce décret me dispensa de l'épreuve du Pastos.

Je confiai à mon amie l'enveloppe et son contenu, en la chargeant de les remettre à Mlle Walder. Le lendemain, j'eus la visite de Sophia. Elle me dit que le décret lui avait donné la preuve de ma haute importance dans le Rite, sans ajouter rien autre sur ce point. Nous nous traitâmes l'une l'autre en bonnes amies.

Sophia tenait à ce que l'assemblée d'initiation, dont elle se faisait grande fête, eut lieu le 25 mars. Cette date si mémorable dans la vie de Philalèthe, n'était point pour me déplaire. Nous étions alors dans les premiers jours du mois.

Ayant à me rendre hors de Paris, je promis d'y être de retour le 24 au plus tard, et je fus exacte.

Le Triangle *Saint-Jacques*, qui avait été constitué dès la venue de Mlle Walder en France, était le second Atelier palladique parisien. Il avait son siège au n° 63 de la rue du Champ d'Asile, dans le même local où la Mère-Loge *le Lotus* s'était transportée depuis qu'elle avait quitté la rue de Varennes. Je m'attendais donc à être convoquée à la rue du Champ d'Asile, y ayant assisté déjà à une tenue triangulaire au grade d'Élue.

Mon amie, venant me chercher, me dit :

— Nous allons du côté de Grenelle ?

— Tiens ! pourquoi ?

Elle me donna l'explication. Le local de la rue du Champ d'Asile abrite trois Loges du Rite Français et une Loge du Rite Écossais. Or, en 1885, le 25 mars tombait le quatrième mercredi du mois, jour où le local avait été retenu par la Loge *Les Cœurs Unis Indivisibles*.

La salle qui fut prêtée à Sophia pour cette séance, dans laquelle je devais recevoir l'initiation de Maîtresse Templière, existe encore et sert plus que jamais aux réunions secrètes d'occultistes. Elle est située à Vaugirard (XVe arrondissement), rue Croix-Nivert, n° 154 ; le diable y apparaît fréquemment. Là est le siège de l'occultisme jacobin, vieux legs de la Révolution ; cette mystérieuse école de sorcellerie, née de Catherine Théot et de Robespierre, se nomme l'association des

Théophilanthropes, et, pour les imparfaits initiés, elle se masque derrière une Loge du Rite Français, dite *les Zélés Philanthropes*. C'est là que je vis pour la première fois le Baphomet ; car les Théophilanthropes ont un Baphomet semblable à celui des Palladistes, et, en se qualifiant « jacobins », ils sous-entendent, comme Robespierre : « fils de Jacques Molay ».

Dans le cabinet des réflexions, on ose donna à méditer une poésie intitulée l'*Œuvre Maçonnique*, composée quelques semaines auparavant par un F▽ de l'orient de Saint-Quentin, journaliste, qui est aujourd'hui l'un des principaux rédacteurs du *Voltaire*.

Voici cette pièce de vers :

L'ŒUVRE MAÇONNIQUE.

I

Hiram, le grand aïeul, un jour bâtit le « Temple ».
Symbole glorieux ! — Sur les hautains piliers
La voûte formidable pèse, et l'œil contemple
Avec respect cette œuvre. — Ô puissants Ateliers,

Où l'airain rutilant coule, effrayante lave,
Où le marbre vaincu se tord sous le ciseau,
Où la science fait de la force une esclave
Et la courbe ainsi que l'autan courbe un roseau ?

Ô berceau que nos yeux voient en pleine lumière
Se détacher superbe au fond du noir passé !
Monument merveilleux, ô poème de pierre
Écrit par des géants sur le sol convulsé !

Nous saluons en vous le travail du Grand-Maître,
De l'Apôtre qu'on voit, debout au seuil des temps,
Majestueux et fort, aux Maçons donner l'être :
Hiram, Hiram, plus fier que les plus fiers Titans.

Hiram qui nous créa ; Hiram qui, de sa règle
Dans l'avenir traça pour nous des chemins sûrs
Et nous montra le but ; Hiram qui, d'un œil d'aigle,
Aperçut les splendeurs calmes des temps futurs.

II

Nous continuons l'Œuvre avec l'outil Idée.
Si le Temple n'est plus, nos frondes en ont pris
Les pierres : l'Ignorance est par nous lapidée ;
Hiram dressait des murs, nous dressons des esprits.

Éclaireurs du progrès, nous combattons sans trêve
Pour le droit, et c'est grâce à notre apostolat
Que sur la vieille Terre une aurore se lève,
Dont les hommes noirs fuient le fulgurant éclat.

Nous avons élevé, nous aussi, notre Temple.
Et ses colonnes sont : Justice, Vérité.
Travail, Devoir et Paix. Nous prêchons par l'exemple,
En conviant le monde à la Fraternité.
  Sur la brèche, debout, les Enfants de la Veuve
  Font flotter, haut et droit, dans l'azur radieux,
  Leur antique bannière ; *et sans craindre l'épreuve,*
  Cuirassés de dédain, ils frappent les faux Dieux !

Ils disent aux humains : Multitude insensée,
Cesse de te courber sous le joug ! Lève-toi !
Reprends ton libre arbitre et ta libre pensée ;
Qu'Amour et Liberté soient ton culte et ta foi !

Sur la copie manuscrite qui m'avait été remise, on avait souligné d'un trait assez épais : « Et, sans craindre l'épreuve, cuirassés de dédain, ils frappent les Faux Dieux. »

Un papier à part, déposé sur la table du cabinet des réflexions, portait cette question « Quels sont les Faux Dieux ? » avec invitation à répondre.

J'écrivis au-dessous de la question :

« Cette poésie, destinée par son auteur à des lectures devant des imparfaits initiés, emploie des termes qui ne sont pas rigoureusement exacts. Le caractère impropre de certaines expressions est voulu, sans doute. Par *Faux Dieux* les Maçons inférieurs entendent, certainement, qu'il s'agit des trois Dieux de la Trinité catholique, et *frapper* signifie qu'il faut les détruire dans l'esprit du peuple. Ces termes sont donc impropres, la poésie étant lue par des Maçons du Rite Suprême. Il n'y a pas, à vrai dire, de *Faux Dieux*, mais un vrai Dieu-Bon, qui est Lucifer que j'adore, et un Dieu-Mauvais, Adonaï, le Dieu-le-Père des catholiques, ayant associé le Christ à sa divinité malfaisante. Quant à un troisième Dieu-Mauvais, ou Saint-Esprit des catholiques, je ne crois pas à son existence. »

(La suite au prochain numéro.)

PRIMES DE LA SECONDE ANNÉE

À tout abonné qui renouvelle, c'est-à-dire qui souscrit aux douze derniers fascicules des *Mémoires d'une ex-Palladiste*, l'éditeur, M. Pierret, tout en maintenant l'avantage des prix de faveur sur tout ce qu'il édite, offre une réduction exceptionnelle sur deux ouvrages, au choix de l'abonné

1° **Le Juif dans la Franc-Maçonnerie**, par A. DE LA RIVE ; volume in-18 jésus à 3 fr. 50. — Voir aux précédentes annonces. — Cet ouvrage, qui a été si justement appelé « *un livre providentiel* » par la presse catholique, sera laissé à *un franc* à nos abonnés. Franco : 1 fr. 50.

2° **Le Martyre de Jeanne d'Arc**, par LÉO TAXIL et PAUL FESCH ; volume in-18 jésus de XXXII-528 pages ; seule édition donnant la traduction fidèle et complète du Procès de la Pucelle, d'après les manuscrits authentiques de Pierre Cauchon. Nouvelle édition ornée d'une jolie reproduction de la célèbre statue de Jeanne d'Arc par la princesse Marie d'Orléans. Prix pour le public : 4 fr. (franco : 4 fr. 50.). — Prix de faveur *pour nos abonnés* : **1 fr. 50** (franco : 2 fr.)

Symboles du Palladisme[1]

Le Figuier Maudit

(Suite)

Du *Figuier maudit* je viens de donner la première signification ; mais son symbolisme est double. Quant au second sens, il est encore plus abominable que le premier.

C'est Notre Seigneur Jésus-Christ lui-même qui est qualifié « figuier maudit » par les palladistes. L'exposé de la première signification permettra de comprendre à quel honteux point de vue le Rite Suprême se place pour vomir cet ignoble outrage contre le Divin Sauveur ; il me répugnerait, d'ailleurs, d'entrer en longues explications sur ce point.

Il me suffira de dénoncer à l'indignation catholique une des infamies de l'*Apadno*. Elle forme un épisode de la Bible luciférienne, tout un épisode inouï, d'une perversité diabolique ; le démon seul pouvait inventer de telles horreurs. Là est vraiment la preuve que ce Livre inqualifiable a été écrit par Satan. En deux mots : Marie de Magdala y est représentée comme mère d'un fils, dont le père serait… Je n'ose écrire qui ; non, je ne l'écrirai pas… La prétendue histoire de cet enfant imaginaire est dans l'*Apadno,* avec sa prétendue mort, en bon lucifériens ; après le Thabor, est-il dit, l'enfant fut l'objet d'une tentative criminelle de la part de son père, qui aurait voulu le faire disparaître ; mais il fut sauvé et préservé par l'Iscariote. C'est un véritable roman, abomination des abominations. Il m'est impossible d'en dire davantage.

Donc, c'est à dater du pacte thaborite que Jésus, l'adorable Rédempteur, est appelé « figuier maudit » par le plus odieux blasphème. Sa parabole est retournée contre lui, avec une malice infernale ; l'*Apadno* le condamne, au nom de ses propres paroles.

Et, d'autre part, la secte, reconnaissant la présence réelle dans l'Eucharistie, afin de se livrer à ses fureurs démoniaques contre le Pain des Anges, donne ce nom de « figuier maudit » au Sacrement d'amour.

Telle est l'explication de ce terme, que l'on trouve parfois dans les voûtes du Rite Suprême, pour désigner une hostie consacrée.

La Colombe maçonnique.

Tableau dans le haut à droite, tout à côté du tableau des Croix. On voit uniquement une blanche colombe volant à tire d'ailes et tenant en son bec un rameau d'olivier.

Le symbolisme de la colombe n'est pas une création du Palladium ; il remonte à 1784. Deux ans auparavant, Cagliostro avait institué son fameux Rite Égyptien, et en cette année 1784 il fonda la Haute-Maçonnerie égyptienne d'Adoption. En outre, l'Illuminisme de Weishaupt faisait partout de rapides progrès ; c'est alors que s'assemblèrent à Versailles quelques maçons français, et de cette réunion sortit un nouveau rite qui s'appela Ordre des Chevaliers et Chevalières de la Colombe.

Cet ordre n'eut pas une longue existence ; mais sa légende d'initiation plut aux fondateurs du Rite Écossais Ancien Accepté, et, quand ils instituèrent leurs Ateliers androgynes, ils retinrent cette légende pour initier les dames au 8e degré qui fut appelé *Chevalière de la Colombe*.

En effet, on n'ignore pas que les Ateliers androgynes, annexés à ceux de l'Écossisme en trente-trois degrés, pratiquent un rite dit des Écossaises de Perfection ; ce rite de Sœurs maçonnes est en dix degrés :

1er degré. — *Apprentie*.

2e degré. — *Compagnonne*.

3e degré. — *Maîtresse*.

4e degré. — *Maîtresse Parfaite*.

Ces quatre premiers grades sont semblables à ceux de même nom, du Rite Moderne d'Adoption.

5ᵉ degré. — *Élue.*

6ᵉ degré. — *Écossaise.*

Ces deux grades sont particuliers au Rite des Écossaises de Perfection.

7ᵉ degré. — *Sublime Écossaise.*

Ce grade est la reproduction du 5ᵉ degré du Rite Moderne d'Adoption, lequel porte le même nom ; c'est le grade basé sur la légende travestie de Judith et Holopherne.

8ᵉ degré. — *Chevalière de la Colombe.*

9ᵉ degré. — *Chevalière de la Bienfaisance*, ou Rose-Croix des Dames.

10ᵉ degré. — *Princesse de la Couronne.*

Ces trois derniers grades ne sont pratiqués dans aucun autre rite que celui des Écossaises de Perfection.

La versaillaise Chevalière de la Colombe de 1784 ne pouvait manquer de plaire aux fondateurs de l'Écossisme moderne, dit Ancien Accepté ; car l'initiation est tout à fait dans l'esprit du nouveau luciférianisme, qui se fait si bien sentir dès la légende d'Hiram, au grade de Maître, des Frères.

Le rituel définitif de ce 8ᵉ degré des Sœurs Écossaises est d'Albert Pike ; mais il convient de dire que le premier Souverain Pontife de la Haute-Maçonnerie a eu fort peu à retoucher au rituel de 1784 que ses prédécesseurs au Suprême Conseil de Charleston avaient conservé tel quel. Ce grade est une préparation au Palladisme : Lucifer y est appelé *Éblis*, comme dans la légende d'Hiram.

Le grade de Chevalière de la Colombe étant un des plus pratiqués aujourd'hui, il est utile de le donner ici.

Les dames que l'on juge pouvoir être aisément conduites aux lumières du Palladium ont à passer seulement par les grades d'Apprentie, Compagnonne et Maîtresse, soit qu'elles appartiennent au Rite Moderne d'Adoption, soit que leur Loge pratique le Rite des Écossaises de Perfection ; après un certain stage de Maîtresse, on les initie au grade d'Élue Palladique. Si une Maîtresse ne paraît pas devoir devenir bonne luciférienne, mais si elle peut rendre des services dans la politique, on ne lui ouvre pas les Triangles, et l'on se borne à la pousser jusqu'au grade de Sublime Écossaise, qui est en réalité la Sœur Kadosch ultionniste de la Maçonnerie Féminine. Enfin, si elle n'est pas capable de tenir un rôle politique secret, et, s'il reste pourtant, quelque espoir de lui voir ouvrir un jour les yeux à la lumière de Satan, on prend patience en lui conférant successivement les 4e, 5e, 6e et 7e degrés ; les 5e et 7e cependant, qui sont des grades ultionnistes, sont donnés par communication, c'est-à-dire au moyen d'une instruction verbale très brève et sans les formalités de l'initiation. C'est au 8e degré qu'on attend cette Sœur, pour juger si, cette fois, elle comprendra le but final de la secte.

La salle de séance, en forme de carré long, a ses murs recouverts d'une tenture rouge, sur laquelle pendent des bandes de soie verte. On nomme la salle : « Temple de la Vertu ». La partie où est située l'estrade, qui est l'orient dans les Ateliers de Frères seuls, s'appelle l'Asie ; la partie, faisant face, où est l'entrée, est dite l'Europe ; le côté de droite en entrant est dit l'Afrique, et le côté opposé, l'Amérique.

Un candélabre à trois branches est placé sur l'estrade, à gauche ; un à deux branches, à l'Afrique, à peu de distance de l'estrade ; un autre à deux branches, près de la porte d'entrée, à droite. Total des lumières : *sept*.

Le trône présidentiel est unique, sous un baldaquin de soir jaune d'or ; un transparent éclairé est placé là où dans les Loges on voit le Delta, et il représente une colombe au vol, avec rameau d'olivier au bec.

Devant le trône, il y a une large table, recouverte d'un tapis vert. Sur cette table : trois chandeliers, garnis chacun d'une bougie noire, non allumée ; le maillet du président ; une branche artificielle d'olivier, qu'il tiendra à la main, au lieu de l'épée flamboyante ; une Bible ; une cage, dans laquelle est une colombe ; une éponge sur un plateau.

Le siège présidentiel est élevé de *sept* marches.

Sur l'estrade, à droite, un fauteuil, réservé à une Sœur, la première officière de l'Atelier ; au-devant, une petite table triangulaire servant de bureau. En face, encore sur l'estrade, mais à gauche, deux sièges, réservés à un Frère et à une

Sœur ; au-devant, une table en forme de parallélogramme, servant également de bureau. Enfin, à quelque distance du trône du président, au milieu de l'estrade, le petit autel des serments, bien connu, en bois massif, sculpté, de forme pentagonale, orné de guirlandes.

Dans le sens de la longueur de la salle, des sièges sur trois ou quatre rangs, de chaque côté ; un large espace est laissé au milieu, pour aller et venir, ainsi qu'en une Loge ordinaire. Néanmoins, le tableau ou toile peinte, sur lequel figurent les symboles récapitulatifs de l'initiation, n'est pas étalé par terre, mais accroché contre le mur d'Amérique : on y voit une montagne dont le sommet émerge des eaux, et qui représente l'Ararat, avec l'arche de Noé ; la colombe revient vers l'arche, apportant la branche d'olivier ; l'eau qui entoure le bas de la montagne est verdâtre, avec des cadavres qui surnagent, humains et animaux noyés.

Au centre de la salle, en l'endroit où d'ordinaire est étalé le tableau emblématique, on a dressé une vaste tente carrée ; quatre colonnettes soutiennent des tringles, sur lesquelles courent les anneaux des rideaux que des cordons peuvent ouvrir et refermer a volonté, comme des rideaux de fenêtre ; ils sont en étoffe légère, et, à une simple traction des cordons, ils se replient instantanément vers les colonnettes. Cette tente forme, en quelque sorte, une cabine de bain ; car elle masque une baignoire, pleine d'eau maintenue au degré convenable.

Les deux colonnes J et B de la porte d'entrée supportent, chacune, un petit tas de pommes, en pyramide, au lieu des trois grenades de l'Atelier masculin.

À ce grade, l'Atelier se nomme *Arche Chapitrale.*

À l'heure fixée pour la réception d'une nouvelle Sœur, celle-ci est conduite dans le cabinet des réflexions par une officière de l'Arche, portant le titre de Maîtresse des Colombes. L'assistance, composée de Frères et de Sœurs, sans nombre fixe, prend place dans le Temple de la Vertu.

L'Arche Chapitrale n'a pas une double présidence, contrairement à la généralité des Ateliers androgynes. Un Frère est seul sous le dais jaune d'or ; il est intitulé le Père Noé. La Sœur qui siège à part, au climat d'Asie, est intitulée la Sainte Nohéma. À l'entrée, deux Frères jouent le rôle de Premier et Second Surveillants ; on donne à l'un le titre de Fils aîné Sem, et à l'autre le nom de Fils Japhet. Le Frère et la Sœur qui sont ensemble sur l'estrade à gauche ne représentent aucun personnage biblique ; c'est le secrétaire de l'Atelier, et son assistante, avec le titre de Chevalier et Chevalière de la Plume.

Les Sœurs du 8e degré se placent indifféremment au climat d'Afrique ou au climat d'Amérique. Quant aux Frères, qui sont admis comme visiteurs, s'ils ont au moins le grade de Chevalier Kadosch, leur place est à l'Amérique, et les sièges d'Afrique sont exclusivement réservés aux Frères membres de l'Atelier. Au premier rang parmi ceux-ci, au siège le plus rapproché de l'estrade, prend place un officier de l'Arche, avec le titre de Cham le Mage. En face de lui, au siège d'Amérique le plus rapproché de l'estrade et au premier rang, se met la dernière Sœur reçue au grade de Chevalière de la Colombe ; elle tient dans ses mains une petite fiole.

Devant la porte d'entrée, un Frère se tient debout, ayant en écharpe un large cordon aux sept couleurs de l'arc-en-ciel ; il cumule les fonctions de trésorier de l'Arche et de gardien du temple ; on le désigne sous le nom de Chevalier Dépositaire.

Tous les autres assistants portent en sautoir un cordon moitié vert moitié rouge, avec liseré d'argent, à la pointe duquel pend une petite colombe d'argent, branche d'olivier au bec. En outre, chacun, chacune a un tablier blanc, doublé et bordé de soie verte, où la même colombe est peinte sur la bavette, tandis que les peintures du tablier lui-même représentent le mont Ararat baigné d'eau verdâtre, avec cadavres flottants, et au sommet de la montagne. Au cordon du président, pend une petite truelle d'argent, au lieu d'une colombe.

Tout étant prêt, le Père Noé frappe un coup de maillet et dit : — Cher Fils aîné, l'Arche est-elle en sûreté ?

Le Fils aîné Sem. — Chevalier Dépositaire, regarde au dehors.

Le Chevalier Dépositaire ouvre la porte, jette un coup d'œil dans la salle des pas-perdus, constate que personne n'est aux écoutes, referme la porte et dit : — Frère Sem, les eaux sont basses.

Le Fils aîné Sem. — Père Noé, les eaux sont basses.

Le Père Noé. — Mes enfants, puisque les eaux sont basses, nous allons ouvrir l'arche ; mais, auparavant, que chacun se tourne vers l'Asie. (On obéit.) Tous ceux qui sont ici sont-ils bien mes enfants ?... Vous d'abord, les Fils, faites le signe.

Les Frères, tournés vers l'estrade, de trois quarts, font le signe, sans qu'aucun d'eux puisse être vu des autres pour ce signe, on place le poing droit fermé contre le corps à hauteur de la ceinture, le pouce seul non fermé, mais tendu en avant.

Le Père Noé. — À vous, les Filles, maintenant ; faites le signe.

Les Sœurs, tournées aussi de trois quarts, font un signe différent de celui des Frères : leurs mains ouvertes et posées contre le ventre, les paumes appuyant au corps, elles tiennent les pouces se touchant l'un l'autre par le bout.

Le Père Noé. — C'est bien. Allons, les Filles, battez des ailes.

Les Sœurs, tout en maintenant contre le corps les pouces joints, agitent les mains, en mouvement d'ailes frémissantes.

Le Père Noé. — Tout est parfait ; à ces signes, je reconnais bien mes enfants. (Il frappe trois coups précipités, et encore trois coups précipités, et un septième coup seul, très fort.) Enfants, l'Arche est ouverte.

Après un silence, il donne le signe sacré d'Éblis. Ce signe, qui ne peut être fait que par le président dans le Rite des Écossaises de Perfection, s'exécute ainsi : faisant face à l'assistance, il joint les mains à plat, ouvertes, et les élève autant qu'il peut au-dessus de sa tête ; seuls se touchent les pouces, les index et les médius, de telle sorte que la partie vide entre les mains ainsi ouvertes, doigts serrés, donne un triangle, la pointe en bas. Dans cette posture, le président pousse l'acclamation.

Le Père Noé. — *Gloria in excelsis !*

Il laisse retomber ses mains et les disjoint.

Tous. — *Gloria in excelsis !*

Un coup de maillet. On s'assied, après que le président s'est assis.

Le Père Noé. — Cher Fils aîné, pourquoi sommes-nous réunis aujourd'hui en cette Arche Chapitrale ?

Le Fils aîné Sem. — Père Noé, une Sublime Écossaise désire être reçue Chevalière de la Colombe.

Le Père Noé. — En est-elle digne ?

Le fils aîné Sem. — Tu en jugeras toi-même, Excellent Père.

Le Père Noé. — Dis-moi, pourtant, quelle est l'opinion de mes enfants.

Le Fils aîné Sem. — Frères et Sœurs du climat d'Afrique, êtes-vous favorables à l'admission de la Sœur N***, Sublime Écossaise ?

Les Frères et Sœurs de droite lèvent la main, en signe d'assentiment. Il en est ainsi d'ordinaire, puisque l'initiation qui va avoir lieu a été votée déjà en comité, après enquête. Toutefois, si une objection se produit, elle est discutée.

Le Fils aîné Sem. — Mon frère Japhet, interroge à ton tour les membres de notre famille qui sont sous ta direction, en vertu de l'ordre du Père Noé.

Le Fils Japhet. — Frères et Sœurs du climat d'Amérique, êtes-vous favorables à l'admission de la Sœur N***, Sublime Écossaise ?

Même signe d'assentiment de la part des Frères et Sœurs de gauche.

Le Fils Japhet. — Mon frère Sem, mes Frères et Sœurs du climat d'Amérique sont favorables, en attendant les épreuves.

Le Fils aîné Sem. — Excellent Père, tous tes enfants sont favorables, en attendant les épreuves.

Le Père Noé. — Que mon fils Cham le Mage se rende auprès de la Maîtresse des Colombes, et qu'il nous amène ici son épouse. Au nom du Dieu Saint des Saints, qui est au ciel, nous la jugerons.

Cham le Mage quitte la salle des séances et se rend au cabinet des réflexions, où la Maîtresse des Colombes préparait la récipiendaire. Cette préparation consiste à lui dire qu'elle ne devra s'étonner de rien.

Le Père Noé, dès la sortie de Cham. — Où est la dernière Fille qui m'est née ?

Le Fils aîné Sem. — Excellent Père, elle est ici, attendant tes ordres.

La dernière Sœur reçue chevalière de la Colombe se lève.

Le Père Noé. — Cher Fils aîné, examine si ma dernière Fille a accompli son devoir.

Le Fils aîné Sem. — Petite Sœur, as-tu de l'eau maudite ?

La dernière Sœur reçue Chevalière, montrant la fiole qu'elle tient dans ses mains. — Je me suis penchée hors de l'arche, et j'ai recueilli quelques gouttes de l'eau maudite dont Adonaï le Barbare a inondé la terre pour noyer l'humanité.

Le Fils aîné Sem. — Que feras-tu de cette eau, petite Sœur ?

La Soeur. — Je la remettrai à notre Excellent Père, s'il le permet.

Le Fils aîné Sem. — Excellent Père, ma petite Sœur est prête à remettre entre tes mains les quelques gouttes d'eau maudite qu'elle a recueillies.

Le Père Noé. — Cher Fils aîné, donne confiance à ta petite Sœur.

Le Fils aîné Sem. — Approche, petite Sœur.

La Sœur vient auprès de celui-ci, qui l'embrasse en cinq points.

Le Fils aîné Sem. — Petite Sœur. as-tu confiance ?

Elle lui rend le baiser de même.

Le Fils aîné Sem. — Puisque tu as confiance, ma petite Sœur, va maintenant remettre l'eau maudite à notre Excellent Père.

La Sœur monte au climat d'Asie, remet sa fiole au Père Noé, qui lui donne à son tour le baiser en cinq points ; après quoi, elle revient à sa place.

Le Père Noé, tenant la fiole de la main droite, tandis qu'il élève la main gauche en l'air, les cinq doigts ouverts. — Eau maudite, élément d'Adonaï Dieu-Mauvais, nous prononçons contre toi l'exécration… Tu as été déversée sur ta terre pour faire périr l'humanité ; sois exécrée !… La fureur de tes flots met en joie Adonaï ; sois exécrée !… Les prêtres de ta superstition t'honorent et te consacrent ; sois exécrée ! (Après une pause :) Maintenant, mes enfants, voici le temps des épreuves ; il faut nous résigner à l'eau homicide et à la fausse lumière. Le Très-Bon Éblis, qui veille sur nous, nous préservera du naufrage et des monstres aquatiques d'Adonaï… Cher Fils aîné, rend l'eau à l'eau, pendant que la fausse lumière va luire ici, afin de nous faire mieux apprécier tout à l'heure les bienfaits de la vraie lumière.

Le Fils aîné Sem. — Chevalier Dépositaire, mon Frère, va prendre l'eau pour la rendre à l'eau.

Le Chevalier Dépositaire gravit les degrés de l'Asie ; le Père Noé lui remet la fiole ; le Chevalier Dépositaire se rend alors à la tente, dont il écarte un des rideaux, et il verse le contenu de la fiole dans la baignoire.

Le Père Noé. — Toute l'eau est maudite.

(L'eau qui vient d'être ainsi versée dans la baignoire n'est autre que de l'eau bénite, la dernière Chevalière reçue a eu mission de la rapporter d'une église, où elle est allée la puiser dans un bénitier au moyen de la petite fiole, un des jours précédents.)

Le Chevalier Dépositaire revient à sa place, devant la porte d'entrée.

Le Père Noé allume les trois bougies noires qui sont devant lui ; en faisant cela, il dit : — Lumière du prétendu Père, bourreau de l'humanité, tu es fausse lumière ; sois maudite !… Lumière du mauvais Fils, renégat du bon Principe, tu es fausse lumière ; sois maudite !… Lumière de l'imaginaire Esprit-Saint, que personne n'a jamais vu, tu es fausse lumière ; sois maudite !… (Après une pause :) Mes enfants, résignons-nous, voici le temps des épreuves ; donnez-vous tous confiance les uns aux autres.

À son signal, — cinq coups de maillet, — Frères et Sœurs, deux par deux, s'embrassent en cinq points.

D'autre part, Cham le Mage et la Maîtresse des Colombes sont arrivés dans la salle des pas-perdus, conduisant la récipiendaire : ils ont attendu le cinquième coup de maillet, leur indiquant qu'à présent ils vont pouvoir entrer. La Maîtresse des Colombes frappe contre la porte un coup fort ; puis, Cham le Mage, un autre coup.

Le Père Noé. — Quel bruit soudain viens-je d'entendre ?… Après mes cinq coups de confiance, on a frappé deux coups… Nombre sept, nombre béni !… L'arche toucherait-elle la terre ? Le Très-Bon Éblis nous aurait-il, dès maintenant, assuré le salut ?… Cher Fils aîné, rends-toi compte de la véritable cause de ce bruit.

Le Fils aîné Sem, après avoir entr'ouvert la porte. — Excellent Père, c'est mon Frère Cham le Mage et la Maîtresse des Colombes qui ont trouvé Ada blottie dans une des cabines de l'arche et qui la ramènent ici. Mon Frère Cham le Mage paraît être dans un grand courroux. Page:Taxil, Mémoires d'une ex-palladiste parfaite, initiée, indépendante.djvu/368 Page:Taxil, Mémoires d'une ex-palladiste parfaite, initiée, indépendante.djvu/369

Le Père Noé. — Cher Fils aîné, fais donner l'entrée à tous trois, et qu'on s'explique !

Le Fils aîné Sem. — Chevalier Dépositaire, mon Frère, donne l'entrée.

Le Chevalier Dépositaire ouvre le porte à deux battants. On aperçoit la récipiendaire, entre Cham le Mage, à sa gauche, et la Maîtresse des Colombes, à sa droite. À ce moment, Cham le Mage saisit la main gauche de la récipiendaire, la serre vigoureusement, et fait son entrée avec impétuosité, en entraînant la Sublime Écossaise ; il l'amène ainsi jusqu'au pied de l'estrade. La Maîtresse des Colombes a suivi et est venue se placer derrière la récipiendaire.

Le Père Noé. — Que signifie ceci ?

Cham le Mage. — Excellent Père, je réclame justice.

Le Père Noé. — Justice ? et pourquoi ?

Cham le Mage. — Un crime a été commis par cette femme qui m'était échue. Ada m'a trompé avec Sabatha, fils d'Uzab ; elle est entrée dans l'arche, après le crime ; elle a apporté la malédiction dans l'arche. Je demande qu'Ada soit mise à mort ; le fruit maudit de ses entrailles ne doit pas naître. À mort, à mort, Ada ! à mort, elle et l'enfant qu'elle porte dans son sein !

Le Père Noé. — Cham, mon Fils bien-aimé, calme-toi… Je vais interroger ton épouse.

La Maîtresse des Colombes, à la récipiendaire, à voix basse, lui parlant à l'oreille. — Ne répondez rien aux questions qui vont vous être posées ; gardez un silence absolu.

Le Père Noé. — Ada, tu as entendu l'accusation de Cham, mon Fils bien-aimé ; qu'as-tu à répondre ?

Silence de la récipiendaire.

Le Père Noé. — Cham t'accuse de l'avoir trompé avec Sabatha, fils d'Uzah ; dit-il la vérité, ou bien a-t-il cru trop légèrement à quelque calomnie ?

Silence de la récipiendaire.

Le Père Noé. — Tu ne réponds pas. Ce silence obstiné peut être interprété contre toi… Ada, je t'adjure de parler.

Silence de la récipiendaire.

Cham le Mage. — Tu le vois, Excellent Père, elle s'accuse elle-même. À mort, à mort, Ada! à mort, elle et l'enfant qu'elle porte dans son sein !

Le Père Noé. — Cham, mon Fils bien-aimé, calme-toi ; et puisque Ada s'obstine dans le silence, dis-nous comment tu as appris le fait dont tu l'accuses et que tu appelles crime.

Cham le Mage. — Excellent Père, je sais ces choses par une voix que j'ai entendue dans un songe.

Le Père Noé. — Ceci est grave… Le Très-Bon Éblis parle quelquefois aux hommes dans les songes ; mais Adonaï Dieu-Mauvais se sert aussi des songes pour faire entendre sa voix menteuse et tromper les hommes jusque dans leur sommeil… Avant de prendre une décision sur ce fait si grave qui met en courroux Cham, mon Fils bien-aimé, invoquons la Sainte Nohéma.

Il se lève et vient se mettre à genoux devant la Sœur officière qui siège isolée sur l'estrade, à droite ; celle-ci se tient alors debout.

Le Père Noé. — Ô Sainte Nohéma, toi qui es morte, mais à qui le Très-Bon Éblis permet de revivre parmi nous, afin de nous communiquer les lumières de ton conseil toujours sage, toi la sœur de Jabel et de Jubal, toi la sœur et t'épouse de Tubal-Caïn le Bienheureux, ô toi la grande Sainte de la descendance de Caïn, ô toi dont le Père, le glorieux Lamech, sera vengé onze fois sept fois, ouvre ta belle bouche inspirée, et que ta voix prudente guide notre jugement !…

La Sainte Nohéma. — Si Ada est coupable, Éblis l'abandonnera. Père Noé, fais jeter Ada aux eaux d'Adonaï.

Nohéma se rassied ; le Père Noé revient prendre place à son trône.

Le Père Noé. — Mes enfants, vous avez entendu l'oracle. Au nom du Dieu Saint des Saints, qui est au ciel, j'ordonne t'épreuve des eaux maudites. Que la Maîtresse des Colombes conduire Ada hors de notre vue ; et toi, Sublime Écossaise, tu te soumettras à l'épreuve… Si tu es innocente, le Très-Bon Éblis ne t'abandonnera pas… Ada, acceptes-tu de te jeter, hors de notre vue, dans les eaux d'Adonaï ?

Réponse affirmative de la récipiendaire.

Le Pére Noé. — Sublime Écossaise, qui aspires à l'honneur de devenir Chevalière de la Colombe, je te préviens que ton corps va être souillé. Les eaux, dans lesquelles ton corps baignera, ont été maléficiées par les prêtres de la superstition ; quand tu seras plongée dans cette onde maudite, Adonaï te tiendra en son pouvoir, et il est nécessaire que tu sois vraiment une sainte selon le cœur du Très-Bon Éblis pour qu'il ne t'arrive aucun malheur. Tu baigneras au milieu des cadavres, au milieu de l'abime d'eau ; les requins et les baleines t'attaqueront. Ô malheureuse, je te vois perdue, si tu n'es pas irréprochable !… Nous allons savoir si la voix qui a parlé en songe à Cham, mon fils bien-aimé, est une voix de méchanceté ou une voix de bonté… Ada, je te livre à la Maîtresse des Colombes.

La Maîtresse des Colombes entraîne la récipiendaire sous la tente ; tout le monde garde le silence.

Dans la tente-cabine, la Maîtresse des Colombes explique alors, à voix basse, à la récipiendaire, ce qu'on exige d'elle. Il s'agit de prendre un bain, d'une minute, tout au plus. L'important, lui affirme-t-elle est de savoir si elle … indra[illisible], ou non, de se baigner dans une eau à laquelle on a mêlé, par dérision, de l'eau prise à un bénitier d'église. La récipiendaire, ayant déjà passé par sept degrés d'initiation maçonnique, répond que cette épreuve ne peut que l'amuser. La Maitresse des Colombes lui montre diverses petites poupées en caoutchouc et autres jouets, animaux divers, également en caoutchouc, ou en verre soufflé, qui surnagent dans la baignoire ; elle lui dit que ces objets figurent les victimes du déluge. Tout en causant à voix basse, elle l'aide à se déshabiller, mais ne lui donne aucun peignoir ; si la récipiendaire, ayant un restant de pudeur, fait quelque difficulté à ce sujet, la Maitresse des Colombes s'emploie à vaincre ses résistances et lui assure que toutes les Chevalières, qui l'ont vu entrer dans la cabine et dont elle sera bientôt la compagne, ont passé par cette épreuve. Elle lui fait, d'ailleurs, l'éloge de la nudité, comme étant la marque parfaite de l'état d'innocence. Enfin, la récipiendaire est dans la baignoire.

La Maîtresse des Colombes, sortant brusquement de la tente, et tenant à la main, comme un trophée, le dernier linge de corps de la récipiendaire. — Père Noé, Ada a triomphé de l'épreuve !

Le Père Noé. — *Gloria in excelsis !*

Tous, en chœur. — *Gloria in excelsis !*

À ce moment, quatre Chevalières se précipitent sur les cordons qui pendent aux colonnettes de la tente-cabine, les tirent, et les rideaux s'écartent de tous côtés, se repliant sur les colonnettes. Le plancher, tout autour de la baignoire, est garni d'une mousse artificielle spongieuse, afin que l'eau ne ruisselle pas quand la récipiendaire sortira du bain ; ce qui lui est ordonné aussitôt.

Le Père Noé. — Debout, mon enfant ! debout, chère Ada, afin de montrer à toute cette famille bénie du ciel que tu as triomphé des eaux maudites d'Adonaï !

Si elle hésite, toutes les Sœurs de l'assistance s'empressent autour d'elle, l'admonestant en plaisantant, et la tirent hors de la baignoire bon gré mal gré.

Le Père Noé. — Debout, Sublime Écossaise victorieuse ! Ce n'est plus maintenant que tu aurais raison de craindre ; tu es dans le Temple de la Vertu.

La Maîtresse des Colombes, à voix basse, à la récipiendaire. — Dites que vous ne craignez rien et que vous maudissez la crainte.

La récipiendaire, debout hors de la baignoire, à haute voix. — Je ne crains rien, et je maudis la crainte.

Le Père Noé. — *Ararat !*

Il prend l'éponge qui est sur sa table et descend de l'Asie. Arrivé auprès de la récipiendaire, il promène l'éponge sur son corps, par trois fois, en forme d'un triangle à pointe en bas, les extrémités de cette figure étant les seins et le nombril.

Le Père Noé, pendant qu'il éponge la récipiendaire. — Éblis a protégé Ada ; Ada n'est pas coupable.

Il répète cette phrase, chaque fois qu'il trace le triangle avec l'éponge ; ensuite, il remonte à son trône.

Le Père Noé, déposant l'éponge sur le plateau. — Grâces soit rendues au Très-Bon Éblis !… Eau maudite d'Adonaï, tu as été vaincue.

On donne à la récipiendaire ses vêtements ; la dernière Chevalière reçue l'aide à se rhabiller, pendant le récit de l'épreuve.

Le Père Noé. — La Maîtresse des Colombes a été la confidente d'Ada ; qu'elle nous fasse le récit de l'événement.

La Maitresse des Colombes. — Père Noé, ta fille bien obéissante Ada, accusée par Cham le Mage, son époux, ne se sentait point coupable ; c'est pourquoi elle accepta avec confiance l'épreuve des eaux maudites… Ne voulant garder sur elle aucun des vêtements que Cham lui avait donnés, elle se mit en état de grâce et d'innocence, ouvrit une fenêtre de l'arche et se jeta résolument dans les mugissantes ondes diluviennes… Le Très-Bon Éblis veillait sur elle… Tout d'abord, elle enfonça dans l'abîme ; un instant, la frayeur tenta d'envahir son âme ; mais elle la repoussa, avec la pensée que le danger lui serait causé surtout par la crainte, et elle dit en elle-même : « Malédiction de la crainte ! »… Alors, elle remonta à la surface des eaux… Le jour était incertain ; pourtant, elle distingua toute la désolation, œuvre d'Adonaï ; elle flottait au milieu des cadavres d'humains et d'animaux ; son âme connut l'horreur, mais non l'épouvante, et quand la frayeur tenta de nouveau d'envahir son âme, elle la repoussa encore en disant en elle-même « Malédiction de la crainte ! »… Mais voici qu'elle fut aperçue par Adonaï, et Adonaï dit : « Cette fille des hommes doit périr ; c'est l'épouse de Cham le Mage. Elle est hors de l'arche ; je ne l'épargnerai point. Qu'Obiel la fasse périr ; car je vois qu'elle a dans son sein le fils de Sabatha ! »… Alors, des requins, des baleines et d'autres monstres aquatiques s'avancèrent vers Ada, battant de leur queue les eaux avec un bruit terrible ; et Obiel lui-même prit la forme d'un monstre des plus hideux, et il nagea dans la direction d'Ada, ouvrant une immense gueule horrible, pour la dévorer ; et, pour la troisième fois, Ada repoussa la frayeur qui essayait de pénétrer en son âme, et elle répéta en elle-même : « Malédiction de la crainte »… Or, le Très-Bon Éblis veillait sur elle ; il envoya Barratron, qui dispersa les requins et les baleines, et Barratron refoula Obiel au fond des abîmes… Et le Très-Bon Éblis étendit sa main avec complaisance vers Ada ; il la retira des eaux, et la remit dans l'arche. Dans la lutte pour le salut d'Ada, le barbare Adonaï fut vaincu.

Le Père Noé. — Mes enfants, ce récit dans lequel la vérité éclate nous apprend que notre chère Ada est vaillante et qu'elle n'est point coupable ; mais mon esprit demeure confondu à l'une des révélations que je viens d'entendre… Adonaï a parlé comme la voix du songe, et pourtant le Très-

Bon Éblis a voulu le salut d'Ada… Qu'en pense Cham, mon Fils bien-aimé ?

Cham le Mage. — Père Noé, j'en suis tout troublé… Demandez, je vous en conjure, à mon épouse de faire connaître la vérité sans aucun voile. Elle ne saurait refuser de répondre, maintenant que la protection du Très-Bon Éblis sur elle est manifeste.

La Maîtresse des Colombes, bas à la récipiendaire. — À toutes les questions, répondez « Oui, Père Noé. »

Le Père Noé. — Chère Fille Ada, aimes-tu Cham le Mage, à qui tu es échue ?

La récipiendaire. — Oui, Père Noé.

Le Père Noé. — As-tu connu, néanmoins, Sabatha, fils d'Uzab ?

La récipiendaire. — Oui, Père Noé.

Le Père Noé, — Aimais-tu Sabatha, fils d'Uzab, quand il te connut ?

La récipiendaire. — Oui, Père Noé.

Le Père Noé. — Sans cesser d'aimer Cham Le Mage, ton époux ?

La récipiendaire. — Oui, Père Noé.

Le Père Noé. — Adonaï était-il véridique, quand il disait voir dans ton sein le fils de Sabatha ?

La récipiendaire. — Oui, Père Noé.

Le Père Noé. — Mes enfants, tout ceci est très grave. L'événement paraît être au-dessus de notre raison ; mais les hommes qui ne sont point superstitieux doivent toujours chercher à comprendre ce qui leur semble incompréhensible... Tous à genoux, mes enfants !... Implorons les lumières de la Sainte Nohéma.

Il frappe sept coups de maillet. L'assistance et lui-même s'agenouillent ; la Sainte Nohéma, au contraire, se lève.

La Sainte Nohéma. — La voix du songe avait dit la vérité à Cham le Mage ; mais la voix du songe lui avait soufflé en même temps la colère et la haine contre Ada. Ainsi, Adonaï est toujours Dieu-Mauvais ; car Ada mérite le respect et l'amour... De Tubal-Caïn, mon frère et mon époux, j'eus Uzab, qui engendra Sabatha, et Sabatha a connu Ada, parce que le Très-Bon Éblis l'a voulu, sans offense à l'endroit de Cham le Mage... Adonaï veut l'extermination de l'humanité, et le Très-Bon Éblis défend l'humanité : mais le Très-Bon Éblis ne combat pas lui-même ; car il est écrit qu'il lui sera réservé de remporter lui-même, au temps fixé, le triomphe suprême et décisif... Jusque-là, les esprits du feu luttent contre les esprits de l'eau, et les victoires des esprits du feu ne sont pas toujours aussi complètes les unes que les autres... Or, sur la grande bataille céleste qui eut lieu avant le déluge, il avait été écrit qu'Adonaï pourrait satisfaire sa soif de meurtres humains, excepté contre une famille, si les armées de Baal-Zéboub refoulaient les armées de Mikaël seulement à onze fois la distance du Soleil à Sirius ; et, il avait été écrit encore que la famille sauvée serait de la descendance de Caïn, excepté si les armées de Mikaël n'étaient refoulées qu'à neuf fois la distance du Soleil à Sirius ; et voilà que les esprits de l'eau furent plus résistants que jusqu'alors, et le salut revenait ainsi à une famille de la descendance de Seth, ainsi qu'il avait été écrit… La famille de Noé fut choisie. C'est alors que le Très-Bon Éblis, voulant sauver la race de Caïn dans la famille même de la descendance de Seth, inspira à Sabatha de connaître Ada, à l'infortuné Sabatha, voué à la mort du déluge et aujourd'hui mort dans le déluge… Ainsi, Cham le Mage n'a droit de concevoir aucune jalousie contre mon petit-fils Sabatha, et il doit rendre respect et amour à son épouse Ada… Et Cham sera comblé des bienfaits d'Éblis ; il sera un grand magicien ; les esprits du feu l'aideront puissamment dans toutes ses entreprises. Il remerciera le Très-Bon Éblis d'avoir donné à Ada un enfant de la race de Caïn ; car la race de Caïn est la race même d'Éblis. Il s'honorera d'élever cet enfant, à qui sera donné le nom de Chanaan, et Chanaan sera la tige de nombreux peuples, d'une étonnante fécondité… *Gloria in excelsis !*

Le Père Noé et tous les assistants. — *Gloria in excelsis !*

Tout le monde se rassied, excepté la récipiendaire et la Maîtresse des Colombes, debout ensemble au pied de l'estrade.

Le Père Noé. — Cham, mon Fils bien-aimé, es-tu satisfait ?

Cham le Mage. — Père Noé, mon cœur est rempli d'une sainte allégresse.

Le Père Noé. — Eh bien, témoigne ta confiance à ton épouse Ada.

Cham le Mage va à la récipiendaire, lui donne le baiser en cinq points, et celle-ci le lui rend.

Le Père Noé. — *Pax Domini sit semper vobiscum !*

Tous les assistants. — *Amen !*

Cham le Mage retourne à sa place.

Le Père Noé, à la récipiendaire. — Très chère et vaillante Sublime Écossaise, je te juge digne de prendre définitivement place dans cette Arche Chapitrale, et ferme espoir que tu seras une zélée Chevalière de la Colombe. Tu appliqueras ton intelligence à discerner tout le sens des respectables mystères qui viennent de t'être révélés et celui des mystères moins sacrés qui te seront révélés par la suite. À ce 8e degré du Rite des Écossaises de Perfection, nous t'apprenons la vérité sur l'effroyable histoire du déluge ; car cette Bible, œuvre des ministres de la superstition, ne dit pas tout et dénature les faits. — En prononçant ces dernières paroles, il livre la Bible qui est placée devant lui. — (Continuant :) Je vais te donner lecture de la relation de l'horrible catastrophe, selon les prêtres d'Adonaï, et tout à l'heure, après que je t'aurai proclamée Chevalière de la Colombe, la Sainte Nohéma t'enseignera la vérité tout entière : tu feras ton profit de cette instruction, et tu persévéreras dans les bons sentiments que nous avions distingués en toi et qui sont cause de ton admission à ce haut grade de la Maçonnerie des Dames.

Le Père Noé donne lecture des chapitres VI, VII, VIII et IX de la Genèse.

(Le Rituel insère ces quatre chapitres, qu'Albert Pike a reproduits d'une Bible protestante ; il est inutile que je les retranscrive ici.)

Le Père Noé, à la récipiendaire, après la lecture. — Ma chère enfant, tu vas maintenant prêter ton obligation.

La Maîtresse des Colombes conduit la récipiendaire au climat d'Asie, jusqu'au-devant de l'autel des serments ; là, elle la fait agenouiller et lui remet la formule de l'obligation qu'elle va prononcer.

Le Père Noé. — Debout, mes enfants, tous à l'ordre !

Chacun se met dans la posture qui a été décrite plus haut, les Sœurs ayant un signe différent de celui des Frères.

La récipiendaire prononce son obligation, la main gauche étendue vers la colombe représentée sur le transparent lumineux qui est sous le dais.

Serment de la Chevalière de la Colombe. — En présence du Grand Architecte de l'Univers, protecteur de l'innocence et sauveur de l'humanité, et devant cette auguste assemblée de famille, moi, N***, je renouvelle solennellement toutes mes précédentes obligations de fidèle Maçonne. Je promets et jure, sous peine de périr par l'eau, de garder dans le plus profond de mon cœur les secrets inviolables qui vont m'être confiés, non seulement envers les profanes, mais même envers ceux d'entre mes Frères et mes Sœurs qui ne connaissent point encore les saints mystères de l'Arche. Je promets et jure d'être une parfaite Colombe maçonnique, toujours tendre pour mes Frères et n'ayant jamais de jalousie à l'encontre d'aucune de mes sœurs. Je promets et jure de n'avoir de haine que pour le Principe du Mal et pour les ennemis de la vivifiante Vertu. Je m'engage par ces promesses et je me lie par ces serments sur ma parole d'honneur, sans crainte des superstitieux fanatiques, et je consens d'avance, si j'étais assez criminelle pour manquer à mes solennelles obligations, à encourir le mépris, la honte et le châtiment réservés aux parjures. Que le Grand Architecte de l'Univers, Saint des Saints, qui est au ciel, me soit en aide pendant ma vie et me reçoive en son sein après ma mort. Ainsi soit-il.

La Maîtresse des Colombes fait alors relever la récipiendaire.

Le Père Noé. — Ma chère enfant, approche encore. Tu es vraiment appelée à la vraie lumière, et tu es digne déjà d'éteindre la fausse lumière… Souffle sur ces trois bougies noires, qui sont le symbole des erreurs répandues dans le monde par les ministres de la superstition.

La récipiendaire éteint les trois bougies noires.

Le Père Noé, étendant le rameau d'olivier sur la tête de la récipiendaire : — À la gloire du Grand Architecte de l'Univers, régnant au plus haut des cieux, au nom de Caïn, de Tubal-Caïn et de Nohéma, au nom de Sabatha et d'Ada, au nom de Cham et de Chanaan, en mon nom et au nom de toute cette auguste famille ici présente, toi, chère et vaillante Sœur N***, je te reçois Fille de l'Arche Sainte, par le rameau d'olivier, symbole de la paix d'amour et de la vie éternelle, et je te constitue Chevalière de la Colombe, 8e degré du Rite des Écossaises de Perfection.

En prononçant ces dernières paroles, il frappe sept petits coups de maillet sur le rameau d'olivier.

Après quoi, il donne à la néophyte le baiser en cinq points et lui remet la petite cage contenant une colombe vivante.

Le Père Noé. — Bien-aimée Chevalière, mon enfant, cette colombe, qui t'est offerte par toute cette auguste famille, est le gage de notre amour pour toi : elle te rappellera la douceur et la tendresse des bonnes Maçonnes et leur attachement à l'humanité, dont la grandeur est ce qu'il y a de plus beau au monde… Va te faire reconnaître par tes Frères et tes Sœurs de l'Arche.

La Maîtresse des Colombes conduit à la Sainte Nohéma la nouvelle Chevalière.

La Sainte Nohéma. — Mon enfant, nous avons, à ce grade de la Maçonnerie, des secrets comme à tous les autres grades. Apprends-les et retiens-les, afin de pouvoir te faire reconnaître Chevalière de la Colombe.

Elle donne à la néophyte communication des secrets du grade.

Ordre. — Pour les Frères : le poing fermé, appuyé contre le corps à hauteur de la ceinture, le pouce seul non fermé, mais tendu en avant. Pour les Sœurs : les deux mains ouvertes et écartées, posées à plat contre le ventre, les pouces se touchant l'un l'autre par le bout.

Signe de reconnaissance. — Le Frère se met à son signe d'ordre et dit : « J'ai envoyé une colombe, et elle m'a rapporté un rameau d'olivier ». La Sœur répond en se mettant à son signe d'ordre, mais en agitant ses mains, en mouvement d'ailes frémissantes, et elle dit : « L'espoir est entré dans l'arche. »

Attouchement. — On se frappe mutuellement deux coups dans les mains.

Batterie. — Trois coups précipités, et encore trois coups précipités, et un septième coup seul, très fort.

Acclamation. — « *Gloria in excelsis !* ».

Marche. — Pour les Sœurs seulement on simule avec les mains le mouvement de natation, sept fois, en ramenant les mains au milieu de la poitrine, et chaque fois on fait un pas en avant ; après le septième pas, on fait le simulacre de souffler trois bougies qui seraient alignées devant soi.

Âge. — « J'ai quarante jours et quarante nuits. »

Mot de Passe. — Le Frère dit « *Ararat* » La Sœur répond : « *Sabatha.* »

(Dans quelques Ateliers, on dit le Mot de Passe en trois mots : *Ararat-Barratron-Sabatha*. Albert Pike a déclaré cette manière fautive.)

Mot Sacré. — « *God Malech* ». On se le murmure à l'oreille, par trois syllabes, en alternant.

Temps du Travail. — « Depuis que les eaux sont basses, jusqu'à ce que le temps soit calme et serein. »

La Sainte Nohéma. — Mon enfant, va à présent vers ton Frère Sem te faire reconnaître de lui par ces secrets.

La Maîtresse des Colombes conduit la néophyte vers le Fils aîné, en passant, elle lui fait déposer la cage sur le siège qui lui est destiné pour la fin de la séance. Le Fils aîné Sem « tuile » la néophyte, c'est-à-dire lui fait les signes et lui pose les questions qui sont censément les secrets du grade, et il reçoit ses réponses ; en quoi la néophyte est aidée par la Maîtresse des Colombes. Puis, le Fils aîné Sem remet à la nouvelle Chevalière son tablier, l'embrasse en cinq points, et la renvoie au Fils Japhet pour se faire de nouveau reconnaître. Le Fils Japhet lui fait les signes et lui pose les questions à son tour, reçoit ses réponses, lui remet son cordon de Chevalière, et l'embrasse de nouveau aussi en cinq points.

La nouvelle Chevalière, décorée de son cordon et de son tablier, se place à côté de la Maîtresse des Colombes, à l'Europe, un peu au-devant de la porte d'entrée.

Le Fils Japhet. — Mon Frère Sem, les signes, paroles et attouchement, rendus par notre Sœur la dernière Fille du Père Noé, sont justes.

Le fils aîné Sem. — Père Noé, les signes, paroles et attouchement, rendus par notre Sœur la dernière Fille qui t'est née, sont justes. Son instruction est terminée et complète ; elle attend, au climat d'Europe, que tu daignes la proclamer Chevalière de la Colombe.

Le Père Noé, frappant un coup de maillet. — Mes enfants, tous à l'ordre !

Chacun se met au signe d'ordre, selon son sexe.

Le Père Noé. — Cher Fils aîné, toi et ton Frère Japhet, proclamez dans vos climats, comme je le proclame en Asie, que ma Fille N*** est reconnue par moi au nom du Grand Architecte de l'Univers, membre de cette Sainte Arche Chapitrale, qu'elle est dûment Chevalière de la Colombe, et que nul ne peut s'opposer à ce qu'elle jouisse désormais des droits et privilèges associés à ce 8e degré du Rite des Écossaises de Perfection.

Le Fils aîné Sem. — Cher Frère Japhet, et vous, chers Frères et chères Sœurs qui siégez en Afrique, le Père Noé proclame que sa Fille N***, notre Sœur dernière née, est reconnue par lui, au nom du Grand Architecte de l'Univers, membre de cette Sainte Arche Chapitrale, etc.

Le Fils Japhet. — Chers Frères et Chères Sœurs qui siégez en Amérique, le Père Noé proclame que sa Fille N***, notre Sœur dernière née, est reconnue par lui, au nom du Grand Architecte de l'Univers, etc.

Le Fils aîné Sem. — Père Noé, l'annonce de la proclamation est faite.

Le Père Noé. — Applaudissons, mes enfants, et réjouissons-nous de l'heureuse acquisition que l'Arche

Sainte a faite en ce jour. Avec l'admission de cette chère fille à nos mystères, une nouvelle ère de glorieuse félicité s'ouvre pour nous tous ; les jours d'épreuves sont terminés, puisque la grâce abonde chez nous devant le Seigneur. Applaudissons Ada qui revit dans ce Temple de la Vertu ; le Très-Bon Éblis protège toujours la tendre Colombe maçonnique et l'embellit de charmes toujours nouveaux, et Chanaan, le fruit de ses entrailles, est béni !… À moi, mes enfants, par la batterie et l'acclamation !

Tous applaudissent par les sept coups de la batterie du grade et crient, aussitôt après, avec ensemble : — *Gloria in excelsis* !

La nouvelle Chevalière remercie en quelques mots ; ou bien la Maîtresse des Colombes remercie pour elle.

Le père Noé fait répéter la batterie et l'acclamation.

La Maîtresse des Colombes conduit la nouvelle Chevalière à sa place et se met auprès d'elle ; cette place est celle qu'occupait, au climat d'Amérique, la Sœur qui avait été reçue avant elle ; celle-ci se place un peu plus loin.

Sur un coup de maillet du Père Noé, tout le monde s'assied.

Le Père Noé. — Que la Sainte Nohéma daigne retracer pour l'édification de la nouvelle Chevalière de la Colombe, les enseignements sacrés, que comporte ce sublime grade de la Maçonnerie des Dames. Mes enfants, veuillez prêter à son discours toute votre attention.

(À suivre.)

Sommes reçues pour le 1ᵉʳ Congrès antimaçonnique international, après la clôture de la souscription : — M. Massin, à Meaux, 10 fr. — M. Ernest de Poulpiquet (second versement), 5 fr. — Le total de la souscription ouverte parmi les abonnés aux *Mémoires d'une Ex-Palladiste* s'est élevé ainsi 1.420 fr. 51.

1. ↑ Voir les fascicules n°2, 5, 6 et 12 des *Mémoires*.

Nos coups ont porté… Redoublons !

Nul catholique ne saurait douter de l'utilité des Congrès antimaçonniques internationaux, dont le premier s'ouvrira à Trente au moment même de la publication de ce fascicule ; non, aucun doute n'est possible, puisque le Pape a parlé.

Dans sa Lettre publique au président Guglielmo Alliata, le Vicaire infaillible de Jésus-Christ s'exprime ainsi :

« Nous ne doutons pas que cette réunion n'obtienne le succès que présage l'importance des questions qui y seront traitées et l'utilité qu'on est en droit d'espérer.

« Toutefois, afin que les résultats désirés correspondent pleinement aux espérances conçues, il importe que ceux qui prendront part à cette assemblée mettent la main à la racine du mal pour l'extirper, qu'ils recherchent soigneusement les moyens par lesquels on peut plus efficacement tenir tête aux efforts grandissants des sectes.

« Dans Nos lettres encycliques, citées plus haut, Nous avons abondamment signalé ces moyens qui peuvent se résumer en un seul : c'est que vos efforts se coalisent et se concentrent sur le terrain même où le combat est tout engagé par les francs-maçons.

« Il importe donc souverainement que les documents pontificaux et la direction qu'ils ont donnée soient gardés et retenus comme éditant les règles et les prescriptions formelles auxquelles il faut se conformer avec respect, vous-même d'abord, et, plus tard, ceux qui, dans la suite, appliqueront leur zèle et leur collaboration à la délibération de ces moyens.

« Assurément, comme nous l'avons proclamé ailleurs, les doctrines audacieuses, perverses de cette secte, et les moyens pernicieux qu'elle emploie pour réussir, causeraient moins de maux et s'affaibliraient même peu à peu, si les catholiques s'inquiétaient d'opposer aux francs-maçons une résistance plus ferme et une stratégie plus habile. Ceux-ci, en effet, mettent leur confiance dans le mensonge et les manœuvres ténébreuses ; c'est pourquoi, si l'on parvient à leur arracher le masque dont ils se couvrent, il est hors de doute que tous les honnêtes gens se refuseront à participer à leur détestable perversité et la réprouveront. »

Donc, le devoir des catholiques est nettement tracé :

1° Mettre la main à la racine du mal, pour l'extirper ; — 2° coaliser les efforts catholiques et les concentrer sur le terrain même où les francs-maçons ont engagé le combat ; — 3° se conformer avec respect aux régies et prescriptions formelles édictées par les documents pontificaux, lesquels donnent la seule direction à suivre dans l'œuvre de la défense de l'Église contre la secte ; — 4° arracher, avec plus d'énergie que jamais, le masque dont les francs-maçons se couvrent, dénoncer leurs doctrines audacieuses, perverses, et leurs moyens pernicieux, afin que tous les honnêtes gens réprouvent leur détestable perversité et s'éloignent de la secte avec horreur.

Le Congrès examinera, à la lumière des enseignements de Pierre, quelle est la racine du mal et quel est, d'une façon précise, le champ de bataille choisi par les suppôts de Satan pour tenter de détruire l'Église. Les congressistes reliront avec fruit les documents pontificaux et, en premier lieu, l'immortelle encyclique *Humanum Genus*.

Tout particulièrement, ceux qui ont l'honneur de tenir une plume chrétienne se feront un devoir de dévoiler les doctrines de la secte, si audacieuses, et si perverses soient-elles, et de soulever l'opinion publique contre les pernicieux moyens d'action des sectaires, c'est-à-dire complots et attentats politiques, crimes privés, corruption générale. Après l'ordre du Pape, si formellement renouvelé, aucune hésitation n'est possible.

Quant à moi, c'est cette insistance du Souverain Pontife qui m'a décidée à aller jusqu'au bout, malgré les haines devenues maintenant féroces et ne reculant plus devant aucune manœuvre pour m'atteindre ; jamais je n'aurais osé publier intégralement l'infâme *Rituel de Chevalière de la Colombe*, avant la lettre de Léon XIII au président Guglielmo Alliata. Ces documents et d'autres, je me proposai, non de les passer sous complet silence, mais d'en faire un court résumé qui n'eût été intelligible qu'aux érudits. Je les donnerai donc tels quels, laissant aux ecclésiastiques le soin de commenter et d'expliquer ; là est la limite que je m'impose, et chacun comprendra que je ne puis la franchir.

Après l'envoi de mon volume Le *33ᵉ∴ Crispi* au Vatican, je reçus, le 11 juillet, de l'un des secrétaires particuliers de Sa Sainteté, une précieuse lettre, me disant, entre autres choses :

« Continuez, Mademoiselle, continuez à écrire et à démasquer l'inique secte ! La Providence a permis, pour cela même, que vous lui ayez appartenu pendant un si long temps. »

Mettant ma confiance en Dieu qui connaît la pureté de mes intentions, et n'aspirant à aucune récompense des hommes, heureuse même de souffrir pour Jésus, quand les traits de la calomnie ou de la déception rancunière me sont décochés dans l'ombre et quand l'ignorance les ramasse et ravive ma blessure, je ne prends donc part à la lutte qu'avec le désir de contribuer à détruire l'œuvre du Mal.

Car, maintenant, la guerre est bien déclarée ; l'heure des combats a sonné. Honneur aux vaillants antimaçons qui ont appelé les catholiques à la nouvelle Croisade !

Les premiers coups ont porté. Vive Dieu ! La secte est dans un frémissement de rage ; mais Saint Michel et Jeanne d'Arc sont à la tête des croisés de Trente. *Bataillons, bataillons hardiment ! Dieu nous donnera la victoire !*

Le gage du triomphe, il est dans la lettre furieuse que le F∴ Ernesto Nathan, le successeur de Lemmi à la direction de la Maçonnerie italienne, vient d'adresser, par ordre du Vicaire de Satan, à toutes les Loges de la Péninsule.

Voici le document :

A∴ G∴ D∴ G∴ A∴ D∴ U∴

Grand Orient d'Italie (Circulaire 32)

À toutes les Loges Maçonniques de la Communion Italienne.

Chers Frères,

La colère malfaisante est arrivée au paroxysme ! Des princes et prélats de l'Église au dernier plumitif, des Congrès eucharistiques au dernier petit Bulletin, le cléricalisme, qui prend la religion pour enseigne, mais convoite les biens terrestres en même temps que la destruction de l'unité de la Patrie, concentre tout son pouvoir contre la Maçonnerie. Le Pontife lui-même se mêle à ce concert et excite ses prosélytes en répétant contre nous des accusations que rejette maintenant toute conscience impartiale et honnête. Chargé d'années et de pensées, porte-étendard de la charité et de la mansuétude chrétienne, il descend de son siège élevé, et, oublieux des préceptes de l'Évangile, il nous injurie et prêche l'extermination d'hommes qui, le front haut et la conscience en paix, poursuivent une œuvre de bien public. Les attaques éparses, la guerre d'embuscade, les invectives des marchands de papier et des rhéteurs, se condensent et se résument en un Congrès international antimaçonnique tenu à Trente, du 26 au 30 septembre, loué, encouragé et béni solennellement par le Pape.

Là se réuniront les réactionnaires de tous les pays, et les assauts, jusqu'ici dirigés contre notre Ordre en Italie, s'élargiront et s'étendront à toute la Maçonnerie Universelle.

Nous pourrions déplorer la conduite d'hommes qui, drapés dans les plus solennels vêtements de la religion, ne se refusent pas, dans un but de parti, à une guerre déshonnête et déloyale ; mais nous devons accueillir et enregistrer le fait avec une profonde joie, avec le sentiment d'une haute et grave responsabilité, l'appréciant à la lumière de sa grave situation. Désormais, devant une telle attitude, nul doute ne peut rester dans notre esprit ; nous sommes calomniés, guettés, attaqués, parce que, au moment où elle s'apprêtait à jouir d'un triomphe longuement recherché et qu'elle espérait prochain, la réaction sent et voit dans notre Ordre une solide barrière, un rempart formidable contre la complaisante restauration de son pouvoir sur les corps et sur les âmes.

À vous, Frères, pas n'est besoin d'excitation. Lisez dans ce livre qui s'ouvre si clairement devant vos yeux ; lisez le péril pour la Patrie, pour le progrès civil, pour l'éducation et pour la conscience des Italiens, pour leur bien moral et matériel : lisez vos devoirs ! Attaqués, ramassons, tranquilles, mais prompts à tout sacrifice, le gant du défi.

Et que cet enseignement ne soit pas pour nous seuls. Désormais, il apparaît clairement à tous : d'un côté, le retour au passé ; de l'autre, le progrès indéfini et continu ; d'un côté, les conspirations ourdies dans le mystère avec les garanties de l'État, fortifiées par le secret de la confession et par le lien de corporation opérant dans le monde, dans l'ombre, avec l'immunité de la soutane ; de l'autre côté, le secret maçonnique, ce secret maçonnique si abhorré, conservé pour protéger des lâches attaques, des sottes défiances, nos Frères qui travaillent pour les idéalités pures de la Patrie et de l'Humanité d'un côté, ceux qui invoquent le ciel pour dépouiller la terre ; de l'autre, ceux qui, dans l'intégrité de la conscience, et dans la foi, qui anime et élève, s'occupent, sur la terre, de la grande Famille humaine, en resserrent les liens fraternels et travaillent à la perfectionner, à la purifier et à l'améliorer.

Donc, qu'ils prennent position, les hommes d'esprit et de cœur ; qu'ils décident, tous ceux qui aiment leur pays sérieusement et honnêtement, de quel côté ils doivent se ranger ; qu'ils pensent, les patriotes, ce qu'est l'Italie d'aujourd'hui et ce qu'elle pourrait être demain ; qu'ils pensent, les braves, aux guerres d'indépendance entreprises et à celle qu'il faudra encore entreprendre ; qu'ils jugent, les citoyens libres, si les clés de leur conscience doivent être gardées dans le Vatican ; qu'ils réfléchissent, les défiants et les indifférents, à ce que fut et à ce que serait le règne des Papes ; qu'ils voient, qu'ils s'unissent dans la sincérité de leurs intelligences, au travail d'une Institution qui ne reconnaît ni secte ni école, qui, nationale et humaine, respectueuse de toute foi, de toute conviction honnête, s'élève au-dessus de tous, et réunit tous les hommes dans un but de rédemption morale et civile de la Nation, et, par elle, de l'Humanité.

Au Congrès international antimaçonnique de Trente, nous, Frères, en union avec tous ceux qui ont des sentiments italiens, nous opposerons notre fête nationale du 20 septembre ; ce jour, solennel dans l'histoire des peuples, où la réunion de Rome à l'Italie scellait dans le monde les rapports entre la conscience individuelle et le devoir social. Et, dans cette fête des nations, l'écho de l'honnête réjouissance pour la conquête humaine que la Loi Éternelle assigna à notre Italie, résonnera par claies monts, par delà les mers. Or, chers Frères, tandis que vous célébrerez la fête nationale, que votre pensée vole auprès de ceux qui luttent pour la liberté et pour leur nationalité, que votre affection se dirige vers ces peuples et ces chrétiens héroïques qui, tandis que leur Suprême Pasteur reste muet, combattent pour sauver leur conscience, de l'oppression islamique ; leur patrie, de la tyrannie étrangère et leurs familles, de la honte.

Si les chefs de religion se taisent, si les États les plus puissants, dans la triste impuissance de leur stérile jalousie, restent inertes, l'arme aux pieds, la Maçonnerie sent et reconnaît les liens qui l'unissent avec les opprimés contre les oppresseurs, et elle ne manquera pas à son devoir.

Salut, lutteurs intrépides, salut à vous, pionniers du progrès qui invoquez la lumière, la résurrection nationale et qui offrez votre vie pour la liberté et pour la civilisation. Vainqueurs ou vaincus, notre cœur reste avec vous.

Recevez, très chers Frères, notre salut fraternel.

Donné dans la Vallée du Tibre,
à l'Orient de Rome,
le 5e jour du 7e mois, an 000896 de la Vraie Lumière,
— et de l'ère vulgaire, le 5 septembre 1896.
Le Grand-Maître :
Ernesto Nathan, 33e∴

Oui, à cette heure, quel catholique n'aurait pas confiance ? Je ne veux pas parler de la suprême fin, de la dernière issue de la lutte ; *non prævalebunt*, a dit le Christ. Mais je parle même des combats actuels ; la victoire des nouveaux croisés abrégera les épreuves.

Lemmi a fait peau neuve sous les oripeaux maçonniques de son suppléant. La secte a pensé que Nathan, fils naturel de Mazzini, est un grand-maître présentable ; on peut l'exhiber au public, celui-ci. Mais c'est toujours Lemmi qui parle et qui écrit ; sa voix est mal déguisée, et l'on reconnaît son style. « Guerre d'embuscade ! » hurle-t-il. « Invectives des marchands de papier et des rhéteurs ! » Eh bien, oui, nous l'avons débusqué, c'est en publiant partout son casier judiciaire que nous l'avons contraint à rentrer dans son antre. Eh bien, oui, il faut combattre par les conférences et par l'imprimé : la parole de la vérité viendra à bout des mensonges ; le papier de la bonne presse sera victorieux du papier de la mauvaise presse.

Ô Lemmi et Nathan, vous enragez, et votre fureur prouve que nous avons raison, que nos révélations vous blessent à mort ; c'est à nos amis et à nous-même que vous jetez votre venin. Nos coups ont porté… Nous redoublerons !

La Suprême Manœuvre

Un vent de folie souffle depuis trois mois, agitant et convulsant un grand nombre de feuilles catholiques, bise progressivement plus violente en Allemagne d'abord, et ensuite véritable ouragan déchaîné en France.

Quand le calme sera revenu après cette invraisemblable tourmente, on demeurera stupéfait que tant de journalistes, dont plusieurs bien connus graves et sages, aient pu subir un tel entraînement, sans vouloir jeter un regard en arrière, sans se rendre compte que le vertigineux tourbillon qui les emportait et les changeait à les rendre méconnaissables était une infernale tempête dont l'Éole n'est autre que Satan, roi de ce monde, inspirateur et idole de la Franc-Maçonnerie.

J'avais signalé — et j'en avais haussé les épaules la burlesque fantaisie de Moïse Lid-Nazareth dans la *Revue Maçonnique* du F∴ Dumonchel. Je n'avais pas cité, tant cela était absurde. Selon le dire de l'agent de Lemmi, je n'étais pas moi-même ; j'étais une autre, et Moïse donnait le nom !

Qui aurait pu jamais croire qu'une farce de cette espèce était susceptible de créance un jour ; qu'elle trouverait, hors de la secte, des hommes sérieux pour l'adopter et en faire la base d'un échafaudage de mensonges, en se croyant naïvement dans le vrai !

Au mois de juin, je signalai la manœuvre de M. Margiotta, tendant à faire croire à l'existence de deux Diana Vaughan : l'une, la vraie, demeurée palladiste, ayant fait sa paix avec Lemmi ; l'autre, c'est-à-dire moi, la fausse, déclarée énergiquement par lui n'être pas la même que celle qu'il avait connue en 1889 à Naples. Mon article valut à la *Revue Mensuelle* une lettre de M. Margiotta, dans laquelle, avec accompagnement d'injures et de menaces, notre homme soutenait mordicus sa thèse de mon dédoublement. D'où, pour me défendre : la brochure *Miss Diana Vaughan et M. Margiotta*, où le mensonge de cet obstiné fut démontré avec ses lettres mêmes, reproduites en fac-similé par la photogravure.

Cet incident n'avait qu'une importance relative ; il n'était pas l'œuvre de la secte ; c'était le fait du dépit pur et simple d'un malheureux, sa rancune éclatant en quelques cris de colère, m'outrageant dans mon honneur, mais impuissant à détruire mon œuvre. En me dédoublant, dans son aveugle fureur, il me rendait témoignage ; sa méchanceté retombait sur lui, pour l'accabler.

Mais, si la secte fut étrangère à l'incident Margiotta, elle préparait dans l'ombre une suprême manœuvre.

Le mouvement antimaçonnique venait de prendre enfin une allure guerrière ; une organisation complète se préparait a surgir. Ayant à leur tête M. le commandeur Guglielmo Alliata, un des vaillants chefs des œuvres de la jeunesse catholique d'Italie, Mgr Lazzareschi, délégué officiel du Saint-Siège, et M. le commandeur Pietro Pacelli, président des comités électoraux catholiques de Rome, les antimaçons italiens avaient donné le bon exemple, avaient multiplié dans la péninsule les comités de résistance à la secte, et, encouragés par Léon XIII, ils conviaient le monde chrétien tout entier au premier Congrès antimaçonnique international.

Ah ! ce Congrès !… Longtemps les Loges avaient cru qu'il n'aurait pas lieu ; quelques renvois d'une époque à une autre avaient laissé au Maudit l'espoir que ce projet, datant de juillet 1895, serait finalement abandonné. « Tout se passera en paroles, croyait-on dans les Suprêmes Conseils ; les catholiques ne se décideront jamais à en venir à l'action. »

Or, voici que tout à coup la convocation définitive parut. La ville choisie était Trente, la cité du grand Concile tenu contre l'hérésie des diverses sectes protestantes, et la Maçonnerie est fille du protestantisme socinien !

À Trente ! à Trente ! clamèrent les voix des catholiques, réveillés, secoués de leur torpeur. Et les Loges apprirent ainsi soudain que tout était prêt ; que S. A. le Prince Evêque de Trente avait accepté avec joie l'honneur de présider ces grandes assises de la nouvelle Croisade ; que la bonne et chrétienne ville du Bas-Tyrol se faisait une fête d'accueillir les congressistes ; et que S. M. l'Empereur d'Autriche avait accordé toutes les autorisations nécessaires.

Cette convocation du Congrès de Trente fut un coup de foudre pour la secte. Avant que le F▽ Nathan poussât ses hurlements de rage, le F▽ Findel, de Leipsig, publia avec éclat sa brochure ; car c'est là le premier fait que je prie le lecteur de constater, la brochure Findel a suivi presque immédiatement la convocation définitive du Congrès. Le haut-maçon de Leipsig se levait ainsi brusquement, sortait de son silence de plusieurs années en apparence, il répondait aux accusations dont il était l'objet depuis plus de trois ans ; en réalité, il répondait au cri de guerre des antimaçons de Rome.

C'est à ce moment aussi que je publiai *Le 33ᵉ∴ Crispi*. Toutes les personnes qui connaissent à fond la question maçonnique ont été unanimes à déclarer que cet ouvrage est le réquisitoire le plus écrasant qui ait jamais paru contre la secte.

À peine le volume était-il parvenu au Vatican, que je recevais de l'un des secrétaires particuliers de Sa Sainteté une lettre dont j'ai cité ce passage :

« Continuez, Mademoiselle, continuez à écrire et à démasquer l'inique secte ! La Providence a permis, pour cela même, que vous lui ayez appartenu pendant si longtemps. »

Faisant allusion aux faux bruits semés sur mon identité par M. Margiotta et à la négation même de mon existence, émise par quelques autres lecteurs des élucubrations de

Moïse Lid-Nazareth, mon éminent correspondant continuait ainsi :

« De beaucoup il y a *calomnie* sur votre existence et votre identité. Je crois que c'est là un artifice de la secte, pour ôter du poids à vos écrits. J'ose cependant vous soumettre mon avis, que, dans l'intérêt du bien des âmes, vous veuillez, *de la même manière que vous croirez,* écarter toute ombre de cela. »

La lettre se terminait en ces termes :

« Je me recommande de tout cœur à vos prières, et avec une parfaite estime je me déclare votre tout dévoué. »

On me laissait donc juge du moyen à employer pour réduire à néant les calomnies. Par une autre voie, je reçus l'avis apporté à l'un de mes amis : j'étais autorisée à prendre tout mon temps pour tenir certain engagement, qui n'a pas à être divulgué, et l'on reconnaissait que je ne devais rien faire qui pût compromettre ma sécurité.

Ma résolution fut bientôt prise : *faire triompher la vérité par l'écroulement successif des mensonges.*

Les mensonges mis en circulation n'étaient pas nombreux alors ; leur compte pouvait être réglé assez rapidement. Mon plan consistait à détruire l'une après l'autre chaque invention imaginée pour nuire à mon œuvre et à montrer à quel mobile avait obéi l'inventeur de chaque mensonge.

Après l'incident Margiotta, un répit me paraissait nécessaire, et d'ailleurs je portai toute mon attention sur le grand événement qui allait s'accomplir à Trente.

Cependant, j'eus des échos du premier tumulte soulevé en Allemagne par la brochure du F ▽ Findel.

Des journaux catholiques allemands s'étaient laissé troubler, avaient admis comme sincères, véridiques, les dénégations de ce vieil ennemi de l'Église.

En parcourant cette brochure, on se demande si l'hésitation était possible ! On se le demande, quand on sait ; puis, en constatant que ce trouble des esprits s'est vraiment produit, on déplore que l'ignorance de la plupart des bons journalistes soit si complète en matière maçonnique. Car elle méritait tout simplement d'être repoussée du pied, cette brochure où la stupéfiante effronterie de Findel a osé écrire que ni Cavour ni Mazzini ne furent jamais francs-maçons et qu'Albert Pike était un simple grand-maître du Rite Écossais, l'égal de tous les autres grands-maîtres, le Suprême Conseil de Charleston étant supérieur à aucun autre !

Oui, voilà ce que le palladiste Findel a eu le « toupet » d'écrire en toutes lettres, d'imprimer, et des journalistes catholiques se sont inclinés. « *Meâ culpâ*, pour avoir cru jusqu'à présent au maçonnisme de Cavour et de Mazzini ! *Meâ maximâ culpâ*, pour avoir cru à la suprématie souveraine d'Albert Pike ! *Findel dixit !* »

Un religieux partit en campagne ; à la suite de ces belles déclarations de l'ineffable Findel. Il s'adressa aux journaux allemands qui avaient fait si bon accueil aux contrerévélations du haut-maçon de Leipsig. Ce religieux envoya partout un article, dans lequel il annonçait qu'il allait publier une brochure, lui aussi ; il se proposait de démontrer, mais en se plaçant sur le terrain catholique, que Findel avait raison. Findel avait attaqué l'Église en l'accusant de stipendier de faux révélateurs dans le but de calomnier la digne et toute pure Maçonnerie ; lui, il défendrait l'Église, en prouvant qu'en effet la Maçonnerie avait été calomniée, mais en prouvant par surcroît que ces calomnies étaient le fait de francs-maçons déguisés. On n'a pas tardé à reconnaître que ce pauvre religieux ne jouissait pas d'un cerveau bien équilibré ; il avait déjà donné des signes inquiétants ; ses supérieurs le firent taire, sa brochure n'a pas paru. Au Congrès de Trente, il fut déclaré qu'elle ne paraîtrait pas.

Je note pour mémoire un volume qui parut en Angleterre, vers la même époque que le pamphlet de Findel en Allemagne.

Ce volume ne me paraît pas, jusqu'à présent, appartenir à l'ensemble de la suprême manœuvre. Il a tout l'air d'un acte particulier, ordonné par les hauts-chefs de la Rose-Croix socinienne du Royaume Britannique. Dans le n° 8 de mes *Mémoires*, j'ai inséré quelques révélations sur les principaux supérieurs Rosicrucians d'Angleterre et d'Écosse, dont l'occulte rite en neuf degrés pratique le luciférianisme. Cette importante branche de la Haute-Maçonnerie britannique a vu là une déclaration de guerre directe contre elle, et elle a chargé un de ses membres de produire une négation publique. Le livre, pour innocenter les Robert Brown et consorts, enregistre leurs affirmations d'innocence, n'oppose aucune preuve contraire à mes révélations, et échafaude le roman qui, depuis le Congrès de Trente, a été mis à la mode et forme le thème favori de la polémique des journaux hostiles.

Oui, voilà à quelle source s'alimente la frénétique campagne de mes adversaires ; le F ▽ Findel et le F ▽ Arthur-Edward Waite, sont devenus des oracles.

Les Rosicrucians que j'ai nommés et sur lesquels j'ai donné des indications précises, sont-ils vraiment adeptes et chefs de ce rite d'occultisme ? Oui, ils l'avouent cela, ils ne le peuvent nier. Se faisaient-ils connaître du public comme tels ? Non ; ils cachaient, au contraire, à leurs compatriotes leur qualité de rosicrucians sociniens. Je les ai donc démasqués ; voilà un premier point acquis ; avec la clarté du plein soleil, il ressort du livre même de M. Waite. Ce qu'ils nient, ce sont les œuvres magiques dont j'ai accusé la Rose-Croix d'Angleterre et d'Écosse, dans ses hauts grades.

Eh bien, si j'ai dit le contraire de la vérité, pourquoi continuez-vous à couvrir de mystère vos rituels d'initiation ?

Les publier dans votre livre, voilà ce qu'il fallait faire, monsieur Waite, au lieu de divaguer autour de deux ou trois incorrections de style, commises par le F ▽ Palacios ; car vous savez bien que la voûte anglaise, destinée à une communication internationale, dont vous critiquez quelques mots, a été rédigée par ce haut-maçon mexicain. L'auteur du document a été révélé au public, en même temps que son texte[1]. Et vous-même, ne recevez-vous pas tous les jours des lettres qui sont loin d'être impeccables de style, et cela fait-il qu'elles n'aient pas été vraiment écrites ? Les planches qui sont publiées parfois dans les organes officiels maçonniques des divers pays ont-elles toujours toute la pureté de la langue nationale ? et, si deux ou trois incorrections s'y trouvent, sont-elles transformées pour cela en documents apocryphes ? L'authenticité de ces planches incorrectes est établie par leur insertion dans les organes officiels de la secte ; l'authenticité de la voûte rédigée par le F ▽ Palacios, que j'ai contresignée, est établie par le mouvement historique de révolte contre Lemmi, mouvement qui a suivi l'envoi de la voûte et que vous ne pouvez nier. Cette voûte a bien existé, puisque des hauts-maçons y ont adhéré et que d'autres l'ont rejetée. C'est officiel, cela, monsieur Waite.

Tout le roman, inséré dans le volume anglais des Rosicrucians, est une diversion qui ne saurait tromper les gens de bonne foi.

On m'accorde que mes révélations sur la qualité des personnes et sur les locaux des temples secrets sont exactes ; cela me suffit largement.

On repousse l'accusation d'œuvres magiques. Ah ! çà, mais qui êtes-vous donc vous-même, cher monsieur Waite ? — Si les renseignements qui m'ont été communiqués sont vrais, vous êtes né catholique, et vous avez apostasié pour passer au protestantisme. Ce n'est pas tout : votre protestantisme s'accommode fort bien de la pratique la plus assidue des sciences occultes. C'est ici que je vous prends la main dans le sac, trop malin Arthur-Edward. Vous êtes un des disciples d'Éliphas Lévi, l'ex-abbé Constant, le prêtre catholique qui apostasia pour devenir l'un des Mages de la sorcellerie moderne. Oserez-vous nier cela, monsieur Waite ? Non, vous ne le pouvez pas ; car un livre a été imprimé, un livre existe, qui est le *Dogme et rituel de la Haute Magie*, traduit d'Éliphas Lévi par un certain Arthur-Edward Waite, à l'usage des Anglais qui désirent se préparer aux grandes lumières de la Rose-Croix lucifériennne ; et ce certain Arthur-Edward Waite, ce n'est pas un homonyme, c'est vous !

N'essayez pas d'épiloguer. Ne venez pas nous raconter maintenant que votre Lucifer, à vous, est une « entité astrale », que votre Lucifer théosophique est « le Manasaputra », c'est-à-dire « l'ange planétaire, le bon ange qui est venu informer l'homme et le faire tendre à la fusion divine, d'où dérive le salut ». Cette mirifique explication est celle qui est imprimée dans une des plus importantes revues de l'occultisme anglais, le *Lucifer* ; cette mauvaise plaisanterie a pour but de justifier le titre de la feuille satanique aux yeux des pauvres fous que l'on égare et qu'il s'agit d'entraîner graduellement aux dernières œuvres de la magie.

J'ai eu la folie de croire que Lucifer était le Dieu-Bon et que le vrai Satan était Adonaï, la divinité adorée par les catholiques. Vous, monsieur Waite, vous n'avez pas mon excuse, puisque vous avez reçu une éducation chrétienne ; vous n'ignorez pas, vous ne pouvez pas ignorer que votre Lucifer ne fait qu'un avec Satan, prince des ténèbres, toujours vaincu par le glorieux archange Saint Michel.

Vous montrez le bout de votre oreille d'occultiste, — je devrais dire le bout de votre corne de diabolisant, — quand vous faites remarquer que la fameuse voûte *doctrinaire* d'Albert Pike est fortement teinte des théories d'Éliphas Lévi. Je crois bien ! Albert Pike était un grand admirateur de votre maître en sciences occultes. Vous dites ces théories défigurées ; vous auriez dû dire exposées dans leur vrai sens, appropriées au dogme palladique. Vous tirez argument de plusieurs similitudes pour insinuer que le document est, peut-être, faussement attribuer Pike et qu'il se pourrait qu'il eût été fabriqué par quelqu'un connaissant les œuvres d'Éliphas Lévi.

Ici, je vous arrête. Vous n'êtes pas le seul que des similitudes de ce genre aient frappé. Voulez-vous que je vous nomme quelqu'un qui, m'a-t-on assuré, a été, plus que tout autre, étonné de voir la doctrine palladique pétrie de Lévitisme et autres occultismes antérieurs à 1870 ? Voici le nom M. Solutore Zola, le grand-maitre d'Égypte récemment converti.

Un de mes amis m'a communiqué le fait et les raisons de cet étonnement de M. Zola ; cela vaut la peine d'être relaté. M. Solutore Zota, qui était en grandes relations d'amitié maçonnique avec Albert Pike, fut chargé par celui-ci de lui recueillir tous les travaux de ce genre ; c'est lui qui lui envoya les principaux systèmes d'occultisme, Éliphas Lévi, Ragon, et bien d'autres. Naturellement, Albert Pike, ne voulant pas se montrer plagiaire aux yeux de son ami, eut grand soin de ne pas lui faire part de son organisation secrète ; c'est pourquoi M. Zola, malgré sa haute situation maçonnique, fut tenu à l'écart de la fédération suprême des Triangles. Aussi, quand les révélations sur le Palladisme commencèrent, M. Solutore Zola les suivit avec intérêt et il a déclaré avoir reconnu dans divers documents dévoilés bon nombre d'extraits des travaux que lui-même avait envoyés à Albert Pike.

Pour vous tirer de l'embarras où vous mettra cette réplique, monsieur Waite, il ne vous reste qu'à insinuer que M. Solutore Zola n'existe pas ou qu'il est mon complice.

En tout cas, il est une autre façon de confondre votre audace. L'authenticité de la fameuse voûte doctrinaire d'Albert Pike est établie par son insertion dans les organes secrets de la secte.

Oh ! je sais qu'à l'époque même où les FF ▽ Findel et Waite publièrent leurs négations intéressées, Lemmi donna l'ordre de détruire, partout où cela serait possible, les recueils maçonniques ayant laissé échapper quelque preuve de l'existence du Rite Suprême, surtout dans les bibliothèques publiques ; et cet ordre a été exécuté. Mais que les hauts-maçons ne se réjouissent pas trop ; ils pourraient avoir un jour quelque surprise.

Enfin, pour en terminer avec les Rose-Croix anglais et leur porte-parole Arthur-Edward Waite, il est incontestable qu'ils n'avaient qu'une façon sérieuse de se laver de mes accusations d'occultisme satanique et qu'ils ont répondu à côté de la question. La façon sérieuse, la seule, l'unique, la voici : il fallait publier dans le livre et, au besoin, dans les journaux, les rituels d'initiation aux trois derniers degrés de votre Rose-Croix. Par là, on eût vu clairement si, oui ou non, vous avez été calomniés. Cette publication, que vous esquivez, nous la ferons, — s'il plait à Dieu !

Il me faut, à présent, revenir à Findel.

On pense si le rusé compère se réjouissait de voir des journalistes catholiques allemands marcher à sa suite, recueillir avec respect ses dénégations, quoique dénuées de la moindre preuve et proclamer qu'il avait raison, même contre la réalité des faits historiques.

Findel avait amoncelé les nuages ; mais comment faire éclater la tempête ?

Et voici la suprême manœuvre.

Rendons justice aux chefs de la Haute Maçonnerie : ils ont admirablement réussi, — jusqu'à présent.

Le coup n'est pas de Lemmi ; Adriano n'est pas d'une telle force. Ce coup extraordinaire marque les débuts de Nathan, combinant son action avec celle du Grand Orient de France, sous le sage conseil du vieux Findel.

Depuis ma campagne de 1893-1894, Lemmi est usé jusqu'à la corde. Que mes négateurs disent ce qu'ils voudront sur mon compte, ils ne peuvent nier ma campagne antilemmiste et ses effets ; c'est de l'histoire, cela ! Bon gré mal gré, Lemmi a été mis dans la nécessité de rentrer dans la coulisse.

La Maçonnerie la plus atteinte a été la Maçonnerie Française ; il ne faut pas se le dissimuler. Lemmi ayant été publiquement dépouillé de ses apparences d'honnête homme, les preuves authentiques de son indignité ayant été étalées au grand jour sous forme d'actes légaux, inattaquables même par le démenti, et sa gallophobie, connue seulement de l'autre côté des Alpes, ayant été mise en relief dans le monde entier, les maçons français souffraient, plus cruellement que tous les autres, des récentes révélations.

De là, les démarches du F ▽ Amiable, envoyé à Rome par le Grand Orient de France ; l'une d'elles a été mentionnée par la *Rivista della Massoneria Italiana*.

Depuis lors, le Grand Orient de France fit comprendre, en multipliant ses doléances auprès du palais Borghèse, qu'il ne suffisait pas de nier la prépondérance actuelle de la Maçonnerie Italienne, mais qu'il devenait nécessaire de profiter de l'échéance des pouvoirs de Lemmi dans la Maçonnerie officielle avouée pour ne pas les lui renouveler, afin d'enlever un argument aux catholiques.

Rien n'était plus désagréable aux maçons français que de s'entendre accuser à tout instant d'obéir à un chef suprême ennemi mortel de la France et ayant subi une condamnation à un an de prison pour vol.

Lemmi, lui, ne voulut rien entendre, d'abord ; qu'importaient, répondait-il, les railleries des cléricaux ? Mais les objurgations devinrent tellement pressantes qu'il dut céder, à la fin. Ces pourparlers, ces tiraillements causèrent le retard de l'élection jusqu'au 1er juin ; on sait que ces pouvoirs de neuf ans, les pouvoirs avoués, expiraient le 28 janvier de cette année, l'élection en remplacement des FF ▽ Tamajo et Riboli avant eu lieu le 28 janvier 1887 au Convent de Florence.

Pour donner satisfaction au Grand Orient de France, il fut convenu qu'Adriano ne se représenterait pas ; il demeurerait désormais dans la coulisse, et l'on nierait plus carrément que jamais l'existence d'une Haute Maçonnerie internationale.

Cette retraite a dû être sensible à Lemmi : il aime parader dans les banquets, se montrer, débiter des discours, dont sa situation à la tête de la Maçonnerie officielle lui fournissait mille prétextes ; il n'est pas comme Mazzini, qui savourait au contraire l'effacement, qui trouvait des délices l'incognito, qui préférait la réalité de la haute direction aux semblants pompeux des titres connus des profanes.

Enfin, Lemmi se résigna. Ah ! ce n'est certes pas lui qui me déclare mythe ; il sait que c'est bien mon existence qui lui a valu de boire jusqu'à la lie la coupe des humiliations. Il se résigna, mais en exigeant néanmoins une double fiche de consolation : cédant la place officielle à Nathan, qui d'ailleurs lui prendra bientôt l'autre, il se fit décerner, faute de mieux, le titre de grand-maître d'honneur du Grand Orient d'Italie, et… il garda la caisse. Car, voyez-vous, le coffre-fort est plus cher au cœur d'Adriano que tous les titres, auxquels il tenait pourtant. Ainsi, le F▽ Silvano Lemmi, fils d'Adriano, fut nommé grand-trésorier du Grand Orient d'Italie.

Nathan, aussitôt élu, tint à se signaler par son zèle. Il a eu des éclats bruyants ; on a lu ses retentissantes circulaires. Il ne parle pas en simple grand-maître de la Maçonnerie Italienne il affecte déjà de s'adresser aux FF∴ du monde entier. On sent qu'il pose dès à présent, auprès des Triangles, sa candidature de chef suprême, en cas d'une vacance possible. Adriano n'aura peut-être pas tort de surveiller sa cuisine.

Or, Nathan examina la situation. Par les faits, que je vais énumérer tout à l'heure, — et je ne serai pas démentie, — il est facile de distinguer quel raisonnement il se tint.

En premier lieu, le grave danger pour la secte était l'organisation des forces antimaçonniques par le Congrès de

Trente. Il fallait donc jeter dans le camp catholique le trouble, la division, le désarroi, si c'était possible.

En second lieu, mon volume sur Crispi nominalement, mais en réalité dévoilant avec preuves le complot contre la Papauté, montrait au public que je suis armée, plus que personne ne te fut jamais, pour combattre et démasquer la Franc-Maçonnerie. Nous vivons dans un siècle sceptique quand on se borne a parler de l'action du démon, il est aisé aux maçons de répondre par un haussement d'épaules ; mais, en dehors des faits surnaturels, toujours discutables tant que l'Église ne s'est pas prononcée, si l'on apporte aux débats un formidable dossier de documents authentiques, — tel, mon volume sur Crispi, — la question change d'aspect, et tes sectaires, écrasés par l'évidence, entrent en fureur, ne pouvant plus nier, n'ayant plus la ressource de sourire avec dédain. Comment donc détruire l'effet de ce réquisitoire, étayé de tant de documents, puisqu'on ne pouvait nier les documents eux-mêmes ?

En troisième lieu, enfin, tes conversions de francs-maçons, se multipliant, constituaient pour la secte un, périt qui ne pouvait que s'accroître ; car chaque conversion amènerait vraisemblablement un témoignage contre l'Ordre, et par leur groupement toutes ces dépositions seraient une terrible cause de ruine, même les dépositions des adeptes non-palladistes. Il fallait donc aviser à frapper d'avance d'une déconsidération complète, absolue, toutes les révélations, tous les témoignages quelconques des maçons convertis, présents et futurs.

On avait reconnu l'impossibilité de m'atteindre ; toutes les recherches n'avaient abouti à rien.

Je profite de ce que je viens d'écrire ces mots, pour répondre à un journal qui a imprimé : « Comment veut-on qu'une personne qui est tous les jours en correspondance avec un éditeur, pour une publication périodique, puisse cacher son domicile à la Franc-Maçonnerie qui voudrait le connaître ? » (*Semaine Religieuse de Cambrai*)

Peu commode, oui ; impossible, non.

Au temps où je prévoyais, non ma conversion encore, mais ma rupture avec les chefs de la secte, j'ai pu rendre quelques services à des braves gens, et cela sans me faire connaître sous mon nom ; Dieu merci ! la reconnaissance n'est pas totalement bannie de notre pauvre humanité ; il est encore des cœurs pleins de gratitude, gardant le souvenir de qui leur est venu en aide aux heures de la plus sombre tristesse. Quand j'ai eu à demander asile, je savais que telle porte où j'irais frapper s'ouvrirait, et que là, paisible, j'aurais toute certitude d'hospitalité discrète et ignorée. Discrète, parce que la chère famille au sein de laquelle je vis ne soupçonne rien des événements auxquels j'ai été mêlée ; étrangers à la politique, ne s'en occupant en aucune façon, ils ne se doutent même pas qu'un mystère peut être attaché à ma personne ; simples et bons, m'entourant d'affection et de respect, ils ne se préoccupent nullement de connaître quel motif m'a poussée à choisir pour ma retraite leur coquette propriété, où la promenade m'est possible ; quand je pleure, ils me croient des chagrins de famille ; je prends mes repas avec eux ; je travaille, prie et médite dans un pavillon qu'ils m'ont cédé et où j'ai pour compagne une amie, inconnue à la secte ; cette amie et un saint prêtre du voisinage sont seuls dans le secret bien loin la ronde, on ignore, ou peu s'en faut, qu'il existe une Franc-Maçonnerie ; mes hôtes m'appellent leur « bonne fée » et prennent ma compagne pour ma sœur.

Oui, retraite discrète et ignorée, qu'avec la protection du bon Dieu, en qui j'ai mis toute ma confiance, la secte ne peut découvrir.

Pour recevoir ma correspondance, il me suffit d'une double transmission dont j'ai déjà parlé (page 349) ; les amis sûrs, déjà éprouvés, que j'ai autorisés à faire le triage de mes lettres, sont deux seulement, et ne connaissent que l'adresse d'un bureau restant d'une grande ville. Je n'ai pas à dire commentée qui m'est destiné me parvient les lettres urgentes, par courrier immédiat ; les moins pressées, apportées en tas, au moment où le voyage est possible à l'un de mes deux amis, et ce voyage alors n'a rien d'anormal, vu la profession du porteur des correspondances en retard.

Tout ceci peut paraître compliqué, parce qu'il serait imprudent de dire ici quelle est la combinaison employée pour éviter à ma compagne de se rendre au bureau même où mes lettres sont adressées à son nom, recommandées, et comment, quoique recommandées, elles peuvent parvenir à tel autre bureau, hors de la ville, sous enveloppe nouvelle à un autre nom. La combinaison est des plus simples ; mais il fallait en avoir l'idée et trouver un prétexte afin qu'un intermédiaire salarié pût se charger de la plus vulgaire des opérations de poste, sans pouvoir soupçonner quelle correspondance passe entre ses mains. D'ailleurs, cette combinaison si simple a été indiquée à telles et telles personnes amies, qui pourraient en témoigner, — je dis indiquée, car chacun a été trop discret pour demander les noms mis en usage, quoique faciles à changer d'ailleurs ; — et l'on a été unanime à déclarer le procédé merveilleux de simplicité et de sécurité.

Quant aux lettres non urgentes, apportées en bloc, leur paquet est remis de la main à la main à l'une des deux seules personnes qui sont dans le secret de ma résidence ; il suffit d'une rencontre, convenue d'avance dans une grande ville plus ou moins à proximité.

Les lettres que j'expédie ne partent jamais de la localité où je suis. On comprendra sans peine que cela est la chose la plus aisée du monde, puisque j'ai pour cela deux personnes éprouvées, sans qu'il soit nécessaire que l'enveloppe extérieure porte leur véritable nom et leur adresse dans certains cas. Il suffit que la transmission se fasse d'une grande ville à une grande ville, pour ne donner jamais l'éveil aux cabinets noirs depuis le moment du départ jusqu'à celui de la réexpédition. Par contre, dès que la lettre circule sous sa dernière enveloppe, c'est-à-dire portant l'adresse de son destinataire, il est évident que les cabinets noirs ne se gênent pas pour la lire, pour peu que mon correspondant soit un homme connu ou signalé par la secte. Mais jamais dans aucune lettre je n'écris un seul mot qui puisse compromettre ma sécurité.

En résumé, tout se borne à l'emploi de cinq personnes : deux qui sont dans le secret complet ; deux qui savent les envois faits par moi ou pour moi en réalité, mais qui ignorent exactement le lieu même de ma résidence ; un intermédiaire salarié, qui ne peut se douter de rien, attendu que la correspondance passant entre ses mains est réduite à sa plus simple expression et que le stratagème employé est tellement banal que sa curiosité ne saurait être éveillée.

Je ne sais qui a fait courir le bruit que je suis réfugiée dans un couvent ; je n'ai jamais écrit cela. Quand ma mission actuelle sera accomplie, j'irai me renfermer pour toujours dans tel couvent déjà choisi et que la secte voudrait bien connaître. Voilà la vérité.

La Haute-Maçonnerie ayant constaté l'inutilité de ses efforts pour me découvrir, le F▽ Nathan jugea que le plus sûr coup de poignard serait l'éclat universel de la négation de mon existence, en lui faisant prendre les proportions d'un scandale prodigieux.

Cela atteindrait le triple but que j'ai exposé tout à l'heure.

Au surplus, l'assassinat brutal a ses inconvénients pour la secte ; on n'y aurait pas eu recours contre Luigi Ferrari, si l'on n'avait pu donner à ce crime les couleurs d'un attentat anarchiste. Aujourd'hui, les révélateurs ont plus à craindre le poison lent que le poignard ou le revolver. Elle serait visible pour le monde entier, la véritable main qui frapperait d'un stylet ou d'une balle M. Léo Taxil, par exemple, lui dont l'œuvre de révélations personnelles est terminée. Contre M. Solutore Zola, qui au contraire peut beaucoup dire, l'exaspération a des chances de se produire : on préférera l'empoisonner, sans doute mais peut-être aussi la fureur sectaire ne raisonnerait pas. Il fera bien de se garder de toutes façons.

Sauf à commettre le crime matériel ensuite, les hauts-maçons ont donc pensé qu'il fallait tenter d'abord le crime de la ruine morale.

Mais comment ?…

Pourquoi n'achèterait-on pas un ou deux des derniers révélateurs ?

Nathan se souvint du mot célèbre de Philippe de Macédoine. Et dans quel ouvrage donc avait-il été parlé de moi pour la première fois ?

Le malheureux, qui allait se laisser tenter par l'or maçonnique et dont la trahison me fait pitié plutôt qu'elle ne m'indigne, a eu son nom jeté à tous les échos de la publicité en cette circonstance. Il a repoussé le pseudonyme de « Docteur Bataille » qu'il avait pris pour écrire ce qu'il appela ses « récits d'un témoin » dans la publication le *Diable au XIXe Siècle*. Cependant, puisque j'ai à m'occuper de lui, c'est sous ce pseudonyme que je le nommerai plus tard, quand il se repentira, comme je l'espère, il me remerciera de ne pas avoir accolé le mot « traître » à son nom de famille.

Le docteur Bataille avait donc écrit ou signé tout ou partie de l'ouvrage dont il s'agit. Qu'il eut des collaborateurs, un ami qui rédigea les passages relatifs à des faits antérieurs, des abonnés qui envoyèrent de nombreux épisodes à l'appui de ses récits personnels, cela importe peu. On lui accorde volontiers qu'il fut, en tout et pour tout, l'auteur des « récits d'un témoin » proprement dits ; je m'en rapporte là-dessus à ce qui a été publié en ces derniers jours, de part et d'autre[2]. Voilà la vraie question.

Or, j'avais déjà fait quelques rectifications à ces récits d'un témoin ; je me proposais d'en apporter d'autres, et je l'ai annoncé bien avant ma conversion, soit dans des lettres particulières, soit dans le *Palladium Régénéré et Libre*.

Je suis donc bien à mon aise pour juger l'ouvrage.

Des exagérations, il y en a, elles sont nombreuses ; l'auteur se laisse entraîner souvent par son ardeur descriptive ; il dépasse le but. Tous les faits sont-ils controuvés ? c'est une autre affaire. Quant au fond, l'ouvrage est vrai. Oui, là Haute Maçonnerie existe ; oui, le Rite Suprême dit Palladique est pratiqué dans des arrière-loges nommées Triangles ; oui, le Grand Architecte de la Franc-Maçonnerie, tel qu'il est connu des parfaits initiés, n'est autre que Lucifer, c'est-à-dire Satan.

Et voilà la révélation qu'il fallait détruire à tout prix.

Renier cette révélation après l'avoir faite, dire publiquement : « Je me suis moqué des catholiques, tout ce que j'ai écrit n'est qu'une *fumisterie* », cela est une trahison.

Une trahison de ce genre se paie. Qui paierait ? Évidemment, une forte somme serait nécessaire, vu l'immense scandale qu'on voulait. Or, il n'y avait pas à compter sur Lemmi, trop vexé de l'humiliation qui venait de lui être infligée par les exigences du Grand Orient de France. Donc, le Grand Orient de France ferait les frais, quels qu'ils pussent être car il y avait lieu de prévoir leur accroissement, en cas de complications.

Ici, une observation : quand telle fédération maçonnique a telles dépenses extraordinaires à s'imposer, cela ne veut pas dire qu'elle prend les fonds dans la caisse centrale nationale, constituée par le tant pour cent des cotisations et autres ressources connues des imparfaits initiés. Chaque Maçonnerie particulière sait toujours se ménager des amitiés puissantes, soit dans le monde gouvernemental, soit dans le monde de la haute finance tout en s'insinuant dans la direction des affaires politiques, la secte rend des services secrets, qui lui permettent à l'occasion de se faire remettre des fortes sommes. — Citons deux exemples historiques : Mazzini était loin d'être riche, et les carbonari qu'il dirigeait appartenaient à la bohème politique et aux classes inférieures de la société, tous gueux sans le sou ; ce n'était ni dans sa bourse, ni dans la caisse des cotisations des Ventes, que Mazzini puisait les sommes considérables qui lui furent nécessaires pour l'organisation de ses complots et l'exécution des criminels attentats dont il était l'inspirateur. — Plus récemment, l'affaire du Panama a montré que feu le F▽ Floquet, au moment où la Franc-Maçonnerie venait de condamner l'aventure boulangiste comme dangereuse pour la République (réunion des Loges de Paris au Cirque d'Hiver), sut extorquer trois cent mille francs au F∴ Ferdinand de Lesseps pour subventionner les journaux à rédactions maçonniques, radicaux et opportunistes, et alimenter leur campagne contre le blond général.

Le Grand Orient de France n'eut donc pas grand mérite à accepter de prendre à sa charge les frais que nécessiteraient la trahison du docteur Bataille et les complications qui en seraient fatalement la conséquence. Un jour, peut-être, la découverte d'un pot-aux-roses financier, quelconque donnera la clé de l'énigme pécuniaire qui nous préoccupe aujourd'hui.

Le docteur Bataille, depuis quelque temps, était comme une de ces citadelles que Philippe de Macédoine savait si bien prendre, sans exposer ses troupes à un assaut meurtrier. Une forte somme, même si elle lui était offerte par la Franc-Maçonnerie, serait la bienvenue ; il ne se gênait pas pour le dire. Enfin, survint l'affaire de Mlle Couédon, la « Voyante de la rue de Paradis ». On sait que la Société des Sciences psychiques, dont le docteur était vice-président, examina le cas de Mlle Couédon ; qu'une commission médicale fut nommée en premier lieu ; que le docteur Bataille fut chargé du rapport ; que son rapport fut rejeté à l'unanimité par la

Société tout entière. Ou le docteur fut froissé de ce rejet, ou bien il était déjà décidé à une rupture avec les catholiques. Quoiqu'il en soit, à partir de ce moment, le docteur Bataille ne fut plus le même pour ceux qui le connaissaient. Les journaux ennemis de l'Église le comblèrent de louanges ; il suffit de parcourir les collections de la *Lanterne* et du *Radical*, etc., pour le constater. D'autre part, le docteur Bataille a, depuis quelque temps, des intérêts engagés dans un restaurant situé sur les grands boulevards, dans la même maison que celle où il a son cabinet de consultations (boulevard Montmartre) ; cela, il l'a reconnu publiquement, et par lettres aux journaux, et dans des interviews. Or, il est avéré que deux Loges de la juridiction du Grand Orient de France donnent leurs banquets dans le restaurant du docteur Bataille. On voit que, pour circonvenir le malheureux, les émissaires de la rue Cadet n'eurent pas à déployer beaucoup de diplomatie. Et, depuis la trahison consommée, la clientèle de ce restaurant est de plus en plus maçonnique ; ceci est notoire.

Quelle somme le docteur Bataille demanda-t-il ? — À l'époque où des aveux lui échappèrent, il disait que, pour trois cent mille francs, il était disposé à rentrer dans la secte et à la servir. C'est sans doute ce prix qu'il mit en avant, lorsque des propositions lui furent faites ; mais on m'a assuré qu'il baissa ses prétentions. L'accord se fit sur la base de cent mille francs.

Il fut donc convenu que le docteur Bataille produirait tout à coup, au moment où personne ne s'y attendrait, une déclaration sensationnelle, de nature à jeter la perturbation la plus profonde parmi les catholiques ; qu'il se déclarerait publiquement faux-témoin ; qu'il se proclamerait mystificateur, s'étant moqué des hommes de foi, ayant inventé à plaisir tous ses récits personnels ; en un mot, que, s'appuyant sur ses exagérations, il manœuvrerait de telle sorte que le public pourrait croire désormais à la non-existence même de la Haute Maçonnerie et du Rite Suprême Palladique.

Mais où et quand faire éclater ce scandale ?

L'insertion de la déclaration du docteur Bataille dans une feuille rédigée par des francs-maçons montrerait trop bien le complot de la secte. Il était nécessaire de se servir d'une gazette catholique.

Il fallait, en outre, discréditer le Congrès de Trente.

Pour s'assurer un immense retentissement, il était indispensable que le coup, ainsi prémédité, ne fût pas soupçonné des congressistes. Quelle meilleure tactique que celle-ci pouvait-on imaginer ? Susciter adroitement, au sein du Congrès, une question qui n'était pas dans le programme, « la question Diana Vaughan » ; pousser à une discussion quasi-publique, dans une séance où la presse serait admise ; et, quand le Congrès se serait terminé, ayant eu une de ses assemblées laissant cette question ouverte aux commentaires passionnés dans les journaux catholiques du monde entier, jeter brusquement dans le débat la lettre promise par le docteur Bataille.

À aucun prix cette lettre ne devait être publiée d'abord, et cela tombe sous le sens. En effet, si les émissaires secrets chargés de la manœuvre avaient apporté au Congrès la lettre de reniement du docteur Bataille, s'ils l'avaient produite dans la section où l'on devait susciter les premiers troubles pour provoquer une grande réunion spéciale avec admission de la presse, il est indubitable que la Présidence générale du Congrès aurait réfléchi à deux fois et fait appeler les anciens amis du docteur, afin de leur demander ce qu'ils pensaient de cet incident inattendu ; ceux-ci auraient déclaré sans hésiter que le docteur était devenu subitement fou ou s'était vendu à l'ennemi, mais qu'en tout cas le fait de cette volte-face, inexplicable et suspecte au plus haut degré, devait être examiné avant tout. La prudence et la sagesse des Évêques présents auraient immédiatement paré à l'explosion du scandale si habilement combiné pour troubler l'action antimaçonnique. Le Congrès ne serait pas sorti de son programme. Les questionneurs émettant des doutes à mon sujet auraient été appelés dans un bureau et mis en face de mes amis ; ceux-ci auraient répondu ; des explications discrètes auraient été échangées, et, si après cela les négateurs s'étaient dits non convaincus encore, la Présidence leur aurait fait prendre l'engagement d'attendre dans le silence la décision d'une Commission d'enquête qui avait été nommée à Rome antérieurement au Congrès.

Non, la secte ne pouvait risquer qu'il en advînt ainsi.

La première résolution, formellement arrêtée dans les conseils de la Haute Maçonnerie, fut que la lettre publique du docteur Bataille paraîtrait *après le Congrès*, en pleine agitation de la question Diana Vaughan, *laquelle serait soulevée au Congrès.*

Findel, ayant été consulté, émit l'avis que le pays le plus favorable était l'Allemagne. En effet, la presse catholique allemande avait déjà « avalé » les mensonges de sa brochure ; la *Germania*, de Berlin, la *Volkszeitung* de Cologne, avaient cru sur parole les dénégations intéressées du vieux haut-maçon de Leipsig.

En particulier, la *Volkszeitung* avait imprimé ceci :

« Les révélations de Margiotta et de Miss Diana Vaughan, le Palladium et son action prédominante dans la fédération maçonnique, la direction centrale dans la Maçonnerie, la papauté maçonnique, le culte satanique de Pike et de Lemmi avec invocations diaboliques et profanations d'hosties consacrées, il faut qualifier une bonne fois tout cela d'*impostures*, comme cela l'est en réalité. »

Il semblerait qu'à Rome on avait le pressentiment de quelque maladresse nouvelle de la part des journalistes allemands car la *Rivista Antimassonica*, organe officiel du Conseil directif général de l'Union Antimaçonnique universelle, publia, dans son numéro du 15 septembre, un magistral article répondant victorieusement aux absurdités du journal de Cologne. Et le journal romain faisait suivre cet article d'une importante note de la rédaction ; cette note disait ceci :

« Nous ne croyons pas que les affirmations sans fondement de la gazette de Cologne puissent préoccuper les congressistes de Trente, parce que nous les tenons assez sérieux pour les croire incapables de donner quelque poids et quelque importance à des affirmations qui, par elles-mêmes, prouvent qu'elles viennent de personnes tout à fait ignorantes du sujet sur lequel elles veulent prononcer un jugement que leur ignorance dans la matière devrait les empêcher de prononcer.

« Il nous en coûte de nous exprimer aussi… durement ; mais notre confrère d'au delà des Alpes doit comprendre que, si tout les premiers nous aimons la discussion logique soutenue par des preuves et des faits, nous, n'aimons pas entendre proclamer, sans fondement et sans aucune preuve qui Justine une pareille affirmation, proclamer, disons-nous, comme *impostures* des vérités désormais reconnues par l'autorité ecclésiastique elle-même et prouvées par des documents et des preuves irréfragables. »

On le voit, le meilleur terrain, le mieux préparé, était celui de la presse catholique allemande. La seconde résolution fut donc que l'éclat, *après le Congrès*, aurait lieu en Allemagne. Le docteur Bataille, d'ailleurs, s'affirmait CERTAIN d'allumer l'incendie, un incendie formidable, s'il s'adressait à la *Volkszeitung*, de Cologne ; la matière était inflammable à merveille, là. Disons mieux : rien ne pouvait être plus à souhait, pour la réussite des desseins de la secte, que les dispositions d'abord étalées précisément par la *Volkszeitung*. Dans un autre journal, cela n'aurait pas fait aussi bien l'affaire,

Je prie de remarquer que je ne me borne pas à des phrases ; je suis précise, du moins autant qu'on peut l'être en traitant un pareil sujet. Et j'affirme expressément ceci quelque temps avant le Congrès de Trente, le docteur

Bataille se rendit à Cologne ; il séjourna à Cologne ; la *Volkszeitung* eut sa promesse d'une lettre où il se proclamerait impie, où il traiterait de mensonges ses propres écrits, lettre destinée à produire un immense scandale. M. le docteur Cardauns, rédacteur en chef de la *Volkszeitung*, ne démentira pas ceci, et ceci est un fait, un fait des plus significatifs.

Et la *Volkszeitung*, dont la direction ne pouvait ignorer la préméditation d'une discussion passionnée à Trente, préféra publier la lettre du docteur Bataille après le Congrès plutôt qu'avant.

La *Volkszeitung*, journal catholique, n'a pas dit un mot du séjour du docteur Bataille à Cologne ; et quand, plus tard, elle a publié la lettre promise, elle l'a donnée comme si le docteur Bataille lui était un inconnu ! comme s'il avait répondu purement et simplement à l'article sensationnel du octobre, en ayant eu connaissance tout à coup et par hasard !

Si la gazette prussienne avait été mue par le seul et pur désir d'éclairer sincèrement les catholiques, est-ce qu'elle aurait joué cette comédie ? est-ce qu'elle n'aurait pas, au contraire, en toute loyauté, déployé ses cartes sur la table et dit franchement : « Le docteur Bataille vient d'arriver à Cologne, et voici la déclaration qu'il nous a faite à l'instant même ! »

La *Volkszeitung* n'a pas agi ainsi, parce qu'il entrait dans les plans de la Franc-Maçonnerie de provoquer et d'obtenir, avant tout, une séance quasi-publique destinée à faire retentir dans le monde entier les négations de Findel, et parce que la *Volkszeitung*, tout au moins en cette circonstance, a été complice de la secte, a été sciemment l'auxiliaire de Findel.

Enfin, n'oublions pas que le Grand Orient de France s'était chargé des frais de la suprême manœuvre. Il avait donc le plus direct intérêt à surveiller de près les opérations. Un de ses délégués, orateur de la Loge l'*Avant-Garde Maçonnique*, fut chargé de se rendre à Trente ; ce n'était pas, évidemment, pour, passer ses journées à l'hôtel et y lire, dans les journaux de la ville, les comptes rendus du Congrès ; autant eût valu prendre un abonnement à ces journaux, au nombre de deux, et les recevoir à Paris pendant cette période, il fallait voir du plus près possible, c'est-à-dire au sein même du Congrès, ce qui s'y passerait. Notons que tes congressistes français furent peu nombreux. Les noms m'ont été communiqués : M. le chanoine Mustel, directeur de la *Revue Catholique* de Coutances ; M. l'abbé de Bessonies, secrétaire du Comité national français de l'Union Antimaçonnique ; le R. P. Octave, directeur de la *Franc-Maçonnerie démasquée*, de Paris ; le R. P. Lazare, rédacteur de la *Croix* de Paris ; M. le chanoine Pillet, doyen de la Faculté de théologie de Lille et correspondant de t'*Univers*, de Paris ; M. Fromm, rédacteur de la *Vérité* de Paris ; M. l'abbé Josepff, représentant l'*Anti-Maçon*, de Paris ; M. Léo Taxil, représentant la *Revue Mensuelle*, de Paris ; M. Laurent Billiet, représentant la *France Libre*, de Lyon ; M. l'abbé Vallée, prêtre de Tours ; MM. Doal,

Douvrain et Gennevoise, trois étudiants de l'Université catholique de Lille, venus avec M. le chanoine Pillet. En tout treize. Le F. orateur de la Loge l'*Avant-Garde Maçonnique* ne s'est donc pas glissé dans le Congrès au moyen d'une carte frauduleuse obtenue du Comité national français de l'Union Antimaçonnique. Ce fait essentiel méritait d'être établi. Or, le délégué du Grand Orient de France a assisté aux séances du Congrès, séances de la IVe section et assemblées générales, et il en a fait le compte rendu à son retour au principal temple de l'hôtel de la rue Cadet. Cet autre fait est acquis, sans contestation possible.

Nous venons de voir comment le coup avait été préparé. Arrivons au Congrès de Trente. Sur ce qui s'est passé, les renseignements abondent : indépendamment d'un rapport complet que j'ai eu, plusieurs congressistes amis, même des amis inconnus, m'ont envoyé des notes personnelles et des coupures de journaux ; j'ai pu contrôler ainsi les relations des uns par celles des autres, et j'ai la confiance que la Commission d'enquête de Rome, en lisant ces pages, n'y trouvera aucune inexactitude.

On sait par un hasard providentiel, le train même que prit le délégué du Grand Orient de France pour se rendre à Trente. Un congressiste, parti pour Zurich le 23 septembre par l'express de 8 h. 35 du soir (gare de l'Est), apprit d'un voyageur, au cours d'une conversation, qu'un franc-maçon de la rue Cadet se trouvait dans le même train ; ce voyageur avait entendu deux personnes se saluer, à Paris, à l'embarcadère, et l'une dire à l'autre : « Moi, je vais à Trente à l'occasion d'un Congrès antimaçonnique qui va s'y tenir. — Toi ? fit l'interlocuteur avec surprise ; mais… — Parfaitement, fut-il riposté, *j'y vais pour la rue Cadet.* » Le congressiste pria son compagnon de wagon de lui montrer ce voyageur, s'il se rappelait ses traits, quand on descendrait à Bâle pour le changement de train ; mais, ni au buffet ni sur le quai, le compagnon du congressiste ne put reconnaître son homme. D'ailleurs, il n'attachait pas aux propos entendus la même importance que le congressiste. Quand le lendemain celui-ci arriva à Trente, son premier soin fut d'informer de ce fait plusieurs membres du Comité. Un moment, on pensa que le faux-frère avait pu se glisser parmi les représentants de la presse ; mais, de ce côté, on fit fausse route : au surplus, les représentants de la presse qui n'étaient pas en outre congressistes n'avaient pas accès dans les sections. On ne s'occupa plus de l'incident, dans la pensée qu'une erreur avait pu être commise par le voyageur qui avait donné l'éveil ; mais ce fait prend une singulière valeur, aujourd'hui qu'on sait qu'un franc-maçon de la rue Cadet s'est vanté d'avoir assisté au Congrès et en a fait le compte-rendu en loge.

C'est à la IVe Section (section de l'action antimaçonnique) que le feu fut ouvert contre moi. M. le chanoine Mustel présidait la Ire Section ; le R. P. Octave et

M. l'abbé de Bessonies étaient à la IIe section, dont le président fut M. Tardivel, directeur de la *Vérité*, de Québec (Canada). Quant à M. Léo Taxil, il s'était inscrit à la IVe Section ; mais, dès le début de la première séance, il fut élu membre de la commission spéciale, chargée de jeter les bases de l'organisation antimaçonnique universelle. L'absence de mes principaux amis fut mise à profit par trois congressistes allemands, auxquels un quatrième, allemand aussi, vint se joindre à la fin.

L'attaque était conduite par le docteur Gratzfeld, secrétaire de Mgr l'Archevêque de… Cologne !

Maintenant qu'il est certain que le docteur Bataille se trouvait à Cologne quelques jours ayant le Congrès, le rôle que jouait le docteur Gratzfetd au sein de la IVe Section est aisé à comprendre, si l'on ne perd pas vue que le délégué du Grand Orient de France, payeur de la trahison, était présent et surveillait la manœuvre.

Le docteur Gratzfeld, — tous mes correspondants sont d'accord pour m'écrire qu'il a une physionomie des moins sympathiques, — avait adopté la tactique que voici : sous n'importe quel prétexte, il intervenait dans toute discussion pour attaquer mes *Mémoires*, plus particulièrement encore, mon volume sur Crispi. Alors même que personne ne parlait ni de moi ni de mes écrits, il partait à fond de train pour s'écrier qu'il fallait rejeter mes ouvrages de toute action ou propagande antimaçonnique ; car « Findel avait traité d'impostures les allégations quelconques relatives à l'existence d'une Haute-Maçonnerie et du Rite Suprême

Palladique ». Ses trois compères se joignaient à lui et se démenaient comme des enragés, troublant la séance ; plusieurs fois, on fut obligé de les calmer. M. l'abbé Josepff, voyant que le docteur Gratzfeld s'entêtait à citer toujours le nom de Findel, fui répondit : « Votre Findel prétend que Cavour et Mazzini ne furent jamais francs-maçons ; laissez-nous donc tranquilles avec votre Findel ! »

En résumé, tout ce tapage concluait a la demande d'une grande séance consacrée à examiner, devant tous les congressistes et la presse, la question : « Miss Diana Vaughan existe-t-elle, oui ou non ? »

On pense si le délégué du Grand Orient de France devait rire sous cape et s'applaudir des résultats qui se préparaient.

Pour en finir, la séance tant réclamée fut accordée.

D'autre part, la Présidence générale du Congrès avait demandé à M. l'abbé de Bessonies, l'un des vice-présidents, de faire un rapport sur la question. Ce rapport fut lu à une réunion intime de quelques-uns des Évêques présents à Trente, qui désiraient être renseignés ; les Évêques, très satisfaits et se déclarant convaincus, émirent l'avis qu'il serait utile que ce rapport fût communiqué officiellement au Congrès, afin de dissiper une bonne fois les doutes semés chez les Allemands par les menteuses dénégations de Findel. En même temps, on venait d'apprendre les incidents de la IVe section, et l'on prenait la résolution de tenir toute une grande séance pour s'occuper de moi.

Je ne veux critiquer personne ; les membres du bureau présidentiel crurent bien agir en cela. Toutefois, ils perdirent de vue qu'ils créaient un précédent fâcheux. Une assemblée délibérante, convoquée dans le but d'organiser une action universelle aussi grave que celle qui réunissait à Trente les délégués catholiques des deux mondes, a autre chose à faire que s'occuper des questions de personnes. L'amitié qu'on me portait, — et dont je remercie, — m'a valu un trop grand honneur ; le désir de me défendre a empêché de voir le piège. Même si l'on avait eu affaire à des adversaires de bonne foi, il valait mieux réserver l'anéantissement de leurs doutes à une réunion de comité strictement privé, à une réunion intime, comme celle des Évêques. En se renfermant dans les limites de cette règle, on se conformait aux traditions des grands congrès internationaux.

Je ne rappellerai pas, par le détail, cette séance, désormais célèbre, du 29 septembre[3]. Divers comptes rendus en ont été publiés, la presse ayant été admise à la séance, tenue dans la salle des assemblées générales. Les orateurs qui prirent la parole furent : M. l'abbé de Bessonies (lecture de son rapport), Mgr Baumgarten, M. Léo Taxil, le R. P. Octave, M. Kolher, M. le comte Paganuzzi, M. l'avocat Respini. S. A. le prince de Lœwenstein. président général du Congrès, proposa de remercier les différents orateurs, en reconnaissant que le but de chacun avait été de faire la lumière. M. le commandeur Alliata, président du Conseil directif général de l'Union antimaçonnique universelle, fit une déclaration dans ce sens : « Le Conseil, dont j'ai été élu président et qui a été l'organisateur de ce Congrès, possède dans son sein une Commission spéciale qui s'occupe de tout ce qui a rapport à Miss Diana Vaughan ; on peut s'en rapporter avec confiance à cette Commission, composée d'hommes expérimentés et prudents, et communiquant directement avec le Saint-Siège. » L'ordre du jour, qui fut voté, a été publié avec deux rédactions quelque peu différentes ; je donne les deux textes, en attendant le compte rendu officiel des actes du Congrès.

« La IVe Section, reconnaissante envers les orateurs qui ont apporté la lumière dans le cas de la demoiselle Vaughan, et vu la communication faite par le commandeur Alliata, président du Comité central antimaçonnique qui déjà a dans son sein une commission chargée d'étudier le cas susdit, passe à l'ordre du jour. » (Texte donné par l'*Unità Cattolica*, de Florence, et d'autres journaux italiens.)

« La IVe Section remercie chaleureusement les orateurs qui ont parlé en sens divers sur Miss Diana Vaughan, et, sur la déclaration du commandeur Alliata qu'il existe dans le Comité de Rome une commission spéciale pour cette question, passe à l'ordre du jour. (Texte donné par M. l'abbé de Bessonies et M. le chanoine Mustel dans la *Franc-Maçonnerie démasquée*.)

Le docteur Gratzfeld, remarquons-le bien, ne monta pas à la tribune ; c'était lui, pourtant, qui avait le plus poussé à la tenue de cette grande séance. Ce fut Mgr Baumgarten, qui se fit le porte-parole des négateurs allemands ; encore, déclara-t-il qu'il n'entendait nullement préjuger, mais que, s'occupant de travaux historiques, en sa qualité d'archiviste à Rome, il désirait purement et simplement : 1° que l'on produisit l'acte de naissance légal de Miss Diana Vaughan ; 2° que l'on nommât au Congrès de Trente le couvent où elle a reçu le baptême et l'Évêque qui a autorisé sa première communion.

Ces deux questions, également insidieuses, tendaient l'une et l'autre au même but, et les lecteurs qui suivent avec attention mes écrits reconnaîtront bien vite que seule la secte avait intérêt à les faire poser en plein Congrès ; car aucun de mes amis congressistes ne pouvait y répondre.

Je n'accuse pas Mgr Baumgarten. Jusqu'à preuve du contraire, je crois qu'il ignorait que la réponse à l'une ou l'autre de ses deux questions mettrait la Franc-Maçonnerie sur ma piste. Mgr Baumgarten me paraît n'avoir posé ces questions que parce qu'elles lui avaient été soufrées par le docteur Gratzfeld. D'ailleurs, on m'a écrit, qu'il avait regretté d'être intervenu. Une lettre amie m'a été communiquée, où il est dit : « Mgr Lebruque, Évêque de Chicoutimi (Canada), qui a assisté au Congrès et à qui j'ai eu l'occasion de parler à Rome, est entièrement avec nous. Il m'a assuré avoir vu Mgr Baumgarten, le soir du 29 septembre, à la suite de la séance ; Mgr Baumgarten lui a dit qu'*il regrettait ce qui s'était passé et surtout ce qu'il avait dit dans cette séance.* Voilà une confession précieuse et surtout significative ; vous pouvez publier cela sans crainte, car Mgr l'Évêque de Chicoutimi n'est pas un menteur ! »

Sur la question de l'acte de naissance, j'avais déjà répondu à mes amis. Il y a fort peu de temps que les citoyens des États-Unis se soucient d'avoir des registres d'état civil, et encore en un grand nombre d'endroits on n'en est pas là. Du temps de mon père, le Kentucky brillait au premier rang par sa négligence ; il savait, par tradition de famille, son lieu et sa date de naissance, voilà tout. Se conformant aux habitudes de son pays, il ne me déclara pas, quand je naquis. Ceci peut paraître extraordinaire, incroyable, aux Français ; c'est ainsi, pourtant. Pour suppléer aux actes de naissance, quand on en a besoin, l'usage est de se présenter chez un solicitor ; on lui déclare qu'on est Un-Tel, né tel jour en telle ville, enfant d'Un-Tel et d'Une-Telle ; on affirme, et la plupart du temps on ne vous demande même pas le serment ; on paie au solicitor ses honoraires, il dresse l'acte de déclaration, l'enregistre, le délivre, et c'est cet acte qui fait foi. Voilà ce que j'avais écrit à mes amis, et j'ajoutai : « Vous pouvez vous renseigner chez le consul général des États-Unis à Paris ; il vous dira que c'est ainsi. » Si j'étais une aventurière, il ne m'en coûterait donc pas de m'être munie non pas d'un, mais de dix certificats de naissance ; et chacun différent, si j'en avais eu la fantaisie. Je n'aurais donc rien prouvé, même avec un acte sincère.

Le R. P. Octave, répondant à Mgr Baumgarten, donna cette explication ; elle fit sourire le porte-parole des négateurs allemands.

M. Tardivel, directeur de la *Vérité*, de Québec, et président de la IIe Section du Congrès de Trente, assura que rien n'était plus vrai que ce que j'avais dit. Le bon Dieu vint à mon aide par lui ; il est du Kentucky, comme ma famille paternelle. Et voici ce qu'il a publié dans son journal, en relatant cet incident :

« Elle est née à Paris, d'un père américain et d'une mère française. Sa naissance a peut-être été inscrite au consulat américain, peut-être aussi ne l'a-t-elle pas été du tout : car on sait avec quelle négligence ces choses se font ou du moins se faisaient autrefois aux États-Unis. Ainsi, à titre d'exemple, je sais, pour ma part, *par tradition*, que je suis né à Covington, dans l'état du Kentucky, le 2 septembre 1851 ; mais s'il plaisait à quelqu'un de nier mon existence, je ne pourrais pas l'établir par un extrait quelconque des registres soit de l'état-civil, soit de la paroisse catholique de Covington. Des recherches que j'ai fait faire il y a quelques années n'ont abouti à aucun résultat. Voilà ce qui m'est arrivé, à moi, né de parents catholiques, baptisé dans une paroisse catholique régulièrement constituée. Et parce que Miss Vaughan, née d'un père américain et luciférien et d'une mère française et protestante, qui probablement n'étaient que de passage à Paris (car la famille paraît avoir vécu surtout prés de Louisville, Kentucky), parce que, dis-je, Miss Vaughan, née dans de telles circonstances, ne peut pas produire un acte de naissance en bonne et due forme, on ne voudrait pas admettre son existence ? C'est par trop puéril. Je dis *on'* ; *c'est l'abbé allemand (Mgr Baumgarten) que j'aurais dû* dire, car il m'a paru seul de son avis. On discute encore l'"œuvre *de Miss Vaughan* ; *on y attache plus ou moins d'importance, selon qu'on l'a plus ou moins étudiée* (en effet je constate de plus en plus que ceux qui sont contre sont précisément ceux qui n'ont rien lu) ; mais, après le rapport de M. l'abbé de Bessonies, aucun homme sensé ne voudrait contester l'existence d'une personne appelée Diana Vaughan. Comme l'a dit le Père Jésuite Sanna Solaro, de Turin, présent à la réunion : « Que Miss Vaughan soit née à Paris, à Londres ou dans la lune, qu'est-ce que cela fait ? »

Cela ne peut rien faire au public, en effet ; mais cela importe beaucoup à la secte, aujourd'hui. Elle sait que je ne suis pas capable d'avoir jamais fait chez un solicitor une fausse déclaration ; ce qu'elle voudrait connaître, par le seul acte d'état-civil qui est possible dans mon cas, c'est le nom de famille de ma mère. Quelques-uns des chefs secrets de la Haute-Maçonnerie ont mieux lu que le public entre les lignes de certaine correspondance du *Palladium Régénéré et Libre* et dé certains passage de mes *Mémoires* ; mon père ayant laissé échapper autrefois certains mots sur la situation de sa belle-sœur, ces mots sont revenus à la mémoire d'hommes qui sont aujourd'hui mes ennemis mortels ; ils ont déchiffré l'énigme, malgré mes précautions de style, et il ne leur manque plus que le nom. Ce nom, dans la secte, mon oncle seul le sait : mais sur lui je suis tranquille ; non converti, mais antilemmiste, il m'a écrit qu'il emporterait ce secret dans la tombe ; il m'aime trop pour me trahir.

Dire le nom de l'Évêque qui a autorisé ma première communion, laisser circuler dans une lettre le nom de cet Évêque, ce serait donner le fil qui conduirait bientôt au couvent où j'ai promis de finir mes jours. Or, elles se tiennent par là, les deux questions que le docteur Gratzfeld fit poser à Trente par Mgr Baumgarten. Je ne puis pas en dire plus long. Mais j'ai le droit de ne pas voir un simple hasard dans la position de ces deux questions. M. le chanoine Mustel a eu mille fois raison, quand il a imprimé son appréciation en ces termes : « La plus vulgaire prudence interdisait de répondre aux deux questions de Mgr Baumgarten. » Merci !

L'acte de naissance, le nom de l'Évêque, cela, tels princes de l'Église qui m'ont fait l'honneur de m'écrire ne me le demandent pas. Et cela, le docteur Gratzfeld l'exige. Pourquoi ?…

Enfin ! ils étaient parvenus à leur but, les sectaires !… Que leur importait le vote d'un ordre du jour remerciant chaleureusement mes amis ! Et les acclamations qui accueillirent le lendemain M. Léo Taxil à son entrée dans la salle des assemblées générales, et les applaudissements qui saluèrent à son tour M. l'abbé de Bessonies lorsqu'il monta à la tribune pour y lire un rapport sur l'action antimaçonnique en France, interminable salve de bravos avant même qu'il eut ouvert la bouche, ces acclamations et ces applaudissements étaient les enthousiastes remerciements du Congrès, reconnaissant à ceux qui avaient défendu ma cause ; ces ovations étaient significatives, mais elles importaient peu à la secte. Elle avait ce qu'il lui fallait : le trouble nécessaire dans la presse catholique allemande, le prétexte indispensable pour entretenir l'agitation, jusqu'au moment où éclaterait comme une bombe la lettre promise par le docteur Bataille.

Et voici les journaux libéraux, dont le libéralisme est un masque qui cache un maçonnisme honteux, les voici qui entrent en campagne, donnant de la séance du 29 septembre les comptes rendus les plus mensongers. Et la *Volszeitung*, de Cologne, s'appuyant triomphalement sur ces mensonges. représente comme un vainqueur son compère le docteur Gratzfeld ; il n'avait pas vaincu à Trente, certes ! mais il méritait bien ces félicitations.

Alors, la *Volszeitung* publia le grand article « Miss Diana Vaughan sous sa véritable forme », dans son numéro du 13 octobre ; il tient toute la première page, moins les trois quarts de la dernière colonne. Là sont accumulés les plus énormes mensonges, audacieux, mais habiles, bien faits pour impressionner, mais échappant au contrôle du public. Je n'existe pas ! et l'on jette au lecteur le nom que l'agent Moïse Lid-Nazareth avait imprimé dans la *Revue Maçonnique* du F∴ Dumonchel ; et l'on imagine le roman complet d'une comédie, dont le metteur en scène, le *Deus ex machinâ*, serait M. Léo Taxil. Des phrases, des phrases, des phrases ; pas une seule preuve de ce qui est avancé si odieusement[4].

Le docteur Bataille avait commis une faute. Dans un livre tel qu'en écrivent les journalistes boulevardiers, intitulé *le Geste*, il avait introduit un chapitre indigne d'un chrétien : « le Geste hiératique ». J'ignorais ce livre ; il est, paraît-il, devenu introuvable, et l'*Univers* a reconnu qu'il semblait avoir été retiré du commerce ; peut-être, simplement, l'édition a été épuisée, l'éditeur ne l'a plus réimprimé. Un de mes amis a bien voulu aller lire ce livre à la Bibliothèque Nationale de Paris, afin de m'envoyer son appréciation. J'avais posé cette question : « Est-ce l'œuvre d'un libre penseur militant, comme on l'a dit ? est-ce un ouvrage de combat contre l'Église ? » Il m'a été répondu : « C'est une œuvre d'artiste sceptique ; le fond est mauvais ; le chapitre du Geste hiératique est des plus déplorables ; mais ce livre n'a aucun rapport avec ceux que publient les écrivains qui font métier de combattre l'Église. C'est l'erreur d'un cerveau troublé, et non l'œuvre d'un libre penseur militant ; ce n'est pas un ouvrage de combat, je le déclare en mon âme et conscience, et quiconque le lira sans parti pris jugera de même. » Depuis la publication de ce livre, aujourd'hui devenu introuvable, le docteur Bataille a-t-il reconnu avoir eu « des heures de défaillance » ? a-t-il marqué son repentir ? On m'a répondu, d'autre part : « Oui, dans la publication *le Diable au* xixe *Siècle*, le docteur s'accuse d'avoir été *un grand pécheur*, d'être *un chrétien indigne*, et enfin d'avoir eu le bonheur de *retrouver sa foi, après les tristes heures de défaillance*. Cela est en toutes lettres dans l'ouvrage. »

Quant à moi, lorsque j'ai eu à faire part de mon appréciation sur le compte du docteur Bataille, — n'ayant été interrogée par personne sur ses récits d'un témoin et m'étant réservé le moment opportun de réduire ses exagérations et de couper les cornes à quelques-uns de ses diables, mais décidée aussi à mettre en lumière le vrai, c'est-à-dire ce qui, dans ce grand ouvrage, est la confirmation de choses et de faits connus des missionnaires et des personnes compétentes ayant étudié à fond la Franc-Maçonnerie, — quant à moi, j'ai maintes fois qualifié familièrement le docteur Bataille ainsi : « le bon toqué. » Bon, parce qu'il était bon ; maintenant, il n'est plus lui-même. Toqué, parce que ses exagérations ne me l'ont pas fait paraître imposteur, mais incohérent ramasseur de toutes les légendes en cours dans les Triangles, procédant sans examen approfondi, halluciné peut-être en quelques cas, en quelques autres ne se rendant pas compte du prestige diabolique ; ainsi, s'il avait été le jouet de l'esprit du mal dans les circonstances que j'ai racontées au premier chapitre de mes *Mémoires*, aurait narré qu'il avait été transporté vraiment au paradis terrestre et en Oolis. Oui, un peu toqué, je le répète, et, aujourd'hui même, je crois, à sa décharge, qu'un grain de folie est mêlé à sa trahison, malgré les faits qui rendent celle-ci certaine, indiscutable.

Donc : la *Volkszeitung*, de Cologne, publia, le 13 octobre, l'article tapageur, qui, pour la grande joie de la secte, devait faire éclater la bombe Bataille, selon la promesse faite avant le Congrès au Grand Orient de France et confirmée, à Cologne même, le 22 septembre, à un délégué de Findel.

Le journal prussien ne manquait pas de citer *le Geste*, le livre introuvable non réimprimé depuis quatre ans ; il se gardait bien de dire que, depuis cette faute, le docteur Bataille avait été, à Paris, connu de tous excellent chrétien, revenu à la foi après ces heures de trouble déplorées, se prodiguant en bonnes œuvres charitables à sa clinique, vice-président d'une Société des plus catholiques. Cela, il ne fallait pas l'imprimer ! il ne fallait pas dire non plus que ce pauvre *Geste* était tout le bagage littéraire condamnable du malheureux. Et voilà le docteur Bataille transformé, par les journaux embellisseurs du premier récit, en auteur de nombreux ouvrages anticléricaux, que nul ne cita jamais, et pour cause ! le voilà proclamé libre penseur militant, forcené, ayant trompé les catholiques, impudent faux témoin, dénoncé par conséquent, au mépris du monde entier.

J'en appelle à tout homme sensé : un pareil outragé est-il acceptable ? le vraiment faux-témoin, à qui l'on arracherait aussi son masque, ne se trouverait-il pas bouleversé sur le coup, épouvanté de la situation dans laquelle on met avec lui ceux qu'il a trompés et ceux qu'on lui pour complices ? n'irait-il pas demander conseil aux uns, aux autres, ayant de prendre une décision ?

Eh bien, les faits sont là ; et, lors même qu'on ne saurait pas aujourd'hui le voyage à Cologne avant le Congrès, l'entrevue du 22 septembre avec l'émissaire de Findel, la leçon faite au docteur Gratzfeld, la fréquentation notoire des gens de la rue Cadet au restaurant du boulevard Montmartre, les cent mille francs, les banquets des deux Loges chez le docteur, la présence frauduleuse au Congrès de Trente du délégué du Grand Orient de France, surveillant la bonne exécution de la manœuvre, lors même qu'on ignorerait tout cela, l'évidence crie : Cet homme est un traître, cet homme s'est vendu !

Le numéro de la *Volkszeitung* parut à Cologne le 13 octobre ; le journal prussien ne se trouve en dépôt nulle part à Paris, notez-le bien. Le numéro du 13 octobre a donc été envoyé tout exprès au docteur Bataille ; car il répondit par retour du courrier, — si même l'article ne lui avait pas été communiqué d'avance ou si la réponse n'était pas déjà à Cologne quand le numéro du 13 s'y imprimait.

Froidement, sans sourciller, de la plume la plus tranquille, cet homme qui, trois mois auparavant, était le vice-président d'une société catholique (la Société des Sciences psychiques : président, M. l'abbé Brettes, chanoine de Notre-Dame de Paris) ; cet homme, le docteur Bataille, écrivit la stupéfiante lettre que voici :

Paris, le 14 octobre 1896.

Monsieur le rédacteur en chef de la *Volkszeitung,* à Cologne.

Je ne possède malheureusement pas assez bien la langue allemande pour pouvoir traduire mot à mot l'article de votre journal : « Miss Diana Vaughan sous sa véritable forme », et dans lequel mon nom est cité à différentes reprises. Cependant, je crois avoir compris que vous posez les points suivants :

1° Je serais l'auteur de l'ouvrage *leDiable au XIXᵉ Siècle*, sur la Franc-Maçonnerie, signé « Docteur Bataille ».

2° Un de mes livres, *le Geste*, aurait paru sous mon nom et donnerait très nettement mes opinions religieuses vraies et mon sentiment à l'égard de la religion catholique, dans un chapitre : « le Geste hiératique », opinions qui seraient diamétralement opposées aux assertions de Bataille dans le *Diable au XIXᵉ Siècle*.

3° Vous dites que j'ai quitté ma carrière pour ne plus m'occuper que d'histoires du diable, antimaçonniques, et que j'étais associé avec des gens qui se couvrent de mon nom et de mon argent pour continuer la campagne que j'ai commencée dans *le Diable au XIXᵉ Siècle*.

Dans des cas pareils, la loi française nous autorise à répondre et contraint le journal incriminé à une insertion comprenant le double de l'espace occupé par l'article accusateur.

Je ne sais s'il en est de même en Allemagne. Je m'adresse donc à votre impartialité.

1° Je ne suis pas l'auteur, mais simple collaborateur du *Diable au XIXᵉ Siècle*, et je n'ai contribué qu'à une très petite partie du premier volume. Quand j'eus cessé ma collaboration, je ne me suis plus occupé de l'œuvre et ne revendiquai donc aucun droit d'auteur ou autre. Je n'ai jamais écrit une ligne pour la *Revue Mensuelle* ou autres brochures ou journaux parus depuis. Le pseudonyme « Docteur Bataille » ne m'appartient donc pas.

2° Le volume *le Geste* est bien de moi et renferme mes pensées véritables sur la religion, particulièrement sur la religion catholique, que j'accable de mon plus complet mépris.

3° Comme depuis des années je ne collabore en aucune manière, ni directe ni indirecte, aux histoires diaboliques antimaçonniques, je pense que vous comprendrez aisément que je ne commandite personne et que je ne suis associé avec personne dans un pareil but.

La lettre s'arrête là dans le journal prussien ; son destinataire n'y a inséré ni salutations ni signature. Ce rédacteur en chef et le docteur parisien sont totalement étrangers l'un à l'autre ! ils ne se connaissent pas, ils ne se sont jamais vus !

Cette lettre a été publiée dans le numéro du 16 octobre de *Volkszeitung*. La gazette de Cologne était à tel point certaine de la recevoir, que des clichés d'illustration, dessinés à nouveau d'après des gravures du *Diable au XIXe Siècle*, étaient prêts et ont paru tout auprès de la lettre du docteur, pour mieux la mettre en relief.

Voici encore ce qu'il importe de faire remarquer : — La *Volkszeitung* avait imprimé le 13 octobre que le docteur Bataille était associé aux éditeurs de mes *Mémoires*, qu'il était bailleur de fonds des librairies de propagande antimaçonnique. Où le journal prussien avait-il pris cette belle histoire-là ? Il ne le dit pas : je vais le dire. Cette mensongère assertion avait paru dans la *Revue Maçonnique* du F∴ Dumonchel, quelques semaines avant les premières négociations du Grand Orient de France avec le docteur Bataille ; alors, peut-être, n'osait-on pas encore espérer que le malheureux se vendrait si facilement. Et peut-être aussi n'aurait-il pas eu cette lamentable chute sans l'incident du rejet unanime de son rapport dans l'affaire Couédon, rejet qui blessa son orgueil. Ne serait-ce pas l'orgueil qui a été la principale cause de la perte de l'infortuné docteur ?… Quoi qu'il en soit, voilà le journal prussien bien convaincu d'avoir puisé, pour me nuire, à la source maçonnique. D'autre part, puisque le voyage du docteur Bataille à Cologne ne peut être nié, la *Volkszeitung* n'a pu ignorer que ce fait de l'association de mes éditeurs n'était pas vrai. On l'a donc inséré, le sachant faux, afin de fournir au docteur un prétexte de plus pour répondre ; on dissimulait mieux la connivence ainsi ; on lui offrait en même temps le moyen de traiter avec mépris ma campagne antimaçonnique, comme si elle était une exploitation commerciale et jusqu'à une escroquerie. Les journaux hostiles, interprétant les déclarations du docteur Bataille au gré de leur haine, ont été jusqu'à dire que les souscriptions ouvertes ici constituaient une escroquerie !

Mais, si une partie de la presse, prenant à son compte et amplifiant encore les mensonges de la *Volkszeitung*, a montré jusqu'à ce jour un acharnement invraisemblable, j'ai eu la joie de douces consolations.

Le journal prussien, qui s'est prêté à la suprême manœuvre de la secte, a publié le 13 octobre son numéro de l'odieux article et le 16 son numéro contenant la lettre du docteur Bataille, et le directeur envoyait partout à profusion ces numéros pleins de noires calomnies ; les exemplaires furent expédiés, oui, partout où on pensait me nuire.

Et voici la lettre que m'écrivait, le 19 octobre, Mgr Villard, secrétaire de l'Éminentissime Cardinal-Vicaire :

Rome, le 19 octobre 1896.

Mademoiselle.

Depuis longtemps, j'avais l'intention de vous écrire personnellement ; mais j'en ai toujours été retenu par la crainte de me trouver importun et par le désir que vous avez si souvent manifesté dans vos *Mémoires* qu'on ne vous envoyât pas tant de lettres. Aujourd'hui, je me sens poussé cependant à venir rompre la consigne.

Une personne pieuse, etc. (*Ceci est une communication d'ordre privé, qui n'a pas à être reproduite.*)

Mais ce que je désirais avant tout, c'était de vous adresser mes humbles encouragements au milieu des souffrances morales dont votre noble cœur est assailli en ce moment. Vous n'ignorez pas qu'une guerre acharnée est déclarée contre vous. Non seulement on révoque en doute l'authenticité de vos révoltions précieuses sur la Maçonnerie ; mais on révoque en doute votre existence même.

Les bruits les plus contradictoires circulent sur votre compte et les échos s'en sont répercutés en haut lieu.

J'avais des preuves matérielles et psychologiques non seulement de votre existence, mais de ta sincérité de votre conversion. Grâce à elles, j'ai eu l'occasion et je dirai le bonheur de vous défendre énergiquement, dans plus d'une circonstance. Je ne vois, dans cette guerre qui vous est déclarée, qu'une manœuvre infâme de celui que plus que tout autre vous connaissez pour être le Père du mensonge.

Je ne suis pas tout à fait un inconnu pour vous. Secrétaire du Cardinal Parocchi, j'ai eu la joie de vous écrire en son nom, il y a bientôt un an, pour vous consoler et vous encourager dans votre œuvre sublime qui est de révéler à la face du monde le véritable but de la Maçonnerie, celui que j'avais toujours soupçonné, le culte de Satan.

Pour vous venir en aide, je ne puis vous apporter que le concours de mes faibles prières, mais de mes plus chaudes sympathies.

Continuez, Mademoiselle, par votre plume et par votre piété, à fournir des armes pour terrasser l'ennemi du genre humain. Tous les saints ont vu leurs œuvres combattues ; il n'est donc pas étonnant que la vôtre ne soit pas épargnée.

La Communauté des Sœurs Carmélites de l'Adoration Réparatrice établie ici à Rome, dans la maison habitée autrefois par Sainte Brigitte de Suède, et dont je suis le père spirituel, a déjà beaucoup prié pour vous, et elle me charge de vous assurer qu'elle le fera plus que jamais.

Veuillez, Mademoiselle, me pardonner mon indiscrétion et agréer mes plus vifs sentiments d'admiration et de respect.

(*Ainsi signé* :) A. Villard,
Prélat de la Maison de Sa Sainteté,
Secrétaire de S. Ém. le Cardinal Parocchi.

Oui, l'on peut déverser sur moi les plus sanglants outrages. Comment mon honneur ne sortirait-il pas vainqueur de cette longue épreuve, puisque ceux et celles qui prient par vocation adressent chaque jour au ciel leurs prières pour moi ?…

J'avoue que cette lettre me rendit encore plus confuse qu'elle ne me consola, et ce n'est pas peu dire. Mais puisqu'une poignée de braves luttaient pour le triomphe de la vérité, je pensai aussi qu'il était de mon devoir de leur communiquer cette lettre, afin de leur montrer que la trahison du docteur Bataille n'avait pas troublé les yeux des vrais voyants. Mes amis tinrent conseil entre eux et jugèrent que la lettre de Mgr Villard devait être publiée ; c'est pourquoi je viens de la reproduire à mon tour, comme serait un ordre du jour, adressé non à ma personne indigne, mais à la cause elle-même, pour laquelle nous combattons les uns et les autres avec bonheur et saint espoir.

La secte se croyait alors victorieuse ; la réussite de sa manœuvre l'enivrait et l'enivre. La lettre du docteur Bataille ayant paru, le feu ayant été mis aux poudres, il n'y avait plus à cacher qu'un F∴ de la rue Cadet avait réussi à s'introduire au Congrès de Trente. Le délégué du Grand Orient de France fit donc son compte rendu.

Et voici la planche :

Mercredi 21 octobre 1896.
Tenue solennelle à 8 heures et demie très précises.

—

GRAND ORIENT DE FRANCE
R∴ L∴ L'AVANT-GARDE MAÇONNIQUE
(Orient de Paris)
Temple : rue Cadet, 16.
Vénérables : F∴ René Renoult, 7, rue de Lille,
Secrétaire : F∴ Paul Collignon, 85, rue des Martyrs.
Trésorier : F∴ Amouroux, 9, place d'Italie.
Adresse de la Loge : chez le Vénérable.

—

Ouverture des Travaux.

Compte rendu du Convent de 1896, par le F∴ René Renoult, délégué.

Compte rendu du Congrès Antimaçonnique de Trente, par le F∴ Sapor, Orateur.

Clôture des Travaux.

Ceux qui ne connaissent rien des choses maçonniques s'étonnent de ma prudence et la trouvent excessive ; je suis ridicule, en étant défiante. Et voici un Congrès antimaçonnique, une assemblée qui plus que toute autre devait se garer des francs-maçons ; le règlement disait dans les termes les plus formels qu'on n'y pourrait avoir accès qu'en étant personnellement connu d'un des Comités nationaux de l'Union Antimaçonnique ou en produisant un certificat de bon catholicisme délivré par un Évêque ; on a donc pris toutes les précautions, et pourtant un franc-maçon est entré. Je dis *un*, parce qu'on en connaît un, aujourd'hui, un qui l'a laissé savoir, qui s'en est allègrement vanté.

Oh ! je ne me livre à aucune critique. Je suis convaincue que, dans les Comités, chacun a fait son devoir, et l'intrus me paraît n'avoir pu passer qu'au moyen de la carte d'un congressiste complice, celui-ci n'éveillant pas le soupçon et pouvant franchir l'entrée sans avoir à exhiber sa carte.

Encore, ce F∴ Sapor n'était-il là que pour surveiller la manœuvre ; mais a-t-on déjà oublié l'histoire ? ignore-t-on que la secte, poussant l'art de la dissimulation au plus haut degré, sait glisser ses affidés partout ? Et je le répète, ce mot : *partout*.

Ce n'est pas de Rome que viennent les sourires moqueurs, au sujet de ma défiance. Là, on n'a pas oublié le procès Fausti-Venanzi, ce drame d'assassinats et de lâchetés, qui fait pleurer et frémir.

Pour les lecteurs qui ne sont pas de Rome, rappelons-le en quelques mots.

La date : 1863. Qui commettait les crimes ? un comité secret mazzinien, établi à Rome même. Quels crimes ? embrigadement des plus mauvais sujets dans la secte ; organisation des manifestations contre le Pape et son gouvernement ; bombes jetées au milieu de la foule, les jours de fête ; vols de papiers chez les princes de Naples résidant a Rome, et parmi ces papiers une liste de 5.000 légitimistes du sud restés fidèles à leur roi, lesquels furent aussitôt désignés au poignard et au poison des sectaires ; on empoisonna jusque dans les hôpitaux, par des médecins affiliés, des malades signalés par le comité secret comme gens dont il fallait se défaire. Lorsque la justice découvrit les principaux coupables, il y avait plusieurs années que le comité travaillait dans cette œuvre de crimes, d'infamie, de cruautés, de monstruosités inénarrables. Le comité secret avait juré d'exterminer quiconque portait une affection sincère au Pape et à son gouvernement. Procès formidable ! les dossiers, — on doit les posséder encore au Vatican, je pense, — formèrent douze énormes volumes ; douze volumes pleins de scélératesses, de vols, de rapines, de meurtres, d'incendies, de sang, de poison ! Et qui ordonnait tous ces crimes ? Mazzini. Qui payait les criminels, qui pourvoyait aux dépenses du comité ? l'or piémontais et l'or anglais. Quels étaient les chefs du comité secret ? Giovanni Venanzi et le chevalier Luigi Fausti. Et qu'était donc ce chevalier Luigi Fausti, qui fit exécuter si longtemps les ordres de la haute-secte ? C'était... le principal secrétaire du Cardinal Antonelli. — Voyons, est-ce vrai ?

En organisant le complot actuel contre le Congrès de Trente et contre toutes les révélations présentes et futures des francs-maçons convertis, la Maçonnerie a poursuivi un autre but, direct contre moi. Ainsi que je l'ai écrit dans ma lettre à Mgr Parodi : « Ce qu'on veut, c'est me pousser à bout, afin qu'une imprudence amène la découverte de ma retraite ; mais je ne tomberai pas dans le piège. Ce qui concerne ma personne est et doit demeurer le secret du Saint-Office. Trois fois aveugles sont les catholiques qui ne comprennent pas cela. Je les plains de ne pas voir qu'ils mettent en joie l'infernale secte, laquelle en est réduite à répandre des bruits stupides, uniquement parce qu'il lui est impossible de contester l'authenticité de mes documents. »

Tous les aveugles peuvent se déchaîner contre moi, les uns après les autres ; ils ne me feront pas dévier de la ligne que je me suis tracée et qui a été approuvée par mes meilleurs conseillers, ceux qui me portent le plus d'affection et qui aussi sont les plus compétents.

La Commission d'enquête de Rome, présidée par Mgr Lazzareschi, dira si, oui ou non, elles sont suffisantes, les preuves de mon existence et de la sincérité de ma conversion. J'espère qu'elle ne manquera pas, non plus, d'examiner les impudents mensonges des négateurs et de les flétrir dans son verdict. En allant au fond, elle verra nettement les causes de toute cette tempête : d'une part, la bouche de la secte soufflant l'ouragan chez les uns ; d'autre part, une animosité personnelle mettant le bandeau sur les yeux des autres.

Dès à présent, je crois qu'on me rendra une justice : c'est que ce n'est pas moi qui ai cherché le bruit. Jamais éditeurs ne firent moins d'annonces que mes éditeurs ; la diffusion de mes *Mémoires* sous une forme populaire a été expressément évitée, afin qu'on ne pût me jeter le reproche d'une spéculation commerciale. Cette accusation, on l'a formulée, néanmoins, contre toute équité, et elle m'a été pénible ; sans qu'il soit utile de publier les détails, la Commission romaine, après avoir apprécié, pourra dire si j'ai été intéressée ou non. Le vacarme de ces temps-ci a été contre moi, contre mes amis, et non pour moi ; par bonheur, ma retraite n'en a eu aucun écho.

Je remercie tout particulièrement M. le chanoine Mustel, qui ne s'est pas borné à me défendre, mais qui, avec le courage d'un grand cœur, a défendu l'homme le plus attaqué en cette circonstance, celui à qui la secte ne pardonne pas onze années de combats sans trêve et que ses confrères aveugles ont accablé avec une furie de sauvages. J'avoue que je n'aurais jamais cru à tant de haine chez des catholiques. Je ne suis pas encore revenue de ma surprise. Mais les épreuves de cette sorte ont du bon ; passée la bourrasque, on sait, au moins, combien l'on compte de vrais amis.

En attendant de m'occuper d'une lettre d'un personnage très vénérable et que je respecte infiniment, mais qui a manqué de mémoire, et après avoir adressé un discret reproche à l'ami qui cita un nom, non destiné à la publicité, — je terminerai en mentionnant un incident de la tourmente ; cet incident est, à lui seul, une très grosse affaire, et ses auteurs, quels qu'ils soient, ne sauraient en esquiver la prompte solution.

Le 29 octobre, le *Nouvelliste de Lyon*, journal conservateur, publiait l'article suivant, qui était reproduit presque en même temps par un grand nombre de feuilles de même nuance et que l'*Univers* accueillit à son tour avec un vif empressement. Cela était intitulé « Diana Vaughan à Villefranche ». Voici le morceau :

On discute fort depuis quelque temps, et bien inutilement, croyons-nous, sur l'existence de Miss Diana Vaughan, cette mystérieuse création de deux fumistes qui se font des rentes en exploitant la badauderie de leurs contemporains.

Nous n'avons pas grand mérite au *Nouvelliste* à n'avoir jamais été dupes des élucubrations de cet être imaginaire. Connaissant l'esprit mercantile de ceux qui la patronaient, nous nous étions fait ce raisonnement très humain que si Diana Vaughan avait existé, ses barnums n'eussent pas manqué une occasion de la montrer avec accompagnement de grosse caisse et de gros sous.

Nous en connaissons cependant dont l'incrédulité ne s'est pas trouvée satisfaite de cet argument et qui ont demandé à Léo Taxil et à son compère anonyme, le docteur Bataille, à voir la prêtresse du Palladisme. Il leur fut répondu qu'ils la verraient.

La première scène de cette comédie burlesque s'est jouée à Paris, la seconde à Villefranche (Rhône), il y de cela trois mois, et c'est par où elle nous intéresse.

Donc, deux personnalités, que nous ne qualifierons pas autrement et dont quelques confrères de la presse catholique de Paris pourraient donner les noms, manifestèrent le désir de voir Diana Vaughan.

— Parfaitement, leur dit Léo Taxil ; seulement elle n'habite pas la capitale et vous serez obligés de faire un petit voyage pour la rencontrer.

— N'importe, répondirent les curieux ; le phénomène vaut un voyage.

Rendez-vous leur fut donc donné avec date et heure précises à Villefranche. Pourquoi Villefranche ? Ceux qui connaissent le passé de Léo Taxil n'auront pas de peine à répondre à cette question.

Donc, au jour et à l'heure indiqués, dans une chambre d'hôtel de Villefranche, les deux incrédules attendaient la venue de la mystérieuse luciférienne. La porte s'ouvrit, et deux femmes, fort bien mises, entrèrent. L'une était jeune, jolie, d'une beauté étrangère ; l'autre, d'un âge mûr, chaperonnait sa compagne.

Après les présentations, on causa de maçonnerie, de palladisme, bien entendu. Tout marcha d'abord à souhait. Sans être d'une clarté absolue, les explications de celle qui s'appelait Diana Vaughan concordaient avec les révélations des brochures à dix centimes la livraison. Mais peu à peu la conversation dérailla, les mots prirent une allure étrange, et l'accent d'anglais qu'il était devint faubourien, en même temps que, fatiguée sans doute de la leçon qu'elle avait apprise et du rôle qu'on lui faisait jouer, la fausse palladiste se jeta dans des digressions qui, pour être lucifériennes, ne correspondaient plus au caractère dont les inventeurs de Diana Vaughan avaient revêtu leur héroïne.

Les deux personnages étaient fixés et dupés. Le premier train qui passa les ramena à Paris complètement édifiés.

Quant aux deux femmes, elles reprirent le chemin des trottoirs de Lyon, d'où elles étaient venues…

Nous n'en dirons pas plus long, ne voulant pas déflorer les renseignements très suggestifs que possède un de nos confrères de Paris sur l'étonnante mystification des Taxil et consorts, et qu'il a sans doute l'intention de rendre publics pour l'édification des âmes trop crédules.

Ici le but de la secte ne saurait échapper à personne de sensé. On cite un fait précis ; le coup est formidable contre M. Léo Taxil et contre moi-même. Une Commission d'enquête fonctionne, recueillant les témoignages des catholiques qui ont pu me connaître avant ma conversion. Avec cette anecdote, on réduit à néant la valeur de leur témoignage : quiconque m'aura vue, m'aura parlé, est une dupe, a été mystifié. « Maintenez-vous votre déposition ? » demandera-t-on, par exemple, à ce curé italien, congressiste de Trente, qui se rappelle s'être rencontré avec moi en voyage, ou bien à ce religieux qui réussit à se glisser dans une réunion où il déclare m'avoir entendu faire une conférence. Si l'interpellé persiste, si des témoignages de ce genre ont pour conséquence une décision favorable de la Commission romaine, la secte, qui garde le silence aujourd'hui, laissant certains journaux catholiques faire son jeu, rééditera alors l'anecdote du *Nouvelliste* et dira : « Les témoins qui ont été entendus, ceux qui ont certifié par écrit, sont peut-être de bonne foi ; mais ce sont des gens qui ont eu affaire à une pseudo-Diana plus habile que la fausse Diana Vaughan de Villefranche. »

« Il n'y a pas de Haute Maçonnerie, dit la secte ; il n'y a pas de Rite suprême. C'est M. Léo Taxil qui fait voyager par le monde ces mystérieux inspecteurs et ces mystérieuses inspectrices du Palladium, afin de donner un corps à ce Palladisme, sur lequel il fait des fausses révélations en les signant « Diana Vaughan ». Ainsi la Sophia Walder n'existe pas plus que l'autre : elle est allée à Cherbourg, à Reims, à Nancy ? c'est M. Léo Taxil qui faisait voyager une pseudo-Sophia. En septembre dernier, la présence de Sophia Walder à Jérusalem a été constatée ? c'est M. Léo Taxil qui a payé ce voyage en Palestine à une fille de Lyon, laquelle, à cette heure, doit être retournée à ses trottoirs. Sans doute, tous ces frais sont considérables ; mais les bénéfices nets de l'opération laissent de belles rentes à M. Taxil. Les *Mémoires d'une Ex-Palladiste* ont des centaines de milliers d'abonnés »

M. Léo Taxil réclame la lumière immédiate et complète sur l'étrange aventure signalée par le *Nouvelliste de Lyon*. Il demande à S. E. le Cardinal Richard, Archevêque de Paris, de nommer une commission de trois ou cinq ecclésiastiques, à qui le correspondant parisien de ce journal aura à désigner les journalistes catholiques de Paris dont il est question dans l'article reproduit ci-dessus ; ces journalistes connaissent, assure-t-on, les deux personnages que M. Léo Taxil aurait envoyés de Paris à Villefranche ; ils ne peuvent refuser de donner leurs noms à la commission, et celle-ci ne saurait refuser alors M. Léo Taxil une confrontation avec ces deux individus et une enquête poussée à fond, si ces derniers avaient audace de maintenir leurs dires.

M. Léo Taxil croit que ces deux individus existent, parce qu'il lui répugne de penser qu'un journal catholique, tel que le *Nouvelliste de Lyon*, ait pu inventer cette odieuse anecdote, et il est convaincu qu'une prompte et énergique enquête sur cette affaire donnera une éclatante preuve du complot maçonnique actuel, attendu, dit-il, que les deux imposteurs se trahiront d'une manière quelconque devant la commission, seront reconnus coupables de faux témoignage et découverts agents de la secte.

Peut-être M. Taxil a-t-il raison. Néanmoins, tout en m'associant à sa demande d'enquête immédiate, je ne partage pas son avis, quant au résultat, je crois que la commission n'aura pas à aller bien loin pour trouver la main de la secte dans cette affaire. Mon sentiment est que ceci a été inventé par quelque franc-maçon inspirateur du *Nouvelliste de Lyon*, exactement comme les mensonges de la *Volkszeitung* me concernant ont été inventés avec audace par la Haute Maçonnerie.

En effet, je n'ai pu m'empêcher de faire une remarque : tous ces journaux qui ont publié presque en même temps l'histoire de la fausse Diana Vaughan à Villefranche, *Nouvelliste de Lyon*, *Nouvelliste de Bordeaux*, *Moniteur de l'Aveyron*, *Journal de Roubaix*, etc., indiquent dans leur titre qu'ils ont à Paris un bureau spécial ou une agence particulière, à la même adresse pour tous. Cette adresse est 26, rue Feydeau. Or, d'autre part, l'*Annuaire de la Presse française*, aux pages 229 et 230, mentionne la présence, au nº 26 de la rue Feydeau, d'une double agence d'informations pour les journaux quotidiens, sous les titres de *Correspondance télégraphique*, service de dépêches, et de *Correspondance littéraire parisienne*, service d'articles. Le directeur de ce double service d'informations se nomme M. Chapeau des Varennes. Eh bien, parmi les noms des collaborateurs qui figurent dans l'annonce de cette agence de renseignements, je trouve un nom qui me fait rêver : celui du F ▽ Yves Guyot !

Oh ! oui, M. Léo Taxil a raison de réclamer une immédiate et sérieuse enquête. Il faut, à tout prix, que l'on sache quels sont les inventeurs des abominables contes mis en circulation pour troubler les catholiques. La découverte qui ne peut manquer de se faire montrera la moralité de la campagne endiablée menée à cette heure contre M. Taxil, dans le double but de le perdre de réputation et de ruiner moralement à jamais toutes les révélations qui pourraient être produites par des francs-maçons convertis.

Cet odieux conte de la fausse Diana Vaughan à Villefranche prouve, en outre, que me montrer aujourd'hui ne servirait à rien ; et d'ailleurs, le vacarme infernal de ces temps-ci n'ayant pas été suscité par moi, n'ayant été ni alimenté ni favorisé par moi en aucune façon, n'en étant responsable à aucun degré, je n'ai pas à en subir les conséquences. J'ai cru faire mon devoir, et je l'ai accompli tranquillement, modestement ; des voix autorisées m'ont encouragée, cela me suffit.

J'ai interrompu aujourd'hui la publication de mes *Mémoires* pour m'expliquer je la reprendrai tout de suite, et mes amis auront les dix fascicules auxquels ils ont droit. Après quoi, l'on n'entendra plus parler de moi, à moins que Rome ne me dise : Continuez. De même, je suis prête à me taire après le verdict de la Commission romaine, si le Saint-Père me dit formellement : Cessez.

Un bon religieux de Rome écrivait ces jours-ci à un de mes amis, qui m'a communiqué sa lettre : « Quinze jours après la conversion de M. Solutore Zola, les maçons d'Allemagne ont inventé que ce prétendu Zola n'existait pas, *et ils le répètent aujourd'hui plus fort que jamais*. Or, tous les membres du Conseil directif général de l'Union antimaçonnique de Rome, un grand nombre de Prélats, de Cardinaux, notamment les Cardinaux Parocchi et Macchi, ont vu et reçu M. Zola. Sa Sainteté elle-même lui a accordé une audience de plus d'une heure, dont tous les journaux catholiques ont parlé, et à cette audience assistait Mgr Gennari, assistant du Saint-Office, qui avait amené M. Zola dans une des voitures du Vatican. Quand la secte donne le mot d'ordre de nier l'existence d'un converti, aucun témoignage n'arrête ses négations intéressées. En même temps qu'elle faisait nier l'existence de M. Zola, la Maçonnerie lui envoyait son billet de condamnation à mort, à la date du 7 mai dernier. Ce billet, nous l'avons vu de nos propres yeux, avec son enveloppe symbolique, et nous en conservons le fac-similé ? »

Méditez et concluez.

———— Diana Vaughan

P.-S. — À la question : « Miss Diana Vaughan existe-t-elle ? » Le docteur Bataille n'a pas répondu : « Non. » Sa navrante trahison ne va pas jusque-là, et ceci donne espoir à ceux qui prient pour lui, se rappelant combien il fut bon.

M. Margiotta, lui revient à la charge depuis quelques jours : il a donc offert de nouveau ses services à la secte, et cette fois, selon toute probabilité, ils ont été acceptés. À son tour, il se proclame faux témoin. Qui ne voit pas que tout ceci est le résultat d'un mot d'ordre a les yeux volontairement fermés.

Mais la secte va trop loin ; elle a fait un pas de clerc en se servant de M. Margiotta. Le malheureux nie avec une ridicule maladresse : il est vrai que plus maladroits et plus ridicules encore sont les journaux qui recueillent comme paroles d'Évangile les contes bleus d'un homme disant avec cynisme, avec forfanterie : « Je viens de passer trois années entières à mentir ; j'ai juré que j'avais connu Miss Diana Vaughan en 1889 à Naples ; je me suis donné pour un converti sincère, et je me montrais pieux, me confessant et communiant. Eh bien, je mentais. Je n'avais jamais vu Miss Vaughan, je ne la connaissais en aucune façon. Une dame m'avait dit l'avoir vue ; je n'en avais rien cru, parce que j'avais pris cette dame en flagrant délit de mensonge, au moment même où elle me disait cela : mais j'étais lié par un traité, il me fallait mentir comme les autres, et j'ai menti pendant trois ans, menti à la face du monde. Oui, durant trois années, j'ai été faux témoin. Maintenant, croyez-moi ! c'est à présent que je dis la vérité ! Miss Diana Vaughan n'existe pas, c'est un mythe inventé par M. Léo Taxil, mon complice, que je dénonce à votre indignation ! »

Alors, si M. Margiotta était si peu certain que cela de l'existence de Miss Diana Vaughan, pourquoi lui écrivait-il à l'effet de lui demander quelques billets de mille francs pour reconstruire son superbe hôtel de Palmi, détruit par les tremblements de terre de Calabre ?

Si M. Margiotta tenait Miss Vaughan pour un mythe, pourquoi écrivait-il, — et ceci a été écrit de sa main, — que la seule vue de cette personne « met dans le cœur un sentiment de poésie délicate » (*sic*), compliment d'amoureux transi qui équivaut à une déclaration ?

Si, aux yeux de M. Margiotta, Miss Diana Vaughan n'a jamais existé, pourquoi, sa trop ardente flamme ayant été accueillie par le plus froid dédain, pourquoi a-t-il été irrité de dépit au point de se vanter de l'avoir possédée, cherchant à la ruiner dans l'estime de ses amis, après l'avoir couverte de fleurs ?

Si M. Margiotta n'a attesté l'existence de Miss Diana Vaughan que pour obéir à M. Léo Taxil, comme il le prétend aujourd'hui, si c'est contre sa propre conviction qu'il écrivait ce qu'il dit lui avoir été dicté par son tyrannique complice, pourquoi, le 15 juin 1896, dans une lettre pleine de menaces et d'injures, écrivait-il à ce même prétendu complice : « Oui, Monsieur Taxil, je soutiens que votre amie Diana Vaughan, dont on a publié les portraits, ne ressemble aucunement à la Diana Vaughan que j'ai connue à Naples et que la Diana Vaughan que j'aie connue à Naples sache que je ne suis pas flatté du tout d'avoir été son ami ! » Cette lettre où il traite M. Léo Taxil d'imposteur et de tâche, tout en affirmant par deux fois, avec énergie connaître une Miss Diana

Vaughan, cette lettre d'outrages, M. Margiotta dira-t-il que c'est M. Taxil qui la lui a dictée ?

Et quand, par la production de la correspondance même de M. Margiotta, autographiée, la preuve a été faite publiquement qu'il n'y avait pas deux Diana Vaughan, mais une seule, M. Margiotta, comprenant qu'il s'était porté tort à lui-même en essayant sa peu chrétienne propagation de fables absurdes, faisait des excuses dans une lettre du 14 août 1896, où il écrivait entre autres choses :

« Mademoiselle, ayons Dieu toujours présent, et laissons là les contestations et les plaintes. J'en finis, en reconnaissant mon erreur : *errare humanum est*, et je vois en vous la vraie Diana Vaughan, l'ex-grande maîtresse luciférienne, l'ex-directrice du *Palladium Régénéré et Libre*. Tout le trouble était arrivé par un portrait peu ressemblant ; je me croyais mystifié… j'ai provoqué la tempête pour avoir le cœur net… Par Jeanne d'Arc que vous aimez tant, oublions réciproquement les injures, et marchons la main dans la main pour accomplir notre sainte mission. Maintenant que je suis rassuré sur votre compte, je vous serre la main comme auparavant, et suis votre frère en Jésus-Christ. »

La lettre portait en post-scriptum :

« Par le même courrier, j'écris à M. Taxil, qui a raison d'être fâché. »

Ces excuses étaient trop incomplètes pour pouvoir être acceptées. Il ne demandait pas pardon, en effet, pour ses calomnies les plus douloureuses à une femme ; se lettre n'y faisait aucune allusion, et cependant il savait bien que, sur ce point comme sur le reste, il avait menti. Il ne reçut donc pas de réponse.

La trahison du docteur Bataille lui a appris que les portes de la secte pouvaient se rouvrir, pour lui aussi. Et, dans l'espoir de la forte somme, il va plus loin même que le docteur. C'est en cela qu'il est ridicule et maladroit. Qui veut trop prouver ne prouve rien ; qui veut trop nier... confirme !

1. ↑ Voir le volume *Adriano Lemmi, chef suprême des francs-maçons,* page 319, dernière ligne. Je n'étais pas à Londres, quand Palacios y rédigea la voûte, d'accord avec Graveson et avec moi sur tout ce qu'il fallait dire : il était autorisé à faire imprimer nos deux signatures auprès de la sienne, sur le document lithographié qu'il expédia le 15 décembre 1893 à tous les Triangles. Et voici la preuve encore que je ne fus pas la rédactrice de la voûte : tandis que Graveson partit d'Angleterre le 9 pour se rendre en Italie où il réussit assez bien dans sa mission, moi, je quittai Londres le 10 pour venir à Paris, espérant soulever les hauts-maçons français contre Lemmi ; je m'arrêtai deux ou trois jours, je ne me rappelle plus au juste, dans une famille amie, demeurant aux environs de Paris ; mais je suis certaine que, le 15, jour de l'expédition de la voûte, *de Londres,* j'étais à Paris, puisque ce jour-là, je reçus délégué du Suprême Conseil de France à l'hôtel Mirabeau, où j'étais descendue depuis la veille ou l'avant-veille, je crois. À mon retour à Londres, je contresignai le document original, destiné à demeurer aux archives de la Mère-Loge *le Lotus d'Angleterre.*
2. ↑ Voici à ce sujet les explications, données par M. Léo Taxil, dans une lettre du 2 novembre 1896 adressée à M. Eugène Tavernier, rédacteur à l'*Univers.*

« Le docteur déclare n'avoir écrit qu'une partie du *Diable au XIXe Siècle* et dit qu'il y a eu pour cet ouvrage plusieurs collaborateurs mais il ne nie pas avoir été l'auteur de ce qui, dans cette publication, constitue les *récits d'un témoin* à proprement parler. Les personnes qui possèdent cette publication ont pu constater, en effet, qu'à côté des récits personnels du docteur, il a de nombreuses pages consacrées à des épisodes que l'auteur principal ne présente pas en témoin oculaire. Les premiers fascicules de la publication ayant soulevé des polémiques violentes, les éditeurs jugèrent qu'il était utile d'augmenter l'ouvrage de tout ce qui pourrait venir à l'appui des récits personnels du docteur ; ainsi, tout ce qui est relatif aux faits antérieurs n'est pas du docteur. Un grand nombre de faits merveilleux ont été communiques et attestés par des abonnés, tous vénérables ecclésiastiques. L'ouvrage ne trompe aucunement le lecteur ; car chacun peut faire aisément le triage de ces innombrables épisodes et se rendre compte très exactement de ce qui est l'œuvre personnelle du docteur. L'ouvrage subsiste, par conséquent, dans son ensemble et dans ses détails, et d'ailleurs il ne faut pas oublier que des faits racontés personnellement, par te docteur ont été confirmés par des missionnaires ».

3. ↑ L'excellente revue française *La Franc-Maçonnerie démasquée* vient de publier un numéro spécial, entièrement consacré à l'exposé des faits me concernant qui sont à la connaissance de mes amis de Paris. Ce numéro, daté d'octobre, porte un titre général : « la Question Diana Vaughan. » Il contient le rapport lu par M. l'abbé de Bessonies au Congres de Trente, suivi d'un compte rendu de la séance du 29 septembre et d'un assez grand nombre de pièces justificatives.

On trouve ce numéro spécial dans les principales librairies catholiques. Quarante-huit pages. Prix : 0 fr. 50. Il est édité par la maison de Bonne Presse, 8, rue François 1er, Paris., à qui on peut le demander.

4. ↑ Deux des mensonges du journal prussien feront juger l'ensemble de l'article. Lorsque je vins à Paris en décembre 1893 pour tenter de soulever les hauts matons français contre Lemmi, ainsi que je l'ai dit dans la note de la page 420, je ne réussis pas ; ni le Grand Orient ni le Suprême Conseil de France ne voulurent entrer dans la révolte. Je vis bien alors qu'il ne fallait pas compter sur la presse inféodée à la Maçonnerie pour ameuter l'opinion publique contre l'intrus du palais Borghèse. L'idée me vint de renseigner des journalistes catholiques antimaçons, sans leur livrer cependant nos secrets de doctrine. Quelques mois auparavant, avant le Convent souverain du 20 septembre, j'avais eu la curiosité de faire la connaissance de M. Taxil ; il fut très heureux d'avoir des informations précises. Avant de retourner à Londres, l'ayant reçu avec ses amis, je me laissai interviewer à l'hôtel, offrant à déjeuner à ces messieurs. Aujourd'hui, afin de détruire les témoignages, la *Volkszeitung* dit que ce fut une comédie et que le rôle de Diana Vaughan était joué par une femme de chambre, insinuant que le gérant de l'hôtel, ami de M. Taxil et de connivence avec lui, lui avait prêté une camériste pour mystifier ses amis. Quand on porte des accusations aussi graves, on doit donner des preuves.

Au sujet de ma photographie en tenue palladique (costume masculin), la *Volkszeitung* insinue que c'est M. Taxil qui a posé : puis, on aurait collé la tête de son épouse sur le portrait, et enfin on aurait photographié l'ensemble, retouché, pour établir le portrait définitif. Ce n'est pas le journal prussien qui a inventé ce mensonge ; il est maçonnique d'assez vieille date, et bon nombre de catholiques, y ayant cru plus ou moins, l'ont colporté, notamment un certain abbé. C'est sans doute une malice de dire que ma photographie est le portrait de telle autre personne ; mais ce n'est pas catholique du tout.

CHAPITRE IV

La Bisaïeule de l'Anti-Christ

(Suite)

———

Une réaction se produit contre les négateurs. En Italie, en Espagne, plusieurs journaux qui s'étaient tenus dans l'expectative n'hésitent pas à déclarer qu'ayant entendu toutes les cloches ils sont arrivés, selon les termes de la *Patria* d'Ancône et de la *Democrazia Cristiania* de Gênes, à « être persuadés de trois choses : 1° que Miss Diana Vaughan existe ; 2° que sa conversion a été sincère ; 3° que, dans ce qu'elle écrit, elle est véridique. »

Les hostiles ont atténué le ton de leur polémique ou même se taisent.

Quelques-uns à peine, les derniers enragés qui ne désarment pas, osent dire, à la suite du F∴ Vuillaume, correspondant romain de l'*Univers*, que la Constitution Apostolique du 1er février, fixant les règles de l'Index, s'applique à mes publications. Ils insinuent que ce que j'ai fait paraître tombe sous le coup des articles 12, 13 et 14 de cette Constitution.

Rien n'est plus faux. Il suffit de lire ces articles.

« ART. 12. — Il est défendu de publier, de lire ou de conserver les livres dans lesquels les sortilèges, la divination, la magie, l'évocation d'esprits et autres superstitions de ce genre sont *enseignés* ou *recommandés*.

« ART. 13. — Les livres ou les écrits qui racontent de nouvelles apparitions, révélations, visions, prophéties, de nouveaux miracles, ou qui suggèrent de nouvelles dévotions, même sous le prétexte qu'elles sont privées, sont proscrits s'ils sont publiés sans l'autorisation des supérieurs ecclésiastiques.

« ART. 14. — Sont encore défendus les ouvrages qui établissent que le duel, le suicide ou le divorce sont licites, qui traitent des sectes maçonniques ou d'autres sociétés du même genre et prétendent qu'elles sont utiles et non funestes à l'Église et à la société, et qui soutiennent des erreurs condamnées par le Siège Apostolique. »

Mes *Mémoires* ne recommandent pas, certes, les sortilèges, etc. ; au contraire ! Non plus ils n'enseignent ces pratiques ; on ne trouvera pas un passage expliquant comment il faut s'y prendre pour évoquer ; je m'en garde comme de la peste. Je suis trop malheureuse d'avoir été en rapport avec les mauvais esprits pour y pousser qui que ce soit ; j'ai même évité de donner des textes de pactes, et ce n'est pas ce qui me manque ! Mes écrits antérieurs à ma conversion, oui, tombent sous le coup de l'article 12, notamment « les Saintes Joies Invisibles », publiées sous ma signature en 1891-92 dans le *Monitor of the Dread Goddess*, de Calcutta, revue des sciences occultes dirigée par le F▽ Hobbs ; mais j'ai eu soin de n'en jamais citer une ligne ici ! En Europe, avant ma conversion, j'ai publié uniquement le *Palladium Régénéré et Libre*, revue antilemmiste, et le *Recueil des Prières lucifériennes*, et, depuis le jour où la grâce de Dieu m'accorda la lumière, ces brochures ont été réservées aux ecclésiastiques seuls, à titre de document et après avoir reçu l'avis de théologiens que la réimpression était nécessaire aux prêtres appelés par les devoirs de leur magistère à sonder les profondeurs de Satan. Vu l'article 12, ces brochures ne seront plus remises à personne ; mais, quant à mes *Mémoires*, l'article 12 n'y touche pas.

L'article 13 ?… J'ai consulté, et voici la réponse : « Il s'agit du surnaturel divin ; apparitions, révélations, etc., attribuées à Dieu, aux Anges, aux Saints ; la Constitution Apostolique du 1er février vise les récits de miracles, et non de prestiges. Miss Vaughan *dénonce* les œuvres diaboliques qu'elle cite, *comme tout autant de tromperies de l'Esprit du Mal* ; elle ne cherche donc pas à les faire passer pour croyables. Il est hors de doute que la Constitution Apostolique frappe par cet article 13 les empiètements inconsidérés sur le domaine de la foi ; elle interdit l'exposé de faits merveilleux qui pourraient « *suggérer de nouvelles dévotions*, même privées, sans la permission de l'autorité ecclésiastique. » Mais peut-être quelqu'un objectera-t-il alors, que, si mes *Mémoires* ne suggèrent aucune dévotion nouvelle, par contre ma *Neuvaine Eucharistique* est un ouvrage de piété d'un mysticisme qui aurait besoin d'être approuvé. Je répondrai : Approuvé ? mais cet ouvrage l'est. Citons, entre autres, l'approbation officielle de S. G. l'Archevêque de Gênes, du 18 mars 1896. Le fait récent de la discussion sur mon existence n'empêche pas que l'ouvrage lui-même a été jugé bon. Voilà ma seule œuvre mystique ; elle a été déclarée excellente pour stimuler la piété des fidèles.

Quant à l'article 14, comment a-t-on osé avancer qu'il peut s'appliquera mes révélations ?… Franchement, c'est se moquer du monde !… Il s'agit des ouvrages sur la Maçonnerie, dans lesquels l'auteur « prétend que cette secte n'est pas funeste ». Mes *Mémoires* sont antimaçonniques au premier chef. Ah ! la polémique des négateurs obstinés est vraiment d'une mauvaise foi qui dépasse toutes limites ! Si mes Mémoires *avaient la moindre tendance à favoriser la secte, est-ce que le Conseil central de l'Union antimaçonnique de Rome aurait entrepris d'en publier officiellement la traduction italienne ?… Insister serait superflu. L'évidence crève les yeux.*

Au surplus, en tête de mon volume *Le 33e∴ Crispi*, j'ai déclaré, dans les termes les plus formels, que « je soumets humblement tous mes écrits à la censure du Saint-Siège » et que « je rétracte d'avance tout ce qui ne serait pas jugé absolument conforme à la doctrine et aux enseignements de la Sainte Église Catholique, Apostolique et Romaine. » Si quelque doute existe donc, le second alinéa de l'article 29 indique la marche à suivre.

« ART. 29. Que les Ordinaires, de même que les délégués du Siège Apostolique, s'efforcent de proscrire les livres et autres écrits nuisibles, publiés ou répandus dans leurs diocèses, et de les soustraire aux mains des fidèles.

« *Qu'ils défèrent au jugement apostolique ceux de ces ouvrages ou de ces écrits qui réclament un examen plus approfondi* ou ceux qui, pour que l'effet salutaire soit produit, paraissent avoir besoin d'être frappés par la sentence de l'Autorité Suprême. »

Il est incontestable que mes ouvrages sont de ceux qui réclament un examen approfondi, puisque l'opinion catholique est divisée à leur sujet. Les *Études religieuses*, de Paris, les attaquent par la plume du R. P. Portalié, après avoir loué mon volume contre Crispi par la plume de Mgr Albert Battandier ; il n'y a donc pas accord au sein même des *Études religieuses*. Bien plus, cette revue parisienne est en pleine contradiction avec la *Civiltà Cattolica*, de Rome, qui a proclamé que c'était pour elle un PLAISIR de « bénir publiquement le nom de la noble Miss Diana Vaughan ». Or, la *Civiltà Cattolica* fait autorité dans le monde catholique, au moins autant que les *Études religieuses* ; et c'est la *Civiltà Cattolica* qui a imprimé ceci en toutes lettres : « Miss Diana Vaughan, appelée de la profondeur des ténèbres à la lumière de Dieu, préparée par la Providence divine, armée de la science et de l'expérience personnelle, se tourne vers l'Église pour la servir, et paraît inépuisable dans ses précieuses publications, qui n'ont pas leurs pareilles pour l'exactitude et l'utilité. »

Et les lettres d'encouragement et de félicitations que j'ai reçues sont innombrables, émanant de hauts dignitaires de l'Église ; un fascicule tout entier de ces *Mémoires* ne suffirait pas à leur reproduction. En tout cas, mes lecteurs ont encore présentes au souvenir quelques-unes, en entier ou en extraits, que j'ai publiées.

Un examen approfondi s'impose donc, puisqu'il y a divergence d'opinions, mais un examen par le Saint-Siège. Si un Évêque croit devoir déférer mes écrits au jugement apostolique, s'ils sont condamnés, j'en cesserai immédiatement la publication. Oui, qu'un décret de la Sacrée Congrégation de l'Index intervienne, aussitôt je briserai ma plume révélatrice ; alors ces *Mémoires* cesseront de paraître, mon éditeur m'a fait savoir qu'il rembourserait dans ce cas aux abonnés ce qu'il resterait leur devoir. Que puis-je dire de plus ?… Mais, en attendant, je demeure avec les approbations des théologiens compétents, résumées dans cette invitation de Mgr Villard : « Continuez, mademoiselle par votre plume et par votre piété, malgré les efforts de l'enfer, à fournir des armes pour terrasser l'ennemi du genre humain. Tous les Saints ont vu leurs œuvres combattues ; il n'est donc pas étonnant que la vôtre ne soit pas épargnée. »

C'est pourquoi, tant que l'Autorité Suprême ne se sera pas prononcée, j'estime mon œuvre bonne et nécessaire, en dépit des criailleries des incompétents, et je la continue, en observant la même réserve qu'auparavant. « Mes *Mémoires* ne seront pas œuvre de scandale, ai-je écrit (pagre 60). Je crois de citation utile les faits qui parlent par eux-mêmes ; je ne m'attache pas à mettre en jeu les personnes. Quelques-uns de mes ex-Frères ne peuvent passer sous ma plume sans être nommés, il est vrai ce sont ceux dont le maçonnisme, aggravé de palladisme souvent, est déjà de notoriété publique, par le fait d'antérieures révélations ; ceux-là, je les nommerai. Quant à mes ex-Sœurs, même celles déjà nommées par d'autres divulgateurs, je laisserai leurs noms sous le voile palladique, sauf quelques-unes qui se sont placées d'elles-mêmes dans une situation à part. Donc, en général, j'éviterai les personnalités, je me bornerai aux indispensables, je n'aurai en vue que la divulgation des faits au-dessus de tout. » Telle est la règle que j'avais adoptée et que je maintiens.

Il est singulier que Satan ait fait éclater sa bombe au moment où je venais à peine de commencer le récit de mon initiation au grade de Maîtresse Templière, alors que j'allais raconter cette mémorable séance du 25 mars 1885, tenue à Paris, rue Croix-Nivert, nº 154, où, soumise à l'épreuve de la profanation des Saintes-Espèces, je refusai absolument, m'attirant ainsi la haine de Sophia.

Dans le cabinet des réflexions, je n'avais pas soupçonné le sens secret des mots soulignés sur la copie manuscrite de la poésie *L'Œuvre Maçonnique* (voir pages 390-91) ; et, en réponse à la question sur « les Faux Dieux à frapper », j'avais écrit une sorte de brève profession de foi, correspondant à l'éducation luciférienne que j'avais reçue.

La Chevalière Grande Experte Introductrice vient prendre ma réponse, puis retourne auprès de moi, au bout de quelques minutes.

— Chère Sœur, me dit-elle, l'heure de votre présentation au Grand Triangle a sonné. Êtes-vous prête?

— Oui, ma Sœur.

— Eh bien, suivez-moi, et ne vous étonnez de rien.

Nous arrivons devant la porte du temple. J'entends une voix d'homme qui dit, à l'intérieur :

— Il est regrettable que la première épreuve soit supprimée ; mais le décret du Souverain Pontife est en bonne et due forme ; Sœurs et Frères, nous n'avons qu'à nous incliner.

Je ne savais pas ce que ceci signifiait.

— La récipiendaire est-elle là ? reprit le Frère qui parlait dans le temple, en haussant la voix.

— Oui, Très Puissant Grand-Maître, répondit ma compagne.

Deux coups furent frappés à l'intérieur, dans le lointain. Alors, la porte s'ouvre à deux battants, et l'Introductrice m'invite à pénétrer dans l'assemblée.

Nous entrons. Je reste debout, au milieu.

À l'Asie (orient), devant l'autel du Baphomet, que je voyais ce jour-là pour la première fois, j'aperçois, assis sur deux fauteuils, faisant face à la porte d'entrée, le F▽ B*** et Sophia-Sapho, qui m'adresse un sourire un peu contraint. Quoique le nom du président du Triangle *Saint-Jacques* en 1885 ait été publié, je ne crois pas devoir l'imprimer, à cause d'un honorable fils, qui, m'a-t-on assuré, a été contrarié du bruit fait au sujet de son défunt père.

L'idole, qui dominait l'Asie, encadrée des deux tableaux obligatoires, me frappa et me produisit une première impression défavorable ; mais je n'y attachai pas d'autre importance. Sachant que la salle avait été prêtée par les Théophilanthropes, je pensai que ce grand vilain bouc faisait partie du mobilier exclusif de ceux-ci, et je me bornai à trouver de mauvais goût qu'on ne l'eût pas caché par quelque draperie, s'il était fixé là. D'ailleurs, je n'eus pas le temps de songer beaucoup à cette grossière icône ; je m'intéressai davantage à l'assistance, Frères et Sœurs, qui me regardaient avec une vive curiosité et chuchotaient entre eux.

— Très Parfaite Sœur Masanec, me dit le Grand-Maître, nous avons appris votre désir de parvenir à la pleine et entière connaissance de la vérité. Ne craignez-vous pas que son éclat ne soit trop fort pour vos yeux ?

— La lumière de la vérité est toujours douce à recevoir, Très Puissant Grand-Maître.

— Aucune épreuve ne vous fera-t-elle reculer ?

— Je suis en société d'honnêtes gens, et j'aime mon Dieu. Je n'ai rien à craindre.

« Sœur Masanec », venait de dire le président du Triangle, en s'adressant à moi. *Masanec* est, en effet, le nom maçonnique que je pris, selon l'usage, à mon initiation du grade de Maîtresse (1er mai 1884). Ce nom m'a servi souvent de signature dans les documents. À partir du 15 septembre 1885, le nom palladique *Asmodœa* fut adjoint au premier. Dans le nombre des documents à citer, je signale la Voûte de protestation contre l'élection de Lemmi ; parmi les signatures des protestataires, on a pu lire : *Masanec-Asmodœa*. C'était moi.

Le docteur Bataille, racontant l'initiation d'Arabella Douglass, à Singapore, la fait interpeller, dès le début de l'initiation, sous le nom d'*Idouna-Fréki*. C'est là une erreur, sans aucun doute ; le deuxième nom n'a pu être ajouté qu'après l'initiation.

Pourquoi avais-je pris le nom *Masanec* ? que signifie-t-il ?… Ésotériquement, ce nom veut dire : « **Ma**deleine de **Sa**int-**Nec**taire », vaillante protestante française, en grande vénération chez les parents de ma mère ; car elle appartient, de ce côté, à ma famille. Par son mariage, Madeleine était dame de Miremont, ayant épousé le huguenot Gui de Miremont, seigneur de Sainte-Exupéry, et elle-même était de noble race ; son père, le bailli de Saint-Nectaire, l'avait élevée dans le protestantisme. Par sa mère, Marguerite d'Étampes, elle n'appartenait aucunement, comme on pourrait le croire, à la famille de la favorite de François 1er (comtesse d'Étampes, puis duchesse), qui embrassa la religion réformée, mais à une branche de la nombreuse famille des Étampes, du Berry. Veuve après quelques années de mariage et n'ayant qu'une fille, Madeleine prit une part active aux guerres de religion. Elle montait à cheval et combattait hardiment, dans la mêlée, à grands coups d'épée. Sa troupe de cavalerie se composait de soixante gentilshommes, qui, tous, se seraient fait tuer pour elle ; elle les commandait en souveraine, dans une sorte de royauté irrégulière au milieu des montagnes de la Haute Auvergne ; et quand le roi de France envoya contre elle son lieutenant François de Rosières, seigneur de Montal, elle se défendit avec énergie, avec héroïsme, battit les troupes royales, et le lieutenant du roi fut enfin tué dans une rencontre avec Madeleine. Son courage en imposa à la cour, et elle obtint le retrait de diverses ordonnances pour la région qu'elle protégeait. Par elle, les Bourbons entrèrent dans la famille : Henri de Bourbon, vicomte de Lavedan et baron de Malanse, demanda à Madeleine la main de sa fille ; le mariage eut lieu le 19 mai 1571. En dernier lieu, Madeleine de Saint-Nectaire mit son épée au service de Henri III contre la Ligue et se distingua encore sur les champs de bataille. Admiratrice de Madeleine, j'avais donc adopté son nom, en le couvrant d'un voile.

Tandis que j'étais là, devant l'assemblée palladiste, le souvenir de Madeleine, que le président B*** venait d'évoquer sans s'en rendre compte, revivait en mon esprit, et je me disais qu'elle aussi n'eût craint aucune épreuve, s'il lui avait été donné de vivre en notre siècle où la guerre contre l'Église romaine est portée sur un autre terrain.

Le Grand-Maître céda alors la parole à Sophia ; car, d'après le rituel, c'est la Grande-Maîtresse qui est chargée de la première partie de l'instruction de la récipiendaire.

Mlle Walder me harangua donc. Voici, sinon ses paroles mêmes, du moins le sens de son allocution, qui devait bientôt tourner au dialogue.

— Très Parfaite Sœur Masanec, vous avez eu la bonne fortune de recevoir une instruction spéciale dans votre famille, et je me demande pourquoi le Très Puissant Grand-Maître vous a offert de vous communiquer la pleine et entière connaissance de la vérité. Les formules habituelles sont inutiles dans votre cas… Vous savez. L'exposé de nos traditions relatives à la vie de Jésus ne vous apprendrait rien. Au cours de votre éducation, l'*Apadno* a été maintes fois ouvert, lu, expliqué et commenté pour vous. Heureuse vous êtes, chère Sœur, d'être l'initiée par excellence ; toutes les Chevalières Maîtresses Templières ici présentes ont eu, elles, à rompre avec des préjugés, à piétiner dans leur cœur la superstition dont elles furent les esclaves ; il leur a fallu une lutte intime pour briser ces liens, funestes, elles envient donc votre bonheur… Mais, quelque fière que je sois de vous donner ce témoignage, qu'en fait de science religieuse je n'ai rien à vous apprendre, j'ai l'obligation, à défaut d'un discours d'instruction, de vous prier de convaincre nos Frères et Sœurs que vous êtes bien la vraie Maçonne érudite qui leur a été annoncée. Nous remplacerons ainsi la harangue ordinaire de la Grande-Maîtresse par un exposé de vos hautes connaissances sous forme d'examen oral ; les oreilles de nos Frères et Sœurs n'en seront que plus charmées.

Sur ce compliment, un tournoi oratoire s'engagea entre Sophia et moi.

Elle m'interrogeait sur le dogme palladique, sans franchir les limites que le décret d'Albert Pike lui avait imposées. Je lui répondais. Et ainsi nous traitions diverses questions l'une et l'autre, nous faisant part de nos réflexions sur les différents épisodes bibliques ou apadniques, et concluant toutes deux à la méchanceté d'Adonaï.

Ce dialogue, tout nouveau dans un Grand Triangle, intéressait vivement l'auditoire. Sophie et moi, nous étions fréquemment interrompues par les bravos. Mon orgueil était flatté. Je ne reproduirai pas cette partie de la séance ; elle ne pourrait qu'attrister mes amis d'aujourd'hui, car inconsciemment je vomissais le blasphème. Ah ! la patience de Dieu est infinie !

Pour la forme, le Chevalier d'Éloquence me dit le sens des deux tableaux symboliques, placés à l'Asie :

— Celui de droite représente Osiris, Apollon, Ormuzd, semant la fécondité sur la terre. Le Dieu-Soleil est l'unique source de toute vie. Voilà la doctrine que Jésus eût dû enseigner jusqu'à son dernier jour… Le tableau qui est à gauche représente le châtiment de la trahison. Vous apercevez le sphinx égyptien, qui signifie que, pour comprendre les incohérences de la vie de Jésus, les contradictions entre la plus grande part de son existence et le temps qui a précédé son ignominieuse fin, il faut connaître le secret de la trahison commise ; cherchez, dit le sphinx, et vous trouverez. Le Christ, vrai coupable de l'Obscurantisme, vrai ennemi de la Lumière, complice et chef des trois scélérats, la Tyrannie, la Superstition et la Propriété, qui assassinent l'Humanité, est, pour son châtiment, frappé de la lance, non pas au cœur. mais au nombril, foyer sublime de la vie.

Le Grand-Maître, à son tour, me montra le Baphomet, et je sus alors que la grossière statue appartenait au Rite.

— Cette image, me dit-il, figure le Palladium de nos Triangles.

Je ne pus réprimer une interruption :

— Entre nous, fis-je en souriant, ce Palladium-là n'est pas beau, certes !…

De nombreux rires de nos Sœurs soulignèrent mon observation ; les malheureuses supportent l'exhibition du monstre mis à la place d'honneur, mais au fond elles préféreraient quelque image plus agréable aux yeux.

Sophia pinça les lèvres.

Le Frère B* sans se déconcerter, reprit :

— En effet l'image du Palladium ne flatte pas le regard ; mais elle est un des précieux legs de saint Jacques Molay, elle appartient à nos traditions templières, et à ce titre elle nous est sacrée.

Là-dessus, il récita l'explication insérée dans le rituel par Albert Pike, explication tirée d'Éliphas Lévi. On sait aujourd'hui que M. Solutore Zola, transmettant à Pike ses recherches en matière d'occultisme et notamment celles concernant la magie d'Éliphas, travailla sans le vouloir à la constitution du Palladisme.

Le Chevalier d'Éloquence, appuyant sur la chanterelle, plaida d'une façon fort adroite les circonstances atténuantes pour la laideur du Baphomet. En moi-même, je me promettais d'entreprendre une campagne pour faire enlever de nos réunions cette horreur-là, que je trouvais plus ridicule encore qu'affreuse.

Après quoi, entre le Grand-Maître et la Grande Lieutenante, eut lieu la récitation du catéchisme de Maitresse Templière, fort amendé en mon honneur ; je l'ai compris plus tard, des ordres avaient été donnés pour me laisser ignorer les impudeurs du luciférianisme.

Il est nécessaire de rappeler la fin de ce catéchisme : c'est là que le nom de Lucifer est prononcé pour la première fois devant une Sœur de la parfaite initiation.

— Quel est le mot sacré des Maîtresses Templières ? demande le Grand-Maître.

— Le nom de l'éternel Père des humains, répond la Grande Lieutenante, le nom béni de Celui qui peut tout.

— Prononce ce nom béni.

— Très Puissant Commandeur Grand-Maître, m'entends-tu ?

— Nous sommes à l'abri des profanes ; je t'écoute.

— *Lucifer !*

— Ne trembles-tu point en prononçant ce nom ?

— Les méchants et les superstitieux tremblent ; mais l'âme d'une Maîtresse Templière ne connaît pas l'effroi. Saint, saint, saint, Lucifer ! Il est le seul Dieu adorable.

— Quel est te devoir d'une Maîtresse Templière ?

— Exécrer jésus, maudire Adonaï, et adorer Lucifer.

Le Grand-Maître donne la bénédiction palladique ; encore un emprunt au mage Éliphas Lévi. Après le signe de la croix des gnostiques, connu par d'autres révélations, il dit *Per benedictionem Luciferi, maledictus Adonaï adumbratur !*

Alors, ayant frappé un coup de maillet, il ajouta :

— Debout, d'abord, Frères et Sœurs ; nous allons invoquer et prier notre Dieu.

À un second coup, il se leva lui-même, ainsi que Sophia, et tous nous fléchîmes le genou gauche.

Sophia, solennellement, récita l'Oraison à Lucifer. Le fond de cette prière est antérieur au Palladisme. Elle est composée d'extraits de Proudhon, qui furent adaptés pour la première fois par La Jonquière à ta thèse du dualisme divin, et le docteur Bataille l'a donnée d'après un ancien rituel ; mais la voici telle qu'Albert Pike l'arrangea définitivement en conformité de la pure doctrine palladique. Je ne pense pas que Miss Liliana Pike aura l'audace de nier la rigoureuse authenticité de ce texte, puisque c'est elle-même qui l'a recopié sur le premier manuscrit de son père pour l'envoyer à Sophie Walder lors de l'installation du Triangle *Saint-Jacques* à Paris. Or, j'ai une photographie de cette copie de Miss Pike, entièrement de son écriture ; en cas de négation, je mettrai le document en projection lumineuse, à la conférence que je ferai à New-York, lors de ma manifestation publique ; et, comme je possède des lettres de Miss Pike, le public comparerait les écritures.

Voici donc le texte officiel de l'Oraison à Lucifer, telle qu'elle est prononcée dans les Grands et Parfaits Triangles :

« Viens, Lucifer, viens ! ô grand calomnié des prêtres et des rois ! Parais, ouvre-nous tes bras, presse-nous sur ta poitrine, réchauffe-nous aux flammes de ton divin cœur, il y a longtemps que nous te rendons l'hommage des justes et des libres ; il y a longtemps que nous t'adorons comme tu veux être adoré. Tu nous connais, ô Lucifer ! ô Dieu-Bon ! tu sais que nous te comprenons et que nous t'aimons. Si tu ne daignes paraître parmi nous, si nos imperfections t'affligent, pardonne à notre sincère repentir et sois présent dans une manifestation invisible. Que ton souffle purificateur passe sur nos visages ! que ta voix se fasse entendre à nos oreilles ! Tu ne commandes que pour le bien ; dis-nous ce que tu veux, et nous obéirons. Les superstitieux frémissent de terreur à ton nom ; ô Lucifer, ton nom, nous le murmurons avec amour. Le vulgaire ignorant ne croit pas tes œuvres belles et bonnes ; aie pitié des aveugles qui ne voient point que tes œuvres seules donnent un sens à l'univers et l'empêchent d'être absurde. Ô le béni de notre cœur ! ô père le plus aimant des pères ! ô mère la plus tendre des mères ! toi seul donnes la lumière et la vie ; toi seul élèves les âmes dans les régions sereines de la raison ; toi seul animes et fécondes le travail. Tu ennoblis la richesse, tu sers d'essence à l'autorité légitime ; tu mets le sceau à la vertu.

« Et toi, Adonaï, dieu maudit, retire-toi, nous te repoussons avec horreur ! Le premier devoir de l'homme intelligent et libre est de te chasser de son esprit et de sa conscience ; car tu es essentiellement hostile à notre nature, et nous ne relevons aucunement de ton autorité. Nous arrivons à la science malgré toi, au bien-être malgré toi, à la société malgré toi ; chacun de nos progrès est une victoire dans laquelle nous écrasons ta malfaisante divinité. Esprit menteur, dieu barbare et imbécile, ton règne touche à sa fin ; cherche parmi les bêtes d'autres victimes. Maintenant la lumière du Dieu-Bon nous illumine de ses splendeurs, et elle sonnera bientôt, l'heure où tu seras détrôné et brisé. Ton nom, si longtemps le dernier mot du savant, la sanction du juge, la force du prince, l'espoir du pauvre toujours trompé, le bouclier du mauvais riche oppresseur, eh bien, ce nom incommunicable, Adonaï, désormais voué au mépris et à l'anathème, sera conspué parmi les hommes ! car Adonaï, c'est sottise et lâcheté ; Adonaï, c'est hypocrisie et mensonge ; Adonaï, c'est tyrannie et misère ; Adonaï, c'est le mal… Tant que l'humanité s'inclinera devant ton autel, l'humanité esclave des rois et des prêtres, sera réprouvée ; tant qu'un homme, à ton nom exécrable, recevra le serment d'un autre homme, la société sera fondée sur le parjure, la paix et l'amour seront bannis d'entre les humains… Adonaï, retire-toi ! car aujourd'hui, guéris de ta crainte et devenus sages, nous jurons, la main élevée vers le ciel du Dieu-Bon, que tu n'es que l'éteignoir de notre raison, le spectre de notre âme et le bourreau de notre existence. »

Pour reproduire ici cette épouvantable Oraison du Néo-Manichéisme, à la fois prière et imprécation, il m'a fallu, je l'assure, relire les lettres de prélats et les articles de savants religieux, de prêtres ayant un renom indiscuté de sagesse et de compétence, tous éminents théologiens, qui me conjurent de ne pas m'émouvoir des attaques et me supplient de poursuivre mes révélations, et qui insistent en me déclarant que ces divulgations répondent absolument aux ordres donnés par Léon XIII dans ses documents publics. Mais cependant, si mes conseillers interprètent mal, si moi-même je me trompe, que la Congrégation du Saint-Office, dont le Pape est le Préfet, veuille bien juger le cas et publier son arrêt, disant que je fais fausse route : fille de Jésus-Christ par ma conversion, je proclame ma soumission au Saint-Siège ; un mot officiel de l'Autorité Suprême, et je cesserai à l'instant cette publication de mes *Mémoires*, y renonçant à jamais et me bornant exclusivement à me défendre dans ce qui touche ma personne et mon honneur !

L'oraison dite, sur le signal du Grand-Maître, poussant le cri de guerre : *Nekam, Adonaï !* chacun saisit le minuscule poignard-bijou suspendu au cordon et l'éleva en l'air, en répétant *Nekam, Adonaï ! Nekam !* (Vengeance contre toi, Adonai ! Vengeance !)

Deux coups de maiHet, ensuite, et toute l'assistance fut debout.

Alors, la Grande Experte Introductrice reçut des mains de Sophia un carton imprimé et me l'apporta, après m'avoir fait avancer à peu de distance du petit autel des serments.

— Aimable et Parfaite Sœur Chevalière Masanec, dit le Grand-Maître, nous avons eu grande joie à vous entendre dans l'épreuve orale qui a été un triomphe pour vous, à la gloire de notre Dieu ; nous ne saurions trop vous en témoigner notre satisfaction. De hautes destinées vous sont assurées, et c'est pour ce Grand Triangle un véritable honneur d'avoir à vous conférer le dernier grade de d'initiation palladique pour les dames, de vous créer et constituer Maîtresse Templière. En vérité, vous êtes depuis longtemps une parfaite luciférienne ; votre réception de ce jour est une simple formalité réglementaire, puisque vous êtes, nous le savons, sous la protection directe d'un des plus puissants esprits de l'armée du Ciel de Feu. Notre Seigneur Dieu, le Suprême Architecte des mondes, reçoit depuis longtemps vos hommages. Le serment, que notre rituel vous demande, vous le prononcez, sans doute, chaque jour, en des termes analogues à ceux de la formule qui vient de vous être remise. Il ne vous en coûtera donc rien de le répéter à haute voix devant cette auguste assemblée… Sœur Masanec, Digne et Parfaite Chevalière Élue, ratifiez-vous nos doctrines ? adhérez-vous irrévocablement aux pratiques liturgiques du Rite Palladique Réformé Nouveau ?

— Oui, Très puissant Grand-Maître, répondis-je.

— Veuillez, en conséquence, gravir les degrés de l'Asie et prêter votre obligation.

Je montai à l'estrade. On sait que le petit autel des serments est au milieu, un peu en avant des deux fauteuils présidentiels. Un Maître des Cérémonies prit, sur le grand autel du fond, un calice que je n'avais point aperçu encore, caché qu'il était derrière la place de la Grande-Maîtresse, et le remit à celle-ci. C'était un calice de messe catholique, tel que j'en avais vu aux vitrines des marchands d'ornements d'église. Je me demandais en moi-même ce que cet objet du culte romain venait faire là ; ceci commença à me paraître bizarre.

— Veuillez vous agenouiller, en fléchissant le genou gauche seulement, et tenez la main droite ouverte au-dessus de l'autel des serments, me dit à voix basse le Maître des Cérémonies.

— Permettez, un moment, fis-je de même ; ayez la bonté d'approcher un flambeau, je ne lis pas très bien la formule de l'obligation.

Sophia avait entendu.

— C'est, pourtant, imprimé en gros caractères, dit-elle au président B***, en se penchant vers lui.

Puis, plus haut, d'un air pincé, elle ajouta ; s'adressant au Maître des Cérémonies :

— Donnez donc un flambeau à la récipiendaire, puisqu'elle a de la peine à lire… Allons, faites vite !

Il était visible qu'elle s'agaçait, debout, avec le calice à la main.

Moi, je ne m'agenouillai pas. On approche donc le flambeau, emprunté à la table du Chevalier d'Éloquence. Je me disais : « Voyons d'abord ce que c'est que ce serment-là ; je vais savoir pourquoi ce calice de prêtre figure dans mon initiation. » Je parcours la formule ; je la lis et relis pour moi ; aucune allusion au calice.

— Voilà bien des façons, murmura Sophia au Grand-Maître.

Je lève mon regard sur elle, lui donnant clairement à comprendre que son observation peu courtoise ne m'a pas échappé. Nos regards se croisent. Elle se radoucit et me dit, à voix basse :

— Toute l'assemblée attend, chère Sœur ; on s'étonne que vous tardiez tant à vous décider.

À voix basse, aussi, je lui réponds :

— Pardon, chère Sœur ; rien n'est plus grave que la prestation d'un serment ; j'ai besoin de tout comprendre ce que je lis là.

— Alors, relisez encore, réplique-t-elle. C'est votre droit ; nous aurons patience.

Prenant bien mon temps, je relis pour la troisième fois la formule. Je la trouvais parfaite, mais c'est ce calice qui m'intriguait !… Enfin, l'idée me vient que, sitôt le serment prononcé, la Grande-Maîtresse me versera quelque liquide parfumé sur la tête ; quand on a la pratiqué de la Maçonnerie, on s'attend un peu à tout dans les cérémonies d'initiation.

Je mets donc le genou gauche en terre, j'étends la main droite sur le petit autel, et je prononce très haut le serment, de tout mon cœur :

À toi, Lucifer, je jure respect, amour, fidélité. À toi, Dieu-Bon, je jure de haïr jusqu'à ma mort le Mal. À toi, Esprit de Vérité, je jure d'abominer toujours le mensonge, l'hypocrisie, la superstition. À toi, Lumière Éternelle, je jure de combattre l'obscurantisme, dans cette lutte sainte, verser jusqu'à la dernière goutte de mon sang. À toi, Génie de la Liberté, je jure de m'employer par tous les moyens, quels qu'ils soient, à anéantir le despotisme des rois et la tyrannie des prêtres. Et maintenant, Lucifer, me voici à jamais ta fille. Je me voue à toi de corps et d'âme, je t'appartiens. Dispose de moi en ce monde, pour la gloire de ton saint nom. Accepte mon pieux hommage. Éclaire chaque jour plus vivement mon esprit, et fortifie mon cœur. Et quand sonnera ma dernière heure terrestre, tu me trouveras dans le calme et souriant à la pensée des folles terreurs inspirées par les imposteurs aux ignorants crédules, prête à entrer dans ton Ciel de Feu, séjour de la félicité sans fin, où les flammes divines vivifient et régénèrent. Ainsi soit-il.

Un tonnerre d'applaudissements salua mon *Amen* final.

Mais grande fut ma surprise en constatant que Mlle Walder ne répandait aucun liquide sur ma tête ; cependant, elle était toujours là, debout devant moi, tenant à la main son calice.

Le F▽ B*** me fit signe de me lever. J'obéis.

Sophia se rapprocha alors.

— Très Aimable et Parfaite Sœur, me dit-elle, le Très Puissant Commandeur Grand-Maître va vous consacrer Maîtresse Templière. Mais auparavant vous avez à accomplir un acte agréable à notre Dieu… Lorsque le traître Jésus déserta la cause de son père céleste et conclut sur le Mont-Thabor un pacte criminel avec Adonaï, celui-ci lui communiqua, — du moins Jésus s'en vanta-t-il, — le prétendu don des miracles. Pour nous, nous ne croyons qu'à ce que nous voyons, et notre raison se refuse à admettre que

Jésus ait eu, même en récompense de sa trahison, le pouvoir de bouleverser l'ordre naturel des choses. Or, les prêtres affirment que leur Christ a, par un phénomène merveilleux, permis qu'à leur volonté ce pain (je vis alors qu'une hostie était au fond du calice) soit changé en son corps, uni à l'âme d'Adonaï. Ce mystère grotesque a excité et excitera toujours la sage moquerie des philosophes.

J'interromps la citation pour une remarque. Sophia débitait là le texte du rituel ; mais elle parlait contre sa pensée, puisqu'elle croit à la présence réelle. Ce texte d'invitation au sacrilège est un monument de ruse infernale. Il a été composé en vue surtout de la récipiendaire qui a été élevée dans la foi catholique et qui s'en est détachée ; il s'agit donc de combattre, par un doute inclinant autant que possible vers la négation, le sentiment de respect qui pourrait se réveiller tout-à-coup en cette âme égarée ; mais, tout en la poussant à n'avoir aucune crainte, on veut que la nouvelle initiée ait néanmoins conscience d'un outrage au sacrement de l'Eucharistie. C'est pourquoi, par une perfide transition, l'allocution de la Grande-Maitresse continue ainsi :

— Mais admettons, pour un instant, la présence réelle du traître et de son père adoptif dans ce morceau de pain. Ainsi, par une providentielle absurdité, Adonaï et Jésus se seraient livrés à notre discrétion. Eh bien, soit que ce pain soit un symbole, soit qu'il contienne vraiment les ennemis de notre Dieu, nous avons le devoir de lui cracher notre mépris…

J'étais stupéfaite.

— Aimable et Parfaite Sœur, imitez-moi ; conclut Mlle Walder, crachant dans le calice.

Non, je ne m'attendais pas à cette conclusion !

Quoi ! c'était pour en arriver à cet acte de folie qu'on m'avait fait prononcer ce serment solennel, qui m'avait ravie d'allégresse !… En mon esprit il y avait conviction que l'affirmation de la présence réelle était un mensonge ; mais abominer le mensonge ne signifiait pas pour moi qu'il fallût se livrer à des voies de fait contre le néant. Il n'était pas possible que Lucifer demandât cela, le Dieu-Bon étant à mes yeux la suprême intelligence. Cette épreuve inattendue ne concordait à aucun degré avec l'éducation que j'avais reçue ; mon père ni mon oncle ne m'avaient enseigné la haine de l'Eucharistie… Je me disais donc que cette épreuve était quelque superfétation d'un palladiste mal équilibré de cervelle, quelque addition ridicule au véritable rituel du grade ; ayant en profonde vénération le grand et docte Albert Pike, je n'hésitai pas une seconde à penser que je me trouvais en présence de novateurs maladroits et stupides.

— Imitez-moi donc ! répéta Sophia ; crachez sur le pain maudit !

— Non, répondis-je, en haussant les épaules.

Je vivrais cent ans, que je n'oublierais jamais le cri de stupeur qui éclata dans la salle.

Il y eut un « oh ! » formidable, poussé avec ensemble par toutes les voix.

— Qu'est-ce que cela signifie ? ajoutèrent quelques Frères ; — et plusieurs principalement les Officiers du Triangle, quittant leur place, montèrent avec précipitation à l'estrade, m'entourant et me regardant avec des yeux ahuris. Le président, agitant les mains, faisait appel au calme ; le premier tumulte, en effet, s'apaisa bientôt.

Mlle Walder, ayant posé son calice sur l'autel des serments, s'était reculée brusquement d'un pas, et, les bras tombant, les mains jointes et croisées à la renverse, murmurait :

— Est-ce possible ?…

Moi, je levais les yeux au plafond, me disant dans mon for intérieur :

— J'aurais mieux fait de refuser l'initiation à Paris. Me voici bien punie de ma vanité ; quelle faute j'ai commise-là, de ne pas attendre pour ce grade mon retour parmi mes bons amis de Louisville !… Je suis tombée dans un Triangle de fous !…

Puis, je me retournai pour passer en revue, lentement, dans un coup d'œil circulaire, ces Frères et ces Sœurs, et j'écartai avec douceur ceux qui s'approchaient de trop près. Il y en avait qui fronçaient le sourcil ; d'autres restaient plantés là, bouche bée, comme pétrifiés ; je remarquai que quelques femmes étaient saisies d'émotion, mais avec une expression étonnée qui n'avait rien d'antipathique, une larme même perlant à la paupière de plusieurs ; par contre, cinq ou six Sœurs étaient sombres, comme Sophia dont la physionomie avait passé de la stupeur à une sourde irritation.

— Ah ! mon Dieu, pensai-je, ce n'est pas ton Ciel de Feu qu'il leur faut pour l'instant… Puissent de cette voûte pleuvoir de bienfaisantes douches !…

Le F B*** s'était remis ; il crut devoir prier Sophia d'insister.

— Très Chère Grande-Maîtresse, fit-il, la récipiendaire s'imagine peut-être que l'épreuve consiste uniquement dans l'offre de vous imiter, afin de connaître son opinion, et elle pense, je suppose, que nous allons passer outre. Veuillez lui expliquer que l'acte de mépris auquel vous l'avez conviée est obligatoire pour sa consécration définitive, même si elle le juge inutile, c'est-à-dire si elle ne croit pas à l'Eucharistie adonaïte.

— En effet, Chevalière Masanec, me dit alors Sophia, le mépris, non seulement par la pensée, mais encore par le fait, est une règle du Rite ; vous ne pouvez en être dispensée. Cette hostie est adorée par nos adversaires ; elle a reçu la maléficiante consécration de leurs prêtres… Allons ! pourquoi refuseriez-vous de cracher sur ce qui est le plus cher aux superstitieux, sur cette hostie qui est pour eux la chose sacrée par excellence, leur divinité même, pain plus précieux à leur cœur que toutes leurs médailles maudites et tous leurs talismans ?… Si vous persistez dans votre refus, nous ne pourrons, à notre grand regret, vous constituer

Maîtresse Templière… Et je dois vous dire qu'après le mépris nous manifestons la haine ; car on ne saurait trop faire acte d'hostilité contre le Mal, le Dieu-Mauvais que les adonaïtes affirment être vivant sous ces espèces et apparences… Une autre hostie vous sera présentée tout à l'heure, et vous aurez à la percer avec le poignard des saintes vengeances !…

La folie est donc rage chez ces malheureux ? voilà quelle fût ma pensée en entendant ces mots. Vraiment, je les prenais en pitié.

— Mes bons amis, répondis-je, je vois avec chagrin que nous ne pouvons nous entendre…

Sophia frappa du pied, irritée de plus en plus.

— Laissons-la s'expliquer, déclara le Grand-Maître.

Alors, très posément, je leur dis :

— Non, je ne crois pas, je n'ai jamais cru qu'Adonaï ni son Christ soient présents dans le pain que les prêtres de la superstition consacrent selon leur liturgie. Ce que mon père m'a enseigné, c'est ceci : le banquet eucharistique a été institué, par les premiers chrétiens, pour commémorer la cène où Jésus fit ses adieux à ses douze apôtres ; la communion est donc un symbole ; plus tard, les prêtres imaginèrent d'interpréter comme vous savez les paroles du Christ partageant son pain avec les douze, et ils s'attribuèrent le prétendu pouvoir de changer le pain en corps et âme de leur Dieu. Par ce sacrement, ils dominent tyranniquement les consciences des fanatiques trompés.

C'est là le comble de l'habileté dans le domaine de la superstition ; mais c'est aussi la plus audacieuse des impostures. L'homme qui croit à un tel pouvoir de son prêtre accepte tout ce que lui commande ce prêtre… Ma croyance, à moi, je vous la répète ; je la proclame ici, parce qu'elle est l'expression de la vérité. Oui, Lucifer est dieu, et voilà trop de siècles qu'il est méconnu et calomnié ! Lui, le vrai père des hommes, il aime les hommes d'un amour infini ; car, en même temps que la suprême intelligence, il est la souveraine bonté. Par antithèse, — et l'histoire du monde nous l'apprend et nous le prouve, — Adonaï, le dieu adoré par les catholiques romains, est la suprême méchanceté, le dieu barbare, l'ennemi des hommes, qu'il accable de fléaux. C'est lui, et non Lucifer, qui a, dans un jour de rage, ouvert les cataractes du ciel pour noyer l'espèce humaine, à l'exception d'une famille. Il voulait aussi éteindre la race de Caïn, fidèle à Lucifer, et il n'y réussit pas ; car l'*Apadno* enseigne que Chanaan fut fils, non de Cham, race de Seth, mais de Sabatha, race de Caïn, enfant d'Éva et du Dieu-Bon lui-même. C'est Adonaï qui est le père de la mort ; c'est lui qui, par ses maléakhs, déchaîne sur le monde les pestes, les famines, les maladies, et qui fait ainsi souffrir l'humanité de mille maux, dans sa fureur de ne la pouvoir anéantir. Je méprise donc et je hais Adonaï ; je méprise et je hais Jésus, qui, reniant son céleste ancêtre Baal-Zéboub, a trahi la sainte mission dont il fut chargé ; et je suis fière de n'avoir jamais eu une pensée de doute sur la divinité de Notre Seigneur Lucifer, et tout mon cœur et toute mon âme sont à lui, et je me suis vouée à lui avec bonheur, et tout mon être a tressailli d'une indicible joie, quand tout à l'heure, devant vous, j'ai renouvelé solennellement ce vœu !… Mais, si mon mépris et ma haine sont pour Adonaï et son Christ, ce mépris et cette haine ne s'adressent pas, ne sauraient s'adresser à ce morceau de pain que vous me présentez. Le Dieu d'intelligence n'ordonne pas à ses fidèles des actes de folie. Non, mes très chers Frères, non, mes très chères Sœurs, je ne me livrerai pas à ces voies de fait, absurdes, ridicules, et hautement, en mon âme et conscience, je les déclare indignes de mon Dieu !… Qu'on le sache bien : je ne suis point une folle. Le Très Puissant Grand-Maître vient de me dire que l'épreuve n'a pas pour but unique de connaître l'opinion de la récipiendaire, mais qu'il est de règle d'accomplir réellement les prescriptions de la Grande-Maîtresse concernant ce morceau de pain. Non, je ne ferai pas, cela ; il est inutile d'insister… Ah ! qu'après ma mort mon Dieu m'accorde la grâce, dans une bataille céleste, de me mettre face à face avec le Traître abhorré ! que je puisse, esprit contre esprit, le combattre en tête à tête ! oh ! je sens que ce serait pour moi, cette lutte, la plus divine allégresse du paradis !… Réservons-nous donc pour les terribles guerres de l'au delà. Ici, sur cette terre, affranchissons les hommes de la domination des prêtres ; mais, le pain étant pain en dépit des mensonges de la caste sacerdotale, ne guerroyons pas contre une matière inerte. Soyons les êtres intelligents à qui Lucifer, père de la vie, a donné la raison ; ne compromettons pas notre apostolat sacré par des insanités, par des œuvres d'extravagance, par des pratiques d'aberration. J'ai dit.

Personne ne m'avait interrompue.

Tandis que je parlais, Sophia, fiévreuse, agitée, se mordillait les lèvres. Le président était blême. Mon langage était nouveau pour eux tous, parait-il ; un long silence suivit mon discours, tant on était stupéfait.

Sans prononcer un mot, mais me lançant un regard irrité en passant près de moi, Mlle Walder descendit vivement de l'estrade, alla à un brasier qui se trouvait sur un trépied auprès du Maître des Cérémonies, et dans les flammes elle jeta l'hostie.

Puis, d'une voix étranglée, elle cria :

— Jamais ce Triangle n'eut un tel scandale !… Frères et Sœurs, la réception de la Chevalière Masanec est ajournée… Priez Notre Seigneur de détourner de cet orient sa divine colère !…

Je saluai le F▽ B*** et descendis à mon tour.

Tout le monde s'écarta sur mon passage.

— Bonsoir ! fis-je, en me retournant vers ces folles et ces fous, quand je fus parvenue à l'Europe.

Et je sortis.

Le lendemain, je reçus plusieurs visites. Il en est une, dont j'espère pouvoir parler bientôt.

Je compris alors le sens des mots qu'on m'avait soulignés sur la poésie soumise à ma lecture dans le cabinet des réflexions. « Sans craindre l'épreuve, le vrai Maçon frappe les faux dieux. » Toutefois, cette poésie contribua à me donner à penser que les pratiques dont je venais d'apprendre l'existence et qui avaient ma réprobation n'étaient en usage que dans les Triangles français.

Le lecteur me pardonnera d'avoir reproduit l'opinion que j'avais alors. Il sait à quelle monstrueuse erreur j'étais en proie. Ma haine du vrai Dieu ôte donc tout mérite à mon refus de commettre un sacrilège. Que cet aveu public de ma honte soit mon humiliation réparatrice ; car le langage que je tins contre le sacerdoce même des ministres de Jésus-Christ fut vraiment honteux, coupable, criminel. Je ne me consolerai jamais d'avoir eu l'âme si enténébrée et si méchante.

Avant de raconter les suites de cette célèbre séance du 25 mars 1885, j'ai le devoir d'apporter une rectification au récit du Dr Bataille. Il a été dit, d'après une légende fort accréditée, que, dans le temps qui suivit mon départ de France, le président B*** eut tout-à-coup la tête complètement retournée du côté du dos, et que je dus revenir d'Amérique pour la lui remettre en place. Le grand-maitre du Triangle *Saint-Jacques* eut, en réalité, une maladie qui l'obligea à garder la chambre ; mais je ne fus pour rien dans sa guérison. C'est lui-même qui a été cause de la légende de la tête à l'envers, par une lettre contre moi, adressée au F▽ Eaton, de New-York, bien connu par les théories sociniennes outrées qu'il ne craint pas de professer ouvertement ; le grand-maître B*** eut le tort d'écrire sa lettre en anglais, langue qu'il ne connaissait que très peu, et il dut l'écrire en se servant maladroitement du dictionnaire. Or, comme il y disait que, pendant plus de vingt jours, il avait eu « la tête à l'envers » à cause de moi, il avait traduit dans le sens physique en anglais ce qui était au figuré dans la langue française. Longtemps après, une dame unitarienne, qui est une amie du F▽ Eaton, me raconta ce que celui-ci croyait ingénument ; j'en ris beaucoup. Mais cette dame, au lieu de détromper le F▽ Eaton, lui rapporta, la malicieuse, ma réponse, en jouant aussi du sens physique pour le figuré. J'avais répondu : « Oui, il a eu la tête à l'envers, à cause de moi ; mais je la lui ai remise en place à mon premier voyage à Paris », par allusion à une visite que je fis au F▽ B***, pour avoir l'occasion de lui dire en face quatre vérités. Et le bon Eaton narra dès lors à tous ses amis sociniens des Triangles la prétendue mésaventure du président des *Saint-Jacques*, en y ajoutant un grand éloge de ma magnanimité. C'est cet écho qui fut recueilli par le Dr Bataille. On pense si je m'amusai quand je vis imprimé ce quiproquo, dont les palladistes parisiens durent être renversés, mais qu'ils ne purent démentir ; car comment démentir, sans donner leurs noms, sans avouer le grave fait du 25 mars et ses conséquences ?…

Si je n'avais pas à cœur de faire connaître la vérité, je laisserais croire à cet épisode et en tirerais vanité. Avant ma conversion, il était malaisé de rectifier ; cela m'eut entraînée à des explications sur des faits que je considérais comme devant être tenus secrets. Aussi, en ce qui concerne ce temps, je me bornai à rectifier des dates, dans la lettre que j'écrivis au docteur Bataille et qu'il publia ; mais j'eus soin d'y faire des réserves. Aujourd'hui, je puis parler.

D'ailleurs, si j'ai des rectifications à apporter, j'aurai lieu de confirmer, d'autre part, de nombreux faits, et non des moins importants.

Quant aux ignorants du surnaturel diabolique, qui ont critiqué parce que les tours du « grappin » paraissent invraisemblables en raison de leur caractère burlesque poussé à l'outrance, leur opinion sceptique fait sourire de pitié les théologiens érudits, les hommes qui à une foi solide joignent une connaissance approfondie de cette grave question du merveilleux.

Rien n'est moins extraordinaire que ce fait de la tête du grand-maître B. retournée à l'envers par un démon. Un de mes abonnés a bien voulu me signaler un cas semblable, dont les deux Eugène de l'*Univers* peuvent rire entre eux, mais qui n'en est pas moins un fait absolument authentique.

Dans la *Vie du Père Jérôme d'Estienne*, religieux éminent par ses vertus et sa piété, de l'ordre des Minimes, ayant vécu en Provence au XVIIe siècle, — ouvrage écrit par le R. P. Pierre de Rians, du même ordre, et imprimé à Aix avec l'approbation du P. général, du P. provincial et de trois théologiens de l'ordre (Aix, imprimeur Beau-Audibert, 1714-1715), — on lit, en effet, l'épisode suivant : « En 1697, le P. Toussaint Pasturel était local à Tretz. Il y fut témoin du fait de persécution diabolique au P. Jérôme d'Estienne, qu'il raconte ainsi : en cette année 1697, le P. d'Estienne fut envoyé au couvent de Tretz pour le gouverner en qualité de supérieur. Dès qu'il y fut arrivé, il alla à l'église rendre ses hommages à N.-S. Jésus-Christ ; c'était là sa coutume ; car, disait-il, lorsque l'on entre dans une maison, on doit aller d'abord en saluer le maître. Après quoi, il monta à la chambre qu'on lui avait préparée et demanda qu'on lui apportât de l'eau bénite. J'allai dans l'instant lui remplir un bénitier. Le P. d'Estienne en voulut une plus grande quantité. Laquelle lui ayant été apportée, il y trempa ses deux mains et les appliqua sur son visage. Le démon, ne pouvant souffrir cette pieuse pratique, le lui tourna tellement que ses yeux, sa bouche, le nez et tout le devant du visage parurent sur le derrière de la tête. Jamais homme, me dit le P. Pasturel, ne fut plus effrayé que moi, lorsque le vis ce terrible spectacle. »

M. Tavernier dira peut-être que ces choses-là n'arrivent qu'en Provence et se croira très spirituel. Laissons. Un auteur, préoccupé de mentir, s'appuierait sur le cas du P. d'Estienne pour maintenir la fausse légende de la tête retournée du grand-maître B… ; mais ces pages sont écrites par une convertie sincère. Donc : la vérité avant tout.

(La suite au prochain numéro.)

MA MANIFESTATION PUBLIQUE

Les quelques irréductibles de la presse, qui ont l'impayable Pacelli pour prophète, font semblant de croire et répètent à leurs lecteurs que j'ai subordonné et que je subordonne *la manifestation de la vérité sur mon cas* à l'obligation absolue de rendre d'abord justice à un homme attaqué à cause de moi. Je répète donc, à mon tour, ce que j'ai purement et simplement demandé : confrontation de M. Taxil avec ses ennemis catholiques pour les deux accusations qui sont d'un examen des plus rapides, *quinze jours au maximum* : exécution publique de M. Taxil par l'autorité compétente, s'il est coupable ; excuses publiques de ses calomniateurs, s'il est innocent. Et j'ai eu soin d'ajouter que, *dans n'importe quel cas*, je ferai ma manifestation publique. La Commission Pacelli, ne voulant pas accorder cela et n'ayant pas la franchise de le refuser nettement, a préféré sa dissolution et l'aveu de son incapacité. J'ai donc conseillé à M. Taxil de soumettre à l'Officialité du diocèse de Paris ces deux questions si faciles à régler ; il m'assure que sa requête sera déposée cette semaine. De mon côté, je fixe ma manifestation publique *à la semaine de Pâques*. Il est, par conséquent, bien certain que les juges ecclésiastiques à qui M. Taxil fait appel auront tout le temps nécessaire pour constater et *dire* s'il a été accusé par des dénonciateurs loyaux et véridiques ou s'il a eu le public outrage de haineux calomniateurs. Et ma manifestation publique se fera, *même si l'autorité diocésaine répond à M. Taxil par une fin de non-recevoir* ; ce que je refuse de croire. D'autre part, je pourrai ainsi prendre toutes mes dispositions ; et d'abord je remercie de plein cœur les deux Eugène de l'*Univers*, les Roussel de la *Vérité* (de Paris), Cardauns de la *Volkszeitung* de Cologne, Ciardi de l'*Unità Cattolica* de Florence, Kohler du *Vaterland* de Vienne, et tous les autres hannetons dont le tapage insensé vaudra à ma manifestation un éclat superbe et à ma personne une merveilleuse sécurité. Comment voulez-vous que les Palladistes me fassent assassiner après un si beau vacarme ?…

Or, ces aimables tapageurs ne pourront pas dire qu'on a négligé de les mettre en mesure de faire l'amende honorable qui les aurait préservés de l'avalanche du ridicule. Dans son numéro du 12 février, M. le chanoine Mustel s'adressait « à l'honneur, à la conscience, à l'esprit de justice de M. Eugène Veuillot lui-même. » Et il ajoutait : « Qu'il veuille bien se faire la peine, — elle sera petite, et, après tout, il ne fera, en prenant cette peine, que remplir un devoir, — de vérifier ces deux accusations : la Diana de Villefranche, et la vente des livres impies de M. Taxil. Pour la première, nous croyons pouvoir lui promettre d'aider ses recherches. Pour la seconde, nous, nous engageons à payer à raison de dix francs le volume, si petit qu'il soit, jusqu'à concurrence de dix volumes, tout livre impie ayant pour auteur M. Léo Taxil et remis en vente soit par sa femme, soit par toute autre personne, avec sa connivence ou son autorisation, même tacite.

Aussitôt cette proposition publiée, M. Taxil écrivait à M. le chanoine Mustel cette lettre, qu'il est utile de reproduire après la *Revue Catholique* de Coutances, du 19 février :

« Mon cher Monsieur le Chanoine,

« Comme complément à ce que vous dites dans votre dernier numéro (page 155, lignes 9 à 12), je vous prie de vouloir bien publier la déclaration que voici :

« Non seulement mes anciens ouvrages contre la religion, que j'ai publiquement rétractés, n'ont jamais été réimprimés avec mon consentement ; — mais encore je suis convaincu qu'aucune réimpression clandestine, c'est-à-dire effectuée contre mon gré, n'a été faite, attendu que, dans le monde de la librairie, on sait bien que je n'aurais pas épargné les contrefacteurs.

« En 1890, un éditeur de la rue Saint-Benoît, à Paris, M. Simon, crut pouvoir se permettre de réimprimer un roman anticlérical intitulé : *Par la grâce du Saint-Esprit*, écrit en collaboration avec M. Fernand Laffont, dont il avait eu l'autorisation. Dès que j'en fus avisé, je fis sommation à l'éditeur d'avoir à mettre sa marchandise au pilon, et il s'exécuta immédiatement ; car j'avais eu soin d'acheter la part de propriété de mon collaborateur. Voilà un fait des plus probants, n'est-ce pas ?

« En voici un autre, plus probant encore : — Au lendemain même de ma conversion, MM. Firmin et Cabirou, imprimeurs à Montpellier, se trouvaient avoir exécuté depuis quelques semaines, pour le compte de la Librairie Anticléricale, un important tirage d'un autre roman impie écrit en collaboration avec M. Jules Fréval et intitulé *Tous Tartufes !* Les feuilles tirées, qui allaient être brochées, formaient un total de mille kilogs, si j'ai bonne mémoire. Or, j'étais alors créancier de MM. Firmin et Cabirou pour une somme de 3.000 francs, dans le compte courant que j'avais avec ces messieurs. Pour empêcher la mise en vente des mauvais livres, je fis l'achat de tout le stock contre l'abandon de ma créance, et ces mille kilogs de marchandise anticléricale furent mis au pilon. Le fait doit être à la connaissance de Mgr l'Évêque de Montpellier, à qui je vous prie d'envoyer le numéro de votre *Revue* contenant ma présente lettre.

« Si M. Eugène Veuillot ou n'importe qui peut produire quelque exemplaire de mes anciens livres impies, imprimé depuis ma rétractation (23 juillet 1885), je lui en offre, moi, **mille francs par ouvrage**, qu'il s'agisse d'un volume ou d'une simple brochure. Seulement, vous pouvez en être sûr, ce nouveau défi ne sera pas relevé ; car, à l'*Univers*, on sait parfaitement à quoi s'en tenir.

« Veuillez agréer, mon cher monsieur le Chanoine, l'expression de mes sentiments bien respectueux et dévoués.

« Léo Taxil.

»

Voilà qui est bien net. Les maladroits fielleux de la rue Cassette sont mis au défi. Ils n'apporteront aucun de ces volumes ou brochures qu'ils affirment réimprimés. Dans leur sotte haine aveugle, ils n'ont même pas pensé à se tenir le simple raisonnement que voici : « Si M. Taxil est l'extraordinaire mystificateur, que nous croyons, il est impossible de le supposer assez niais pour fournir une telle arme contre lui ; mais s'il a commis ces actes de duplicité si aisés à constater, il est le dernier des imbéciles, et alors comment aurait-il pu mystifier pendant douze ans le monde entier ? » Pas moyen de sortir de là, pourtant, ô suave Eugène Veuillot !… Allons, l'oncle et le neveu, apportez les volumes et brochures devant l'Officialité de Paris ! ou bien, présentez, en tête de vos colonnes, vos humbles excuses, pour avoir menti sciemment !…

Ils n'apporteront rien, dis-je, et ils ne s'excuseront pas.

Donc : *au lundi de Pâques*, 19 avril, à Paris. L'oncle et le neveu, vous serez convoqués, non seulement par lettre, mais aussi par voie d'affiches. Vous viendrez, devant un public de journalistes, répéter que vous avez acquis, par les confidences de Moïse Lid-Nazareth, votre digne ami, la conviction que Miss Diana Vaughan n'existe pas. Et si le prophète Pacelli veut prendre part à la petite fête, qu'il ne se prive pas de ce plaisir ; je m'engage à lui rembourser ses frais de voyage.

Le signor Pacelli entre les deux Eugène, quel délicieux tableau pour l'assistance !...

Ma première manifestation publique aura lieu devant les représentants de la presse. Des cartes seront envoyées aux principaux journaux d'Europe et des États-Unis, assez à temps pour qu'ils puissent aviser leurs correspondants parisiens, sans distinction d'opinions politiques ou religieuses. Conférence avec projections : des documents fort intéressants passeront sous les yeux du public. Si le signor Pacelli ne peut venir, je le supplie de m'envoyer sa photographie. Pietro, je vous en conjure, ne me la refusez pas ! car vous méritez que je montre en projections votre intelligente tête dans les principales villes d'Europe et des États-Unis.

À Washington, j'aurai le plaisir de renouveler connaissance avec Miss Liliana Pike.

Dans le prochain fascicule, je publierai mon itinéraire.

D. V.

La première conférence de Mies Diana Vaughan à Paris, 19 avril, aura lieu le soir, dans la grande salle de la Société de Géographie, 184, boulevard Saint-Germain.

AMITIÉ-ESPÉRANCE. — Je prie instamment mes amis du Kentucky de ne pas s'émouvoir des articles du *Courrier-Journal* de Louisville. Qu'ils ne croient pas que j'ai inspiré ces articles ; j'y suis absolument étrangère.

Je viendrai à Louisville non en ennemie, mis en messagère de paix ; car la vérité en Jésus est la grande paix des âmes. Oui, il est vrai que le Triangle *The Eleven-Seven*, fondé par mon père, a pris une énorme extension, en constituant d'autres Triangles qui vivent de son erreur et lui obéissent avec un aveuglement désastreux ; il n'est que trop vrai, hélas ! que les Palladistes sont à Louisville au nombre de près de trois mille actuellement. Mais les témoignages d'amitié qui m'ont été donnés jusqu'en ces derniers temps me donnent le plus grand espoir.

Amis, je viendrai, et vous me recevrez toujours avec amitié, je le sais. Nos cœurs sont unis par des liens que mon changement d'opinion religieuse n'a pas brisés. Je veux votre conversion, parce que je vous aime ; je souffre de votre erreur, l'ayant partagée. Dieu aidant, je vous arracherai au pouvoir de l'Archange déchu ; car c'est lui, c'est le diable que nous avons adoré.

Oui, il est de mon devoir de revenir parmi vous, qui me connaissez et me savez incapable de déloyauté. Il faut que je vous dise publiquement, à Louisville même, la vérité telle que je la possède enfin, *la vérité vraie*, lumière bénie dont le foyer est le Cœur du divin jésus, tout embrasé d'amour. Je veux vous conquérir au Roi des rois, briser les chaînes dont vous êtes chargés. Douce mission ! saint apostolat !

Vous viendrez me voir et m'entendre, amis et amies. Je vous donne rendez-vous en cette ville, aux souvenirs bien chers pour moi. Que le Kentucky devienne, dans l'Union, la forteresse de la foi catholique, et je mourrai heureuse.

Saints religieux de Gethsémani, priez pour moi.

D. V.

CHAPITRE IV

La Bisaïeule de l'Anti-Christ

(Suite)

———

Le cinquième chapitre de ces Mémoires donnera les suites de la séance du 25 mars 1885 ; car, dès lors, commença ma vie active dans la Haute-Maçonnerie. En attendant, il me faut en terminer avec ce qui concerne personnellement la malheureuse Sophie Walder dans son rôle occulte, tout spécial, de bisaïeule de l'Anti-Christ.

Nous avons vu comment Sophia a été élevée ; je l'ai suffisamment montrée à l'œuvre, enivrée de l'encens des Palladistes, se maintenant dans cette idée diabolique, que l'honneur lui fut réservé par Satan de donner le jour à la fille dont il est question aux versets 8 à 11 du chapitre de l'Anti-Christ dans le Livre *Apadno*.

« 8. Passeront trente-trois ans. Alors la fille qui sera sagesse (*c'est-à-dire une Sophia*) enfantera, non des œuvres d'un homme, mais d'un esprit de lumière, une fille dont aucun mortel ne pourra lire le nom.

« 9. Et le père de cette fille sera le Léopard aux ailes de griffon, qui commande soixante-dix légions (*c'est-à-dire le daimon Bitru*).

« 10. Passeront trente-trois ans encore. Alors la fille du Léopard enfantera, des œuvres d'un esprit de lumière, une fille dont le nom sera lu par les seuls élus de Baal-Zéboub et d'Astarté (*c'est-à-dire les Mages Élus et les Maîtresses Templières Souveraines*).

« 11. Et le père de cette fille sera le, Roi qui a pour visage une étoile et qui commande trente légions (*c'est-à-dire le daimon Décarabia*). »

Il est aujourd'hui bien connu, de toutes les personnes qui ont étudié l'occultisme, que la tradition des Lucifériens place au 29 septembre 1896 la naissance de la fille de Sophia. Les journalistes adversaires, dénaturant ce que j'écris, m'ont fait un grief d'avoir reproduit, dans mon volume sur Crispi, la relation de la tenue de grand-rite du *Lotus des Victoires*, 18 octobre 1883, à Rome, document palladique où se trouve annoncée cette naissance, sous forme de prophétie par Bitru en personne. Il était, pourtant, de mon devoir de faire connaître ce document, de dire comment les satanistes romains racontent ce fait. Par hardi mensonge, on donne à croire au public catholique que je me suis inscrite formellement en garantie d'une telle manifestation de l'esprit du mal. Cependant, j'ai fort bien déclaré que je n'étais pas présente ; je rapporte ce que les Palladistes affirment, rien de plus. Le document exige, puisque j'en possède la photographie, et il n'a été nié par aucun des Mages Élus signataires qui vivent encore et sont des personnages de grande notoriété. Cette manifestation diabolique est-elle possible ? quel catholique soutiendrait le contraire ? et, de ce que je crois à la dite apparition de Bitru, pourquoi conclure que, convertie aujourd'hui, je persiste à croire à la réalisation des prophéties du démon ? Voilà ce qui est mauvaise foi, de la part des adversaires ; car j'ai répété, à maintes reprises, que je considère maintenant les esprits infernaux comme d'effrontés menteurs. Et si cette apparition n'a même pas eu lieu, il n'en reste pas moins vrai que, de 1883 à 1896, sa légende a été colportée dans les Parfaits Triangles, afin de rehausser l'importance de M. Sophie Walder en tant que grande-prêtresse du Palladisme.

Le R. P. Portalié a traité d'apocryphe le document que j'ai produit. Lemmi, Bertani, Crispi, Ettore Ferrari, Bovio, Maiocchi, Basilari ne niaient pas ; c'est ce religieux qui s'est chargé de nier à leur place. Selon lui, le document a été fabriqué par un faussaire français ; le diable n'ignore pas le latin, dit-il. Le prétendu faussaire français « a oublié la règle *Ludovicus rex* et écrit *me Sophia* »

M. Tardivel a fait justice de cette critique.

« Le Père Portalié, a-t-il répondu, est tellement aveuglé par le parti-pris, qu'il n'a pas su lire le document qu'il prétend examiner en critique impartial. Car c'est à un véritable aveuglement, et non point au désir de tromper ses lecteurs, qu'il faut sans doute attribuer la falsification de texte qui se trouve dans le passage qu'on vient de lire.

« Pour convaincre le diable Bitru d'ignorance, pour multiplier les fautes grossières dont il aurait émaillé son style, le Père Portalié invoque la règle *Ludovicus rex* et déclare qu'on lit *me Sophia*. Or, cela est faux, pour appeler les choses par leur vrai nom. »

Et M. Tardivel reproduit, fidèlement, lui, le passage du document en question, dont le fac-similé photogravé se trouve à la page 317 de mon volume sur Crispi. Et voici ce que réellement on lit :

« *Præpotens ille Sanctusque Bitru, adstantibus bic infra scriptis FF∴ necnon unoquoque eorum Mago Electo, pronuntiavit ME, Sophia-Sapho nomine, a Nostro Divino Magistro Summoque Domino, Deo Optimo Maximo, Extelso Excelsiore, proprie DESIGNATAM incarnait Anti-Christi PROAVIAM.* »

Et M. Tardivel ajoute :

« Voilà ce qu'on lit vraiment dans le document. Dans cette phrase, il n'y a pas plus lieu d'appliquer la règle *Ludovicus rex* que la règle *parum vinti*, attendra que *Sophia-Sapho nomine* est un ablatif ; c'est une phrase incidente, détachée par deux virgules de la phrase principale, et le tout ne pèche nullement contre les règles de la grammaire latine.

« Le Père Portalié supprime la première virgule et tronque la phrase incidente ! »

Dans la dictée de Bitru, le révérend jésuite trouve une autre faute, et celle-ci en serait vraiment une : *oriunda est*, au lieu de *oritura est*.

« Mais, fait observer M. Tardivel, la théologie nous enseigne-t-elle que les démons doivent nécessairement et toujours respecter les règles de la grammaire ? Nous avons posé cette question à un théologien éminent, et il a éclaté de rire. Les diables, nous a-t-il dit, ne sont pas des académiciens, et ils peuvent très bien commettre des erreurs de langue, comme ils peuvent tomber dans des erreurs de tout genre. »

J'ajoute : si l'on adoptait la théorie du R. P. Portalié, il faudrait aller très loin, et l'on aboutirait bien vite aux conclusions des sceptiques qui déclarent que les exorcisations ne sont que des comédies. Qu'une possédée, interrogée en latin ou en grec par un exorciste, réponde en mauvais latin ou en mauvais grec, commette des fautes contre la syntaxe ; et ils sont nombreux les procès-verbaux d'exorcismes où le diable ne se montre pas académicien (un de mes abonnés m'a offert d'éplucher quelques-uns de ceux qui ont été publiés) ; faudra-t-il dire qu'il y a eu supercherie, lors même que le procès-verbal d'exorcisme constate l'expulsion finale du démon ?

Le R. P. Portalié s'est donc tout à fait écarté de la question. Bien mieux, dans le cas qui nous occupe ici, il ne s'agit même pas de savoir si Bitru s'est réellement manifesté le 18 octobre 1883 à Rome, pour proclamer que Mlle Walder mettrait au monde, le 29 septembre 1896, une fille qui serait la grand'mère de l'Anti-Christ ; il s'agit d'examiner si les Palladistes n'ont pas employé tous les moyens pour accréditer cette légende apadnique. Or, l'existence de la légende est indiscutable, malgré la volte-face de Bataille et de Margiotta. En outre, ce qui a été divulgué, nonobstant les négations de Findel et les moqueries de la *Koëlniscbe Volkzeitung,* s'est réalisé.

Ici encore, que l'on ne me fasse point dire ce que je ne dis pas. Je n'enseigne en aucune façon que l'accouchement annoncé dans les Parfaits Triangles a réellement eu lieu. Vrai ou simulé, peu importe. Le fait exact est celui-ci : depuis le 29 septembre 1896, le Palladisme élève un enfant du sexe féminin, que l'on affirme avoir reçu le jour à Jérusalem, que l'on affirme être l'enfant de Sophia-Sapho.

Or, longtemps avant la campagne de presse contre les révélations sur le Palladisme, et, par conséquent, antérieurement à la prétendue réalisation de la prophétie diabolique, j'ai été interrogée sur ce que je pouvais savoir à ce sujet ; plusieurs personnes pourraient attester ce que je répondis. En outre, dès 1895, mes amis ont révélé la mission remplie par un groupe de hauts-maçons américains, venus en cette année-là à Jérusalem dans le but de s'entendre avec les Palladistes de Terre-Sainte au sujet de l'important événement ; ces FF ▽ américains se firent photographier en groupe, mêlés à plusieurs maçons de Jérusalem, notamment l'hôtelier Howard, vénérable d'une Loge de cette ville, et la photographie fut prise à dessein en un des endroits désignés pour célébrer la venue de Mlle Walder. Toujours à l'affût de documents et avec cette habileté qu'il faut bien lui reconnaître et dont la secte enrage, M. de la Rive réussit, à cette époque même, à se procurer un des exemplaires de la précieuse photographie. Voilà un fait connu des anti-maçons érudits qui se tinrent au courant de la question.

Quant à mes réponses aux questions qui me furent posées, je ne variai jamais, quoique ayant le regret de ne pouvoir être aussi précise que je l'eusse voulu. Néanmoins, j'en savais assez pour guider divers religieux de Jérusalem, qui se mirent en observation.

Grâce à l'habitude que j'ai de garder copie de mes lettres de quelque importance, je puis reproduire ce que j'écrivais à plusieurs, en avril et mai 1896, afin que mes renseignements pussent être transmis à Jérusalem où je n'avais alors aucun correspondant.

On m'avait écrit que les hauts-maçons américains avaient visité les écuries de Salomon. Je répondis que cela ne me surprenait pas. Je m'exprimai en ces termes :

« J'ai entendu dire en Triangles, en effet, que la naissance du 29 septembre 1896 devra faire opposition à celle du Christ, né dans une étable. Il est certain pour moi que l'endroit ainsi indiqué est celui qui a été choisi.

« Je voudrais pouvoir vous rapporter exactement tout ce qui m'a paru ressortir des délibérations de ces fanatiques ; malheureusement, je ne connais pas Jérusalem, et je craindrais que l'insuffisance du souvenir des paroles entendues me fît commettre quelque quiproquo. Je vous recommande donc de ne pas user de cette notice avant l'accomplissement de l'événement ou son échec possible.

« L'endroit préféré par Sophia serait un souterrain, qui existe, parait-d, à l'angle sud-est du Harâm-ech-Chérif et que les musulmans disent avoir été construit par des djinns, c'est-à-dire par des daimons. Est-ce bien là ce qui est considéré à Jérusalem, comme les écuries de Salomon ? Je l'ignore. Quoi qu'il en soit, on vanta un souterrain à Sophia, on le lui représenta comme éminemment propice. Cette partie de Jérusalem, lui assura-t-on, échappe à la surveillance des catholiques ; elle est uniquement entre les mains des musulmans, et les sociétés secrètes mahométanes donneront toute facilité pour l'œuvre palladique. Si cet endroit n'est pas réellement l'emplacement des écuries mêmes de Salomon, on a affirmé à Sophia que les Templiers y eurent leurs écuries ; les anneaux auxquels ils attachaient leurs chevaux y seraient encore. Ces galeries souterraines sont, au surplus, d'une haute antiquité, puisqu'il est certain qu'un grand nombre de Juifs y cherchèrent asile durant la guerre contre les Romains. Il paraît aussi que ces galeries sont très vastes ; l'ensemble aurait, dit-on, près de 4.800 mètres carrés de superficie ; est-ce bien cela ? Je crois me rappeler qu'on parla d'une longueur de 80 mètres et d'une largeur de près de 60 mètres ; mais je puis me tromper. Par contre, je suis bien sûre d'avoir entendu dire que le souterrain a *treize* voûtes en tout ; ce nombre 13 a dû contribuer à fixer le choix. Je suis certaine également d'une autre raison du choix c'est à peu près en cet endroit, ou du moins à proximité, que se trouvait, avant la conquête musulmane, la basilique dite de la Mère de Dieu ; d'après le tradition, c'est en cette partie de la cité actuelle, qu'il ne faut pas confondre avec la cité de David, que l'on place l'endroit, autrefois couvert d'édifices et absolument vide aujourd'hui, où les femmes juives venaient se retirer pour attendre leurs couches. Le prophète Siméon demeurait par là, croit-on, et la Très Sainte Mère aurait demeuré là quelques jours après la présentation de Jésus au Temple. Il est évident que cet endroit doit plaire, plus que tout autre, à ces malheureux égarés que la rage de profanation dévore. Mais, je vous le répète, mon incompétence topographique m'empêche de me prononcer ; les habitants de Jérusalem savent seuls si cet endroit est bien celui où sont situées les écuries de Salomon.

« Un dernier souvenir : il a été décidé qu'aussitôt après l'enfantement, si l'enfant qu'ils attendent est bien une fille, on la placera quelques instants dans un prétendu *berceau de Jésus*, qui se trouve là tout auprès, dans une chapelle musulmane, souterraine, je crois. Je vous laisse le soin de faire vérifier si ces renseignements concordent bien entre eux ; je vous ai écrit tout ceci, sans me fier beaucoup à ma mémoire. Je n'ai pas besoin d'ajouter que l'enfant ne sera pas déclarée à la municipalité, attendu que les confessions grecque, latine-catholique, arménienne, juive et protestante ont voix et siègent au medjlis belediyé (conseil municipal). L'accouchement sera tout à fait clandestin. Aussitôt remise de ses couches, la mère ira se reposer à Constantinople. Voilà ce que l'on disait dans les Parfaits Triangles. »

Donc : on s'est mis en observation, à Jérusalem. Une première enquête a fait constater la parfaite exactitude des renseignements recueillis d'abord et publiés par M. de la Rive sur la tenue d'un Congrès secret de hauts-maçons américains, avec la participation des plus notables maçons de Jérusalem ; ce conventicule préparatoire s'est tenu en 1895 dans les *Cavernes Royales*, antiques carrières au nord-est de la ville. Plusieurs des personnages qui figurent sur la grande photographie de M. de la Rive ont été reconnus pour être vraiment des habitants de Jérusalem, les uns ne cachant pas leur qualité maçonnique, les autres tenus pour suspects ; quant aux étrangers mêlés à ceux-ci dans le groupe, il est aisé de voir, à leurs physionomies, que ce sont bien des Américains des États-Unis. Par conséquent, il est hors de doute que cette photographie, que M. de la Rive réussit à se procurer, j'ignore comment, est un document de premier ordre et de la plus rigoureuse authenticité.

Mais les révélations publiques au sujet de l'événement tant célébré par les Triangles lucifériens ont amené les sectaires à redoubler de prudence, comme il fallait s'y attendre. Des accords pris par les hauts-maçons américains avec leurs Frères de Jérusalem, il résultait que Sophia descendrait à l'hôtel Howard ; des juifs affiliés à la secte n'avaient pas su retenir leur langue. D'autre part, les Palladistes de Jérusalem connurent que plusieurs consuls et des communautés religieuses avaient reçu des instructions pour exercer une étroite surveillance et réunir toutes les informations possibles. Le programme fut donc changé par la secte, quant au lieu fixé pour le séjour de Mlle Walder. Cependant, sa présence à Jérusalem n'a pas été ignorée, malgré toutes les précautions prises par la Franc-Maçonnerie. Dans son numéro du 11 octobre 1896, le *Pèlerin*, de Paris, publia la note suivante envoyée de Jérusalem par son correspondant ordinaire : « Étrangers. Ils sont rares en cette saison. Cependant, Sophie Walder est arrivée à Jérusalem à petites journées, comme l'avait annoncé Diana Vaughan. » Je me hâte de dire que c'était là un bruit public dans la ville ; aucune constatation concluante n'a pu être faite.

Beaucoup de personnes s'imaginèrent que Sophia arriverait le jour même, le 29 septembre, en costume d'européenne, et vinrent à la gare ; elles en furent pour leur dérangement. Il est évident que Mlle Walder avait dû arriver à l'avance et se dissimuler sous un costume de femme arabe.

Voici, par contre, quelques indications qui donnent matière à réflexion :

On sait, à Jérusalem, qu'à partir du 10 septembre de nombreuses lettres, adressées au nom de Mlle Sophie Walder, parvinrent, de divers points du monde, à la poste autrichienne et à la poste ottomane. Mais quand et par qui ont-elles été retirées des bureaux de poste ? On n'a pu le découvrir.

Le 29 septembre, les musulmans ont interdit l'entrée du Harâm-ech-Chérif, à l'angle sud-est duquel se trouvent les souterrains que j'avais signalés ; toute cette partie de Jérusalem a été gardée avec la plus grande rigueur ; ni touristes, ni habitants catholiques, grecs, juifs, arméniens, russes, n'ont pu y pénétrer. Le prétexte de cette subite interdiction ? les mahométans déclarèrent que la police avait été avisée d'un complot arménien pour faire sauter le Harâm-ech-Chérif à la dynamite. Prétexte absurde ; car, en Turquie d'Asie, ce sont les pauvres arméniens que les musulmans massacrent ; ce ne sont pas les arméniens qui se livrent aux atrocités flétries par la civilisation. Grâce à ce prétexte et par le fait des mesures prises par les mahométans, aucune surveillance n'a pu être exercée sur les Écuries de Salomon et leurs abords durant cette journée du 29 septembre.

Dans l'après-midi de ce même jour, des juifs firent, sur la route de Jaffa, une magnifique procession. Plusieurs personnes, surprises de cette manifestation religieuse, interrogèrent les processionnants. Les réponses furent contradictoires. Les uns dirent : « Nous célébrons la fête des Tabernacles. » (???) D'autres répondirent : « Aujourd'hui, un Messie vient de naitre. » (???)

Enfin, une réunion de jézides, le soir du 29 septembre, a été tenue à Siloé, dans une des grottes qui sont à l'intérieur de ce village ; ces jézides venaient de Jérusalem, se montraient fort joyeux et reçurent un excellent accueil des musulmans de Siloé. On sait que les jézides sont adorateurs du diable.

Tels sont les faits qui ont été constatés et qui sont rapportés dans différentes lettres envoyées soit à mes amis, soit à moi-même.

Peut-on dire, raisonnablement, que rien d'anormal ne s'est passé à Jérusalem le 29 septembre 1896 ?

D'autre part, dans le courant de novembre, une voûte de faire-part a été expédiée de Rome aux Triangles, annonçant que Sophia, la mère, et Helena, sa fille, se portaient à merveille. Cette voûte, ornée de sataniques fioritures, grossièrement dessinées, était imprimée à l'encre verte sur parchemin et timbrée en rouge du cachet du Directoire exécutif, formant un ensemble inintelligible pour qui ignore les mystères du Palladisme. J'ai pu m'en procurer un exemplaire, et je l'ai fait reproduire par la photogravure .

VOÛTE DE FAIRE PART

DE LA

PRÉTENDUE NAISSANCE DE LA GRAND-MÈRE DE L'ANTI-CHRIST

Document palladique du Souv▽ Directoire Exécutif

Je ne prétends aucunement imposer une opinion quelconque sur l'événement du 29 septembre ; très libre est le champ qui s'ouvre à toutes les conjectures. Aux théologiens il appartient d'examiner si une telle naissance peut avoir eu lieu par quelque artifice du démon ou encore à quelle supercherie Satan a pu recourir. En dehors de tout surnaturel, les médecins, à leur tour, peuvent dire dans quelle mesure il est possible d'obtenir une naissance à jour fixe, et si la femme qui joue le rôle de mère, dans une comédie de ce genre, en cas de subterfuge, peut-être elle-même trompée. Tout cela est au-dessus de ma compétence, et je me récuse. Mais, qu'il y ait eu enfantement réel avec ou sans substitution de nouveau-né, l'accouchée étant ou n'étant pas trompée, ou bien qu'il y ait eu imposture complète, avec complicité de la prétendue mère, c'est-à-dire simulation de grossesse et de délivrance, il n'en est pas moins vrai que la Maçonnerie palladique continue plus que jamais à faire croire à ses adeptes que les prophéties de l'*Apadno* se réalisent à la lettre. Aujourd'hui, les parfaits initiés des Triangles croient ou feignent de croire que l'aïeule de l'Anti-Christ est venue au monde à la date prédite ; et, que cette naissance se soit produite ou non, les Palladistes, tout en agissant de façon à empêcher la surveillance, n'ont rien négligé pour mettre Jérusalem en émoi, y ont parfaitement réussi, et cela leur suffit pour frapper les esprits, comme jadis les Rose-Croix qui agitaient tout un pays au moyen de proclamations affichées partout et n'en demeuraient pas moins enveloppés d'un impénétrable mystère

À ceux qui ne voient pas un pur hasard dans certaines coïncidences, je signalerai : tandis que Jérusalem s'inquiétait, les consulats eux-mêmes s'intéressant à l'étrange fait sur lequel leur attention avait été appelée, tandis que le diable agissait dans la ville du Calvaire, — car, même si l'on admet le cas de complète imposture, on ne saurait nier l'action de Satan, père du mensonge, — en ce jour du 29 septembre 1896, la suprême manœuvre éclatait à Trente contre les révélations antimaçonniques ;

certes, la Présidence du Congrès, en fixant à l'après-midi de la fête de saint Michel la séance désormais célèbre qui a provoqué l'explosion du scepticisme de certains catholiques, ne songeait aucunement à ce qui se passait à Jérusalem, et l'inspiration du démon est tout à fait étrangère à cette décision. Bien au contraire, ne semble-t-il pas que le glorieux Archange fut le véritable inspirateur du choix de la date mémorable ? Le 29 septembre, à Trente, fut livrée la première bataille, et, l'assaut des négateurs ayant été repoussé, ceux-ci durent recourir à la ruse pour pouvoir revenir à la charge après le Congrès antimaçonnique. Or, dans ces combats, la victoire demeure toujours au Prince des milices célestes. Satan a pu tromper des chrétiens, jusqu'à leur faire croire que dans la défense de l'Église on peut légitimement employer comme armes les mensonges et les multiplier pour la gloire de Dieu ; oui, Satan a pu égarer des catholiques à ce point. Mais la vérité étant divine, comme un soleil radieux, dissipe finalement les noirs nuages, et Satan, qui, couvert de confusion à Trente, essaya de prendre sa revanche par la campagne de presse que l'on sait, sera encore et toujours le vaincu !

À QUOI SERT D'ÊTRE POLIE. — On a vu, dans mon fascicule n⁰ 17, avec quelle respectueuse réserve j'ai traité la question du démenti de Mgr l'Archevêque d'Édimbourg. Par politesse, et suivant l'exemple de M. Leslie, j'ai excusé les dénégations de Mgr Ange Macdonald, en ayant l'air de les attribuer à un manque de mémoire. Cela m'a bien réussi !… On en va juger.

Il semble qu'à Rome, au sein du Conseil directif de l'Union Antimaçonnique, on aurait dû me savoir gré de ce que, tout en maintenant fermement les droits de la vérité, je gardais une attitude pleine de déférence envers un prélat que la crainte d'une mystification avait fait descendre à une action indigne de son caractère. En effet, à l'Union Antimaçonnique de Rome, on sait qui est M. Charles-Stephen Leslie ; il est un des principaux fondateurs de l'Union Antimaçonnique d'Écosse ; on ne peut pas ignorer qu'il est un solide et vaillant catholique, de la plus haute honorabilité, un homme dont la foi n'a jamais failli, un de ces chrétiens fidèles toujours prêts à tous les dévouements. L'Archevêque niait m'avoir envoyé sa bénédiction, — que je n'avais pas sollicitée, je le rappelle, — et niait aussi l'enquête effectuée sur mes indications par M. William Considine, son conseiller légal. Mgr Macdonald, dans sa précipitation à nier, oublia ceci, très important : c'est que M. Considine avait donné un reçu de ses honoraires pour cette enquête. Or, M. Leslie, dans sa lettre du 22 décembre 1896, a déclaré que ce reçu était entre ses mains. Par conséquent, en présence d'une preuve matérielle aussi indéniable, le devoir du Conseil de l'Union Antimaçonnique de Rome était, *tout au moins*, de prier confidentiellement la presse hostile à ma cause de ne plus revenir sur cet incident. — Je dis : « tout au moins. » Le complet devoir des uns et des autres, y compris Mgr Ange Macdonald, était de reconnaître la vérité.

Eh bien, la vérité, voici comment on la traite chez les gens qui se sont déclarés mes adversaires :

Un rédacteur de la *Vérité* (! !), de Paris, M. Nemours-Godré, vient d'imprimer ceci dans une brochure : « Diana Vaughan n'invente pas seulement des apparitions de diable ; elle invente aussi des bénédictions d'archevêque. Elle raconte dans ses *Mémoires* que, ayant un jour révélé à l'Archevêque d'Édimbourg un nid de lucifériens dans sa ville épiscopale, elle reçut les remerciements et la bénédiction du prélat. Mais un journal de Paris, l'*Univers*, ayant écrit à l'Archevêque d'Édimbourg pour lui demander ce qu'il y avait de vrai dans cette histoire, ce prélat répondit qu'il n'avait jamais entendu parler de la chose. Si l'histoire du diable Bitru est pour moi un trait d'impudence, celle de la bénédiction venue d'Édimbourg est un mensonge. » Et en note : « Elle l'explique aujourd'hui en disant que Mgr d'Édimbourg manque de mémoire ! » Rien de plus. Quelle audace, après ma relation documentée de tous les faits de l'incident ! (Voir pages 535 à 541; fascicule n° 17.)

Dans l'*Univers* du 5 mars, M. Eugène Veuillot ose citer le fameux démenti au nombre des preuves qui, selon lui, auraient dû déterminer M. le chanoine Mustel à abandonner ma cause. Pourquoi l'*Univers* refuse-t-il de discuter les arguments de la *Revue Catholique de Coutances* ? « Pourquoi ? Parce que toute réponse serait inutile, sa foi dans le Taxil et la Diana n'ayant pu être ébranlée… *par le démenti de l'Archevêque d'Édimbourg !* »

Un autre adversaire va plus loin encore. C'est le R. P. Portalié, qui écrit dans sa récente brochure : « On connaît le démenti retentissant adressé à l'*Univers* par l'Archevêque d'Édimbourg, dont Diana se vantait d'avoir reçu la bénédiction. Diana essaie de railler le vénérable Archevêque, et s'imagine que mettra en balance sa parole et celle du prélat. »

C'est donc la guerre que vous voulez ?… Soit, je l'accepte.

Oui, il a été retentissant, le démenti. Or donc, il faut que la preuve du mensonge soit retentissante.

Alors, chez les catholiques, si un Évêque nie un fait vrai, un fait dont il existe une preuve matérielle, on doit se taire, courber le front et passer soi-même pour menteur ?…

Que d'autres s'aplatissent ; c'est leur affaire… Moi, non… Père Portalié, vous auriez dû mieux prendre vos informations en ce qui me concerne.

D'abord, sur le fait de la bénédiction, ce n'est pas ma parole qui est en cause ; c'est celle de M. Leslie, que Mgr Ange Macdonald lui-même a déclaré être « un Écossais très honorable ». Et M. Leslie a écrit le 13 décembre 1895 : « M. Leslie a rencontré S. G. l'Archevêque mardi, Mgr

Ange Macdonald se trouvant par une heureuse chance à Aberdeen. On a décidé de remettre l'enquête entre les mains de M. Considine, qui y apportera tout le soin et les précautions possibles. Je n'ai pas besoin de vous dire combien l'Archevêque s'y intéresse. *Sa Grandeur vous envoie sa bénédiction.* » Mention fut faite de cette bénédiction dans mon fascicule n° 6, à la première page, fascicule que Mgr Macdonald reçut et qui est un des deux qu'il a déclaré avoir lus. « Je les parcourus (les deux numéros du journal de Miss Diana Vaughan) et je les retournai à l'Écossais ci-dessus désigné (M. Leslie), en y joignant la remarque que je les avais lus avec intérêt. » (Lettre de l'Archevêque à l'*Univers*, du 2 novembre 1896.)

S'il fallait croire Mgr d'Édimbourg dans son dire d'aujourd'hui, alors M. Leslie aurait inventé ce qu'il m'écrivait le 13 décembre 1895 ? et Mgr Macdonald aurait lu avec intérêt mon n° 6 sans remarquer que je relatais sa bénédiction à la première page ? ou encore il aurait laissé passer cette mention contraire à la vérité sans la démentir aussitôt ?… Allons donc !…

Mais, entre la parole de M. Leslie et celle de Mgr Ange Macdonald, je n'hésite pas, moi, dussè-je par cette déclaration perdre l'appui des catholiques qui ont pris mon parti.

Il est inadmissible que M. Leslie se soit prétendu faussement chargé de me transmettre la bénédiction de l'Archevêque d'Édimbourg. Et vous le comprenez, père Portalié, aussi bien que moi ; et c'est pour cela que, dans votre brochure, vous ne soufflez mot du témoignage de M. Leslie et que vous passez complètement sous silence le démenti relatif à l'enquête de M. Considine.

Sur ce second point, impossible de nier !… Or, Mgr Ange Macdonald, oubliant que l'enquête de son conseiller légal a été rémunérée et ignorant peut-être que celui-ci a donné reçu de ses honoraires, n'a pas craint d'écrire : « Aucune enquête de ce genre n'a été conduite par M. Considine ou quelque autre »… Eh quoi ! parce que M. Leslie est un laïque, il faudrait laisser planer sur lui un soupçon de double mensonge, quand il est matériellement certain que, sur l'un des deux faits mis en cause, c'est l'Archevêque qui a écrit et signé le contraire de la vérité !

Ce numéro-ci, je l'envoie à Édimbourg : à Mgr Ange Macdonald, à M. Considine, à M. Leslie. Je demande à M. Leslie de tenir à ma disposition le reçu qui établit de quel côté on dit vrai. Ce reçu, il est nécessaire qu'il soit reproduit par la photographie en cliché de projection. Et c'est pourquoi j'irai à Édimbourg ; c'est pourquoi, devant le public, ce reçu sera montré, visible aux yeux de tous, et M. Considine étant convoqué à ma conférence. Car, à Édimbourg, il est de mon devoir de confondre le F▽ Robert Brown et sa bande de Rose-Croix lucifériens ; mais il est de mon devoir, aussi, de prouver publiquement que, quant à cette bénédiction et à cette enquête de décembre 1895, ce n'est pas moi qui ai menti.

Messieurs les négateurs à outrance, n'accusez que vous du ridicule que vous aurez provoqué. Et n'espérez pas l'éviter. Je vous l'ai dit : mes précautions sont prises.

Peut-être ferez-vous agir sur M. Leslie : peut-être, par intimidation, essaiera-t-on de l'empêcher de me remettre le document probant qu'il a cité dans sa lettre du 22 décembre dernier. Peu m'importe. Je possède d'autres documents. *J'ai les lettres par lesquelles M. Considine rend compte de son enquête*. Comment et depuis quand je les possède ? Je n'ai pas à le dire, pas plus que je ne nommai il y a trois ans l'employé du ministère de l'intérieur italien par qui j'eus le dossier de Lemmi. Ce que je vous affirme, messieurs les négateurs, c'est que j'ai ces lettres et qu'elles figureront en projections, à Paris d'abord, à Édimbourg ensuite, à côté de la page de l'*Univers* contenant le démenti de Mgr Ange Macdonald.

Un de mes amis, connaissant en partie mon plan de campagne, m'a écrit :

« J'ai trop d'affection pour vous, bien chère Mademoiselle, j'ai trop à cœur votre triomphe définitif, pour ne pas vous ouvrir toute ma pensée.

« N'oubliez pas que vous êtes une convertie et que par conséquent vous devez agir est convertie et de manière à ce que rien dans vos actes, vos paroles, ne puisse se retourner contre vous et contre ceux qui vous aiment et vous soutiennent et soutiendront sans broncher.

« Si coupables qu'aient été envers vous de hauts dignitaires de l'Église, ménagez, je vous en supplie, l'impression des catholiques qui vous sont favorables et celle des catholiques égarés qui vous reviendront certainement. Or, ce n'est pas votre adresse qui me met en souci, mais c'est la crainte de vous voir flageller publiquement ces hauts personnages. Or, pour la catholicité d'Europe, ces personnes sont des prélats, et vous n'êtes que Miss Diana Vaughan. Pardonnez-moi, n'est-ce pas, bien chère Mademoiselle ! Si vous cassez les vitres, vous vous ferez le plus grand tort ; on dira que vous obéissez à l'orgueil et que votre conversion sincère est douteuse, puisque vous ne montrez pas l'humilité qui doit en être la conséquence rationnelle.

« Accablez les laïques… si vous voulez ; mais ne saisissez pas le public de vos différends avec des Évêques, je vous le demande à genoux, s'il le faut… Pour l'Archevêque d'Édimbourg, le public qui vous aime sait à quoi s'en tenir. »

Voici quelle a été ma réponse :

« Cher Monsieur, nous ne nous entendons pas et ne pouvons nous entendre.

« Ou, me transmettant l'avis d'un de vos supérieurs qui s'effraie de l'éclat de la vérité, vous parlez contre votre pensée ; ou vous déraisonnez complètement.

« Causons net, et finissons-en.

« Je ne comprends la vérité qu'ainsi : *elle est le contraire du mensonge*. La vérité est divine, et Satan est le père du mensonge. Toute vérité doit être dite, quand la dire est œuvre de justice.

« L'Archevêque d'Édimbourg, niant une bénédiction qu'il a réellement donnée et niant une enquête qui a été réellement faite avec son approbation, est *contre la vérité*. Son titre, sa qualité, sa haute situation ne sauraient transformer son acte en bien. Montrer la vérité avec preuves, c'est là œuvre de justice ; car le mensonge a été répandu partout par la malice, ce qui fut souverainement injuste.

« Il ne s'agit pas de savoir ce que tels et tels, fussent-ils deux cent millions d'hommes, diront en voyant passer l'implacable justice, en voyant surgir la vérité qui est la vérité. Il ne s'agit pas de savoir si le mensonge est représenté par un Himalaya et si la vérité n'est proclamée que par un grain de sable. Là n'est pas la question.

« On dira ce qu'on voudra ; je ne me préoccupe pas des dires. Si je me cause grand tort, selon votre expression, ce sera auprès d'hommes, non devant le Dieu de justice et de vérité.

« Le mensonge a été reproduit par d'innombrables journaux, il a trouvé crédit auprès de milliers et de milliers d'hommes ; c'est justice que la vérité, à son tour, soit connue de milliers et de milliers d'hommes.

« Que si proclamer la vérité sur ce point et d'autres semblables fait dire que ce n'est point agir en convertie, tant pis pour ceux qui diront cela ! Dans ma conversion, aussi, il y a un fait, et je prévois que je serai amenée à publier la vérité sur le fait ; mais l'appréciation des hommes sur ce fait importe peu, le jugement de Dieu est tout.

« Il n'y a pas orgueil de ma part, mais soumission à Dieu, sans la permission de qui rien n'arrive.

« Si je me suis convertie, ce ne fut point pour obtenir l'ovation des hommes ; je fus et suis heureuse de ma conversion pour moi-même qui, des ténèbres, vins à la lumière par la grâce de Dieu. Cette joie, le monde est impuissant à me l'ôter.

« Je n'ai rien demandé aux hommes, ni faveur spirituelle ni avantage matériel, ni honneurs ni bénédictions. Quand j'ai tendu la main pour solliciter le concours pécuniaire de mes frères, ce fut pour l'œuvre du Congrès antimaçonnique, non pour moi ; vous le savez. Vous savez aussi que mes publications ne furent pas œuvre de mercantilisme ; les chiffres sont là. Personne ne pouvant soutenir sérieusement que je suis venue à l'Église dans un intérêt quelconque, matériel ou honorifique, qui donc, sauf le Pape, représentant de Dieu, pourrait me donner un ordre au nom d'un droit sur moi ?

« Qui donc oserait se substituer en ceci au Pape et me défendre, au nom du Dieu de vérité, de faire connaître la vérité, après les audaces du mensonge ?

« Il n'y a pas deux espèces de vérité. Je me suis convertie à Dieu pour le triomphe de la vérité. Faire connaître la vérité, sans faiblesse, sans crainte, c'est là agir en convertie.

« Vous oubliez mon point de départ, qui est aussi et reste mon but suprême : *Au seul vrai Dieu, par et pour la vérité, contre tous les mensonges.* — Permettez-moi donc de vous rappeler cette loi de ma vie nouvelle.

« Dieu n'a pas dit : Laisse triompher le mensonge, et tu feras ainsi acte d'humilité.

« Pourquoi donc m'écrire qu'en combattant pour la vérité, même si elle gêne des gens haut placés, « je ne montrerai pas l'humilité, qui doit être la conséquence rationnelle d'une conversion ? »

« Mais c'est de la folie, cela, cher Monsieur !

« Il n'y a pas orgueil dans la campagne que je vais entreprendre ; il y a devoir. Laisser triompher le mensonge ne serait pas humilité ce serait désertion.

« Brisons là… On a nié avec persistance mon existence même et les circonstances matérielles de ma conversion ; pour établir ces faits aux yeux du monde entier, non par gloriole, mais dans l'intérêt de la vérité, tous les moyens me seront bons, dès l'instant qu'ils seront conformes au droit et à la justice, *dussé-je même renoncer à ce que je considérais comme ma vocation !*

« Si sur ce terrain-là vous renoncez à me suivre, agréez tous mes regrets. »

D. V.

POUR CRÉER UN IMBROGLIO. — Mes amis feront bien de se défier des manœuvres de la dernière heure, auxquelles ne manqueront pas de recourir les Pacelli et consorts aussi bien que les francs-maçons.

On a pas oublié quel fut le premier piège que M. Margiotta tendit aux catholiques, lorsque le dépit en fit mon ennemi. Ayant appris peut-être que Lemmi, dès qu'il me sut prête à rompre avec lui, au moment même où les Walder préparaient son élection par les Triangles, imagina de produire sous mon nom une amie américaine du vieux Philéas, M. Margiotta soutint qu'il existait deux Diana Vaughan : une, la vraie, qui était demeurée palladiste ; l'autre, la fausse, c'est-à-dire moi. Il ignorait que l'échec de la dame avait été si piteux et sa frauduleuse exhibition si éphémère, que cette manœuvre avortée fut connue seulement après la Voûte de Protestation ; elle fit hausser les épaules aux hauts-maçons indépendants. N'importe ! Adriano avait rêvé de jeter, la perturbation parmi les parfaits initiés, et l'on ne sait pas au juste ce qu'il avait médité de faire, on se demande quel fut exactement ce plan de campagne qui ne reçut qu'un commencement d'exécution.

Aujourd'hui, dans la haute-maçonnerie, on aurait repris ce projet, si j'en crois un renseignement d'un ami sûr de Chicago. Ma manifestation publique devant couper court à toutes les négations, va-t-on exhiber une deuxième Diana Vaughan et me traitera-t-on, moi, d'aventurière, usurpant un nom qui n'est pas le mien ? Nous saurons à quoi nous en tenir sur ce point dès le 19 avril… Toutefois, il est sage de prendre les devants et d'avertir le public.

Est-ce à la préparation de cette manœuvre qu'il convient de rattacher une lettre que M. le chanoine Mustel a reçue récemment et qu'il s'est empressé de publier, peut-être la croyant écrite par une de mes amies d'Amérique apportant son témoignage. Je ne sais. Quoi qu'il en soit, empêchons l'imbroglio, en ne négligeant rien de ce qui pourra faire la lumière.

Voici cette lettre, que M, le chanoine Mustel a publiée dans son numéro du 5 mars :

« Monsieur l'abbé,

« Le hasard, ou plutôt la divine Providence a permis que la *Revue de Coutances* me tombât entre les mains. Je suis profondément surprise, Monsieur l'abbé, de voir que tant de catholiques nient, sans la moindre preuve, l'existence de Miss Diana Vaughan.

« Anglaise d'origine, j'ai habité longtemps les États-Unis, où j'ai connu Miss Diana jusqu'en 1880. — En ce moment je visite la France et je suis descendue à l'hôtel de l'Univers et du Portugal réunis, rue Croix-des-Petits-Champs, 10, Paris. Si vous jugez que mon témoignage puisse être de quelque utilité, je vous permets, monsieur l'abbé, de l'insérer dans votre *Revue*.

« Ce soir, je visiterai Versailles et dans quelques jours je retournerai à New-York, où ma famille est établie. Là je retrouverai d'anciennes amies de Diana et je les engagerai à unir leur voix à la mienne pour protester contre ceux qui, poussés par les francs-maçons, nient l'existence de celle que nous avons connue et aimée.

« Daignez agréer, Monsieur l'abbé, l'assurance de mon profond respect.

« G. Cawsna

« Paris, 24 février 1897. »

Aussitôt que le numéro contenant cette lettre me parvint, j'ai écrit au directeur de la *Revue Catholique de Coutances* :

« 7 mars 1897.
« Bien cher Monsieur le Chanoine,

« Je vous mets en garde contre une nouvelle manœuvre. Je ne connais pas cette dame Cawsna, dont vous venez de publier une lettre.

« Je sais, d'autre part, que l'on se propose de m'opposer une autre Diana Vaughan, soi-disant telle, qui est partie de Chicago, il y a un mois pour se rendre en Europe. Sans doute, celle-ci est la même que celle suscitée par Lemmi, dans les premiers mois de 1893 ; elle dut rentrer dans l'ombre, sa mission ayant échoué alors. Peut-être veut-on la produire dès le lendemain de ma première conférence, et nous verrions se renouveler la fable que Margiotta essaya d'abord d'accréditer. Des maçons américains donneraient leur témoignage à la fausse Diana Vaughan, qui, tout en se disant maçonne, nierait le Palladisme ; moi, ils m'accuseraient d'imposture.

« Pour déjouer cette manœuvre, veuillez insérer cette lettre, en priant tous les journaux amis de la reproduire.

« Cette dame Cawsna dit m'avoir connue jusqu'en 1880. C'est faux. En 1880, je n'avais que seize ans. Or, je ne puis commettre erreur de souvenir sur les relations de ma famille. Aucun Cawsna que je connaisse à Louisville !

« Donc : 1° une enquête immédiate s'impose à Paris, à l'effet de découvrir qui est cette dame Cawsna ; 2° je somme la pseudo Diana Vaughan de Chicago d'être présente, le 19 avril, à la salle de la Société de Géographie.

« Me recommandant plus que jamais à vous prières, je me dis, Monsieur le Chanoine, votre reconnaissante et à jamais dévouée en Jésus, Marie, Joseph et Jeanne.

« Diana Vaughan.

D'après les derniers renseignements reçus, si la dame habitant Chicago à qui l'on a donné mission de créer un nouvel imbroglio, est la même que celle qui fit *sous mon nom* des conférences en 1893, notamment à Sydney, je suis en mesure de la démasquer dès à présent : dans ce cas, c'est Mme Kate Philipps, originaire de New-York, membre de l'Étoile d'Orient et de l'association des Dames de la Révolution. Mais elle ne me ressemble guère et doit avoir au moins une quarantaine d'années.

Ma Manifestation Publique.

Pour le choix de la ville où j'ai résolu de donner ma première conférence, j'ai hésité tout d'abord entre Londres et Bruxelles ; finalement, j'ai choisi Paris, en cédant à diverses sollicitations. Je dois dire pourquoi je penchais davantage pour les deux premières villes.

Voici la base de mon raisonnement : pour que ma manifestation publique m'assure par elle-même la sécurité, il faut qu'elle soit éclatante autant que possible ; courir le risque que ma première conférence passe *inaperçue* serait donc commettre la plus grosse des imprudences.

Il est certain qu'en me produisant en premier lieu à Bruxelles, en sommant par voie d'affiches le F▽ Goblet d'Alviella de comparaitre, en montrant en projections lumineuses des documents palladiques émanant de lui que je possède, un tel éclat aurait aussitôt un retentissement considérable. Voilà pourquoi Bruxelles me plaisait.

D'autre part, j'ai eu à envisager les divers points de vue auxquels se placera la presse pour intéresser le public à ma manifestation. Or, dans le monde entier, c'est la presse de langue anglaise qui domine dans une énorme proportion. Le globe compte environ 50.000 journaux dont 19.765 aux États-Unis[1] ; le Royaume Britannique, non compris ses colonies, vient ensuite avec 8,000 journaux en chiffre rond ;

ajoutez 813 journaux d'Australie et 865 au Canada. La statistique de la *Ligue Internationale de la Presse,* dont le siège central est à New-York et qui a tenu son dernier congrès annuel à Buffalo (23-24 juin 1896), ne donne pas le détail des journaux aux colonies anglaises d'Asie, si importantes ; la ligue a publié des chiffres ronds : 2.000 journaux au Japon, et 1.000 pour le reste de l'Asie. L'Allemagne vient, dans le monde, en troisième rang, avec 6.058 journaux ; la France, seulement en quatrième rang, avec 4.535. On parle ici exclusivement des journaux s'occupant de politique, de religion, de nouvelles, et non des feuilles spéciales d'industrie, métallurgie, photographie, mines, etc., ou consacrées uniquement aux annonces ; la statistique de la Ligue ne porte que sur les « newspapers ». L'Italie et l'Autriche-Hongrie ont, chacune, moins de journaux que le Japon ! Si l'on fait la part des journaux des États-Unis et du Canada qui sont publiés autrement qu'en anglais, on trouve encore près de 29.400 journaux de langue anglaise, sur les 50.000 du globe. Voilà pourquoi, au point de vue de la certitude d'une publicité immédiate, j'inclinais pour Londres, où les relations de presse avec les États-Unis facilitaient la réussite de mon plan.

On m'a fait valoir, cependant, que c'est en France que sont les plus chauds partisans de ma cause. Je me suis donc arrêtée au choix de Paris, et j'ai fixé la date à une époque me permettant d'envoyer les cartes d'entrée dans toute l'Europe et aux États-Unis. En effet, les cartes de presse portent cette mention : « MM. les directeurs de journaux qui recevront une de ces cartes sont priés de la transmettre à leur correspondant parisien ou à toute autre personne habitant Paris et pouvant représenter en cette occasion leur journal. »

On m'a écrit : « Pourquoi pas à Rome d'abord ? » L'ami qui m'a adressé cette observation oublie que depuis quelque temps la situation s'est gravement modifiée par l'influence prépondérante prise par M. Pacelli, dont j'ai à combattre les manœuvres autant que celles de la secte ; il oublie aussi qu'en Italie la presse est nettement tranchée en deux camps. Or, ma manifestation publique sera certainement aussi désagréable à mes adversaires de l'Union antimaçonnique de Rome qu'au Grand Orient et au Suprême Conseil de Nathan et de Lemmi. Pour induire mes amis et moi-même en erreur, pour nous faire croire à la compétence et à l'impartialité de la feue Commission romaine, on fit publier une fausse liste des membres qui censément la composaient, liste comprenant notamment le R. P. Franco, de la *Civiltà Cattolica*, et le savant professeur Don Vincenzo Longo ; ce qui fut un mensonge imaginé par M. Pacelli, se servant de la complicité de l'*Univers*. M. le chanoine Mustel l'a dit très justement : « Si l'Italie est la patrie de Mazzini, elle est aussi celle de Machiavel. » Aujourd'hui, on est tout à fait édifié sur le parti pris que les Pacelli et consorts avaient de faire échouer l'enquête, eux qui n'ont même pas nommé aux États-Unis un délégué pour prendre des informations parmi les protestants du Kentucky ! et, depuis le Congrès de Trente, ils auraient eu le temps ! J'ai donc lieu de me méfier de ces messieurs-là. Ma conviction est que, si je faisais ma première manifestation à Rome, le clan Pacelli me poserait des conditions, c'est-à-dire : « Vous allez vous engager à ne faire la lumière que sur la secte maçonnique et à ne pas ouvrir la bouche à notre sujet ; ou sinon, nous donnons le mot d'ordre à tous les journaux catholiques italiens, afin qu'aucune mention ne soit faite par eux de votre conférence. » On me laisserait bien venir, et l'on me dirait cela la veille. Et, comme je ne plierais pas, ma manifestation serait ainsi un coup d'épée dans l'eau : silence de la presse catholique, d'une part ; silence des sectaires, d'autre part ; silence complet, et moi, ayant quitté ma retraite, exposée à passer pour mythe plus que jamais, ou pour aventurière ! Il est donc sage, dans cette situation nouvelle, que je ne me rende à Rome que précédée des résultats de quinze ou vingt conférences en d'autres pays ; et en des pays où existe avec prospérité la presse d'entre les deux camps. Alors, ils seront vains, les mots d'ordre du signor Pacelli ! peu importerait même qu'ils fussent obéis, puisque ma manifestation serait faite !…

Non, l'Italie n'est pas le pays favorable à la proclamation de la toute-vérité. Je viens de lire, dans l'*Eco d'Italia*, de Gênes, que ma manifestation, telle qu'elle s'accomplira, est dès à présent désapprouvée et traitée de « charlatanisme » par des journaux catholiques de la péninsule. Cependant, n'est ce pas l'*Italia Reale*, la feuille turinoise dont M. Pacelli est le correspondant romain, qui m'adjurait de me montrer, de paraître aux côtés de M. Léo Taxil ?… Mais, quand on imprimait ces sommations, on pensait que je ne me résoudrais jamais à paraître en public !…

Voici donc la première partie de mon itinéraire :

Lundi 19 avril (lundi de Pâques). — Paris : conférence, le soir.

Mardi 20. — Voyage de Paris à Avranches ; arrivée, l'après-midi ; réception d'ecclésiastiques seuls.

Mercredi 21. — Mont Saint-Michel.

Jeudi 22. — Avranches : repos ; aucune réception.

Vendredi 23. — Voyage d'Avranches à Cherbourg ; arrivée à 5 h. de l'après-midi ; conférence, le soir.

Samedi 24. — Retour de Cherbourg à Paris, par train de jour ; arrivée à 5 h. ; repos ; aucune réception.

Dimanche 25. — Visite à un sanctuaire (à la première heure) ; départ à 8 h. du matin pour Rotterdam ; arrivée à 5 h. de l'après-midi ; aucune réception.

Lundi 26. — Rotterdam : réceptions particulières, l'après-midi. de 2 h. à 4 h. ; conférence, le soir.

Mardi 27. — Voyage de Rotterdam à Londres. Selon l'utilité des réceptions, départ soit à 6 h. du soir par le vapeur quotidien d'Harwich, soit à midi par le service spécial direct du mardi.

Mercredi 28. — Londres : repos complet ; aucune réception.

Jeudi 29. — Londres : visites ; départ pour Édimbourg par train de nuit.

Vendredi 30. — Édimbourg : repos dans la journée ; aucune réception ; conférence, le soir.

Samedi 1er mai. — Édimbourg : réceptions, le matin (de 8 h. à 9 h.) ; retour à Londres par train de jour ; aucune réception à l'arrivée.

Dimanche 2. — Londres : Sainte-Marie-des-Anges (le matin) ; repos, le reste de la journée.

Lundi 3. — Londres : réceptions, le matin (de 8 h. à 10 h.) ; retour à Paris par service de jour, Douvres-Calais ; arrivée à Paris, à 7 h. du soir ; aucune réception.

Mardi 4 et mercredi 5. — Paris : réception ouverte, à l'hôtel, le matin (de 8 h. à 10 h.) et l'après-midi (de 2 h. à 4 h.).

Jeudi 6. — Paris : réceptions particulières, le matin seulement, de 8 h. à 11 h. ; l'après-midi, repos ; conférence, le soir.

Vendredi 7 et samedi 8. — Paris : comme le 4 et le 5.

Dimanche 9. — Montmartre, le matin. Voyage de Paris à Rouen ; arrivée à 3 h. de l'après-midi ; conférence, le soir.

Lundi 10. — Rouen : repos dans la matinée, aucune réception ; l'après-midi, réceptions particulières (de 1. h. 1/2 à 3 h. 1/2) ; départ pour Lille à 5 h. du soir ; arrivée dans la soirée.

Mardi 11. — Lille : repos complet ; aucune réception de toute la journée.

Mercredi 12. — Lille : réceptions dans la matinée seulement (de 8 h. à 11 h.) ; conférence, le soir.

Jeudi 13. — Lille : repos le matin, aucune réception. Départ pour Bruxelles par le train, de l'après-midi ; arrivée à 6 h. 1/2 du soir. Voyage avec une famille amie.

Vendredi 14. — Bruxelles : repos complet ; aucune réception de toute la journée.

Samedi 15. — Bruxelles : réception le matin seulement (de 8 h. à 10 h.), conférence, le soir.

Dimanche 16. — Bruxelles : Sainte-Gudule. Départ gour Reims, à 5 h. 1/2 de l'après-midi. Arrêt à Saint-Quentin.

Lundi 17. — Saint-Quentin : repos, aucune réception ; départ à 11 h. du matin ; arrivée à Reims à 2 h. de l'après-midi ; visites.

Mardi 18. — Reims : réceptions particulières dans la matinée seulement (de 9 h. à 11 h.) ; repos, l'après-midi ; conférence, le soir.

Mercredi 19. — Reims : repos le matin, aucune réception ; l'après-midi, réception ouverte (de 2 h. à 5 h.).

Jeudi 20. — Voyage de Reims à Nancy, par train du matin. Nancy : repos l'après-midi, aucune réception ; conférence, le soir.

Vendredi 21. - Nancy réceptions dans la matinée (de 8 h. 1/2 à 10 h.) ; départ pour Tours, à midi 1/2. Arrêt à Paris, pour repos.

Samedi 22. — Voyage de Paris à Tours ; arrivée à 1 h. de l'après-midi ; repos, aucune réception.

Dimanche 23. — Tours : Sainte-Face ; réceptions particulières (de midi 1/2 à 2 h.); conférence, le soir.

Lundi 24. — Tours : réceptions le matin (de 9 h. à 10 h. 1/2) ; départ pour Bordeaux à midi 1/2 ; arrivée à 6 h. du soir.

Mardi 25. — Bordeaux repos complet dans la journée, aucune réception ; conférence, le soir.

Mercredi 26. — Bordeaux : aucune réception le matin ; l'après-midi, réceptions particulières (dé 1. à 2 h. 1/2), réception ouverte (de 2 h. 1/2 à 4 h. 1/2).

Jeudi 27. — Voyage de Bordeaux à Montpellier, par train de jour ; arrivée à 7 h. du soir.

Vendredi 28. — Montpellier : réceptions dans la matinée seulement (de 8 h. à 11 h.) ; conférence, te soir.

Samedi 29. — Voyage de Montpellier à Marseille : arrivée 3 h. de l'après-midi. Marseille : réceptions particulières, à t'hôtel (de 4 h. à 6 h.).

Dimanche 30. — Marseille : Notre-Dame de la Garde ; repos, le reste de la journée, aucune réception ; conférence, le soir.

Lundi 31. — Marseille : repos complet, aucune réception.

Mardi 1er juin. — Marseille : réceptions particulières, le matin (de 8 h. à 10 h.) ; réception ouverte, l'après-midi (de 4 h. à 6 h.).

Mercredi 2. — Départ le matin (9 h.) pour Lyon ; arrivée à 2 h. 1/2 de l'après-midi ; aucune réception ; conférence, le soir.

Jeudi 3. — Lyon : Notre-Dame de Fourvières ; l'après-midi, réception (de 2 h. à 5h.).

Vendredi 4. — Voyage de Lyon à Grenoble ; arrivée à 1 h. de l'après-midi ; visites.

Samedi 5. — Grenoble : réceptions dans la matinée seulement (de 9 h. à 11 h.) ; conférence, le soir.

Dimanche 6. — Notre-Dame de la Salette.

Lundi 7. — Grenoble : repos le matin, aucune réception. Départ à midi pour l'Italie ; arrivée à Chambéry à 2 h. 1/2 ; repos, aucune réception.

Mardi 8. — Voyage de Chambéry à Turin ; arrivée à 2 h. 1/2 de l'après-midi ; repos, aucune réception.

Mercredi 9. — Turin : le matin, visites ; l'après-midi, repos, aucune réception conférence, le soir;

Jeudi 10. — Turin : repos dans ta matinée, aucune réception ; l'après-midi, réceptions particulières (de midi à 2 h.), réception ouverte (de 2 h. à 5 h.).

Vendredi 11. — Turin : le matin, réceptions particulières (de 8 h. à 10 h.). Voyage de Turin à Gênes, par train de l'après-midi ; arrivée à 6 h. 1/2, aucune réception.

Samedi 12. — Gênes : repos complet, aucune réception de toute ta journée ; conférence, le soir.

Dimanche 13. — Gênes : Santa-Maria-in-Carignano ; aucune réception de toute la journée ; visites, l'après-midi.

Lundi 14 — Gênes : réceptions particulières, le matin (de 8 h. à 10 h.) ; réception ouverte, l'après-midi (de 3 h. a 5 h.) ; départ pour Rome par le train de nuit.

Mardi 12. — Rome : arrivée à 10 h. 1/2 du matin.

En cas de fatigue survenant pendant ces voyages, telle ou telle conférence pourra être supprimée ; mais, l'itinéraire ne sera pas modifié pour cela. Quant aux conférences qui auraient été ainsi supprimées, elles seraient données dans le courant du mois de juillet, à mon retour d'Italie.

En effet, je ne resterai en Italie que vingt-deux jours, y compris le mercredi 9 juin. Mon séjour à Rome sera donc relativement court ; j'en partirai pour visiter les deux sanctuaires de Lorette et de Campo-Cavallo, voisins l'un de l'autre, et mon voyage de rentrée en France ne sera pas public, en compagnie d'une famille amie à qui j'ai promis de faire avec elle le pèlerinage de Lourdes (commencement juillet). Mon retour à Paris est fixé au jeudi 8 juillet.

Du 8 juillet au 17 août, je serai établie à demeure aux environs de Paris ; là, je recevrai tous les jours, l'après-midi, sauf le dimanche, ne m'absentant qu'exceptionnellement pour aller faire en province les deux ou trois conférences qui auraient pu être supprimées lors du premier itinéraire. Encore j'espère bien qu'il n'en sera pas ainsi et que le bon Dieu soutiendra mes forces pendant mes voyages de mai. Dans ce but, je demande à tous mes amis leurs ferventes prières.

Vers le 17 août, aura lieu mon départ d'Europe, et les mois de septembre et octobre seront entièrement consacrés aux conférences des États-Unis et du Canada. L'itinéraire en sera publié en temps utile. Néanmoins, je puis annoncer dès à présent une conférence à Louisville ; cette conférence sera contradictoire. En effet, mes ex-Frères et ex-Sœurs du Kentucky m'ont gardé leur amitié ; les Triangles de Louisville et un grand nombre de la région ont maintenu la doctrine luciférienne dite orthodoxe. Mes anciens amis ont donc consenti à discuter publiquement avec moi à Louisville au sujet de ma conversion, et cette discussion sera certainement dans les termes d'une parfaite cordialité. On avait pensé, d'abord, à un Frère du Triangle *les Onze-Sept* pour prendre la parole au nom des Palladistes américains ; mais, d'après la dernière lettre que j'ai reçue ; le choix s'est arrêté sur un Frère de New-York, afin que la personnalité de l'orateur demeure inconnue pour l'auditoire. J'accepte volontiers cette solution.

Les Palladistes sont d'infortunés aveugles ; ce sont leurs doctrines que j'ai à cœur de combattre, non leurs personnes. J'ai grand espoir, avec l'aide de Dieu, dans les résultats de cette conférence.

J'adresse une proposition semblable aux Palladistes français. Pourquoi ne donneraient-il pas mandat à l'un d'entre eux de dire, avec courtoisie, sans invectives contre la religion catholique, ce qu'ils jugent être la raison de leur croyance ? Si quelqu'un parmi eux se décide, je lui engage ma parole de ne pas révéler son nom ; il pourra exposer son opinion sous son nom palladique, et je lui répondrai. On pourrait réserver la conférence du 6 mai pour ce débat.

Quant à me conférence du 19 avril, elle est principalement réservée à la presse ; son but est, avant tout, la manifestation publique de la vérité en ce qui me concerne, avec lumière aussi sur les manœuvres de ceux qui m'ont combattue, aussi bien les catholiques que les sectaires.

La conférence de Rotterdam sera consacrée exclusivement au Palladisme et à mes faits personnels, sans allusion aux attaques contre moi, puisqu'en Hollande j'ai été assez ménagée. Il n'en sera pas de même à Edimbourg : là, je ne peux pas rester sous le coup du démenti de Mgr Ange Macdonald ; ma conférence sera donc une défense à la fois contre Robert Brown et les Rose-Croix d'Écosse et contre la lettre de l'Archevêque.

Pour les conférences françaises, — sauf celle du 9 avril, — mon intention est de négliger les attaques qui m'ont été prodiguées jusqu'en ces derniers temps par un grand nombre de journaux catholiques. Cependant, si de nouvelles attaques se produisent, je ne pourrai m'empêcher d'y répondre et de batailler avec toute mon énergie.

C'est pourquoi il importe qu'il n'y ait aucune équivoque à cet égard.

Je laisse aux antimaçons de Cherbourg, Royen, Lille, Reims, Nancy, Tours, Bordeaux, Montpellier, Marseille, Lyon et Grenoble, le soin du choix d'un local catholique pour mes conférences dans ces villes. Les comités locaux qui existent déjà ou qui se formeront pour la circonstance sont invités à prendre de préférence le local d'un patronage ou d'un cercle catholique ; je serai à leur disposition au jour indiqué dans l'itinéraire ci-dessus, excepté en cas de trop grande fatigue. Je tiens à ce que partout les entrées soient gratuites ; il est bien entendu qu'à cause des réceptions avant ou après ma conférence mes préférences sont pour le logement à l'hôtel, tous les frais de voyage et de séjour étant à ma charge. Mais voici le point important sur lequel jette veux aucun malentendu : en cas de nouvelles attaques émanant d'organes quelconques de la presse catholique après le 19 avril, j'entends être libre de toutes mes ripostes ; si alors un comité, ayant fait choix d'un local catholique, prétendait m'imposer de faire ma conférence purement et simplement antimaçonnique, je me réserve le droit de ne pas me rendre dans le local choisi, de donner dans une salle neutre ma conférence absolument indépendante, et de distribuer moi-même mes cartes d'entrée.

Espérons que je n'aurai pas à en venir là ; je dois néanmoins tout prévoir. Déjà l'*Univers* insinue que je ne suis qu'une « tireuse de cartes » enrôlée pour la circonstance. M. Eugène Veuillot a écrit (11 mars): « Des impudents pourront trouver et produire en public une gaillarde qui aura ou prendra le nom de Diana Vaughan. » Je hausse les épaules et ne puis que rire du grand architecte de l'*Univers*, perdant à ce point la… boule. Après le 19 avril, si je suis traitée d'aventurière, je n'en aurai nulle émotion ; mais il faut bien admettre que je n'ai pas à respecter qui ne me respecte pas.

D. V.

Cet article était déjà composé, lorsque j'ai reçu une lettre de Rotterdam, proposant la salle du Patronage Saint-Joseph, d'une contenance de 1.200 personnes, et conseillant de fixer un prix d'entrée plutôt élevé que faible. L'ami, mon correspondant, dit que cette salle même ne suffira pas, attendu que déjà l'on se propose de venir de tous les points de la Hollande, et qu'avec le prix des entrées il y aurait sans doute un reliquat qui pourrait être employé à quelque œuvre antimaçonnique. Par là, je vois que mes intentions sont mal comprises.

Le désir de mes amis, à Rotterdam et ailleurs, est de me faire faire un voyage triomphal ; je m'y refuse absolument, car une satisfaction de vanité n'est pas mon but, oh non ! Ce que je veux, est que ma manifestation publique terminée en octobre ou novembre, les adversaires ne puissent pas prétendre qu'il a été impossible aux hommes de foi et de science de m'approcher, de me voir et m'entendre, de s'entretenir avec moi, d'examiner les documents que je possède, et qu'on a assisté à une vraie farce, que des barnums ont promené à grand orchestre la première aventurière venue, ayant bien soin de ne l'exhiber qu'à la foule ignorante des badauds. Je refuse aussi de m'exposer à ce que ma manifestation publique soit traitée d'entreprise à bénéfices quelconques :mes amis auraient beau en verser le produit à des œuvres de propagande ou d'action antimaçonnique, les Veuillot et les Roussel hurleraient quand même à la spéculation ; avez-vous donc déjà oublié la mauvaise foi de ces gens-là en ce qui, concerne le produit de mes droits d'auteur sur mes écrits ?…

Mes conférences en grande salle ne sont nécessaires qu'à Paris, à Édimbourg, à Rome, à New-York et à Louisville. Partout ailleurs, modestes petites salles, et distribution des lettres d'invitation aux seuls personnages dont le témoignage catholique pourra faire autorité, et envoi de dix ou douze invitations aux francs-maçons les plus notables de la région, afin de ne donner à la secte aucun prétexte de négation. Pas de frais de locaux, d'autant plus que je n'ai pas la voix très forte et que je serais obligée de m'arrêter au bout de quatre ou cinq conférences, si j'avais à parler devant de nombreux auditoires. Entrées gratuites partout. Les frais seront donc partout insignifiants, puisqu'ils se réduiront à l'impression d'une centaine de lettres d'invitation en chaque ville.

Que mes amis m'en croient : c'est ainsi qu'il faut que nous procédions. Avec des auditoires d'élite la lumière n'en sera que plus éclatante, et la mauvaise foi la bande Pacelli ne pourra crier au charlatanisme.

———

Tout spécialement je remercie les amis connus et inconnus qui ont prié pour moi en ces derniers jours. Je dois à leurs bonnes prières d'avoir échappé à un péril dont je frémis encore. Je ne puis dire ce dont il s'agit. Toutefois, que mes amis ne croient pas que ce danger se rapporte ni à ma santé ni à la découverte de ma retraite. Le malheur que Dieu, dans son infinie bonté, a écarté de moi, n'est pas dans l'ordre des choses matérielles. Merci encore, et que le secours des prières me soit continué plus que jamais.

D. V.

1. ↑ L'État de New-York, à lui seul, a 1.950 journaux ; l'Illinois, 1.571 ; la Pennsylvanie, 1.422 ; l'Ohio, 1.144 ; l'Iowa, 1.034 ; le Missouri, 961 ; l'Indiana, 819 ; le Michigan, 762 ; le Texas, 698 ; le Kansas, 696 ; la Californie, 674 ; le Massachusetts, 627, etc.

CHAPITRE V

Conflits, propagande et crise finale

———

Ce que le docteur Bataille a raconté au sujet des suites de la mémorable séance du 25 mars 1885 est assez exact dans son ensemble ; des erreurs de date ont été commises, et elles ont été rectifiées par ma lettre qui a été insérée à la fin du *Diable au xixe siècle* ; disons encore qu'un fait de Louisville a été rapporté par le docteur selon une légende, et non conformément à la réalité.

Le 26 mars, les officiers du Triangle Saint-Jacques se réunirent en se déclarant comité secret et eurent la prétention, vraiment exorbitante, de juger mon cas.

La discussion fut longue ; car des difficultés constitutionnelles se présentaient, par le fait de mon initiation au grade de Maîtresse Templière commencée dans un Triangle auquel je n'étais pas inscrite.

Dans la Haute-Maçonnerie, il n'en est pas comme dans la Maçonnerie officielle avouée, où l'Atelier dont on est membre peut seul vous donner une initiation. En palladisme, une fois que l'on a le premier degré, on peut, en acquittant un droit spécial, se faire conférer un grade supérieur dans n'importe quel Triangle ; mais, ainsi que l'a fort bien expliqué le docteur Bataille, si à la suite des épreuves le Triangle dont on a sollicité le grade supérieur refuse de le conférer, celui-ci ne peut qu'ajourner indéfiniment le ou la récipiendaire et n'a pas pouvoir de radiation. En effet, la radiation emporte l'exclusion définitive et complète de la Haute-Maçonnerie ; un Atelier ne peut donc pas priver l'adepte des grades inférieurs qu'il ne lui a pas conférés. C'est pourquoi, dans un cas comme celui qui était le mien, il devient nécessaire de recourir au Triangle qui a donné la première initiation palladique, et c'est à ce Triangle qu'il faut demander la radiation, si l'adepte dont l'initiation supérieure a été interrompue par ajournement est considéré comme étant devenu indigne ou dangereux. Le résultat : c'est le Triangle où l'on est inscrit qui est le seul et légitime juge.

En prétendant me juger, le Triangle *Saint-Jacques*, de Paris, violait la Constitution du Palladium.

Or, voici ce que le docteur Bataille a ignoré : je fus jugée le soir du 26 mars. Et le docteur a ignoré cela, parce qu'il a beaucoup écrit d'après les on-dit, parce qu'il n'a assisté à aucune des séances où j'ai été en cause, parce qu'il n'a jamais eu les pièces en main.

Dans la première réunion du comité secret, on approuva à l'unanimité la décision prise la veille par la grande-maîtresse Sophia ; ce fut à qui la féliciterait d'avoir décrété l'ajournement, qui me mettait en état de suspension. Mais le président B*** estimait qu'il ne fallait pas en demeurer là : selon lui, cette séance d'initiation manquée m'ayant appris des pratiques que j'avais hautement désapprouvées, j'étais devenue tout-à-fait dangereuse ; à son avis, je ne garderais pas un tel secret, « n'étant pas, dit-il, une nature passive ». Ce sont les propres termes dont il se servit. Il déclara qu'il était de toute nécessité de me faire disparaître immédiatement ; sa motion fut adoptée, mais à la majorité d'une seule voix.

Je dois la vie au F▽ Hubert, directeur de la *Chaîne d'Union*, qui fut informé aussitôt de ce qui venait de se passer, par un membre de la minorité du comité secret du Triangle *Saint-Jacques*. Je lui dois la vie, et je suis heureuse de le déclarer publiquement. S'il veut me faire l'amitié d'accepter un fauteuil à la conférence du 19 avril, j'aurai grande joie à lui dire, devant les représentants de la presse, qu'il n'a pas obligé une ingrate.

Le F▽ Hubert n'est certes pas un méchant homme, et quelques uns l'ont fait noir bien à tort. Il a une très grande importance dans la Maçonnerie, surtout à cause de ses connaissances hautes et très étendues. Quand le Palladisme fût établi en France, il fut un des premiers adhérents, lui, le vieil ami de Ragon et de Pike ; il était parfait initié, sans qu'il fût utile de l'admettre à aucune épreuve. Est-il sataniste ? Je ne le crois pas ; je n'ai entendu dire nulle part qu'il ait jamais poignardé une hostie. Il est, évidemment, luciférien, puisqu'il est un des chefs de la Haute-

Maçonnerie en France, puisqu'il a un daimon-protecteur, le génie Arkathapias, terrible favori de Moloch, puisqu'il est assez fréquemment l'objet de manifestations surnaturelles. Mais il faut lui rendre cette justice : il n'a jamais mis son influence au service de l'école carduccio-waldériste, dont les infernales pratiques ont fait tant de ravages dans les Triangles français. En outre, il est bon patriote ; il l'a montré, lors de l'incident de la conférence Trollet à la Loge *le Globe,* de Vincennes ; il est loin d'être favorable à Lemmi, dont il n'a pas craint de blâmer la gallophobie maintes fois en plein Atelier. Son erreur est complète, mais douce ; absolue pour lui, mais tolérante à l'égard des autres, et ce sont les autres qu'il croit aveugles.

Personne, mieux que lui, ne réalise le type du sorcier bon enfant, si l'on peut s'exprimer ainsi. C'est un homme de bonne compagnie, serviable, brillant par des qualités d'excellent diplomate, d'un désintéressement remarquable, d'une cordialité franche, n'ayant pas la moindre haine contre ses adversaires, pardonnant volontiers les torts qu'on peut avoir eus envers lui, et intervenant chaque fois qu'il peut dans les querelles pour apaiser et aider à la réconciliation. Disons le mot de la langue française : le F▽ Hubert est un brave homme, tout-à-fait, sans restriction. C'est un malheur, vraiment, qu'il soit dans l'erreur du Palladisme. Espérons que la grâce de Dieu le sauvera, que la lumière du Rédempteur l'éclairera avant sa dernière heure ; on sait quels miracles ont été accomplis, souvent les plus inattendus, souvent bien tard !…

À la lecture de ce portrait, le Père Portalié bondira sans doute et s'écriera que je m'attache à montrer que des lucifériens peuvent avoir des vertus ; ce jésuite, qui excelle à se contredire, m'applaudirait si mes écrits accusaient les francs-maçons d'être tous pourris de vices. Heureusement, je ne m'émeus guère de son blâme, et je serais désolée d'avoir eu l'approbation d'un homme dont la polémique restera comme un des plus étonnants spécimens de la mauvaise foi.

Dût-il bondir plus haut encore, j'ajouterai que le F▽ Hubert est une preuve vivante des prestiges de Lucifer en ce siècle ; car il jouit du don de bilocation. Non pas une fois, mais plusieurs, il lui est arrivé de se trouver en des différents endroits en même temps. Et que l'on ne dise pas que je prêche ici le luciférianisme : ce que j'ai admiré autrefois pensant dans le sens palladique ; aujourd'hui je le comprends en chrétienne ; il est évident que c'est le démon qui prend la forme du F▽ Hubert pour le faire paraître en plusieurs lieux à la fois. Sept ou huit cas de bilocation du F▽ Hubert sont relatés aux procès-verbaux de la Mère-Loge *le Lotus de France, Suisse et Belgique.*

Le F▽ Hubert fut donc informé de la décision prise par les officiers du Triangle *Saint-Jacques*. Inopinément, il se présenta à la réunion dans laquelle on devait examiner les moyens de me faire disparaître et procéder au choix d'un ou plusieurs ultionnistes.

Sa situation de grand-maître provincial pour la Province Triangulaire n°52 lui ouvrait toutes portes.

Étant tout l'opposé d'un homme sanguinaire, mais voulant néanmoins faire prévaloir sa charité en s'appuyant sur les règlements, il exerça très habilement soit de *veto* sans se compromettre :

— Je m'oppose de façon absolue, dit-il, à l'exécution de la Chevalière Masanec ; vous n'avez même pas le pouvoir de voter sa radiation. C'est au Triangle *les Onze-Sept*, de Louisville, seul, qu'il appartient de se prononcer, et c'est à cet Atelier du Rite Suprême que vous devez adresser un rapport des faits. Les prescriptions de la Constitution sont formelles.

Et il leur lut la Constitution, en faisant le plus grand éloge de la divine sagesse qui l'avait inspirée.

Il réussit ainsi à calmer les impatients, et, sans aborder le fond de la question, en se cantonnant sur le terrain des règlements, toujours doux et souriant, parlant comme un bon papa qui ne veut pas la discorde dans sa famille, grondant paternellement le président B*** et la grande-maîtresse Sophia, il se retira en disant qu'il me couvrait de sa protection.

Ai-je raison de dire que je dois la vie au F $\triangledown$ Esprit Hubert ?... Il savait fort bien, j'en ai la conviction, qu'au Triangle *les Onze-Sept*, fondé par mon père, je ne comptai que des amis. Grâce à lui, les *Saint-Jacques* furent obligés de revenir sur leur décision ; un rapport au Triangle de Louisville fut rédigé, séance tenante. Je n'ai pas besoin d'insister pour dire que je n'y étais pas ménagée : ma radiation immédiate y était demandée expressément, comme une absolue nécessité qu'aucun palladiste ne pouvait méconnaître.

Quant à moi, tenue au courant, non par le F▽ Hubert, mais par une Sœur officière du Triangle *Saint-Jacques*, je quittai Paris et la France sans perdre de temps, et quoique les affaires de famille qui m'avaient amenée en Europe ne fussent pas complètement réglées ; j'arrivai à Louisville en même temps que le rapport de mes adversaires.

Le *Courier-Journal*, de Louisville, a dit récemment quelle était l'importance du Triangle *The Eleven-Seven* (les Onze-Sept) du vivant de mon père et quelle extension il n'a cessé de prendre[1]. À cette époque, il n'avait pas moins de 500 membres actifs.

Dès mon arrivée, une réunion fut convoquée ; elle eut lieu le 16 avril, en Parfait Triangle, c'est-à-dire que seuls y assistèrent les initiés qui avaient le grade de Mage Élu. Le grand-maître N. P., qui avait succédé à mon père, présidait.

Ce que je dis a été rapporté exactement.

Le grand-maître des *Onze-Sept* fit donner lecture de la dénonciation du Triangle parisien et me demanda si je reconnaissais les faits.

Je répondis affirmativement, et je développai mon appréciation. « Je suis une luciférienne vraie, dis-je en substance, une luciférienne de cœur et de raison. » je fis allusion au Baphomet, sur lequel mon oncle m'avait donné des explications ; car je ne lui avais pas caché, à mon retour, ma surprise au sujet de cette grossière icône. « Chers

Frères, dis-je, vous avez adopté cette image comme un symbole sacré, et ce n'est pas le moment de discuter à cet égard. Mais vous n'ignorez pas que les adonaïtes prétendent que ce symbole est un vain simulacre, et pourtant, si une de ces représentations de la divinité naturelle tombait entre leurs mains, ils la mettraient en pièces avec fureur. Ce serait là une contradiction d'opinion ; car on ne se met pas en

colère contre ce que l'on pense n'être rien, n'être qu'une inerte matière. Laissons donc les folies aux adonaïtes, et ne les imitons pas. Propageons la vérité per une action lente, douce et sûre ; tirons peu à peu les profanes de l'ornière de l'erreur ; c'est ainsi que nous établirons progressivement le culte du Dieu-Bon sur tout le globe, c'est ainsi que nous amènerons les peuples à nous. Mais pas de violences absurdes ! pas d'insanités chez nous qui prêchons la logique et le bon sens ! »

Avec grande amitié, le F▽ N. P. me dit que mon principal tort avait été de demander au Triangle *Saint-Jacques* l'initiation au grade de Maîtresse Templière, et que, lorsque la proposition me fut faite, j'aurais dû ne pas me hâter et, d'abord, consulter mes amis de Louisville. Il ajouta que je mettais, par cela, le Haute-Maçonnerie palladique dans un immense embarras. Il ne désapprouvait pas ma manière de voir, en ce qui concernait les profanations d'hosties ; mais il dit que, si chez les *Onze-Sept* ces pratiques n'étaient pas en usage, c'est parce qu'au Kentucky le palladisme se recrute exclusivement chez les protestants, qui ne croient pas à l'Eucharistie. À son avis, ce qui est inutile pour une récipiendaire n'ayant jamais cru à la présence réelle du Dieu des catholiques dans l'hostie, n'est pas une épreuve à négliger, quand il s'agit

d'une récipiendaire élevée dans les croyances du catholicisme romain. On avait donc eu tort, selon lui, de ne pas tenir compte, à Paris, de l'éducation que j'avais reçue ; mais j'étais allée trop loin en ne pas donnant aux *Saint-Jacques* une satisfaction qui aurait dû n'avoir pour moi aucune importance.

En somme, le grand-maître était fort ennuyé, fort perplexe ; il m'aimait bien et ne voulait pas se déclarer contre moi, ni blâmer officiellement les *Saint-Jacques*.

Cependant, il fallait se prononcer sur la requête du Triangle parisien ; ma radiation était énergiquement demandée.

Moi, non seulement j'entendais demeurer palladiste, mais encore je réclamais ma proclamation comme Maîtresse Templière, attendu, dis-je, que j'avais prêté mon serment me vouant à Lucifer et que je n'en rétractais pas un mot.

Une discussion s'engagea entre les Mages Élus de Louisville. Le F▽ N. P. avait un rival qui avait convoité la succession palladique de mon père, et quelques uns étaient ses partisans. Le grand-maître était d'avis de ne pas me radier, mais de renvoyer le vote à trois mois, dans l'espoir que, par mon oncle, on me déciderait à donner ma démission : au moyen de cette solution, pensait-il, tout serait sauvegardé ; les *Saint-Jacques* n'insisteraient plus, et mes amis de Louisville me garderaient amitié dans tes relations profanes. Plus tard, quand l'émotion que j'avais causée à Paris se serait apaisée, on obtiendrait un décret d'Albert Pike, et on me réintégrerait. Mais, par esprit d'opposition à N. P., son rival R. T. combattit cette proposition et parla vivement en faveur d'un vote immédiat. Moi, je voulais aussi qu'on en finît tout de suite, et encore une fois je réclamai mon maintien et ma proclamation.

Alors, on me lut l'article 327 de la Constitution, en vertu duquel l'Atelier palladique, qui a commencé une initiation à un grade quelconque et qui l'a interrompue, peut seul, s'il y a lieu, c'est-à-dire si le récipiendaire est enfin reconnu acceptable, reprendre le cérémonial et donner la consécration d'abord refusée.

À cela je ne pouvais rien répondre ; ma contrariété était des plus vives.

Un premier vote, à mains levées, repoussa le renvoi à trois mois. La situation devenait inextricable ; en effet, presque tous étaient, au fond, contre la radiation, et les quelques uns qui inclinaient à donner satisfaction à la requête des *Saint-Jacques* ne m'étaient pas hostiles, à moi personnellement ; mais leur but était de mettre N. P. dans une fausse position, puisque, sans donner un blâme absolu à la requête, il avait dit qu'il fallait néanmoins l'écarter ; et, s'ils avaient réussi, N. P. aurait été moralement obligé de démissionner comme grand-maître et de céder la place à leur candidat R. T.

Je sentais bien que je courais le risque d'être victime d'une intrigue qui ne me visait pas. La réunion était dans une confusion inexprimable. On ne savait à quel parti s'arrêter. J'observais tout, sans rien dire, maintenant, prête à un coup d'éclat. En moi-même, je me disais : « Je vais être sacrifiée avec les plus belles guirlandes de roses, si je ne m'impose pas à eux ; non seulement je ne dois pas faiblir, mais il me faut les dominer ! »

Enfin, le F▽ R. T., énervé, dit :

— Le scrutin ! le scrutin !

— Quel scrutin ? fis-je en bondissant… Le scrutin secret ?… Vous oseriez voter au scrutin secret ?

— C'est la règle, répondirent quelques voix.

Je m'élançai vers l'urne, je me plaçai devant, et je m'écriai :

— Ce que vous allez voter, c'est mon maintien ou ma radiation ; il n'y a pas d'autre solution possible… Allons ! que chacun ait le courage de son opinion !… Je ne veux pas des fleurs dont vous vous proposez de me couvrir, tout en adoptant les conclusions de la requête du Triangle *Saint-Jacques*… Non, mes Frères, pas de milieu ou la radiation, avec sa signification de désapprobation complète, ou mon maintien, qui seul prouvera que vous m'aimez !… Quand il s'agit de voter sur l'expulsion imméritée de la fille du fondateur de ce Triangle, les sentiments de chacun doivent se montrer en pleine lumière… Que ceux qui sont contre moi prennent donc la responsabilité de leur vote à front découvert !... Je demande au grand-maître d'inviter les Frères qui veulent ma radiation, à lever la main.

— La règle du scrutin secret n'est pas absolue, dit le F▽ N. P... Que les Frères qui sont d'avis d'adopter les conclusions de la requête du Triangle *Saint-Jacques,* orient de Paris, tendant à la radiation de la Chevalière Masanec, veuillent bien lever la main.

Pas une main ne se leva.

Alors, je me sentis toute émue ; le grand-maître l'était aussi. Je me jetai dans ses bras. En l'embrassant, j'embrassais tous mes Frères de Louisville.

(La suite au prochain numéro.)

Diana Vaughan

Le fascicule n°22 paraîtra le 15 avril.

Un de ses articles sera consacré à l'abbé Garnier.

On y verra également un document démontrant le palladisme de M. Paul Rosen sous le nom de Moïse Lid-Nazareth.

---

1. ↑ Au Kentucky, pays de ma famille paternelle, on a bien ri, parmi les protestants, des doutes semés en Europe sur mon existence. Le *Courier-Journal*, quotidien, qui est le principal organe du parti démocratique au Kentucky, qui est le premier journal de Louisville, a consacré plusieurs articles au Palladisme dans l'Union et, en particulier, dans l'État. À la suite des premières notes me concernant, le rédacteur en chef a en une

entrevue avec le sociétaire du Triangle, habitant la ville même. Ce Frère, qui est un important commerçant, m'a écrit que le journaliste fut fort surpris, lorsqu'il reçut sous le sceau du secret la confidence qu'il était palladiste ; c'est par cet ami intime de ma famille que le *Courier-Journal* eut les renseignements complémentaires qu'il a publiés dans son numéro du 14 janvier 1897. L'ami secrétaire n'a commis qu'une erreur : il a cru, ainsi qu'on l'a répété à mon oncle, que je suis actuellement dans un couvent ; mais tout le reste de sa communication est exact.

M. Tardivel, dans la *Vérité*, de Québec (n° du 20 mars), vient de donner quelques extraits de ce second article, lequel ne tient pas moins de 188 lignes de petit texte dans les colonnes du *Courier-Journal*.

Voici les passages cités par M. Tardivel : « L'article publié dernièrement dans le *Courier-Journal* au sujet de Diana Vaughan, qui habitait autrefois Louisville, et qui s'est convertie des doctrines du Luciférianisme ou Palladisme à celles du Catholicisme a fait quelque bruit parmi les habitants de Louisville, qui ne sont pas au courant des étranges croyance des Lucifériens… Un des principaux palladistes nous disait hier qu'il y a 3,000 personnes à Louisville qui croient au Palladisme… Il y a un demi-million de palladistes en ce pays (les États-Unis), dit-il, et à l'époque où le père de Diana Vaughan, le Triangle de Louisville, les *Onze-Sept*, était le plus célèbre de l'univers. Le Triangle *Phébé-la-Rose*, de New-York, n'est venu qu'en second lieu… Quelques uns des parents de Diana Vaughan habitent encore cette ville ; mais il ne m'est pas permis de dire leurs noms… J'ai connu Miss Diana Vaughan intimement, pendant sept ou huit ans, pour l'avoir rencontrée dans les sociétés secrètes en Europe et à New-York. J'ai eu avec elle mes dernières entrevues au Louisville-Hôtel, en cette ville, et dans un autre endroit de cet État en 1894. Elle est maintenant dans un couvent de France. » En outre, le F▽ Secrétaire des *Onze-Sept* a formellement confirmé que « l'esprit Asmodée était l'ange palladique de Diana Vaughan. »

De son côté, la *Revue Catholique*, de Coutances (n° du 26 février 1897), a cité aussi l'article du *Courier-Journal* et dit ceci, très exact : « Nous savons, d'autre part, que Miss Diana Vaughan a reçu communication de cet article et qu'elle a déclaré savoir gré à son ex-Frère en palladisme de n'avoir pas cité des noms ; en dehors de son oncle paternel, les quelques parents qu'elle a au Kentucky appartiennent à la descendance de sa grand'mère paternelle, qui se remaria ; ils sont, par conséquent, d'un degré éloigné et ne portent pas le même nom ; mais ils sont tous palladistes. Elle n'a aucun lien de parenté, a-t-elle déclaré encore, avec le docteur Vaughan, maçon du Rite Écossais, non palladiste, bien connu au

Kentucky. »

Très utile à reproduire encore, cette statistique absolument exacte donnée par la *Revue Catholique*, de Coutances :

« Les lecteurs français s'étonneront de ce chiffre d'un demi-million de palladistes aux États-Unis ; ils croiront à une exagération due à la vantardise du luciférien interviewé par le *Courier-Journal*. Il est donc utile de rappeler que les sociétés maçonniques pullulent dans l'Amérique du Nord.

« Le *World-Almanac*, qui se publie à *New-York*, donne la statistique actuelle de celles de ces sociétés qui ne cachent pas leur existence. Les chiffres, publiés officiellement pour cette année 1897, sont effrayants.

« Aux États-Unis, les francs-maçons de la juridiction des diverses Grandes-Loges sont 785,945, dont 18,000 au Kentucky. Les affiliés à la Royale-Arche, 167,881. Le Rite Écossais publie en tout sept noms de hauts chefs, mais ne fait pas connaître son effectif, qui est pourtant considérable. Les Chevaliers Templiers, dont le grand-maitre, le F∴ Thomas Warren La Rue, réside à Maysville (Kentucky), ne sont pas moins de 106,670. Les Nobles du Mystique-Autel (*Nobles of the Mystic-Shrine*), rite luciférien musulman, dont l'Hiram est le calife Ali, cousin de Mahomet, sont 42,000. L'Ordre des Sœurs de l'Étoile d'Orient, sorte d'Académie de Sœurs Maçonnes de New-York et Brooklyn, compte 10,000 dames et demoiselles. L'Ordre androgyne des Bons Templiers Indépendants, qui se recrute dans les Loges Symboliques et les Chapitres de Royale-Arche, accuse le total de 403,849 Frères et Sœurs âgés de plus de 21 ans, et 169,804 jeunes filles (la juvénile-branche). Les Fils de la Tempérance, récemment excommuniés par le Saint-Siège, sont 23,159. Les Chevaliers de Pythias (fondation d'Albert Pike) atteignent le chiffre formidable de 464,559, dont 5,834 au Kentucky ; ils sont 21,000 à New-York. L'ordre du Royal-Arcanum, dont le Suprême Conseil siège à Boston, a un effectif de 188,818 membres, dont près de 20,000 Mages de la dernière initiation. L'Ancien Ordre des Travailleurs Unis, 361,562 membres. L'Ordre des Macchabées, 241,000. Les Modernes Forestiers d'Amérique, 200,000. Les Chevaliers et Dames de l'Honneur, 81,000. Le Parfait Ordre des Hommes-Rouges, 173,000. Les Royaux Templiers de la Tempérance, 20,000. Les Chevaliers de l'Aigle d'Or, 59,224. Les Travailleurs de l'Univers, 69,966, etc., etc., etc. Quant aux Odd-Fellows, il atteignent aux États-Unis le nombre de 798,607, pour la juridiction de la Souveraine Grande Loge, et 118,500 pour la juridiction de l'Ordre Uni (hommes de couleur, c'est-à-dire Nègres), les Patriarches odd-fellows nègres, initiés du plus haut grade se livrant à toutes les pratiques de la sorcellerie, sont 2,100. Dans la juridiction de la Souv∴ G∴ Loge, les Patriarches-Mages sont 15,428, et lus Sœurs Rébecca, 143,251. L'Ancien Ordre Uni des Druides compte 15,000 membres. L'Ordre indépendant des Réchabites a 3,200 hauts-initiés américains, qui dirigent 231,800 membres sur le globe. Les loges juives ont trois groupements principaux : les B'naï-Bérith indépendants, 31,750 ; les B'naï-Bérith Perfectionnés, 2,454 ; les Bérith-Abraham, 11,426.

« Quand on connaît ces chiffres, on comprend aisément que le nombre d'un demi-million de palladistes, indiqué pour les États-Unis, n'a rien d'exagéré ; attendu que les lucifériens se recrutent au milieu de toutes ces sociétés anticathollques dont on vient de lire l'énumération. »

SAINT-OFFICE. — Sur le fait de savoir si mes ouvrages ont été ou seront déférés au Saint-Office, les bruits qui courent en Italie sont des plus contradictoires. J'ai eu les échos de ces différentes rumeurs. Un éminent religieux, en relation avec les plus hautes autorités de l'Église, m'affirme que ce sont-là de faux bruits, ne reposant sur aucun fondement. Par contre, on répète avec persistance que le R.P. Portalié a fait parvenir au Saint-Siège une dénonciation en règle contre mes publications.

Jusqu'à présent, je n'ai reçu aucun avis officiel.

Néanmoins, je maintiens l'appel à mes amis, inséré dans le fascicule n° 17, page 543. Je remercie cordialement ceux de mes abonnés qui y ont déjà répondu, et je prie tous de me continuer des communications de ce genre. Toute indication de fait de surnaturel diabolique m'est extrêmement précieuse, *étant relevée dans un ouvrage revêtu de l'approbation ecclésiastique* ; et son prix est d'autant plus grand, que le fait signalé appartient à la catégorie de ceux que les négateurs du surnaturel déclarent les plus invraisemblables, les plus impossibles. Que mes amis ne se lassent pas de compulser, pour m'aider, les livres de leur bibliothèque. Il suffit, je le répète, de m'indiquer la page où se trouve le fait extraordinaire, en citant exactement le titre de l'ouvrage, le nom de l'auteur, celui du libraire-éditeur, ainsi que la ville et la date de publication.

Si ces renseignements n'ont pas lieu d'être utilisés pour mon Mémoire au Saint-Office, dans le cas où aucune procédure ne serait ouverte contre mes écrits, leur réunion servira, après un classement selon un excellent plan qui m'a été envoyé par un théologien, à constituer un dossier du surnaturel diabolique, œuvre d'incontestable nécessité en ces temps de lutte des champions de la foi contre les aveugles suppôts du matérialisme. Ainsi, rien ne sera perdu. Le Congrès de Trente a appelé la femme à l'action militante contre Satan et les sectes. Armez-moi, armez-moi, mes amis, pour la sainte croisade, afin que nous attaquions l'ennemi dans toutes les forteresses où il se retranche, sur tous les points où il travaille à la perte des âmes !

À Miss Pike et à M. Roome.

Mademoiselle,
Monsieur,

Vous avez pris la parole, l'un et l'autre, dans les derniers jours d'août 1896, pour m'attaquer avec violence sous prétexte de défendre la mémoire d'Albert Pike. Le *Cincinnati Cronicle* a publié, d'abord, une interview de M. William-Oscar Roome, caissier de la Banque nationale de l'Ohio ; ensuite le *Washington Post* a publié une lettre de Miss Liliana Pike.

Vous, Monsieur Roome, vieil ami d'Albert Pike, vous avez déclaré ceci à l'envoyé du journal de Cincinnati :

« Prétendre qu'Albert Pike était le souverain pontife des Palladistes, cette secte qui adore Lucifer comme l'Être Suprême, c'est un outrage à la mémoire d'un homme de bien. J'ai connu Albert Pike aussi bien et aussi intimement qu'aucun homme de ce pays. Je n'ai jamais entendu dire qu'il eût aucune relation avec la secte des Palladistes. J'ai connu ses opinions religieuses aussi bien que n'importe qui, et je l'ai entendu lui-même dire qu'il croyait en un Dieu qu'il n'était pas insensé de prier, qu'il croyait à l'immortalité de l'âme et à une vie future. Je l'ai entendu parler des manifestations des morts, et personne de ceux qui l'ont fréquenté ne peut douter de ses croyances d'homme religieux. La religion d'Albert Pike était suffisamment bonne pour que n'importe qui la professant pût vivre et mourir avec une parfaite sérénité de conscience. J'ai chez moi une quantité considérable de ses lettres et un certain nombre de manuscrits qu'il n'a pas eu le temps d'imprimer ; quiconque consentirait à les lire y verrait apparaître les sentiments profondément religieux de mon ami ; le nom de Lucifer n'y est jamais écrit ; quoique n'ayant pas de la divinité la même conception que les catholiques romains, Albert Pike adorait le Dieu souverainement bon, que tout homme sensé doit reconnaître comme le principal et sublime ouvrier de la création des mondes, l'organisateur de l'univers, le suprême père, ami et protecteur de l'humanité, qui lui doit l'intelligence et la raison.

« Si vous avez l'intention de réfuter l'attaque de Diana Vaughan contre Albert Pike, vous ne sauriez le faire trop vigoureusement.

« Cette femme avoue qu'elle a été grande-prêtresse des adorateurs du diable ; mais cet aveu devait demeurer personnel, et lorsqu'elle dit qu'elle était sous les ordres d'Albert Pike, elle ment. Depuis longtemps, nous la savons dans un état d'esprit dont un bon médecin pourrait seul la guérir ; elle s'est convertie au catholicisme, il y a un an. Voici l'histoire : elle s'est rendue à Paris, et je crois que c'est en France que sa conversion s'est faite ; elle a causé d'abord une grande consternation parmi les Palladistes d'Europe en publiant, sous forme de *Mémoires*, un exposé de leurs pratiques diaboliques. En Europe, ces Palladistes ont un chef, qui ont M. Lemmi, ami du célèbre Crispi ; mais Albert Pike n'eut jamais aucune relation avec ce Lemmi, vous pouvez le dire. Quand Diana Vaughan commença sa publication, Lemmi en faisait acheter et détruire tous les exemplaires, et la malheureuse folle s'irritait de ne pouvoir répandre sa doctrine dans le public. C'est dans son exaspération qu'elle s'est convertie au catholicisme, et alors ses écrits ont échappé à la vigilance du vicaire de Satan : les catholiques propagèrent ses aveux, le Pape lui envoya sa bénédiction par le premier de ses cardinaux.

« Il y a dans ces *Mémoires* une grande partie technique et sans intérêt, excepté pour ceux qui s'intéressent à l'ancien Ordre de la Rose-Croix socinienne, et de plus beaucoup de matière consacrée à la description des cérémonies religieuses, peu propre à être publiée. Tout cela est sans aucun intérêt, en ce sens que ces divulgations représentent un état d'âme qu'il est impossible d'attribuer à une personne saine d'esprit, dans notre dix-neuvième siècle si éclairé ; mais un tel état d'âme s'explique, quand on connaît certaines dispositions maladives de la personne. Diana Vaughan croit à ces manifestations surnaturelles, aujourd'hui qu'elle est catholique, comme elle y croyait quand elle appartenait à la secte des Palladistes ; son esprit troublé admet cette seule différence, que ce qu'elle croyait divin autrefois, elle le considère aujourd'hui comme l'œuvre du diable. Sa famille, toute composée d'honorables protestants du Kentucky, se vit obligée de la faire interner dans une maison de santé, il y a six ou sept ans ; au bout de quelques mois, on la crut guérie ; ses nouvelles aventures prouvent que la cure fin trop incomplète.

« On ne sait pas au juste où Diana Vaughan réside ; mais nous avons des raisons de croire que c'est dans un couvent français ou dans une campagne des environs de Paris. Aucun des amis d'Albert Pike ne peut comprendre quel intérêt la pousse à introduire ce nom si respecté dans ses aveux d'ancienne prêtresse du diable. Elle est excitée, sans doute, par des moines fanatiques ; il se peut encore, comme on nous l'a écrit, qu'elle soit exploitée par une association composée de deux hommes méprisables, celui qui la tient séquestrée, dit-on, dans sa campagne, et un ancien franc-maçon renégat, qui est le dernier des hommes. La pauvre femme a été accaparée ainsi ; mais, dans sa folie, il faut faire la part de la bonne foi, en ce qui concerne les manifestations surnaturelles dont elle s'imagine avoir été le témoin et l'instrument, et la part de la mauvaise foi, en ce qui concerne le rôle qu'elle attribue à mon regretté ami Albert Pike. Comme elle est orpheline et majeure, ses derniers parents, résidant dans l'Union, n'ont aucun pouvoir sur elle ; le seul qui pourrait avoir quelque autorité est son oncle, un vieillard qu'elle a lassé, qui désire mourir en paix et qui a refusé d'intervenir en aucune façon.

« Voilà toute la vérité sur la conversion de Diana Vaughan ; vous voyez, par tout cela, que c'est une folle, dont on rirait si elle ne parlait que d'elle, mais qui est assez dangereuse, puisque la calomnie contre des hommes s'ajoute à ses rêves de diables. Enfin, ceux qui se servent de Diana Vaughan par fanatisme ou qui l'exploitent par intérêt sont encore plus coupables qu'elle. »

Monsieur Roome, vous savez que ce que vous avez dit là est un tissu de mensonges, y compris ma cure chez le docteur John Miller, à la suite d'une chute de cheval, que vous transformez en internement dans une maison d'aliénés. Vous qui m'aviez montré tant d'amitié, quand je revins aux États-Unis après ma première démission, vous, le fondateur du Triangle de Columbus, le premier de l'Ohio, qui a préféré se dissoudre plutôt que d'obéir à Lemmi, vous qui n'ignorez pas que, loin d'outrager la mémoire d'Albert Pike, je prie et fais prier pour son âme, vous êtes le dernier de mes ex-Frères que j'eusse soupçonné capable de mentir si audacieusement ! Et dans quel but, grands dieux ? Pour tenter de séparer le Palladisme, maladroitement renié, de la Franc-Maçonnerie officielle, dont vous ne dites pas un mot, afin de mieux la servir, vous, trente-troisième et grand auditeur du Suprême Conseil de Charleston !

Patience ! Nous réglerons ce compte, lors de ma conférence à Washington.

Vous, Liliana, dans la lettre au *Washington Post*, où vous prodiguez les citations d'écrits publics de votre père, pour établir qu'il était spiritualiste, et non athée, — ce que personne ne conteste. — vous m'attaquez avec plus de violence encore que le F▽ Roome.

Vous écrivez :

« La calomnie de Diana Vaughan est si absurde et si monstrueuse, qu'il serait inutile de la réfuter, si tous avaient connu mon père ; mais des personnes crédules qui ne l'ont pas connu pourraient croire qu'elle repose sur quelque fondement... Que Diana Vaughan ait pu croire à ces produits de son esprit malade (les manifestations surnaturelles des Triangles), c'est possible, spécialement après un régime de jeûne, de veilles prolongées et d'infusions de graine de chanvre ; mais une personne qui est capable d'écrire délibérément un mensonge pernicieux calcule bien dans sa folie...

« Diana Vaughan cherche évidemment à jeter du discrédit sur le Rite Écossais en l'identifiant avec sa secte diabolique imaginaire et en attaquant le caractère du grand législateur de ce Rite, le Moïse qui a conduit les membres de l'Ordre de la terre d'esclavage, à travers le désert, à la Terre Promise. Je laisse cela aux Maçons mieux renseignés que moi et dont c'est le devoir de défendre leur Ordre ; mais l'honneur de mon père, c'est un dépôt sacré pour moi, et, tant que je vivrai, je le défendrai.

« Si cette femme n'avait enfreint le commandement de Dieu : « Tu ne porteras pas faux témoignage contre ton prochain », qu'au détriment des vivants, elle aurait mérité d'être condamnée, mais quel châtiment serait trop rigoureux pour cette calomniatrice des morts, pour cette goule qui profane les tombeaux ? » (*but what punishment would be too severe for one wbo maligns the dead, for this goul who desecrated the grave ?*)

Ah ! Liliana, qu'ils sont loin, les jours où vous me donniez le doux nom d'amie !... Et comment pouvez-vous oser travestir mes intentions de révélatrice au sujet de votre père ?... Je le plains, depuis le jour où la lumière s'est faite en mon âme ; je dis hautement qu'il ne crut jamais adorer Satan.

Soit ! Nous discuterons tout cela en public, à Washington.

En vain, vous prétendez que votre père ne vint pas à Charleston le 8 avril 1889. Dans vos douze lignes de démenti, vous ne citez aucune preuve ; vous niez purement et simplement. Vous dites que, durant toute cette année 1889, votre père ne quitta pas une seule fois Washington.

Ô trop oublieuse Liliana ! le F▽ Webber n'a pas détruit tous les exemplaires du *Bulletin du Suprême Conseil de Charleston* ! Nous pourrons donc vous montrer quelques preuves, quoique le compte rendu de ma présentation à Lucifer ne s'y trouve pas.

Et si le Palladisme n'est pas maçonnique, pourquoi les francs-maçons de Charleston, vos Frères, ô S▽ Liliana Pike, conservent-ils et honorent ils-le Baphomet ? pourquoi m'avez-vous fait don de votre portrait, où vous êtes accoudée auprès du Baphomet ? Voilà un document que vous ne pouvez nier ; la dédicace à votre « chère Diana Vaughan » est écrite en entier de votre main et signée de votre signature « Lilian Pike ».

Encore un souvenir, pour rafraîchir votre mémoire. Vous avez donc oublié la photographie que fit, dans son jardin, à Charleston, le F ▽ Nathaniel Levin ? Je l'ai aussi cette photographie, où votre père et mon oncle sont debout derrière vous et moi, nous deux assises, vous la main appuyée sur mon épaule.

Allons, Liliana, vous avez tort de vous mettre en frais de négations. Vous m'obligez à me défendre contre vous, et je vous assure qu'il m'en coûte beaucoup.

Enfin, Roome et vous, vous n'avez pas eu l'adresse de vous mettre d'accord pour me contredire ; c'est vous qui avez contradiction entre vous deux, et la contradiction la plus pitoyable !

Le diable se laisse souvent prendre en faute, mes pauvres amis.

D. V.

ÉTRANGE MUTISME. — M. Eugène Veuillot garde un complet silence sur ce que j'ai révélé au sujet de son rédacteur romain ; voir, notamment le fascicule n°18, pages 545-549. Le grand architecte de l'*Univers* est gêné de ce que j'ai montré le franc-maçon qui se cache derrière les mystérieuses trois étoiles, signature des correspondances de Rome, publiées par le journal de la rue Cassette.

Il faudrait pourtant répondre, vous, le monsieur qui sommez si bien les autres de s'expliquer !… J'ai dit et je répète que votre rédacteur romain n'est autre que le F∴ Jean-Baptiste Vuillaume, l'agent-principal de la maçonnique Agence Stéfani, notoirement acquise à Nathan et à Lemmi. Votre rédacteur romain écrit les lettres, qu'il vous envoie, dans l'officine même dont le directeur est un juif franc-maçon et dont le sous-directeur, franc-maçon comme ses deux compères, est en outre un prêtre apostat, l'ex-abbé Casalegno. Voilà d'où sortent vos correspondances de Rome, M. Eugène Veuillot. Je mets les points sur les i, et vous n'osez pas démentir ; car vous pouvez tromper vos lecteurs français, mais vous savez bien que personne de Rome ne démentira ce que j'écris là et qui est de notoriété publique dans la Ville-Sainte.

La *Vérité*, de Paris, n'ose pas nier non plus, quand j'arrache le masque de son correspondant romain, le soi-disant Bertrand de Saint-Georges. Je vais mieux préciser encore. Ce pseudo Bertrand se nomme, en réalité, Joseph Vetter ; il est de Molsheim (Alsace) ; il n'a jamais opté pour la France, il ne s'est jamais fait naturaliser français ; en toute occasion, il se vante d'être allemand.

Est-il franc-maçon, comme son collègue Vuillaume ? C'est plus que probable. Il est familier de l'apostat Casalegno ; ses relations amicales avec les maçons les plus forcenés sont notoires à Rome. Entre autres, il fréquente intimement le comte Antonio Mastaï-Ferretti, petit-neveu dégénéré de Pie IX, lequel est un F∴ avéré et qui publie *contre le Vatican* un pamphlet hebdomadaire d'une rare violence intitulé l'*Intransigente*.

En même temps que, sous le faux-nom de Bertrand de Saint-Georges, il collabore à la *Vérité*, de Paris, M. Joseph Vetter est le correspondant de l'*Indépendance Belge*, de Bruxelles, — qui n'est pas précisément un journal catholique, n'est-ce pas ?

M. Auguste Roussel voudrait-il avoir la bonté de dire à ses lecteurs si ce que j'avance au sujet de son correspondant romain n'est pas rigoureusement exact ?

Lettre édifiante du sire Margiotta.

M. Léo Taxil vient de retrouver une lettre de M. Margiotta, lettre qui vaut son pesant de diamant !...

On n'a pas oublié les grandes révélations du chevalier calabrais, voulant renchérir sur les mystifiantes déclarations du Dr Bataille ; on sait avec quel empressement l'*Univers*, à la suite de la *Comédie Politique* et de la *France Libre* de Lyon, accueillit ces soi-disants aveux de. M. Margiotta. Cet homme s'affirmait en proie au remords : il confessait avoir trompé les catholiques pour obéir au tyran Taxil ; il savait bien, disait-il, que Miss Diana Vaughan était un mythe ; dans une entrevue mémorable, qui avait eu lieu en août 1894, il avait découvert que c'était Mme Taxil elle-même qui était Diana Vaughan. Il avait alors menti à contre-cœur ; un traité barbare le liait à M. Léo Taxil et l'obligeait à attester mensongèrement au public qu'il m'avait connue en 1889 à Naples !

Eh bien, la lettre que M. Taxil vient de me communiquer ne peut vraiment pas être passée sous silence. C'est à M. Léo Taxil lui-même que M. Margiotta écrivait, de Grenoble, le 13 mai 1895 ; vous entendez bien, à M. Taxil, et non à quelque personne que notre italien aurait eu mission de tromper !

« Mon cher ami, écrivait-il, j'attends impatiemment le deuxième numéro du *Palladium Régénéré* de Diana. En ce Moment, Mgr est en visite pastorale dans le diocèse ; je veux le lui montrer à son retour, pour avoir son avis. Je lui avais fait lire le premier numéro de la revue palladiste, et il en a été furieux : il m'a dit que c'est nous, écrivains antimaçons, qui avons le grand tort d'avoir ménagé cette orgueilleuse et d'avoir répandu cette LÉGENDE de pureté (le mot *légende* est souligné deux fois dans l'original) dont elle se fait forte, et Mgr a bien raison, parce que cette auréole dont nous avons couvert le front de la Miss la fait passer altière au milieu des foules ignorantes. D'autres personnes très respectables (les RR. P. Ch.) aussi bien que Mgr m'ont dit la même chose, et tous les ecclésiastiques que je vois ici disent qu'aussitôt qu'elle sortait sur le champ de bataille avec sa revue, il fallait taper dur et la démasquer comme la Sophie.

« Croyez-moi, c'est ce qu'il faut faire. La revue de Diana fera un mal inouï, et c'est notre faute ; c'est nous qui avons propagé le luciférianisme, nous presse catholique du monde entier. Il fallait ne pas souffler mot. Et l'ami De la Rive ne sait pas le mal qu'il fait avec ses articles qui font toujours l'éloge de la pureté, de la chasteté, de la virginité de la Miss !… Il faudrait donc, ou ne plus en parler, ou tracer hardiment une nouvelle ligne de conduite et dire pain au pain et vin au vin. Voilà la pensée de Mgr[1].

« J'ai lu votre dernière lettre à M. l'abbé Fava et à M. l'abbé chanoine Méresse, neveux tous les deux de Mgr, et je crois avoir bien fait. Ce que Diana a publié contre vous et contre moi ne peut et ne pourra jamais nous nuire dans l'esprit de Mgr, qui la tient pour une orgueilleuse et folle, possédée. Ne vous attristez donc pas qu'elle vous ait appelé *Coriolan* et qu'elle ait dit que vous vous êtes converti sans sincérité. La même opinion ont MM. l'abbé Fava et Méresse, dans l'estime desquels vous êtes toujours plus grand.

« Mais ce que nous ici ne comprenons pas, c'est que Diana ne tape pas sur le docteur ni sur Jean Kostka ! et nous sommes tous d'avis qu'*il y a quelque chose sous l'assiette.*

« Je sais que les journaux catholiques d'Italie ont reçu ce fameux 2e numéro ; moi seulement je ne l'ai pas reçu, elle ne me l'a pas envoyé ! — Mais savez-vous ce que signifie le nom *Mattassata* qu'elle m'a donné ? C'est un mot italien arrangé pour le besoin de la cause : *matta* signifie *fou*, et la terminaison *ata* signifie *action*, donc *action de fou*. C'est de même les mots *ragazatta*, action de *ragazzi* (d'enfants) et tous les mots qui finissent par *ata*. Du moment qu'elle me traite en fou (c'est la reconnaissance pour tout le bien exagéré que j'ai dit d'elle !), elle n'avait pas le droit de se froisser que vous doutiez de sa raison. Croyez-moi, il faut vous unir moi pour lui faire payer cher sa méchanceté.

« J'ai obtenu un billet d'aller et retour pour Paris ; j'irai vers le 15 du mois prochain, et nous prendrons des accords contre la Diana. Il faut à tout prix défaire le mal que nous avons fait.

« Je vous annonce que j'ai sous presse mon volume, qui s'appellera *le Palladisme*. Il m'a fallu le faire publier ici, pour des raisons toutes particulières. C'est un travail qui m'a coûté du temps, parce que personne ne m'a aidé. J'ai fait comme j'ai pu ; mais il ne sera pas mal. J'ai reproduit presque entièrement le 1er numéro du *Palladium*, et je tape dur ! Vous verrez !

« Le Saint-Père m'a envoyé pour le *Palladisme* sa Bénédiction Apostolique, dont vous lirez le texte.

« L'ouvrage s'ouvre avec un magnifique dessin représentant Lemmi, Carducci et Ferrari couronnant un tas *d'ordures*, sur lesquelles il y a les mots : Satanisme, Luciférianisme, Vaughanisme, Walderisme, Lemmisme, Pikisme, etc… C'est original. Il y a aussi un superbe dessin représentant Pessina habillé en nécromant et le diable Beffabuc sortant de la bouteille placée sur une table ; c'est un dessin qui fera de l'effet. Il y a aussi le portrait de Mgr, etc.

« Diana n'en sera pas contente, je vous en assure !

« J'attends pour demain le 2e n° annoncé ; dont je vous rembourserai. Dans la *Revue Mensuelle*, tachez de prendre ma défense, à propos des attaques de la Miss, quoique je m'en fiche, et vous devez faire la même chose.

« Quand je viendrai à Paris, je vous dirai ce que nous avons à faire. Jusque-là, *silence le plus absolu.*

« Je vous serre affectueusement la main. Votre ami : D. Margiotta. »

Il est difficile, même à quelqu'un ayant l'effronterie de l'abbé Garnier, de dire que cette lettre est celle d'un homme recevant les ordres de M. Léo Taxil.

Quelle explosion de colère ! Mon crime : j'avais désigné M. Margiotta sous le sobriquet de *Matassata*, et, dans l'erreur où j'étais encore, j'avais exprimé mon regret que, pour combattre Lemmi, il eût cru nécessaire de passer dans le camp catholique.

En réalité, M. Margiotta me gardait toujours rancune de mon refus de la forte somme, quémandée sous le fallacieux prétexte de reconstruire son hôtel censément écroulé lors des tremblements de terre en Calabre ; mais il ne pouvait avouer ce motif de haine à M. Taxil, qui ignorait la demande et le refus.

Il eût été fâcheux qu'une telle lettre ne fût pas retrouvée. Je sais bien qu'elle n'empêchera pas les Veuillot, Roussel et autres gens de mauvaise foi de continuer à tenir en grande valeur les prétendus aveux de M. Margiotta. Ils ne reproduiront pas cette lettre, de même qu'ils n'ont rien reproduit de ce qui venait détruire leurs assertions, à l'appui desquelles ils n'apportèrent jamais une seule preuve.

Mais je le demande à tout homme de bonne foi qui me lira, catholique ou égaré dans une erreur religieuse quelconque : si M. Margiotta, comme il l'a déclaré récemment, m'avait tenue pour mythe et avait considéré que Miss Diana Vaughan n'était autre que Mme Taxil, aurait-il écrit à M. Léo Taxil leur était nécessaire, à eux deux, de s'unir contre moi ?

Si l'on veut persister à me nier et, par conséquent, à représenter les Cardinaux et le Pape lui-même comme ayant été les jouets d'une gigantesque mystification, il faut logiquement renoncer à voir des complices de M. Taxil dans ceux qui aujourd'hui se prétendent tels. Il faut dire : « Nous sommes en présence d'hommes qui, par amour-propre, refuseront toujours de confesser qu'ils ont été les premiers mystifiés et ont servi d'instruments à un seul et unique mystificateur mystérieux, organisant tout et réglant tout au fond de son cabinet, et, dilettante de la fumisterie, s'amusant de la fantastique comédie qu'il imaginait, compliquait et dirigeait à son gré, mystifiant catholiques et francs-maçons, mystifiant Margiotta, Bataille, et peut-être même Léo Taxil ! »

Eh bien, un homme qui aurait accompli cela ne serait pas un homme, dirai-je en conclusion ; ce serait le diable incarné.

D. V.

1. ↑ Est-il besoin de dire que M. Margiotta prêtait à Mgr Fava ses propres sentiments, dans l'espoir de faire entrer M. Taxil dans son jeu ?

JUSTE RÉCLAMATION. — Dans une des lettres de M. de la Rive publiées dans mon dernier fascicule, il est question de M. Georges Bois (page 619) en ces termes : « C'est évidemment par G. Bois ou Rosen-Moïse que Simon a eu communication de la lettre ou de la copie. » À ce sujet, M. Georges Bois a fait remettre à mon éditeur une réclamation : « *Je vous prie*, écrit-il, *de vouloir bien noter dans votre prochain numéro que je n'ai jamais eu de relations quelconques avec le Simon ainsi désigné et que je suis totalement étranger à cette question.* »

Si je me bornais à publier la lettre de M. Georges Bois, des doutes pourraient subsister dans l'esprit de mes lecteurs. Loyale, je dois rendre à M. Bois pleine justice. D'ailleurs, sa réclamation m'amène tout simplement à dire plus tôt ce que je me proposais de faire connaître le 19 avril à son sujet.

M. de la Rive faisait allusion à une lettre adressée par moi à une de mes amies, au moment de mon arrivée en France avant le Convent secret du palais Borghèse, lettre que M. Taxil demanda à la personne que j'avais priée de me mettre en rapports avec lui. J'y consentis ; mais, ne sachant pas alors si je pouvais me fier à M. Taxil, je fis recopier sur mon papier à lettre, et M. Taxil crut avoir mon écriture même. Or, l'excès de prudence n'est jamais un défaut. En effet, M. Taxil communiqua cette lettre, et une copie photographique parvint à Lemmi ; ce qui provoqua un litige, dans lequel Ettore Ferrari, nommé arbitre, déclara qu'il n'y avait pas lieu de m'incriminer et que le document était faux, l'écriture n'étant pas la mienne et ma signature non plus.

Mais M. le chanoine Mustel, qui avait eu cette lettre, l'avait photographiée, et une de ces photographies avait été transmise par lui à M. Georges Bois, qui la lui retourna. Dans le petit cercle de mes amis catholiques, on pensa donc que M. Bois avait photographié à son tour et que telle était la source de la communication à Lemmi, par l'intermédiaire de M. Rosen, avec qui M. Bois est lié, dit-on.

Moi-même, j'ai eu longtemps cette opinion. J'en ai changé depuis le jour où M. Taxil, après le Congrès de Trente, retrouva la curieuse lettre de M. Margiotta, datée de Palmi, 25 août 1893, que j'ai reproduite dans mon 15ᵉ fascicule, pages 469-470. On y lit ceci : « La lettre signée *Diana*, sur laquelle vous me consultez, est un document précieux ; je crois qu'elle est vraiment de Diana Vaughan. » Je demandai alors à M. Taxil ce que cela signifiait : il avait oublié qu'il avait prêté la fameuse lettre à M. Margiotta ! sa trouvaille lui en rappela le souvenir.

Dès lors, aucun doute : la communication, que nous avions attribuée à M. Rosen, en croyant à une indiscrétion de M. Georges Bois, devenait imputable à M. Margiotta ; celui-ci avait dû photographier la lettre et s'était bien gardé de le dire en la retournant à M. Taxil. Aujourd'hui que nous avons cent preuves que M. Margiotta a constamment agi en Janus, il n'y a aucune raison de suspecter M. Bois ; sa parole est celle d'un honnête homme. Pour le reste, il a pu être trompé par M. Rosen.

Je suis donc très heureuse de saisir cette occasion pour dire encore à mes amis, sans attendre le 19 avril, que diverses recherches m'ont fait acquérir la conviction que M. Georges Bois n'est pas et n'a jamais été franc-maçon.

D. V.

Ma Manifestation Publique.

Voici les grandes divisions de ma conférence du 19 avril, qui sera accompagnée de 55 projections :

I. *Trouble des esprits au sujet de la grave question du Palladisme* ; causes de quelques changements de front. — Projections n°s 1 à 15 ; documents concernant M. l'abbé Garnier, Mgr Ange Macdonald, Mgr Lazzareschi, M. Margiotta, le docteur Bataille, M. Paul Rosen, et… le principal instigateur de la campagne de presse chez les catholiques contre moi.

II. *Intérêt du Palladisme à demeurer secret jusqu'au 25 mars 1912.* — Projections n°s 16 à 18 ; documents Goblet d'Alviella.

III. *Identité et compétence de la Conférencière.* — Projections n°s 19 à 37 : divers documents me concernant personnellement, tels que papiers de famille légalisés, diplômes, photographie prise à Charleston chez Levin où je figure avec Albert Pike, sa fille et mon oncle, photographie de Miss Pike auprès du Baphomet avec la dédicace de mon ancienne amie, etc., et divers autres documents établissant l'authenticité d'un certain nombre de mes déclaration, personnelles. — Ne figureront pas, bien entendu, les deux documents que mes adversaires de mauvaise foi s'obstinent à réclamer : mon extrait de naissance, par la raison qu'il n'existe pas, pas plus que n'existe celui de M. Tardivel, directeur de la *Vérité* de Québec, né au Kentucky ; l'attestation de ma conversion, certifiée par l'Évêque du diocèse où elle a eu lieu, document que le Pape seul doit connaître. Les documents que je produirai publiquement dans mes conférences sont plus que suffisants pour établir mon identité et prouver que j'ai été vraiment grande-maitresse du Palladium. Et, si les adversaires continuent à dire ensuite que la preuve n'est pas faite, je m'en moque absolument. — D'ailleurs, je l'ai dit, en dehors de mes conférences, il y aura mes réceptions à l'hôtel dans chaque ville (voir l'<u>itinéraire dans mon dernier fascicule</u>), et là on pourra voir et examiner de près les documents originaux et causer avec moi ; mais il va sans dire que je ne répondrai qu'aux gens polis, nullement aux grossiers personnages qui m'ont insultée jusqu'à ce jour.

IV. *Confirmation des principales révélations sur le Palladisme.* — Projections n°s 38 à 54 : documents de la plus grande importance, parmi lesquels reproductions photographiques directes de tableaux d'un symbolisme nettement luciférien appartenant à 4 Triangles, et de nombreux objets en usages dans le Palladisme, photographiés d'après nature ; la dernière projection de cette série sera la photographie du nouvel autel de Satan à la Mère-Loge « le Lotus Saint-Frédéric » de Berlin, érigé conformément aux instructions rituelles d'Adriano Lemmi.

V. *Le triomphe de l'Église sur les sectes maçonniques.* — Quelques mots de conclusion, suivis de la projection (n° 55) d'un tableau, composé à ma demande par une religieuse carmélite : Sa Sainteté le Pape Léon XIII, tenant l'Encyclique *Humanum Genus* d'où jaillissent des éclairs, et ayant au-dessus de lui, à droite l'Archange saint Michel, à gauche l'Apôtre saint Jean, le sublime prophète de Patmos, terrasse l'hydre de la Franc-Maçonnerie, monstre à trois têtes : tête palladique (la principale et la plus hautes), tête maçonnique-Kadosch, et tête maçonnique d'Adoption.

Cette même conférence, je la ferai de nouveau dans les villes figurant sur l'itinéraire déjà publié, et elle sera donnée une seconde fois à Paris le 6 mai (même local : grande salle de la Société de Géographie). Toutefois, les projections n°s 1 à 8 et 15 qui concernent des ecclésiastiques ne seront pas reproduites après le 19 avril, à moins que je ne sois l'objet de nouvelles attaques catholiques. Dans ce cas, je ne réponds pas de maitriser mon humeur, gaie, si l'on veut, mais un peu batailleuse, et je dirai « pain au pain et vin au vin », selon la pittoresque expression du seigneur Margiotta.

≈ Modification à l'itinéraire : je renonce à la conférence de Cherbourg, et je la remplace par une conférence à Avranches, privée, avec projections. Par conséquent : arrivée à Avranches, le 20, l'après-midi, aucune réception ; mercredi 21, réceptions particulières le matin, conférence le soir ; jeudi 22, Mont Saint-Michel ; vendredi 23, repos à Avranches, aucune réception ; samedi 24, retour à Paris.

≈ À la conférence du 19 avril, j'accorde la parole à M. Léo Taxil, qui a été mis en cause à mon sujet et qui — tous nos amis communs le savent depuis deux mois et l'ont vivement regretté — a abandonné la lutte antimaçonnique en janvier. *La Revue Mensuelle*, dont il était le rédacteur principal, a dû cesser sa publication, en raison de sa retraite, et a été remplacée par la *France Chrétienne* (nouvelle série), que M. de la Rive dirige avec tant de talent et de précision. M. Léo Taxil m'ayant prié de lui permettre de dire à la presse comment et pourquoi il se considère comme ayant accompli tout son devoir, rien n'est plus juste qu'il fasse ses déclarations personnelles et qu'il démontre, en quelques mots, qu'on ne saurait le traiter de déserteur sans manquer de justice. Il renouvellera ces déclarations à Marseille, à l'occasion de ma conférence du dimanche 30 mai. Est-il besoin de dire que, tout en comprenant sa lassitude, j'espère qu'elle ne sera que passagère, que le triomphe prochain de la vérité lui rendra courage, et qu'il reprendra bientôt sa place de combat ? Mes lecteurs voudront bien unir leurs prières aux miennes, afin que le ciel donne une bonne inspiration à ce malheureux ami, afin que mes vœux soient exaucés.

≈ J'ai renoncé aux affiches convoquant mes adversaires ; c'est précisément parce que je suis résolue à me défendre avec toute mon énergie, que je ne veux rien faire qui puisse avoir l'air d'une provocation. D'ailleurs, on sait suffisamment dans le public qu'ils sont convoqués ; et, pour préciser, j'ajoute que MM. Eugène Veuillot, Tavernier, Nemours-Godré, Damier, recevront leurs cartes d'entrée, avec fauteuil réservé, aussi bien que MM. Pacelli, Rosen, Margiotta, etc. — J'ai reçu d'excellentes nouvelles des États-Unis ; de nombreux directeurs de journaux ont bien voulu me répondre et m'avisent qu'ils transmettent à leurs correspondants les cartes que j'avais envoyées. Dès à présent, je suis assurée du concours de la colonie américaine de Paris pour une centaine de places environ. Du Royaume Britannique, j'ai l'assurance de 72 représentants jusqu'à présent. Ma manifestation aura donc son écho immédiat dans les pays de langue anglaise ; ce à quoi je tenais essentiellement.

D. V.

RACONTEZ DONC L'HISTOIRE. — « Attendons le 19 avril, écrit M. Gaston Méry, dans la *Libre Parole*. Quelque chose me dit que, d'ici là, un événement surgira qui fera tomber dans l'eau le projet de la conférence et des fameuses tournées.

« Tout de même, si ce pressentiment me trompait, j'en serais heureux ; car cela me donnerait l'occasion de comparer la conférencière au portrait d'elle qu'elle a inséré dans le troisième fascicule de ses *Mémoires*, daté de septembre 1895.

« Et si, d'aventure, ce portrait ressemblait à l'original, j'aurais probablement une jolie histoire à raconter. »

Un point ; c'est tout.

Les Veuillot et les Roussel se frottent joyeusement les mains. « Attendons l'histoire de M. Gaston Méry », répètent-ils.

Sont-ils assez gentils pour moi, ces aimables messieurs !

Mais pourquoi ne pas la raconter tout de suite, cette jolie histoire ?… Ce Gaston Méry est bien amusant, mais peu logique en voulant être trop malin. C'est lui qui a découvert que la mystification Diana Vaughan est ni plus ni moins un complot maçonnique. Selon lui, Léo Taxil, plus franc-maçon que jamais, est l'instrument de la secte. Comme trouvaille, ceci n'était déjà pas mal. L'histoire à raconter est mieux encore !

Car, enfin, cher monsieur, si je ne dois pas ressembler au portrait que j'ai publié de moi, ce n'est vraiment pas la peine que je paraisse. Le fait de la ressemblance est la première condition indispensable de ma manifestation publique. Or, il résulte de vos mirifiques lignes que vous connaissez une dame ou demoiselle ressemblant au portrait de la 3ᵉ livraison des *Mémoires d'une Ex-Palladiste* et que vous savez sur son compte ce que le grand architecte den l'*Univers* appellerait « une amusante historiette ».

Allons, Gaston de mon cœur, ne vous faites pas prier ; racontez l'histoire, sans attendre le 19 avril. Je vous assure que, quant à moi, l'indiscrétion que vous préméditez ne me gêne pas. Voyons, je vous en prie ! faut-il me mettre à vos genoux pour avoir l'anecdote ?… Gaston ! Gaston ! tous racontez si bien ! Dites tout !…

D. V.

Je reçois, trop tard pour l'insérer, une audacieuse et assez longue lettre de Mᵐᵉ Philipps, de Chicago. Elle a l'aplomb de se dire « Diana Vaughan, née Philipps » ; elle se prétend seule maçonne américaine du nom de Diana Vaughan ; elle m'annonce sa prochaine arrivée à Paris et me défie ! Je lui envoie, sur sa demande, deux cartes d'entrée à une adresse qu'elle m'indique et où elle les prendra, dit-elle, dès son arrivée. *Je prie mes amis de n'avoir aucun trouble de cette manœuvre de la dernière heure.* La lettre de Mᵐᵉ Philipps sera publiée dans mon fascicule du 15 avril, avec mes explications.

CHAPITRE V

Conflits, propagande et crise finale

(Suite.)

———

Rien de surnaturel ne se produisit donc dans le vote unanime qui rejeta les conclusions du Triangle parisien *Saint-Jacques* ; et pourtant une légende a été propagée, dont le docteur Bataille se fit le public écho.

On a raconté que la prétendue queue du lion de saint Marc, — ce talisman qu'Asmodée avait apporté aux *Onze-Sept* le 29 février 1884 (voir pages 276 et suivantes), — s'agita dans son écrin avec fracas ; que, le coffret ayant été ouvert, elle se projeta dans l'espace ; et que, légère comme un fouet, elle cingla vigoureusement les quelques Mages Élus qui s'étaient montrés disposés à voter ma radiation. « Il n'y avait pas à en douter, a écrit Bataille ; le talisman prenait parti pour Diana. En présence d'une telle manifestation, personne n'osa voter l'expulsion de la Sœur indépendante. Elle fut maintenue adepte. »

Ce racontar est une fable, aussi bien que l'anecdote de la tête du président des *Saint-Jacques* retournée à l'envers.

Je vais remettre les choses au point. Il y eut un fait surnaturel, mais après le vote.

Le vote fut suivi d'une suspension de séance ; en termes maçonniques, l'Atelier fut mis en récréation. On causait donc entre Frères. On demanda à R. T. pourquoi il n'avait pas voté conformément à son discours.

— Je ne saurais, répondit-il, m'expliquer ce qui m'est arrivé. J'ai bien essayé de lever la main pour la radiation ; mais je n'ai pu y parvenir. Mon bras avait pris un poids tel, qu'il m'a été impossible de le soulever.

Cette explication ayant été répétée, les partisans du F▽ R. T. dirent de même. Alors, rire général.

Que faut-il penser de cela ?... Les adversaires du grand-maître, qui avaient, un moment, projeté de le contraindre à démissionner, en le battant sur mon dos, et dont mon énergique intervention avait déjoué le petit complot, n'ont-ils pas voulu, par amour-propre, avouer qu'une femme leur en avait imposé ? pour masquer leur reculade, ont-ils inventé cette histoire de mystérieuse pesanteur ? C'est possible. Ou bien les choses ont-elles eu lieu comme ils l'ont dit ? C'est possible encore. Je n'ai pas à me prononcer.

Là-dessus, on a brodé ; de là, par un emprunt au fait surnaturel qui suivit, est venue la légende du talisman cinglant le visage des partisans de ma radiation.

À la reprise de la séance, le grand-maitre N. P. proclama que je demeurais Chevalière Élue Palladique, membre du Triangle *les Onze-Sept* au titre d'activité.

C'est alors que l'on entendit un bruit étrange dans le coffret du talisman, placé sur l'autel, devant le Baphomet. La queue de lion happait à grands coups contre les parois de la boite.

— Est-ce toi, Bengabo, qui es présent ? demanda le grand-maître.

On se rappelle qu'Asmodée, en faisant don aux *Onze-Sept* de cette queue qu'il prétendait avoir coupée dans un combat céleste, au lion du maléakh Marc, avait dit : « Afin qu'elle ne puisse jamais aller rejoindre le corps dont je l'ai séparée, j'ai placé en elle Bengabo, un de mes légionnaires, cette queue de lion adonaïte demeurera ici dans l'immobilité jusqu'au jour où j'aurai à intervenir pour marquer ma faveur toute-puissante à une vestale que je vous destine. »

À la question du grand-maitre, le talisman répondit par deux coups très forts. Toutes les personnes qui s'occupent d'occultisme savent que deux coups frappés par un esprit signifient : « Non. »

— Est-ce toi, Asmodée ? interrogea de nouveau le F▽ N. P.

Un formidable coup répondit : « Oui. »

Aussitôt, le couvercle du coffret s'ouvrit de lui-même, à la grande stupéfaction de tous ; car l'écrin était toujours fermé à clef. Puis, l'appendice léonin s'élança dans la direction des colonnes d'Afrique, où je me trouvais debout au premier rang, à proximité de l'estrade, et vint s'enrouler doucement autour de mon cou.

Alors, — infernal prodige, — le flot caudal se transforma en une petite tête de daimon, et cette tête, ouvrant la bouche, dit :

— Moi, Asmodée, prince du Hasard-Fortuné, commandant quatorze légions d'esprits du feu, je déclare que je protège et protégerai toujours ma bien-aimée Diana envers et contre tous. Quand on voudra me consulter, sa présence sera nécessaire, et je ne répondrai qu'à son interpellation.

En ce temps-là, mon orgueil était grand ; cette fierté diabolique emplissait mon âme, et c'était pour moi un enivrement de penser que Lucifer me destinait une haute mission dans la propagande de son culte. Aussi, mon cœur bondissait de joie en voyant le talisman animé reposer sur ma personne, en l'entendant parler ainsi au cénacle des Mages Élus. Pour rien au monde, je n'aurais cédé ce bonheur, même à ma meilleure amie.

Mais mon allégresse vaniteuse fut à son comble, quand Asmodée, retournant sa tête vers moi et plongeant son regard dans mes yeux, ajouta :

— Diana, je t'obéirai en toutes choses, mais à une condition expresse : c'est que tu ne te marieras jamais. D'ailleurs, si tu ne te conformais pas mon désir sur ce point, qui est la seule loi que je t'impose, j'étranglerais quiconque deviendrait ton époux.

À peine ces mots prononcés, le flot de crins reparut à la place de la petite tête de daimon ; la queue de lion, se détachant de moi, bondit de nouveau, sillonna l'espace et réintégra son coffre, qui se referma tout seul. L'opinion de tous était que Bengabo, gardien du talisman des *Onze-Sept*, y succédait à Asmodée, retourné au Ciel de Feu.

Un éminent religieux, prieur d'une des plus célèbres abbayes de France, m'écrivait récemment :

« Mademoiselle, vous permettrez à un de vos lecteurs convaincus une observation sur le travail que vous annoncez dans vos *Mémoires*.

« Une justification du livre de Bataille est utile. Le parallèle entre vos révélations et les révélations antérieures est admis *a priori* comme possible été facile par tous les hommes compétents. Si vous l'entreprenez, ne vous étonnez pas d'une remarque que vous allez faire, et qu'elle ne soit pas une tentation de diminuer le merveilleux contemporain.

« Les prodiges de notre temps doivent dépasser de beaucoup les prodiges des âges précédents ; saint Matthieu et le secret de la Salette l'affirment. C'est le sens de ce déchaînement des esprits de l'enfer ; ils sont déliés, c'est-à-dire que leur action est plus libre.

« Vous dénatureriez le caractère des révélations de notre temps, si nous cherchiez à établir le niveau.

« *Révélez tout*, et ne vous souciez pas du P. Portalié. Vous accuser d'imagination, parce que vous rapportez des faits que vous avez expérimentés, est aussi impertinent que d'accuser l'abbé Gombaud d'avoir rapporté les phénomènes de Tilly. »

Merci à ceux qui m'encouragent !… Oui, s'il est juste de réduire à leur plus simple expression les légendes mises en cours quelquefois à la légère, il est utile, d'autre part, pour ne pas dire nécessaire, d'affirmer sans fausse honte ce que j'ai vu, ce que j'ai expérimenté, ce qui n'est pas l'effet d'une folle imagination.

Non, la tête du président des *Saint-Jacques*, n'a pas été retournée à l'envers ; non, la queue du lion de saint Marc, c'est-à-dire le talisman prétendu tel à Louisville et à New-York. Il n'a pas fouetté au visage le F▽ R. T. et ses amis. Mais, par contre, oui, il est vrai, rigoureusement vrai que, le 16 avril 1885, cette prétendue queue de lion adonaïte, en me choisissant comme instrument de la malice infernale, s'est livrée, au sein du Triangle *les Onze-Sept*, aux démonstrations surnaturelles que je viens de relater. La tête sur le billot, je maintiendrais ce récit ; car, ainsi et non autrement, le diable Asmodée m'enlaça et me parla.

Or, le grave incident du 25 mars 1885 avait interrompu le règlement de mes affaires de famille qui m'avait appelée en France. Munie d'une copie officielle du procès-verbal de la séance des *Onze-Sept* du 16 avril, je repris au plus tôt le paquebot pour l'Europe. Ce fut donc au sujet de la liquidation de la succession de ma mère que je revins, et nullement afin de remettre en place la tête du président des *Saint-Jacques*, quoi qu'on en ait dit.

Il est vrai que, pendant ce nouveau séjour en France, j'assistai à une nouvelle tenue du Triangle parisien dont Mlle Walder était alors grande-maîtresse.

D'abord, j'eus quelques entrevues avec plusieurs des officiers et officières de cet Atelier palladique. Quand le président B. sut que sa requête contre moi avait été rejetée, il démissionna de ses fonctions (10 mai). B. me fut toujours hostile ; mais il ne voulait pas prendre la responsabilité d'un conflit avec les Palladistes américains, et, connaissant bien Sophia, il prévoyait le conflit. On sait que le F▽ Larocque fut élu son successeur.

Je demandai donc la tenue d'une séance du Triangle *Saint-Jacques*, pour me permettre de fournir de nouvelles explications ; ceci me fut accordé, et la réunion fut fixée au 28 mai.

Par parenthèse : j'ai envoyé quelques cartes d'entrée à ma conférence de lundi prochain (lundi de Pâques) à plusieurs de mes ex-Frères et ex-Sœurs, qui assistèrent à cette séance du 28 mai 1885. Vu la manœuvre Philipps, il me parait nécessaire de traiter cette question, ne fût-ce qu'en 5 ou 10 minutes, devant les représentants de la presse. Je mets donc ces Frères et Sœurs en demeure de se trouver lundi à la salle de la Société de Géographie ; je veux voir s'ils auront l'audace de dire qu'ils ne me connaissent pas. Dans ce cas, je suis armée pour leur répondre. Et qu'ils n'espèrent pas s'en tirer en s'abstenant de venir, car alors je dirais publiquement leurs noms, professions et domiciles, et ce ne serait que partie remise à ma conférence du jeudi 6 mai, avec l'opinion publique contre eux, s'ils ne comparaissaient pas cette seconde fois ; il est évident que leur abstention obstinée serait un aveu les écrasant tout-à-fait.

Donc, le 28 mai 1885, les membres du Triangle *Saint-Jacques* se réunirent pour m'entendre.

Larocque présidait, ayant à ses côtés Mlle Sophie Walder.

Je lus l'article 327 de la Constitution du Palladium. Seul, le Triangle *Saint-Jacques* pouvait me conférer le grade de Maîtresse Templière, en vertu de cet article. Je fus très conciliante. Et, cependant je ne doutais pas que, si un conflit venait à éclater, toutes les chances étaient pour que le dernier mot restât au Triangle *les Onze-Sept*, qui, selon la très exacte expression du *Courier-Journal* de Louisville, était à cette époque le plus important Triangle du monde entier.

Le bon droit était pour moi ; cela me suffisait.

Ma thèse fut celle-ci : — Je blâmais les pratiques, dont j'avais eu connaissance le 25 mars ; mais on pouvait compter sur ma discrétion, attendu que mon intention était de m'appliquer à obtenir des réformes. En second lieu, si j'avais signé une demande d'initiation au Triangle *Saint-Jacques* pour le grade de Maîtresse Templière, c'était à la suite de sollicitations de divers membres de cet Atelier, et aucunement de mon propre mouvement ; la logique eut donc voulu qu'on ne prétendît pas m'imposer l'épreuve de l'hostie adonaïte à profaner, puisque cette épreuve était bannie des usages du Triangle les *Onze-Sept*, mon Triangle d'inscription et d'activité. C'est pourquoi, en m'appuyant sur le rejet unanime des conclusions du rapport du 27 mars et en faisant valoir la manifestation surnaturelle dont j'avais été l'objet de la part d'Asmodée à Louisville, je conclus en réclamant ma consécration et ma proclamation au grade de Maîtresse Templière.

Sophia répondit que la manifestation de la queue du lion ne prouvait rien.

Larocque l'interrompit pour dire que c'était peut-être quelque maléakh qui avait joué le rôle d'Asmodée et avait trompé *les Onze-Sept*. Cette supposition m'indigna.

Bref, Mlle Walder refusa d'entendre raison. Elle s'écria que l'épreuve des hosties adonaïtes était rituelle, et que, si cette épreuve venait à être abandonnée, par impossible, par le Sanctum Regnum, elle, Sophia-Sapho, se retirerait à jamais du Palladisme et fonderait la Sainte Église de l'Anti-Christ !

Elle se répandit en violents reproches contre les parfaits initiés du Kentucky, les traitant de « mauvais Frères, indignes du beau nom de Palladistes » ; elle déclara qu'elle maintenait l'ajournement, et que je ne serais pas consacrée et proclamée Maitresse Templière, tant que je n'aurais pas poignardé un pain eucharistique des adonaïtes.

De ma part, il était inutile d'insister.

J'avoue que j'étais fort chagrine de n'avoir pas réussi à convaincre ces entêtés. Une fois seule dans ma chambre, je pleurai beaucoup. « Je veux cependant, être Maîtresse Templière ! » me disais-je.

L'ennui ne m'avait pas quitté le lendemain ; loin de là, il augmentait ; j'étais vraiment malheureuse.

Alors, Asmodée m'apparut de nouveau ; il venait me consoler.

— Sèche tes larmes, ma bien-aimée, me dit-il ; il ne faut plus songer à cela. Ne cherche pas à comprendre ce qui t'irrite et te désespère. Lucifer, notre Divin Maître, mettra ordre à tout.

Et, ce jour-là, pour me distraire, Asmodée me transporta dans la planète Mars.

Ce n'est pas le moment de raconter ce voyage. Je poursuis l'histoire du conflit entre les Palladistes parisiens et ceux de Louisville.

J'adressai aux *Onze-Sept* une fidèle relation de mes tentatives conciliantes et de mon échec. Je terminai le règlement de mes affaires d'intérêt en France, sans m'occuper davantage de Sophia et des *Saint-Jacques*. Je me rendis en Belgique, où Goblet d'Alviella, ami de mon père, me fit un excellent accueil ; puis j'allai en Hollande, de là à Londres, et enfin je rentrai aux États-Unis.

À Louisville, je trouvai mes Frères et mes Sœurs toujours dans les meilleures dispositions à mon égard. Le F▽ N. P.

était résolu à ne pas ménager Larocque, Mlle Walder et compagnie, dès qu'éclaterait l'orage qui s'amassait. Moi, je rédigeai un mémoire, où je faisais ressortir qu'il était inadmissible que la fiancée d'Asmodée demeurât simple Chevalière Élue par l'effet du mauvais vouloir des *Saint-Jacques*.

Mon oncle était de mon avis. Il présenta mon mémoire aux *Onze-Sept* le 15 septembre. Une solution de la difficulté fut proposée par le F▽ R. T., devenu un de mes plus chauds partisans, à la suite d'une manifestation surnaturelle ; car en ce temps, les manifestations d'Asmodée se multiplièrent.

Voici ce que le F▽ R. T. fit adopter par le Triangle de Louisville, et, cette fois encore, il y eut unanimité : *les Onze-Sept* me nommèrent Maîtresse Templière « honoraire » ; je fus proclamée à ce titre.

En apprenant cette nouvelle, les meneurs du Triangle *Saint-Jacques* furent furieux, ils se déclarèrent en conflit avec les Palladistes de Louisville et envoyèrent à tous les Triangles des États-Unis une circulaire d'une extrême violence.

On y lisait que le Palladisrne était « à jamais compromis, si la conduite du Triangle de Louisville était approuvée par les autres Triangles de l'Union » ; que rien n'était plus « condamnable » que cette « abolition hypocrite » de l'épreuve « la plus juste et la plus belle de tout le rituel du Palladium ».

« Prenez garde ! disaient les *Saint-Jacques* ; les FF▽ du Kentucky viennent de se pencher sur l'abîme de la superstition romaine ; ils y rouleront et vous entraîneront tous, si le Triangle *les Onze-Sept* n'est pas immédiatement vomi par notre Fédération. Quant à nous, nous cessons tous rapports avec ces indignes, et nous demanderons une déclaration de malédiction contre eux à quiconque viendra des États-Unis en visiteur chez nous. »

Le Triangle *les Onze-Sept* répondit par une voûte, pleine de dignité, qui fut transmise à toutes les Mères-Loges du globe, et qui exposait « toutes les marques de faveur, dont la Sœur Masanec-Asmodœa est l'objet de la part des bonnes puissances célestes ». Les *Onze-Sept* refusaient de discuter sur l'épreuve mise en question par leurs FF▽ parisiens et se plaçaient uniquement sur le terrain de la « divine protection » qui m'était acquise d'une façon ne laissant prétexte à aucun doute.

La Circulaire des *Saint-Jacques* est du 31 octobre 1885 ; celle des *Onze-Sept* est du 13 décembre.

Elle fut suivie de l'envoi d'un document de la plus haute importance, que reçurent les trente-trois Seigneuriales Mères-Loges du Lotus palladique.

Ce document est un de ceux que je montrerai, en projection, dans toutes mes conférences.

Le 22 décembre de cette même année 1885, j'étais chez mon oncle John-Th. Vaughan, et nous parlions du récent envoi de la voûte-circulaire des *Onze-Sept,* lorsque tout-à-coup Asmodée parut devant moi. J'entamai conversation avec lui ; mon oncle l'entendait, mais ne le voyait pas.

— Asmodée, lui dis-je, les *Saint-Jacques* ont prétendu que, le 16 avril, mes Frères de Louisville et moi-même avons été trompés par un maléakh, lorsque vous vous montrâtes sur la queue du lion du maudit Marc… Prouvez aux Triangles des deux hémisphères que vous êtes vraiment mon fiancé… Il est d'usage que les fiancés se font faire leur portrait ensemble, pour mieux marquer l'indissolubilité de leur promesse… Je vous en prie, montrez-vous avec moi, de telle façon que nos traits puissent être fixés sur le même tableau…

Une grande lumière remplit alors l'appartement, et mon oncle vit mon daimon-protecteur.

— Ma bien-aimée, fit Asmodée, je ne veux rien te refuser, moi ; mais il faut obtenir de notre Dieu lui-même ce que tu demandes… Prie avec ferveur, tandis que je vais lui porter ta supplique au Royaume du Feu.

Il disparut.

Moi, j'avais confiance. Je dis à mon oncle de préparer son appareil photographique.

— Si le Dieu-Bon n'accorde pas cette faveur, tant-pis ! nous aurons, par là, l'indice qu'il n'encourage pas l'attitude des *Onze-Sept*. Mais, s'il permet, quelle gloire !…

Mon oncle se mit en mesure d'opérer. De mon côté, je me plongeai dans la prière.

Je ne m'étais point trompée. Asmodée reparut. Il tenait à la main un diadème d'acier.

Alors, je me sentis soulevée ; mes pieds se détachèrent du sol, mais je ne montai pas plus haut qu'à 70 ou 80 centimètres ; et je restai là, en l'air, comme suspendue.

— Notre Divin Maître, dit Asmodée, consent et m'autorise, ma bien-aimée. En revenant du Royaume du Feu, j'ai passé par les ateliers spéléiques de Gibraltar, et voici le présent que je t'apporte. Tu ceindras ce diadème, le jour où tu seras proclamée Maîtresse Templière Souveraine.

Il voulut que nous fussions représentés tous deux ainsi : moi, flottant dans l'espace, un peu plus haute que lui ; lui, m'offrant le diadème d'acier de Gibraltar.

La photographie fut faite, très belle ; il baisa, avec respect, mes mains, et un tourbillon de feu vert-émeraude l'emporta.

Ce portrait produisit grande sensation dans les Mères-Loges du Lotus. On interrogea les esprits, et la réponse invariable fut que c'était bien là le très puissant prince Asmodée, donnant le gage de son céleste amour à sa fiancée de Louisville.

Diana Vaughan.